PROCESSO ADMINISTRATIVO
COMENTÁRIOS À LEI Nº 9.784/1999

CRISTIANA FORTINI
MARIA FERNANDA VELOSO PIRES
TATIANA MARTINS DA COSTA CAMARÃO
CAIO MÁRIO LANA CAVALCANTI

PROCESSO ADMINISTRATIVO
COMENTÁRIOS À LEI Nº 9.784/1999

4ª edição revista e ampliada

Belo Horizonte

2023

© 2008 Editora Fórum Ltda.
2011 2ª edição
2012 3ª edição
2023 4ª edição

É proibida a reprodução total ou parcial desta obra, por qualquer meio eletrônico, inclusive por processos xerográficos, sem autorização expressa do Editor.

Conselho Editorial

Adilson Abreu Dallari
Alécia Paolucci Nogueira Bicalho
Alexandre Coutinho Pagliarini
André Ramos Tavares
Carlos Ayres Britto
Carlos Mário da Silva Velloso
Cármen Lúcia Antunes Rocha
Cesar Augusto Guimarães Pereira
Clovis Beznos
Cristiana Fortini
Dinorá Adelaide Musetti Grotti
Diogo de Figueiredo Moreira Neto (*in memoriam*)
Egon Bockmann Moreira
Emerson Gabardo
Fabrício Motta
Fernando Rossi
Flávio Henrique Unes Pereira

Floriano de Azevedo Marques Neto
Gustavo Justino de Oliveira
Inês Virgínia Prado Soares
Jorge Ulisses Jacoby Fernandes
Juarez Freitas
Luciano Ferraz
Lúcio Delfino
Marcia Carla Pereira Ribeiro
Márcio Cammarosano
Marcos Ehrhardt Jr.
Maria Sylvia Zanella Di Pietro
Ney José de Freitas
Oswaldo Othon de Pontes Saraiva Filho
Paulo Modesto
Romeu Felipe Bacellar Filho
Sérgio Guerra
Walber de Moura Agra

FÓRUM
CONHECIMENTO JURÍDICO

Luís Cláudio Rodrigues Ferreira
Presidente e Editor

Coordenação editorial: Leonardo Eustáquio Siqueira Araújo
Aline Sobreira de Oliveira

Rua Paulo Ribeiro Bastos, 211 – Jardim Atlântico – CEP 31710-430
Belo Horizonte – Minas Gerais – Tel.: (31) 99412.0131
www.editoraforum.com.br – editoraforum@editoraforum.com.br

Técnica. Empenho. Zelo. Esses foram alguns dos cuidados aplicados na edição desta obra. No entanto, podem ocorrer erros de impressão, digitação ou mesmo restar alguma dúvida conceitual. Caso se constate algo assim, solicitamos a gentileza de nos comunicar através do *e-mail* editorial@editoraforum.com.br para que possamos esclarecer, no que couber. A sua contribuição é muito importante para mantermos a excelência editorial. A Editora Fórum agradece a sua contribuição.

Dados Internacionais de Catalogação na Publicação (CIP) de acordo com ISBD

P963	Processo administrativo: comentários à Lei nº 9.784/1999. 4. ed. / Cristiana Fortini, Maria Fernanda Veloso Pires, Tatiana Martins da Costa Camarão, Caio Mário Lana Cavalcanti. -- 4. ed. -- Belo Horizonte: Fórum, 2023.
	400 p. 17x24cm
	ISBN 978-65-5518-567-6
	1. Processo administrativo. 2. Lei n. 9.784/1999. I. Fortini, Cristiana. II. Pires, Maria Fernanda Veloso. III. Camarão, Tatiana Martins da Costa. IV. Cavalcanti, Caio Mário Lana. V. Título.
	CDD: 342
	CDU: 342

Ficha catalográfica elaborada por Lissandra Ruas Lima – CRB/6 – 2851

Informação bibliográfica deste livro, conforme a NBR 6023:2018 da Associação Brasileira de Normas Técnicas (ABNT):

FORTINI, Cristiana; PIRES, Maria Fernanda Veloso; CAMARÃO, Tatiana Martins da Costa; CAVALCANTI, Caio Mário Lana. *Processo administrativo*: comentários à Lei nº 9.784/1999. 4. ed. Belo Horizonte: Fórum, 2023. 400 p. ISBN 978-65-5518-567-6.

Os irmãos simbolizam nossa mais antiga contradição. Percebidos, às vezes, como inimigos domésticos, com os quais disputamos brinquedos e atenção, transformam-se em nossos fiéis escudeiros, quando detectam o sinal de que estamos em perigo.

Dedico este livro aos meus irmãos Bernardo e Isabella, companheiros e cúmplices de toda a vida.

Dedico também ao Professor Florivaldo Dutra de Araújo, autor das primeiras palavras que ouvi sobre o Direito Administrativo. Obrigada por um dia ter percebido em mim o potencial para a carreira no magistério.

Cristiana Fortini

*Aos meus filhos, Maria Laura, Maria Helena e Pedro Henrique,
pelos ensinamentos de amor que se convertem em frutificação,
alimento e vida.*

Maria Fernanda Veloso Pires

Meus queridos pais, a sua presença sempre se fará sentir, pois não há como se apagar a lembrança dos conselhos sábios, do amor incondicional, da proteção que só os pais sabem proporcionar. A vocês, dedico este livro, que revela a força da sua fé em mim, impulsionando mais esta conquista.

À minha avó Dulce, exemplo de vida e dedicação. Amo você.

Às minhas filhas, Marina e Bianca, minha pulsão de vida. Amo vocês.

Às minhas princesas Ana Elisa e Sofia, doçura e beleza, que as tornam inesquecíveis.

Tatiana Martins da Costa Camarão

Aos meus pais, que nunca mediram esforços para que eu pudesse estar sempre em contínuo aperfeiçoamento enquanto ser humano. A vocês dedico não só o presente estudo, mas igualmente todos os que futuramente virão, afinal, vocês são, mesmo que indiretamente, também responsáveis por todos eles.

À Bárbara Portes Rodrigues de Carvalho, minha amiga, minha companheira e meu amor. Você foi uma grata surpresa em minha vida. Quando eu menos esperava, você surgiu para colorir os meus dias.

Caio Mário Lana Cavalcanti

Agradecimentos

Agradeço aos meus pais, Elisabeth e Maurílio, às minhas tias Cida e Eliane e aos meus primos, que, mesmo sem saberem, contribuíram para que eu conseguisse espaço na turbulenta agenda da maternidade para coescrever estas linhas.

Cristiana Fortini

Agradecimentos

À sempre Professora Cármen Lúcia Antunes Rocha, em quem sempre vi um compromisso ímpar com a justiça e com o direito, por ter me incentivado a enveredar pelos caminhos do magistério e do direito público.

Maria Fernanda Veloso Pires

Agradecimentos

As possibilidades do amor são infinitas. Aos meus amores Alexandre, Marina e Bianca, que me fizeram acreditar que, apesar de tudo, é possível ser feliz novamente.

Aos meus amigos. Quando me senti desamparada, foram vocês que aliviaram a minha angústia com seu carinho.

Tatiana Martins da Costa Camarão

Agradecimentos

Aos meus pais, sempre, a minha gratidão eterna, por tudo que fizeram e ainda fazem por mim.

Igualmente destino os meus agradecimentos às Professoras Cristiana Fortini, Maria Fernanda Veloso Pires e Tatiana Martins da Costa Camarão, brilhantes administrativistas que conferiram a mim a honra da coautoria desta obra.

Caio Mário Lana Cavalcanti

SUMÁRIO

INTRODUÇÃO 25

Lei nº 9.784, de 29 de janeiro de 1999 37

Capítulo I – **DAS DISPOSIÇÕES GERAIS** 37
Art. 1º.. 37
Art. 2º 46

Capítulo II – **DOS DIREITOS DOS ADMINISTRADOS** 115
Art. 3º 115

Capítulo III – **DOS DEVERES DO ADMINISTRADO** 124
Art. 4º 124

Capítulo IV – **DO INÍCIO DO PROCESSO** 130
Art. 5º 130
Art. 6º 133
Art. 7º 136
Art. 8º 137

Capítulo V – **DOS INTERESSADOS** 138
Art. 9º 138
Art. 10 143

Capítulo VI – **DA COMPETÊNCIA** 143
Art. 11 143
Art. 12 146
Art. 13 148
Art. 14 150
Art. 15 154
Art. 16 155
Art. 17 156

Capítulo VII – **DOS IMPEDIMENTOS E DA SUSPEIÇÃO** 157
Art. 18 157
Art. 19 157
Art. 20 157
Art. 21 157

Capítulo VIII – **DA FORMA, TEMPO E LUGAR DOS ATOS DO PROCESSO** 160
Art. 22 160
Art. 23 163
Art. 24 163
Art. 25 165

Capítulo IX – **DA COMUNICAÇÃO DOS ATOS** 166
Art. 26 166
Art. 27 166
Art. 28 167

Capítulo X – **DA INSTRUÇÃO** 171
Art. 29 171
Art. 30 171
Art. 31 173
Art. 32 173
Art. 33 173
Art. 34 173
Art. 35 173
Art. 36 180
Art. 37 181
Art. 38 182
Art. 39 187
Art. 40 188
Art. 41 191
Art. 42 191
Art. 43 198
Art. 44 199
Art. 45 200
Art. 46 201
Art. 47 202

Capítulo XI – **DO DEVER DE DECIDIR** 202
Art. 48 202
Art. 49 202

Capítulo XI-A – **DA DECISÃO COORDENADA** 209
Art. 49-A 209
Art. 49-B 213
Art. 49-C 213
Art. 49-D 213
Art. 49-E 213
Art. 49-F 213
Art. 49-G 213

Capítulo XII – **DA MOTIVAÇÃO** 216
Art. 50 216

Capítulo XIII – **DA DESISTÊNCIA E OUTROS CASOS DE EXTINÇÃO DO PROCESSO** 223
Art. 51 223
Art. 52 224

Capítulo XIV – **DA ANULAÇÃO, REVOGAÇÃO E CONVALIDAÇÃO** 225
Art. 53 225
Art. 54 246
Art. 55 260

Capítulo XV – **DO RECURSO ADMINISTRATIVO E DA REVISÃO** 263
Art. 56 263
Art. 57 269
Art. 58 270
Art. 59 271
Art. 60 273
Art. 61 274
Art. 62 275
Art. 63 277
Art. 64 279
Art. 64-A 279
Art. 64-B 279
Art. 65 285

Capítulo XVI – **DOS PRAZOS** 286
Art. 66 286
Art. 67 288

Capítulo XVII – **DAS SANÇÕES** 289
Art. 68 289

Capítulo XVIII – **DAS DISPOSIÇÕES FINAIS**..292

Art. 69...292

Art. 69-A 293

Art. 70...294

REFERÊNCIAS 297

JURISPRUDÊNCIA..311

INTRODUÇÃO

O Direito Administrativo contemporâneo apresenta nova roupagem, fruto do Estado Democrático de Direito que contamina o ramo em questão, exigindo-lhe adaptações para um modelo de atuação menos verticalizada, mais procedimental.

Se no Estado Liberal, quando surge o Direito Administrativo, fazia sentido enaltecer a figura do ato administrativo, dotado de características instrumentais voltadas à execução da atividade ordenadora, básica naquele estágio, hoje se rediscute a supervalorização do referido instituto, uma vez que não mais se aceita o afastamento do particular[1] do seio das decisões administrativas. Muito pelo contrário: vislumbra-se o contínuo aperfeiçoamento da Administração Pública, daquela autoritária e unilateral de tempos outros para aquela dialógica, consensual,[2] cooperativa, concertada, em que o cidadão não mais é visto como mero objeto das funções públicas, mas como verdadeiro sujeito participativo capaz de influenciar ativamente o agir administrativo, o que inclusive privilegia o princípio da participação, essencial para o Estado Democrático de Direito.[3][4]

Apropriadas são as palavras de Ruy Cirne Lima, para quem a Administração é a "atividade de quem não é senhor absoluto".[5] Assim, não há espaço para o agir administrativo descompromissado com as ideias de participação, transparência, controle, ampla defesa e contraditório. Toda a atuação administrativa deve retirar dos princípios e das regras (com destaque para os primeiros) sua fonte de validade.

Se, outrora, o foco do Direito Administrativo residia no exame dos atos administrativos, dotados de características que os distanciam dos atos de direito privado,

---

[1] O termo "administrado" é criticado por alguns doutrinadores porque pressupõe que a Administração Pública conduz o administrado, isto é, que o administrado é manipulado pela Administração, razão pela qual preferimos utilizar terminologia diversa da utilizada pela própria legislação, qual seja, "particular".

[2] Confira-se, nesse sentido, o Enunciado nº 21 do IBDA: "Os artigos 26 e 27 da LINDB constituem cláusulas gerais autorizadoras de termos de ajustamento, acordos substitutivos, compromissos processuais e instrumentos afins, que permitem a solução consensual de controvérsias".

[3] Nesse sentido, conferir: SOARES, Fabiana de Menezes. *Direito administrativo de participação*: cidadania, direito, estado e município. Belo Horizonte: Del Rey, 1997, p. 69; NETTO, Luísa Cristina Pinto. Procedimentalização e participação: imposições jusfundamentais à atividade administrativa. *Revista da Procuradoria-Geral do Município de Belo Horizonte*, Belo Horizonte, v. 5, n. 10, p. 165-196, jul./dez. 2012.

[4] Nesse sentido, Natalia Pasquini Moretti afirma: "A Administração consensual se apresenta como uma forma de administrar baseada em negociação, acordo, cooperação, colaboração e coordenação, em que o processo de determinação do interesse público passa a ser desenvolvido a partir de uma perspectiva consensual e dialógica, marcando a transição de um modelo de gestão pública fechado e autoritário para um modelo aberto e democrático, que viabiliza o desempenho das funções administrativas para a efetiva concretização dos objetivos traçados na Constituição Federal de modo compartilhado com os cidadãos". Conferir: MORETTI, Natalia Pasquini. Uma concepção contemporânea do princípio da indisponibilidade do interesse público. *In*: MARRARA, Thiago (organizador). *Princípios de direito administrativo*: legalidade, segurança jurídica, impessoalidade, publicidade, motivação, eficiência, moralidade, razoabilidade, interesse público. São Paulo: Atlas, 2012, p. 466. Conferir também, sobre a mesma temática: NEIVA, Geisa Rosignoli. *Conciliação e mediação pela Administração Pública*: parâmetros para sua efetivação. Rio de Janeiro: Lumen Juris, 2019, p. 81 e seguintes; NETTO, Luísa Cristina Pinto e. *Participação administrativa procedimental*: natureza jurídica, garantias, riscos e disciplina adequada. Belo Horizonte: Fórum, 2009.

[5] LIMA, Ruy Cirne. Princípios de direito administrativo. *Revista Direito e Democracia*, Canoas, v. 2, n. 2, p. 309-317, 2001.

atualmente há de se render a devida homenagem ao processo administrativo, seja pela efetiva importância que ele possui, seja porque sua utilização tem sido reduzidíssima em todos os âmbitos aos quais se aplica. Nesse horizonte, com acerto assevera Eurico Bitencourt Neto que a "sujeição da Administração Pública a um princípio geral de ampla procedimentalização, decorrência do Estado de Direito democrático e social, trouxe o procedimento administrativo ao centro das cogitações dogmáticas no Direito Administrativo contemporâneo".[6]

E por que o processo administrativo deve ser repensado? Porque o Estado, para que possa ostentar a qualificação de "Democrático de Direito", não apenas do ponto de vista formal, mas para que substancialmente possa ser adjetivado como tal, há de prestigiar a efetiva participação dos particulares na confecção e na execução das normas jurídicas.

Só há democracia quando o cidadão abandona o posto de mero expectador e de mero objeto das ações públicas para assumir a condição de auxiliar da construção das decisões administrativas, sobretudo daquelas que afetarão seus interesses. Importa lembrar, aqui, da teoria dos quatro *status* de Georg Jellinek, que, quando do estudo da teoria dos direitos fundamentais, assevera que um dos *status* do cidadão frente ao Estado é justamente o ativo ou *activus*, que lhe confere a prerrogativa de influenciar e atuar ativamente na formação da vontade do ente estatal.[7]

Como leciona Fábio Konder Comparato, "juridicamente, democracia é um governo de funções e não de dominações (...)".[8] Democracia não rima com dominação, com isolamento do administrador público. Tampouco rima com o desprezo pelas informações que possam ser trazidas pelo cidadão, a fim de que seja adotada a melhor e mais adequada solução pela Administração Pública.

Assim, só há democracia quando se escuta e se dialoga com o cidadão, permitindo-lhe influir nas deliberações administrativas. Soluções prévias e mágicas, que desconhecem o caso concreto, são decisões ilegítimas e distantes do ideal democrático. Até porque, com o advento da Lei nº 13.655/18, que acresceu uma série de dispositivos à Lei de Introdução às Normas do Direito Brasileiro, a averiguação das consequências práticas, do cenário real envolvido e das circunstâncias fáticas deve ser necessariamente considerada quando da decisão administrativa, de forma a aproximar a Administração Pública da realidade vivida.[9][10][11][12][13][14][15]

---

[6] BITENCOURT NETO, Eurico. Subsídios para a atualização da lei federal de processo administrativo. *In*: BITENCOURT NETO, Eurico; MARRARA, Thiago (Coord.). *Processo administrativo brasileiro*: estudos em homenagem aos 20 anos da lei federal de processo administrativo. Belo Horizonte: Fórum, 2020, p. 44.

[7] Nesse sentido: FERNANDES, Bernardo Gonçalves. *Curso de direito constitucional*. 9. ed. rev., ampl. e atual. Salvador: JusPodivm, 2017, p. 331; NOVELINO, Marcelo. *Manual de direito constitucional*. 8. ed. rev. e atual. Rio de Janeiro: Forense; São Paulo: Método, 2013, p. 381.

[8] COMPARATO, Fábio Konder. Um quadro institucional para o desenvolvimento democrático. *In*: JAGUARIBE, Hélio (Coord.). *Brasil, sociedade democrática*. Rio de Janeiro: José Olympio, 1985. p. 398.

[9] Neste horizonte, importa destacar, por exemplo, os arts. 20, *caput*; 21, *caput* e 22 da LINDB, todos acrescidos pela Lei nº 13.655/18:
Art. 20. Nas esferas administrativa, controladora e judicial, não se decidirá com base em valores jurídicos abstratos sem que sejam consideradas as consequências práticas da decisão.
Parágrafo único. A motivação demonstrará a necessidade e a adequação da medida imposta ou da invalidação de ato, contrato, ajuste, processo ou norma administrativa, inclusive em face das possíveis alternativas.
Art. 21. A decisão que, nas esferas administrativa, controladora ou judicial, decretar a invalidação de ato, contrato, ajuste, processo ou norma administrativa deverá indicar de modo expresso suas consequências jurídicas e administrativas.

Destaca-se, em tal contexto, entendimento proferido pelo Tribunal de Justiça do Estado de Minas Gerais a respeito do art. 20 da LINDB, oportunidade em que restou delimitado que a "Lei nº 13.655/2018, que alterou a Lei de Introdução às Normas do Direito Brasileiro e introduziu normas de segurança jurídica na aplicação do direito público,

---

Parágrafo único. A decisão a que se refere o *caput* deste artigo deverá, quando for o caso, indicar as condições para que a regularização ocorra de modo proporcional e equânime e sem prejuízo aos interesses gerais, não se podendo impor aos sujeitos atingidos ônus ou perdas que, em função das peculiaridades do caso, sejam anormais ou excessivos.

Art. 22. Na interpretação de normas sobre gestão pública, serão considerados os obstáculos e as dificuldades reais do gestor e as exigências das políticas públicas a seu cargo, sem prejuízo dos direitos dos administrados.

§1º Em decisão sobre regularidade de conduta ou validade de ato, contrato, ajuste, processo ou norma administrativa, serão consideradas as circunstâncias práticas que houverem imposto, limitado ou condicionado a ação do agente.

§2º Na aplicação de sanções, serão consideradas a natureza e a gravidade da infração cometida, os danos que dela provierem para a administração pública, as circunstâncias agravantes ou atenuantes e os antecedentes do agente.

§3º As sanções aplicadas ao agente serão levadas em conta na dosimetria das demais sanções de mesma natureza e relativas ao mesmo fato.

[10] Nesse sentido, o Tribunal de Contas da União, no âmbito do Acórdão nº 392/2021, Plenário, deixou de aplicar multa considerando as circunstâncias administrativas à época dos fatos controversos, entendimento que privilegia o mencionado propósito da Lei nº 13.655/18: "deixar de aplicar aos responsáveis mencionados no item anterior a multa prevista no art. 58, inciso II, da Lei 8.443/1992, tendo em vista a inexigibilidade de conduta diversa em face do contexto normativo e administrativo da Autarquia à época dos fatos que subsidiaram as audiências determinadas no âmbito do Acórdão 1107/2018-Plenário".

[11] Sobre o supracitado art. 20 da LINDB, impende ressaltar o Enunciado nº 1 do Instituto Brasileiro de Direito Administrativo (IBDA): "As expressões 'esfera administrativa, controladora e judicial' contidas na LINDB abrangem o exercício de todas as funções estatais que envolvam aplicação do ordenamento jurídico". Disponível em: https://ibda.com.br/noticia/seminario-promovido-pelo-ibda-aprova-enunciados-sobre-a-lindb. Acesso em: 15 jul. 2021.

[12] Sobre o supracitado art. 21 da LINDB, o Enunciado nº 8, também do IBDA: "A expressão 'equânime', contida no parágrafo único do art. 21 da LINDB, não transmite conceito novo que não esteja previsto no ordenamento jurídico, remetendo às ideias de isonomia, razoabilidade, proporcionalidade, equidade e ponderação dos múltiplos interesses em jogo".

[13] PROCESSO CIVIL. AGRAVO DE INSTRUMENTO. TUTELA DE URGÊNCIA. AÇÃO CIVIL PÚBLICA. PASSE LIVRE ESTUDANTIL. RESPONSABILIDADE DECISÓRIA (LEI Nº 13.655/2018). DECISÃO REFORMADA. – A Lei nº 13.655/2018, que alterou a LINDB e introduziu normas de segurança jurídica na aplicação do direito público, teve por finalidade reforçar a responsabilidade decisória, nas esferas administrativas, controladora e judicial, e, obriga o julgador a avaliar, ao motivar o pronunciamento judicial, as consequências práticas de sua decisão. – Hipótese na qual merece reforma a decisão recorrida quando verificado que sua execução, no prazo de 10 dias, em momento anterior à regulamentação da lei municipal e ao restabelecimento do equilíbrio econômico-financeiro do contrato por meio de aditivo contratual, acabará por onerar de forma demasiada a concessionária, que será obrigada a suportar, sozinha e sem apoio do Poder Executivo, os custos imediatos de sua implementação. (TJMG, Agravo de Instrumento 1.0056.12.014324-5/003, Rel. Desembargador ALBERTO VILAS BOAS, 1ª CÂMARA CÍVEL, julgado em 06.08.2019)

[14] EMBARGOS DE DECLARAÇÃO. OMISSÃO, CONTRADIÇÃO OU OBSCURIDADE INEXISTENTES. DIREITO À VIDA E À SAÚDE. PEDIDO GENÉRICO. IMPOSSIBILIDADE. EMBARGOS REJEITADOS. – Cabem embargos declaratórios nas hipóteses de omissão, contradição ou obscuridade do acórdão. – O pedido de custeio de todo o tratamento decorrente da patologia que acomete a paciente, por se tratar se pleito genérico e indefinido, carece de amparo legal para ser acolhido, uma vez que viola o artigo 324 do CPC. – A execução de um pedido semelhante envolveria infindas discussões sobre o seu conteúdo na fase de execução, o que deve ser evitado. – Segundo o Decreto-Lei nº 4.657, de 4/9/1942 – Lei de Introdução às Normas do Direito Brasileiro: Art. 20. Nas esferas administrativa, controladora e judicial, não se decidirá com base em valores jurídicos abstratos sem que sejam consideradas as consequências práticas da decisão. (Incluído pela Lei nº 13.655, de 2018) – A decisão que acata tese diversa da que foi defendida pelo embargante não é, só por isso, omissa. (TJMG, Embargos de Declaração 1.0126.16.001759-9/002, Rel. Desembargador WANDER MAROTTA, 5ª CÂMARA CÍVEL, julgado em 25.04.2019)

[15] DIREITO PROCESSUAL CIVIL E LEGISLAÇÃO EXTRAVAGANTE. AÇÃO DE RESPONSABILIDADE CIVIL. PRETENSÃO DE INDENIZAÇÃO POR DANO MATERIAL E MORAL. ALEGADO DESVIO DE RECURSOS DE CONTA BANCÁRIA PELA INSTITUIÇÃO FINANCEIRA. PROVA TÉCNICA. INCONCLUSIVIDADE E INCONSISTÊNCIA ENTRE AS PERÍCIAS REALIZADAS NOS AUTOS. NECESSIDADE DE REALIZAÇÃO DE PROVA CONCLUDENTE A RESPEITO DOS FATOS DA CAUSA. ARTIGOS 480, CAPUT E P. PRIMEIRO DO CPC. POSSIBILIDADE. ESTABELECIMENTO DAS DIRETRIZES DA PERÍCIA. MATÉRIA PRELIMINAR ACOLHIDA E PRIMEIRO RECURSO PROVIDO. SENTENÇA DESCONSTITUÍDA. 1. A possível deficiência probatória não pode tornar o julgador cego diante das variáveis fáticas que exsurgem como verossímeis no contexto conhecido. Não pode destarte se contentar com a superada verdade formal resultante da prova dos

teve por finalidade reforçar a responsabilidade decisória, nas esferas administrativas, controladora e judicial, e, obrigou o julgador a avaliar, ao motivar o pronunciamento judicial, as consequências práticas de sua decisão".[16]

Nesse sentido, dada a importância da Lei nº 13.655/18, o Instituto Brasileiro de Direito Administrativo (IBDA) editou sobre a temática 21 (vinte e um) enunciados,[17] [18] dentre os quais destacamos por ora os seguintes – ao longo da obra, outros serão salientados, quando do momento oportuno:

3. A abertura a distintas "possíveis alternativas", prevista no parágrafo único do art. 20, é imposta a todos os destinatários da LINDB. Os controles administrativo e judicial devem considerar o cenário vivenciado pela Administração ao tempo da decisão ou opinião, reservando-se a possibilidade de indicação pelo controlador, sem juízo de invalidação ou reprovação, de alternativas administrativas mais adequadas para o futuro.

4. As "consequências práticas" às quais se refere o art. 20 da LINDB devem considerar, entre outros fatores, interferências recíprocas em políticas públicas já existentes.

5. A avaliação das consequências práticas, jurídicas e administrativas é indispensável às decisões nas esferas administrativa, controladora e judicial, embora não possa ser utilizada como único fundamento da decisão ou opinião.

10. A expressão "ônus e perdas anormais e excessivos", constante do parágrafo único do art. 21 da LINDB, faz referência à imposição de obrigações de fazer ou não fazer (ônus) e a qualquer tipo de dano, a exemplo dos danos materiais, morais, emergentes e lucros cessantes (perdas), que não se mostrem razoáveis e proporcionais no caso concreto.

11. Na expressão "dificuldades reais" constante do art. 22 da LINDB estão compreendidas carências materiais, deficiências estruturais, físicas, orçamentárias, temporais, de recursos humanos (incluída a qualificação dos agentes) e as circunstâncias jurídicas complexas, a exemplo da atecnia da legislação, as quais não podem paralisar o gestor.

---

autos para chegar a um veredicto, devendo sim nortear sua atividade judicante pela constante busca da verdade, assim entendida como a investigação da prova de forma a aproximar suas decisões tanto quanto seja possível do encadeamento concreto dos fatos reais. 2. Nos artigos 437 e 438 do CPC/73, vigentes à época da instrução do feito, o juiz poderia determinar, de ofício ou a requerimento da parte, a realização de nova perícia, quando a matéria não lhe parecesse suficientemente esclarecida. A segunda perícia deve ter por objeto os mesmos fatos sobre que recaiu a primeira e destina-se a corrigir eventual omissão ou inexatidão dos resultados a que esta conduziu. Referidas disposições legais foram incorporadas nos artigos 480, 'caput' e §1º do CPC/15. 3. Reputa-se necessária a submissão da prova destinada à resolução de um hard case a uma revisão técnica, ou seja, uma segunda opinião, pelo menos, mormente diante de eventual inconclusividade ou inconsistência entre as anteriores (hipótese dos autos). 4. Nos termos do artigo 20 da Lei de Introdução às Normas do Direito Brasileiro (LINDB), com redação incluída pela Lei nº 13.655/2018, nas esferas administrativa, controladora e judicial, não se decidirá com base em valores jurídicos abstratos sem que sejam consideradas as consequências práticas da decisão. (TJMG, Apelação Cível 1.0024.04.443830-7/010, Rel. Desembargador OTÁVIO PORTES, 16ª CÂMARA CÍVEL, julgado em 03.10.2018)

[16] TJMG, Agravo de Instrumento 1.0000.18.050692-5/001, Rel. Desembargador ALBERTO VILAS BOAS, 1ª CÂMARA CÍVEL, julgado em 16.04.2019.

[17] Todos podem ser acessados em: https://ibda.com.br/noticia/seminario-promovido-pelo-ibda-aprova-enunciados-sobre-a-lindb.

[18] Os enunciados foram aprovados em seminário organizado pelo IBDA, em que participaram administrativistas de todo o Brasil. Participantes: Adriana da Costa R. Schier (PR), Clóvis Beznos (SP), Cristiana Fortini (MG), Emerson Gabardo (PR), Florivaldo Dutra de Araújo (MG), Geraldo Spagno (MG), João Paulo Lacerda (MS), Joel Niebuhr (SC), José Osório Nascimento Neto (PR), Lígia Melo Casimiro (CE), Maria Fernanda Pires (MG), Raquel Urbano de Carvalho (MG), Rogério Medeiros (MG), Rodrigo Valgas dos Santos (SC), Rúsvel Beltrame da Rocha (MG), Pedro Niebuhr (SC). Coordenação: André Freire (SP), Irene Nohara (SP), Luciano Ferraz (MG), Vanice Valle (RJ). Coordenação Geral: Fabrício Motta (GO).

12. No exercício da atividade de controle, a análise dos obstáculos e dificuldades reais do gestor, nos termos do art. 22 da LINDB, deve ser feita também mediante a utilização de critérios jurídicos, sem interpretações pautadas em mera subjetividade.

13. A competência para dizer qual é a melhor decisão administrativa é do gestor, não do controlador. O ônus argumentativo da ação controladora que imputa irregularidade ou ilegalidade à conduta é do controlador, estabelecendo-se diálogo necessário e completo com as razões aduzidas pelo gestor.[19]

---

[19] Também o Ministério Público do Estado de Minas Gerais (MPMG), em reação à Lei nº 13.655/18, editou 17 (dezessete) enunciados, cujo cerne se volta mais para a garantia da responsabilização do agente público que para a garantia de segurança jurídica quando da atuação dos administradores públicos. Destacamos os enunciados na listagem abaixo, disponíveis em: https://www.mpmg.mp.br/files/diariooficial/DO-20200331.PDF: ENUNCIADO 1. A Lei nº 13.655, de 25 de abril de 2018, que alterou a Lei de Introdução às Normas do Direito Brasileiro (LINDB/Decreto-Lei nº 4.657/1942), deve ser interpretada e concretizada em conformidade com a Constituição da República, não se prestando a desonerar o gestor público dos deveres constitucionais de boa administração, de planejamento administrativo e de plena concretização dos direitos fundamentais; ENUNCIADO 2. A Lei nº 13.655, de 25 de abril de 2018, reforça a ideia de responsabilidade decisória estatal diante da incidência de normas jurídicas indeterminadas e, assim, as suas diretrizes normativas devem ser interpretadas e concretizadas para evitar motivações decisórias vazias, amparadas em argumentos desprovidos de adequada análise prévia de fatos, com impactos contrários aos objetivos da República Federativa do Brasil, consagrados no art. 3º da Constituição da República, os quais vedam a utilização de questões meramente econômicas da gestão pública como fundamento para se inviabilizar a tutela dos direitos fundamentais relacionados à vida e à sua existência com dignidade (artigo 5º, §§1º, 2º e 3º, da CF); ENUNCIADO 3. Os direitos e as garantias constitucionais fundamentais têm carga de eficácia jurídica imediata, nos termos do que está previsto expressamente no artigo 5º, §1º, da CF, não lhes sendo compatível interpretação restritiva (art. 5º, §2º, da CF), de forma que as diretrizes principiológicas de interpretação constitucional devem impor, como núcleos centrais do Sistema Jurídico Brasileiro, a adequada interpretação das diretrizes inseridas pela Lei n.º 13.655, de 25 de abril de 2018, na Lei de Introdução às Normas do Direito Brasileiro (LINDB); ENUNCIADO 4. A Lei nº 13.655, de 25 de abril de 2018, não pode fomentar decisões judiciais capazes de premiar a má governança, a ausência de planejamento administrativo e a desorganização da gestão pública, devendo ser interpretada em conexão com as normas constitucionais fundamentais e setoriais da Administração Pública; ENUNCIADO 5. Para priorizar e efetivar a atuação preventiva, garantia fundamental do cidadão e dever dos órgãos de controle, o Ministério Público, com base no artigo 129, II, da Constituição da República de 1988 e em suas Leis Orgânicas, poderá expedir recomendações e alertas aos gestores, conforme o caso, no sentido de que a ausência de motivação adequada quanto à análise das consequências práticas dos atos administrativos, inclusive em face das possíveis alternativas, configura ilegalidade e, em circunstâncias mais graves, pode vir a configurar ato de improbidade administrativa; ENUNCIADO 6. A interpretação e a concretização do artigo 20 da Lei de Introdução às Normas do Direito Brasileiro (LINDB) pelas esferas administrativas, controladoras e judiciais devem considerar as funções constitucionais e os deveres fundamentais de cada Instituição, especialmente em relação aos deveres de proteção e de efetivação dos direitos e das garantias constitucionais fundamentais; ENUNCIADO 7. Na avaliação das consequências práticas da decisão nas esferas administrativa, controladora e judicial referidas no art. 20 da Lei de Introdução às Normas do Direito Brasileiro (LINDB), além dos aspectos econômicos da gestão pública, devem ser considerados os interesses relacionados à defesa dos direitos humanos e dos direitos fundamentais, especialmente quanto à promoção da pessoa humana, à proteção da vida, à integridade física, à liberdade e à igualdade; ENUNCIADO 8. A indicação das consequências da decisão prevista no art. 20 da Lei de Introdução às Normas do Direito Brasileiro (LINDB) deve ser explícita, múltipla nos vários aspectos das consequências da decisão e contemporânea à produção do ato administrativo, sob pena de invalidação; ENUNCIADO 9. O art. 20 da Lei de Introdução às Normas do Direito Brasileiro (LINDB) não poderá ser interpretado de forma a viabilizar a construção de uma motivação retroativa, que pretenda validar o ato ilícito em virtude das consequências práticas geradas; ENUNCIADO 10. O art. 20 da Lei de Introdução às Normas do Direito Brasileiro (LINDB) impôs ao gestor o dever de analisar as consequências práticas de seus atos, e, não o fazendo quando o contexto fático é claro em demonstrar que as consequências contraindicam a decisão, poderá ser responsabilizado; ENUNCIADO 11. Considera-se valor jurídico abstrato, referido no art. 20 da Lei de Introdução às Normas do Direito Brasileiro (LINDB), a "liberdade econômica" de que trata a Lei nº 13.784/2019. ENUNCIADO 12. O art. 20 da Lei de Introdução às Normas do Direito Brasileiro (LINDB) incorporou a consideração das consequências práticas do ato como critério concretizador dos valores jurídicos abstratos; assim, o controle a ser exercido sobre o ato e a discricionariedade do gestor é tanto o de legalidade quanto o de constitucionalidade, segundo a análise de aspectos como motivação, razoabilidade, proporcionalidade e desvio de poder; ENUNCIADO 13. O Administrador Público está vinculado à motivação atribuída ao ato, a qual, em caso de inadequação ou insubsistência, acarretará ilegalidade e/ou inconstitucionalidade; ENUNCIADO 14. Na interpretação e na aplicação do art. 21 Lei de Introdução às Normas do Direito Brasileiro (LINDB), devem ser consideradas as consequências práticas da decisão quanto à efetividade de direitos humanos e de direitos fundamentais, especialmente em relação à promoção da pessoa humana, à proteção da vida, à integridade física, à liberdade

Nesse contexto, o processo administrativo surge como mecanismo de "domesticação da atuação administrativa", nas palavras de Romeu Felipe Bacellar Filho,[20] ou como forma de vivificar as ações administrativas.

Os princípios do contraditório e do devido processo legal reafirmam a necessidade de que a ação administrativa seja resultado da colaboração e da cooperação[21] de todos os envolvidos na relação processual.[22]

Não se trata de negar valia ao que é posto na lei, mas de examiná-la à luz das circunstâncias que estão presentes no caso concreto.

Segundo o entendimento clássico referente à atuação administrativa do Estado, de um lado figurava como interessada a sociedade, que em prol da satisfação dos interesses coletivos é tolhida no exercício dos direitos individuais, estabelecendo uma relação de subordinação frente ao Poder Público. De outro, por sua vez, o Estado soberano, com traços de autoridade, de prevalência sobre o indivíduo, objetivando assegurar a supremacia do interesse público sobre o interesse dos particulares.

Assim, pode-se dizer que a atuação estatal girava em torno de uma manifestação unilateral que, agindo nessa qualidade, objetivava um fim imediato de adquirir, resguardar, transferir, modificar, extinguir e declarar direitos, ou impor obrigações aos particulares ou a si própria.

Nesse sentido, Egon Bockmann Moreira afirma que:

> os atos eram emanados com presunção de legalidade/legitimidade e, teoricamente passíveis de controle posterior. Logo, não havia motivo ou razão para que o particular se imiscuísse na sua produção. Se algo acontecer depois será remediado.[23]

---

e à igualdade substancial, e não somente meros argumentos artificiais baseados em interesses econômicos da gestão pública contrários ao mínimo existencial; ENUNCIADO 15. Na interpretação e na aplicação do art. 22 Lei de Introdução às Normas do Direito Brasileiro (LINDB), devem ser analisadas as dificuldades e os obstáculos administrativos, levando-se em consideração, sobretudo, as vulnerabilidades e as hipervulnerabilidades dos administrados, sendo certo que o não reconhecimento das amplas necessidades das populações mais carentes é séria omissão dos agentes políticos e públicos; ENUNCIADO 16. Os obstáculos administrativos e as dificuldades previstas no art. 22 da Lei de Introdução às Normas do Direito Brasileiro (LINDB) dizem respeito à governabilidade, mas não podem ser justificativas para deixar de aplicar a boa governança e o consequente planejamento administrativo, especialmente em relação aos deveres fundamentais de proteção dos administrados; ENUNCIADO 17. Além da responsabilidade pessoal do agente público por suas decisões ou opiniões técnicas em caso de dolo ou erro grosseiro, prevista no art. 28 da Lei de Introdução às Normas do Direito Brasileiro (LINDB), a Constituição da República (art. 37, §6°) e a Lei de Improbidade Administrativa (art. 10) consagram a responsabilidade a título de culpa. Quanto a este último enunciado, vale informar que a Lei nº 14.230/21 extirpou a possibilidade de cometimento de ato de improbidade administrativa mediante culpa, sendo o dolo imprescindível para a configuração do ato ímprobo.

[20] BACELLAR FILHO, Romeu Felipe. *Processo administrativo disciplinar.* 2. ed. São Paulo: Max Limonad, 2003, p. 133.

[21] Sobre a cooperação no âmbito do processo administrativo, o Superior Tribunal de Justiça já decidiu que "as exigências firmadas no procedimento administrativo não se mostram em sintonia aos princípios que norteiam a boa-fé objetiva da Administração Pública – os quais se vinculam, propriamente, à concepção de moralidade administrativa –, especialmente identificada no sentido de garantir ao segurado, confiança, cooperação, transparência e lealdade". (STJ, AREsp 1840254/PR, Rel. Ministro MANOEL ERHARDT (DESEMBARGADOR CONVOCADO DO TRF-5ª REGIÃO), julgado em 24.06.2021)

[22] Recurso Extraordinário. Servidor público. Policial militar. Licenciamento *ex officio*. A ausência de processo administrativo para a apuração da culpa ou dolo do servidor. Princípio do contraditório e da ampla defesa. Inobservância. Recurso provido. À demissão do servidor público, com ou sem estabilidade no cargo, deve preceder processo administrativo para a apuração da culpa, assegurando-lhe a ampla defesa e o contraditório. (STF, RE AgR 217.579/PE, Rel. Ministro CEZAR PELUSO, PRIMEIRA TURMA, DJ 04.03.2005)

[23] MOREIRA, Egon Bockmann. O direito à prova no processo administrativo. *Fórum Administrativo – Direito Público*, Belo Horizonte, ano 4, n. 39, p. 3793-3803, maio 2004.

INTRODUÇÃO | 31

Isso, portanto, acabou por postergar a aplicação do processo administrativo, já que para a produção do ato administrativo bastava apenas a vontade da Administração Pública. Não se discutia a necessidade de participação ativa do particular na elaboração e, consequentemente, na execução do ato.

Com o passar do tempo e em decorrência do caráter expressamente dinâmico do direito e da sociedade, percebeu-se uma maior atuação da coletividade nas questões administrativas, o que culminou na edição de normas legais mais voltadas para os particulares, a efetivar uma maior aplicabilidade do princípio do devido processo legal, fazendo-o cada vez mais se expandir e se afirmar nas questões administrativas.

Foi com o advento da Constituição de 1988 que a ideia de processo administrativo cresceu de importância, pois inserido no art. 5º, LV, para inviabilizar uma atuação estatal exclusivamente unilateral do Estado.

Ao contrário, nos tempos atuais, espera-se a participação do interessado em qualquer decisão a ser tomada pelo Poder Público, justamente porque lhe estão assegurados o devido contraditório e a ampla defesa, com todos os meios e recursos inerentes ao processo, seja ele judicial ou administrativo. Conforme posto, o particular não mais é vislumbrado enquanto mero destinatário das ações administrativas, mas enquanto verdadeiro sujeito capaz de influenciar e construir, de forma ativa, o agir administrativo; e não por outra razão a Lei nº 9.784/99 prevê, além dos já afirmados contraditório e ampla defesa, mecanismos de participação popular, a exemplo das consultas e audiências públicas, que privilegiam a construção dialógica e coparticipada da atuação pública.

Desta forma, a fim de legitimar a atuação da pessoa privada na formação dos atos administrativos do Estado, e em virtude da ideia do Estado Democrático de Direito, viu-se a necessidade de elaboração de uma lei com vistas à proteção dos direitos dos particulares, garantindo meios de controle da adequada ação estatal e visando ao melhor cumprimento dos fins da Administração Pública.

Desse modo, tendo como base os princípios da legalidade e do devido processo legal, foi promulgada, em 1999, a Lei nº 9.784, dispondo acerca do Processo Administrativo Federal.[24]

Questões como a obediência aos princípios, a fixação sobre direitos e deveres dos particulares, a instauração do processo administrativo, a previsão de causas suspensivas e impeditivas da autoridade julgadora são alguns pontos que podem ser observados e analisados na referida lei.

Com a promulgação da Lei nº 9.784/99, os preceitos e princípios que anteriormente se encontravam jungidos pela jurisprudência e pela doutrina passam a integrar o direito positivo. Os princípios da razoabilidade e da proporcionalidade, por exemplo, hoje positivados no art. 2º da supradita lei, malgrado aceitos pelos operadores do direito, nunca

---

[24] Como ensina Maria Sylvia Zanella Di Pietro, a Lei nº 9.784/99 foi resultado "do trabalho de Comissão de Juristas designada pelo governo Federal, presidida por Caio Tácito e composta pelos Professores Odete Medauar, Maria Sylvia Zanella Di Pietro, Inocêncio Mártires Coelho, Diogo de Figueiredo Moreira Neto, Almiro do Couto e Silva, José Carlos Barbosa Moreira, Adilson Abreu Dallari, José Joaquim Calmon de Passos, Paulo Eduardo Garrido Modesto e Cármen Lúcia Antunes Rocha". Conferir: DI PIETRO, Maria Sylvia Zanella. Aplicabilidade da lei de processo administrativo federal. *In*: BITENCOURT NETO, Eurico; MARRARA, Thiago (Coord.). *Processo administrativo brasileiro*: estudos em homenagem aos 20 anos da lei federal de processo administrativo. Belo Horizonte: Fórum, 2020, p. 24.

estiveram expressamente previstos.[25] E, justamente em decorrência desta positivação e dos ideais democráticos do Estado, a lei do processo administrativo passa a proporcionar melhores condições para os particulares envolvidos no processo, garantindo-lhes a ampla defesa e a igualdade na relação processual, visto que a legislação abarca parâmetros legais necessários à segurança jurídica.

Outra relação a ser analisada é entre o Estado Democrático de Direito e o processo administrativo. Afirma-se que o segundo é instrumento de concretização do primeiro,[26] já que este (o processo administrativo) objetiva um maior controle da atividade administrativa, como também a participação efetiva do interessado na formação do processo. Conclui-se, portanto, que algumas das principais finalidades do processo administrativo são justamente o controle e a participação dos particulares.[27]

Marcelo Andrade Cattoni de Oliveira reforça o entendimento quando afirma que a determinação da norma adequada se condiciona às considerações dos pontos de vista que estão em cena, a fim de garantir a coerência integrativa do Direito e a adequabilidade da decisão ao caso concreto.[28]

A respeito do processo administrativo e do Estado Democrático de Direito, assegura Rafael Munhoz de Mello que há nítida relação[29] entre eles, afirmando o seguinte:

> Pode-se dizer que o processo administrativo é instrumento de concretização da opção constitucional por um Estado Democrático de Direito, pois permite não só um maior controle sobre o exercício da função administrativa, como também a participação popular no *iter* de formação do ato administrativo. Controle e participação, portanto, são as principais finalidades do processo administrativo, essenciais para a efetivação do princípio democrático.[30]

A verdade é que há muito se buscava a edição de lei que regulamentasse, de forma geral, normas básicas de processo administrativo, uma vez que havia uma grande insegurança por parte dos agentes públicos na tomada de algumas decisões. Por exemplo, vozes doutrinárias do escalão de Themístocles Brandão Cavalcanti, Manoel de Oliveira Franco Sobrinho e Hely Lopes Meirelles já apontavam para a necessidade de se editar uma lei geral de processo administrativo.[31]

---

[25] Nesse sentido: MEDAUAR, Odete. Lei nº 9.784, de 29 de janeiro de 1999: formação e características centrais. *In*: BITENCOURT NETO, Eurico; MARRARA, Thiago (Coord.). *Processo administrativo brasileiro*: estudos em homenagem aos 20 anos da lei federal de processo administrativo. Belo Horizonte: Fórum, 2020, p. 18.

[26] MELLO, Rafael Munhoz de. Processo administrativo, devido processo legal e a Lei 9784/99. *A&C – Revista de Direito Administrativo e Constitucional*, ano 3, n. 11, p. 149, jan./mar. 2003.

[27] Importa esclarecer que não se está aqui a mencionar a participação dos particulares em processos, nos quais os mesmos podem ter direitos individuais, por exemplo, atingidos por meio da aplicação de alguma sanção administrativa.

[28] OLIVEIRA. Jurisdição e hermenêutica constitucional no Estado Democrático de Direito: um ensaio de teoria da interpretação enquanto teoria discursiva da argumentação jurídica de aplicação. *In*: OLIVEIRA. *Jurisdição e hermenêutica constitucional no Estado Democrático de Direito*, p. 54.

[29] MELLO, Rafael Munhoz de. Processo administrativo, devido processo legal e a Lei 9784/99. *A&C – Revista de Direito Administrativo e Constitucional*, ano 3, n. 11, p. 149, jan./mar. 2003.

[30] MELLO, Rafael Munhoz de. Processo administrativo, devido processo legal e a Lei 9784/99. *A&C – Revista de Direito Administrativo e Constitucional*, ano 3, n. 11, p. 149, jan./mar. 2003. No mesmo sentido: CAVALCANTI, Caio Mário Lana. *Uma teoria do dever fundamental de pagar tributos*. Rio de Janeiro: CEEJ, 2019, p. 28 e 29.

[31] Esse levantamento de entendimentos doutrinários anteriores à Lei nº 9.784/99 que apontavam pela necessidade de uma lei geral de processo administrativo é de autoria de Odete Medauar em: MEDAUAR, Odete. Lei nº

INTRODUÇÃO | **33**

Antes, portanto, da edição da lei federal sobre processo administrativo, o Estado de Sergipe cuidou do assunto, por meio da Lei Complementar nº 33, de 26/12/96, cujo anteprojeto foi elaborado pelo então Ministro do Supremo Tribunal Federal Carlos Ayres Britto e pelo Professor José Sérgio Monte Alegre.

Logo após a iniciativa do Estado de Sergipe, foi a vez da Lei Paulista nº 10.177/98 ser editada. Destaca-se a presença de Carlos Ari Sundfeld como um dos maiores colaboradores na elaboração da citada legislação.[32][33]

Vale a pena ressaltar as datas das promulgações das leis gerais sobre processo administrativo no Brasil e em outros países. Ao compararmos a realidade brasileira com a estrangeira, é perceptível a delonga havida na elaboração de leis acerca do processo administrativo. Já em 1925, a Áustria editou sua primeira lei sobre o assunto, e o mesmo ocorreu na Espanha, em 1958, na Alemanha, em 1978, no Uruguai, em 1966, na Argentina, em 1972, entre outros países.[34]

A presente obra destina-se à análise da Lei Federal de Processo Administrativo, Lei nº 9.784/99, artigo por artigo, por meio de uma interpretação sistemática que permita apontar avanços, sem deixar de fazer as críticas pertinentes e de indicar a jurisprudência aplicável ao assunto.

Nesta edição, não poderíamos também deixar de enfrentar, quando pertinente, as inovações legislativas inexistentes quando das edições anteriores que, em maior ou menor medida, influenciam na aplicação e na interpretação da Lei nº 9.784/99. Um exemplo claro disso é a Lei nº 13.655/18, que acresceu diversos artigos à Lei de Introdução às Normas do Direito Brasileiro (LINDB) e que sem sombra de dúvidas é relevantíssima para o estudo dos processos administrativos.

Para melhor elucidação e clareamento da interpretação normativa, buscou-se enfocar também os aspectos práticos do processo administrativo, para além da teoria.

Assim, esperamos alcançar o escopo pretendido, qual seja, oferecer à comunidade uma obra que, além de interpretar a Lei Federal de Processo Administrativo, busca demonstrar sua aplicabilidade tão necessária para o regular desempenho da Administração Pública, possibilitando, ainda, por meio das jurisprudências colacionadas, que o leitor conheça a compreensão dos tribunais sobre a lei em comento.

9.784, de 29 de janeiro de 1999: formação e características centrais. *In*: BITENCOURT NETO, Eurico; MARRARA, Thiago (Coord.). *Processo administrativo brasileiro*: estudos em homenagem aos 20 anos da lei federal de processo administrativo. Belo Horizonte: Fórum, 2020, p. 13.

[32] A esse respeito: MEIRA, José de Castro. Processo administrativo. *BDA – Boletim de Direito Administrativo*, São Paulo, v. 19, n. 3, p. 198, mar. 2003.

[33] O Estado de Minas Gerais teve sua Lei de Processo Administrativo, nº 14.184, promulgada em 31.01.2002.

[34] MELLO, Rafael Munhoz de. Processo administrativo, devido processo legal e a Lei 9784/99. *Revista de Direito Administrativo*, Rio de Janeiro, n. 227, p. 83, jan./mar. 2002.

PROCESSO ADMINISTRATIVO

Comentários à Lei nº 9.784/1999

Art. 1º | 37

Lei nº 9.784, de 29 de janeiro de 1999
Publicada no DOU de 01.02.1999

Regula o processo administrativo no âmbito da Administração Pública Federal.
O PRESIDENTE DA REPÚBLICA, faço saber que o Congresso Nacional decreta e eu sanciono a seguinte Lei:

Capítulo I
DAS DISPOSIÇÕES GERAIS

Art. 1º. *Esta lei estabelece normas básicas sobre o processo administrativo no âmbito da Administração Federal direta e indireta, visando, em especial, à proteção dos direitos dos administrados e ao melhor cumprimento dos fins da Administração.*

Comentários

A lei federal em foco, ao estabelecer normas básicas sobre processo administrativo, cumpre o objetivo de guiar o particular na busca da ampla defesa e do contraditório, garantindo-lhe o devido processo legal, além de nortear a atuação administrativa. Assim, inexistindo lei específica a regular determinado processo administrativo na esfera federal, será ele disciplinado pela Lei Federal nº 9.784/99, visto que a mesma se caracteriza por ser norma básica. Se, porém, já existir lei específica para o processo administrativo, esta será aplicada, desde que não conflite com os princípios da lei federal que ora se comenta, que, de resto, já eram consagrados como princípios vetores da atuação administrativa.

Cabe ressaltar, primeiramente, que se fez opção por não comentar o desenvolvimento histórico da natureza jurídica do processo, em face da complexidade e do aprofundamento que se faria necessário dispensar ao Direito Processual Civil. Dentro desta perspectiva, objetiva-se tão somente definir "processo" segundo os ensinamentos atuais, para que se possa distingui-lo de "procedimento" e compreender melhor o alcance do artigo.

O texto constitucional utiliza a expressão "processual" ao reservar, no art. 22, inciso I, a competência privativa da União para legislar sobre esta área, enquanto admite a competência concorrente da União, dos Estados e do Distrito Federal para legislar sobre "procedimentos em matéria processual" (art. 24, XI).

Etimologicamente, processo advém do latim *procedere*, que significa "ir na frente, avançar, progredir",[35] e foi durante muito tempo considerado apenas como uma simples sucessão de atos ordenados.

---

[35] HOUAISS, Antônio; VILLAR, Mauro de Sales. *Dicionário Houaiss da língua portuguesa*. Rio de Janeiro: Objetiva, 2001, p. 2303.

Já procedimento é usualmente conceituado como o conjunto de atos que compõem o processo, isto é, o *iter* que vai do pedido inicial à decisão.

Com o decurso do tempo e a evolução da sociedade, a doutrina buscou traçar o conceito de processo, surgindo, assim, várias teorias a respeito da sua definição.

Nos dias atuais, o processo se caracteriza por ser um instituto jurídico cuja criação foi adotada para a explicação do modelo democrático, em que se verifica a presença da ampla defesa e do contraditório numa situação de litígio. Vale dizer que o processo é uma forma de leitura da democracia.

Como assevera Bernardo Strobel Guimarães,

> o processo é fenômeno que se junge de maneira indelével à noção de ampla defesa e contraditório assegurado aos litigantes e acusados. Onde houver litigantes e acusados, surgirá o fenômeno do processo com suas garantias.[36]

O procedimento, por sua vez, é a maneira como se opera a manifestação do Poder Público,[37] isto é, para que o Estado atue, faz-se mister um procedimento imposto por lei, para resultar em uma decisão ou em uma sequência de atos. Trata-se o procedimento, pois, de uma sequência concatenada e sucessiva de atos, de acordo com uma lógica e ordem legalmente previstas. A ideia de procedimento, assim, relaciona-se à ideia de rito, à ideia de atos realizados em sequência de acordo com determinada previsão legal.[38]

O uso do termo "processo administrativo" encontra resistência em autores da magnitude de Carlos Ari Sundfeld e Marçal Justen Filho. Para o primeiro, processo é noção muito ligada ao processo jurisdicional. Assim, seria inconveniente utilizar a expressão no âmbito da Administração Pública, sob pena de se compreender que os efeitos num caso e em outro são iguais. O Professor Marçal Justen Filho refuta a expressão "processo administrativo" ao dizer que processo vincula sempre os seguintes sujeitos: as partes e o juiz, que se situa equidistante, exercendo seu afazer de forma imparcial. Tal situação, todavia, não existe no "processo administrativo", porque "por maior que seja a fortaleza moral do julgador, sua visão está formada e condicionada pela Administração Pública", o que impede a neutralidade necessária ao "processo".

Entendemos, todavia, que a questão pode ser examinada sob outro ângulo. Os princípios cogentes da Administração Pública pautam o agir do administrador público, ainda que na posição de julgador, pelo que inaceitável seria, sob pena de ofender especialmente o princípio da moralidade e da legalidade, que o administrador-julgador se guiasse de forma "condicionada" pela Administração.

Com respeito, pensamos que processo não se detecta apenas quando em jogo a atividade jurisdicional. A atividade não episódica do Estado reclamará um processo.

---

[36] GUIMARÃES, Bernardo Strobel. Âmbito de validade da lei de processo administrativo (Lei n. 9.784/99): para além da Administração Federal. *A&C – Revista de Direito Administrativo e Constitucional*, Belo Horizonte, ano 4, n. 16, p. 201, abr./jun. 2004.

[37] GUIMARÃES, Bernardo Strobel. Âmbito de validade da lei de processo administrativo (Lei n. 9.784/99): para além da Administração Federal. *A&C – Revista de Direito Administrativo e Constitucional*, Belo Horizonte, ano 4, n. 16, p. 206, abr./jun. 2004.

[38] Nesse sentido: OLIVEIRA, Rafael Carvalho Rezende. *Curso de direito administrativo*. 4. ed. rev., atual. e ampl. Rio de Janeiro: Forense; São Paulo: Método, 2016, p. 338; CARVALHO FILHO, José dos Santos. *Manual de direito administrativo*. 27. ed. rev., atual. e ampl. São Paulo: Atlas, 2014, p. 152.

Processos serão jurisdicionais ou não, conforme se trate da atividade judicante ou não. Entende-se, por isso, correta a menção aos processos administrativos – até porque a própria Constituição da República, em seu art. 5º, LV, utiliza tal nomenclatura – de um lado, e os processos judiciais do outro, sem que a terminologia "processo" seja exclusiva do campo jurisdicional.

O processo administrativo envolve uma sucessão ordenada de atos e formalidades, todos devidamente concatenados e com uma sequência lógica, que se desencadeia na manifestação de vontade da Administração Pública, assegurados o contraditório, a ampla defesa e todos os demais direitos dos cidadãos.

O processo administrativo, por conseguinte, nada mais é senão um procedimento legal desenvolvido com repleto respeito aos direitos processuais constitucionais[39] e aos princípios regentes da Administração, visando a um objetivo determinado de interesse público. Assim sendo, conclui-se que todo processo é, também, um procedimento, na medida em que impõe uma sucessão de atos; mas nem todo procedimento, por sua vez, é um verdadeiro processo.

Nesse sentido, o processo administrativo protege o particular,[40] ensejando uma atuação mais transparente da Administração. Protege também porque garante o contraditório, estabelecendo formas para que o interessado se defenda ou esclareça algum fato antes da decisão da autoridade competente, e concorre para uma atuação administrativa mais transparente, na medida em que exige a motivação como condição de validade de qualquer ato. E, como consequência da transparência da atuação administrativa, teremos maiores possibilidades de participação do cidadão.

Destacam-se os comentários de Marcelo Harger, ao analisar a importância do processo administrativo para a sociedade contemporânea:

> (...) a importância do processo administrativo sobressai quanto aos seguintes aspectos: possibilidade de controle da atividade da administração pelos administrados e pelo judiciário; permite uma administração mais clarividente; resguarda os administrados contra atitudes arbitrárias por parte do Poder Público; legitima a atividade administrativa.[41]

Maria Sylvia Zanella Di Pietro aduz:

> O procedimento administrativo atende a um duplo objetivo: resguardar os administrados; e concorre para uma atuação administrativa mais clarividente. Quanto ao primeiro objetivo, salienta-se que enseja ao administrado a possibilidade de que sua voz seja ouvida antes da decisão que irá afetá-lo (...).[42]

---

[39] Nesse sentido: MEDAUAR, Odete. *Direito administrativo moderno*. 13. ed. São Paulo: RT, 2011, p. 167.

[40] Recurso extraordinário. Município. Declaração de desnecessidade de cargo. Servidor público ocupante de cargo efetivo, em estágio probatório. Exoneração *ad nutum* e sem critérios objetivos. Impossibilidade. O servidor público ocupante de cargo efetivo, ainda que em estágio probatório, não pode ser exonerado *ad nutum*, com base em decreto que declara a desnecessidade do cargo, sob pena de ofensa à garantia do devido processo legal, do contraditório e da ampla defesa. Incidência da Súmula nº 21 do STF. Recurso a que se dá provimento, para determinar a reintegração dos autores no quadro de pessoal da Prefeitura Municipal de Bicas (MG) (STF, RE nº 378041/MG, Rel. Ministro CARLOS AYRES BRITTO, PRIMEIRA TURMA, DJ 11.02.2005.)

[41] HARGER, Marcelo. A importância do processo administrativo. *BDA – Boletim de Direito Administrativo*, São Paulo, v. 15, n. 5, p. 330, maio 1999.

[42] DI PIETRO, Maria Sylvia Zanella. *Direito administrativo*. 14. ed. São Paulo: Atlas, 2002, p. 439 e 440.

Em relação ao segundo objetivo a autora esclarece que significa:

> (...) uma decisão mais bem informada, mais conseqüente, mais responsável, auxiliando, assim, a eleição da melhor solução para os interesses públicos em causa, pois a Administração não se faz de costas para os interessados, mas, pelo contrário, toma em conta aspectos relevantes por eles salientados e que, de outro modo, não seriam, talvez, sequer vislumbrados.[43]

Outrossim, o primeiro artigo da Lei de Processo Administrativo Federal buscou determinar o seu âmbito de aplicação. Neste passo, a primeira leitura que se faz do texto é que sua aplicação se restringe à Administração Pública Federal, seja ela direta ou indireta,[44] atingindo os órgãos dos poderes Legislativo e Judiciário da União quando no exercício da atividade administrativa, como referido no seu §1º. Afinal, como se sabe, a Administração Pública está presente não só no Poder Executivo, mas também nos Poderes Legislativo e Judiciário, de forma menos preponderante, quando estes últimos atuarem no escopo de sua função atípica administrativa.[45]

Superada a constatação de que a lei incide no âmbito federal, cumpre ir além: ou seja, verificar se a lei possui aplicabilidade para regulamentar situações ocorridas além da esfera federal, isto é, no âmbito da Administração Pública estadual, distrital ou municipal.

As normas que consagram princípios têm aplicação imediata para além da esfera federal, e, em caso de lacuna nas leis estaduais, distritais ou municipais que disciplinam processos específicos, aplicar-se-ão as normas da Lei nº 9.784/99, inclusive servindo de critérios gerais a serem seguidos.[46] Sobre a aplicação subsidiária da Lei de Processo Administrativo Federal aos processos administrativos estaduais, distritais e municipais, comunga-se do escólio de Eurico Bitencourt Neto, quando assevera que "a aplicação subsidiária da regulação da Lei Federal nas hipóteses de omissão legislativa, geral ou específica, quanto a manifestação das Administrações Públicas dos Estados Federados, do Distrito Federal e dos Municípios".[47]

---

[43] DI PIETRO, Maria Sylvia Zanella. *Direito administrativo*. 14. ed. São Paulo: Atlas, 2002, p. 439 e 440.

[44] Na Administração Pública direta, o Estado atua diretamente por meio de seus órgãos, ou seja, por meio de unidades que funcionam como simples repartições interiores, não se distinguindo, portanto, dele. O que se verifica são meras distribuições internas de competência, fruto de desconcentração administrativa. Na Administração Pública indireta criam-se entidades distintas, ou seja, transferem-se atribuições para outra pessoa jurídica, seja pública ou privada, ao que se denomina descentralização. A distinção entre desconcentração e descentralização, entre outras, está no fato de que a primeira refere-se sempre a uma só pessoa, isto é, a distribuição interna de competência se dá no âmbito da própria esfera de poder, enquanto que o segundo caso pressupõe pessoas jurídicas diversas.

[45] Nesse sentido: FARIA, Edimur Ferreira de. *Curso de direito administrativo positivo*. 4. ed. Belo Horizonte: Del Rey, 2001, p. 64; LIMA, Rogério Medeiros Garcia. *O direito administrativo e o poder judiciário*. 2. ed. rev. e atual. Belo Horizonte: Del Rey, 2005, p. 93.

[46] Bernardo Strobel Guimarães, em seu artigo "Âmbito de validade da lei de processo administrativo (Lei n. 9.784/99): para além da Administração Federal", apresenta-nos estudo aprofundado sobre a matéria. Conferir: GUIMARÃES, Bernardo Strobel. Âmbito de validade da lei de processo administrativo (Lei n. 9.784/99): para além da Administração Federal. *A&C – Revista de Direito Administrativo e Constitucional*, Belo Horizonte, ano 4, n. 16, abr./jun. 2004.

[47] BITENCOURT NETO, Eurico. Subsídios para a atualização da lei federal de processo administrativo. *In*: BITENCOURT NETO, Eurico; MARRARA, Thiago (Coord.). *Processo administrativo brasileiro*: estudos em homenagem aos 20 anos da lei federal de processo administrativo. Belo Horizonte: Fórum, 2020, p. 57 e 58.

Nesse sentido, vale a pena destacar julgado do Superior Tribunal de Justiça, lançado nos seguintes termos:

No que concerne à aplicação da Lei 9.784/99 no âmbito dos Estados-Membros, esta Corte já decidiu que é perfeitamente possível a aplicação subsidiária da referida lei no campo estadual, não havendo lei específica, tendo em vista que se trata de norma que deve nortear toda a Administração Pública, servindo de diretrizes aos seus demais órgãos.[48]

O STJ reafirmou o entendimento, ao apreciar o Recurso Especial nº 1148460/PR, quando deixou assente que "a Lei 9.784/99 pode ser aplicada de forma subsidiária no âmbito dos demais Estados-Membros, se ausente lei própria regulando o processo administrativo no âmbito local". No mesmo trilho, o Tribunal de Justiça do Estado de Minas Gerais confirmou tal posição ao corroborar que, conforme "a jurisprudência do Superior Tribunal de Justiça, a Lei Federal nº 9.784/99 pode ser aplicada de forma subsidiária no âmbito dos demais Estados Membros, se ausente lei própria que regule o processo administrativo".[49]

Ora, como a lei federal em questão não dissecou quais seriam os direitos a que faz alusão o art. 1º, faz-se necessário recorrer à Constituição da República de 1988 para exemplificar quais são os direitos a que a lei se refere. Podemos citar como exemplos destes direitos o direito de informação (art. 5º, XXXIII), o direito de petição (art. 5º, XXXIV), o direito ao contraditório e à ampla defesa (art. 5º, LV), entre outros.

Por fim, segundo se vê, optou o legislador por acolher implicitamente o princípio da eficiência ao mencionar que as normas do processo administrativo visam ao melhor cumprimento dos fins da Administração. Como se percebe, destaca-se, pois, a ênfase nos resultados, almejando-se o alcance de uma Administração que busque a qualidade do serviço prestado e a satisfação do interesse público, no âmbito do que exige uma Administração Pública Gerencial, em contraponto à obsoleta Administração Pública Burocrática.

Vistos esses pontos, fundamental se faz conceituar a sindicância e o inquérito administrativo.

A sindicância, usualmente, é procedimento que visa à apuração preliminar sobre eventuais irregularidades detectadas na órbita do serviço público, de forma a detectar indícios de autoria e materialidade de determinada infração ou impropriedade administrativa.[50] Caso o referido procedimento confirme a existência de anomalias, fornecidos estarão os elementos para a instauração do processo administrativo propriamente dito. Importante consignar que como procedimento sumário de apuração de possíveis irregularidades, não serve de base para aplicação de quaisquer sanções, salvo quando, a despeito do nome, a sindicância é verdadeiro processo administrativo (eis a diferença entre sindicância investigativa e sindicância punitiva).[51]

---

[48] STJ, AgRg no Ag 683.234/RS, Rel. Ministro JOSÉ ARNALDO DA FONSECA, QUINTA TURMA, DJ 05.12.2005.

[49] TJMG, Apelação Cível 1.0000.20.490348-8/001, Rel. Desembargador BITENCOURT MARCONDES, 19ª CÂMARA CÍVEL, julgado em 12.11.2020.

[50] Nesse sentido: OLIVEIRA, Rafael Carvalho Rezende. *Curso de direito administrativo*. 4. ed. rev., atual. e ampl. Rio de Janeiro: Forense; São Paulo: Método, 2016, p. 352.

[51] ADMINISTRATIVO. MANDADO DE SEGURANÇA. ENSINO SUPERIOR. TROTE. AGRESSÕES FÍSICAS E MORAIS. SINDICÂNCIA. AUSÊNCIA DE CONTRADITÓRO E AMPLA DEFESA. NULIDADE. ADVERTÊNCIA APLICADA A ALUNA VÍTIMA DO TROTE. IMPOSSIBILIDADE. AFASTAMENTO DOS EFEITOS DA

PUNIÇÃO. I – Quando o procedimento de sindicância se desenvolve além de sua natureza investigativa e adquire feição de processo administrativo disciplinar, para aplicação de penas disciplinares, sua regularidade jurídica se condiciona ao respeito aos princípios do devido processo legal, ampla defesa e contraditório. II – Tendo a impetrante demonstrado a ofensa aos princípios do contraditório e da ampla defesa, impõe-se decretar a nulidade de todo o processo de sindicância, afastando-se os efeitos das punições a ela aplicadas, inclusive para retirá-las de seus assentamentos escolares. III – Apelação e remessa desprovidas (TRF1, Apelação em Mandado de Segurança 2198-0/RR, RELATOR DES. FEDERAL DANIEL PAES RIBEIRO, SEXTA TURMA, DPJ 17.10.2000).

[52] ADMINISTRATIVO E PROCESSUAL CIVIL. AGRAVO REGIMENTAL NO MANDADO DE SEGURANÇA. PROCESSO ADMINISTRATIVO DISCIPLINAR. APLICAÇÃO AO SERVIDOR DA PENALIDADE DE SUSPENSÃO POR 45 DIAS. PRAZO PRESCRICIONAL INTERROMPIDO PELA INSTAURAÇÃO DE SINDICÂNCIA DE CARÁTER PUNITIVO. PRESCRIÇÃO DA PRETENSÃO PUNITIVA DISCIPLINAR CONFIGURADA. AGRAVO REGIMENTAL DA UNIÃO A QUE SE NEGA PROVIMENTO. 1. O termo inicial da prescrição para apuração disciplinar é contado da data do conhecimento do fato pela autoridade administrativa (Art. 142, §1º da Lei 8.112/90). A prescrição é interrompida com a instauração do referido procedimento (art. 142, §3º da Lei 8.112/90), não sendo definitiva, visto que após o prazo de 140 dias – prazo máximo para conclusão e julgamento (art. 152 c/c art. 167 da Lei 8.112/90) – o prazo prescricional recomeça a correr por inteiro. Precedentes: AgRg no MS 13.977/DF, Rel. Min. NEFI CORDEIRO, DJe 2.10.2015; MS 12.153/DF, Rel. Min. ERICSON MARANHO, DJe 8.9.2015. 2. O ponto que restou controvertido está relacionado à natureza que teve a Sindicância que precedeu o Processo Administrativo Disciplinar ensejador da penalidade, defendendo o Impetrante que o procedimento foi punitivo e, portando, marco interruptivo para a prescrição. Já a Autoridade Coatora, ora Agravante, afirma ter sido o procedimento meramente investigatório, pelo que a prescrição só teria restado interrompida com a instauração posterior do PAD. 3. De partida, deve-se destacar que os objetos, para serem apreendidos pelo Direito, devem ser analisados por seus caracteres essenciais e indecomponíveis, e não a partir dos nomes de que se revestem. Em filosofia jurídica, que se estabelece sob o signo de prescrever condutas, o essencialismo, característica do real, se sobrepõe ao puro nominalismo, porque a simples atribuição de rótulos às coisas não tem o condão de tomar aquilo que é pelo que não é. 4. Nestes termos, embora a jurisprudência desta Corte afirme que somente a sindicância instaurada com caráter punitivo tem o condão de interromper o prazo prescricional, e não aquelas meramente investigatórias ou preparatórias de um processo disciplinar (precedente: MS 12.153/DF, Rel. Min. ERICSON MARANHO, DJe 8.9.2015), é inadmissível admitir que a nomenclatura conferida à Sindicância tenha o condão de alterar a sua natureza. 5. Toda sindicância é promovida com o objetivo de justificar a abertura do processo disciplinar punitivo, com intenção de investigar possíveis condutas irregulares praticadas por Servidores. De certo, nem sempre o resultado final da Sindicância resultará em abertura de Processo Administrativo, mas seu resultado em nada desnatura a sua finalidade, que é a investigação para possível punição de Servidor infrator. 6. A mesma conclusão sobre o caráter punitivo do procedimento advém da própria condução da Sindicância com concessão de ampla defesa e contraditório, onde se verifica que não há mera apuração dos fatos, mas, sim, a averiguação de fatos que poderão levar ao indiciamento do Servidor, com abertura de prazo para a apresentação de Defesa, a oferta de Defesa Prévia, a oitiva de testemunhas e a efetivação de diligências requeridas pela Defesa, culminando a instrução com relatório conclusivo da Comissão Sindicante para fins de abertura de Processo Administrativo Disciplinar. 7. No caso dos autos, a Portaria que efetivamente instaurou a Sindicância se valeu de expressões amplas e genéricas, que não indicaram a natureza do procedimento; contudo a feição punitiva é evidenciada pelas manifestações que subsidiaram a instauração, expressas ao concluir pela instalação de sindicância punitiva, considerando a natureza dos fatos e entendendo não ser necessária a colheita prévia de informações. 8. Assim, no caso concreto, a prescrição começou a correr com o conhecimento dos fatos pela Administração, dado em 2.8.2007, sendo interrompida pela instauração da Sindicância de caráter punitivo em 25.9.2007. Considerando que o julgamento da Sindicância ocorreu tão só em 22.7.2008, o recomeço da contagem do prazo prescricional interrompido se deu antes, com o escoamento do prazo legal para a conclusão do procedimento – máximo de 140 dias. 9. Tendo em vista que a penalidade ao final imputada ao Servidor foi a suspensão, cuja aplicação se encontra na legislação – prazo prescricional de 2 anos –, conclui-se, em forma simplificada de cálculo, que a Administração tinha 2 anos e 140 dias a partir de 25.9.2007 para aplicar a penalidade, prazo extrapolado, já que a Portaria punitiva foi exarada somente em 31.3.2010 e publicada em 1º.4.2010, operando-se assim a prescrição. 10. Agravo Regimental da UNIÃO desprovido. (STJ, AgRg no MS 15280/DF, Rel. Ministro NAPOLEÃO NUNES MAIA FILHO, PRIMEIRA SEÇÃO, DJe 19.12.2018)

[53] ADMINISTRATIVO. SINDICÂNCIA INSTAURADA EM FACE DE SERVIDOR PÚBLICO FEDERAL CEDIDO À HEMOBRÁS. DENÚNCIA DE IRREGULARIDADES NO SERVIÇO PÚBLICO. CARÁTER MERAMENTE INVESTIGATIVO E INFORMATIVO DO PROCEDIMENTO. VIOLAÇÃO AOS PRINCÍPIOS DO CONTRADITÓRIO E DA AMPLA DEFESA. NÃO OCORRÊNCIA. AUSÊNCIA DE DEMONSTRAÇÃO DE ILEGALIDADE. APELAÇÃO IMPROVIDA. 1. A sindicância se reveste de caráter inquisitório, não litigioso, consistindo em procedimento preparatório para a instauração de eventual processo administrativo disciplinar, sem estar dirigido, desde logo, à aplicação de sanção a servidor público, motivo pelo é dispensável durante o seu trâmite a observância das garantias do contraditório e da ampla defesa, bem como a presença obrigatória do investigado. Precedentes do STJ e desta Corte Regional (...) (TRF5, Apelação Cível 08062559520174058300, Rel. Desembargador Federal EDILSON PEREIRA NOBRE JUNIOR, 4ª TURMA, julgado em 27.11.2018)

Ao longo da obra, trataremos mais amiúde sobre a sindicância, porque, a despeito de alentadas opiniões doutrinárias sobre a desnecessidade de intimação do sindicado para que apresente defesa, justamente por não redundar a sindicância em aplicação de qualquer sanção, temos posicionamento diverso, no sentido da utilidade da ampla defesa e do contraditório também nessa fase, quando há elementos a indicar a autoria, assunto sobre o qual discorreremos à frente. Assim, caso, desde o início, visualize-se alguém como possível responsável pelo ato sob investigação, não parece se amoldar ao próprio interesse público afastar a sua participação, porque sua presença poderá alicerçar a decisão administrativa no sentido de instaurar ou não o processo administrativo disciplinar propriamente dito.

Nosso posicionamento, imperioso destacar, independe da sindicância se destinar ou não a aplicação de penalidades, como dispõe o art. 145 da Lei nº 8.112/90, que prevê que a sindicância poderá resultar na aplicação de advertência ou suspensão de até 30 (trinta) dias.

O inquérito, por seu turno, é constantemente confundido com o próprio processo administrativo disciplinar, quando, na verdade, trata-se de parte dele. Segundo a redação do art. 148 da Lei nº 8.112/90, o processo administrativo disciplinar tem três fases: instauração, inquérito administrativo e julgamento. O inquérito administrativo se apresenta, portanto, como uma das três fases do denominado PAD na esfera federal, compreendendo instrução, defesa e relatório.

Nesse aspecto, difere-se o inquérito da sindicância, na medida em que a segunda não se apresenta como fase do processo administrativo disciplinar, mas sim meio de apuração prévia à existência do próprio processo. Por isso mesmo, afirma-se que o inquérito administrativo não se confunde nem com a sindicância e muito menos com o processo administrativo disciplinar.

O inquérito administrativo também pode ser utilizado como medida preliminar ao ajuizamento de medidas judiciais, como, por exemplo, no caso dos inquéritos civis preparatórios de ações civis públicas, que são meios de apuração sigilosos, para verificar a existência ou não de indícios que levem ao ajuizamento da medida em foco. Aqui, novamente, impõe-se discutir a validade do sigilo, retirando-se do possível acusado o direito de acompanhar os trabalhos, medida que além de vulnerar as garantias constitucionais, em nada contribui para a eficiência administrativa. Contudo, essa situação foge ao âmbito da presente obra.[54]

Em resumo, temos a sindicância como um meio prévio de apuração de possíveis faltas funcionais, o inquérito administrativo como uma fase do processo administrativo disciplinar, e este, segundo a lavra de Carvalho Filho, como instrumento formal de apuração de faltas e, se for o caso, de aplicação de sanções adequadas.

---

[54] Recomenda-se a leitura do trabalho de Rúsvel Beltrame Rocha: ROCHA, Rúsvel Beltrame. Devido processo legal, direitos fundamentais e inquérito civil público. *Revista da Procuradoria-Geral do Município de Belo Horizonte*, ano 2, n. 3, p. 191-212, jan./jun. 2009.

§1º – Os preceitos desta Lei também se aplicam aos órgãos dos Poderes Legislativo e Judiciário da União, quando no desempenho de função administrativa.

§2º – Para os fins desta Lei, consideram-se:

I – órgão – a unidade de atuação integrante da estrutura da Administração direta e da estrutura da Administração indireta;

II – entidade – a unidade de atuação dotada de personalidade jurídica;

III – autoridade – o servidor ou agente público dotado de poder de decisão.

Comentários

O Poder Executivo desenvolve, como função típica, a prática de atos de chefia de Governo e de Estado.[55] Sua típica atividade consiste em administrar, cumprindo o que está preceituado na ordem jurídica. Atipicamente, o Poder Executivo executa funções de natureza legislativa, por exemplo, quando edita medidas provisórias e decretos autônomos; e, também de forma atípica, exerce funções cuja natureza é resolutiva de conflitos, a título ilustrativo, quando julga processos administrativos.

O Poder Legislativo, que tem por funções precípuas a fiscalização e a elaboração das leis, é exercido pelo Congresso Nacional (caracterizado por ser bicameral, ou seja, integrado pela Câmara dos Deputados e pelo Senado) no âmbito federal, pelas Assembleias Legislativas na esfera estadual, pela Câmara Legislativa no âmbito distrital e pela Câmara de Vereadores, quando diz respeito aos Municípios. De forma atípica, o Poder Legislativo executa funções executivas quando, por exemplo, concede licenças aos servidores públicos afetos aos órgãos legislativos; e, também atipicamente, exerce função de natureza jurisdicional quando, a teor exemplificativo, julga o Presidente da República nos crimes de responsabilidade, encargo afeto ao Senado, nos termos do art. 52, inciso I, da Constituição da República.

Por fim, tipicamente, o Poder Judiciário é competente para o exercício da jurisdição, cuja função precípua é a de julgar as situações que lhe são submetidas. Atipicamente, o Judiciário exerce atos de cunho legislativo quando edita os regimentos internos dos tribunais e, também de maneira atípica, executa medidas de cunho executivo e administrativo quando, por exemplo, concede férias aos magistrados.

Como visto, a Constituição da República estabelece para cada qual uma função principal, isto é, uma função que lhe cabe desempenhar de forma típica. Entretanto, podem o Poder Legislativo, o Executivo e o Judiciário exercer função outra que, *a priori*, não lhe seria imputável como própria: são as funções atípicas. Por isso, inclusive, ensina Kildare Gonçalves Carvalho, em clássica obra, que a separação de poderes não pode ser vislumbrada de maneira estanque, "naquela rigidez absoluta que historicamente deu origem ao seu surgimento",[56] seja porque as funções estatais não são totalmente

---

[55] MORAES, Alexandre de. *Direito constitucional*. 19. ed. São Paulo: Atlas, 2006, p. 430.

[56] CARVALHO, Kildare Gonçalves. *Direito constitucional didático*. 4. ed. Belo Horizonte: Del Rey, 1997, p. 299.

exclusivas, mas preponderantes; seja porque cada poder estatal controla uns aos outros, no bojo do conhecido sistema de freios e contrapesos (*checks and balances*).

O §1º positivou justamente essa regra, estabelecendo expressamente a possibilidade do exercício atípico das atividades administrativas pelo Poder Legislativo e Judiciário da União, razão pela qual lhes serão aplicados também os preceitos desta lei, quando dessas funções atípicas.

Já o §2º estipula algumas definições que se destinam a indicar as acepções semânticas em que as palavras são utilizadas no corpo da Lei nº 9.784/99. Essas definições têm utilidade na tarefa de interpretação da lei. Sempre que o intérprete se deparar com os vocábulos indicados, utilizados no corpo da lei, deverá interpretá-los coerentemente com o descrito no §2º.[57]

Contribuindo para a melhor interpretação dos vocábulos indicados no dispositivo legal em comento, iremos aprofundar no estudo das definições, levando em consideração os posicionamentos doutrinários acerca do assunto.

Órgão, para a doutrina, são centros de competência despersonalizados. A propósito, invocamos a lição de Maria Sylvia Zanella Di Pietro: "O órgão não se confunde com a pessoa jurídica, embora seja uma de suas partes integrantes; a pessoa jurídica é o todo, enquanto os órgãos são parcelas integrantes do todo. O órgão também não se confunde com a pessoa física, o agente público, porque congrega funções que este vai exercer".[58]

Em sentido semelhante, José dos Santos Carvalho Filho explica: "Entre a pessoa jurídica em si e os agentes, compõe o Estado um grande número de repartições internas, necessárias à sua organização, tão grande é a extensão que alcança e tamanhas as atividades a seu cargo. Tais repartições é que constituem os *órgãos públicos*".[59]

Vale destacar também a conceituação dada por Dirley da Cunha Júnior, dada a sua completude:

> O órgão público consiste num *centro* ou *círculo de competências* ou *atribuições, despersonalizado* e instituído por lei para o desempenho de funções estatais, através de seus agentes, cuja atuação é imputada à pessoa jurídica a que pertence. Cada órgão público, como centro ou unidade de atribuições ou competências políticas ou administrativas, dispõe necessariamente de funções, cargos e agentes, mas é distinto desses elementos, que podem ser modificados, substituídos ou retirados sem supressão do órgão. Em suma, o órgão público é um feixe de poderes e atribuições que compõe a intimidade da pessoa estatal ou pessoa administrativa de direito público. Corresponde a um conjunto de competências nele delimitadas e a ele conferidas por lei.[60]

A entidade, por sua vez, como previsto na lei, é unidade de atuação dotada de personalidade jurídica que exercita atividade administrativa, como é o caso das entidades da Administração indireta (autarquias, fundações, empresas públicas, sociedades de economia mista e consórcios públicos com personalidade jurídica de direito público).

---

[57] JUSTEN FILHO, Marçal. *Comentários à lei de licitações e contratos administrativos.* Rio de Janeiro: AIDE, 1995, p. 49.

[58] DI PIETRO, Maria Sylvia Zanella. *Direito administrativo.* 19. ed. São Paulo: Atlas, 2006, p. 481.

[59] CARVALHO FILHO, José dos Santos. *Manual de direito administrativo.* 27. ed. rev., atual. e ampl. São Paulo: Atlas, 2014, p. 12 e 13.

[60] CUNHA JÚNIOR, Dirley da. *Curso de direito administrativo.* 18. ed. rev., ampl. e atual. Salvador: JusPodivm, 2020, p. 161.

Por fim, temos a noção de autoridade, que não é a mais apropriada, mas identifica o agente que recebe a atribuição de se manifestar com poder de decisão.

Art. 2º – *A Administração Pública obedecerá, dentre outros, aos princípios da legalidade, finalidade, motivação, razoabilidade, proporcionalidade, moralidade, ampla defesa, contraditório, segurança jurídica, interesse público e eficiência.*

Comentários

O art. 2º dispõe sobre os princípios aos quais a Administração Pública está submetida, repetindo, em parte, os princípios constitucionais inseridos no *caput* do art. 37 da Constituição da República e, em parte, os dispostos no título referente aos direitos e garantias fundamentais.

Mas, o art. 2º inovou ao positivar princípios que até então vinham sendo tratados apenas pela doutrina e jurisprudência, ou por leis de aplicação limitada a determinados Estados e Municípios.

Por isso mesmo, o art. 2º tem especial importância, visto ser fundamental a presença dos princípios no processo, pois, juntamente com as regras, servirão de norte para guiar os particulares e agentes públicos na tomada da decisão, melhor dizendo, são a base estruturante do Direito.[61]

Para Kildare Gonçalves Carvalho,

De se notar que os princípios expressam valores fundamentais adotados pela sociedade política (função axiológica), vertidos no ordenamento jurídico e, informam materialmente as demais normas, determinando integralmente qual deve ser a substância e o limite do ato que os executam.[62]

Princípios como normas[63]

Antes de adentrar nos princípios expressos no art. 2º da Lei nº 9.784/99, importa, primeiro, conceituar o termo.

Espécies de normas jurídicas, os princípios são os mandamentos basilares de um determinado sistema jurídico, são os alicerces sobre os quais se sustenta a ordem normativa, são as vigas mestras da edificação legal, são os fundamentos valorativos de determinada sociedade, em um determinado tempo.[64]

---

[61] MARQUES NETO, Floriano de Azevedo. Princípios do processo administrativo. *Fórum Administrativo – Direito Público*, Belo Horizonte, ano 4, n. 37, p. 3505, mar. 2004.

[62] CARVALHO, Kildare Gonçalves. *Direito constitucional*: teoria do Estado e da Constituição: direito constitucional positivo. 14. ed. Belo Horizonte: Del Rey, 2008, p. 625.

[63] FORTINI, Cristiana; REPOLÊS, Maria Fernanda Salcedo. Do ato ao procedimento no marco do direito administrativo principiológico: apontamentos sobre a Lei Federal de Processo Administrativo. *In*: CONGRESSO NACIONAL DO CONPEDI, 16, 2007, Belo Horizonte. Anais... Belo Horizonte, 2007.

[64] Em outra ocasião, já tivemos a oportunidade de definir princípios como sendo as "normas jurídicas que representam os imperativos essenciais do sistema jurídico, os alicerces e os fundamentos da ordem normativa

Nessa toada, impende destacar a reconhecida conceituação elaborada por Celso Antônio Bandeira de Mello:

> Princípio é, por definição, mandamento nuclear de um sistema, verdadeiro alicerce dele, disposição fundamental que se irradia sobre diferentes normas compondo-lhes o espírito e servindo de critério para sua exata compreensão e inteligência exatamente por definir a lógica e a racionalidade do sistema normativo, no que lhe confere a tônica e lhe dá sentido harmônico. É o reconhecimento dos princípios que preside a intelecção das diferentes partes componentes do todo unitário que há por nome sistema jurídico positivo.[65]

Ao se falar em princípios do Direito, é preciso abandonar a contraposição que tanto o juspositivismo quanto o jusnaturalismo teceram entre princípios e normas. Os princípios são normas jurídicas porque, assim como as regras, ditam um dever-ser; princípios, portanto, têm normatividade.

Cumpre ainda afastar a visão jusnaturalista segundo a qual os princípios extraídos do próprio ordenamento jurídico-positivo são insuficientes para preencher as lacunas da lei, o que induziria à necessidade de se recorrer ao Direito Natural – "à Reta Razão". Para os jusnaturalistas, princípios são axiomas jurídicos universais do bem obrar. Nas palavras de Joaquim Flóres Valdés, "um conjunto de verdades objetivas derivadas da lei divina e humana" (*apud* BONAVIDES, 1994, p. 234).

Por outro lado, os juspositivistas resumem os princípios a objetivos, sem lhes reconhecer normatividade, reduzindo-os a simples fontes supletivas de terceiro grau.[66]

Na fase pós-positivista, o princípio passa a integrar a categoria geral "norma".

Não mais prosperam, pois, aquelas ideias obsoletas segundo as quais princípios seriam meras diretrizes sem qualquer força jurídica. Muito pelo contrário: há abalizados autores que, inclusive, sustentam que a violação de um princípio é a mais grave das ilegalidades, justamente porque eles são os núcleos valorativos de todo o sistema jurídico, de forma a constituir a medula espinhal deste último. Dentre esses estudiosos é de se destacar Celso Antônio Bandeira de Mello, para quem "Violar um princípio é muito mais grave que transgredir uma norma qualquer. A desatenção ao princípio implica ofensa não apenas a um específico mandamento obrigatório, mas a todo o sistema de comandos".[67]

As regras, lado outro, são espécies de normas jurídicas marcadas pela aplicação específica a uma ou algumas situações, de forma restrita e delimitada.

Ao contrário dos princípios, que têm em seu cerne um caráter aberto, as regras são ou não são aplicadas a um caso concreto, de maneira fechada – não há como uma regra ser mais ou menos aplicada, ela é ou não é, segundo a lógica dworkiana do "tudo

---

e a base valorativa nuclear de toda a lógica da ciência jurídica em determinada comunidade e em determinado contexto histórico-cultural. Assim, os princípios, espécies do gênero norma jurídica, caracterizam-se por serem um mandamento de otimização, vetores da ordem jurídica e pilares do sistema normativo, que não mais possuem meramente caráter direcionador, mas, diversamente, 'têm força normativa' e, logo, sua violação permite a interferência do Poder Judiciário". Conferir: CAVALCANTI, Caio Mário Lana. *Comentários à lei de improbidade administrativa*. Rio de Janeiro: CEEJ, 2020, p. 66 e 67.

[65] MELLO, Celso Antônio Bandeira de. *Curso de direito administrativo*. 27. ed. São Paulo: Malheiros, 2010, p. 958 e 959.

[66] Ver, a esse respeito, a Lei de Introdução às Normas do Direito Brasileiro, arts. 5º e 6º.

[67] MELLO, Celso Antônio Bandeira de. *Curso de direito administrativo*. 27. ed. São Paulo: Malheiros, 2010, p. 959.

ou nada" (*all or nothing fashion*)[68] –, sem a possibilidade de ponderação ou de aplicação em níveis, realidade possível quando se está a falar daqueles primeiros.

É de se notar, nesse sentido, que as regras são mandamentos específicos, a serem aplicadas caso a caso, que se prestam a concretizar os princípios, que são justamente os alicerces do ordenamento. Os princípios são os fundamentos das regras. É o que se denomina, com amparo na doutrina de Raquel Melo Urbano de Carvalho, força normogenética dos princípios.[69] Por exemplo, a regra do art. 37, inciso II, da Constituição da República, que exige o concurso público,[70] é meio para que sejam concretizados os princípios da moralidade, da impessoalidade e da eficiência no bojo da Administração Pública.[71]

Há autores que demarcam a diferença entre princípios e regras a partir do grau de generalidade: os princípios seriam normas com alto grau de generalidade, e as regras teriam baixo grau de generalidade (REPOLÊS, 1995, p. 66). É o caso de autores como Del Vecchio e Bobbio (GALUPPO, 1999, p. 192). Outros consideram, por exemplo, que os princípios são fundamentos de regras, ou regras em si, ou que a norma é norma de argumentação ou de comportamento (ALEXY, 1993).

Os critérios apontados como solução para distinguir princípios de regras levam a três possíveis teses: uma sustenta que essa bipartição é inútil, porque, na verdade, há uma pluralidade infinita de classes de normas; a segunda tese divide as normas em regras e princípios, havendo uma diferença de grau de generalidade; e de acordo com a terceira tese é possível a divisão entre princípios e regras, sendo a diferença não só gradual, mas também *qualitativa*. É esta última que Alexy adota e desenvolve.

Para Alexy, os princípios são mandamentos de otimização atendidos em diferentes graus, levando-se em conta as possibilidades fáticas e jurídicas. Já as regras são normas que são cumpridas ou não: se válidas, seu cumprimento é inafastável. As regras são determinadas pelo âmbito do fático e do juridicamente possível.

A consequência desse fator de distinção ganha relevância no momento da contradição entre princípios e da contradição entre regras. Quando duas regras com conteúdos conflitantes pretendem, ambas, solucionar o caso concreto, uma única será aplicada, sendo a outra imediatamente invalidada pela escolha da primeira, ou, para não invalidar uma delas, haverá de se introduzir uma cláusula de exceção numa das regras, eliminando, dessa forma, o conflito. Portanto, duas regras com conteúdos conflitantes excluem-se. Com os princípios acontece diferente. Na colisão de princípios,

---

[68] DWORKIN, Ronald. *Taking rights seriously*. 9. ed. Cambridge: Harvard University Press, 2002, p. 20 e seguintes.

[69] CARVALHO, Raquel Melo Urbano de. *Curso de direito administrativo*. Parte geral, intervenção do estado e estrutura da administração. 2. ed. rev., ampl. e atual. Salvador: JusPodivm, 2009, p. 31.

[70] Há quem entenda que a exigência do concurso público tem natureza principiológica. Não concordamos, com o devido respeito, com tal posicionamento. Partindo das conceituações e diferenciações entre regras e princípios, é de se notar que não há como aplicar o concurso público em níveis, em maior ou menor medida ou intensidade. O concurso público é, ou não, imperioso no caso concreto, seguindo a lógica do tudo ou nada (*all or nothing fashion*). Prefere-se, assim, enquadrar o concurso público, tecnicamente, enquanto norma da espécie regra.

[71] Nesse sentido, Hely Lopes Meirelles: "O concurso é o meio técnico posto à disposição da Administração Pública para obter-se a moralidade, eficiência e aperfeiçoamento do serviço público, e, ao mesmo tempo, propiciar igual oportunidade a todos os interessados que atendam aos requisitos da lei, consoante determina o art. 37, II, da Constituição da República. Pelo concurso se afastam, pois, os ineptos e os apaniguados, que costumam abarrotar as repartições, num espetáculo degradante de protecionismo e falta de escrúpulos de políticos que se alçam e se mantêm no poder, leiloando empregos públicos". Conferir: MEIRELLES, Hely Lopes. *Direito administrativo brasileiro*. 40. ed. São Paulo: Malheiros, 2014, p. 387.

um não invalida o outro. Princípios são aplicados ao caso concreto conforme condições fáticas e jurídicas de ponderação. Nesse sentido, nada impede que, no futuro, frente a caso similar, o princípio contrário seja aplicado, atitude perfeitamente justificável pelas condições fáticas e jurídicas.

A colisão de princípios se soluciona aplicando-se a "lei de colisão", segundo a qual uma relação de tensão entre dois princípios

> (...) *no podía ser solucionada en el sentido de una prioridad absoluta de uno de [los] deberes del Estado, ninguno de ellos poseería "prioridad sin más". Más bien, el "conflicto" debería ser solucionado "a través de una ponderación de los intereses opuestos". En esta ponderación, de lo que se trata es de la ponderación de cuál de los intereses, abstractamente del mismo rango, posee mayor peso en el caso concreto.* (ALEXY, 1993, p. 90)

O conflito de regras é uma decisão a respeito da validade destas. Que uma regra valha e seja aplicada ao caso concreto significa que vale também a sua consequência jurídica; e se reitera: não podendo introduzir cláusula de exceção em uma das regras, alguma será considerada inválida. Ao se falar em validade, fala-se em pertinência ao ordenamento jurídico, ou seja, se a norma deve ser colocada fora ou dentro desse ordenamento. A colisão de princípios se dá além da dimensão da validade, na dimensão da ponderação, estabelecendo-se uma relação de preferência ou conveniência que é discutida dentro do ordenamento jurídico, ou seja, pressupõe-se que os princípios em contradição sejam válidos.

Ao contrário da colisão de regras, que é solucionada sob a supracitada lógica do "tudo ou nada" e por via dos critérios hermenêuticos clássicos da especialidade (*lex specialis derogat legi generali*), da cronologia (*lex posterior derogat legi priori*) e da hierarquia (*lex superior derogat legi inferiori*), o conflito de princípios gera um sopesamento entre eles, que resultará em preponderância – e não exclusão – de um deles no caso concreto, de acordo com a regra alexyana da proporcionalidade.

Em síntese, a proporcionalidade elaborada pelo jusfilósofo se subdivide em três outros subprincípios, que deverão ser aplicados sucessivamente, na ordem a seguir informada, para que seja aferida a proporcionalidade no caso concreto: adequação, necessidade e proporcionalidade em sentido estrito. Assim, o confronto concreto que causará o conflito jurídico entre dois ou mais princípios deve ser analisado sob tal crivo, findo o qual resolver-se-á o embate, não em abstrato, mas naquele contexto específico.

A adequação diz respeito à possibilidade fática de a medida adotada alcançar o fim. Trata-se de análise tão somente causal, ou seja, analisa-se se o meio é idôneo para atingir a finalidade pretendida. Não há que se falar em mais ou menos adequado: verifica-se se uma determinada medida é apta para se alcançar o fim pretendido e só, em uma reflexão puramente de causa e efeito.[72]

---

[72] Conforme Leila Pinheiro Bellintani: "A pertinência ou adequação consiste no subprincípio da proporcionalidade que visa verificar se a realização de determinado ato ou edição de certa norma está em conformidade com o objetivo que se almeja atingir, ou seja, busca analisar se o meio escolhido pelos elaboradores e executores das leis é adequado e suficiente para alcançar o escopo almejado". Conferir: BELLINTANI, Leila Pinheiro. *Ação afirmativa e os princípios do direito*: a questão das quotas raciais para ingresso no ensino superior no Brasil. Rio de Janeiro: Lumen Juris, 2006, p. 115.

A necessidade, por sua vez, analisada tão somente se o crivo da adequação restar perpassado, refere-se à inexistência de outro meio que seja igualmente eficaz para o fim almejado, embora menos oneroso. Isto é, questiona-se, neste segundo subprincípio, se há outras hipóteses igualmente aptas para a consecução da finalidade pretendida que causem menores ônus ou prejuízos.

Por fim, caso superado o segundo subprincípio, a proporcionalidade em sentido estrito é a ponderação por excelência. Nesta última fase, sopesar-se-á se os ganhos com a medida analisada serão maiores que as eventuais perdas.[73] Segundo Daniel Sarmento, a reflexão perpassa por uma relação de custo e benefício: se a medida trouxer mais prejuízos que ganhos, revelar-se-á desproporcional,[74] e, então, um determinado princípio será preponderante naquela análise específica.

A teoria de Alexy introduz a preocupação dos autores pós-positivistas para que reste concedida normatividade ao princípio. Preocupa o autor em resolver a embate principiológico na realidade concreta justamente porque os princípios devem ser respeitados, devem ser concretizados, enfim, devem ter força normativa e não podem ser vislumbrados apenas como "cartas de intenção", expressão utilizada por Lucas Rocha Furtado.[75]

Nessa nova perspectiva, admitida a normatividade do princípio, desloca-se a supremacia do Direito Civil, em que era usado como fonte supletiva de terceiro grau – graças à inclusão, durante o início do século XX, de "princípios" nos códigos –, para o Direito Constitucional, tornando-se fonte primária do ordenamento jurídico, condição lógica para a existência de um ordenamento jurídico coerente.

Sobre a importância dos princípios, assevera Floriano de Azevedo Marques:

> Como normas jurídicas que são, servem, a um só tempo, como parâmetro hermenêutico e como elemento para colmatação de lacunas. Mais que isso, representam os valores estruturantes do sistema jurídico.[76]

Os princípios também se destacam pela importância que podem demonstrar ao restringirem a discricionariedade judicial. A interpretação e a aplicação das normas que formam o tecido jurídico tornam-se mais controláveis porque se objeta ao operador valer-se de valores subjetivos desprovidos de normatividade.

A desconsideração do caso concreto, reconhecendo-se ao julgador oferecer qualquer resposta abarcada pelos limites legais, é insuficiente, porque indispensável a análise das peculiaridades de cada situação, a fim de se alcançar a concreção da norma e sua adequabilidade[77] no curso do processo exegético, sendo certo que, para alguns

---

[73] Nesse sentido: BOROWSKI, Martin. *La estructura de los derechos fundamentales*. Trad. Carlos Bernal Pulido. Bogotá: Universidad Externado de Colombia, 2003, p. 131.

[74] SARMENTO, Daniel. *A ponderação de interesses na Constituição Federal*. Rio de Janeiro: Lumen Juris, 2003, p. 89. No mesmo sentido, conferir: ÁVILA, Humberto. *Teoria dos princípios*. 7. ed. São Paulo: Malheiros, 2007, p. 161.

[75] FURTADO, Lucas Rocha. *Princípios gerais de direito administrativo*. Belo Horizonte: Fórum, 2016, p. 106.

[76] MARQUES NETO, Floriano de Azevedo. Princípios do processo administrativo. *Fórum Administrativo – Direito Público*, Belo Horizonte, ano 4, n. 37, p. 3505, mar. 2004.

[77] GUNTHER, Klaus. Uma concepção normativa de coerência para uma teoria de argumentação. *Cadernos de Filosofia Alemã*, São Paulo, v. 6, 2000.

pensadores, com destaque para Ronald Dworkin, para cada caso em específico, haverá apenas uma solução possível.[78]

Igualmente, merecem destaque os princípios porque também evitam a arbitrariedade mascarada de discricionariedade no âmbito da atuação administrativa. Não raras vezes os administradores públicos inescrupulosos observam os limites da legalidade estrita, mas, em última análise, praticam determinado ato não visando ao interesse público, mas aos seus interesses egoísticos.

Nessas ocasiões, poderão os atos ser anulados pelo Poder Judiciário também por violação aos princípios – a exemplo da razoabilidade, da proporcionalidade, da moralidade e da impessoalidade –, ainda que a legalidade estrita não tenha sido desrespeitada, no âmbito da valorização da juridicidade, que passa a exigir dos gestores não apenas a observância da letra crua da lei, mas dos princípios que envolvem o regime jurídico administrativo.[79] Não haverá, em tais casos, violação à separação de poderes, haja vista que a violação a princípios igualmente é encarada como uma ilegalidade, na medida em que têm estes últimos força normativa, conforme já mencionado alhures.

A seguir, trataremos especificamente de cada princípio arrolado no art. 2º.

1 Legalidade[80] [81] [82]

O princípio da legalidade, expresso no art. 37, *caput*, da Constituição da República, é o princípio fundamental da Administração Pública, a partir do qual são resguardados os direitos e garantias dos cidadãos e das pessoas jurídicas, funcionando como instrumento de controle do poder estatal.[83]

---

[78] DWORKIN, Ronald. *O império do direito*. São Paulo: Martins Fontes, 2003.

[79] Nesse sentido, conferir: OLIVEIRA, Mário Miranda de. A juridicidade como superação da legalidade na condução da administração pública. *In*: TAVARES, Fernando Horta (coord.). *Teoria geral do direito público*: institutos jurídicos fundamentais sob a perspectiva do Estado de Direito Democrático. Belo Horizonte: Del Rey, 2013, p. 115 e seguintes.

[80] Administrativo. Recurso especial. Infração administrativa ambiental. Violação do art. 535 do CPC. Não ocorrência. Recebimento de madeira serrada, sem licença do IBAMA. Art. 70 da lei 9.605/98. Pena de multa. Princípio da legalidade estrita. Plena observância. (STJ, REsp 1.091.486/RO, Rel. Ministra DENISE ARRUDA, publicado em 06.05.2009.

[81] ADMINISTRATIVO. PENSÃO POR MORTE. FILHA SOLTEIRA MAIOR DE 21 ANOS E NÃO OCUPANTE DE CARGO PÚBLICO PERMANENTE. DIREITO AO BENEFÍCIO. DEPENDÊNCIA ECONÔMICA. REQUISITO NÃO PREVISTO EM LEI. PARTE DO RECURSO ESPECIAL NÃO ADMITIDA NA ORIGEM PORQUE AS MATÉRIAS FORAM JULGADAS SEGUNDO O RITO DO ART. 543-C DO CPC. DEFICIÊNCIA NA FUNDAMENTAÇÃO. INCIDÊNCIA DA SÚMULA N. 284 DO STF. REQUISITO NÃO PREVISTO NA LEI N. 3.373/1958. IMPOSSIBILIDADE. VIOLAÇÃO DO PRINCÍPIO DA LEGALIDADE. PRECEDENTES. INCIDÊNCIA DA SÚMULA N. 83 DO STJ. (STJ, AgInt no AREsp 1.746.355/CE, Min. Relator FRANCISCO FALCÃO, SEGUNDA TURMA, DJe 02.06.2021)

[82] APELAÇÃO CÍVEL – DIREITO ADMINISTRATIVO – AÇÃO ORDINÁRIA – SERVIDOR MUNICIPAL – OBJETO – VALE-TRANSPORTE – AUSÊNCIA DE PREVISÃO LEGAL NO ÂMBITO LOCAL PARA OS SERVIDORES PÚBLICOS DO MUNICÍPIO – PAGAMENTO INDEVIDO – RECURSO NÃO PROVIDO. 1. Nos termos da orientação da doutrina, (...) "o princípio da legalidade é certamente a diretriz básica da conduta dos agentes da Administração. Significa que toda e qualquer atividade administrativa deve ser autorizada por lei. Não o sendo, a atividade é ilícita". 2. Na ausência de legislação específica no âmbito do Município de Santana do Deserto sobre a concessão de vale-transporte aos seus servidores públicos, revela-se juridicamente impossível a concessão do benefício pleiteado. 3. Recurso não provido. (TJMG, Apelação Cível 1.0408.16.000474-8/001, Rel. Desembargador JÚLIO CEZAR GUTIERREZ, 6ª CÂMARA CÍVEL, julgado em 29.06.2021)

[83] Em trabalho monumental que aborda o tema da legalidade administrativa, Paulo Otero analisa a interferência dos pensamentos de Montesquieu, Locke, Rousseau, Kant, Hegel e Benjamin Constant. Para o autor, a partir

Trata-se de princípio intimamente ligado ao surgimento do Estado de Direito[84] – quando das revoluções burguesas, com destaque para a Revolução Francesa de 1789 –, na medida em que, com tal modelo estatal, o Estado passa a estar subordinado à autoridade da lei, o que não ocorria sob a égide do Estado Absolutista, que tinha no monarca o poder absoluto, ilimitado, incontestável e até divino, o que se extrai dos escritos de Jacques-Béningne Bossuet.[85]

De mais a mais, a conceituação do princípio da legalidade pode ser encarada sob dois olhares: sob a ótica da Administração Pública e sob a ótica do administrado.

Sob o prisma da Administração, a legalidade implica dizer que o agente público somente pode fazer o que a lei expressamente autoriza (subordinação à lei), enquanto, sob o olhar do particular, o princípio em comento significa afirmar que pode ele fazer tudo que o sistema jurídico não veda (não contrariedade à lei), com amparo no art. 5º, inciso II, da Constituição da República, que versa que ninguém é obrigado a fazer ou deixar de fazer alguma coisa senão em virtude de lei. Como explica com acerto Edimur Ferreira de Faria, "a posição do particular em face da lei é distinta da posição do agente público. Ao primeiro é lícito fazer tudo aquilo que a lei não proíbe. O agente público só pode praticar ato se determinado ou permitido por lei".[86]

Nesse sentido, também é de grande valia ressaltar o magistério de Celso Ribeiro Bastos:

> Este princípio entronca-se com a própria noção de Estado de Direito. Embora este não se confunda com a lei, não se pode negar, todavia, que constitui uma das suas expressões basilares. É na legalidade que os indivíduos encontram o fundamento das suas prerrogativas, assim como a fonte de seus deveres. Representa uma garantia para os administrados, pois, qualquer ato da Administração Pública somente terá validade se respaldado em lei, em sua acepção ampla. Representa um limite para a atuação do Estado, visando à proteção do administrado em relação ao abuso de poder. O princípio da legalidade apresenta um perfil diverso no campo do Direito Público e no campo do Direito Privado. No Direito Privado, tendo em vista seus interesses, as partes poderão fazer tudo o que a lei não proíbe; no Direito Público, diferentemente, existe uma relação de subordinação perante a lei, ou seja, só se pode fazer o que a lei expressamente autorizar ou determinar.[87]

---

do pensamento de Montesquieu, pode-se afirmar que a legalidade administrativa surge em torno de três ideias nucleares: a lei é a expressão racional de uma vontade geral, o Poder Executivo encontra na lei o critério de decisão, e o respeito pela lei comporta uma função garantística da liberdade, permitindo fazer o que aquela autoriza. Paulo Otero compreende a legalidade administrativa de Montesquieu não como subordinação do Poder Executivo à vontade do poder legislativo, mas como fruto de uma síntese compromissória entre monarca e parlamento, de forma que, apesar de vincular o Executivo, foi objeto de sua livre concordância e aceitação em momento anterior. Paulo Otero analisa ainda a contribuição de Rousseau. Diz Paulo Otero que embora Rousseau afirmasse que o Poder Executivo não goza de espaço de autonomia decisória, ao desenvolver atividade subordinada ao Legislativo, também admite que o legislador não pode tudo prever e que a inflexibilidade das leis poderá causar problemas. Kant, ao não esperar a unanimidade de um povo inteiro, contenta-se com a expressão da maioria, sintonizando-se com Rousseau. A lei gozaria assim de autoridade natural para constranger o seu acatamento, sobretudo porque a resistência à lei seria considerada como contrária ao caráter supremo da coletividade.

[84] Nesse sentido: SCATOLINO, Gustavo; TRINDADE, João. *Manual de direito administrativo*. 4. ed. rev., ampl. e atual. Salvador: JusPodivm, 2016, p. 58.

[85] Não por outra razão se afirmava à época do Estado Absolutista que o monarca não errou, não erra e não errará, ideia que se extrai das máximas estrangeiras *the king can do no wrong* e *le roi ne peut mal faire*.

[86] FARIA, Edimur Ferreira de. *Curso de direito administrativo positivo*. 4. ed. Belo Horizonte: Del Rey, 2001, p. 67.

[87] BASTOS, Celso Ribeiro. *Curso de direito administrativo*. São Paulo: Saraiva, 2011, p. 37. No mesmo sentido: CAVALCANTI, Caio Mário Lana. *Comentários à lei de improbidade administrativa*. Rio de Janeiro: CEEJ, 2020, p. 71

Ainda acerca do princípio da legalidade, pertinentes os ensinamentos de Cármen Lúcia Antunes Rocha, a corroborar o exposto:

> Em sua primeira afirmação de conteúdo, o princípio da legalidade administrativa era entendido como a obrigatoriedade de adequação entre um ato da Administração Pública e uma previsão legal na qual ele tivesse a sua fonte. Daí por que Hauriou baseou-se no princípio "da legalidade" para elaborar a sua teoria sobre o regime administrativo, no qual não era a lei que se submetia à Administração Pública, antes era esta que à lei se sujeitava. A lei passou a ser considerada, então, sede única do comportamento administrativo, sua fonte e seu limite. Sendo a lei, entretanto, não a única, mas principal fonte do Direito, absorveu o princípio da legalidade administrativa toda a grandeza do Direito em sua mais vasta expressão, não se limitando à lei formal, mas à inteireza do arcabouço jurídico vigente no Estado. Por isso este não se bastou como Estado de lei, ou Estado de Legalidade. Fez-se Estado de Direito, num alcance muito maior do que num primeiro momento se vislumbrava no conteúdo do princípio da legalidade, donde a maior justeza de sua nomeação como "princípio da juridicidade".[88]

A dimensão constitucional que impregna a legalidade administrativa exige uma atuação principiológica. Deixa-se de reconhecer à lei a força instrumental garantidora, por si só, de segurança jurídica, assim como duvida-se da sua capacidade diretiva. Verifica-se, pois, que o conceito de legalidade se tornou mais amplo, sendo certo que a Administração Pública, quando no exercício de sua função, deve atuar de maneira a atender o interesse público, pautada pelas regras e pelos princípios administrativos, e não mais vinculada à literalidade da lei.

Aliás, a expressão "legalidade" não se reduz, absolutamente, à lei em sentido formal. O princípio da legalidade impõe ao administrador público a observância não da legalidade restrita, mas também o atendimento da principiologia que forma o arcabouço jurídico do Direito Administrativo. Ou seja, é de se observar não só os escritos literais das leis, mas todo o ordenamento jurídico. Eis a ideia de juridicidade que, em contraposição à legalidade estrita, é por alguns autores denominada de legalidade em sentido amplo.[89]

O incremento da atuação normativa da Administração Pública, como reflexo da necessidade de rápida solução das demandas que lhe são apresentadas, interfere na antes sacralizada posição da lei. A incapacidade do legislador de responder com a agilidade pretendida e de dominar aspectos mais específicos sobre as distintas situações, diante de uma sociedade cada vez mais plural, promove a crescente centralidade da atividade administrativa. A função normativa da Administração Pública passa a ser vista como indispensável em determinados setores.

Interessante, por outro lado, perceber que o Direito Administrativo parece conviver com alguns dilemas, alguns mais velhos, outros mais recentes. Ao mesmo tempo em que nasce voltado a controlar a ação dos condutores da máquina pública e proteger os administrados, a existência de contenciosos administrativos em alguns

---

e seguintes; FERRARI, Regina Maria Macedo Nery. *Direito municipal*. 5. ed. rev., atual. e ampl. Belo Horizonte: Fórum, 2018, p. 125.

[88] ROCHA, Cármen Lúcia Antunes. *Princípios constitucionais da Administração Pública*. Belo Horizonte: Del Rey, 1994, p. 79.

[89] Nesse sentido: ARAGÃO, Alexandre Santos de. A concepção pós-positiva do princípio da legalidade. *Boletim de Direito Administrativo*, São Paulo, ano XX, n. 7, p. 768-777, jul. 2004.

países, entre os quais a França, berço do citado ramo, pode significar uma tentativa de escapar ao controle.

Por outro lado, ainda que hoje se confira uma atuação mais liberta da Administração Pública, que deve agir não aprisionada pela lei em sentido formal, intensifica-se o controle, chegando a ocorrer o processo conhecido como judicialização da função administrativa, tamanha a absorção pelo Poder Judiciário das decisões administrativas. Mais recentemente, enquanto se acirra a exigência de uma atuação estatal efetivamente voltada para o cumprimento do interesse público, aumenta-se a procura de mecanismos que permitam à Administração escapar das amarras inerentes ao Direito Público.

O princípio da juridicidade descreve de forma mais atual o compromisso que a atividade administrativa tem com o Direito. Remete-se o leitor ao art. 53, para maiores considerações sobre o tema aqui versado.

2 Finalidade

O princípio da finalidade visa alcançar o interesse público, isto é, pretende fazer valer o interesse da comunidade, representado pelo atendimento dos anseios do maior número de pessoas destinatárias de determinada norma ou providência. Importante consignar que nem sempre o interesse da pessoa jurídica componente do aparelho estatal coincide com o interesse da coletividade. Há, pois, uma diferença entre o interesse público real, coincidente com aquele que se extrai da coletividade, e o interesse chamado de público por alguns, mas que se revela como o interesse da pessoa jurídica estatal.

Entendemos que este segundo interesse público, denominado em apoio à doutrina italiana de interesse público secundário em contrapartida ao primeiro, considerado interesse público primário,[90] não deveria ser assim denominado. Preferimos a nomenclatura interesse privado da Administração Pública para designar os interesses que pertencem exclusivamente à pessoa jurídica.

De toda forma, não prospera, nos dias de hoje, a ideia de que há uma oposição flagrante entre o interesse privado e o interesse público.

A Administração Pública não atua de forma a perquirir um fim qualquer, mas, ao contrário, seus atos destinam-se sempre a um fim específico, relacionado com o interesse coletivo.

O princípio da finalidade, portanto, exige que o administrador persiga sempre o interesse público, que é o fim último da Administração Pública. Neste trilho, ensina Hely Lopes Meirelles que "o *princípio da finalidade* veda é a prática de ato administrativo sem interesse público ou conveniência para a Administração, visando unicamente a satisfazer interesses privados, por favoritismo ou perseguição dos agentes governamentais, sob a forma de *desvio de finalidade*".[91]

Desse modo, caso o agente público pratique determinado ato objetivando finalidade diversa da atribuída em lei, ou visando à mera satisfação de interesses particulares

---

[90] Para Celso Antônio Bandeira de Mello, há o interesse público primário, que equivale aos interesses públicos propriamente ditos, e os interesses públicos secundários, que são "interesses individuais do Estado, similares, pois (sob prisma extrajurídico), aos interesses de qualquer outro sujeito". Conferir: MELLO, Celso Antônio Bandeira de. *Curso de direito administrativo*. 20. ed. São Paulo: Malheiros, 2006, p. 55.

[91] MEIRELLES, Hely Lopes. *Direito administrativo brasileiro*. 25. ed. São Paulo: Malheiros, 2000, p. 86.

ou escusos em detrimento do interesse público, exsurge o abuso de poder na modalidade desvio de finalidade, vício que permite a anulação do ato em questão.

Se é certo que nem sempre há comunhão, é igualmente correto o fato de que o antagonismo entre interesse público e interesse privado, tão evidenciado quando do Estado Liberal, não mais pode ser sustentado de forma absoluta.[92]

Leciona Celso Antônio Bandeira de Mello[93] que tal princípio é inerente a qualquer sociedade. Trata-se de pressuposto lógico do convívio social. Assim, ainda que não decorra de dispositivo constitucional expresso, é extraído de inúmeros artigos constitucionais.

Partindo desse raciocínio, é comum encontrar nas obras de Direito Administrativo alusão à ideia de que, diante de conflito entre o interesse do indivíduo e o interesse da coletividade, há de se enaltecer o segundo, tendo em vista a finalidade da Administração Pública em assegurar o bem comum. É justamente o que prega o princípio da supremacia do interesse público sobre o privado, ensinado, ainda atualmente, como sendo um dos principais pilares do regime jurídico administrativo.

Porém, a questão tem sido amplamente debatida nos dias de hoje.[94]

Há aqueles que pretendem negar a prevalência apriorística do interesse público sob o argumento de que o interesse público não pode preponderar de forma a aniquilar o princípio da dignidade da pessoa humana. Há também quem advogue que o interesse público se concretiza justamente na medida em que os interesses privados são exaltados e respeitados, em valorização da eficácia irradiante dos direitos fundamentais.

Nesse sentido, a opinião de Gustavo Binenbojm:

> Dessa forma, verifica-se não ser possível extrair "o princípio da supremacia do interesse público" da análise do conjunto normativo constitucional, haja vista a ampla proteção dispensada aos interesses particulares, de tal maneira que aceitá-lo como norma-princípio significaria sucumbir à inconsistência sistêmica que representa e afrontar a constante busca pela unidade constitucional.[95]

Sobre o tema, interessante também observar as anotações de Rafael Carvalho Rezende Oliveira, que sintetizam algumas críticas doutrinárias acerca da possibilidade de se considerar, em abstrato, uma supremacia do interesse público sobre o privado:

---

[92] Maria Tereza Fonseca Dias, com propriedade, esclarece: "Torna-se de singular importância, nesse sentido, a superação dos paradigmas tradicionais do direito que estabelecem uma distinção e uma separação profunda entre as noções do público e do privado, tanto remetendo a processos e direitos distintos (o público, protetor de interesses estatais, e o privado, protetor de interesses individuais), como descuidando de um espaço de legitimação para o exercício das ações de interesse público e, sobretudo, circunscrevendo a um estrito âmbito o que é 'público'". Conferir: DIAS, Maria Tereza Fonseca. *Direito administrativo pós-moderno*. Belo Horizonte: Mandamentos, 2003, p. 249 e 250.

[93] MELLO, Celso Antônio Bandeira de. *Curso de direito administrativo*. 20. ed. São Paulo: Malheiros, 2006.

[94] Destacam-se, a respeito, as incisivas palavras de José dos Santos Carvalho Filho: "Algumas vozes se têm levantado atualmente contra a existência do princípio em foco, argumentando-se no sentido da primazia de interesses privados com suporte em direitos fundamentais quando ocorrem determinadas situações específicas. Não lhes assiste razão, no entanto, nessa visão pretensamente modernista. Se é evidente que o sistema jurídico assegura aos particulares garantias contra o Estado em certos tipos de relação jurídica, é mais evidente ainda que, como regra, deva respeitar-se o interesse coletivo quando em confronto com o interesse particular. A existência de direitos fundamentais não exclui a densidade do princípio. Este é, na verdade, o corolário natural do regime democrático, calcado, como por todos sabido, na preponderância das maiorias. A 'desconstrução' do princípio espelha uma visão distorcida e coloca em risco a própria democracia; o princípio, isto sim, suscita 'reconstrução', vale dizer, adaptação à dinâmica social, como já se afirmou com absoluto acerto". Conferir: CARVALHO FILHO, José dos Santos. *Manual de direito administrativo*. 27. ed. rev., atual. e ampl. São Paulo: Atlas, 2014, p. 34 e 35.

[95] BINENBOJM, Gustavo. *Uma teoria do direito administrativo*. Rio de Janeiro: Renovar, 2006, p. 96.

Parcela da doutrina sustenta a inexistência de supremacia abstrata do interesse público sobre o privado, exigindo a ponderação de interesses para resolver eventual conflito, especialmente pelos seguintes argumentos:

a) o texto constitucional, em diversas passagens, partindo da dignidade da pessoa humana, protege a esfera individual (ex.: arts. 1°, 5°, etc.), não sendo lícito afirmar, a partir da interpretação sistemática das normas constitucionais, a existência de uma prevalência em favor do interesse público;

b) indeterminabilidade abstrata e objetiva do "interesse público", o que contraria premissas decorrentes da ideia de segurança jurídica;

c) o interesse público é indissociável do interesse privado, uma vez que ambos são consagrados na Constituição e os elementos privados estariam incluídos nas finalidades do Estado, como se percebe, *v.g.*, a partir da leitura do preâmbulo e dos direitos fundamentais; e

d) incompatibilidade da supremacia do interesse público com postulados normativos consagrados no texto constitucional, notadamente os postulados da proporcionalidade e da concordância prática.[96]

Os adeptos do pensamento aqui reproduzido entendem inadequado conferir ao princípio da supremacia força apriorística, rejeitando ser possível, de antemão, raciocinar e concluir em prol do interesse público, mesmo antes de investigadas as circunstâncias do caso concreto.

Em verdade, os seguidores desse pensamento parecem pretender o rompimento com o modelo, já ultrapassado, diga-se de passagem, no qual se conferiam poderes ilimitados à Administração Pública.

Sairíamos do primado da "Administração Pública pode tudo" para a "Administração Pública não pode nada" ou, talvez, do "Direito Administrativo para a Administração" para atingirmos o "Direito Administrativo para o cidadão".

Sobre o assunto, já escrevemos:

Partindo da premissa de que a Constituição da República de 1988 tem sua coluna vertebral, seu foco de preocupação na proteção dos interesses do indivíduo e no princípio da dignidade da pessoa humana, inicia-se uma discussão cujo intuito é colocar em xeque a propalada supremacia do interesse público como princípio de índole constitucional.[97]

Ocorre que o princípio da supremacia do interesse público não importa vedação ou óbice à aplicação do princípio da dignidade da pessoa humana. Também não mais se defende que o princípio da supremacia do interesse público é capaz de aniquilar o

---

[96] OLIVEIRA, Rafael Carvalho Rezende. *Curso de direito administrativo*. 4. ed. rev., atual. e ampl. Rio de Janeiro: Forense; São Paulo: Método, 2016, p. 46. Sobre o tema, interessante conferir também: BRASIL, Sérgio Augusto Veloso. O interesse público e o direito administrativo: supremacia ou ponderação frente ao interesse privado e considerações acerca do art. 266, da Constituição da República portuguesa. *In*: TAVARES, Fernando Horta (coord.). *Teoria geral do direito público*: institutos jurídicos fundamentais sob a perspectiva do Estado de Direito Democrático. Belo Horizonte: Del Rey, 2013, p. 295 e seguintes; FIGUEIREDO, Marcelo. Breve síntese da polêmica em torno do conceito de interesse público e sua supremacia: tese consistente ou devaneios doutrinários? *In*: MARRARA, Thiago (organizador). *Princípios de direito administrativo*: legalidade, segurança jurídica, impessoalidade, publicidade, motivação, eficiência, moralidade, razoabilidade, interesse público. São Paulo: Atlas, 2012, p. 407 e seguintes.

[97] FORTINI, Cristiana; PEREIRA, Maria Fernanda Pires de Carvalho; CAMARÃO, Tatiana Martins da Costa. *Licitações e contratos*: aspectos relevantes. Belo Horizonte: Fórum, 2007.

princípio da dignidade da pessoa humana. Referida noção já se rompeu há muito tempo, exatamente para conter excessos praticados pelo Estado.

Em outra oportunidade, também assinalamos:

A correta e consciente interpretação do Direito Administrativo não poderá ser realizada sem que se considere a inteireza do sistema. A correta e consciente interpretação do Direito Administrativo precisa ser principiológica e hierarquizadora, tendo, pois, como seu ponto de partida os ditames constitucionais, como leciona Juarez Freitas.[98]

No mesmo trabalho, afirmamos:

Certamente, há de se reconhecer relativa razão ao pensamento que enobrece o princípio da dignidade da pessoa humana, pois pungente é a imperiosidade de colocar o cidadão no centro das atenções.

Não há como negar que a Constituição da República volta-se para o cidadão. Mas tal perfil não tem o condão de legitimar toda e qualquer postura deste cidadão, ainda que seu comportamento se oponha àquele desejado pela coletividade.

Ao lado da preocupação com o cidadão e com a dignidade da pessoa humana, detecta-se, claramente no texto constitucional, a presença de normas que conferem *status* diferenciado ao interesse público. Não fosse assim, a Constituição não cuidaria de poder de polícia, não cuidaria da desapropriação, da requisição administrativa, por exemplo.

A opção pelo regime republicano também traz em si a valorização do público. Logo, a releitura dos princípios do Direito Administrativo, tão em voga e tão necessária, não autoriza negar-lhe identidade, nem autoriza destruir seus alicerces que se amoldam, sim, ao texto constitucional. Primeiro, importa não olvidar que as prerrogativas, decorrentes do primado do interesse público andam paralelamente à noção de sujeições. Amoldam-se: primazia do interesse público e indisponibilidade desse mesmo interesse.

É preciso que a Administração Pública dê cumprimento ao interesse público primário, mas também ao princípio da dignidade da pessoa humana. Não se trata de princípios colidentes; o interesse público é alcançado quando se preconiza o princípio da dignidade de pessoa humana.

A visão de Luís Roberto Barroso[99] evita refugar o princípio da primazia do interesse público posicionando-o como merecedor de relevância em um sistema constitucional e democrático, negando, todavia, posição privilegiada ao interesse público secundário. Para o autor, a partir da dicotomia entre interesse público primário e secundário, proposta por Renato Alessi e adotada por Celso Antônio Bandeira de Mello, deve ser rendida homenagem apenas ao primeiro, em seguida traduzido como "a melhor realização possível, à vista da situação concreta a ser apreciada, da vontade constitucional, dos valores fundamentais que ao intérprete cabe preservar ou promover".[100]

O eminente jurista não objeta o primado do interesse público, pelo que sua posição nos parece mais harmônica e identificada com os pilares da ordem jurídica.

As mazelas da Administração Pública não são solucionadas a partir da negativa do primado do interesse público. Carece de fundamento entender que o primado do interesse público

---

[98] FREITAS, Juarez. *A interpretação sistemática do direito*. 2. ed. São Paulo: Malheiros, 1998.

[99] BARROSO, Luís Roberto. Prefácio. *In*: SARMENTO, Daniel (Coord.). *Interesses privados*: desconstruindo o princípio da supremacia do interesse público. Rio de Janeiro: Lumen Juris, 2005.

[100] BARROSO, Luís Roberto. Prefácio. *In*: SARMENTO, Daniel (Coord.). *Interesses privados*: desconstruindo o princípio da supremacia do interesse público. Rio de Janeiro: Lumen Juris, 2005.

consiste em repúdio à dignidade da pessoa humana. Ao contrário, a atuação certeira e correta da Administração Pública, condicionada pela ordem jurídica, é instrumento por meio do qual o cidadão é valorizado.

O Preâmbulo da Constituição da República retrata a possibilidade e a necessidade de compatibilizá-los, ao afirmar as finalidades do Estado Democrático de Direito: assegurar o exercício de direitos individuais, sociais, mas também preocupado com o bem-estar e com os valores supremos de uma sociedade.

A finalidade, princípio expresso no art. 2° da Lei n° 9.784/99, ante o exposto, pode ser resumida como sendo a obrigatoriedade de o administrador público guiar suas condutas pelo interesse público, sendo certo que, atualmente, a busca por sua consecução não pode implicar com desconsideração dos direitos individuais privados, sob pena de excesso.

E o processo administrativo, nesse sentido, é um dos mecanismos legais aptos a fazer valer o princípio da finalidade, na medida em que, com ele, busca-se a concretização de uma determinada finalidade pública sem que, concomitantemente, sejam olvidados ou sepultados os direitos fundamentais dos cidadãos, com destaque para o contraditório e para a ampla defesa.

3 Motivação[101] [102] [103] [104] [105] [106]

Como dito acima, ao contrário do cenário e da compreensão existente quando do surgimento do Direito Administrativo, o agir da Administração não está subordinado somente à lei, mas ao Direito, é dizer, a todo o arcabouço de regras e princípios que compõem o sistema jurídico. A interferência da Constituição e dos princípios por ela consagrados, se por um lado podem garantir uma atuação menos tímida e tolhida porque autoriza um agir não submisso à lei literal, por outro acirra o dever de fundamentação, a fim de se concluir ou não pela juridicidade da conduta.[107]

---

[101] ADMINISTRATIVO – PROFESSOR MUNICIPAL – REMOÇÃO – ATO ADMINISTRATIVO – AUSÊNCIA DE MOTIVAÇÃO – DIREITO LÍQUIDO E CERTO VIOLADO – SEGURANÇA CONCEDIDA. Conquanto a remoção de servidor público seja ato que se sujeita ao interesse da Administração, na transferência compulsória de professor de uma unidade escolar para outra, sob pena de violação ao princípio constitucional da impessoalidade, é imprescindível a motivação e a observância de critérios objetivos. (TJSC, Apelação Cível em Mandado de Segurança 2003.014699-7, Rel. Desembargador. LUIZ CEZAR MEDEIROS, 2ª CÂMARA DE DIREITO PÚBLICO, julgado em 30.03.2004).

[102] APELAÇÃO CÍVEL EM MANDADO DE SEGURANÇA – MÉDICA PERTENCENTE AO CORPO CLÍNICO DE HOSPITAL – SERVIÇOS PRESTADOS AO SUS – DESCREDENCIAMENTO – FALTA DE MOTIVAÇÃO – ILEGALIDADE DO ATO (TJSC, Apelação Cível em Mandado de Segurança 99.000782-0, Rel. Desembargador CLÁUDIO BARRETO DUTRA, 3ª CÂMARA DE DIREITO PÚBLICO, julgado em 30.08.2004).

[103] REEXAME NECESSÁRIO. APELAÇÃO CÍVEL. MANDADO DE SEGURANÇA. REMOÇÃO DE SERVIDOR PARA LOCAL DIVERSO DAQUELE ONDE PRESTA SERVIÇOS. INAMOVIBILIDADE INEXISTENTE. ATO ADMINISTRATIVO DESPROVIDO DE MOTIVAÇÃO. DESVIO DE FINALIDADE. NULIDADE. MANUTENÇÃO DA CONCESSÃO DA SEGURANÇA É discricionário o poder da Administração de transferir seus servidores através de ato motivado, no interesse do serviço público e dentro do quadro a que pertencem. Todavia, o ato decorrente do Executivo Municipal consistente mudança de local de trabalho "ex offício" de servidor público não pode prescindir de formalidade, tampouco pode estar despido de motivação, sob pena de revelar-se ilegal. Demonstrada a arbitrariedade do ato combatido, impõe-se a confirmação da sentença concessiva da segurança impetrada (TJMG, Apelação Cível 1.0134.07.078758-2/001, Rel. Desembargador ARMANDO FREIRE, 1ª CÂMARA CÍVEL, publicado em 10.10.2008).

Art. 2º | 59

A atividade administrativa revela uma função estatal destinada à satisfação de interesse público. Tal compromisso, inexistente ou menos visceral quando privados os atos, provoca a necessidade de fundamentar as decisões administrativas.

O princípio da motivação objetiva a exteriorização formal das razões de decidir, como forma de conferir transparência à Administração Pública, assim como permitir ao particular o devido exercício do seu direito de defesa, amputado que ficaria se ausentes os fundamentos das decisões administrativas. Nesse trilho, já explanou o Tribunal de Justiça do Estado de Minas Gerais que a "Administração Pública está vinculada ao princípio da motivação, que exige a demonstração das razões de fato e de direito que a levaram a praticar determinado ato".[108]

Nesse sentido, ainda, a abalizada decisão da eminente Desembargadora Maria Elza, do Tribunal de Justiça de Minas Gerais:

> O princípio da acessibilidade ao serviço público pelos concursos públicos não se exaure com a inscrição, mas prolonga-se ao longo da realização de todo o certame. Assim, se o

---

[104] APELAÇÃO CÍVEL – AÇÃO ORDINÁRIA DE NULIDADE DE ATO ADMINISTRATIVO – CONCURSO PÚBLICO – INVESTIGADOR DE POLÍCIA – AVALIAÇÃO PSICOLÓGICA – CONTRAINDICAÇÃO – AUSÊN-CIA DE FUNDAMENTAÇÃO – VIOLAÇÃO DO PRINCÍPIO DA MOTIVAÇÃO – RECURSO PROVIDO. 1. O ato administrativo que conclui pela inaptidão de candidato à vaga de cargo público deve ser devidamente motivado, com indicação dos fatos e fundamentos jurídicos que embasam o convencimento da autoridade, assegurando-se, assim, os princípios constitucionais do devido processo legal, ampla defesa e contraditório. 2. Levando em consideração a peculiaridade do caso em comento, em que não há qualquer documento apontando os fundamentos pelos quais o candidato foi considerado inapto para o exercício do cargo, o reconhecimento da violação do princípio da motivação, bem como do devido processo legal é de rigor. 3. Recurso provido. (TJMG, Apelação Cível 1.0145.15.002044-7/002, Rel. Desembargadora TERESA CRISTINA DA CUNHA PEIXOTO, 8ª CÂMARA CÍVEL, julgado em 11.03.2021)

[105] AÇÃO CIVIL PÚBLICA. SINDICATO DOS SERVIDORES PÚBLICOS MUNICIPAIS DE BELO HORIZONTE – SINDIBEL. AFASTAMENTO DE SERVIDORES PÚBLICOS DA ÁREA DA SAÚDE. COVID-19. GRUPO DE RISCO. PROCEDIMENTO PRÓPRIO PREVISTO NAS PORTARIAS SMSA/SUS-BH nº 089/2020, SMPOG nº 010/2020 e HOB nº 039/2020. OBSERVÂNCIA. NECESSIDADE. I. As Portarias SMSA/SUS-BH nº 089/2020 e HOB nº 039/2020 previram em seus artigos 5º e 3º, respectivamente, o afastamento automático para servidores da área da saúde que possuam idade superior à 60 (sessenta) anos, as gestantes e os comprovadamente imunossuprimidos. II. O Sindicato recorrente pretende a extensão do afastamento automático a servidores por-tadores de outras cormobidades não previstas expressamente nas portarias mencionadas, todavia, há previsão de procedimento próprio específico para a análise de tais casos nos art. 10 e 11 da Portaria SMPOG nº 010/2020 e art. 7º e 8º da Portaria HOB nº 039/2020 que deve ser seguido. III. Apesar da previsão de procedimento próprio específico para análise de casos concretos individuais de servidores da área da saúde que aleguem enquadrar-se no grupo de risco de contágio da Covid-19, é necessário atentar-se ao princípio da motivação dos atos administrativos, razão pela qual deve ser determinado que seja realizada nova análise específica de cada caso concreto e suas particularidades com observância, ainda, das orientações do Ministério da Saúde. (TJMG, Agravo de Instrumento 1.0000.20.050539-4/001, Rel. Desembargador WASHINGTON FERREIRA, 1ª CÂMARA CÍVEL, julgado em 15.12.2020)

[106] REMESSA OFICIAL. MANDADO DE SEGURANÇA. LICITAÇÃO. PENALIDADES. PRINCÍPIO DA MOTI-VAÇÃO. INOBSERVÂNCIA. REMESSA OFICIAL IMPROVIDA. 1. A autoridade impetrada não analisou os argumentos da defesa, tampouco elencou as razões que justificariam a aplicação de penalidade de suspensão por dois anos, dentre outras possíveis. 2. Constato a inobservância ao Princípio da Motivação, expressamente previsto na Lei n.º 9.784 /1999, reguladora do processo administrativo em âmbito federal. 3. Remessa oficial improvida. (TRF3, Remessa Necessária 0005485-08.2017.4.03.6000, Rel. Desembargador Federal MARCELO MESQUITA SARAIVA, 4ª TURMA, julgado em 14.12.2020)

[107] José Carlos Vieira de Andrade assinala que a obrigatoriedade de fundamentação dos atos administrativos ganha especial vigor numa época em que convergem dilatação e juridificação dos momentos de discricionariedade. Conferir: ANDRADE, José Carlos Vieira de. *O dever de fundamentação expressa de actos administrativos*. 2. reimp. Coimbra: Almedina, 2007, p. 15.

[108] TJMG, Apelação Cível/Remessa Necessária 1.0000.18.125365-9/003, Rel. Desembargador AFRÂNIO VILELA, 2ª CÂMARA CÍVEL, julgado em 22.09.2020.

concurso é efetivamente público, com intuito de se permitir o acesso dos mais capacitados, e não dos apadrinhados, não pode haver previsão editalícia que proíba o acesso do candidato às provas, que vede a interposição de recurso e que não imponha à banca de concurso o dever de motivar a correção da prova. Constitui direito do candidato, que decorre dos princípios da transparência, da motivação e da boa-fé objetiva, saber as razões que conduziram à sua reprovação. Sem o cumprimento deste direito, qual garantia terá o candidato da lisura e da transparência do certame. Onde não há motivação, onde não há transparência, há segredo, há arbítrio, que são incompatíveis com o ideal republicano assegurado pelo texto constitucional. É comum, talvez por comodismo, displicência ou vício, bancas de concursos não motivarem as correções. Todavia, tal prática não encontra amparo nos princípios constitucionais da moralidade, da impessoalidade, da transparência, da motivação, da eficiência e da razoabilidade. Motivar prova por prova é trabalhoso, entretanto este é o preço que se paga para se ter um processo de seleção justo, democrático, legítimo e eficiente. Pensar o contrário é fazer pouco caso dos princípios republicanos que norteiam a Administração Pública.[109]

Motivação, no entanto, não se confunde com motivo. O segundo, elemento ínsito ao ato administrativo, refere-se às razões de fato e de direito que justificam determinada atuação administrativa; aquela primeira, diversamente, é a exteriorização dessas razões à coletividade, explicitação tal que inclusive vincula o ato à sua legalidade, à luz da teoria dos motivos determinantes.[110] Ou seja: a motivação é a exposição dos motivos, da fundamentação dada à coletividade acerca das justificativas fáticas e jurídicas que respaldaram a prática de determinado ato.[111]

A regra é que todos os atos administrativos e decisões administrativas devem ser motivados, assim como devem também ser motivadas as decisões judiciais, conforme expressa determinação do texto constitucional no art. 93, incisos IX e X. A exceção, consagrada na Constituição da República, é a hipótese da nomeação e da exoneração envolvendo os cargos em comissão. Os servidores públicos ocupantes de cargos em comissão, como se sabe, são livremente nomeados e exonerados (*ad nutum*) em relação a esses cargos específicos.[112]

Não se pode ignorar que o ideal republicano exige a apresentação das razões que conduziram à prática de certo ato, porque quem administra a coisa pública gerencia interesse que não lhe é próprio. É, natural, portanto, que aquele que administra coisa de outrem explique para este o como e o porquê de estar administrando desta ou daquela maneira.

Logo, não apenas o art. 93, inciso X, mas todo o tecido constitucional informa a imperiosidade da motivação, que funciona como mecanismo de frenagem e controle

---

[109] TJMG, Agravo de Instrumento 1.0145.04.178871-5/001, Rel. Desembargadora MARIA ELZA, 5ª CÂMARA CÍVEL, julgado em 30.06.2005.

[110] Sobre a consolidada teoria dos motivos determinantes, o Superior Tribunal de Justiça já esclareceu: "A teoria dos motivos determinantes estabelece que, em havendo motivação escrita, ainda que não a lei não determine, passa o administrador a estar vinculado àquela motivação". (STJ, AgInt no RMS 53.434/PE, Rel. Ministro FRANCISCO FALCÃO, SEGUNDA TURMA, DJe 22.05.2018)

[111] Trata-se este do conceito clássico do princípio da motivação, ainda vigente, mas que hoje está mais exigente e robustecido pela Lei nº 13.655/18, que acresceu várias disposições à Lei de Introdução às Normas do Direito Brasileiro, conforme será explorado nas próximas linhas.

[112] Nesse sentido: FURTADO, Lucas Rocha. *Princípios gerais de direito administrativo*. Belo Horizonte: Fórum, 2016, p. 119.

do administrador público. Por meio da verificação dos motivos, realiza-se um controle de legalidade no sentido amplo da expressão ou um controle de juridicidade. Juarez Freitas,[113] com acerto, afirma que a motivação permitirá que se exerça um controle da licitude, em sentido mais amplo, de forma a confrontar o ato com toda a gama de princípios que se deve observar, permitindo que se detecte o "demérito" do ato, quando este não se conformar com a ordem jurídica. Portanto, a ausência de motivação, tal como a enxergamos, poderá acarretar a nulidade do ato, sobretudo quando dificulta ou impede os particulares atingidos pela medida administrativa de se defenderem de forma efetiva.

Mas, antes mesmo do advento da Constituição de 1988, já se reclamava um controle mais intenso. O voto extraordinário do Professor Seabra Fagundes, quando do julgamento da Apelação Cível nº 1422 do Tribunal de Justiça do Rio Grande do Norte, assinala tal preocupação quando afirma que o controle dos motivos e dos fins reflete controle de legalidade.[114]

A jurisprudência demonstra maior preocupação com a motivação. O voto do Ministro Celso de Mello, proferido no julgamento do MS nº 20.999, reflete a relevância do princípio, ao pontificar:

> É preciso evoluir cada vez mais no sentido da completa justiciabilidade da atividade estatal e fortalecer o postulado da inafastabilidade de toda e qualquer fiscalização judicial. A progressiva redução e eliminação dos círculos de imunidade do poder há de gerar, como expressivo efeito conseqüencial, a interdição de seu exercício abusivo.[115]

Também se percebe o respeito a tal princípio no julgamento do Mandado de Segurança nº 7.966, por parte do Superior Tribunal de Justiça, quando se afirmou o dever de motivar a razão que leva a autoridade a dissentir do relatório da comissão processante, em se tratando de processo administrativo disciplinar. Vale dizer, ainda que se assegure à autoridade que aplicará a pena a possibilidade de posicionar-se de forma diversa da aconselhada pela comissão processante, exige-se que dita autoridade ofereça os motivos para a diversidade de entendimento. Tal obrigação, ainda que possa resultar de regra específica, como é o caso do art. 168 da Lei nº 8.112/90, também é fruto do princípio da motivação.

O parágrafo único do art. 2º, inciso VII, da Lei de Processo Administrativo Federal acompanha a evolução da doutrina e da jurisprudência, ao prever a exigência da motivação nos processos administrativos, quando determina que neles será observada a indicação dos pressupostos de fato e de direito que determinarem a decisão.

E, de forma mais recente, o princípio da motivação foi privilegiado e reforçado pela Lei nº 13.655/18, que acresceu uma série de dispositivos à Lei de Introdução às Normas do Direito Brasileiro. E, o modo como motivar nos novos termos, restou esmiuçado no âmbito dos arts. 2º, 3º, 4º e 6º, todos do Decreto nº 9.830/19.

---

[113] FREITAS, Juarez. *Discricionariedade administrativa e o direito fundamental à boa administração*. São Paulo: Malheiros, 2007, p. 32.

[114] TJRN, Apelação Cível nº 1.422, Rel. Desembargador SEABRA FAGUNDES, Revista de Direito Administrativo – RDA, Volume XIV, out./dez. 1948.

[115] STF, Mandado de Segurança 20.999/DF, Rel. Ministro CELSO DE MELLO, DJ 25/5/90. Também em Revista de Direito Administrativo – RDA, p. 117, 179-180, jan./jun. 1990.

Destaca-se, a título ilustrativo, o art. 27, §1º, da LINDB, que impõe a necessidade da motivação das decisões que imponham compensações por benefícios indevidos ou prejuízos injustos ou anormais resultantes do processo ou da conduta dos envolvidos.[116]

Outro exemplo se extrai do art. 20, parágrafo único, também do Decreto-Lei nº 4.657/42, que versa que a motivação, no âmbito das decisões administrativas ou judiciais, deverá indicar a necessidade e a adequação (ou seja, a proporcionalidade)[117] da medida imposta ou do ato praticado, sempre levando em consideração as consequências práticas geradas no mundo fenomênico.[118]

Trata-se o art. 20 da LINDB, a bem da verdade, de uma consequência do desenvolvimento do estudo da ciência jurídica que há algum tempo já vinha sendo reconhecida, no sentido de não mais tolerar que a aplicação do ordenamento jurídico seja feita somente em abstrato, sem que sejam levados em consideração os fatos do cotidiano e o mundo real.[119] Trata-se, nas palavras de Fábio Martins de Andrade, "de uma tentativa de aterrar o etéreo mundo dos valores jurídicos abstratos mediante processo de concretização à luz das consequências de cada caso concreto".[120]

Direito, ora, presta-se principalmente para a pacificação social que, por sua vez, realiza-se no âmbito da realidade, razão pela qual a aplicação daquele apenas abstratamente, afastadas as concretudes fáticas, é um contrassenso face à sua razão de ser originária. Os acréscimos à LINDB ora comentados, então, favorecem também o realismo, é dizer, a interpretação e a aplicação da ciência jurídica e da gestão pública tendo em vista o que, de fato, ocorre no mundo real.[121]

Ainda a respeito da influência da Lei nº 13.655/18 sobre o princípio da motivação, o art. 21, *caput*, da LINDB determina que a decisão que culminar com invalidação de ato, contrato, ajuste, processo ou norma administrativa deve indicar expressamente – uma obrigação, portanto – as suas consequências administrativas e jurídicas.[122]

Veja-se, por conseguinte, que, atualmente, o princípio da motivação está mais robusto, mais exigente. A sua conceituação clássica, em nossa visão, não deixa de estar correta; entretanto, o legislador ordinário exigiu mais do julgador e do administrador

---

[116] Art. 27. A decisão do processo, nas esferas administrativa, controladora ou judicial, poderá impor compensação por benefícios indevidos ou prejuízos anormais ou injustos resultantes do processo ou da conduta dos envolvidos.
§1º A decisão sobre a compensação será motivada, ouvidas previamente as partes sobre seu cabimento, sua forma e, se for o caso, seu valor.

[117] Nesse sentido: MARQUES NETO, Floriano de Azevedo; FREITAS, Rafael Véras. *Comentários à Lei nº 13.655/2018 (lei da segurança para a inovação pública)*. 2ª reimpressão. Belo Horizonte: Fórum, 2019, p. 38.

[118] Art. 20. Nas esferas administrativa, controladora e judicial, não se decidirá com base em valores jurídicos abstratos sem que sejam consideradas as consequências práticas da decisão.
Parágrafo único. A motivação demonstrará a necessidade e a adequação da medida imposta ou da invalidação de ato, contrato, ajuste, processo ou norma administrativa, inclusive em face das possíveis alternativas.

[119] Nesse sentido: MARTINS, Ricardo Marcondes. Teoria do ato administrativo à luz das alterações da LINDB. *In*: VALIATI, Thiago Priess; HUNGARO, Luis Alberto; CASTELLA, Gabriel Morettini (coord.). *A lei de introdução e o direito administrativo brasileiro*. Rio de Janeiro: Lumen Juris, 2019, p. 34.

[120] ANDRADE, Fábio Martins de. *Comentários à Lei nº 13.655/2018*: proposta de sistematização e interpretação conforme. Rio de Janeiro: Lumen Juris, 2019, p. 142 e 143.

[121] Nesse sentido: TOSTA, André Ribeiro. Realismo e a LINDB: amor à primeira vista? *In*: MAFFINI, Rafael; RAMOS, Rafael (coord.). *A nova LINDB*. Rio de Janeiro: Lumen Juris, 2020, p. 5 e seguintes.

[122] Art. 21. A decisão que, nas esferas administrativa, controladora ou judicial, decretar a invalidação de ato, contrato, ajuste, processo ou norma administrativa deverá indicar de modo expresso suas consequências jurídicas e administrativas.

quando da prolação de suas decisões, no afã de conferir uma maior segurança jurídica tanto para os agentes públicos quanto para a sociedade, um dos fundamentos que justificaram a edição da Lei nº 13.655/18. Conforme as linhas anteriores, não basta mais somente a exposição das razões de fato e de direito, ao menos não de maneira rasa: é preciso mais.[123]

A ausência de motivação, tamanha a sua importância – não só em virtude de sua fonte constitucional, mas por constituir importante pressuposto para o controle popular da atuação administrativa –, poderá conduzir à invalidação do ato administrativo e do processo administrativo como um todo. Anulação essa que poderá ocorrer tanto no bojo da própria Administração, no exercício de sua autotutela e inclusive de ofício, quanto no âmbito do Poder Judiciário, considerando o princípio da inafastabilidade jurisdicional, se devidamente provocado para tanto.

Portanto, se é uma exigência a ser cumprida e aplicada nos processos administrativos, a motivação não pode ser restrita a apenas algumas espécies de atos administrativos, mas obrigatória em relação a todos os atos em geral, enquanto regra, salvo raríssimas exceções, a exemplo da supracitada hipótese da nomeação e exoneração no âmbito dos cargos comissionados. Ainda em tais casos, há quem defenda a necessidade de motivação.

Assim, a despeito da redação contida no art. 50 da Lei de Processo Administrativo, defendemos a ampla necessidade de atuação desse princípio, que decorre da própria existência do Estado de Direito e da opção republicana.[124]

A fundamentação do ato não se revela suficiente e ajustada ao princípio da motivação se qualquer declaração for apresentada pelo seu autor. A simples declaração do agente não afasta a ocorrência de vício relacionado ao princípio ora apreciado. O vício existirá ainda que existente expressa apresentação de motivo. Isso porque o discurso que se impõe ao administrador é aquele que efetivamente tenha o condão de esclarecer as razões para a prática adotada: exposições obscuras ou incognoscíveis não são aptas a preencher a obrigação consubstanciada no princípio em exame.

A apresentação meramente formal não contempla o aspecto mais sensível que perpassa o princípio da motivação. A dimensão substancial não obscura, completa e convincente da fundamentação é crucial. Ora, uma das razões de ser da motivação é permitir o controle dos atos administrativos pela sociedade e também pelas demais autoridades. Se o motivar é incompreensível, a impossibilitar o entendimento e o controle, não há que se falar em genuína motivação.

Diz, nesse sentido, José Carlos Vieira de Andrade: "Se as formulações utilizadas são confusas ou indistintas, se a argumentação é dubitativa, ambígua ou obscura, então não se pode saber ou compreender sequer o que determinou o agente a praticar aquele acto ou a escolher aquele conteúdo, isso quer dizer que não estão identificadas as razões de facto ou de direito da decisão, pois que, no mínimo, não pode determinar-se com segurança o sentido do que foi declarado pelo órgão administrativo como fundamento.

---

[123] Nesse sentido: CRISTÓVAM, José Sérgio da Silva; SOUSA, Thanderson Pereira de. Motivação, invalidação e modulação de efeitos do ato administrativo a partir da Lei nº 13.655/2018. *In*: MAFFINI, Rafael; RAMOS, Rafael (coord.). *A nova LINDB*. Rio de Janeiro: Lumen Juris, 2020, p. 166.

[124] Há autores que entendem que o princípio da motivação não decorre das entrelinhas do texto constitucional, opinião da qual não comungamos, embora seu principal representante, professor José dos Santos Carvalho Filho, mereça nosso mais profundo respeito.

Uma declaração obscura não é uma fundamentação, porque não contém sequer um discurso, faltando-lhe o conteúdo semântico".[125]

Por fim, em regra, não se exige forma específica para motivar determinado ato, podendo ser ou não concomitante ao mesmo. O importante é que o ato contenha as razões de adoção de determinada medida, sendo, pois, princípio imperativo para a Administração Pública.[126]

Para o magistério de Florivaldo Dutra de Araújo,

> Inicialmente, importa dizer que, se a motivação não for perfeita, no sentido de preencher à saciedade todos os requisitos exigíveis, mas deixar transparecer que o ato foi razoavelmente justificado, nenhuma invalidade haverá. No máximo, poder-se-ia caracterizar o que alguns autores denominam irregularidade, que não alcança a integral subsistência do ato. O problema deve ser analisado, contudo, caso por caso, pois o preenchimento ou não dos requisitos da motivação não é mensurável genérica e aprioristicamente.[127]

Todavia, ainda é alvo de discussão, inclusive em outros países, a possibilidade de motivação posterior ao ato. Se, por um lado, é possível argumentar que a manifestação pode trazer as informações de que se careceu num determinado momento, por outro lado, a manifestação posterior, após a impugnação do ato pelo particular, além de ter subtraído do interessado todos os dados importantes para a defesa de seus direitos, pode possibilitar à Administração Pública "criar" argumentos no afã de justificar a postura adotada.

4 Razoabilidade[128] [129] [130] [131]

O princípio da razoabilidade, a despeito de não estar expresso na Constituição da República – embora seja reconhecidamente um princípio constitucional implícito de observância obrigatória –, foi inserido nas Constituições do Estado de São Paulo

---

[125] ANDRADE, José Carlos Vieira de. *O dever de fundamentação expressa de actos administrativos*. 2. reimp. Coimbra: Almedina, 2007, p. 233.

[126] A jurisprudência do Superior Tribunal de Justiça possui entendimento de que estando a autoridade julgadora de acordo com o relatório final, e se este se encontra suficientemente fundamentado, não há qualquer vício no ato demissório por falta de motivação. Conferir: STJ, MS 12.061/DF, Rel. Ministro OG FERNANDES; STJ, MS 13.169/DF, Rel. Ministra JANE SILVA; STJ, MS nº 12.111/DF, Rel. Ministro FELIX FISCHER.

[127] ARAÚJO, Florivaldo Dutra de. *Motivação e controle dos atos administrativos*. Belo Horizonte: Del Rey, 1992, p. 126 e 127.

[128] MANDADO DE SEGURANÇA – CONCURSO PÚBLICO – FIXAÇÃO DE DATA PARA EXAME, COINCIDENTE COM PROVAS DE OUTRO CONCURSO – VIOLAÇÃO AO PRINCÍPIO DA RAZOABILIDADE. O procedimento do impetrado em fixar a mesma data já prevista para as provas do concurso realizado pelo Ministério Público fere o princípio da razoabilidade e da eficiência, impedindo o acesso dos candidatos ao concurso. (TJMG, Apelação Cível 1.0000.00301349-7/000, Rel. Desembargador ANTÔNIO CARLOS CRUVINEL, 7ª CÂMARA CÍVEL, julgado em 03.02.2003)

[129] Salomão Abdo Aziz Ismail Filho, em brilhante artigo, noticia posicionamento dos nossos tribunais sobre o princípio da razoabilidade: "1. nos autos do MS nº 5.631-DF (98/0005-624-6), de relatoria do Ministro José Delgado, julgado em 13.05.98, a 1ª Seção do STJ concedeu segurança contra exigência desnecessária, prevista em edital de licitação, entendendo que o procedimento de licitação encontra-se também vinculado ao princípio da razoabilidade. O voto do Ministro-Relator defende a tese de que a Lei nº 8.666/93 'veda que a administração exija, na licitação, circunstância impertinente, desarrazoada, desproporcional e irrelevante para o específico objeto do contrato'; 2. julgando o MS nº 5.810-DF (98/0034384-9), em 11.11.98, a 3ª Seção do STJ considerou irrazoada a cobrança sobre a remuneração de militar da reserva remunerada que obteve, irregularmente,

Art. 2º | 65

e de Minas Gerais. E também passou a ser princípio expresso no âmbito do processo administrativo federal, com a vigência da Lei nº 9.784/99.

O princípio da razoabilidade, não obstante fluído e indeterminado, o que dificulta, por vezes, a verificação acerca de sua observância, implica dizer que as atitudes da Administração Pública hão de ser pautadas pelo bom senso, pelo que não poderão ser bizarras, imprudentes ou incoerentes. Conforme informado pelo Superior Tribunal de Justiça, o "Princípio da Razoabilidade se consubstancia numa atuação razoável dentro da legalidade, quando se tem dois caminhos a serem seguidos, o administrador deve atuar naquele que melhor alcança os seus fins".[132]

O princípio da razoabilidade, destarte, consagra o chamado devido processo legal substantivo (*substantive due process of law*), que, por ir além da necessidade de observar tão somente as meras formalidades legais, exige que o julgador se paute pela prudência e pela sensatez quando das suas decisões.

Ser razoável, assim, é ser sensato. É atuar "dentro de limites aceitáveis", "dentro dos padrões normais de aceitabilidade",[133] conforme explica José dos Santos Carvalho

---

indenização de transferência. Entendendo que o desconto tornaria quase todo o salário do militar refratário, fixou o STJ o patamar máximo de 30% sobre a remuneração mensal. Nas palavras do relator, Ministro Anselmo Santiago, deve o Poder Judiciário '(...) guardar observância ao princípio da razoabilidade e ao bom senso, a fim de que as decisões a serem tomadas possam, além de jurídicas, ser, também, justas'; 3. no Recurso Especial nº 208.548-SC (99/0024208-4), em julgado de 02.09.99, a 5ª Turma do STJ não conheceu recurso da União, contrário à decisão concessiva de tutela antecipada a candidatos aprovados no concurso de AFTN, para que se suspendesse o prazo de sua posse no cargo, até o trânsito em julgado de ação civil pública do MPF, que almejava anular o concurso do qual haviam participado. Como os requerentes já eram servidores públicos, teriam de se exonerar dos seus cargos para tomarem posse no cargo de auditor fiscal, mas corriam o risco de perdê-lo, sem direito de recondução ao cargo de origem, se a ação do MPF fosse julgada procedente. O item 1 da ementa do acórdão do STJ diz: 'O administrador, no exercício de suas atividades-fim, está sempre subordinado ao princípio da supremacia do interesse público sobre o particular, desde que não venha ilegalmente ferir direitos individuais dos administradores. Aplicação do princípio da razoabilidade'". Conferir: ISMAIL FILHO, Salomão Abdo Aziz. Princípios da razoabilidade e da proporcionalidade: critérios limitantes da discricionariedade administrativa através do controle judicial. *BDA – Boletim de Direito Administrativo*, São Paulo, v. 18, n. 19, p. 732, set. 2002.

[130] No final de 2010, o STJ julgou o Recurso Especial nº 1.186.517/RJ, relatado pelo Ministro Benedito Gonçalves, entendendo irracional que em concurso público se exigisse a apresentação de certificado de reservista de primeira categoria quando a dispensa dos candidatos do serviço militar obrigatório ocorre de acordo com a discricionariedade e a conveniência da Administração que, unilateralmente, estabelece o número de efetivo das Forças Armadas, pelo que os reservistas de 2ª categoria não poderiam ser penalizados com a exclusão do certame, por terem sido dispensados.

[131] AGRAVO DE INSTRUMENTO – AÇÃO ORDINÁRIA – TUTELA PROVISÓRIA DE URGÊNCIA – SUSPENSÃO DE PENALIDADE APLICADA NO ÂMBITO DE PROCESSO ADMINISTRATIVO PUNITIVO – DESCUMPRI-MENTO PARCIAL DE CONTRATO – QUESTÃO CONTROVERTIDA – APLICAÇÃO DE PENALIDADE SE-VERA – APARENTE INOBSERVÂNCIA DOS PRINCÍPIOS DA RAZOABILIDADE E PROPORCIONALIDADE – ART. 300, DO CPC – REQUISITOS PRESENTES – POSSIBILIDADE – MANUTENÇÃO DA DECISÃO AGRA-VADA. – O deferimento da tutela provisória de urgência está condicionado ao preenchimento concomitante dos dois requisitos estabelecidos no art. 300 do CPC, quais sejam, a probabilidade do direito alegado pelo requerente e o perigo de dano ou ao risco ao resultado útil do processo que inviabilize a espera pelo julgamento do mérito do feito originário. – O controle judicial dos atos da Administração pelo Poder Judiciário, quando devidamente provocado, deve incidir exclusivamente sobre a legalidade do ato, sem qualquer ingerência no mérito da deci-são, sob pena de violação do sistema de tripartição de poderes previsto na Constituição. – O c. STJ possui enten-dimento consolidado no sentido de que a apreciação, acerca da observância dos princípios da proporcionalidade e da razoabilidade, na aplicação de penalidade em sede de processo administrativo, encontra-se relacionada com a própria legalidade do ato administrativo. – Verificada a presença dos requisitos estabelecido no art. 300, do CPC deve ser mantida inalterada a decisão proferida pelo Juízo a quo que deferiu o pedido de tutela provisória de urgência. (TJMG, Agravo de Instrumento 1.0000.19.082669-3/001, Rel. Desembargador MAURÍCIO SOARES, 3ª CÂMARA CÍVEL, julgado em 17.06.2021)

[132] STJ, AREsp 1.812.417/MG, Decisão Monocrática do Ministro HUMBERTO MARTINS, julgado em 08.03.2021.

[133] CARVALHO FILHO, José dos Santos. *Manual de direito administrativo*. 27. ed. rev., atual. e ampl. São Paulo: Atlas, 2014, p. 41 e 42.

Filho. E a sensatez, por sua vez, envolve também ter em mente que os processos administrativos, assim como os processos judiciais, dizem respeito a uma realidade fora dos autos, pelo que todo o contexto fático deve ser levado em consideração.

Daí porque, inclusive, o advento da Lei nº 13.655/18 foi tão importante para a concretização do princípio em tela, na medida em que, como visto, passa a ser obrigatória a consideração das consequências práticas, da realidade vivida, dos obstáculos fáticos, entre outros empecilhos e questões que integram a gestão pública.

Há quem entenda que os princípios da razoabilidade e da proporcionalidade se confundem, e há quem advogue que este último é apenas uma faceta daquele primeiro. Não há, pois, um entendimento uniforme a respeito da questão. Sobre isso, interessante a colocação de Floriano de Azevedo Marques, ao afirmar que "por certo, o princípio da razoabilidade se relaciona com o princípio da proporcionalidade, havendo quem entenda que este integra aquele".[134]

Lucas Rocha Furtado, por exemplo, entende que a razoabilidade é princípio mais amplo, de modo que a proporcionalidade é apenas uma de suas inúmeras faces,[135] entendimento que parece ser também o de Maria Sylvia Zanella Di Pietro, na medida em que afirma que "o princípio da razoabilidade, entre outras coisas, exige proporcionalidade entre os meios de que se utilize a Administração e os fins que ela tem que alcançar".[136] Rafael Carvalho Rezende Oliveira, por sua vez, aponta que a fungibilidade entre os princípios prepondera.[137] Não há, portanto, um entendimento que seja totalmente pacífico sobre a questão.

Afirma-se também que o princípio da razoabilidade guarda íntima relação com o princípio da finalidade. A exegese acerca da finalidade da norma não pode conduzir a conclusões irracionais.[138] Também se compreende, a partir do princípio da razoabilidade, que o trilho traçado pelo administrador público deve afastar-se dos sentimentos pessoais, que possam comprometer a legitimidade de seu comportamento.

O princípio da razoabilidade relaciona-se também com o princípio da legalidade na sua interpretação mais ampla. Isso porque, apenas adentrando no espírito da lei e não somente na sua letra fria, poder-se-á aplicá-la de modo mais adequado. E, é claro, que a leitura profunda da norma depende sobremaneira da aplicação do princípio da razoabilidade, isto é, do bom senso do administrador público.

Essa relação com a legalidade também se revela na medida em que o princípio da razoabilidade integra a noção de juridicidade e de bloco de constitucionalidade. Um ato administrativo, portanto, pode regularmente ser anulado pelo Poder Judiciário se não for razoável, ainda que a legalidade em seu sentido estrito tenha sido observada; e, no mesmo sentido, é possível que o Supremo Tribunal Federal declare a inconstitucionalidade de um ato normativo por violação à razoabilidade.[139]

---

[134] MARQUES NETO. Princípios do processo administrativo. *Fórum Administrativo – Direito Público*, Belo Horizonte, ano 4, n. 37, p. 3508, mar. 2004. Conferir também, nesse sentido: NOVELINO, Marcelo. *Manual de direito constitucional*. 8. ed. rev. e atual. Rio de Janeiro: Forense; São Paulo: Método, 2013, p. 421.

[135] FURTADO, Lucas Rocha. *Princípios gerais de direito administrativo*. Belo Horizonte: Fórum, 2016, p. 115.

[136] DI PIETRO, Maria Sylvia Zanella. *Direito administrativo*. 15. ed. São Paulo: Atlas, 2003, p. 81.

[137] OLIVEIRA, Rafael Carvalho Rezende. *Curso de direito administrativo*. 4. ed. rev., atual. e ampl. Rio de Janeiro: Forense; São Paulo: Método, 2016, p. 44.

[138] MARQUES NETO. Princípios do processo administrativo. *Fórum Administrativo – Direito Público*, Belo Horizonte, ano 4, n. 37, p. 3508, mar. 2004.

[139] Nesse sentido: ALEXANDRINO, Marcelo; PAULO, Vicente. *Direito administrativo descomplicado*. 25. ed. rev. e atual. Rio de Janeiro: Forense; São Paulo: Método, 2017, p. 259.

Art. 2º | 67

Há inúmeros e cada vez mais crescentes julgados que se valem do princípio.

Veja-se que o STF, ao examinar escolha dos Conselheiros do Tribunal de Contas do Estado do Piauí que destoava do que estabelece a Constituição de 1988, aplicou o princípio da razoabilidade, afirmando que a composição da Corte de Contas deveria ser paulatinamente ajustada ao parâmetro federal. Na oportunidade, o STF indicou como seria realizada a próxima escolha, de forma a gradativamente corrigir a formação do órgão.

5 Proporcionalidade[140] [141] [142] [143]

O princípio da proporcionalidade exige que a atuação do administrador público esteja assentada no equilíbrio, na ponderação entre os fatos e as finalidades.

---

[140] Direito administrativo. Ação civil pública. Improbidade administrativa. Sanções previstas pela Lei nº 8.429/92. Princípio da proporcionalidade. Configura-se obrigatória a observação do princípio da proporcionalidade para buscar o real sentido da aplicação de pena aos particulares mediante a extensão e intensidade do dano causado, sem ofensa legal. Este princípio tem por objetivo estabelecer um equilíbrio entre a potencialidade danosa do ato e a pena aplicável. Restaurada a satisfação do interesse público como princípio primordial da Administração Pública, não se deve crucificar o infrator mediante penas tão severas com a simples justificativa de previsão legal. O atendimento ao interesse coletivo é condição indispensável para o uso das prerrogativas da Administração. (TJMG, Apelação Cível 1.0000.00.210301-8/000, Rel. Desembargador CÉLIO CÉSAR PADUANI, 4ª CÂMARA CÍVEL, julgado em 21.03.2002)

[141] Destaca-se, mais uma vez, pesquisa jurisprudencial realizada por Salomão Abdo Aziz Ismail Filho: "1. nos acórdãos proferidos no julgamento dos REsp. nº 109.710-PR (96/0062346-5) e 159.612-MS (97/0091808-4), ambos de relatoria do Ministro Hélio Mosimann, a 2ª Turma do Superior Tribunal manteve decisão judicial que anulou pena administrativa de perdimento do veículo, por considerá-la desproporcional em relação ao valor da mercadoria apreendida pela fiscalização federal. Na ementa do acórdão proferido no REsp. nº 109.710-PR, há invocação expressa ao princípio da proporcionalidade. Trata-se de um típico exemplo de aplicação do subprincípio da proporcionalidade em sentido estrito; 2. no acórdão proferido quando do julgamento do REsp. nº 176.645-DF, em 20.08.98, a 1ª Turma do STJ manteve decisão judicial que reduziu pena de multa aplicada, pela extinta Sunab, em estabelecimento que violou a Lei Delegada nº 4/62, cometendo infração de abuso do poder econômico. Entendeu o Ministro-Relator, José Delgado, que a decisão vergastada, através de recurso especial, não invadiu o mérito administrativo, mas, apenas, delimitou-o, tendo em vista o senso natural de justiça que deve acompanhar toda interpretação judicial. *In casu*, foi aplicada multa de valor elevadíssimo, diante do fato de haver, entre milhares de latas de farinha láctea, apenas uma com preço acima do tabelado. Nas palavras do Ministro José Delgado, 'O reino da justiça é a única razão de ser do Direito e das leis. Segue-se que uma lei não pode ser interpretada por ela mesma nem em si mesma, mas em função da ideia de justiça que está na base da civilização. Consequentemente, quando um dispositivo é suscetível de ser compreendido como tendo decidido o que a sã razão e o sentimento natural do justo mandam decidir, ele deve ser interpretado nesse sentido'. Parece-me, todavia, que neste caso deveria o Poder Judiciário apenas anular a pena administrativa, fixada em valor desproporcional à infração cometida. O *quantum* da pena ficaria à mercê da Administração, podendo o Judiciário fixar parâmetros de razoabilidade a serem respeitados pelo aplicador da pena Administrativa. No âmbito do Supremo Tribunal Federal, podem-se citar as Súmulas nºs 70, 323 e 547 que, em matéria tributária, impedem o exercício do poder sancionatório de forma desproporcional por parte da Administração. Cite-se, ainda, o histórico julgado de 21.07.1951, de relatoria do Ministro Orozimbo Nonato, pelo qual o Pretório Excelso pugna pelo exercício moderado do poder fiscal. Relevante acórdão foi proferido no julgamento da ADIn. nº 855-2-PR, de então relatoria do Ministro Sepúlveda Pertence, que suspendeu, liminarmente, em 01.07.93, a vigência de lei do estado do Paraná que determinava a pesagem dos bujões de gás, à vista do consumidor, quando da venda do produto. Além da invocação de violação dos arts. 22, IV e VI, 24, 25, §2º, e 238, todos da CF/88, a decisão da Suprema Corte apontou violação expressa aos princípios da proporcionalidade e da razoabilidade das leis restritivas de direitos. Menciona-se, outrossim, o julgado de 23.04.96, pelo qual a 2ª Turma do STF deu provimento ao RE nº 192.568, para garantir o direito à nomeação de aprovados em concurso para o cargo de juiz adjunto do estado do Piauí. Na lide, os recorrentes foram aprovados em concurso cujo edital estabelecia como objetivo do certame o preenchimento das vagas atualmente existentes e das que surgissem durante o prazo de validade do concurso. Porém, apenas trinta e três candidatos foram nomeados, embora existissem mais vagas e mais candidatos aprovados, durante o prazo de validade previsto no edital. Ainda assim, o Tribunal de Justiça do Piauí esperou o término do prazo do concurso, negando pedido de prorrogação dos recorrentes, e, de

imediato, convocou novo concurso. Diante desses fatos, a 2º Turma do STF entendeu, por maioria, que, *in casu*, houve violação, por esvaziamento, do art. 37, inciso IV, da CF, que determina a prioridade de convocação para os aprovados em concursos anteriores com relação a aprovados de novos concursos para o mesmo cargo. No entender do Ministro Marco Aurélio, relator do processo, ao negar de forma imotivada a renovação do concurso, apenas invocando estar no exercício da discricionariedade, e, imediatamente, convocar outro concurso, a administração do Tribunal feriu não apenas a regra do inciso IV do art. 37 da CF/88, mas também os princípios da Administração Pública, alicerçados no *caput* da norma constitucional. Ademais, a ementa do julgado invoca a razoabilidade ao prescrever: 'O princípio da razoabilidade é conducente a presumir-se, como objeto do concurso, o preenchimento das vagas existentes'. A decisão proferida no RE nº 192.568 é bastante inovadora e progressista no sentido de preservar os particulares de arbitrariedades e defender o interesse público por via dos princípios da Administração Pública consagrados pela Magna Carta. Na verdade, demonstra que o Judiciário pode verificar se a competência discricionária foi ou não exercida em conformidade com limites definidos pela lei e pelos princípios constitucionais". Conferir: ISMAIL FILHO, Salomão Abdo Aziz. Princípios da razoabilidade e da proporcionalidade: critérios limitantes da discricionariedade administrativa através do controle judicial. *BDA – Boletim de Direito Administrativo*, São Paulo, v. 18, n. 19, p. 733, set. 2002.

[142] MANDADO DE SEGURANÇA – POSTO DE VENDA DE COMBUSTÍVEIS – ATIVIDADE EXERCIDA HÁ QUASE QUATRO DÉCADAS – AQUISIÇÃO E FISCALIZAÇÃO PELO PODER PÚBLICO – ALVARÁ DE LOCALIZAÇÃO E FUNCIONAMENTO – LICENÇA AMBIENTAL – EMISSÃO CONDICIONADA À RETIFICAÇÃO DE ÁREA DO IMÓVEL – AÇÃO AJUIZADA, AINDA EM TRÂMITE – RECURSOS ADMINISTRATIVOS PENDENTES DE JULGAMENTO – INTERDIÇÃO DO ESTABELECIMENTO – SANÇÃO DESARRAZOADA – MEDIDA DRÁSTICA – AFRONTA AO PRINCÍPIO DA RAZOABILIDADE E PROPORCIONALIDADE – OFENSA A DIREITO LÍQUIDO E CERTO – CORREÇÃO MANDAMENTAL QUE SE IMPÕE – RECURSO PROVIDO. A demora do trâmite processual não pode alcançar o administrado, atribuindo-lhe, em razão desse pesado fardo, vultosos prejuízos, mediante e nefasto abalo na sua imagem e competitividade mercadológica. A drástica interdição do estabelecimento representaria, em verdade, seu fechamento definitivo, não se podendo olvidar que "os valores sociais do trabalho e da livre iniciativa" configuram princípio da República Federativa do Brasil e fundamento do Estado Democrático de Direito e da ordem econômica. A interdição, consideradas as evidências e circunstâncias dos autos, revela afronta à razoabilidade, restando preterida a proporcionalidade entre as condutas administrativa e empresarial, posto que o administrado atua no mercado há quase quatro décadas, sob aquiescência e fiscalização do Poder Público, tendo adotado as providências administrativo-judiciais que lhe competiam. (TJMG, Apelação Cível 1.0024.07.575113-1/001, Rel. Desembargador NEPOMUCENO SILVA, 5ª CÂMARA CÍVEL, julgado em 24.07.2008)

[143] AGRAVO DE INSTRUMENTO. CONTRATO ADMINISTRATIVO. NEGATIVA IMOTIVADA DE CELEBRAÇÃO DO NEGÓCIO POR PARTE DO ADMINISTRADO. IMPOSIÇÃO DE SANÇÃO. ART. 87 DA LEI 8.666/93. DESPROPORCIONALIDADE ENTRE A CONDUTA PERPERTRADA E A REPRIMENDA APLICADA PELO PODER PÚBLICO. RECURSO PROVIDO. 1. Como é cediço, em todas as searas do Direito, é pacífico que a penalização do infrator deve ser compatível com a gravidade e a reprovabilidade da infração, sendo dever do aplicador dimensionar a extensão e a intensidade da sanção aos pressupostos de antijuridicidade apurados. 2. No âmbito do processo administrativo, o princípio da proporcionalidade encontra previsão expressas no art. 2º, parágrafo único, VI, da Lei nº 9.784/99, que exige a "adequação entre meios e fins, vedada a imposição de obrigações, restrições e sanções em medida superior àquelas estritamente necessárias ao atendimento do interesse público". 3. A Lei de Licitações, em seu art. 87, prevê quatro penalidades administrativas a serem impostas ao contratante inadimplente: I – advertência; II – multa, na forma prevista no instrumento convocatório ou no contrato; III – suspensão temporária de participação em licitação e impedimento de contratar com a Administração, por prazo não superior a 2 (dois) anos; IV – declaração de inidoneidade para licitar ou contratar com a Administração Pública enquanto perdurarem os motivos determinantes da punição ou até que seja promovida a reabilitação perante a própria autoridade que aplicou a penalidade, que será concedida sempre que o contratado ressarcir a Administração pelos prejuízos resultantes e após decorrido o prazo da sanção aplicada com base no inciso anterior. 4. O dispositivo em questão tem merecido veementes críticas por parte da doutrina por conferir flexibilidade exagerada à Administração para aplicar penalidades, uma vez que não são descritas as condutas que ensejariam a cominação de cada um de seus incisos, o que acaba por vulnerar a segurança jurídica dos administrados. 5. A fim de racionalizar a aplicação das sanções supracitadas, que apresentam notória gradação, indo da mais leve – multa (inciso I) –, a mais grave – declaração de inidoneidade (inciso IV) –, Marçal Justen Filho destaca o papel desempenhado pelo princípio da proporcionalidade como "instrumento jurídico fundamental para elaboração de uma teoria quanto às sanções atinentes à contratação administrativa (...). Isso significa que, tendo a Lei previsto um elenco de quatro sanções, dotadas de diverso grau de severidade, impõe-se adequar as sanções mais graves às condutas mais reprováveis. A reprovabilidade da conduta traduzir-se-á na aplicação de sanção proporcionada e correspondente". 6. Na mesma linha do doutrinador, o Min. Franciulli Netto, no julgamento do MS nº 7311/DF, Rel. Ministro GARCIA VIEIRA, DJ em 02/06/2003, destacou que "não é lícito ao Poder Público, diante da imprecisão da lei, aplicar os incisos do artigo 87 sem qualquer critério. Como se pode observar pela leitura do dispositivo, há uma gradação entre as sanções. Embora não esteja o administrador submetido ao princípio da pena específica, vigora no Direito Administrativo o princípio da proporcionalidade". 7. Conquanto a negativa do vencedor da licitação em celebrar o contrato possua algum grau de reprovabilidade, se o comportamento em questão não se mostra suscetível de causar qualquer prejuízo ao erário, a imposição da

Uma atuação proporcional é aquela que evita excessos,[144] mas que também veda a deficiência protetiva: eis as facetas da proibição do excesso e da proteção da deficiência.[145] Ser proporcional é garantir que meios e fins sejam condizentes, é ter em mente que as condutas devem ser necessárias, adequadas, suficientes e correspondentes à finalidade pretendida. Pela proporcionalidade, "O administrador nunca poderá valer-se de meios mais danosos e excessivos que os efetivamente necessários".[146]

Utilizando de ditado popular, proporcionalidade é, ao mesmo tempo, não matar uma mosca com um tiro de canhão e não querer combater um exército inteiro com apenas um soldado. Uma penalidade proporcional, por exemplo, é aquela que não apenas não seja excessiva, mas que também não seja aquém do necessário para reprimir e punir o servidor pela infração cometida. Nesse sentido, se, em um caso hipotético, a pena devida é a suspensão, é desproporcional tanto a fixação da demissão quanto a condenação em advertência: "uma infração leve deve receber uma sanção branda; a uma falta grave deve corresponder uma punição severa".[147]

Pela proporcionalidade, assim, ninguém pode sofrer pela Administração Pública restrições além daquelas estritamente necessárias para a consecução do interesse público, e, concomitantemente, não pode o administrador deixar de atuar quando o interesse da coletividade assim o exige.

Nota-se, pelo exposto, que o princípio em comento não é averiguado em abstrato, senão mediante cada caso concreto. A casuística demonstrará a medida equilibrada a ser tomada pelo gestor. É a realidade que vai ditar o que é ou não é proporcional.[148]

E é justamente por isso que a Lei nº 13.655/18, ao modificar a Lei de Introdução às Normas do Direito Brasileiro, foi tão importante para a valorização da proporcionalidade, na medida em que, conforme já frisado alhures, ela exige que as decisões administrativas e judiciais levem em consideração a realidade vivida. As orientações à época dos fatos analisados, as praxes administrativas, as circunstâncias do momento, as dificuldades reais e o contexto histórico passam a ser questões que devem ser necessariamente sopesadas.

Nesse sentido, em prol da proporcionalidade, por exemplo, o art. 20, parágrafo único, da LINDB assevera que a motivação nas esferas judicial, controladora e administrativa demonstrará a necessidade da medida imposta. Além disso, igualmente a título ilustrativo, é de se destacar o art. 21, parágrafo único, que deixa assente que os sujeitos atingidos por decisões não podem sofrer ônus ou perdas que sejam anormais ou excessivos.

---

mais gravosa das condutas ao administrado, a princípio, revela-se ofensiva ao princípio da proporcionalidade, e, portanto, ilegal. (TJMG, Agravo de Instrumento 1.0024.13.365159-6/001, Rel. Desembargador BITENCOURT MARCONDES, 8ª CÂMARA CÍVEL, julgado em 18.07.2014)

[144] Nesse sentido: CARVALHO FILHO, José dos Santos. *Manual de direito administrativo*. 27. ed. rev., atual. e ampl. São Paulo: Atlas, 2014, p. 43.

[145] Nesse sentido: HAEBERLIN, Mártin. Revisitando a proporcionalidade: da análise dos seus possíveis usos à crítica de seu abuso no direito brasileiro. *Revista da AJURIS*, Porto Alegre, v. 45, n. 145, Dezembro, 2018.

[146] CANÇADO, Maria de Lourdes Flecha de Lima Xavier. *Os conceitos jurídicos indeterminados e a discricionariedade administrativa*. Belo Horizonte: Del Rey, 2013, p. 153.

[147] ALEXANDRINO, Marcelo; PAULO, Vicente. *Direito administrativo descomplicado*. 25. ed. rev. e atual. Rio de Janeiro: Forense; São Paulo: Método, 2017, p. 259.

[148] Ressalvados os casos dos atos vinculados. Nestes, a ponderação já foi efetuada pelo legislador, não tendo o administrador público liberdade para exercer o seu juízo de conveniência e oportunidade.

Sobre o art. 20, parágrafo único, da Lei de Introdução às Normas do Direito Brasileiro, a lição de Irene Patrícia Nohara:

> Percebe-se, pois, que a motivação de uma medida imposta, seja em caráter criador do ato, seja em caráter de invalidação do ato ou de norma administrativa, não envolve mais somente a justificativa do fato e sua fundamentação jurídica, mas o novo dispositivo de motivação da LINDB, contido no parágrafo único do art. 20, orienta que deve haver a demonstração da necessidade e da adequação da medida imposta. Assim, com base no consequencialismo, isto é, na ponderação consequencial, a motivação deve demonstrar que a medida é proporcional, dado que a proporcionalidade contempla em seu sentido tanto a adequação, quanto a necessidade, sendo mais controvertida ainda a exigência contida na parte final do artigo, isto é, que haja uma comparação da decisão tomada em função de "possíveis alternativas" existentes no caso concreto.[149]

Destaca-se, ainda, o art. 22 daquela mesma lei, que determina que os obstáculos e as dificuldades do gestor serão considerados, assim como serão ponderadas as circunstâncias práticas que tiverem guiado o agente público a agir de uma ou outra maneira. Nesse sentido, o Tribunal de Justiça do Estado de Minas Gerais:

> APELAÇÃO CÍVEL – REMESSA NECESSÁRIA – DIREITO AMBIENTAL – MUNICÍPIO DE CRISTAIS – PLANO MUNICIPAL DE GESTÃO INTEGRADA DE RESÍDUOS SÓLIDOS – OBRIGAÇÃO DE FAZER – PRAZO EXIGUO – DILATAÇÃO DO PRAZO. 1. Constatada a necessidade de regularização ambiental do Município de Cristais no tocante à elaboração de Plano de Gestão Integrada de Resíduos Sólidos, por imposição legal (Lei Federal nº 12.305/10, art. 19), deve-se manter a condenação feita em primeira instância. 2. Ao dispor a respeito da interpretação de normas sobre gestão pública, o art. 22 da Lei de Introdução às Normas do Direito Brasileiro, inserido pela Lei Federal nº 13.655/18, determina que serão considerados os obstáculos e as dificuldades reais do gestor e as exigências das políticas públicas a seu cargo, sem prejuízo dos direitos dos administrados, motivo por que, na espécie, se impõe a fixação de prazo razoável para cumprimento da obrigação.[150]

O mesmo artigo, no campo sancionatório, determina que serão considerados a natureza e a gravidade da infração, os danos que dela provierem para a Administração, as circunstâncias agravantes ou atenuantes e os antecedentes do agente. Isso nada mais é senão ser proporcional quando da penalização dos agentes públicos.

A Lei nº 13.655/18, veja-se, respira e exala proporcionalidade.

Conforme mencionado quando dos comentários acerca da razoabilidade, para alguns autores, os princípios da proporcionalidade e da razoabilidade se confundem, porque um ato desproporcional é também indiscutivelmente desprovido de bom senso. Existe, de fato, inegável relação entre eles. A melhor conceituação de proporcionalidade é dada pela própria Lei nº 9.784/99, que, no seu art. 2º, parágrafo único, inciso VI, estabelece que os processos administrativos devem observar uma "adequação entre meios e fins,

---

[149] NOHARA, Irene Patrícia. Motivação do ato administrativo na disciplina do direito público da LINDB. *In*: VALIATI, Thiago Priess; HUNGARO, Luis Alberto; CASTELLA, Gabriel Morettini (coord.). *A lei de introdução e o direito administrativo brasileiro*. Rio de Janeiro: Lumen Juris, 2019, p. 9.

[150] TJMG, Apelação Cível/Remessa Necessária 1.0112.15.000562-0/001, Rel. Desembargador WASHINGTON FERREIRA, 1ª CÂMARA CÍVEL, julgado em 18.06.2019.

vedada a imposição de obrigações, restrições e sanções em medida superior àquelas estritamente necessárias ao atendimento do interesse público".[151]

Isto é, a validade da conduta está adstrita a esse equilíbrio entre o que se pretende e os meios adotados para se chegar a tal medida. No âmbito do processo administrativo, então, deve o administrador público se ater ao que for necessário ao interesse público, sem se exceder ou ficar aquém da justa medida necessária para a concretização da finalidade pública.

6 Moralidade[152] [153]

O princípio da moralidade, expresso no art. 37, *caput*, da Constituição da República, impõe ao administrador uma atuação honesta, íntegra, séria, ética e leal diante da coisa pública, exige um agir baseado em bons valores e em padrões mínimos

---

[151] Remessa oficial e apelação cível voluntária. Ação de mandado de segurança. Concurso público. Polícia Militar. Índice de massa corpórea – IMC. Desclassificação. Princípios constitucionais da isonomia, da proporcionalidade e da razoabilidade violados. Segurança concedida. Sentença confirmada. 1. O art. 5º da Constituição da República veda a discriminação entre as pessoas. Porém, o art. 39, §3º admite o estabelecimento de requisitos diferenciados para ingresso no serviço público efetivo, quando a natureza do cargo o exigir. 2. A exigência de limite mínimo de índice de massa corpórea – IMC para o cargo de soldado da Polícia Militar do Estado de Minas Gerais, viola a isonomia constitucional, além da proporcionalidade e da razoabilidade, porque a higidez física do policial militar não está diretamente relacionada ao índice de massa corpórea. 3. A desclassificação da candidata por apresentar IMC inferior ao exigido, neste caso, lesa seu direito líquido e certo. 4. Remessa oficial e apelação cível voluntária conhecidas. 5. Sentença que concedeu a segurança confirmada em reexame necessário, prejudicado o recurso voluntário. (TJMG, Apelação Cível/Remessa Necessária 1.0024.07.669353-0/001, Rel. Desembargador CAETANO LEVI, 2ª CÂMARA CÍVEL, julgado em 12.08.2008)

[152] Apelação cível. Ação ordinária. Concurso público. Corpo de Bombeiros Militar. Edital. Princípios constitucionais da Administração Pública observados. Vagas oferecidas para o sexo masculino e feminino. Vaga remanescente do sexo masculino. Aproveitamento. Impossibilidade. Recurso não provido. 1. A Constituição da República, no art. 37, II, adotou o princípio da ampla acessibilidade aos cargos, funções e empregos públicos, mediante concurso de provas ou de provas e títulos, visando ensejar igual oportunidade a todos para a disputa de cargos públicos. 2. A Administração Pública deve pautar-se pelos princípios constitucionais da legalidade, impessoalidade, moralidade, publicidade, eficiência e isonomia. 3. O recrutamento de servidor público por concurso é precedido de edital, o qual deve estabelecer os critérios para o certame, obedecidas as condições estabelecidas em lei. 4. A convocação de candidatos para participar de cada etapa do concurso deve observar as regras do edital. Assim, não assiste direito a candidata do sexo feminino ao aproveitamento de vaga remanescente e reservada aos candidatos do sexo masculino. 5. Apelação cível conhecida e não provida. (TJMG, Apelação Cível 1.0024.04.262941-0/002, Rel. Desembargador CAETANO LEVI, 2ª CÂMARA CÍVEL, julgado em 07.06.2005) Constitucional e administrativo – Ato de improbidade – Princípios da legalidade e da moralidade – Dano moral – Inexistência de omissão e contradição – Embargos declaratórios rejeitados. O princípio da moralidade dos atos administrativos está implícito na noção do de legalidade, do qual constitui necessariamente uma derivação. Não há omissão ou contradição em se considerar presente, como juízo de valor, no desrespeito à legalidade, a ofensa ao princípio da moralidade. Embargos rejeitados. (TJMG, Embargos de Declaração 1.0000.00.078974-3/005, Rel. Desembargador CLÁUDIO COSTA, 5ª CÂMARA CÍVEL, julgado em 09.05.2002)

[153] Em se tratando de mandado de segurança, a medida liminar ganha especiais contornos tendo em vista que, para a sua concessão, afigura-se indispensável que a parte impetrante comprove, de plano, o direito líquido e certo lesionado (ou ameaçado de lesão) por ilegalidade ou abuso de poder de autoridade pública. Não há decadência do direito de autotutela se a Administração Pública inicia o processo de revisão dentro do prazo quinquenal, observada a regularidade do trâmite e em consonância ao disposto no artigo 54, da Lei nº 9.784/99. Tendo em vista que a aposentadoria do servidor teve como base um enquadramento indevido na tabela de progressão funcional dos servidores do ente municipal, não há de se falar em vício que inquine o ato administrativo que concluiu pela nulidade do ato administrativo da concessão do referido benefício, devendo prevalecer o escopo de proteção à moralidade administrativa, bem como a legalidade da revisão efetuada pelo Município em decorrência de seu poder de autotutela. (TJMG, Agravo de Instrumento 1.0000.19.166557-9/001, Rel. Desembargador VERSIANI PENNA, 19ª CÂMARA CÍVEL, julgado em 30.04.2020)

de bom comportamento.[154] [155] Nessa esteira, conforme, com acerto, destaca José dos Santos Carvalho Filho, "o princípio da moralidade está (...) ligado à noção do bom administrador, que não somente deve ser conhecedor da lei como também dos princípios éticos regentes da função administrativa".[156]

É de se notar, enquanto consectário lógico, que o princípio da moralidade está intimamente ligado ao princípio da finalidade. Afinal, aquele que atua de maneira desonesta e ímproba frente à coisa pública consequentemente atua não em busca da finalidade pública, que é o interesse público primário, mas em função de interesses privados e egoísticos.[157] Há, pois, uma correlação entre os princípios.

Marco importante para a concretização do princípio da moralidade, com vistas a combater a podridão patrimonialista que era o acesso a cargos públicos, foi o advento da Súmula Vinculante 13, que veda a nomeação, ainda que por designações recíprocas, de "cônjuge, companheiro ou parente em linha reta, colateral ou por afinidade, até o terceiro grau, inclusive, da autoridade nomeante ou de servidor da mesma pessoa jurídica, investido em cargo de direção, chefia ou assessoramento, para o exercício de cargo em comissão ou de confiança, ou, ainda, de função gratificada na administração pública direta e indireta, em qualquer dos Poderes da União, dos Estados, do Distrito Federal e dos Municípios". Outro importante mecanismo legal a resguardar a moralidade administrativa – mas não só ela – foi o advento da Lei nº 8.429/92, que trata dos atos ímprobos e do procedimento para a sua averiguação e posterior punição.

Claro que o supracitado entendimento vinculante e a Lei de Improbidade Administrativa não foram capazes de sepultar a falta de moralidade jurídica no campo administrativo; no entanto, sem dúvida foram um divisor de águas para o combate à imoralidade no seio da Administração Pública.

---

[154] Nesse sentido: FURTADO, Lucas Rocha. *Princípios gerais de direito administrativo*. Belo Horizonte: Fórum, 2016, p. 78; CAMARGO, José Aparecido. *Administração pública*: princípios constitucionais. Belo Horizonte: Del Rey, 2014, p. 81.

[155] Em outra oportunidade, já tivemos a oportunidade de frisar que a moralidade administrativa não se confunde com a moralidade comum. Claro que um ato que viole a moral comum pode violar, também, a moralidade administrativa, mas isso nem sempre será verdadeiro, necessariamente. Veja-se: "Outrossim, impende frisar que o princípio que ora se analisa diz respeito à moralidade perante a Administração Pública, isto é, a honestidade frente ao agir administrativo, frente ao trato com a coisa pública. A moral na vida privada e na esfera pessoal de cada agente público – desde que não atinja a atuação administrativa – não se confunde com o princípio em comento, tampouco aspectos de cunho estritamente religiosos dizem respeito ao ponto em análise. Trata-se o princípio em apreço, destarte, de uma moralidade administrativa, e não de uma moralidade privada ou religiosa. Vale dizer, ainda que o administrador público deva atuar com decoro e com 'padrão de conduta que imprima respeitabilidade', a doutrina administrativista majoritária, com a qual aqui se comunga, aponta para o fato de que moralidade administrativa e moralidade comum não se confundem". Conferir: CAVALCANTI, Caio Mário Lana. *Da expectativa de direito ao direito subjetivo à nomeação do candidato integrante do cadastro de reserva*. Rio de Janeiro: CEEJ, 2020, p. 43 e 44. Também pela diferença entre moralidade administrativa e moralidade comum, conferir: MARINELA, Fernanda. *Direito administrativo*. 7. ed. rev., ampl., reformada e atual. Niterói: Impetus, 2013, p. 39; SILVA, José Afonso da. *Curso de direito constitucional positivo*. 5. ed. São Paulo: RT, 1989, p. 398; SILVA, Leila Maria Bittencourt. *Teoria da constituição e controle de constitucionalidade*. Belo Horizonte: Del Rey, 2011, p. 178.

[156] CARVALHO FILHO, José dos Santos. *Manual de direito administrativo*. 27. ed. rev., atual. e ampl. São Paulo: Atlas, 2014, p. 22.

[157] Nesse sentido: MARRARA, Thiago. O conteúdo do princípio da moralidade: probidade, razoabilidade e cooperação. *In*: MARRARA, Thiago (organizador). *Princípios de direito administrativo*: legalidade, segurança jurídica, impessoalidade, publicidade, motivação, eficiência, moralidade, razoabilidade, interesse público. São Paulo: Atlas, 2012, p. 163.

Enfim, com amparo na moralidade, a observância integral e sistêmica do ordenamento jurídico impõe a aplicação dos critérios de probidade, decoro e boa-fé – nesse sentido, inclusive, o art. 2º, parágrafo único, IV, da Lei nº 9.784/99 –, visando conferir validade ao ato emanado da Administração Pública, que deve, além de encontrar amparo no texto frio da lei, repousar na ideia de moralidade.[158]

Hely Lopes Meirelles afirma que:

> O inegável é que a moralidade administrativa integra o Direito como elemento indissociável na sua aplicação e na sua finalidade, erigindo-se em favor da legalidade. Daí por que o TJSP decidiu, com inegável acerto, que "o controle jurisdicional se restringe ao exame da legalidade do ato; mas, por legalidade ou legitimidade se entende não só a conformação do ato com a lei, como também com a moral administrativa e com o interesse público".[159]

A jurisprudência, aliás, percorre o mesmo entendimento ao se posicionar no sentido de que é da essência do ato administrativo a observância do princípio da moralidade. Tanto é que quando da análise pelo Supremo Tribunal Federal da prática do nepotismo nos Poderes Executivo e Legislativo, firmou-se posicionamento pela sua proibição, em decorrência do princípio constitucional da moralidade, que, por si só, dispensa a edição de lei em sentido formal, pois é princípio basilar da Administração Pública.[160] [161]

Vê-se, assim, que há notável evolução na aplicação do princípio da moralidade, que antes era utilizado apenas em reforço à aplicação de outros princípios constitucionais nos casos concretos e que agora passa a ser aplicado de modo autônomo, aliás, como sempre deveria ter sido, em razão da força cogente que possui.

Há, no entanto, grande preocupação com a utilização deste princípio como baliza para o controle do agir administrativo. Isso porque crescem as ações judiciais em que se pretende a nulidade de atos administrativos ao fundamento de que ferido restou o princípio em tela. A exacerbação do controle com ênfase na moralidade deve ser vista com reserva, sobretudo porque o que é imoral é aquilo que a ordem jurídica assim considera. A avaliação pessoal da moralidade não representa o aperfeiçoamento da aplicação prática do princípio, mas, ao contrário, ignora que o conteúdo de todos os princípios é atribuído não pela mente criativa deste ou daquele intérprete, mas pelo Direito. A obra de Márcio Cammarosano sobre o tema é de leitura obrigatória.[162]

---

[158] Mandado de segurança – Concurso público – Princípio da moralidade – Não pode o edital do concurso, sob pena de ferir o princípio da moralidade administrativa, estabelecer regra que objetiva proteger servidores que já pertençam aos quadros da instituição, pois os concursos públicos devem dispensar igual oportunidade a todos os interessados que atendam aos requisitos da lei. (TJMG, Apelação Cível 1.0000.00.161358-7/000, Rel. Desembargador AMILCAR CAMPOS OLIVEIRA, 5ª CÂMARA CÍVEL, julgado em 16.12.1999).

[159] MEIRELLES, Hely Lopes. *Direito administrativo brasileiro*. 29. ed. São Paulo: Malheiros, 2004, p. 90.

[160] Constitucional. Nepotismo. Princípio da Moralidade. Necessidade de lei em sentido formal. Existência de repercussão geral. Questão que transcende os interesses subjetivos das partes. (STF, Repercussão Geral em Recurso Extraordinário nº 579.951/RN, Rel. Ministro RICARDO LEWANDOWSKI)

[161] Nessa esteira, conferir também a redação da Súmula Vinculante 13, sobre o nepotismo: "A nomeação de cônjuge, companheiro ou parente em linha reta, colateral ou por afinidade, até o terceiro grau, inclusive, da autoridade nomeante ou do servidor da mesma pessoa jurídica investido em cargo de direção, chefia ou assessoramento, para o exercício de cargo em comissão ou de confiança ou, ainda, de função gratificada na administração pública direta e indireta em qualquer dos poderes da União, dos Estados, do Distrito Federal e dos Municípios, compreendido o ajuste mediante designações recíprocas, viola a Constituição Federal".

[162] CAMMAROSANO, Márcio. *O princípio constitucional da moralidade e o exercício da função administrativa*. Belo Horizonte: Fórum, 2006.

Ante o exposto, em suma, pelo princípio da moralidade o agente público deve atuar mediante padrões éticos de conduta, com decoro, honestidade e boa-fé, visando sempre à consecução do interesse público e à boa administração da coisa pública.

7 Ampla defesa[163] [164] [165] [166] [167] [168] [169]

O art. 5º, inciso LV, da Constituição da República garante o direito à defesa com todos os meios inerentes, tanto na esfera administrativa quanto judicial.[170] Assim, pela

---

[163] Administrativo. Agravo Regimental no Recurso Ordinário em Mandado de Segurança. Servidor designado em caráter precário para exercício de função pública. Exoneração *ad nutum*. Não cabimento. Necessidade de abertura de processo administrativo. Agravo provido. Segurança concedida (STJ, AgRg no RMS 24.768/MG, Rel. Ministro ARNALDO ESTEVES LIMA, QUINTA TURMA).

[164] "É nula a demissão do funcionário com base em processo administrativo no qual não lhe foi assegurada ampla defesa". (STF, em *RDA*, 73:136)

[165] APELAÇÃO CÍVEL. CONSTITUCIONAL. ADMINISTRATIVO. PROCESSUAL CIVIL E PROCESSUAL ADMINISTRATIVO. CÓDIGO BRASILEIRO DE TRÂNSITO (CTB). INFRAÇÃO DE TRÂNSITO. APLICAÇÃO DE PENALIDADES SEM O DEVIDO PROCESSO LEGAL. (DAER). AÇÃO ORDINÁRIA. IMPROCEDÊNCIA NA ORIGEM. PROVIMENTO EM GRAU RECURSAL. 1. É incabível a notificação de infração de trânsito c/c notificação de penalidade aplicada sem a observância da ampla defesa e do contraditório; em suma, sem o devido processo legal. Incidência e aplicação do artigo 5.º, LV, da CF-1988, do artigo 281, §único, II, do Código Brasileiro de Trânsito (CTB) e do §2º do artigo 3º da Resolução nº 149 do CONTRAN (DOU 13.10.03). Igual incidência da Lei n.º 9.784, de 29.01.1999 (DOU 01.02.1999 – Art. 2º e 3º), que regula o processo administrativo. (TJRS, Apelação Cível 70.021.525.506, Rel. Desembargador WELLINGTON PACHECO BARROS, 4ª CÂMARA CÍVEL, julgado em 30.01.2008)

[166] Apelações e reexame necessário – Ação declaratória – Auto de Infração e Imposição de Penalidade de Multa – Natureza administrativa das condutas infracionais ao meio ambiente e de suas respectivas sanções – Necessidade de observância, no procedimento administrativo, do contraditório e da ampla defesa – Artigo 5º, inciso LV, da Constituição Federal – Artigo 95, do Decreto Federal nº 6.514/2008 – Ausência de elementos de prova idôneos acerca da efetiva conclusão do procedimento administrativo – Artigo 373, inciso II, da lei de ritos – Descabimento da expedição da guia de pagamento da sanção imposta – Inexigibilidade da multa que, todavia, poderá ser retomada, após a conclusão do procedimento administrativo – Honorários advocatícios sucumbenciais – Fixação, entre o mínimo de 10 e máximo de 20% sobre o valor da condenação, do proveito econômico obtido ou, não sendo possível mensurá-lo, sobre o valor atualizado da causa – Artigo 85, §2º, da lei de ritos – Ainda que a guia de pagamento da sanção impugnada tenha sido expedida no importe de R$500.001,50, é certo, todavia, que a parte autora atribuiu à causa o valor de R$10.000,00 – Artigo 292, inciso II, do Novo Código de Processo Civil – Se a parte autora, por "sponte propria", atribuiu à causa valor de R$10.000,00, deve-se presumir que a mencionada quantia equivale ao proveito econômico almejado – Regularidade da adoção do valor atribuído à causa como base de cálculo da verba honorária – Recursos e reexame necessário a que se negam provimento. (TJSP, Apelação Cível 1003838-77.2018.8.26.0106, Rel. Desembargador MAURO CONTI MACHADO, 1ª CÂMARA RESERVADA AO MEIO AMBIENTE, julgado em 08.07.2021)

[167] Mandado de Segurança – Pretensão à anulação de penalidade de cassação do direito de dirigir – Nulidade do procedimento administrativo reconhecida de ofício – Desrespeito às normas e competências estabelecidas pela Lei Federal nº 9.784/1999, Lei Estadual nº 10.177/1998 e pela Resolução CONTRAN nº 182/2005 – Automação que, no caso concreto, destituiu a aplicação da penalidade de análise e revisão por servidores públicos competentes – Falta de motivação concreta – Ausência de notificação válida – Afronta aos arts. 5º, LV, e 37, *caput*, da CF/88, que asseguram o princípio da transparência e o estabelecimento de contraditório e ampla defesa real, inclusive em processos administrativos, com respeito ao devido processo legal – Sentença reformada – Recurso provido. (TJSP, Apelação Cível 1008516-95.2021.8.26.0053, Rel. Desembargador MARREY UINT, 3ª CÂMARA DE DIREITO PÚBLICO, julgado em 06.07.2021)

[168] CONSTITUCIONAL E ADMINISTRATIVO. CASSAÇÃO DE TÍTULO DE UTILIDADE PÚBLICA DE INSTI-TUIÇÃO DE ENSINO. OBSERVÂNCIA DO CONTRADITÓRIO E DA AMPLA DEFESA NO PROCESSO ADMINISTRATIVO. OMISSÃO DO INTERESSADO NA PRODUÇÃO DE PROVAS E NO ACOMPA-NHAMENTO DA INSTRUÇÃO. RECURSO ORDINÁRIO EM MANDADO DE SEGURANÇA CONHECIDO E IMPROVIDO. O interessado que, intimado em processo administrativo, apresenta defesa e, posteriormente, deixa de produzir provas e de participar da instrução, não pode alegar cerceamento de defesa ou violação ao contraditório e à ampla defesa (art. 5º, LV, da Constituição). (STF, RMS 24.462/DF, Rel. Ministro TEORIA ZAVASCKI, PRIMEIRA TURMA, julgado em 05.03.2013)

ampla defesa no bojo dos processos administrativos, tem o administrado o direito de utilizar todos os mecanismos legais e moralmente legítimos para comprovar a sua tese e influenciar o desfecho processual, sem que isso implique possibilidade de requerer provas absurdas ou meramente protelatórias, haja vista que inexistem direitos absolutos.[171]

O princípio da ampla defesa traduz os seguintes direitos:[172]

I – direito de informação, que obriga o órgão julgador a informar à parte contrária dos atos praticados no processo e sobre os elementos dele constantes;

II – direito de manifestação, que assegura ao defendente a possibilidade de manifestar-se oralmente ou por escrito sobre os elementos fáticos e jurídicos constantes do processo;

III – direito de ver seus argumentos considerados, que exige do julgador capacidade de apreensão e isenção de ânimo para contemplar as razões apresentadas.

---

[169] AGRAVO INTERNO EM MANDADO DE SEGURANÇA. CONSELHO NACIONAL DO MINISTÉRIO PÚBLICO. INSTAURAÇÃO DE PROCESSO ADMINISTRATIVO DISCIPLINAR EM FACE DE SUPOSTAS OFENSAS A CONSELHEIROS DO ÓRGÃO. ALEGAÇÃO DE AFRONTA À AMPLA DEFESA DIANTE DO INDEFERIMENTO DE PEDIDO DE ADIAMENTO DA SESSÃO COLEGIADA. INEXISTÊNCIA. DELONGA NA CONSTITUIÇÃO DE DEFESA TÉCNICA DERIVADA DE ESCOLHA CONSCIENTE DOS PRÓPRIOS INVESTIGADOS. SUPOSTO IMPEDIMENTO DOS CONSELHEIROS ENVOLVIDOS. QUÓRUM ESTABELECIDO A PARTIR DAS CADEIRAS OCUPADAS E NÃO DO NÚMERO TOTAL. PRECEDENTES (MS Nº 31361/DF, 31357/DF E MS Nº 25118/DF). OBTENÇÃO DE VOTAÇÃO MAJORITÁRIA MESMO À DESCONSIDERAÇÃO DOS VOTOS DOS CONSELHEIROS CITADOS. ILAÇÃO A RESPEITO DA INFLUÊNCIA DA PRESENÇA DE TAIS CONSELHEIROS QUE NÃO ENCONTRA APOIO NOS DADOS COLIGIDOS AOS AUTOS. 1. Não se reconhece nulidade por violação da ampla defesa em face de indeferimento de pedido de adiamento de sessão de julgamento administrativo quando os interessados, de modo consciente, constituem advogado apenas às vésperas da data marcada, mesmo tendo ciência inequívoca do trâmite do feito há meses, sob escusa do prognóstico de arquivamento deste. 2. Não está configurada causa de impedimento de Conselheiros do CNMP, no caso. A tese defendida pela inicial levaria à total supressão da competência constitucional disciplinar do órgão pela impossibilidade de quórum, diante da simples emissão deliberada de ofensas à maioria dos Conselheiros. Além disso, no caso concreto, não há base material alguma para sustentar a suposta influência que a presença de dois Conselheiros teria produzido no colegiado, pois a manifestação à qual se referiu a inicial foi emitida em processo distinto. 3. A jurisprudência desta Suprema Corte se fixou no sentido de que o quórum de deliberação deve levar em conta cadeiras efetivamente ocupadas, descontadas aquelas acéfalas por ausência de nomeação ou impedimento não eventual: MS nº 31361/DF, 1ª Turma, Relator Ministro Marco Aurélio, DJe de 16.10.2014, MS nº 31357/DF, 1ª Turma, Relator Ministro Marco Aurélio, DJe de 08.10.2014 e MS nº 25118/DF, Pleno, Relator Ministro Sepúlveda Pertence, DJ de 19.8.2005. No caso, mesmo se excluídos os dois Conselheiros mencionados nas supostas ofensas, ainda assim haveria decisão majoritária pela ratificação da Portaria de instauração do PAD. Agravo regimental conhecido e não provido. (STF, MS 37.869 AgR/DF, Rel. Ministra ROSA WEBER, PRIMEIRA TURMA, julgado em 28.06.2021)

[170] Agravo de Instrumento. Mandado de Segurança. Liminar. Ausência do Direito de Defesa. Processo Administrativo. Direito de Defesa Violado. Liminar de Segurança Confirmada. A CR em seu art. 5º item LV institucionalizou o processo administrativo no direito brasileiro impondo a observância deste independentemente do processo judicial. – A única diferença entre os dois processos é que o processo administrativo não faz coisa julgada nem entre as partes nem "erga omnes" enquanto o processo judicial abriga tais efeitos. E é justo em virtude destas autonomias que a não observância do direito de defesa no processo administrativo é reparável pela via expedida do mandado de segurança. Exegese do art. 5º, item LV da CR. (TJMG, Agravo de Instrumento 1.0145.08.475563-9/001, Rel. Desembargador BELIZÁRIO DE LACERDA, 7ª CÂMARA CÍVEL, julgado em 17.02.2009)

[171] Como ensina Bernardo Gonçalves Fernandes: "O entendimento contemporâneo dos direitos fundamentais, ainda mais tomados como valores, representa uma leitura relativista dos mesmos. Isto é, os direitos fundamentais não podem ser tomados como elementos absolutos na ordem jurídica, mas sempre compreendidos e analisados caso a caso e de modo relativo (ou limitado)". Conferir: FERNANDES, Bernardo Gonçalves. *Curso de direito constitucional*. 4. ed. rev., ampl. e atual. Salvador: JusPodivm, 2012, p. 336. No mesmo sentido: MASSON, Nathália. *Manual de direito constitucional*. Salvador: JusPodivm, 2013, p. 198; CARVALHO, Kildare Gonçalves. *Direito constitucional didático*. 4. ed. Belo Horizonte: Del Rey, 1997, p. 191.

[172] Verificar RE 434.059-3/DF, Tribunal Pleno do STF: descreve os direitos assegurados pela ampla defesa, prevista no art. 5º, inciso LV, da CF/88, indicando vasta bibliografia estrangeira a respeito.

O legislador constituinte cuidou de estender ao processo administrativo as mesmas garantias que até então eram deferidas apenas aos processos judiciais.

A Lei nº 9.874/99, por seu turno, repetiu a determinação constitucional no que se refere à garantia do direito de defesa dos particulares, assegurado no inciso X do parágrafo único do aludido art. 2º.

E o que seria o exercício do direito à ampla defesa? Seria o direito de exercer da forma mais ampla possível a sua defesa, por meio da apresentação de razões, acompanhadas das provas, quando acusado de qualquer violação da norma, seja ela penal ou administrativa ou quando em situação de litígio. Não se trata de um direito meramente formal, concretizado pela mera intimação para apresentar defesa; sendo indispensável que, no caso concreto, as autoridades que conduzem o processo administrativo confiram ao acusado os meios necessários para o exercício pleno desse direito fundamental.

Não por outra razão se entende nula, por violação à ampla defesa, eventual portaria instauradora de processo administrativo disciplinar que não descreva, ainda que sumariamente, as condutas supostamente ilegais que estão sendo imputadas. Afinal, o acusado se defende do que a ele é dirigido. Não há como se defender de algo que não se sabe o que é, e, se não há como se defender, a ampla defesa resta sepultada.

Comunga-se, assim, com Thiago Marrara, quando diz que "Não há reação ao desconhecido; não há, pois, defesa possível sem conhecimento do objeto processual, suas causas, elementos probatórios nem dos motivos a sustentar as decisões liminares ou finais".[173]

Trata-se, ademais, além de um princípio constitucional e infraconstitucional expresso, de um verdadeiro direito fundamental a permitir que o administrado se defenda, de forma plena, de todas as acusações a ele imputadas, antes do desfecho processual. E, justamente em função disso, determina a Súmula Vinculante 21 que é inconstitucional a exigência de depósito ou arrolamento prévios de dinheiro ou bens para admissibilidade de recurso administrativo, simplesmente porque o direito à ampla defesa não poderia ficar à mercê das possibilidades patrimoniais de cada um e, desse modo, restringir-se àqueles mais abastados.

Assim, parece-nos questionável o entendimento que prevalece na jurisprudência brasileira quanto à desnecessidade de se garantir ampla defesa em sindicâncias, quando essas não têm, por si só, caráter punitivo, mas, ao contrário, voltam-se à obtenção de informações que conduzirão ou não à instauração de processo administrativo.[174] Isso porque o particular tem interesse em evitar que o processo administrativo disciplinar venha a ter lugar. Soma-se a isso o fato de que o acesso franco à sindicância, ouvindo-se o particular, facultando-lhe apresentar dados, evita que se instaure desnecessariamente o processo administrativo e evita, ainda, a sua exposição bem como o emprego de tempo, recursos e força de trabalho por parte da Administração Pública.

Ademais, é uma ingênua ilusão acreditar que os procedimentos investigativos prévios, a exemplo da sindicância, não têm o condão de prejudicar o acusado, ainda que

---

[173] MARRARA, Thiago. Princípios do processo administrativo. *In*: BITENCOURT NETO, Eurico; MARRARA, Thiago (Coord.). *Processo administrativo brasileiro*: estudos em homenagem aos 20 anos da lei federal de processo administrativo. Belo Horizonte: Fórum, 2020, p. 89.

[174] Há diplomas legais que conferem à sindicância o poder de fixar punições. Nestes casos, não há espaço para qualquer discussão: a ampla defesa é inafastável.

Art. 2° | 77

indiretamente. Se em abstrato isso é afirmado pelos estudiosos, na prática, a tese cai por terra. Quem milita no âmbito do Direito Administrativo sancionatório sabe que as bases dos processos administrativos e judiciais são construídas, exatamente, nas sindicâncias e nos inquéritos civis prévios, que muitas vezes são desenvolvidos unilateralmente.

Assim, se tais procedimentos, por si sós, não são aptos a culminar com sanção, são eles, na maioria das vezes, a fundamentação primordial para que se decida pela instauração ou não do processo administrativo ou judicial e, posteriormente, para a condenação. Por isso é tão importante que, desde a origem da investigação, seja dado ao acusado o direito de se manifestar, em obséquio à ampla defesa. Essa é a nossa posição, que, no entanto, não prevalece.

A título de exemplo da posição majoritária da jurisprudência brasileira, destaca--se o pronunciamento do Superior Tribunal de Justiça, que, ao examinar o Mandado de Segurança nº 9539, pontuou que "não há que se falar em nulidade do processo administrativo, porque o acusado não foi ouvido pela comissão de sindicância, na fase probatória do processo administrativo disciplinar".

Por outro lado, para se defender plenamente, deverá a parte ser assistida por um técnico, podendo produzir provas, fundamentar sua defesa de acordo com a sua convicção, exigindo da parte contrária a demonstração dos fatos e do direito.

Nesse sentido, posicionou-se o Superior Tribunal de Justiça ao editar a Súmula nº 343, que assevera "é obrigatória a presença de advogado em todas as fases do processo administrativo disciplinar", corroborando nosso entendimento de que deverá a parte ser assistida por um técnico.

Com efeito, a par do posicionamento adotado pelo Superior Tribunal de Justiça, convém registrarmos que o Supremo Tribunal Federal firmou entendimento no sentido da prescindibilidade da defesa técnica apresentada por advogado em processo administrativo disciplinar, por meio da edição da Súmula Vinculante nº 5, com o seguinte enunciado: "A falta de defesa técnica por advogado no Processo Administrativo Disciplinar não ofende a Constituição".

A questão relativa à necessidade ou não da presença de advogado será objeto de maiores indagações quando do exame do art. 3º. Desde já, no entanto, afirmamos que não há como concordar com o supracitado entendimento vinculante. Afinal, ora, se a ampla defesa, como o próprio nome sugere, deve ser garantida em toda a sua plenitude nos processos administrativos disciplinares, soa óbvio que ela somente atingirá tal patamar protetivo máximo se acompanhada por profissional devidamente habilitado, capaz de, tecnicamente, exercer a defesa.

8 Contraditório[175]

O contraditório exige que a Administração Pública outorgue ao interessado o mais amplo acesso aos autos do processo administrativo, permitindo-lhe contrapor as

---

[175] É defeso ao Poder Judiciário adentrar-se no mérito do ato administrativo, para análise de sua conveniência, oportunidade, eficiência ou justiça, sob pena de substituir os deveres próprios do administrador, em cumprimento ao princípio da independência entre os Poderes, notadamente quando se tem por observados na instância administrativa os princípios constitucionais da ampla defesa e do contraditório. (TJMG, Apelação Cível 1.0024.02.805118-36/001, Rel. Desembargador DORIVAL GUIMARÃES PEREIRA, 5ª CÂMARA CÍVEL, julgado em 04.12.2003)

razões antes aduzidas, defendendo-se devidamente. Ademais, o princípio em tela exige que os envolvidos em processos administrativos sejam devidamente informados dos atos processuais, a fim de que, caso queiram, possam se manifestar de acordo com os seus interesses.[176]

Respeitar o contraditório é permitir ao acusado e aos litigantes acessar os autos e responder com seus próprios argumentos e juízo de convicção ao que consta no processo contra si (se for o caso). Com o contraditório e a ampla defesa garante-se o cumprimento ao princípio da confiança, evitando que o particular seja surpreendido por atos administrativos prolatados sem sua participação ou conhecimento.

Flávio Henrique Unes Pereira ensina que é:

> Indispensável, pois, inaugurar o discurso de aplicação das normas para que se possa resolver os conflitos de interesses apresentados ao operador do direito. Nessa fase, faz-se necessária a análise das características da situação concreta, o que pressupõe um processo no qual as partes aduzam os seus argumentos e as suas pretensões a direitos. A consideração dos pontos de vista apresentados é assegurada constitucionalmente no bojo do devido processo legal, conforme dispõe o art. 5º, LIV e LV da Constituição da República.[177]

Mas não só isso. Pelo princípio do contraditório, sobretudo em sua atual faceta material e substancial, e não meramente estática e formal, exige-se que o administrado possa de fato influenciar a construção da decisão administrativa, o que somente pode ser vislumbrado, claro, se o julgador enfrentar devidamente os argumentos deslindados pelo interessado.

Desta feita, não basta mais apenas ouvir e ser ouvido, como era o entendimento de tempos outros: é preciso que o interessado consiga, efetivamente, influenciar a decisão, sendo participante do desfecho procedimental, intento que somente pode ser vislumbrado caso a autoridade enfrente, de maneira efetiva, os argumentos trazidos à baila pelos envolvidos. O mero binômio informação e reação, atualmente, é robustecido pelo binômio participação e influência, porquanto atualmente o contraditório não se limita apenas a ser ouvido, mas também se refere ao direito de influenciar a construção e o desfecho do processo administrativo.

É dizer, a concepção atual de contraditório ultrapassa o mero binômio informação e reação das teorias tradicionais,[178] mas envolve a necessidade de que a argumentação do administrado seja efetivamente levada em consideração, a fim de que o provimento processual seja construído mediante a participação das partes interessadas, de modo a afastar a Administração Pública unilateral e agressiva de tempos outros, e de modo a acolher a atual diretriz que aponta para uma Administração Pública procedimental, dialógica, concertada e coparticipativa.

---

[176] Nesse sentido, conferir: MELO, Luiz Carlos Figueira de. *Novos paradigmas da processualidade administrativa no Brasil*. Tese de Doutorado, Universidade Federal de Minas Gerais, 2001, p. 151.

[177] PEREIRA, Flávio Henrique Unes. *Sanções disciplinares*: o alcance do controle jurisdicional. Belo Horizonte: Fórum, 2007, p. 37.

[178] Sobre esse contraditório tradicional, atualmente insuficiente, obsoleto e ultrapassado, eis a conceituação de Marcelo Novelino: "O contraditório, entendido como a ciência bilateral dos atos do processo com a possibilidade de contrariá-los, é composto por dois elementos: informação e reação, sendo esta meramente possibilitada em se tratando de direitos disponíveis". Conferir: NOVELINO, Marcelo. *Manual de direito constitucional*. 8. ed. rev. e atual. Rio de Janeiro: Forense; São Paulo: Método, 2013, p. 564.

Art. 2° | 79

Em harmonia com o exposto, o acertado magistério de Bernardo Gonçalves Fernandes que, malgrado diga respeito aos processos judiciais, aplica-se igualmente aos processos administrativos:

> Todavia, o contraditório não pode mais ser compreendido como o direito a ser ouvido pelo juiz ou direito à bilateralidade de audiência, como querem as teorias tradicionais. Acontece que tais compreensões – derivadas da doutrina italiana – apenas vislumbram o contraditório em seu aspecto estático, ainda ligado à estrutura procedimental monológica e dirigida pela perspectiva do magistrado. Hoje, o contraditório é entendido como simétrica paridade das partes na preparação do provimento.[179]

Além disso, a decisão judicial e a decisão administrativa não podem estar jungidas e limitadas a aspectos formalistas que permitem ao aplicador decidir livremente.

Como ensina Heloísa Rocha, com apoio nos pensamentos de Habermas, a comunicação pública dos cidadãos e a consideração dos argumentos colacionados pelos participantes do discurso são vitais para uma interpretação nos moldes do Estado Democrático de Direito.

Em face desse princípio, pode e deve o interessado ter vista dos autos, produzir prova, conhecer a decisão, interpor recursos, tudo da forma mais célere e eficiente possível.

Sobre o tema, pertinente trazer à colação julgado produzido pelo Superior Tribunal de Justiça, nos autos do Mandado de Segurança n° 8.150/DF, em que se discute o direito de determinada universidade de obter acesso ao processo administrativo que redundou no parecer cujo teor opinava pelo descredenciamento da instituição de ensino. O eminente Ministro Francisco Falcão afirmou que "a vista posterior do relatório ali emitido não convalida a eiva pela ausência de contraditório, remanescendo, de fato, a lesão alegada".[180]

No mesmo sentido, o entendimento adotado nos autos do Recurso Ordinário no Mandado de Segurança n° 15.959/MT, relatado pelo eminente Ministro Hélio Quaglia Barbosa, oportunidade em que restou consignado que "no âmbito do processo administrativo disciplinar, ocorre ofensa aos princípios constitucionais da ampla defesa e do contraditório na criação de obstáculos ao acusado ou a seu representante legalmente constituído a fim de lhes negar o acesso aos autos, à apresentação de contestação, à produção de contraprovas, à presença nos atos instrutórios".[181]

Também merece destaque o excepcional voto emitido pelo eminente Ministro Gilmar Ferreira Mendes, que entendeu pela necessidade de salvaguardar os princípios do contraditório e da ampla defesa ainda que ausente qualquer imputação ou acusação. Discutia-se a licitude do decreto de autoria do Governador da Bahia que anulou a nomeação de candidatos aprovados em concurso público, sob o fundamento de que

---

[179] FERNANDES, Bernardo Gonçalves. *Curso de direito constitucional*. 9. ed. rev., atual e ampl. Salvador: JusPodivm, 2017, p. 519. No mesmo sentido, conferir: CÂMARA, Alexandre Freitas. *O novo processo civil brasileiro*. 3. ed. rev., atual. e ampl. São Paulo: Atlas, 2017, p. 11; OLIVEIRA, Carlos Alberto Alvaro de. Comentário ao art. 5°, LV. *In*: CANOTILHO, J.J. Gomes; MENDES, Gilmar; SARLET, Ingo; STRECK, Lenio (Coords.). *Comentários à Constituição do Brasil*. 1. ed. São Paulo. Saraiva, 2014.

[180] STJ, MS 8.150/DF, Rel. Ministro FRANCISCO FALCÃO, PRIMEIRA SEÇÃO, DJ 29/11/2004, p. 217.

[181] STJ, RMS 15.959/MT, Rel. Ministro HÉLIO QUAGLIA BARBOSA, SEXTA TURMA, DJ, 10.04.2006, p. 299.

a referida nomeação ocorrera de forma intempestiva. O eminente Ministro, rendendo loas aos princípios do contraditório, segurança jurídica e ampla defesa e enfatizando os efeitos que a anulação repentina promoveria em termos de eficiência administrativa, entendeu pela inadequação da conduta administrativa que anulara as nomeações.[182]

Por derradeiro, uma exceção aos princípios do contraditório e da ampla defesa em sede administrativa diz respeito à análise da concessão inicial de aposentadoria, reforma e pensão no âmbito da Corte de Contas da União, nos termos da Súmula Vinculante 3, que versa: "Nos processos perante o Tribunal de Contas da União asseguram-se o contraditório e a ampla defesa quando da decisão puder resultar anulação ou revogação de ato administrativo que beneficie o interessado, excetuada a apreciação da legalidade do ato de concessão inicial de aposentadoria, reforma e pensão".

Embora existente tal exceção, o Supremo Tribunal Federal, em uma análise marcada pela razoabilidade, passou a entender que, nos casos dos supracitados atos complexos, caso a demora entre a chegada da demanda ao TCU e sua efetiva apreciação ultrapasse um quinquênio, o contraditório e a ampla defesa passam a ser obrigatórios, conforme jurisprudência colacionada ao final desta obra.

9 Segurança jurídica[183]

O advento do Estado Democrático de Direito reclama, como bem situa o art. 2º, inciso I, da lei em comento, a atuação administrativa em conformidade com a lei e o Direito, rompendo a visão da legalidade própria do século XIX que respaldava a aplicação mecânica da regra fria. Nesse sentido, conforme já frisamos alhures, houve o desenvolvimento da ideia de legalidade, que passou a ser entendida como juridicidade, a envolver também toda a gama principiológica que envolve a atuação administrativa.

Um leque variado de princípios deve conduzir o administrador público, sem que se possa falar em oposição ou exclusão apriorística de um em benefício de outro, mas de acomodamento que a solução do caso concreto exigirá, de ponderação, de sopesamento, seguindo inclusive a doutrina alexyana que resolve a colisão de princípios por intermédio da já mencionada técnica da proporcionalidade.

Nesse trilho, ao prever a lista inicial de princípios vetores da Administração Pública, a Constituição da República fixou comando para que o administrador público se posicione de forma a harmonizar a legalidade, a impessoalidade, a moralidade, a publicidade e a eficiência, sem embargo dos demais princípios constitucionais explícitos ou implícitos.

---

[182] STF, RE 452.721/MT, Rel. Ministro GILMAR MENDES, SEGUNDA TURMA, julgado em 22.11.2005.

[183] Telefonia móvel celular. Ação inibitória cumulada com declaração incidental de inconstitucionalidade da Lei Municipal n. 2.489, e 03.04.2002, que dispõe sobre a instalação de torres e antenas. Exigência e distância mínima de 350 metros em relação aos edifícios em geral e previsão de cassação de alvarás de licenciamento, a qualquer tempo, caso desrespeitadas as previsões nela contidas. Antecipação dos efeitos da tutela. Medida que se impõe, ante a relevância dos fundamentos e o receio de ineficácia do provimento final. Princípio da segurança jurídica inserto no art. 2º *caput*, da Lei nº 9.784/99. Agravo provido. (...) Relevantes os fundamentos e presente o *periculum in mora*, haja vista que a Lei Municipal n. 2.489/02 de São João Batista/SC, ao autorizar a cassação dos alvarás municipais a qualquer tempo (art. 4º) se não cumpridas as exigências nela contidas, abrangendo, assim, as antenas de telefonia móvel instaladas antes de sua edição, fere o princípio da segurança jurídica inserto no art. 2º, *caput*, da Lei nº 9.784/99, é de ser provido o agravo. (TJSC, Agravo de Instrumento 2002.021578-9, Rel. Desembargador CÉSAR ABREU, 3ª CÂMARA DE DIREITO PÚBLICO, julgado em 30.03.2004)

Art. 2º | 81

O princípio da segurança jurídica ostenta igualmente *status* constitucional, quanto a isso não há qualquer dúvida.[184] Não é por outra razão que se salvaguardam a coisa julgada, o ato jurídico perfeito e o direito adquirido, nos termos do art. 5º, XXXVI, da Constituição da República. Outras inúmeras facetas e consequências da segurança jurídica são extraídas do ordenamento jurídico, a exemplo dos institutos da anterioridade tributária, da preclusão, da prescrição, da decadência, da irretroatividade legal, da *supressio*, da *surrectio*, da *vacatio legis*, da proteção à confiança legítima, da vedação ao comportamento contraditório (*nemo potest venire contra factum proprium*), da necessária estabilização das relações jurídicas, entre tantos outros.

O princípio do juiz natural, aludido, ainda que indiretamente, no art. 5º, incisos XXXVI e LIII, do texto constitucional, também possui vínculo indiscutível com o princípio da segurança jurídica, sobretudo quando o resultado final pode, ao menos hipoteticamente, ser a condenação do particular. Logo, condenável é a criação de comissão processante após ocorrido o fato capaz de ensejar a aplicação de pena a servidor, em uma espécie de comissão de exceção, fazendo um paralelo com o vedado tribunal de exceção. Exigir a participação de servidores efetivos e estáveis detentores de nível hierárquico ou de escolaridade superior à do servidor investigado é insuficiente.

Claro que esgotar todas essas facetas da segurança jurídica é tarefa hercúlea e, além disso, é intuito que se afasta do objetivo deste trabalho, que é comentar a Lei nº 9.784/99. Dito isso, passa-se a comentar o dito princípio, em linhas gerais, sem qualquer pretensão de esgotar tema cuja vastidão e profundidade são incomensuráveis.

Busca-se, com o princípio da segurança jurídica, previsibilidade e certeza, seja no âmbito das relações jurídicas firmadas com a Administração Pública, seja no que concerne às relações estabelecidas entre particulares. O ser humano, por essência, almeja um mínimo de estabilidade em sua vida, a fim de que possa organizar e planejar a sua vivência e o seu futuro sem surpresas desproporcionais ou sobressaltos excessivos. "O homem, ser de si incerto e que vive na incerteza de tudo o que é inerente à sua vida e à sua morte, busca o certo nas coisas e atos que o cercam",[185] conforme com razão assevera Cármen Lúcia Antunes Rocha.

Voltando à gênese da ideia de Estado, fato é que um dos motivos que levou o ser humano a abrir mão de parcela de sua liberdade em prol do então Leviatã – aqui em uma clara alusão à teoria hobbesiana – foi, justamente, a impossibilidade de viver com segurança no chamado estado de natureza. Quis o homem, destarte, uma maior segurança para o seu viver e, para tanto, renunciou a parcela da própria liberdade para que, então, uma entidade superior juridicamente organizada pudesse conferir certa estabilidade, tranquilidade e certeza para a existência humana.

---

[184] Por toda a doutrina, destaca-se a lição de João Francisco da Motta: "Malgrado não integre o elenco do art. 37, *caput*, da CF, ostenta o princípio da segurança jurídica inquestionável *status* constitucional, já que prontamente dedutível do conjunto de valores consagrados, pelos constituintes de 1988, como fundamentos do Estado Democrático de Direito". Conferir: MOTTA, João Francisco da. *Invalidação dos atos administrativos*. 2. ed. Belo Horizonte: Del Rey, 2013, p. 35. No mesmo sentido: FORTINI, Cristiana. Princípio da segurança jurídica e sua influência na revogação das licitações. *In*: BATISTA JÚNIOR, Onofre Alves; CASTRO, Sérgio Pessoa de Paula (coord.). *Tendências e perspectivas do direito administrativo*: uma visão da escola mineira. Belo Horizonte: Fórum, 2012, p. 253.

[185] ROCHA, Cármen Lúcia Antunes. O princípio da coisa julgada e o vício de inconstitucionalidade. *In*: ROCHA, Cármen Lúcia Antunes (org.). *Constituição e segurança jurídica*: direito adquirido, ato jurídico perfeito e coisa julgada. Estudos em homenagem a José Paulo Sepúlveda Pertence. 2. ed. rev. e ampl. Belo Horizonte: Fórum, 2005, p. 168 a 170.

Tamanha é a importância do princípio em comento, que há quem o considere indispensável para a concretização da dignidade da pessoa humana, princípio fundamental da República Federativa do Brasil, conforme determina o art. 1º, inciso III, da Carta Política. Nesse sentido, por exemplo, a manifestação de Flávia Piovesan e Daniela Ikawa.[186] Concordamos com as mencionadas autoras na medida em que, de fato, não há como conceber uma vida digna sem que haja um mínimo de segurança e estabilidade das relações a permitir um viver minimamente tranquilo.[187]

Outro aspecto interessante a ressaltar a importância do princípio da segurança jurídica reside no fato de que ele inclusive pode, no caso concreto, prevalecer sobre o princípio da legalidade, desde que respeitada a ponderação própria da proporcionalidade.[188] E isso, realmente, faz sentido, na medida em que uma das razões que justificam o princípio da legalidade é, justamente, conferir à sociedade segurança jurídica. Seria contraditório, por conseguinte, sepultar esta última com amparo naquele primeiro.

Sobre o tema, Rafael Valim[189] ensina que "O princípio da segurança jurídica permeia o direito positivo, condicionando toda sua dinâmica. À luz das funções exercidas pelos princípios, resultada que, desde a Constituição até as normas individuais e concretas, toda produção do Direito deve se pautar pelas exigências do referido princípio – as quais conduzem a uma ação consequente do Estado, livre de voluntarismos e sobressaltos – sob pena de um juízo de invalidade da norma editada". E acrescenta o autor: "não basta a certeza quanto à norma aplicável para se assegurar o princípio da segurança jurídica. Nem é preciso dizer que nada significaria a previsibilidade se as projeções que dela decorrem e que norteiam a ação do administrado pudessem ser desfeitas, a qualquer tempo, pelo Estado. É de rigor, portanto, que à previsibilidade oferecida pela certeza se acresça a estabilidade do Direito, de molde a assegurar os direitos subjetivos e as expectativas que os indivíduos de boa-fé depositam na ação do Estado".

Márcio Cammarosano lembra que o "valor segurança está significativamente referido já no Preâmbulo da Constituição, que, ao instituir um Estado Democrático de Direito, a ele se reporta como um daqueles que se destina a assegurar".[190]

Já Fabrício Motta ensina que, na nova temática de relacionamento entre Estado e sociedade, os princípios da boa-fé e proteção à confiança funcionam como pano de fundo da relação entre cidadão e Administração. O autor salienta que as "ações efetivadas pela Administração despertam no cidadão expectativas fundadas de que serão processadas de acordo com os princípios e regras que compõem o ordenamento jurídico. Essas expectativas são de fácil identificação: espera-se que a Administração atue de forma

---

[186] PIOVESAN, Flavia; IKAWA, Daniela. Segurança jurídica e direitos humanos: o direito à segurança dos direitos. *In*: ROCHA, Cármen Lúcia Antunes (org.). *Constituição e segurança jurídica*: direito adquirido, ato jurídico perfeito e coisa julgada. Estudos em homenagem a José Paulo Sepúlveda Pertence. 2. ed. rev. e ampl. Belo Horizonte: Fórum, 2005, p. 48.

[187] Sobre o embate entre legalidade e segurança jurídica, conferir: SILVA, Almiro do Couto e. Princípios da legalidade da administração pública e da segurança jurídica no Estado de Direito contemporâneo. *Revista de Direito Público*, v. 84, out./dez., 1987, p. 46-63.

[188] Nesse sentido, conferir: ÁVILA, Humberto. *Teoria dos princípios*. 7. ed. São Paulo: Malheiros, 2007, p. 161; SARMENTO, Daniel. *A ponderação de interesses na Constituição Federal*. Rio de Janeiro: Lumen Juris, 2003, p. 89.

[189] VALIM, Rafael. *O significado do princípio da segurança jurídica*. São Paulo: Malheiros, 2010, p. 46.

[190] CAMMAROSANO, Márcio. *O princípio constitucional da moralidade e o exercício da função administrativa*. Belo Horizonte: Fórum, 2006, p. 33.

planejada, transparente, contínua, previsível, sem avanços muito acelerados nem retornos bruscos, sempre objetivando salvaguardar o interesse público".[191]

Assim, extrai-se da Constituição da República que a atuação administrativa também deve se dar parelha ao referido princípio. A legalidade, pura e fria, não mais prospera. Inexiste, contudo, conflito ou oposição entre os referidos princípios. Há, isso sim, uma releitura do princípio da legalidade, de forma que ele acomode a segurança jurídica, entre outros princípios.

Manifestações do princípio da segurança jurídica aparecem quer na Constituição, como acima exemplificado, quer na legislação infraconstitucional. O conteúdo do art. 27 da Lei nº 9.868/99, que traça as normas sobre as ações direta de inconstitucionalidade e declaratória de constitucionalidade, apreciadas pelo STF, e o art. 11 da Lei nº 9.882/99, que disciplina arguição de descumprimento de preceito fundamental, refletem o princípio da segurança jurídica, à medida que admitem a adequação temporal dos efeitos da declaração de inconstitucionalidade.

O mesmo princípio está a amparar a regra prevista no inciso XIII do parágrafo único do art. 2º da lei em análise, ao impor a observância da interpretação da norma administrativa da forma que melhor garanta o atendimento do fim público a que se dirige, vedada a aplicação retroativa de nova interpretação,[192] visando à garantia do direito das partes.

Ademais, os arts. 11 a 15 da lei em apreço, que cuidam de delegação e avocação, bem como o art. 55, que aborda o instituto da convalidação, afirmam o princípio da segurança jurídica. Com efeito, ao afirmar que a competência é irrenunciável, reforçando o dever de agir da autoridade a quem a lei entregou o mister, admitindo excepcionalmente a avocação e a delegação, e ao prever a possibilidade de convalidação, que traduz mecanismo de preservação do ato viciado e de seus efeitos jurídicos, está a lei a pontuar, uma vez mais, o princípio da segurança jurídica.

Igualmente no âmbito infraconstitucional, a Lei nº 13.655/18 foi fundamental para privilegiar o princípio da segurança jurídica. Principalmente em favor do administrador público que, receoso em atuar diante do cenário de controle desproporcional e exacerbado ora vivenciado, não raras vezes prefere se manter inerte, passivo; em um contexto por alguns denominado Direito Administrativo do Medo ou hiperativismo do controle da gestão pública,[193] a gerar uma completa paralisia do gestor público, alcunhada de apagão das canetas.[194] [195]

---

[191] MOTTA, Fabrício. Concurso público e a confiança na atuação administrativa: análise dos princípios da motivação, vinculação ao edital e publicidade. *In*: MOTTA, Fabrício (Coord.). *Concurso público e Constituição*. Belo Horizonte: Fórum, 2005, p. 141.

[192] Trata-se da teoria do *prospective overruling*, que aduz que, nas palavras de Castro Júnior, "mudanças de interpretação devem ser aplicadas aos casos futuros". Conferir: CASTRO JÚNIOR, Renério de. *Manual de direito administrativo*. Salvador: JusPodivm, 2021, p. 77.

[193] Essa expressão foi usada, por exemplo, por Gustavo Justino de Oliveira, em: OLIVEIRA, Gustavo Justino. O hiperativismo do controle externo da gestão pública pós-lei federal nº 13.655/18: panorama das adaptações do TCU e do Conselho Nacional do Ministério Público – CNMP frente aos novos parâmetros pragmatistas e consequencialistas de direito público pela LINDB. *In*: MAFFINI, Rafael; RAMOS, Rafael (coord.). *A nova LINDB*. Rio de Janeiro: Lumen Juris, 2020, p. 263.

[194] Sobre o tema, é de leitura obrigatória a obra de Rodrigo Valgas dos Santos: SANTOS, Rodrigo Valgas dos. *Direito administrativo do medo*: risco e fuga da responsabilização dos agentes públicos. São Paulo: Revista dos Tribunais, 2020.

[195] Nesse sentido, conferir: FORTINI, Cristiana; BUENO, Amaral Roque. A amplitude da segurança jurídica no processo administrativo correlacionada aos efeitos da Lei nº 13.655/18. *In*: BITENCOURT NETO, Eurico;

E esse contexto de inércia gera uma verdadeira crise da ineficiência pelo excesso de controle, sobretudo porque muitas vezes o interesse público exige uma atuação pronta e rápida do gestor público, a exemplo da atuação ativa imprescindível para o combate da crise sanitária do novo coronavírus, vivenciada com mais força a partir de 2020. É de se destacar, nesse sentido, o entendimento de Fernando Vernalha Guimarães:

> O administrador público vem, aos poucos, desistindo de decidir. Ele não quer mais correr riscos. Desde a edição da Constituição de 88, que inspirou um modelo de controle fortemente inibidor da liberdade e da autonomia do gestor público, assistimos a uma crescente ampliação e sofisticação do controle sobre as suas ações. Decidir sobre o dia a dia da Administração passou a atrair riscos jurídicos de toda a ordem, que podem chegar ao ponto da criminalização da conduta. Sob as garras de todo esse controle, o administrador desistiu de decidir. Viu seus riscos ampliados e, por um instinto de autoproteção, demarcou suas ações à sua "zona de conforto". Com isso, instalou-se o que se poderia denominar de *crise da ineficiência pelo controle*: acuados, os gestores não mais atuam apenas na busca da melhor solução ao interesse administrativo, mas também para se proteger. Tomar decisões heterodoxas ou praticar ações controvertidas nas instâncias de controle é se expor a riscos indigestos. E é compreensível a inibição do administrador frente a esse cenário de ampliação dos riscos jurídicos sobre suas ações. Afinal, tomar decisões sensíveis pode significar ao administrador o risco de ser processado criminalmente. Como consequência inevitável da retração do administrador instala-se a ineficiência administrativa, com prejuízos evidentes ao funcionamento da atividade pública.[196]

Essa prejudicial realidade foi intensificada e escancarada pela pandemia do Covid-19. Com vistas ao combate rápido do nefasto vírus, tinha o administrador de atuar de forma pronta e rápida. Remédios e insumos médicos não podiam esperar os trâmites de uma licitação, por exemplo. A contratação de pessoal, talvez, não poderia aguardar a elaboração do devido concurso público. Ocorre que, ao mesmo tempo, inovar e tomar atitudes heterodoxas representa um perigo para o gestor, inclusive em sede de ação de improbidade administrativa, e ainda que o próprio ordenamento jurídico autorize medidas extremadas para fazer frente a situações igualmente extremadas.

E foi diante da supracitada realidade prejudicial ao interesse público que veio em bom momento a Lei nº 13.655/18, que, acrescendo vários dispositivos à Lei de Introdução às Normas do Direito Brasileiro, concedeu um pouco mais de segurança para que o administrador público pudesse atuar.

Destaca-se, por exemplo, o art. 20, *caput*, da LINDB, que determina que as consequências práticas da decisão devem necessariamente ser consideradas nas esferas administrativa, controladora e judicial e, no mesmo trilho, o art. 21, *caput*, que impõe que a decisão que invalidar ato, contrato, ajuste, processo ou norma administrativa deverá apontar as consequências que isso gera no mundo fenomênico. Trata-se, portanto, da adoção do consequencialismo jurídico a apontar que as repercussões jurídicas dos atos

---

MARRARA, Thiago (Coord.). *Processo administrativo brasileiro*: estudos em homenagem aos 20 anos da lei federal de processo administrativo. Belo Horizonte: Fórum, 2020, p. 186.

[196] GUIMARÃES, Fernando Vernalha. O direito administrativo do medo: a crise da ineficiência pelo controle. *Direito do Estado*, Ano 2016, Número 71. No mesmo sentido: CAMPANA, Priscilla de Souza Pestana. A cultura do medo na Administração Pública e a ineficiência gerada pelo atual sistema de controle. *Revista de Direito de Viçosa*, v. 09, n. 01, 2017, p. 189-216.

na realidade devem ser consideradas com primazia, em detrimento de uma interpretação e aplicação jurídicas meramente abstratas.[197]

Tem o administrador, portanto, com o advento da Lei nº 13.655/18, maior segurança para atuar segundo demanda a realidade, conforme exigem as circunstâncias fáticas e o mundo real, porquanto o cerne interpretativo passa a ser o mundo fenomênico, as consequências práticas, e não só as normas abstratamente consideradas.

Passa a ser expressamente problemático, assim, que os órgãos de controle punam agentes públicos quando estes tenham atuado justamente no sentido mais conveniente e oportuno para um certo contexto fático inserido em uma época. Nessa esteira, interessante é o Enunciado nº 16 do Instituto Brasileiro de Direito Administrativo (IBDA), que versa que "Diante da indeterminação ou amplitude dos conceitos empregados pela lei, se, no caso concreto, a decisão do administrador mostrar-se razoável e conforme o direito, o controlador e o juiz devem respeitá-la, ainda que suas conclusões ou preferências pudessem ser distintas caso estivessem no lugar do gestor".

Não por outra razão advoga Phillip Gil França que a Lei nº 13.655/18 inaugurou o "princípio da legalidade consequencialista",[198] porque representa a preocupação agora não só com a aplicação da lei – o que já havia sido superado, aliás, pela transmudação da legalidade estrita em juridicidade –, mas sobretudo com o bem comum, com o interesse público que certa sociedade, em certo momento, exige.

Ademais, de grande valia é o art. 24, *caput*, também do Decreto-Lei nº 4.657/42, que assevera que as orientações gerais à época dos fatos analisados serão consideradas, assim como também merece ser sublinhado o art. 22, *caput*, que versa que, na interpretação de normas sobre gestão pública, serão considerados os obstáculos e as dificuldades reais do administrador público e as exigências das políticas públicas a seu cargo.

Todos esses dispositivos legais acrescidos à LINDB pela Lei nº 13.655/18 conferem ao gestor público um pouco mais de segurança para poder atuar, na medida em que exigem que as circunstâncias efetivamente vividas na realidade, bem como as orientações gerais à época dos fatos, sejam consideradas quando do controle, e não apenas assim sejam as normas abstratas que, muitas vezes, não guardam harmonia com as dificuldades vivenciadas pelo administrador.

Do lado do cidadão, a Lei nº 13.655/18 igualmente previu dispositivos a conferir a ele uma maior segurança jurídica. A título ilustrativo, destacam-se o art. 26 da LINDB, que traz a possibilidade de o gestor firmar compromisso com o cidadão, no afã de eliminar incerteza jurídica; e o art. 30, que prevê que as autoridades administrativas devem atuar com o norte voltado para a segurança jurídica no âmbito da aplicação das normas, de modo a existir um verdadeiro "dever público de incrementar a segurança jurídica", conforme asseveram Egon Bockmann Moreira e Paula Pessoa Pereira.[199] [200]

---

[197] Nesse sentido: FRANÇA, Phillip Gil. Algumas considerações sobre como decidir conforme o consequencialismo da Lei 13.655/2018. *In*: MAFFINI, Rafael; RAMOS, Rafael (coord.). *A nova LINDB*. Rio de Janeiro: Lumen Juris, 2020, p. 123.

[198] FRANÇA, Phillip Gil. Algumas considerações sobre como decidir conforme o consequencialismo da Lei 13.655/2018. *In*: MAFFINI, Rafael; RAMOS, Rafael (coord.). *A nova LINDB*. Rio de Janeiro: Lumen Juris, 2020, p. 128.

[199] MOREIRA, Egon Bockmann; PEREIRA, Paula Pessoa. Art. 30 da LINDB: o dever público de incrementar a segurança jurídica. *Revista de Direito Administrativo*, Rio de Janeiro, Edição Especial: Direito Público na Lei de Introdução às Normas de Direito Brasileiro – LINDB (Lei nº 13.655/2018), p. 243-274, nov. 2018.

[200] Sobre o art. 30 da LINDB, a acertada colocação de Floriano de Azevedo Marques Neto e Rafael Véras de Freitas: "É, nesse quadrante, que passa a vigorar o artigo 30 da Lei 13.655/2018 (Lei da Segurança para a Inovação Pública),

Também merece destaque o art. 23, *caput*, que impõe um regime de transição quando do estabelecimento de orientações novas. Isso impede mudanças abruptas nas relações jurídicas dos cidadãos, conferindo-lhes, portanto, maior segurança: "A decisão administrativa, controladora ou judicial que estabelecer interpretação ou orientação nova sobre norma de conteúdo indeterminado, impondo novo dever ou novo condicionamento de direito, deverá prever regime de transição quando indispensável para que o novo dever ou condicionamento de direito seja cumprido de modo proporcional, equânime e eficiente e sem prejuízo aos interesses gerais".

Sobre a questão, interessante a análise do Enunciado nº 17 do Instituto Brasileiro de Direito Administrativo, editado em seminário em que se discutiu justamente os impactos da Lei nº 13.655/18:

> É imprescindível, a partir da ideia de confiança legítima, considerar a expectativa de direito como juridicamente relevante diante do comportamento inovador da Administração Pública, preservando-se o máximo possível as relações jurídicas em andamento. Neste contexto, torna-se obrigatória, sempre para evitar consequências desproporcionais, a criação de regime de transição, com vigência ou modulação para o futuro dos efeitos de novas disposições ou orientações administrativas.

Veja-se, ante o exposto, como a Lei nº 13.655/18 foi um verdadeiro divisor de águas no que se refere ao princípio constitucional da segurança jurídica, tanto em prol do administrador público, quanto em benefício do cidadão. No entanto, a prática forense nos revela que a supracitada lei é ainda pouco mencionada pelos tribunais, fato que, a nosso juízo, deve ser modificado, porquanto se trata de legislação que integra a LINDB, que, por sua vez, é guia para a interpretação e aplicação do ordenamento jurídico em geral.[201]

Por derradeiro, alguns comentários de caráter jurisprudencial.

O Supremo Tribunal Federal tem confirmado o *status* constitucional do princípio da segurança jurídica em inúmeros julgados. Cenário em que o princípio da segurança jurídica ganhou destaque diz respeito à anulação de atos de aposentadoria quando da manifestação tardia do Tribunal de Contas. A despeito de a questão envolver discussão sobre a natureza do ato, complexo ou composto, dado que há diferentes opiniões sobre a relevância da manifestação do órgão de controle para o aperfeiçoamento do ato, o Supremo Tribunal Federal tem dito:

---

de acordo com o qual 'as autoridades públicas devem atuar para aumentar a segurança jurídica na aplicação das normas, inclusive por meio de regulamentos, súmulas administrativas e respostas a consultas'. O dispositivo teve o objetivo de realizar o trespasse da *stare decisis* às decisões administrativas – racional que remonta ao precedente London Tramways v London County Council, de 1898, no qual se consagrou, pela primeira vez, a vinculação da House of Lords às suas próprias decisões. De acordo com tal teoria, terá o julgador de, preliminarmente, definir o *holding*, assim considerado como a norma, a ser extraída do caso concreto, que deverá vincular as futuras decisões. Sua identificação passa pela identificação dos fatos (*material facts*) e dos fundamentos necessários à constituição do precedente (*racionale*), excluindo-se, porém, o *obiter dictum*, que são as considerações marginais ao julgado paradigma, que não terão efeitos vinculantes. Por intermédio dessa sistemática, para além de se preservar a isonomia no tratamento dos administrados (*treat like cases alike*), pretende-conferir observância às decisões proferidas (*backward-looking*), bem como constituir os futuros precedentes (*forward-looking*)". Conferir: MARQUES NETO, Floriano de Azevedo; FREITAS, Rafael Véras de. A nova LINDB e a incorporação da teoria dos precedentes administrativos ao país. *Revista Consultor Jurídico*, 04.06.2018. Disponível em: https://www.conjur.com.br/2018-jun-04/opiniao-lindb-teoria-precedentes-administrativos. Acesso em: 26 abr. 2021.

[201] Nesse sentido, o Enunciado nº 18 do Instituto Brasileiro de Direito Administrativo: "A LINDB é norma jurídica que impacta todas as regras de direito público, especialmente aquelas que tratam da responsabilização dos agentes públicos que decidem ou emitem opiniões técnicas".

A Administração decai do direito de anular atos administrativos de que decorram efeitos favoráveis aos destinatários após cinco anos, contados da data em que foram praticados [art. 54 da Lei n. 9.784/99]. Precedente [MS n. 26.353, Relator o Ministro MARCO AURÉLIO, *DJ* de 6.3.08] 5. A anulação tardia de ato administrativo, após a consolidação de situação de fato e de direito, ofende o princípio da segurança jurídica. Precedentes [RE n. 85.179, Relator o Ministro BILAC PINTO, *RTJ* 83/921 (1978) e MS n. 22.357, Relator o Ministro GILMAR MENDES, *DJ* 5.11.04].[202]

Ainda no âmbito dos julgados da Corte Excelsa envolvendo o princípio da segurança jurídica, quando da última edição deste livro, afirmamos que o STF havia iniciado o julgado do Mandado de Segurança nº 25.116/DF, em que professor aposentado pelo IBGE contestou decisão do TCU que, quase seis anos depois da aposentação, julgou ilegal a concessão do benefício. Afirmamos, àquela época, que o processo judicial havia sido suspenso. Atualmente, referida ação constitucional foi julgada, e o seguinte acórdão transitou em julgado:

MANDADO DE SEGURANÇA. ATO DO TRIBUNAL DE CONTAS DA UNIÃO. COMPETÊNCIA DO SUPREMO TRIBUNAL FEDERAL. NEGATIVA DE REGISTRO A APOSENTADORIA. PRINCÍPIO DA SEGURANÇA JURÍDICA. GARANTIAS CONSTITUCIONAIS DO CONTRADITÓRIO E DA AMPLA DEFESA. 1. O impetrante se volta contra o acórdão do TCU, publicado no Diário Oficial da União. Não exatamente contra o IBGE, para que este comprove o recolhimento das questionadas contribuições previdenciárias. Preliminar de ilegitimidade passiva rejeitada. 2. Infundada alegação de carência de ação, por ausência de direito líquido e certo. Preliminar que se confunde com o mérito da impetração. 3. A inércia da Corte de Contas, por mais de cinco anos, a contar da aposentadoria, consolidou afirmativamente a expectativa do ex-servidor quanto ao recebimento de verba de caráter alimentar. Esse aspecto temporal diz intimamente com: a) o princípio da segurança jurídica, projeção objetiva do princípio da dignidade da pessoa humana e elemento conceitual do Estado de Direito; b) a lealdade, um dos conteúdos do princípio constitucional da moralidade administrativa (*caput* do art. 37). São de se reconhecer, portanto, certas situações jurídicas subjetivas ante o Poder Público, mormente quando tais situações se formalizam por ato de qualquer das instâncias administrativas desse Poder, como se dá com o ato formal de aposentadoria. 4. A manifestação do órgão constitucional de controle externo há de se formalizar em tempo que não desborde das pautas elementares da razoabilidade. Todo o Direito Positivo é permeado por essa preocupação com o tempo enquanto figura jurídica, para que sua prolongada passagem em aberto não opere como fator de séria instabilidade inter-subjetiva ou mesmo intergrupal. A própria Constituição Federal de 1988 dá conta de institutos que têm no perfazimento de um certo lapso temporal a sua própria razão de ser. Pelo que existe uma espécie de tempo constitucional médio que resume em si, objetivamente, o desejado critério da razoabilidade. Tempo que é de cinco anos (inciso XXIX do art. 7º e arts. 183 e 191 da CF; bem como art. 19 do ADCT). 5. O prazo de cinco anos é de ser aplicado aos processos de contas que tenham por objeto o exame de legalidade dos atos concessivos de aposentadorias, reformas e pensões. Transcorrido in albis o interregno qüinqüenal, a contar da aposentadoria, é de se convocar os particulares para participarem do processo de seu interesse, a fim de desfrutar das garantias constitucionais do contraditório e da ampla defesa (inciso LV do art. 5º). 6. Segurança concedida.

---

[202] STF, MS 26.117/DF, Rel. Ministro EROS GRAU.

Outra alusão ao princípio da segurança jurídica encontra-se no acórdão abaixo:

A inércia da Corte de Contas, por sete anos, consolidou de forma positiva a expectativa da viúva, no tocante ao recebimento de verba de caráter alimentar. Este aspecto temporal diz intimamente com o princípio da segurança jurídica, projeção objetiva do princípio da dignidade da pessoa humana e elemento conceitual do Estado de Direito. 4. O prazo de cinco anos é de ser aplicado aos processos de contas que tenham por objeto o exame de legalidade dos atos concessivos de aposentadorias, reformas e pensões. Transcorrido *in albis* o interregno qüinqüenal, é de se convocar os particulares para participar do processo de seu interesse, a fim de desfrutar das garantias do contraditório e da ampla defesa (inciso LV do art. 5º).[203]

Na última edição, também tratamos da Medida Cautelar no Mandado de Segurança nº 28.279/DF, de relatoria da Ministra Ellen Gracie, quando se entendeu, no âmbito da atividade notarial e de registro, que não há que se falar em afronta a segurança jurídica, em razão da ausência de conformação do ato aos princípios constitucionais, quando se nega a legalidade da atividade de substituto que não preenche os requisitos previstos na Constituição de 1988: "é pacífico, no âmbito deste Supremo Tribunal Federal, o entendimento de que não há direito adquirido do substituto, que preenchera os requisitos do art. 208 da Carta pretérita, à investidura na titularidade de Cartório, quando a vaga tenha surgido após a promulgação da Constituição de 1988, pois esta, no seu art. 236, §3º, exige a realização de concurso público de provas e títulos para o ingresso na atividade notarial e de registro".

Atualmente, a ação constitucional já foi definitivamente julgada, e prevaleceu o seguinte entendimento:

MANDADO DE SEGURANÇA. ATIVIDADE NOTARIAL E DE REGISTRO. INGRESSO. CONCURSO PÚBLICO. EXIGÊNCIA. ARTIGO 236, PARÁGRAFO 3º, DA CONSTITUIÇÃO FEDERAL. NORMA AUTO-APLICÁVEL. DECADÊNCIA PREVISTA NO ARTIGO 54 DA LEI 9.784/1999. INAPLICABILIDADE A SITUAÇÕES INCONSTITUCIONAIS. PREVALÊNCIA DOS PRINCÍPIOS REPUBLICANOS DA IGUALDADE, DA MORALIDADE E DA IMPESSOALIDADE. SUBSTITUTO EFETIVADO COMO TITULAR DE SERVENTIA APÓS A PROMULGAÇÃO DA CONSTITUIÇÃO FEDERAL. IMPOSSIBILIDADE. ORDEM DENEGADA. 1. O art. 236, §3º, da Constituição Federal é norma auto-aplicável. 2. Nos termos da Constituição Federal, sempre se fez necessária a submissão a concurso público para o devido provimento de serventias extrajudiciais eventualmente vagas ou para fins de remoção. 3. Rejeição da tese de que somente com a edição da Lei 8.935/1994 teria essa norma constitucional se tornado auto-aplicável. 4. Existência de jurisprudência antiga e pacífica do Supremo Tribunal Federal no sentido da indispensabilidade de concurso público nesses casos (Ações Diretas de Inconstitucionalidade 126/RO, rel. Min. Octavio Gallotti, Plenário, DJ 05.6.1992; 363/DF, 552/RJ e 690/GO, rel. Min. Sydney Sanches, Plenário, DJ 03.5.1996 e 25.8.1995; 417/ES, rel. Min. Maurício Corrêa, Plenário, DJ 05.5.1998; 3.978/SC, rel. Min. Eros Grau, Plenário, DJe 29.10.2009). 5. Situações flagrantemente inconstitucionais como o provimento de serventia extrajudicial sem a devida submissão a concurso público não podem e não devem ser superadas pela simples incidência do que dispõe o art. 54 da Lei 9.784/1999, sob pena de subversão das determinações insertas na Constituição Federal. 6. Existência de jurisprudência consolidada da Suprema Corte no sentido de que não há

---

[203] STF, MS 24.448/DF, Rel. Ministro CARLOS AYRES BRITTO.

direito adquirido à efetivação de substituto no cargo vago de titular de serventia, com base no art. 208 da Constituição pretérita, na redação atribuída pela Emenda Constitucional 22/1983, quando a vacância da serventia se der já na vigência da Constituição de 1988 (Recursos Extraordinários 182.641/SP, rel. Min. Octavio Gallotti, Primeira Turma, DJ 15.3.1996; 191.794/RS, rel. Min. Maurício Corrêa, Segunda Turma, DJ 06.3.1998; 252.313-AgR/SP, rel. Min. Cezar Peluso, Primeira Turma, DJ 02.6.2006; 302.739- AgR/RS, rel. Min. Nelson Jobim, Segunda Turma, DJ 26.4.2002; 335.286/SC, rel. Min. Carlos Britto, DJ 15.6.2004; 378.347/MG, rel. Min. Cezar Peluso, DJ 29.4.2005; 383.408-AgR/MG, rel. Min. Ellen Gracie, Segunda Turma, DJ 19.12.2003; 413.082-AgR/SP, rel. Min. Eros Grau, Segunda Turma, DJ 05.5.2006; e 566.314/GO, rel. Min. Cármen Lúcia, DJe 19.12.2007; Agravo de Instrumento 654.228-AgR/MG, rel. Min. Gilmar Mendes, Segunda Turma, DJe 18.4.2008). 7. Reafirmada a inexistência de direito adquirido de substituto que preenchera os requisitos do art. 208 da Carta pretérita à investidura na titularidade de Cartório, quando a vaga tenha surgido após a promulgação da Constituição de 1988, pois esta, no seu art. 236, §3º, exige expressamente a realização de concurso público de provas e títulos para o ingresso na atividade notarial e de registro. 8. Os princípios republicanos da igualdade, da moralidade e da impessoalidade devem nortear a ascensão às funções públicas. 9. Segurança denegada.

Voltaremos a tratar o tema quando da análise dos arts. 54 e 55 da Lei nº 9.784/99, que cuidam, respectivamente, dos institutos da decadência e da convalidação, ambos relacionados ao princípio da segurança jurídica.

10 Eficiência[204] [205]

Sabe-se que a Emenda Constitucional nº 19/98 tem como principal fundamento a busca pela eficiência. Buscou o poder constituinte derivado reformador, sobretudo por intermédio do acréscimo do princípio da eficiência ao *caput* do art. 37 da Constituição,

---

[204] AGRAVO – EMBARGOS – PROTOCOLO NA SECRETARIA – ERRO CONJUNTO DA PARTE E DO SERVIÇO PÚBLICO – DETERMINAÇÃO QUE PODERÁ IMPLICAR NA INTEMPESTIVIDADE DOS EMBARGOS – FORMALISMO EXACERBADO – PREVALÊNCIA DO PRINCÍPIO DA EFICIÊNCIA – Antes de compromisso com a lei, o Judiciário tem um compromisso com a Justiça e com a função social do processo, para evitar que não se torne um instrumento de excessiva homenagem à forma, distanciando-se da necessária busca pela eficácia operacional. – Havendo erro de procedimento (seja do serviço público – *faute du service* – seja da parte), a correção deve ser feita sem maior burocracia, em nome do princípio da eficiência que deve nortear os atos estatais. (TJMG, Agravo de Instrumento 1.0024.02.737529-4/001, Rel. Desembargador WANDER MAROTTA, 7ª CÂMARA CÍVEL, julgado em 18.10.2005)

[205] REMESSA OFICIAL. MANDADO DE SEGURANÇA. BENEFÍCIO PREVIDENCIÁRIO. PRAZO RAZOÁVEL PARA CONCLUSÃO DO PROCESSO ADMINISTRATIVO. LEI Nº 9.784/1999. 1. A Administração Pública tem o dever de pronunciar-se sobre os requerimentos, que lhe são apresentados pelos administrados na defesa de seus interesses, dentro de um prazo razoável, sob pena de ofensa aos princípios norteadores da atividade administrativa, em especial, o da eficiência, previsto no *caput*, do artigo 37, da Constituição da República. 2. A Emenda Constitucional nº 45/04 inseriu o inciso LXXVIII, no artigo 5º da Constituição, que dispõe: "a todos, no âmbito judicial e administrativo, são assegurados a razoável duração do processo e os meios que garantam a celeridade de sua tramitação". 3. Os artigos 48 e 49, da Lei Federal nº 9.784/99, dispõem que a Administração Pública deve emitir decisão nos processos administrativos, solicitação e reclamações em no máximo 30 dias. 4. Assim, os prazos para conclusão dos procedimentos administrativos devem obedecer o princípio da razoabilidade, eis que o impetrante tem direito à razoável duração do processo, não sendo tolerável a morosidade existente na apreciação de seu pedido. 5. Remessa oficial improvida. (TRF3, Remessa Necessária 5015824-24.2020.4.03.6100, Desembargador Federal MARCELO MESQUITA SARAIVA, 4ª TURMA, julgado em 23.07.2021)

a transição da Administração Pública Burocrática para o modelo da Administração Pública Gerencial, que se preocupa menos com a burocracia e mais com os resultados e com os objetivos.

O princípio da eficiência, nesse sentido, é mandamento constitucional segundo o qual o agente público deve prezar pelo rendimento funcional, pelo bom desempenho, pela presteza, pela diminuição de gastos desnecessários e pela valorização da relação entre o custo e o benefício,[206] tudo isso, claro, sem se olvidar de todo o arcabouço jurídico ao qual está vinculado.

Veja-se, portanto, que o princípio da eficiência está intimamente ligado ao planejamento, tão importante, mas ainda tão esquecido. Ora, é impossível ter rendimento funcional, gastar menos dinheiro e observar a relação entre o custo e o benefício se não há um planejamento estratégico no bojo da necessária governança pública. Planejar é, portanto, essencial para o agir administrativo, mormente para a concretização do princípio em comento.

Odete Medauar ensina que a "eficiência é um princípio que norteia toda a atuação da Administração Pública, impondo, entre outras exigências, a de rapidez e precisão, contrapondo-se à lentidão, ao descaso, à negligência, à omissão",[207] e, em semelhante toada, ensina José dos Santos Carvalho Filho que o princípio em comento determina à Administração "a exigência de reduzir os desperdícios de dinheiro público, o que impõe a execução dos serviços com presteza, perfeição e rendimento funcional".[208]

A abordagem do princípio da eficiência gera discussão entre os juristas. Emerson Gabardo,[209] por exemplo, com apoio na lição de Diogo de Figueiredo Moreira Neto, alerta para a feição particular que a eficiência deve buscar no Direito (diferente da adotada pelos tecnocratas), uma vez que esta deve assumir duas dimensões, a da legalidade e a da legitimidade. Ou seja, o autor salienta a necessidade de se aliar a busca do interesse público aos parâmetros de legalidade, para que assim se possa falar em eficiência.

Por isso, Emerson Gabardo destoa do pensamento de Egon Bockmann Moreira, para quem o princípio da eficiência não é um princípio jurídico, porque pertencente a outra ciência, que não o Direito.

Divergências à parte, a preocupação que levou à introdução expressa do princípio da eficiência no texto constitucional foi a premente necessidade de alterar o paradigma de atuação administrativa, prestando homenagem não ao modelo burocrático, em que se destacam as ideias de controle, hierarquia, padronização de procedimentos, mas ao modelo gerencial, visto como uma solução para as mazelas que atingem a ação estatal (em especial, a ação administrativa), no qual sobressaem o controle de resultados, a tentativa de redução de custos, a preocupação com as metas, a avaliação dos servidores e a autonomia de gestão.

---

[206] Nesse sentido: SCATOLINO, Gustavo; TRINDADE, João. *Manual de direito administrativo*. 4. ed. rev., ampl. e atual. Salvador: JusPodivm, 2016, p. 69; FARIA, Edimur Ferreira de. *Curso de direito administrativo positivo*. 4. ed. rev., atual. e ampl. Belo Horizonte: Del Rey, 2001, p. 72.

[207] MEDAUAR, Odete. *Direito administrativo moderno*. 4. ed. São Paulo: Revista dos Tribunais, 2000, p. 152.

[208] CARVALHO FILHO, José dos Santos. *Manual de direito administrativo*. 27. ed. rev., ampl. e atual. São Paulo: Atlas, 2014, p. 31. No mesmo sentido: MARINELA, Fernanda. *Direito administrativo*. 7. ed. Niterói: Impetus, 2013, p. 44.

[209] GABARDO, Emerson. *Princípio constitucional da eficiência administrativa*. Curitiba: Dialética, 2002, p. 91.

O princípio da eficiência[210] obriga a Administração Pública a sempre buscar os melhores resultados nas atividades desempenhadas, evitando gastos desnecessários e o emprego excessivo de tempo.[211] Nesse sentido, a Constituição da República no art. 41, §1º, III estabelece a possibilidade de o servidor público perder o cargo que ocupa exatamente pela insuficiência de desempenho.[212]

> Art. 41 – (...)
>
> §1º – O servidor público estável só perderá o cargo:
>
> I – em virtude de sentença judicial transitada em julgado;
>
> II – mediante processo administrativo em que lhe seja assegurada ampla defesa;
>
> III – *mediante procedimento de avaliação periódica de desempenho, na forma de lei complementar, assegurada ampla defesa.* (destaque nosso)

Entendemos que, apesar de só ter sido erigido a princípio expresso a partir da redação oferecida pela Emenda Constitucional nº 19/98, o princípio da eficiência está na raiz do Direito Administrativo, que é um ramo dedicado ao serviço público (*lato sensu*). Se nos ativermos ao regime jurídico administrativo, em que sobressaem as prerrogativas e as sujeições, não poderemos desconsiderar que ambas são voltadas ao alcance do interesse público, de forma mais célere, com menor emprego de recursos públicos e de material humano.

O que é ser eficiente? Ser eficiente significa fazer corretamente, adotar a melhor postura dentre as possíveis.

Assim, pode-se afirmar que uma Administração eficiente significa, especificamente no caso dos processos administrativos, a manifestação administrativa a tempo e modo, vale dizer, da forma correta e também no menor prazo possível. Ser eficiente é realizar de modo célere, sério e competente a função que lhe foi imputada. Transportando a questão para o processo administrativo, primeiramente a eficiência imporá o dever de decidir, previsto, ainda que com grau de timidez, no art. 49 desta lei.

E, em sede de processo administrativo disciplinar, regrado por cada estatuto, mas que há de se compatibilizar com o princípio da eficiência, outra conclusão não se chega senão a do dever de a autoridade individualizar a penalidade, aplicando aquela que se ajusta às circunstâncias do caso concreto, sobretudo verificando a culpabilidade do agente, o grau de dano para o interesse público e o passado do servidor.

---

[210] Raquel Dias da Silveira tem importante trabalho que perpassa a temática dos servidores públicos e a necessária eficiência da Administração. Conferir: SILVEIRA, Raquel Dias da. *Profissionalização da função pública*. Belo Horizonte: Fórum, 2017.

[211] O art. 37, §3º, da CF/88, também informa esse princípio ao prever que a lei disciplinará as formas de participação do usuário na Administração Pública direta e indireta, regulando especialmente as reclamações relativas à prestação dos serviços públicos em geral, asseguradas a manutenção de serviços de atendimento ao usuário e a avaliação periódica, externa e interna, da qualidade dos serviços.

[212] Sobre as mudanças introduzidas pela Emenda Constitucional nº 19/98, recomenda-se: MELO, José Tarcízio de Almeida. *Reformas*: administrativa, previdenciária e do judiciário. Belo Horizonte: Del Rey, 2000. Ademais, o Superior Tribunal de Justiça, no âmbito do MS 12.701/DF, cuja relatoria ficou sob o comando da Ministra Maria Thereza de Assis Moura, examinava dispositivos da Lei de Anistia (Lei nº 10.559/02) e afirmou que, em homenagem ao princípio da eficiência, a autoridade deve se manifestar sobre os requerimentos de anistia em tempo razoável, sendo-lhe vedado postergar, indefinidamente, a conclusão do procedimento administrativo, sob pena de configurar abuso de poder.

O voto do eminente Ministro Felix Fisher, ao julgar o Mandado de Segurança nº 19.774/DF, espelha a melhor exegese. Disse o Ministro:

> Considerando a ausência de comprovação de dolo, bem como da inexistência de lesão ao erário, como ressaltado pela própria decisão que aplicou a pena de demissão ao recorrente, e amparado no princípio da proporcionalidade, acompanho o eminente relator para dar provimento ao recurso, com a concessão parcial da ordem.

Também em homenagem à eficiência e ainda abordando o tema do processo disciplinar, entendemos que tal norma impõe a oportunidade de o servidor produzir provas a seu favor, cumprindo ao Estado colaborar para que a defesa efetiva ocorra, custeando, se preciso for, a defesa técnica necessária para que a ampla defesa e o devido processo legal se materializem. Inexiste eficiência diante de comportamento inadequado, distante do ideal de justiça, menos ainda haverá eficiência quando a postura é ilegal, desconectada dos princípios da ampla defesa e do devido processo legal.[213]

O direito do servidor à ampla defesa, com todos os instrumentos necessários, provoca o nascimento de uma obrigação pública que deve ser cumprida pelo Estado. Dentro dessa lógica, os meios necessários à existência do devido processo legal material e, por consequência, à ampla defesa e ao contraditório, devem ser assegurados.

A Súmula Vinculante nº 5 do Supremo Tribunal Federal representa um retrocesso ao permitir o desenrolar do processo administrativo disciplinar estando o servidor desacompanhado de advogado. Nesse sentido, afirmam de forma categórica Marcelo Andrade Cattoni de Oliveira e Dierle Nunes que "processo administrativo sem defesa técnica é processo administrativo sem contraditório e sem ampla defesa. Simplesmente, não é processo. É inquisição. É arbítrio".[214]

Por derradeiro, importa frisar que, ao menos no tocante aos processos administrativos, infelizmente a eficiência ainda não é uma realidade unânime no país. É ressabido que, ainda hoje, os trâmites administrativos, para além de burocráticos, são bastante demorados e nada simples. Nesse contexto, com razão, José dos Santos Carvalho Filho chega a asseverar que os processos administrativos são "objeto de irritante lentidão",[215] afirmação que certamente representa e reflete o sentimento do cidadão que precisa recorrer à Administração Pública.

---

[213] Sugerimos a leitura do nosso artigo: FORTINI, Cristiana. Processo administrativo disciplinar no Estado Democrático de Direito: o devido processo legal material, o princípio da eficiência e a Súmula Vinculante nº 05 do Supremo Tribunal Federal. *Revista Brasileira de Direito Público*, ano 6, n. 23, p. 123-136, out./dez. 2008.

[214] OLIVEIRA, Marcelo Andrade Cattoni de; NUNES, Dierle José Coelho. Súmula vinculante 5 do Supremo Tribunal Federal é inconstitucional. *Revista Consultor Jurídico*, 22 de maio de 2008. Disponível em: https://www.conjur.com.br/2008-mai-22/sumula_vinculante_stf_inconstitucional#:~:text=Nesse%20sentido%2C%20processo%20administrativo%20sem,%C3%89%20arb%C3%ADtrio.. Acesso em: 05 abr. 2021. No mesmo sentido, pela desarmonia entre o entendimento vinculante em tela e o direito à ampla defesa efetiva, conferir: BACELLAR FILHO, Romeu Felipe; HACHEM, Daniel Wunder. É imprescindível a defesa por advogado em processo administrativo disciplinar? Sobre a súmula vinculante nº 5 do STF. *In*: BITENCOURT NETO, Eurico; MARRARA, Thiago (Coord.). *Processo administrativo brasileiro*: estudos em homenagem aos 20 anos da lei federal de processo administrativo. Belo Horizonte: Fórum, 2020, p. 238; ACHOCHE, Munif Saliba. O devido processo constitucional e a súmula vinculante n. 5 do STF. *In*: CATTONI, Marcelo; MACHADO, Felipe (coord.). *Constituição e processo*: a resposta do constitucionalismo à banalização do terror. Belo Horizonte: Del Rey, 2009, p. 484 e seguintes.

[215] CARVALHO FILHO, José dos Santos. *Manual de direito administrativo*. 27. ed. rev., ampl. e atual. São Paulo: Atlas, 2014, p. 32.

Esse ponto específico trazido à baila, inclusive, espelha o caráter nominalista da Constituição de 1988, utilizando da clássica classificação de Karl Loewenstein.[216] Um texto constitucional nominalista, segundo o jurista, é aquele que carece de correspondência na realidade, é aquele cujos mandamentos são válidos e legítimos, porém carecem de efetividade real. É justamente o que ocorre com o princípio da eficiência: embora legitimamente posto, malgrado totalmente válido, não espelha a realidade da Administração Pública.

E, para resolver – ou, ao menos, minimizar – a referida ausência de eficiência, há quem defenda a utilização, pela máquina estatal, da inteligência artificial, conceito que não coincide com a mera automatização de alguns setores: aquela primeira envolve a capacidade de aprendizagem e de cognição da máquina,[217] que pode inclusive (para alguns) chegar a substituir a decisão humana; enquanto esta última se refere mais à agilização de processos mecânicos, à reprodução de atos meramente executórios.[218]

No que se refere à automação, à prioridade a atos eletrônicos e à digitalização na Administração Pública, concordamos que são mecanismos importantes em prol da eficiência.[219] [220] Não há dúvidas de que, em plena Era da Informação, há um incremento absurdo da eficiência administrativa quando máquinas praticam atos meramente executórios e repetitivos, ou quando se utilizam novas tecnologias ou tendências disruptivas em prol da melhoria e da agilidade dos serviços administrativos.

José dos Santos Carvalho Filho parece coadunar com tal entendimento quando afirma que deve o Estado "recorrer à moderna tecnologia e aos métodos hoje adotados para obter a qualidade total das atividades".[221] Aliás, a Lei nº 8.987/95, nesse horizonte, concebe que um serviço público adequado é também aquele devidamente atualizado, de acordo com as tecnologias atuais.

---

[216] LOEWENSTEIN, Karl. *Teoria da constituição*. 2. ed. Trad. Alfredo Gallego Anabitarte. Barcelona: Ediciones Ariel, 1970.

[217] Sobre a inteligência artificial e suas características, esclarece Fabrício Motta: "Intencionalidade, adaptabilidade e capacidade de aprendizado são características da inteligência artificial, que busca simular a inteligência humana utilizando não apenas conhecimentos da computação, mas de diversas áreas. Na inteligência artificial, os computadores exercem uma atividade cognitiva, ou seja, de contínuo aprendizado no sentido de coletar, processar, pesquisar, analisar semanticamente o conteúdo, compreendendo-o, e realizando tarefas a partir das informações obtidas a partir desse processo, como classificar e apresentar perspectivas de resultados práticos, como sugestões de ação ou tomada decisões". Conferir: MOTTA, Fabrício. Inteligência artificial e agilidade nas licitações públicas. *Revista Consultor Jurídico*, 29 de agosto de 2019. Disponível em: https://www.conjur.com.br/2019-ago-29/inteligencia-artificial-agilidade-licitacoes-publicas. Acesso em: 09 abr. 2021.

[218] Nesse sentido, conferir: FREITAS, Juarez; FREITAS, Thomas Bellini Freitas. *Inteligência artificial*: em defesa do humano. Belo Horizonte: Fórum, 2020, p. 27.

[219] Nesse contexto, sobre as vantagens do processo administrativo eletrônico, sem prejuízo dos cuidados necessários, as lições de Irene Patrícia Nohara: "Já se encontra superada a fase de discussão das vantagens do processo administrativo eletrônico, dado que ele garante celeridade, padronização, transparência, eficiência e economias de recursos materiais e humanos, além das vantagens socioambientais que decorrem da desmaterialização do papel, sendo, portanto, incontornável o avanço tecnológico e as novas possibilidades trazidas pelos meios eletrônicos". Conferir: NOHARA, Irene Patrícia. Processo administrativo eletrônico. *In*: BITENCOURT NETO, Eurico; MARRARA, Thiago (Coord.). *Processo administrativo brasileiro*: estudos em homenagem aos 20 anos da lei federal de processo administrativo. Belo Horizonte: Fórum, 2020, p. 169.

[220] Para Paulo Otero, nesse sentido, deve haver uma preferência pela utilização de meios eletrônicos no bojo da Administração Pública. Conferir: OTERO, Paulo. *Direito do procedimento administrativo*. Coimbra: Almedina, 2016, v.1, p. 102 e 103.

[221] CARVALHO FILHO, José dos Santos. *Manual de direito administrativo*. 27. ed. rev., ampl. e atual. São Paulo: Atlas, 2014, p. 33.

Quanto à robótica e à inteligência artificial para fins de tomada de decisões, no entanto, é preciso extrema cautela e parcimônia. Em primeiro lugar, porque não se pode abrir mão do princípio constitucional da motivação, reflexão que inclusive ensejou o Enunciado nº 12 da I Jornada de Direito Administrativo do Conselho da Justiça Federal, que versa que "A decisão administrativa robótica deve ser suficientemente motivada, sendo a sua opacidade motivo de invalidação".[222] Em segundo lugar, porque decidir envolve, muitas vezes, a interpretação de conceitos jurídicos indeterminados em cotejamento com a realidade vivida e com as consequências práticas da decisão, em atenção à Lei nº 13.655/18, exigência psicológica e sensitiva que foge da alçada da robótica e da inteligência artificial.

Entende-se, nesse sentido, que, embora a inteligência artificial seja capaz, sim, de simular a inteligência humana nas mais diversas áreas, quando o decidir precisa envolver a sensibilidade do julgador para com o mundo que o cerca, para com o contexto fático que engloba os fatos discutidos, a máquina passa a ser insuficiente – ao menos até o momento da elaboração desta obra –, na medida em que simplesmente é desprovida do tato humano no que concerne à conjuntura vivida, à ocasião experimentada e ao ambiente saboreado.

Parágrafo único. Nos processos administrativos serão observados, entre outros, os critérios de:

I – atuação conforme a lei e o Direito;

Comentários

Tomando como base as proposições de José dos Santos Carvalho Filho, critérios podem ser definidos como a maneira, o modo, a conduta a ser utilizada pelos servidores públicos para apreciar os processos administrativos.[223] Por conseguinte, o parágrafo único do art. 2º da Lei nº 9.784/99 elenca em seus incisos, de forma não exaustiva, o norte, as balizas, as formas e os métodos por intermédio dos quais os agentes públicos deverão impulsionar e desenvolver aqueles processos.

Valiosa a contribuição do diploma legal ao indicar a distinção entre lei e Direito. O Direito não se exaure na lei, ao contrário, a lei é apenas um dos aspectos do Direito.

A Lei de Introdução às Normas do Direito Brasileiro (LINDB), ainda quando denominada Lei de Introdução ao Código Civil (LICC), já previa em seu art. 5º que a aplicação do ordenamento jurídico vai além da lei em sentido estrito, mas deve considerar os fins sociais e as exigências do bem comum. Posteriormente, com o advento da Lei nº 13.655/18, essa ideia de obsolescência da limitação da ciência jurídica à lei em sentido estrito ficou ainda mais nítida, conforme inclusive já comentamos anteriormente.

---

[222] Disponível em: https://www.cjf.jus.br. Acesso em: 15 jul. 2021.

[223] CARVALHO FILHO, José dos Santos. *Processo administrativo federal*: comentários à Lei nº 9.784, de 29.01.1999. 2. ed. Rio de Janeiro: Lumen Juris, 2005, p. 46.

Nesse sentido, aliás, interessante, no âmbito do Superior Tribunal de Justiça, o voto do Ministro Sálvio de Figueiredo Teixeira, que antes do advento da Lei nº 9.784/99 já refletia acerca da necessidade de a aplicação e a interpretação da ciência jurídica não se limitarem ao texto legal:

> A vida, enfatizam os filósofos e sociólogos, e com razão, é mais rica que nossas teorias. A jurisprudência, com o aval da doutrina, tem refletido as mutações do comportamento humano no campo do Direito de Família. Como diria o notável De Page, o juiz não pode quedar-se surdo às exigências do real e da vida. O Direito é uma coisa essencialmente viva. Está ele destinado a reger os homens, isto é, seres que se movem, pensam, agem, mudam, se modificam. O fim da lei não deve ser a imobilização ou a cristalização da vida, e sim manter contato íntimo com esta, segui-la em sua evolução e adaptar-se a ela. Daí resulta que o Direito é destinado a um fim social, de que deve o juiz participar ao interpretar as leis, sem se aferrar ao texto, às palavras, mas tendo em conta não só as necessidades sociais que elas visam a disciplinar como, ainda, as exigências da justiça e da equidade, que constituem o seu fim. Em outras palavras, a interpretação das leis não deve ser formal, mas, sim, antes de tudo, real, humana, socialmente útil.[224]

Seguindo esse horizonte, a nova principiologia da Administração Pública orienta o particular a, diante do caso concreto, partir da lei sem a ela se aprisionar. A situação fática deve ser enfrentada de maneira a se evitar a aplicação cega e fria da lei. Exige-se do administrador público o enfrentamento dos problemas à luz do Direito, pelo que se lhe impõe o apreço aos princípios que norteiam a Administração Pública, exigindo uma exegese sistemática.

O inciso I em comento, destarte, traz a ideia de juridicidade, em substituição à obsoleta legalidade estrita, de modo a desassociar o princípio da legalidade à observância meramente da literalidade legal, mas a afirmar que o ordenamento jurídico é também composto por princípios que igualmente possuem força normativa e que, logo, devem ser observados nos processos administrativos.

* * *

II – atendimento a fins de interesse geral, vedada a renúncia total ou parcial de poderes ou competências, salvo autorização em lei;

* * *

Comentários

Segundo este inciso, o processo administrativo deve obedecer ao critério de atendimento a fins de interesse geral.

Tendo em vista a busca do bem da coletividade em toda a atividade administrativa, é necessário que se interprete a expressão "interesse geral" como sendo o interesse público. Claro, está-se a falar aqui do interesse público primário, que é aquele que diz respeito ao interesse da coletividade e que deve nortear o agir administrativo, e não

---

[224] STJ, REsp 4.987/RJ, Rel. Ministro Sálvio de Figueiredo Teixeira, DJ 28.10.1991.

do interesse público secundário (ou interesse privado da Administração Pública, como preferimos), que, conforme ensina a doutrina, diz respeito aos interesses das pessoas jurídicas componentes da Administração Pública, a exemplo dos interesses meramente patrimoniais oriundos dos aluguéis de um contrato de locação.[225]

Como já dito, mais do que levantar a eterna dicotomia entre interesse público e privado, uma visão mais adequada da norma leva à conclusão de que é necessária a harmonização entre esses interesses sempre que possível, nunca perdendo de vista que a supremacia do interesse público não pode implicar o aniquilamento do interesse individual.

Na busca da defesa em prol da coletividade, a lei veda a renúncia, seja total ou parcial, dos poderes ou competências, ressalvadas as hipóteses que a lei porventura autorizar. Até porque um dos princípios basilares do regime jurídico administrativo é o da indisponibilidade do interesse público, pelo que soa evidente que os agentes públicos não poderiam mesmo renunciar aos seus poderes, salvo hipóteses previstas em lei, que, por sua vez, ao menos em tese, é fruto da vontade popular.

Nesse contexto, pode-se dizer ainda que a vedação à renúncia é uma analogia a um dos requisitos da jurisdição, qual seja, a inafastabilidade, em que o juiz não pode deixar de exercer a jurisdição quando provocado. Assim, em semelhante modo em que a jurisdição é inafastável, nos termos do art. 5º, XXXV, da Carta Política, os poderes e as competências administrativas são em regra irrenunciáveis, porquanto se prestam à consecução do interesse público primário, que, por sua vez, é indisponível.

• •

III – objetividade no atendimento do interesse público, vedada a promoção pessoal de agentes ou autoridades;

• •

Comentários

Em uma primeira análise, o inciso em foco aborda o princípio da finalidade e, por conseguinte, o princípio da impessoalidade – em um de seus aspectos[226] –, quando a lei prescreve a vedação na promoção pessoal dos agentes.

Desse modo, no âmbito dos processos administrativos é terminantemente proibido que os agentes públicos façam qualquer tipo de promoção pessoal para si ou

---

[225] Nesse sentido, afirmam Emerson Gabardo e Maurício Corrêa de Moura Rezende que "é comum distinguir o interesse público (o verdadeiro e legítimo interesse público, do qual se está a tratar) sob a alcunha de 'interesse público primário' e o interesse do Estado, ou da Administração Pública, enquanto 'interesse secundário'". Conferir: GABARDO, Emerson; REZENDE, Maurício Corrêa de Moura. O conceito de interesse público no direito administrativo brasileiro. *Revista Brasileira de Estudos Políticos*, Belo Horizonte, n. 115, p. 267-318, jul./dez. 2017.

[226] Como bem lembra Lucas Furtado, o princípio da impessoalidade pode ser vislumbrado sob mais de um aspecto, sendo que a finalidade pública é um deles: "1. Dever de isonomia por parte da Administração Pública. 2. Dever de conformidade ao interesse público. 3. Imputação dos atos praticados pelos agentes públicos diretamente às pessoas jurídicas em que atuam". Conferir: FURTADO, Lucas Rocha. *Princípios gerais de direito administrativo*. Belo Horizonte: Fórum, 2016, p. 68.

para terceiros, até porque as atuações públicas são creditadas à Administração, e não ao agente público propriamente dito, ideia que nos remete à teoria do órgão ou da imputação volitiva. Nesse sentido, inclusive, o art. 37, §1º, da Constituição da República impõe que "A publicidade dos atos, programas, obras, serviços e campanhas dos órgãos públicos deverá ter caráter educativo, informativo ou de orientação social, dela não podendo constar nomes, símbolos ou imagens que caracterizem promoção pessoal de autoridades ou servidores públicos".[227]

Em relação ao princípio da impessoalidade, Hely Lopes Meirelles leciona que:

> O princípio da impessoalidade (referido na Constituição de 1988, art. 37, caput), nada mais é que o clássico princípio da finalidade, o qual impõe ao administrador público que só pratique o ato para seu fim legal. E o fim legal é unicamente aquele que a norma de direito indica expressa ou virtualmente como objetivo do ato, de forma impessoal.[228]

Em uma segunda análise, é de se observar que, inerente ao princípio da legalidade, a objetividade no atendimento do interesse público corresponde à aplicação da lei tal qual ela foi editada, inclusive sem quaisquer subjetivismos ou favoritismos, no bojo da impessoalidade sob a faceta da isonomia republicana. Nesse trilho, inclusive em harmonia com o supradito entendimento de Hely Lopes Meirelles, o magistério de Bulos:

> O princípio da impessoalidade, consectário natural do princípio da finalidade, impõe que o ato administrativo seja praticado de acordo com os escopos da lei, precisamente para evitar autopromoções dos agentes públicos. Sua palavra de ordem é: banir favoritismo, extravios de conduta, perseguições governamentais, execrando a vetusta hipótese do *abuso do poder*.[229]

Objetividade, no caso do inciso em tela, é, entre outras representações, antônimo de subjetividade. Desse modo, o dispositivo em comento, além de vedar a promoção pessoal de agentes ou autoridades, e além de impor ao administrador uma atuação pronta condizente com a lei, impõe que os processos administrativos sejam desenvolvidos de maneira impessoal, isonômica, tratando os envolvidos de maneira paritária e igual, conforme exige o princípio republicano.

---

[227] Sobre o referido dispositivo constitucional, já tivemos a oportunidade de salientar que: "Assim, quando da publicidade de atos públicos, por exemplo, não é o Chefe do Poder Executivo do Município de São Paulo que realiza obras atinentes ao metrô, é o Município de São Paulo que o faz; não é o Chefe do Poder Executivo do Município de Belo Horizonte que realiza a manutenção das vias após um longo e intenso período de chuvas, é o Município de Belo Horizonte que o faz; não é o Chefe do Poder Executivo do Estado do Rio Grande do Sul que propõe campanhas a fim de estimular a vacinação de crianças, adolescentes e idosos, é o Estado do Rio Grande do Sul que o faz. Infelizmente, sobretudo nos entes municipais interioranos, não é incomum que os políticos utilizem a máquina pública para fazer propaganda pessoal, anunciando que foram eles que realizaram determinada política pública, e não o ente federativo, a Administração Pública propriamente dita. Aliás, como se sua atuação fosse um favor, como se não fosse um dever do administrador público atuar em prol do interesse público." Conferir: CAVALCANTI, Caio Mário Lana. *Comentários à lei de improbidade administrativa*. Rio de Janeiro: CEEJ, 2020, p. 277.

[228] MEIRELLES, Hely Lopes. *Direito administrativo brasileiro*. 21. ed. São Paulo: Malheiros, 1995, p. 82.

[229] BULOS, Uadi Lammêgo. *Constituição Federal anotada*. 9. ed. rev. e atual. São Paulo: Saraiva, 2009, p. 642.

IV – atuação segundo padrões éticos de probidade, decoro e boa-fé;

Comentários

Um dos critérios mais importantes é o de atuar segundo a probidade, decoro e boa-fé, critérios esses intimamente ligados ao princípio da moralidade. Desta feita, impõe o inciso em tela que os agentes públicos, no âmbito dos processos administrativos, atuem com lisura, honradez, retidão, integridade e seriedade, a fim de que o desfecho processual seja legitimamente construído, com respeito aos direitos e garantias processuais dos envolvidos e em atenção ao interesse público perseguido, vedados quaisquer desvios de finalidade.

Para melhor explicar, José dos Santos Carvalho Filho afirma que:

(...) o decoro diz respeito à conduta do particular,[230] significando que o agente deve agir de acordo com o que a função lhe exige, já que a expressão probidade deve ser definida como honestidade, lealdade para com a Administração Pública.

Acentua o mesmo autor que:

(...) no processo administrativo, todos esses padrões devem ser observados a fim de que os particulares possam ter resguardados os seus direitos e guardar um sentido de credibilidade em relação aos agentes da Administração.[231]

A bem da verdade, o inciso em tela apenas robustece e corrobora o que já é exigido por outros mandamentos, não inovando propriamente o ordenamento jurídico. Afinal, não só o *caput* do art. 2º já impõe a moralidade, como também a própria Carta Constitucional, em seu art. 37, *caput*, já determina que a Administração Pública respeite tal princípio jurídico. O dispositivo em tela, pois, tão somente ratifica um padrão de conduta que já é ínsito ao Estado Democrático de Direito inaugurado pela Constituição de 1988.

Ademais, é de grande valia frisar que a legalidade não pode alijar a atuação segundo os padrões da moralidade, da transparência, da segurança jurídica. Conforme já tivemos a oportunidade de dissertar anteriormente, a noção de legalidade foi ampliada, a fim de abarcar não apenas as regras, mas os princípios jurídicos, que igualmente têm força normativa. Destarte, uma atuação imoral, ímproba, indecorosa e eivada de má-fé é, portanto, uma atuação manifestamente ilegal, cuja expurgação pode ser feita inclusive pelo Poder Judiciário, que é o guardião da legalidade.

Nesse sentido, a nova concepção do Direito Administrativo, legalidade rima com ética, transparência, decoro, probidade e boa-fé, razão pela qual não se reconhece

---

[230] CARVALHO FILHO, José dos Santos. *Processo administrativo federal*: comentários à Lei nº 9.784, de 29.01.1999. 2. ed. Rio de Janeiro: Lumen Juris, 2005, p. 65.

[231] CARVALHO FILHO, José dos Santos. *Processo administrativo federal*: comentários à Lei nº 9.784, de 29.01.1999. 2. ed. Rio de Janeiro: Lumen Juris, 2005, p. 65.

ao administrador público, por exemplo, realizar anulações de atos administrativos tomando-se de surpresa o particular afetado.

Para um maior entendimento do presente inciso, que nada mais é senão um reflexo da moralidade no escopo dos processos administrativos, remetemos o leitor aos comentários acerca desse princípio, tecidos nas linhas anteriores.

* *

V – divulgação oficial dos atos administrativos, ressalvadas as hipóteses de sigilo previstas na Constituição;

* *

Comentários

Este dispositivo traduz o princípio da publicidade,[232] entendido como um instrumento por meio do qual é possível o cumprimento dos demais princípios, pois fica a Administração Pública obrigada a divulgar oficialmente a prática de atos administrativos.

Em um Estado Democrático de Direito, não há espaço para a obscuridade administrativa, de tal arte que a atuação da Administração Pública deve ser feita às claras, de forma límpida, inclusive enquanto mecanismo a permitir que haja o controle popular.[233]

Sigilo arbitrário e clandestinidade, decerto, não coadunam com o modelo estatal inaugurado pela Carta Constitucional de 1988, que buscou justamente romper com o modelo obscuro anterior, que vigorava desde o Golpe Civil-Militar de 1964. Por isso, a negativa injustificada da devida publicidade dos atos administrativos enseja o cabimento de instrumentos constitucionais aptos a clarear a referida obscuridade, a exemplo do *habeas data* e do direito de petição.

Trata-se a publicidade, a bem da verdade, de um corolário da democracia.[234] Ora, se nos termos do art. 1º, parágrafo único, da Constituição, todo o poder emana do povo, de modo que os gestores tão somente exercem tal poder em nome de outrem, seria um verdadeiro contrassenso admitir que o administrador não divulgasse aos verdadeiros detentores do poder os atos praticados em representação destes últimos. Não faz o menor sentido. Isso seria admitir que os representantes atuassem, por exemplo, sem prestar contas de seus atos aos representados, cenário que por si só é totalmente contraditório.

É nesta esteira a acertada reflexão de Lucas Rocha Furtado:

A publicidade é consequência direta do princípio democrático. Somente em regimes ditatoriais pode ser admitida – até porque não há outra opção – a prática de atos secretos, sigilosos. É direito da população, e dever do administrador, divulgar os atos praticados pela

---

[232] Sugerimos: BINENBOJM, Gustavo. O princípio da publicidade administrativa e a eficácia da divulgação de atos do poder público pela internet. *Revista Brasileira de Direito Público*, ano 6, n. 13, abr./jun. 2006.

[233] Nem mesmo a arbitragem envolvendo a Administração Pública foge da publicidade, conforme sedimentado pelo Enunciado nº 15 da I Jornada de Direito Administrativo do Conselho da Justiça Federal: "A Administração Pública promoverá a publicidade das arbitragens da qual seja parte, nos termos da Lei n. 12.527/2011 (Lei de Acesso à Informação)". Disponível em: www.cjf.jus.br. Acesso em: 15 jul. 2021.

[234] Nesse sentido: BOBBIO, Norberto. *O futuro da democracia*: uma defesa das regras do jogo. 6. ed. Rio de Janeiro: Paz e Terra, 1986, p. 84.

Administração, a fim de que possam os cidadãos tomarem as providências necessárias ao controle da legalidade, da moralidade, da eficiência das atividades do Estado. Se democracia é governo do povo, pelo povo, é necessário que o povo saiba o que ocorre nas entranhas das repartições públicas.[235]

Justamente por ser parte integrante de um Estado Democrático de Direito, o princípio da publicidade não somente está encartado expressamente no *caput* do art. 37 da Constituição, como também se revela no art. 93, IX, também da Carta Política, que impõe que os julgamentos do Poder Judiciário serão públicos, mandamento que se estende aos processos administrativos. Ademais, o princípio da publicidade está disperso em inúmeros dispositivos do Código de Processo Civil[236] e é garantido pela Lei nº 12.527/11, a Lei de Acesso à Informação (LAI), que em seu art. 3º, I, é categórica em sedimentar a "observância da publicidade como preceito geral e do sigilo como exceção".

Entretanto, a Constituição da República faz algumas ressalvas quanto à publicidade de alguns atos. Uma das hipóteses restritivas da publicidade dos atos está prevista no art. 5º, inciso LX, do texto constitucional, que permite o sigilo quando "a defesa da intimidade ou o interesse social o exigirem". O sigilo alcança também as informações consideradas imprescindíveis à segurança do Estado e da sociedade, conforme expressa dicção do art. 5º, XXXIII, da Constituição da República, e as votações no âmbito do tribunal do júri, nos termos do art. 5º, XXXVIII, "b", também da Carta Política.

Já no âmbito infraconstitucional, inclusive regulamentando o supracitado art. 5º, XXXIII, o art. 23 da LAI elenca um rol de hipóteses entendidas como imprescindíveis para a segurança do Estado ou da sociedade, a ensejar a restrição ao acesso, quais sejam, aquelas que possam: pôr em risco a defesa e a soberania nacionais ou a integridade do território nacional (inciso I); prejudicar ou pôr em risco a condução de negociações ou as relações internacionais do país, ou as que tenham sido fornecidas em caráter sigiloso por outros Estados e organismos internacionais (inciso II); pôr em risco a vida, a segurança ou a saúde da população (inciso III); oferecer elevado risco à estabilidade financeira, econômica ou monetária do país (inciso IV); prejudicar ou causar risco a planos ou operações estratégicos das Forças Armadas (inciso V); prejudicar ou causar risco a projetos de pesquisa e desenvolvimento científico ou tecnológico, assim como

---

[235] FURTADO, Lucas Rocha. *Princípios gerais de direito administrativo*. Belo Horizonte: Fórum, 2016, p. 91.

[236] Art. 8º Ao aplicar o ordenamento jurídico, o juiz atenderá aos fins sociais e às exigências do bem comum, resguardando e promovendo a dignidade da pessoa humana e observando a proporcionalidade, a razoabilidade, a legalidade, a publicidade e a eficiência.
Art. 26. A cooperação jurídica internacional será regida por tratado de que o Brasil faz parte e observará: (...)
III – a publicidade processual, exceto nas hipóteses de sigilo previstas na legislação brasileira ou na do Estado requerente;
Art. 194. Os sistemas de automação processual respeitarão a publicidade dos atos, o acesso e a participação das partes e de seus procuradores, inclusive nas audiências e sessões de julgamento, observadas as garantias da disponibilidade, independência da plataforma computacional, acessibilidade e interoperabilidade dos sistemas, serviços, dados e informações que o Poder Judiciário administre no exercício de suas funções.
Art. 927. Os juízes e os tribunais observarão: (...)
§5º Os tribunais darão publicidade a seus precedentes, organizando-os por questão jurídica decidida e divulgando-os, preferencialmente, na rede mundial de computadores.
Art. 930. Far-se-á a distribuição de acordo com o regimento interno do tribunal, observando-se a alternatividade, o sorteio eletrônico e a publicidade.
Art. 979. A instauração e o julgamento do incidente serão sucedidos da mais ampla e específica divulgação e publicidade, por meio de registro eletrônico no Conselho Nacional de Justiça.

a sistemas, bens, instalações ou áreas de interesse estratégico nacional (inciso VI); pôr em risco a segurança de instituições ou de altas autoridades nacionais ou estrangeiras e seus familiares (inciso VII) ou comprometer atividades de inteligência, bem como de investigação ou fiscalização em andamento, relacionadas com a prevenção ou repressão de infrações (inciso VIII).

Ainda assim, no entanto, o sigilo não pode ser eterno. Destaca-se, nesse sentido, o art. 24, §1º, também da Lei de Acesso à Informação, que assevera que o acesso às informações ultrassecretas poderá ser restringido por 25 (vinte e cinco) anos; às informações secretas, 15 (quinze) anos; e às informações reservadas, 5 (cinco) anos.

Neste contexto, os atos sigilosos são a exceção, e somente cabe à autoridade competente decidir sobre o seu sigilo por meio de decisão devidamente motivada e baseada nas hipóteses autorizadas pela Constituição da República, respeitados os limites materiais, temporais e formais do sigilo.

Isso porque referido princípio não pode ser exasperado,[237] com a divulgação de dados que comprometam a imagem e a honra dos envolvidos, sem a necessária certeza quanto à responsabilidade e à culpabilidade. Nessas hipóteses, pois, verificando-se sempre o caso concreto, há de se ter o cuidado de aferir a situação antes de dar ampla publicidade a determinados fatos, atos ou dados. Sobre estes últimos, inclusive, merece destaque a preocupação da Lei Geral de Proteção de Dados – LGPD (Lei nº 13.709/18), que destinou o seu Capítulo IV inteiro para dispor sobre o tratamento de dados pessoais pela Administração Pública.[238] [239]

A melhor interpretação acerca do referido inciso legal, sob o contexto dos processos administrativos, é aquela que garante a comunicação e a publicidade necessárias ao exercício dos próprios direitos que estão garantidos na norma, quais sejam, a ampla defesa e o contraditório, com todos os recursos aos mesmos inerentes.

---

[237] Recomenda-se a leitura do trabalho de autoria do Professor Clovis Beznos, no qual se discute a existência ou não de colisão entre liberdade de manifestação do pensamento e da expressão e a proteção da intimidade e da vida privada: BEZNOS, Clovis. A liberdade de manifestação do pensamento e da expressão e a proteção da intimidade e da vida privada. *Revista Brasileira de Direito Público*, Belo Horizonte, ano 4, n. 15, p. 9-19, out./dez. 2006.

[238] Sobre o tema, conferir: FERRAZ, Sergio. *Lei geral de proteção de dados*. Belo Horizonte: Fórum, 2021, p. 59 e seguintes; FORTINI, Cristiana; AMARAL, Greycielle; CAVALCANTI, Caio Mário Lana. LGPD x LAI: sintonia ou antagonismo? *In*: PIRONTI, Rodrigo (Coord.). *Lei geral de proteção de dados no setor público*. Belo Horizonte: Fórum, 2021, p. 101 e seguintes.

[239] Embora ainda não tão fartas, ao menos não quando da realização da presente edição, há decisões judiciais que já aplicaram a LGPD. Por exemplo: "Contudo, os fatos narrados pela autora ainda estão sob investigação criminal pela Polícia Federal e sob apuração administrativa pela Autoridade Nacional de Proteção de Dados, de modo a se apurar os controladores responsáveis pelos vazamentos dos dados e quais os titulares dos dados, cujas conclusões ainda não ocorreram diante da alta complexidade das investigações e apurações. Assim, somente após as comprovações necessárias será possível determinar o cumprimento do dever legal de comunicação aos titulares acerca do incidente de vazamento de dados (...) Desta feita, a despeito das alegações trazidas na petição inicial, não vislumbro, neste momento, a alegada omissão das autoridades federais competentes para apurar o vazamento de dados noticiado nestes autos, uma vez que todas as apurações criminais e administrativas cabíveis estão sendo apuradas para os esclarecimentos das questões apontadas pela autora, assim como para a ulterior mitigação dos prejuízos causados aos titulares de dados vazados, de modo que não cabe a este Juízo, neste momento inicial do feito, interferir no curso das investigações e apurações que estão em andamento, inclusive das que necessitam da preservação de sigilo, em especial as investigações de competência da Polícia Federal. Em síntese, não se nota a alegada omissão das autoridades federais na apuração dos fatos narrados na petição inicial, não estando presentes, por ora, os pressupostos necessários para a concessão da tutela antecipada requerida". (Autos nº 5002936-86.2021.4.03.6100, 22ª Vara Federal Cível de São Paulo, decisão prolatada em 16.03.2021)

> VI – *adequação entre meios e fins, vedada a imposição de obrigações, restrições e sanções em medida superior àquelas estritamente necessárias ao atendimento do interesse público;*

Comentários

O critério do inciso VI tem relação com o princípio da proporcionalidade, ao proibir a imposição de sanções, obrigações e/ou restrições em medida superior ao necessário. Afinal, a restrição à liberdade e à esfera patrimonial do indivíduo só resta legítima na estreita quantidade necessária e suficiente para a consecução do interesse público, sendo arbitrários cerceamentos e limitações que não sejam condizentes com a finalidade pública que se busca.

É de se destacar também que, malgrado a proporcionalidade também envolva a vedação à proteção ineficiente (atuação aquém do necessário), o inciso em tela deu ênfase à perspectiva da proibição do excesso (atuação além do necessário), de forma a proteger o administrado dos excessos praticados pela Administração no bojo dos processos administrativos.

Entende-se por proporcionalidade a utilização de meios adequados para os propósitos da Administração Pública, em especial na aplicação de alguma sanção ou no cumprimento de algum dever.

Vale destacar que o principal fundamento da proporcionalidade é evitar o desvio de finalidade[240] na realização dos atos administrativos. Dessa forma, deve-se adotar a ponderação para que os resultados sejam compatíveis com a vontade da lei, evitando-se, assim, excessos que possam configurar desvio de finalidade.

Esse princípio traduz instrumento de controle do agir da Administração, haja vista a sua exigência em relação à necessária adequação da conduta do agente ao praticar algum ato ou ao tomar uma decisão.

A jurisprudência tem se valido do referido princípio para efetuar o controle das ações administrativas. O colendo Superior Tribunal de Justiça admite, por exemplo, que a decisão judicial examine as condutas adotadas por bancas examinadoras de concursos.[241] Isso, claro, desde que eivadas de ilegalidade – considerando a legalidade em seu sentido amplo, isto é, a juridicidade –, sob pena de indevida interferência do Poder Judiciário no mérito administrativo, o que afrontaria o princípio da separação dos poderes.

Assim, aduziu o ilustre Ministro Luiz Fux que o "Tribunal, quando controla a legalidade do Concurso, confrontando o Edital com o atuar ilegal dos administrados, não invade a seara do mérito do ato administrativo". Nesse contexto, o STJ deu provimento

---

[240] O abuso de poder pode se manifestar de duas maneiras: por meio do excesso de poder ou desvio de poder. O excesso de poder se caracteriza pela conduta abusiva do agente que age além dos limites de sua competência. Já no desvio de poder (ou desvio de finalidade), o agente, embora dentro de sua competência, age em desconformidade com o interesse público previsto na lei.

[241] Nesse sentido, conferir também a doutrina, a exemplo de: MONTEIRO, Fábio de Holanda. Controle jurisdicional da correção de prova subjetiva nos concursos públicos. *Fórum Administrativo*, Belo Horizonte, ano 14, n. 164, p. 37-44, out. 2014.

a recurso ordinário em mandado de segurança, por entender que "os títulos não computados ao recorrente são nitidamente adequação à carreira jurídica, por isso que ilegais as subtrações, das situações referidas aos cursos de Pós-graduação em Direito Civil – Contratos e Responsabilidade Civil, o curso de Mestre em Direito, magistério nas disciplinas de Introdução ao Direito I e II, Direito Civil I e II – Obrigações, Direito Administrativo I e II, Direito do Consumidor" (RMS nº 24.973-RS, 1ª Turma, Relator para o acórdão Min. Luiz Fux, DJ, 03.03.08).

No mesmo diapasão, a ilustre Ministra Denise Arruda: "Não obstante alguns atos realizados durante um concurso público sejam dotados de natureza discricionária, entre os quais se destacam os critérios de avaliação adotados por banca examinadora, *é viável a intervenção do Poder Judiciário em causas que digam respeito a eventual inobservância dos princípios que regem a Administração Pública, em especial o da legalidade e o da vinculação ao edital*" (RMS nº 21.781-RS, 1ª Turma, DJ, 29.06.07).

Em trabalho escrito por uma das autoras desta obra em companhia da Professora Virginia Kirchmeyer, abordou-se a questão da proporcionalidade na fase de títulos em concursos públicos. O artigo, intitulado "Ponderações sobre a prova de títulos nos concursos públicos", foi publicado na Revista do Tribunal de Contas do Estado de Minas Gerais, Edição Especial, ano XXVIII.[242]

As anotações realizadas à época encaixam-se na abordagem ora realizada, pelo que transcrevemos parte do texto:

> Tem-se que para ambas as tarefas, definição da existência da prova de títulos e a pontuação a lhe ser reservada, o legislador e o gestor público *devem* valer-se do princípio da proporcionalidade, para que se reconheçam formações e experiências relevantes para a Administração Pública e não se atribuam pontos demasiados a títulos corriqueiros.
>
> A eminente Ministra Cármen Lúcia Antunes Rocha[243] ensina que para se adotar o princípio da proporcionalidade, é importante ter em mente a existência de hierarquia entre os princípios constitucionais, que eles são condicionantes uns dos outros e, ainda, ressalta:
>
> "O que se nota é que somente com esta atenção se chegará à Justiça material buscada concretamente, pois a Constituição existe exatamente para cumprir tal função básica e não para ser objeto de elocubrações sem face ou força na realidade.
>
> Também se deve anotar ser freqüente a referência encontrada, especialmente na jurisprudência constitucional, da diferença entre princípios e subprincípios constitucionais, numa idéia exata e mais fecunda da imprescindibilidade de se fazer valer o princípio da proporcionalidade entre eles para se concluir pela interpretação correta a ser conferida ao tema constitucional cuidado".
>
> Os princípios da legalidade, impessoalidade, moralidade, eficiência, economicidade, razoabilidade, finalidade, dentre outros, devem estar atrelados aos atos decisórios do certame, a fim de serem estabelecidos critérios claros e objetivos, sob pena nulidade.
>
> A imperiosidade de se ter como base o princípio da proporcionalidade para definição da existência e limites da prova de títulos evidencia-se, sobretudo, do inafastável cumprimento dos demais princípios constitucionais na execução do concurso.

---

[242] FORTINI, Cristiana; KIRCHMEYER, Virgínia. Ponderações sobre a prova de títulos nos concursos públicos. *Revista do Tribunal de Contas do Estado de Minas Gerais*, Edição Especial, Ano XXVIII.

[243] ROCHA, Cármen Lúcia Antunes. *Princípios constitucionais da Administração Pública*. Belo Horizonte: Del Rey, 1994. p. 52 a 54.

Segundo Weida Zancaner,[244] os princípios da proporcionalidade e razoabilidade também devem nortear os concursos públicos, cujos desatendimentos os macula.

"Neste caso específico é bom lembrar que o art. 37, II da Constituição Federal ao determinar que a 'investidura em cargo ou emprego público depende de aprovação prévia em concurso público de provas ou provas ou títulos, de acordo com a natureza e a complexidade do cargo ou emprego', expressamente assumiu o princípio da proporcionalidade para nortear os concursos públicos.

Também não pode ser considerado válido concurso público que exige dos concursandos capacitação física não compatível com o exercício da profissão que motivou a abertura do concurso. O mesmo se dá quando a exigência de capacitação técnico-profissional for excessiva para o desempenho de um dado cargo".

Na avaliação de títulos, o candidato entrega os documentos comprobatórios da sua formação profissional e intelectual, que usualmente dizem respeito à formação acadêmica, experiência profissional, publicações de livros, artigos, premiações, aprovações em outros concursos de mesma natureza, dentre outros que tiverem pertinência com as atribuições a serem exercidas. A pontuação dos títulos é sempre limitada, como exemplo, ao número de certificados de formação (até "x" pós-graduações), à idade do trabalho acadêmico (publicações nos últimos "x" anos), à área (especializações na área "x"), tudo em consonância com a natureza do cargo ou do emprego públicos, com a finalidade de se atender o interesse público.

A apresentação dos títulos não é fase eliminatória, mas é condicionante à classificação. No entanto, com os títulos, o cenário do concurso pode ser alterado, sobretudo se a diferença da pontuação das provas ocupar as casas decimais, o que, em última análise, pode levar à eliminação.

A jurisprudência do STJ firmou-se no sentido de que o Poder Judiciário não pode substituir a banca examinadora de concurso público ou mesmo se imiscuir nos critérios de correção de provas e atribuição de notas, visto que o controle jurisdicional restringe-se à legalidade do concurso.

No entanto, o Poder Judiciário deve, igualmente, utilizar-se do princípio da proporcionalidade para afastar, desde o início, os critérios descabidos e ambíguos.

Ainda sobre a proporcionalidade, remetemos o leitor aos comentários do *caput* do art. 2º, quando destrinchamos, com mais profundidade, o conteúdo e as balizas desse princípio, cuja inobservância pode culminar não só com a anulação de atos administrativos, mas com a declaração de inconstitucionalidade de atos normativos.

---

[244] ZANCANER, Weida. O concurso público e os princípios da razoabilidade e da proporcionalidade. *In*: MOTTA, Fabrício (Coord.). *Concurso público e Constituição*. Belo Horizonte: Fórum, 2005, p. 167.

Art. 2º | 105

VII – indicação dos pressupostos de fato e de direito que determinarem a decisão;[245]

Comentários

Já se adiantou que o princípio da motivação compõe a lista dos princípios que balizam o processo administrativo, como aduz, expressamente, o art. 2º, *caput*. Indicar os pressupostos de fato e de direito que determinaram a decisão administrativa é, justamente, motivá-la, conforme exige a Constituição da República.

Trata-se, inclusive, de mandamento essencial para que o interessado possa insurgir contra a decisão, exercendo o seu direito ao recurso: isso porque é literal e materialmente impossível impugnar as razões de uma determinada decisão quando elas não estão descritas. É a motivação, ainda, pressuposto imprescindível para que as decisões sejam controladas, seja pelo povo, o que valoriza o princípio democrático, seja pelo Poder Judiciário, o que valoriza a manutenção da juridicidade.

A inserção do inciso em apreço era fundamental para que fossem afastadas as dúvidas acerca do dever de explanar os motivos em qualquer ato administrativo, o que decorre também da escolha republicana, conforme já afirmado.

A questão relativa à obrigatoriedade da motivação, que dividia a doutrina, era (e parece não solucionada, apesar da clareza dos termos do art. 2º da lei em comento) tormentosa.

Alguns autores defendem a tese de que há obrigatoriedade de motivação quando se tratar de ato vinculado ou quando a lei exigir, enquanto outros afirmam que a mesma é sempre obrigatória. Esse tema mereceu detido exame de brilhantes juristas pátrios.

José dos Santos Carvalho Filho defende a inexistência de um dever absoluto de motivar. Veja-se:

> No que se refere à motivação, porém, temos para nós, com o respeito que nos merecem as respeitáveis opiniões dissonantes, que, como regra, a obrigatoriedade inexiste.
>
> Fundamo-nos em que a Constituição da República não incluiu (e nem seria lógico incluir, segundo nos parece) qualquer princípio pelo qual se pudesse vislumbrar tal intentio; e o Constituinte, que pela primeira vez assentou regras e princípios aplicáveis à Administração Pública, tinha tudo para fazê-lo, de modo que, se não o fez, é porque não quis erigir como princípio a obrigatoriedade de motivação. Entendemos que, para concluir-se pela obrigatoriedade, haveria de estar ela expressa em mandamento constitucional, o que, na

---

[245] APELAÇÃO CÍVEL. INFRAÇÃO DE TRÂNSITO. EMBRIAGUEZ AO VOLANTE. PEDIDO DE ANULAÇÃO DO AUTO DE INFRAÇÃO E DO PROCESSO ADMINISTRATIVO. SENTENÇA DE IMPROCEDÊNCIA. IRRESIGNAÇÃO DA PARTE AUTORA. NÃO COMPROVAÇÃO DO ESTADO DE EMBRIAGUEZ. AUTUAÇÃO FUNDADA NA RECUSA EM REALIZAR O EXAME DE ALCOOLEMIA. MOTIVO QUE POR SÍ SÓ NÃO JUSTIFICA A APLICAÇÃO DA SANÇÃO. PRESSUPOSTO FÁTICO INVÁLIDO. VIOLAÇÃO AO ART. 2º, P. ÚNICO, VII DA LEI 9.784/99. PROVIMENTO DA APELAÇÃO DA PARTE AUTORA. INVERSÃO DO ÔNUS SUCUMBENCIAL. MAJORAÇÃO DOS HONORÁRIOS ADVOCATÍCIOS RECURSAIS. (TJRJ, Apelação Cível 0025259-42.2017.8.19.0213, Rel. Desembargador CESAR FELIPE CURY, 11ª CÂMARA CÍVEL, julgado em 27.01.2021)

verdade, não ocorre. Ressalvamos, entretanto, que também não existe norma que vede ao legislador expressar a obrigatoriedade. Assim, *só se poderá considerar a motivação obrigatória se houver norma legal expressa nesse sentido.*[246]

Observa-se, entretanto, que a orientação expressada por José dos Santos Carvalho Filho é refutada por outros autores de renome. Destaca-se o pensamento de Celso Antônio Bandeira de Mello, que afirma:

> Parece-nos que a exigência de motivação dos atos administrativos, contemporânea à prática do ato, ou pelo menos anterior a ela, há de ser tida como uma regra geral, pois os agentes administrativos não são "donos" da coisa pública, mas simples gestores de interesses de toda a coletividade, esta, sim, senhora de tais interesses, visto que, nos termos da Constituição, "todo o poder emana do povo (...)" (art. 1º, parágrafo único). Logo, parece óbvio que, praticado o ato em um Estado onde tal preceito é assumido e que, ademais, qualifica-se como "Estado Democrático de Direito" (art. 1º, *caput*), proclamando, ainda, ter como um de seus fundamentos a "cidadania" (inciso II), os cidadãos e em particular o interessado no ato têm o direito de saber por que foi praticado, isto é, que fundamentos o justificam.[247]

Acompanhando Celso Antônio Bandeira de Mello, o entendimento de Maria Sylvia Zanella Di Pietro aponta que qualquer tipo de ato administrativo exige motivação, vez que esta é necessária para o exercício do controle de legalidade:

> O princípio da motivação exige que a Administração Pública indique os fundamentos de fato e de direito de suas decisões. Ele está consagrado pela doutrina e pela jurisprudência, não havendo mais espaço para as velhas doutrinas que discutiam se a sua obrigatoriedade alcançava só os atos vinculados ou só os atos discricionários, ou se estava presente em ambas as categorias. A sua obrigatoriedade se justifica em qualquer tipo de ato, porque se trata de formalidade necessária para permitir o controle de legalidade dos atos administrativos.[248]

Assim, na linha defendida pelos nobres administrativistas, que passamos a adotar pelos fundamentados argumentos, certo é que a motivação do ato administrativo é obrigatória, devendo nortear e orientar toda a atuação dos agentes administrativos, e ganha maior destaque quando em pauta os atos discricionários, porque envolvem juízo de conveniência e oportunidade e, assim, maior grau de liberdade de decisão.

Ora, a discricionariedade administrativa não é um cheque em branco para a prática de arbitrariedade ou para a satisfação de interesses pessoais ou escusos. Diversamente, a margem de liberdade dos atos discricionários existe tão somente para que o interesse público seja atingido. Discricionariedade não é arbítrio, mas apenas se fundamenta nos limites legalmente impostos. Daí a razão pela qual, nos atos discricionários, é tão importante a motivação: justamente para verificar se a liberdade relativa conferida pelo legislador foi usada de maneira legítima, em prol da sociedade e da concretização do interesse coletivo.

---

[246] CARVALHO FILHO, José dos Santos. *Manual de direito administrativo.* 27. ed. rev., atual. e ampl. São Paulo: Atlas, 2014, p. 115 e 116.

[247] MELLO, Celso Antônio Bandeira de. *Curso de direito administrativo.* 19. ed. São Paulo: Malheiros, 2005, p. 372.

[248] DI PIETRO, Maria Sylvia Zanella. *Direito administrativo.* 15. ed. São Paulo: Atlas, 2003, p. 82.

Independentemente do dissenso doutrinário, fato é que, uma vez motivado o ato, a sua legalidade está adstrita à veracidade e à realidade dos motivos declarados. Ou seja, mesmo a se cogitar que um certo ato administrativo pudesse ser imotivado, se o administrador público opta por motivá-lo, a inveracidade ou a impropriedade do motivo declarado macula o próprio ato, podendo invalidá-lo. É o que prega a teoria dos motivos determinantes, largamente consolidada pela doutrina administrativista e pela jurisprudência pátria.

De toda sorte, a partir da lei entendemos que, embora a redação do art. 50 possa sugerir, em interpretação literal, a existência do dever de motivar apenas em alguns casos, a posição doutrinária que afirma a desnecessidade de motivação dos atos discricionários não pode subsistir se atentarmos para o exame global do ordenamento jurídico, com ênfase nos princípios da moralidade, da finalidade e do próprio Estado Democrático de Direito.

Quanto ao mais, remetemos o leitor aos comentários ao art. 2º, *caput*, quando exploramos, com mais intensidade, o princípio da motivação.

· ·

VIII – observância das formalidades essenciais à garantia dos direitos dos particulares;[249]

IX – adoção de formas simples, suficientes para propiciar adequado grau de certeza, segurança e respeito aos direitos dos particulares;

· ·

Comentários

Da leitura dos transcritos incisos, resta evidenciado que o legislador adotou o princípio do formalismo moderado,[250] já que impôs a observância apenas e tão somente das formalidades essenciais à garantia dos direitos dos particulares. Não que o processo administrativo seja isento de formalidades, no entanto, é mais flexível, inexistente aquela rigidez procedimental típica dos processos judiciais.

A bem da verdade, com esteio na instrumentalidade das formas, na primazia do mérito, na economia processual e na impossibilidade de declaração de nulidade se ausente prejuízo (*pas de nullité sans grief*), inclusive nos processos judiciais a formalidade exacerbada não mais subsiste. Menos ainda subsiste essa demasiada forma nos processos administrativos, em que a formalidade nunca pode ser encarada como um fim em si

---

[249] "O processo administrativo não exige as formalidades solenes e sacramentais previstas para o processo judicial". (STJ, ROMS 2.993/SP, Rel. Ministro FELIX FISCHER, QUINTA TURMA)

[250] MANDADO DE SEGURANÇA – CONCURSO PÚBLICO – IMPOSSIBILIDADE DE REALIZAÇÃO DA PROVA PRÁTICA DE DIGITAÇÃO – NEGATIVA DE ALTERAÇÃO DA DATA DA PROVA – OFENSA AOS PRINCÍPIOS DA RAZOABILIDADE, LEGALIDADE E ACESSIBILIDADE AOS CARGOS PÚBLICOS – SEGURANÇA CONCEDIDA. – O princípio da razoabilidade e eficiência administrativa deve se sobrepor ao rigorismo do cumprimento da formalidade, quando, na hipótese analisada, a aplicação da prova prática de digitação à candidata em data posterior não resulta em tratamento protetivo desarrazoado. (TJMG, Reexame Necessário 1.0090.04.005898-5/001, Rel. Desembargador EDUARDO ANDRADE, 1ª CÂMARA CÍVEL, julgado em 14.06.2005)

mesmo, mas enquanto um meio, qual seja, a garantia dos direitos dos particulares, de um lado, e a consecução da finalidade pública, de outro.[251]

No mesmo horizonte são os ensinamentos de Maria Sylvia Zanella Di Pietro sobre o formalismo moderado ou mitigado:

> Assim é que o *formalismo*, presente nas duas modalidades de processo, é muito menos rigoroso nos processos administrativos, em relação aos quais alguns falam em *informalismo* e outros preferem falar em *formalismo moderado*. No processo administrativo, a forma e a formalidade só devem ser impostas na medida necessária e suficiente para que a atuação da Administração Pública atinja os seus fins, em especial a garantia dos direitos dos administrados. Não é possível simplesmente transpor para os processos administrativos todos os formalismos previstos no CPC.[252]

Em harmonia com o exposto, ensina ainda Arnaldo Esteves Lima ao comentar o inciso VIII em tela:

> "Formalidades essenciais", eis o núcleo. Logo, aquelas supérfluas, por serem irrelevantes, devem ser afastadas, porque em nada afetarão os direitos dos administrados; ao contrário, se adotadas, só servidão para burocratizar o procedimento, retardando, injustificadamente, o desfecho do processo.[253]

Referido princípio se relaciona com os princípios da eficiência e da segurança jurídica. O administrador público deve respeitar as formas necessárias a garantir o direito dos particulares, sem, contudo, delongar-se em formalidades excessivas e desnecessárias que tornariam o processo administrativo por demais burocrático e vagaroso. Não é por outra razão que há importantes decisões a reafirmar a irrelevância de irregularidades, omissões quando não comprometem o interesse público nem afetam particulares. O Superior Tribunal de Justiça já afirmou que "imprecisões do edital que não prejudiquem nem lesam o Estado, por se constituírem em meras irregularidades formais, não conduzem à declaração de nulidade da homologação do certame".[254]

Os presentes incisos objetivam conciliar a segurança jurídica dos indivíduos com a simplicidade das formas,[255] apresentando-se como decorrência inarredável do princípio da proporcionalidade, além de se ajustarem ao princípio democrático. Deve o processo administrativo, assim, ser simples, flexível, elástico, sendo vedados engessamentos de

---

[251] Nesse contexto, de acordo com Fábio Zambitte Ibrahim: "Em virtude do informalismo, pequenas falhas e omissões, que não comprometam a matéria tratada, podem ser corrigidas posteriormente ou, até mesmo, ignoradas. Aliás, se passíveis de omissão sem prejuízo para o processo, deveriam ser eliminadas do mesmo, pois a demanda administrativa deve possuir procedimento o mais singelo possível". Conferir: IBRAHIM, Fábio Zambitte. Processo administrativo é mais eficaz sem formalidades. *Revista Consultor Jurídico*. Disponível em: https://www.conjur.com.br/2012-out-10/fabio-zambitte-processo-administrativo-eficaz-formalidades. Acesso em: 16 abr. 2021.

[252] DI PIETRO, Maria Sylvia Zanella. Princípios do processo judicial no processo administrativo. *Revista Consultor Jurídico*, 10 de dezembro de 2015. Disponível em: https://www.conjur.com.br/2015-dez-10/interesse-publico-principios-processo-judicial-processo-administrativo. Acesso em: 16 abr. 2021.

[253] LIMA, Arnaldo Esteves. *O processo administrativo no âmbito da administração pública federal*: Lei nº 9.784, de 29.1.1999. Belo Horizonte: Del Rey, 2014, p. 34 e 35.

[254] STJ, RMS 3.920/AP, Rel. Ministro MILTON LUIZ PEREIRA, PRIMEIRA TURMA.

[255] CARVALHO FILHO, José dos Santos. *Processo administrativo federal*: comentários à Lei nº 9.784, de 29.01.1999. 2. ed. Rio de Janeiro: Lumen Juris, 2005, p. 65.

forma desnecessários e que nada contribuem para o interesse público ou para os direitos fundamentais dos cidadãos envolvidos.

Evita-se, com a adoção da formalidade sem excessos, que se imponham sobre o particular condutas que o oneram sem que nada se acrescente. É nesse trilho o magistério de Thiago Marrara, quando frisa que o emprego do formalismo mitigado "consiste em evitar a supervalorização da forma, a construção de barreiras a direitos fundamentais a partir de exigências sem importância prática".[256]

Por derradeiro, importa dizer que acreditamos que o formalismo moderado é princípio a ser aplicado em favor do administrado, e não em seu desfavor. Não há como cogitar que o Estado, com toda a máquina pública e com todo o pessoal técnico a seu lado, possa flexibilizar os procedimentos legais que ele próprio criou em detrimento do cidadão, sobretudo após o advento da Súmula Vinculante 5, que permite que o processado litigue administrativamente sem o apoio de um advogado.

Em consonância com o exposto, vale destacar julgado do Tribunal Regional Federal da 3ª Região:

> PROCESSO CIVIL. PROCESSO ADMINISTRATIVO. ANÁLISE DE RECURSOS. NULI-DADE SANÁVEL. AUSÊNCIA DE PREJUÍZO PARA A ADMINISTRAÇÃO PÚBLICA E O ADMINISTRADO. I. O processo administrativo possui regramento próprio e requisitos necessários para a análise de recursos. Por oportuno, deve-se mencionar que o processo administrativo também é norteado por diversos princípios, dentre eles o da informalidade, proporcionalidade, legalidade, do interesse público, etc. Ademais, não se pode olvidar que o processo administrativo também possui como uma de suas finalidades diminuir a litigiosidade, garantindo a participação dos interessados (contribuintes) no processo, com a apresentação de defesa e produção de provas e, sanando assim eventuais vícios que possam ensejar demandas judiciais para novas discussões. II. No tocante à forma no processo administrativo, esta é o instrumento para alcançar os objetivos do ato, sendo que eventual vício pode ser sanado caso não haja prejuízo. Desta feita, a forma do ato não é um fim em si mesmo, garantindo que os atos processuais possam ser aproveitados quando a nulidade for sanável e não houver prejuízo para a Administração e para o administrado. Por conseguinte, o processo possui formalidades indispensáveis para garantir a segurança e evitar prejuízos ao interessado. No entanto, esse formalismo é exigido apenas da Administração e não do administrado. Isto porque, o informalismo procedimental em favor do administrado é um benefício que visa garantir o efetivo acesso ao processo, devendo ser afastado o formalismo que impeça a participação do contribuinte no processo administrativo III. Inexistindo prejuízo à Administração e, considerando o interesse do contribuinte, o imediato indeferimento do recurso administrativo não parece ser a medida mais razoável, pois compromete o princípio da proporcionalidade que também rege o processo. Neste contexto, havendo como a Administração apurar qual o procurador da empresa e estando este devidamente constituído, não se vislumbra óbice para a análise do recurso administrativo, ainda mais quando os demais requisitos da defesa encontram-se presentes para o seu recebimento. IV. Remessa oficial e apelação da União Federal improvidas. Apelação da parte impetrante provida.[257]

---

[256] MARRARA, Thiago. Princípios do processo administrativo. *In*: BITENCOURT NETO, Eurico; MARRARA, Thiago (Coord.). *Processo administrativo brasileiro*: estudos em homenagem aos 20 anos da lei federal de processo administrativo. Belo Horizonte: Fórum, 2020, p. 101.

[257] TRF3, Apelação Cível/Remessa Necessária 5021790-36.2018.4.03.6100, Rel. Desembargador Federal VALDECI DOS SANTOS, 1ª TURMA, julgado em 19.03.2021.

É nessa esteira também o entendimento de Fernanda Marilena, que aduz que "o informalismo não é total; é benefício somente para o administrado e nunca para a Administração. Desse modo, é possível a sua definição nas seguintes palavras: informalismo para o administrado, formalismo para a Administração".[258]

Nesse ponto, é de se destacar inclusive as redações dos incisos VIII e IX em comento, que deixam claro que o informalismo se presta para garantir o direito dos particulares, e não para ser utilizado em seu detrimento. E a simplicidade, por sua vez, para propiciar certeza, segurança e respeito aos direitos fundamentais dos envolvidos.

X – garantia dos direitos à comunicação, à representação de alegações finais, à produção de provas e à interposição de recursos, nos processos de que possam resultar sanções e nas situações de litígio;

Comentários

Quanto ao direito de comunicação, trata-se de faceta do contraditório formal, que exige que os envolvidos sejam comunicados dos atos processuais para que então se manifestem, caso assim queiram. Não há contraditório se o processado, no âmbito do processo administrativo em que está envolvido, não detiver ciência dos atos processuais, sobretudo daqueles de caráter decisório.

Quanto ao mais, o inciso em tela garante a apresentação de recurso contra decisões proferidas em processo administrativo. Trata-se do princípio da revisibilidade.

O princípio da revisibilidade permite também que a própria Administração Pública reveja as decisões proferidas em primeira instância, corrigindo-as se necessário, tudo no intuito de evitar que o processo administrativo deságue no Poder Judiciário. Nesse sentido, exteriorizando o princípio da revisibilidade e também o do autotutela, o Enunciado nº 473 da Súmula do Supremo Tribunal Federal, que versa que "A administração pode anular seus próprios atos, quando eivados de vícios que os tornam ilegais, porque deles não se originam direitos; ou revogá-los, por motivo de conveniência ou oportunidade, respeitados os direitos adquiridos, e ressalvada, em todos os casos, a apreciação judicial".

É de se asseverar que o princípio da revisibilidade é decorrência direta do devido processo legal, expressamente acolhido pela Constituição da República de 1988, que por seu turno exige o exercício da ampla defesa e do contraditório, o que pode ser efetivado por meio da apresentação de alegações finais, da produção de provas e da interposição de recursos.

---

[258] MARINELA, Fernanda. *Direito administrativo*. 7. ed. rev., ampl., reformada e atual. Niterói: Impetus, 2013, p. 1105.

Art. 2º | 111

XI – proibição de cobrança de despesas processuais, ressalvadas as previstas em lei;

Comentários

Os processos administrativos, como regra, devem observar a gratuidade, visando não cercear o exercício do direito de defesa, porquanto a cobrança das custas poderia inibir ou até mesmo inviabilizar a interposição de recurso e a apresentação de pleitos pelos interessados. Isso sem se falar na restrição indevida ao acesso aos direitos constitucionais de petição e de acesso à justiça em âmbito administrativo, que ficariam prejudicados caso fosse generalizada a cobrança de despesas processuais nos processos administrativos.

Assim como a Constituição da República prevê, por exemplo, a gratuidade das ações de *habeas data* e *habeas corpus* no capítulo referente às garantias e direitos fundamentais, dispôs a legislação em apreço a mesma conduta, vedando a cobrança de despesas processuais, ressalvados os casos previstos em lei.

Conclui-se, portanto, que a regra deve ser a gratuidade das despesas processuais nos processos administrativos, a despeito de a Lei nº 9.784/99 admitir a sua cobrança existindo lei específica nesse sentido. Alerta-se para julgado que declarou a inconstitucionalidade da exigência de depósito prévio para interposição de recursos administrativos. Por maioria, os ministros do STF acompanharam o voto do relator, Ministro Joaquim Barbosa, para quem a exigência de depósito prévio "esvazia o direito fundamental dos administrados a verem decisões revistas por parte da administração. Mantê-la levaria à própria negação do direito ao recurso administrativo".[259]

No mesmo sentido, a Súmula Vinculante 21 que, confirmando o entendimento sedimentado da Corte Suprema, assevera ser inconstitucional a exigência de depósito ou de arrolamento prévio de dinheiro ou bens para a admissibilidade de recurso administrativo.

XII – impulsão, de ofício, do processo administrativo, sem prejuízo da atuação dos interessados;

Comentários

O inciso em comento consagra o princípio da oficialidade que, por sua vez, assevera que o processo administrativo deve ser impulsionado de ofício pela Administração

---

[259] STF, Ação Direta de Inconstitucionalidade 1.976/DF, Rel. Ministro JOAQUIM BARBOSA.

Pública, "a despeito de qualquer solicitação externa",[260] diversamente do que ocorre com o processo judicial, em que vigora o princípio da inércia, de modo que o Poder Judiciário somente atuará se assim devidamente provocado.[261]

Trata-se a oficialidade de uma decorrência da autotutela e do dever da Administração Pública de regularizar seus próprios atos. Afinal, verificada alguma ilegalidade no mundo fenomênico por agentes públicos, devem estes comunicar o fato às autoridades competentes, para que estas, então, busquem restaurar a legalidade, o que é feito por intermédio de procedimentos e de processos administrativos.

Nesse contexto, sobre o princípio da oficialidade, impende destacar o magistério de Maria Sylvia Zanella Di Pietro:

> No âmbito administrativo, esse princípio assegura a possibilidade de instauração do processo por iniciativa da Administração, independentemente de provocação do administrado e ainda a possibilidade de impulsionar o processo, adotando todas as medidas necessárias a sua adequada instrução.
>
> Essa executoriedade, sendo inerente à atuação administrativa, existe mesmo que não haja previsão legal; como a Administração Pública está obrigada a satisfazer o interesse público, cumprindo a vontade da lei, ela não pode ficar dependente da iniciativa particular para atingir os seus fins.[262]

Na mesma toada, segundo Sergio Ferraz e Adilson Abreu Dallari,

> Por força do princípio da oficialidade, no processo administrativo, diferentemente do que ocorre no processo judicial, a autoridade competente para decidir tem também o poder/ dever de inaugurar e impulsionar o processo, até que se obtenha um resultado final conclusivo e definitivo, pelo menos no âmbito da Administração Pública.[263]

Isso quer dizer que no processo administrativo a solução da questão interessa à Administração Pública, razão pela qual não pode ficar adstrita ao impulso dos particulares. Interessa à Administração a averiguação da legalidade dos seus atos, não podendo permanecer silente face a uma possível ilegalidade, na medida em que a sua função primordial é a busca do interesse público, que obviamente fica prejudicado em cenários antijurídicos.

Por isso mesmo, ordena-se à Administração Pública o impulsionar do processo, sem prejuízo da atuação dos interessados, podendo aquela inclusive requerer as provas que entender necessárias para a elucidação dos fatos, em atenção também à verdade material.[264]

---

[260] MARRARA, Thiago. Princípios do processo administrativo. *In*: BITENCOURT NETO, Eurico; MARRARA, Thiago (Coord.). *Processo administrativo brasileiro*: estudos em homenagem aos 20 anos da lei federal de processo administrativo. Belo Horizonte: Fórum, 2020, p. 97.

[261] Nesse sentido: LIMA, Arnaldo Esteves. *O processo administrativo no âmbito da administração pública federal*: Lei nº 9.784, de 29.1.1999. Belo Horizonte: Del Rey, 2014, p. 36.

[262] DI PIETRO, Maria Sylvia Zanella. *Direito administrativo*. 15. ed. São Paulo: Atlas, 2003, p. 511.

[263] FERRAZ, Sergio; DALLARI, Adilson Abreu. *Processo administrativo*. São Paulo: Malheiros, 2002, p. 85.

[264] Essa possibilidade de a Administração Pública requerer a produção probatória de ofício nos processos administrativos é nomeada por Sebastião José Lessa de princípio da livre investigação das provas. Conferir: LESSA, Sebastião José. *Do processo administrativo disciplinar e da sindicância*: doutrina, jurisprudência e prática. 5. ed. rev. e atual. Belo Horizonte: Fórum, 2011, p. 51 e seguintes.

Em relação ao princípio da oficialidade, define Luiz Tarcísio Teixeira Ferreira que:

A função administrativa é oriunda de competência irrenunciável e o processo administrativo é instrumento posto pela ordem jurídica para garantir sejam atingidas as finalidades de interesse público e observados os direitos dos particulares. Por essa razão a impulsão no processo administrativo é tida como decorrente da legalidade. Contudo, entendemos que somente há impulsão de ofício quando o interesse colimado pelo processo é preponderantemente público ou coletivo. Isto é, quando o bem objetivado pelo processo administrativo interfere substancial e diretamente na seara de toda coletividade, a impulsão processual deve ser de ofício, vez que a função administrativa está atrelada ao cometimento de finalidades públicas.[265]

Vê-se, assim, que a intenção da oficialidade é fazer com que o processo prossiga até a emissão de um resultado final. Assim, a condução do processo traduz um ônus para a Administração Pública,[266] ao mesmo tempo em que bônus para o interesse público, visto que a decisão do processo administrativo consulta o interesse da coletividade.

Há relação entre o dispositivo e o dever de decidir abordado no art. 49.

- -

XIII – interpretação da norma administrativa da forma que melhor garanta o atendimento do fim público a que se dirige, vedada aplicação retroativa de nova interpretação.

- -

Comentários

Em primeiro lugar, o inciso em tela enfatiza que o processo administrativo deve ser instrumento para garantir que as normas alcancem a sua verdadeira finalidade, que, de forma mediata, sempre será a consecução do interesse público. Há, portanto, no dispositivo em comento, uma valorização do caráter teleológico da norma, na medida em que indica que elas devem ser interpretadas da melhor maneira para alcançar a sua finalidade pública.

Trata-se, destarte, de dispositivo que igualmente fortalece a vedação ao desvio de finalidade, porquanto a interpretação da norma não pode ser efetivada de acordo com interesses particulares, senão em consonância com os fins públicos para os quais foi criada.

---

[265] FERREIRA, Luiz Tarcísio Teixeira. Princípios do processo administrativo e a importância do processo administrativo no Estado de Direito (arts. 1º e 2º). *In*: FIGUEIREDO, Lúcia Valle (Coord.). *Comentários à lei federal de processo administrativo*. Belo Horizonte: Fórum, 2004. p. 34.

[266] Administrativo. Remessa oficial em mandado de segurança. Pedido de justificação administrativa visando contagem de tempo de serviço. Indeferimento de plano pela autoridade administrativa. Impossibilidade. Manutenção da concessão da ordem. 1. Diante do princípio da oficialidade, a mobilização de um procedimento administrativo, uma vez desencadeado pela Administração ou provocado pela própria parte interessada, constitui um ônus para a Administração, cabendo a ela e não a um terceiro. (TRF 3, REO nº 90.03.00683-0, Rel. Desembargador Federal SINVAL ANTUNES, DJU, 12.12.1995, Seção 2, p. 86340)

Embora relevante a menção expressa à questão, a verdade é que, mesmo que fosse inexistente o inciso em comento, ainda assim entendemos que a interpretação da norma administrativa deveria se efetivar de acordo com os fins públicos a que se dirige. Isso não apenas pela regra geral da vedação ao desvio de finalidade, mas também porque o art. 5º da Lei de Introdução às Normas ao Direito Brasileiro assevera que, "na aplicação da lei, o juiz atenderá aos fins sociais a que ela se dirige e às exigências do bem comum". É sabido que o dispositivo se dirige precipuamente aos magistrados, mas, dado o caráter principiológico da LINDB, entendemos que, *mutatis mutandis*, o mandamento também é aplicável aos processos administrativos, opinião compartilhada por Arnaldo Esteves Lima.[267]

Ademais, o inciso guarda relação com o princípio da segurança jurídica,[268 269 270] como definido no *caput* do artigo, uma vez que impede que um novo entendimento adotado pela Administração Pública produza efeitos retroativos, atingindo situações pretéritas. Objetiva-se a proteção das situações já consolidadas pelo transcurso do tempo e a manutenção da estabilidade, já que não se justifica a desconstituição de atos ou situações, salvo em raríssimas exceções.

O Tribunal de Contas da União, ao elaborar o Acórdão nº 541/2010, teve a oportunidade de examinar a aplicação do dispositivo comentado. A recorrente pretendia valer-se da irretroatividade da nova interpretação jurídica, afirmando que o contrato que se

---

[267] LIMA, Arnaldo Esteves. *O processo administrativo no âmbito da administração pública federal*: Lei nº 9.784, de 29.1.1999. Belo Horizonte: Del Rey, 2014, p. 36.

[268] AÇÃO COM PEDIDO DE REINTEGRAÇÃO NO CARGO PÚBLICO – CARGO COMISSIONADO DE LIVRE NOMEAÇÃO E EXONERAÇÃO – EMENDA À LEI ORGÂNICA MUNICIPAL CRIANDO RESTRIÇÃO PARA CONTRATAÇÃO DE OCUPANTES DE CARGOS COMISSIONADOS – IMPROCEDÊNCIA DOS PEDIDOS – SENTENÇA CONFIRMADA. Considerando que o art. 37, *caput*, da Constituição Federal de 1988, impõe a observância dos princípios da legalidade, impessoalidade, moralidade, publicidade e eficiência administrativas, o ato de exoneração da recorrente, ocupante de cargo em comissão, em razão de parentesco com outro servidor público, o que é vedado pela Lei Orgânica Municipal (Emenda nº 29/05), não se revela ilegal ou ofensivo ao princípio da segurança jurídica. (TJMG, Apelação Cível 1.0074.05.027519-2/001, Rel. Desembargador EDUARDO ANDRADE, 1ª CÂMARA CÍVEL, julgado em 11.04.2006)

[269] PRINCÍPIO DA SEGURANÇA JURÍDICA – RETROATIVIDADE DE NOVA INTERPRETAÇÃO – OFENSA A MORALIDADE ADMINISTRATIVA – INVALIDAÇÃO DO ATO – IMPOSSIBILIDADE. 1. "A segurança Jurídica é geralmente caracterizada como uma das vigas mestras do Estado de Direito". (J. J. Canotillo, Direito Constitucional, 1991, p. 384). 2. A Lei 9.784/99, que regula o processo administrativo no âmbito da Administração Pública Federal, determina obediência ao princípio da segurança jurídica (art.1º). Como conseqüência e na interpretação da norma administrativa, extrai-se que é vedada, textualmente, a "aplicação retroativa de nova interpretação". (Hely Lopes Meirelles, Direito Administrativo Brasileiro, Ed. Malheiros, 26. ed., 2001, p. 91). (TJMG, Apelação Cível 1.0000.00.342468-6/000, Rel. Desembargador NEPOMUCENO SILVA, 6ª CÂMARA CÍVEL, julgado em 18.05.2004)

[270] AÇÃO ORIGINÁRIA. AJUDA DE CUSTO. ART. 65, INC. I, DA LEI COMPLEMENTAR N. 35/1979. EXTENSÃO. INTERESSE DE TODA A MAGISTRATURA. COMPETÊNCIA DO SUPREMO TRIBUNAL FEDERAL. ART. 102, INC. I, ALÍNEA N, DA CONSTITUIÇÃO DA REPÚBLICA. DECISÕES DO CONSELHO NACIONAL DE JUSTIÇA. REMOÇÃO A PEDIDO. JUIZ SUBSTITUTO. RECONHECIMENTO DO DIREITO À INDENIZAÇÃO. APLICAÇÃO SUBSIDIÁRIA DAS NORMAS QUE REGEM O PAGAMENTO DA AJUDA DE CUSTO AOS SERVIDORES PÚBLICOS CIVIS. FIXAÇÃO DO QUANTUM DEVIDO EM MÚLTIPLOS DE SUBSÍDIOS. INDEFERIMENTO DA EXTENSÃO ADMINISTRATIVA DESSAS DECISÕES. DENEGAÇÃO DE PEDIDO DE AJUDA DE CUSTO FORMULADO POR JUIZ SUBSTITUTO. DANO MORAL. ALEGADA DISCRIMINAÇÃO ILEGAL. INOCORRÊNCIA. IMPOSSIBILIDADE DE RETROAÇÃO ADMINISTRATIVA DE NOVO ENTENDIMENTO (ART. 2º, INC. XIII, DA LEI N. 9.784/1999). QUALIFICAÇÃO DOS SOGROS COMO DEPENDENTES DO MAGISTRADO PARA FINS AJUDA DE CUSTO. INVIABILIDADE. REMOÇÃO A PEDIDO PARA COMARCA DE MESMA ENTRÂNCIA. MOVIMENTAÇÃO TERRITORIAL REALIZADA PARA ATENDER INTERESSE DO SERVIÇO. INDENIZAÇÃO DEVIDA. AÇÃO JULGADA PARCIALMENTE PROCEDENTE. (STF, AO 1.656/DF, Rel. Ministra CÁRMEN LÚCIA, SEGUNDA TURMA, julgado em 05.08.2014)

analisava era de 2005, e a nova interpretação desfavorável à tese por ele sustentada datava de 2007. O TCU negou a aplicação do dispositivo porque entendia que sua aplicação se condicionava à existência de entendimento consolidado em determinado sentido, quando, então, não seria possível aplicar novos entendimentos a casos pretéritos. No caso em apreço, o TCU entendeu que não havia entendimento consolidado alterado por nova orientação porque, antes mesmo da celebração do contrato, havia posicionamento contrário à recorrente.

Luciano Ferraz, em belo trabalho sobre segurança jurídica, também indica casos em que a jurisprudência se valeu do dispositivo, citando julgamentos dos Tribunais Regionais Federais, da 2ª, 3ª e 4ª Regiões.[271]

* * *

Capítulo II
DOS DIREITOS DOS ADMINISTRADOS

Art. 3º – *O administrado tem os seguintes direitos perante a Administração sem prejuízo de outros que lhe sejam assegurados:*

* * *

Comentários

Apesar de já ter sido mencionado no *caput* do art. 1º que esta lei visa à proteção dos direitos dos particulares, optou o legislador por acrescentar um capítulo próprio no intuito de enumerá-los.

Entretanto, cumpre ressaltar que os direitos dos particulares não se exaurem naqueles expressamente previstos nos incisos do art. 3º, o que nos permite concluir que esta enumeração é apenas exemplificativa, e não taxativa. Por conseguinte, a listagem dos direitos prevista nos incisos do art. 3º da Lei nº 9.784/99 não exclui outros que sejam assegurados aos particulares pelo ordenamento jurídico pátrio, implícita ou explicitamente.

Podemos enumerar alguns desses direitos:

a) conhecimento dos atos do processo;

b) vista dos autos, com acesso às cópias julgadas importantes;

c) formulação de alegações e apresentação de documentos;

d) produção de provas;

e) apresentação de alegações finais e de recursos;

f) ser representado por advogado, ainda que este não seja imprescindível, à luz da Súmula Vinculante 5.

---

[271] O professor menciona os julgamentos nos processos nº 980214954-3, 2001.7108008104-3 e 2002.03.99030048-7. Conferir: FERRAZ, Luciano. Segurança jurídica positivada na Lei Federal nº 9.784/99. *In*: NOHARA, Irene Patrícia; MORAES FILHO, Marco Antonio Praxedes de (Org.). *Processo administrativo*: temas polêmicos da Lei nº 9.784/99. São Paulo: Atlas, 2011. p. 127.

Não se pode esquecer que o processo deve durar o tempo necessário, a fim de cumprir o ditame constitucional introduzido pela Emenda Constitucional nº 45, de 8.12.2004 (denominada "Reforma do Judiciário"), que acrescentou o inciso LXXVIII ao art. 5º da Constituição Federal de 1988, estabelecendo:

> (...) a todos, no âmbito judicial e administrativo, são assegurados a razoável duração do processo e os meios que garantem a celeridade de sua tramitação.

Importante consignar que a duração razoável do processo administrativo, bem como a celeridade processual, não podem ser subterfúgio para a violação dos direitos dos administrados, entre eles, os enumerados nos incisos a seguir comentados.

Isso porque a duração razoável do processo não implica necessariamente rapidez, mas, diversamente, implica que o processo não demore tempo além do necessário para o cumprimento de seu desiderato, ainda que haja certa demora, em virtude das peculiaridades de cada caso.

Assim sendo, por exemplo, pode e deve a autoridade administrativa indeferir provas meramente protelatórias visando à celeridade processual; mas, lado outro, resta totalmente inadmissível que haja cerceamento de defesa do processado em virtude da busca pela rapidez da marcha processual. Nesse trilho, aliás, impende destacar que a eficiência administrativa não se realiza no simples fato de exercer as atividades públicas de modo ligeiro, mas em realizá-las sem que haja dispêndios desnecessários de tempo e de recursos públicos. Se tais dispêndios são necessários, devem ser efetuados.

Nessa toada, é de se ressaltar o magistério de Alexandre Freitas Câmara, que, em que pese inserto em obra relativa ao processo judicial civil, é plenamente aplicável aos processos administrativos:

> É, porém, sempre importante ter claro que só se pode cogitar de duração razoável do processo quando este é capaz de produzir os resultados a que se dirige. E estes são resultados que necessariamente têm de ser constitucionalmente legítimos, pois resultados constitucionalmente legítimos exigem algum tempo para serem alcançados.
>
> Um processo rápido e que não produz resultados constitucionalmente adequados não é eficiente. E a eficiência é também um princípio do processo civil (art. 8º). Impõe-se, assim, a busca do equilíbrio, evitando-se demoras desnecessárias, (...) mas assegurando-se que o processo demore todo o tempo necessário para a produção de resultados legítimos.[272]

Assim sendo, repita-se: pela duração razoável do processo, os processos administrativos não devem se desenvolver necessariamente de forma rápida, mas devem tramitar no ritmo necessário para que sejam garantidos os direitos fundamentais dos processados e para que seja concretizado o interesse público. Nem mais, nem menos. Durante a inquisição, os processos inquisitórios podiam ser rápidos, mas certamente deles não se sente saudade; assim como eram mais céleres os processos administrativos

---

[272] CÂMARA, Alexandre Freitas. *O novo processo civil brasileiro*. 3. ed. rev., atual. e ampl. São Paulo: Atlas, 2017, p. 8 e 9.

quando vigente a chamada verdade sabida,[273] [274] em contrapartida, não nos parece que alguém dela sinta falta.

Ante o exposto, antes de se adentrar no rol dos direitos dos administrados elencados nos incisos seguintes, importa fincar o seguinte pressuposto: em um Estado Democrático de Direito, não há processo administrativo legítimo sem que sejam respeitados os direitos dos processados.

* *

I – ser tratado com respeito pelas autoridades e servidores, que deverão facilitar o exercício de seus direitos e o cumprimento de suas obrigações;

* *

Comentários

A regra estabelece o dever de atuar com consideração e urbanidade, mas também objetivando a efetivação das condutas necessárias. Vale dizer, o particular deve ser tratado com cortesia pelos agentes públicos envolvidos, que não podem usar da sua posição para minimizar, desrespeitar ou menosprezar as partes envolvidas ou as testemunhas eventualmente arroladas.

---

[273] Pela verdade sabida era possível a penalização de agentes públicos sem que houvesse o prévio respeito ao direito à ampla defesa, o que não prospera com a promulgação da Constituição de 1988. Sobre ela, a lição de Alvaro Lazzarini: "tratava-se de um procedimento mais que sumário, sumaríssimo, pois a legislação autorizava que o faltoso fosse punido disciplinarmente, desde que a autoridade competente tivesse conhecimento pessoal e direto da falta de que deverá decorrer a pena disciplinar (...)". Conferir: LAZZARINI, Alvaro. Do procedimento administrativo. *Revista de Informação Legislativa*, Brasília, ano 34, n. 135, jul./set., 1997.

[274] ADMINISTRATIVO. SERVIDOR PÚBLICO. AGENTE DE POLÍCIA. PUNIÇÃO DISCIPLINAR. AUSÊNCIA DE PROCESSO ADMINISTRATIVO DISCIPLINAR. INOBSERVÂNCIA DOS PRINCÍPIOS DO CONTRADITÓRIO E DA AMPLA DEFESA. VIOLAÇÃO AO ART. 5º, LV, DA CF/88. ANULAÇÃO DO ATO PUNITIVO. REEXAME NECESSÁRIO IMPROVIDO. 1. Trata-se de reexame necessário e apelação cível em face de sentença proferida na 'ação declaratória de nulidade de ato administrativo' proposta por Luiz de Oliveira Fraga em face do Estado de Pernambuco, que julgou procedente o pedido autoral, para declarar nula a punição disciplinar de 3 (três) dias de suspensão, convertidos em multa, aplicada ao autor, enquanto agente de polícia. 2. Na petição inicial, o autor alegou ter sido punido de forma arbitrária, sem oportunidade de ampla defesa e contraditório. 3. O feito teve instrução regular, contando com a apresentação de réplica; a realização de audiência de tentativa de conciliação – sem êxito; e a manifestação do Ministério Público, anotando que, "a partir da Constituição de 1988, a chamada 'verdade sabida' que permitia à autoridade competente, tomando conhecimento da prática de infração, aplicar de forma sumária e direta a sanção ao subordinado, não foi recepcionada pela nova ordem". 4. A sentença apelada laborou com acerto, explicitando os aspectos da lide de maneira bastante elucidativa e concluindo que os elementos dos autos deixaram evidente que a aplicação de penalidade administrativa ao autor, ora apelado, deu-se sem a observância aos princípios do contraditório e da ampla defesa, em violação ao art. 5º, LV, da CF/88. 5. Considere-se, ainda, que o próprio Estado, em sede de defesa, argumentou que "apenas as faltas suscetíveis de demissão, tais como aquelas tipificadas no art. 49, da Lei nº 6.425, de 29 de setembro de 1972, são apuráveis através de processo disciplinar" e aduziu que "o essencial, para se enquadrar a falta na verdade sabida, é o seu conhecimento direto pela autoridade competente para puni-la". 6. Ou seja, o Estado reconheceu que não houve a instauração de processo administrativo disciplinar para aplicação da penalidade questionada. 7. Nessa ordem de ideias, não há razões para reforma da sentença apelada. 8. Reexame necessário improvido (prejudicado o apelo voluntário), à unanimidade. (TJPE, Apelação Cível 555512-0/0081027-38.1992.8.17.0001, Rel. Desembargador FRANCISCO JOSÉ DOS ANJOS BANDEIRA DE MELLO, 2ª CÂMARA DE DIREITO PÚBLICO, julgado em 08.07.2021)

Nesta toada, todo processado tem o direito de ser tratado mediante um mínimo de gentileza, de polidez, de educação e de civilidade, na medida em que o processo administrativo não é campo para ofensas pessoais ou para rispidez gratuita, senão espaço para troca de ideias e para a construção democrática e contraditória de conclusões legitimamente elaboradas. Embora isso seja o óbvio e o evidente, fez bem o legislador ordinário ao prever o inciso em apreço, haja vista que ainda hoje existem alguns agentes públicos que insistem em tratar as partes envolvidas com arrogância e prepotência, características que acabam desaguando no desrespeito.

O respeito ao próximo, a bem da verdade, é um pressuposto da educação básica e do Estado Democrático de Direito, na medida em que este se baseia na dignidade da pessoa humana, e este princípio fundamental, por sua vez, não resta observado se não houver um mínimo de consideração entre todos os membros da comunidade. Assim sendo, se o respeito é pressuposto para a vida em uma sociedade plural e democrática, também o é para a legitimidade dos processos administrativos.

Merece destaque ainda que o inciso exige que os agentes públicos facilitem o exercício dos direitos e dos deveres pelos administrados. Ou seja, devem aqueles agentes ser facilitadores para que os cidadãos exerçam suas prerrogativas e cumpram suas obrigações, restando ilegal que haja criação de empecilhos, obstáculos ou barreiras desnecessárias.

Em consonância com o exposto e comentando o inciso em apreço, os ensinamentos de Arnaldo Esteves Lima:

> Esse inciso visa facilitar o exercício e a observância dos direitos do administrado, devendo a Administração bem e fielmente "servir" ao público, sua razão de ser. A norma tem importante sentido pedagógico, porque a sua essência constitui o cerne da existência do serviço e dos servidores públicos. Não seria razoável, mesmo na ausência de regra legal expressa, outro comportamento da Administração, por meio de seus agentes, pois tal constituir-se-ia em negativa de seu substrato maior, que consiste em "bem servir".[275]

Por fim, não podemos perder de vista que é dever do Poder Público investir na qualificação, formação e aperfeiçoamento dos servidores, assegurando, assim, a execução do serviço com qualidade e eficiência.[276]

Esse investimento, inclusive, contribui não só para o aprimoramento eminentemente técnico dos servidores públicos, mas também no que toca à cordialidade e ao respeito para com os administrados, principal ponto tratado pelo inciso em apreço.

---

[275] LIMA, Arnaldo Esteves. *O processo administrativo no âmbito da administração pública federal*: Lei nº 9.784, de 29.1.1999. Belo Horizonte: Del Rey, 2014, p. 38.

[276] O art. 39, §2º, da CF/88 estabelece: "A União, os Estados e o Distrito Federal manterão escolas de governo para a formação e o aperfeiçoamento dos servidores públicos, constituindo-se a participação nos cursos um dos requisitos para a promoção na carreira, facultada, para isso, a celebração de convênios ou contratos entre os entes federados".

> *II – ter ciência da tramitação dos processos administrativos em que tenha a condição de interessado, ter vista dos autos, obter cópias de documentos neles contidos e conhecer as decisões proferidas;*[277]

Comentários

Resumidamente, o direito à intimação, à vista dos autos, à obtenção de documentos processuais, entre outros, estão englobados no conceito amplo do direito à informação, esculpido no art. 5º, XXXIII, da Constituição da República e na definição do princípio da publicidade, consubstanciado no art. 37, *caput*, do mesmo diploma legal.

Tais direitos igualmente integram o conceito de devido processo legal, na medida em que impossível falar em contraditório e em ampla defesa sem que sejam assegurados aos envolvidos vista dos autos, conhecimento das decisões administrativas, ciência da tramitação e dos atos processuais e possibilidade de extração de cópias do acervo documental do processo administrativo. São prerrogativas sem as quais o particular fica totalmente impossibilitado de exercer qualquer influência no desfecho processual, fato que não só lhe extirpa o contraditório e a ampla defesa, mas que também não coaduna com a ideia de processo democrático, em que todos os envolvidos conjuntamente constroem a decisão administrativa, em contraste com a unilateralidade vigente em tempos outros.

Expõe José dos Santos Carvalho Filho, sobre a temática, que:

> as decisões precisam ser conhecidas pelo interessado, já que é através da ciência de seu teor que o interessado poderá adotar a providência que melhor compõe seu interesse, como a interposição de recursos administrativos e a propositura de ações judiciais.[278]

Entretanto, há limites quanto à divulgação das informações, quando puderem gerar consequências graves para a sociedade e para o Estado, ou, ainda, quando puderem acarretar pânico à sociedade. Essas restrições, claro, dizem respeito aos terceiros alheios ao processo administrativo, na medida em que aquele que está sendo acusado tem todo o direito de ter acesso à íntegra de todas as informações e alegações contra ele dirigidas, independentemente do teor do que está sendo discutido.

O acesso às cópias do processo é concedido tanto ao requerente quanto a quem tenha interesse no processo, desde que a hipótese não seja sigilosa. Isso porque vigora o princípio da publicidade, sendo o sigilo exceção legítima somente em casos específicos, conforme inclusive já esclarecemos em linhas anteriores.

---

[277] A Lei nº 9.051, de 18 de maio de 1995, que dispõe sobre a expedição de certidões para a defesa de direitos e esclarecimentos de situações, estabelece no seu art. 1º que: "As certidões para a defesa de direitos e esclarecimentos de situações, requeridas aos órgãos da administração centralizada ou autárquica, às empresas públicas, às sociedades de economia mista e às fundações públicas da União, dos Estados, do Distrito Federal e dos Municípios, deverão ser expedidas no prazo improrrogável de quinze dias, contado do registro do pedido no órgão expedidor".

[278] CARVALHO FILHO, José dos Santos. *Processo administrativo federal*: comentários à Lei nº 9.784, de 29.01.1999. 2. ed. Rio de Janeiro: Lumen Juris, 2005, p. 75.

Nesse ponto, faz-se necessária reflexão quanto ao que ocorre na maioria das repartições públicas. É que ao processado, muitas vezes, é vedada a retirada dos autos, sendo-lhe oferecida, somente, a extração de cópias a preço vil, sem embargo do grande lapso temporal exigido para a entrega das cópias, em razão da ausência de servidores destinados a esse fim.

Propomos refletir sobre o assunto. Diversamente do que afirmamos em edição anterior, não nos parece de pronto correto afirmar que a retirada dos autos sempre se faça correta, diante dos riscos que a medida pode promover, embora a regra geral deva ser essa. Mas, indiscutível assegurar o acesso, por valores modestos, senão com gratuidade, à cópia dos autos quando interesse do particular estiver sob a mira da Administração, sob pena de cerceamento de defesa.

Importante destacar, ainda, que o conhecimento efetivo do processo pelo interessado dá-se não apenas por meio do amplo acesso, mas também pela intimação acerca das decisões que lhe são pertinentes. Por isso, diz-se que o interessado tem direito de ser comunicado de todas as decisões do processo. Não basta, então, simplesmente permitir que o particular envolvido acesse o conteúdo dos autos quando lhe convier, mas é preciso que seja ele efetivamente comunicado dos atos processuais praticados, para que, caso queira, possa acerca deles se manifestar.

• •

III – formular alegações e apresentar documentos antes da decisão, os quais serão objeto de consideração pelo órgão competente;

• •

Comentários

Inerente ao princípio da ampla defesa, do contraditório e em decorrência do direito de petição, assegura a legislação o direito de formular alegações e apresentar documentos que serão objeto de análise pelos órgãos competentes, desde que apresentados antes da decisão final da autoridade.

Alerta José dos Santos Carvalho Filho que:

> A ressalva constante da lei, no sentido de que alegações e documentos devem ser apresentados antes da decisão, tem que ser interpretada *cum grano salis*. É certo que alegações e comprovações extemporâneas são, algumas vezes, insuscetíveis de apreciação em virtude de haver situação já consolidada e de difícil alteração pelos efeitos produzidos. Mas, de outro lado, remata ao absurdo manter decisão incompatível com a realidade dos fatos por ter sido certa comprovação apresentada logo após ter sido proferida, sobretudo quando dela não hajam irradiado efeitos que a tornem insuscetível de correção. Dessa forma, é inconcebível que se exija do interessado que obtenha a correção através de ação judicial, quando muito tempo e dinheiro poderiam ser economizados.[279]

---

[279] CARVALHO FILHO, José dos Santos. *Processo administrativo federal*: comentários à Lei nº 9.784, de 29.01.1999. 2. ed. Rio de Janeiro: Lumen Juris, 2005, p. 76 e 77.

Por isso mesmo, a determinação da lei no sentido de que as alegações e os documentos sejam apresentados antes da decisão deve ser vista com temperamento, na medida em que, eventualmente, pode-se conhecer determinado fato e comprová-lo somente após a decisão, o que justifica a existência do instituto da revisão.

Sob outro prisma, ainda, pode ser observado o inciso em análise, para além do direito em si do particular de apresentar alegações e documentações antes da decisão administrativa, qual seja: o dever da autoridade julgadora de necessariamente prolatar a sua decisão somente após aberta a oportunidade para que os envolvidos esclareçam fatos, tragam alegações e juntem documentos, que serão devidamente levados em consideração.

Trata-se de mais uma feição do contraditório substancial, que impõe não apenas a comunicação e a faculdade de reação, mas a possibilidade de o envolvido poder, de fato, influenciar o contexto decisório, ajudando a construí-lo conjuntamente com a autoridade administrativa, de maneira ativa e efetiva. Como esclarece Reinaldo Couto, o julgamento tem de ser um resultado da "tese e a antítese, representando um diálogo, anterior à decisão, entre as partes, ao invés do monólogo visto em processos inquisitivos".[280] É vedado, nesse sentido, que a autoridade elabore a sua decisão sem que, anteriormente, sejam conferidos a todos os interessados a possibilidade real de influenciar na convicção da Administração.

Como todo direito, no entanto, o direito exposto no inciso em comento não é absoluto. Isso porque, conforme já esclarecido em outros momentos neste trabalho, é vedado que o administrado utilize a sua prerrogativa de formular alegações e de apresentar documentos para fins meramente protelatórios, inexistente qualquer importância prática para o desiderato processual, hipótese na qual é legítimo que a autoridade administrativa desconsidere tais argumentações ou documentos levantados.

Também as provas ilícitas, claro, bem como as derivadas das ilícitas – conforme a teoria dos frutos da árvore envenenada –, não são admitidas, consoante art. 5º, LVI, da Carta Política, que assevera que "são inadmissíveis, no processo, as provas obtidas por meios ilícitos".

De qualquer modo, importa também esclarecer que, nos casos de processos administrativos que culminam com sanções (processos administrativos disciplinares, por exemplo), vigora a presunção de boa-fé e de inocência.[281] É dizer, em caso de dúvida, nas hipóteses nas quais o acervo probatório não demonstra de forma inequívoca a ilegalidade praticada, a absolvição é a medida que se impõe. Presunções de culpabilidade e de má-fé não encontram espaço no Estado Democrático de Direito.

---

[280] COUTO, Reinaldo. *Curso prático de processo administrativo disciplinar e sindicância*. São Paulo: Atlas, 2012, p. 31.

[281] Nesse sentido, conferir: BACELLAR FILHO, Romeu Felipe. O direito fundamental à presunção de inocência no processo administrativo disciplinar. *A&C – Revista de Direito Administrativo & Constitucional*, Belo Horizonte, ano 9, n. 37, p. 11-55, jul./set. 2009.

IV – fazer-se assistir, facultativamente, por advogado, salvo quando obrigatória a representação por força de lei.

Comentários

O inciso IV admite a presença do advogado, frisando que, em alguns casos, em face de ditame legal, o acompanhamento pelo citado profissional será imperioso. Todavia, menciona o dispositivo que a assistência advocatícia é meramente facultativa, o que se harmoniza com a Súmula Vinculante nº 5, que atesta a prescindibilidade do advogado nos processos administrativos disciplinares.

A despeito do artigo, e apesar do citado entendimento vinculante, a discussão sobre a imprescindibilidade da presença do advogado continua a gerar polêmica, em especial quando se está diante de processos administrativos disciplinares regulados pelas leis estatutárias.

Entendemos que, não obstante o inciso em exame não se encaixar em lei que aborda o processo administrativo disciplinar, a delicadeza da questão reclama abordagem nesta obra.

Em sua maioria, as decisões acerca do assunto alegam que o art. 5º, inciso LV, da Constituição da República, estabelece que "aos litigantes, em processo judicial ou administrativo, e aos acusados em geral são assegurados o contraditório e ampla defesa, com os meios e recursos a ela inerentes". Citam, também, o art. 133 da Carta Magna, que prescreve que "o advogado é indispensável à administração da justiça, sendo inviolável por seus atos e manifestações no exercício da profissão, nos limites da lei".

Nesse sentido, o posicionamento do STJ, que, ao julgar o MS nº 12.351, afirmou:

> Independente da defesa pessoal, é indispensável a atuação de advogado no processo administrativo disciplinar. Logo, não tendo o ora impetrante nomeado advogado para defendê-lo (Súm. n. 343-STJ) caberia à União promover a devida nomeação da defesa dativa para atuar no processo administrativo disciplinar a partir da fase instrutória (inquirição de testemunhas). Assim, a Seção, ao prosseguir o julgamento, concedeu parcialmente a ordem. Precedentes citados: MS 7.078-DF, *DJ* 9.12.2003; RMS 20.148-PE, *DJ* 27.3.2006, e MS 10.565-DF, *DJ* 13.3.2006. MS 12.351-DF, Rel. Min. Felix Fischer, julgado em 10.10.2007.

Desse modo, para o Superior Tribunal de Justiça, em alguns de seus julgados, a presença obrigatória do advogado constituído ou de defensor dativo é elementar à essência da garantia constitucional do direito à ampla defesa.

Tanto assim que o Superior Tribunal de Justiça, após inúmeros julgados no mesmo sentido, editou a Súmula nº 343 entendendo que "é obrigatória a presença de advogado em todas as fases do processo administrativo disciplinar".[282]

---

[282] Vale destacar que, para a redação da citada súmula, os Ministros utilizaram como parâmetro os arts. 153, 163 e 164 do Regime Jurídico Único dos Servidores Públicos Civis da União, sendo certo, ainda, que reiterados julgados daquelas Cortes já vinham se posicionando nesse mesmo sentido. Calha conferir: STJ, MS 7.078/DF, Rel. Ministro HAMILTON CARVALHIDO, TERCEIRA SEÇÃO, publicado no DJ em 09.12.2003; STJ, MS 9.201/

Art. 3º | 123

Ocorre, todavia, que esse não é o entendimento do Supremo Tribunal Federal,[283] que adotou posicionamento no sentido de que a ausência de advogado constituído ou de defensor dativo com habilitação não importa nulidade de processo administrativo disciplinar (salvo se a lei aplicável assim exigir), desde que garantido o direito à informação, à manifestação e à consideração dos argumentos manifestados.[284]

Apresentando uma visão distinta do entendimento do Superior Tribunal de Justiça, alguns Ministros do Supremo Tribunal Federal entenderam que a disposição do art. 133 da CF não é absoluta, tendo em vista que a própria Carta Maior confere o direito de postular em juízo a outras pessoas. Ademais, entendem que o conteúdo do devido processo legal que se lê no inciso LV do art. 5º não incorpora nos processos administrativos a obrigatoriedade de defesa técnica. Além disso, consideram que "a tese contrária implicaria mais do que a ampla defesa, e sim uma amplíssima defesa, ou seja, uma defesa transbordante". Por fim, argumentam que o art. 156 da lei regedora das relações entre a Administração Pública Federal e os seus servidores, a Lei nº 8.112/90, viabiliza a atuação direta no processo administrativo disciplinar, do próprio servidor ou o credenciamento de procurador que, necessariamente, não tem de ser advogado, não havendo reserva de mercado para a advocacia, podendo ser um terceiro que possua habilidade suficiente, segundo o interessado, a defendê-lo.[285]

Assim é que o Supremo Tribunal Federal, em sessão de 7 de maio de 2008, editou a Súmula Vinculante nº 5 com o seguinte enunciado: "A falta de defesa técnica por advogado no Processo Administrativo Disciplinar não ofende a Constituição".[286]

Em que pesem os argumentos apresentados pelos Ministros do Supremo Tribunal Federal, entendemos que a ausência do advogado ofende a ampla defesa, o devido processo legal e o princípio da eficiência.

Em artigo publicado na Revista Eletrônica da Reforma do Estado combatemos o teor da Súmula Vinculante nº 5, entendendo-a como retrocesso ao processo garantista que a Constituição da República estabelece.[287] Na oportunidade, foi dito que "O entendimento exposto na Súmula Vinculante nº 5 não apenas representa um retrocesso no processo de lutas e conquistas a favor do cidadão e do servidor, como destoa do princípio da eficiência, cuja aplicação no processo administrativo disciplinar clamará pela busca da solução ótima, resultado de ponderações e diálogos que só se fazem presentes quando as partes estão minimamente niveladas, usufruindo de instrumentos/armas similares.

DF, Rel. Ministra LAURITA VAZ, TERCEIRA SEÇÃO, publicado no DJ em 18.10.2004; STJ, MS 10.565/DF, Rel. Ministro FELIX FISCHER, TERCEIRA SEÇÃO, publicado no DJ em 13.03.2006; STJ, MS nº 10.837/DF, Rel. Ministro PAULO GALLOTTI, TERCEIRA SEÇÃO, publicado no DJ em 13.11.2006.

[283] STF, MS 24.961/DF, Rel. Ministro CARLOS VELLOSO; e STF, RE 244.277/RS, Rel. Ministra ELLEN GRACIE.

[284] Nesse sentido, destacamos os seguintes precedentes: STF, RE-AgR 244.027/SP, Rel. Ministra ELLEN GRACIE, PRIMEIRA TURMA, DJ 28.06.2002; STF, AgRAI 207.197/PR, Rel. Ministro OCTAVIO GALLOTTI, PRIMEIRA TURMA, DJ, 05.06.1998 e STF, MS 24.961/DF, Rel. Ministro CARLOS VELLOSO, TRIBUNAL PLENO, DJ 04.03.2005.

[285] STF, RE 434.059-3/DF, Rel. MINISTRO GILMAR MENDES, TRIBUNAL PLENO, DJ 07.05.2008.

[286] A Ministra Cármen Lúcia, focalizando aspecto interessante do tema, oferece, como sempre, lúcida lição, descrevendo em quais situações a alegação de ausência de defesa técnica poderia comprometer a validade do processo: "A doutrina tem entendido que só em dois casos o servidor poderia falar: quando alega e comprova que a questão é complexa, exige certo conhecimento que escapa ao que lhe foi imputado, vindo a manifestar-se como inapto para exercer a autodefesa; e nos casos especificados, em que essa facultatividade não seria bastante para não se ter mais do que um simulacro de defesa".

[287] FORTINI, Cristiana. Processo administrativo disciplinar no Estado Democrático de Direito. *Revista Eletrônica da Reforma do Estado*, Salvador, n. 21, mar./maio 2010. Disponível em: http://www.direitodoestado.com.br.

A presença do advogado proporcionará a defesa real do acusado e contribuirá para a construção do entendimento correto sobre o caso, salvaguardando, em última análise, o interesse público".

No mesmo trabalho, apontamos que "se o processo administrativo disciplinar é instaurado para que o interesse público na apuração dos fatos e eventual punição dos culpados sejam materializados, apenas com sua correta condução se alcançará o resultado desejado. Não se pode perder de vista que o administrador público não pode desejar qualquer resultado. Suas ações devem ser preordenadas para se atingir o resultado ótimo, em respeito ao princípio da eficiência, o que justifica a adoção de toda a sorte de cautelas para que a punição porventura imposta traduza a verdade real dos fatos".

Repisamos que a ampla defesa, enquanto direito, deve ser vislumbrada em toda a sua amplitude; e enquanto princípio, deve ser otimizada (princípios são mandamentos de otimização, nos termos alexyanos). Direitos fundamentais merecem interpretação no sentido de lhes garantir efetividade e abrangência, e não restrição; e princípios devem ser efetivados na maior medida do possível. Se o advogado é o profissional que tem aptidão e habilitação técnicas para defender direitos, somente ele é capaz de conceder à ampla defesa a amplitude necessária.

Não que o advogado seja o único capaz de exercer defesa, em seu sentido simplista. Mas a ampla defesa, entendida em toda a sua extensão, sim. E isso porque é o profissional que obteve a formação profissional adequada para tanto. Defesas elaboradas por outros profissionais, leigos no tocante à ciência jurídica, podem até ser úteis, mas certamente não podem ser suficientes para preencher a amplitude de defesa conferida pelo Estado Democrático de Direito. Mera defesa, mera oportunidade de oferecimento de razões, é uma coisa; outra, diversa, é a ampla defesa substancial, cenário em que todos os instrumentos jurídicos e técnicos são utilizados em prol do acusado.

Capítulo III

DOS DEVERES DO ADMINISTRADO

Art. 4º – *São deveres do administrado perante a Administração, sem prejuízo de outros previstos em ato normativo:*

Comentários

O ordenamento jurídico é composto de direitos e deveres recíprocos, e assim também é a vivência em sociedade. No âmbito dos processos administrativos, que compõem parcela das relações jurídicas dos administrados e cujas normas integram o ordenamento, não poderia ser diferente. Assim sendo, embora haja uma tendência pela valorização dos direitos, também os deveres são dotados de igual importância e assim devem ser encarados.[288]

---

[288] No âmbito do estudo dos direitos fundamentais, vários autores dissertam sobre a extrema valorização dos direitos fundamentais sem que haja, concomitantemente, a mesma valorização no tocante aos deveres fundamentais.

Nesse contexto, à margem dos direitos, o Capítulo III da Lei de Processo Administrativo Federal apresenta um rol exemplificativo dos deveres dos particulares.

Não se trata de lista exaustiva, especialmente porque o dispositivo expressamente menciona que o ato normativo poderá estabelecer outros deveres que não os aqui enunciados.

A cada direito corresponde um dever, como bem assinala José de Castro Meira:

O particular não tem apenas direitos, sobretudo para assegurar a sua ampla defesa. O Capítulo III submete-o à observância de deveres: expor os fatos conforme a verdade; proceder com lealdade, urbanidade e boa-fé; não agir de modo temerário; prestar as informações que lhe forem solicitadas e colaborar para o esclarecimento dos fatos.[289]

Laís Maria de Rezende Ponchio Casagrande expõe de forma resumida sobre os deveres enumerados neste artigo, ao dizer que:

A Lei de Processo Administrativo, basicamente, reproduz, a contrário, as condutas previstas no Código de Processo Civil, como mandamentos impositivos para que os particulares atuem com boa-fé, princípio que abrange a necessidade de expor os fatos conforme a verdade, a lealdade, a urbanidade, a vedação da conduta temerária, o dever de prestar informações, enfim, colaborar para o esclarecimento dos fatos.[290]

Passa-se, então, a comentar cada um dos deveres dos administrados expostos nos incisos do art. 4º da Lei nº 9.784/99, sem embargo de outros previstos nas demais leis aplicáveis e atos normativos cabíveis e, igualmente, sem prejuízo de outros deveres resultantes da interpretação do ordenamento jurídico pátrio.

I – expor os fatos conforme a verdade;

Comentários

Do princípio da moralidade decorrem outros dois princípios: o da boa-fé e o da lealdade. Como enfatiza José dos Santos Carvalho Filho, os fundamentos do dever de veracidade são os princípios da boa-fé e da lealdade processual.[291]

Nesse sentido, conferir: NABAIS, José Casalta. *O dever fundamental de pagar impostos*: contributo para a compreensão constitucional do estado fiscal contemporâneo. Coimbra: Almedina, 2009, p. 17 e 18. No mesmo sentido: SARLET, Ingo Wolfgang; FENSTERSEIFER, Tiago. Deveres fundamentais ambientais. *Revista de Direito Ambiental*. São Paulo, v. 67, p. 15, jul./set, 2012.

[289] MEIRA, José de Castro. Processo administrativo. *BDA – Boletim de Direito Administrativo*, São Paulo, v. 19, n. 3, p. 200, mar. 2003.

[290] CASAGRANDE, Laís Maria de Rezende Ponchio. Dos direitos e deveres dos administrados (arts. 3º e 4º). *In*: FIGUEIREDO, Lúcia Valle (Coord.). *Comentários à lei federal de processo administrativo*. Belo Horizonte: Fórum, 2004, p. 63.

[291] CARVALHO FILHO, José dos Santos. *Processo administrativo federal*: comentários à Lei nº 9.784, de 29.01.1999. 2. ed. Rio de Janeiro: Lumen Juris, 2005, p. 80 e 81.

Entretanto, continua advertindo que:

> é preciso, contudo, observar que o dever dos particulares é o de exposição dos fatos de acordo com a verdade que constitui sua convicção, isto é, de acordo com os elementos que formem a verdade daquele que expõe.[292]

Os particulares e a Administração Pública não terão que obedecer apenas à lei, mas também terão que atentar para a ética e a honestidade.

Isso significa dizer que o particular e os agentes públicos não devem mentir, ludibriar, inventar, estando adstritos à verdade dos fatos.

A condução quanto à verdade nos autos do processo administrativo não foge à regra da já citada boa-fé, da lealdade e da ética que devem nortear nossa atuação em sociedade.

Interessante sobre esse inciso é refletir acerca da aplicação do direito à não autoincriminação (*nemo tenetur se detegere*) nos processos administrativos, sobretudo naqueles que podem implicar sérias sanções, a exemplo da demissão a bem do serviço público. Nesses casos, necessariamente o processado tem que, conforme o inciso em comento, expor os fatos de acordo com a verdade, dizendo o que sabe, ainda que isso represente uma prova contra si mesmo? Questionado o processado sobre o fato ilícito, o acusado é obrigado a admitir que praticou a ilegalidade suscitada, sendo-lhe vedado permanecer em silêncio?

Entendemos, com a devida licença às opiniões contrárias, que o dever insculpido no dispositivo em comento não pode esvaziar os direitos à não autoincriminação e ao silêncio, cujas raízes são constitucionais. Acredita-se, assim, que o *nemo tenetur se detegere* se aplica não só às ações penais, mas a qualquer procedimento de caráter sancionatório, a exemplo dos processos administrativos disciplinares. O art. 4º, I, da Lei nº 9.784/99, não deve ser visto de maneira absoluta.

Nesse sentido é o Manual de Processo Administrativo Disciplinar da Controladoria-Geral da União (CGU), que menciona que "O presidente da comissão deverá cientificar o servidor acerca dos fatos a ele atribuídos, informando-lhe da garantia constitucional de ficar calado e da impossibilidade de haver prejuízo em razão do exercício de tal direito. Diante dessa garantia, é inexigível do acusado o compromisso com a verdade, bem como o silêncio de sua parte não pode ser interpretado em seu desfavor e muito menos ser considerado como confissão".[293]

Na mesma toada, o Manual de Apuração de Ilícitos Administrativos da Controladoria-Geral do Estado de Minas Gerais (CGE/MG) estabelece que, "em razão do princípio do *nemo tenetur se detegere* (não autoincriminação), não se exige que o servidor compareça à perícia médica quando esta puder incriminá-lo ou demonstrar a ocorrência de um ilícito disciplinar".[294]

---

[292] CARVALHO FILHO, José dos Santos. *Processo administrativo federal*: comentários à Lei nº 9.784, de 29.01.1999. 2. ed. Rio de Janeiro: Lumen Juris, 2005, p. 81.

[293] Disponível em: https://www.ifmg.edu.br/portal/acesso-a-informacao/corregedoria-arquivos/manual-pad-dezembro-2017.pdf. Acesso em: 23 abr. 2021.

[294] Disponível em: https://cge.mg.gov.br/download/category/34-manuais-e-cartilhas?download=452:manual-de-apuracao-de-ilicitos-administrativos. Acesso em: 23 abr. 2021.

Merece atenção, no entanto, uma situação analisada pelo Superior Tribunal de Justiça em 2020. Na ocasião, o impetrante havia prestado depoimento em processo administrativo disciplinar enquanto testemunha e, posteriormente, passou a ser investigado e, nessa qualidade, suscitou que não poderiam as suas palavras ser usadas contra si próprio. Nesta peculiar situação, entendeu a Corte Superior que não poderia o processado invocar tardiamente o direito ao silêncio, porquanto o depoimento fora prestado na condição de testemunha:

MANDADO DE SEGURANÇA. PROCESSO ADMINISTRATIVO DISCIPLINAR. PRELIMINAR DE INADEQUAÇÃO DA VIA MANDAMENTAL. REJEIÇÃO. NULIDADE DECORRENTE DE INOBSERVÂNCIA DO DIREITO À NÃO AUTOINCRIMINAÇÃO. DEPOIMENTO PRESTADO POR TESTEMUNHA DEPOIS ERGUIDA À CONDIÇÃO DE INVESTIGADO. INEXISTÊNCIA DE NULIDADE. DENEGAÇÃO DA SEGURANÇA.

1. A notória impossibilidade de dilação probatória, inerente à via mandamental, não se revela incompatível com o dever de o julgador bem examinar o acervo probatório oportunamente trazido aos autos. Rejeita-se, pois, previamente constituído. Logo, não prospera, no caso, a prefacial de inadequação da via eleita, como suscitada pela autoridade coatora.

2. A questão em mesa está em saber se o fato de o impetrante ter prestado, inicialmente, depoimento na qualidade de testemunha (dando conta de seu ilícito funcional), mas vindo, depois, a ser sancionado pela autoridade impetrada, erige-se em ocorrência capaz de gerar a nulidade do respectivo PAD, por alegada violação à cláusula vedatória da autoincriminação (nemo tenetur se detegere).

3. "Aquele que depõe na qualidade de testemunha, sem esgrimir previamente qualquer elemento de irresignação, e nessa qualidade narra sua participação no acontecimento, não pode, depois de apuradas as lindes de seu atuar, querer dessa inércia se valer para afastar a sua responsabilidade" (MS 20.693/DF, Rel. Ministro HERMAN BENJAMIN, PRIMEIRA SEÇÃO, DJe 02.02.2017).

4. Do vasto acervo documental juntado aos autos, não se extrai evidência de que o impetrante, em algum momento, tenha oposto qualquer observação ou resistência à sua intimação; antes, compareceu espontaneamente para depor, o que dá a concluir que, também voluntariamente, dispensou o uso da faculdade de não incriminar a si próprio, razão pela qual não lhe é lícito invocar, tardiamente, o direito ao silêncio, vez que, por sua própria vontade, apontou, durante sua oitiva, fatos que atraíram para si a responsabilidade solidária pelos ilícitos em apuração.

5. Denegada a segurança.[295]

Compreende-se, neste trilho, que o inciso em tela deve ser entendido como o dever do administrado de não atuar no processo administrativo de forma antiética, no sentido de construir, maliciosamente, uma versão mentirosa dos fatos.

A previsão, no entanto, não é absoluta: isso não impede o particular de permanecer em silêncio ou de não produzir provas contra si mesmo, direitos fundamentais que não podem ser sepultados por norma infraconstitucional e nem mesmo por emenda constitucional, por serem cláusulas pétreas.

---

[295] STJ, MS 21.205/DF, Rel. Ministro SÉRGIO KUKINA, PRIMEIRA SEÇÃO, julgado em 14/10/2020, DJe 21/10/2020.

II – proceder com lealdade, urbanidade e boa-fé;

Comentários

Proceder com lealdade, urbanidade e boa-fé nada mais é que a contraface dos direitos outorgados aos particulares no art. 3º. Da mesma forma que os servidores e autoridades têm o dever de tratar os administrados com urbanidade e respeito, devem também ser tratados com a mesma gentileza, cortesia, civilidade e educação.

Além disso, devem também contar com a lealdade e com a boa-fé dos particulares, tudo isso visando um melhor exercício dos direitos e o devido cumprimento das obrigações. É dever dos administrados, assim, a atuação com honestidade, retidão, lisura e integridade no âmbito dos processos administrativos, a fim de que o desfecho processual seja o mais justo e correto possível.

Sobre a conceituação de lealdade, urbanidade e boa-fé, recorremos aos ensinamentos de Arnaldo Esteves Lima:

> Lealdade significa sinceridade, honestidade de propósitos; urbanidade se traduz em educação, cortesia, civilidade; boa-fé significa agir sem malícia, sem segundas intenções. São deveres elementares que se explicam por si mesmos e que visam a obtenção de justo resultado na avaliação do pleito.[296]

Por fim, importa relembrar ao leitor que o dever referente à boa-fé inclui todas as suas decorrências. Assim, por exemplo, é vedado ao particular – e também à Administração Pública[297][298] – atuar de maneira desleal e contraditória (*nemo potest venire contra factum proprium*), de modo a contrariar um ato próprio anterior.

---

[296] LIMA, Arnaldo Esteves. *O processo administrativo no âmbito da administração pública federal*: Lei nº 9.784, de 29.1.1999. Belo Horizonte: Del Rey, 2014, p. 42.

[297] Sobre a vedação ao comportamento contraditório no âmbito da Administração, explicamos em outra oportunidade: "Em continuidade ao tema, consequentemente, se é dever do Poder Público privilegiar a confiança dos cidadãos, é vedada à Administração Pública atuar perante os administrados de forma contraditória, incoerente, em desconformidade com seus próprios atos: eis, assim, a vedação ao comportamento contraditório (*nemo potest venire contra factum proprium*) – corolário dos princípios da boa-fé e da segurança jurídica – que, se já é exigível entre os indivíduos, no seio administrativo é ainda mais evidente e imperiosa, em razão da obrigatoriedade de a Administração Pública garantir a segurança jurídica de seus administrados. Nessa toada, a vedação ao comportamento contraditório consubstancia-se em máxima jurídica que impede a ausência de correlação lógica no escopo da relação jurídica e exige uma atuação coerente no âmbito da prática concatenada de atos que impliquem decorrências jurídicas (...) Seria, destarte, verdadeiro contrassenso que o Poder Público faltasse com lealdade para com o cidadão, ludibriando-o com condutas contraditórias e induzindo-o a erro, haja vista que uma das razões da existência da figura do Estado é, justamente, oferecer segurança jurídica aos indivíduos". Conferir: CAVALCANTI, Caio Mário Lana. *Da expectativa de direito ao direito subjetivo à nomeação do candidato integrante do cadastro de reserva*. Rio de Janeiro: CEEJ, 2020, p. 85 e 86. No mesmo sentido: MOTTA, João Francisco da. *Invalidação dos atos administrativos*. 2. ed. Belo Horizonte: Del Rey, 2013, p. 141.

[298] Nesse contexto, ensina Paulo Modesto que a Administração deve atuar de modo a "resguardar posições jurídicas de sujeitos de boa-fé" e guardar "fidelidade à palavra empenhada". Conferir: MODESTO, Paulo. Legalidade e autovinculação da administração pública: pressupostos conceituais do contrato de autonomia no anteprojeto da nova lei de organização administrativa. *In*: MODESTO, Paulo (org.). *Nova organização administrativa brasileira*. Belo Horizonte: Fórum, 2010, p. 129.

Art. 4º | 129

III – não agir de modo temerário;

Comentários

Agir de modo temerário é agir contrariamente aos deveres de lealdade e boa-fé. Agir com temeridade é ser leviano, desmedido, desleal, dissimulado e ardil no bojo processual.

O particular que se atém à verdade jamais estará agindo de modo temerário, isto é, não estará incorrendo em litigância de má-fé, prevista na processualística brasileira, e plenamente pertinente ao processo administrativo, porque subsidiariamente aplicável.

Nesse sentido, segundo os incisos do art. 80 do Código de Processo Civil, considera-se litigante de má-fé aquele que: (i) deduzir pretensão ou defesa contra texto expresso de lei ou fato incontroverso; (ii) alterar a verdade dos fatos; (iii) usar do processo para conseguir objetivo ilegal; (iv) opuser resistência injustificada ao andamento do processo; (v) proceder de modo temerário em qualquer incidente ou ato do processo; (vi) provocar incidente manifestamente infundado; e (vi) interpuser recurso com intuito manifestamente protelatório.

IV – prestar as informações que lhe forem solicitadas e colaborar para o esclarecimento dos fatos.

Comentários

O dever de prestar informações e colaborar para o esclarecimento dos fatos tem como intuito resguardar o adequado andamento processual.

Assim, quando instaurado o processo, deve o particular fazer o possível para contribuir para o pleno exercício da função pública, pois a finalidade do processo é justamente esclarecer e enunciar a verdade. Deve existir entre Administração Pública e particular, nesse sentido, um intuito cooperativo no afã de que o processo se desenvolva e termine de acordo com a verdade dos fatos.

Para tanto, os particulares têm o dever de dirimir quaisquer dúvidas quando a Administração Pública as tiver, observar a fixação dos prazos, comparecer quando necessário para prestar informações, entre outras condutas necessárias, evitando ao máximo protelar o processo administrativo, visando ao atendimento da situação em concreto e também ao atingimento do interesse público.

Isso não implica, contudo, exigir do administrado a produção de prova contra si próprio, conforme já afirmado neste trabalho. O inciso em tela não pode ser interpretado ou aplicado ao extremo. Consoante exposto anteriormente, embora compreendamos existir sim a necessidade de ser estabelecida uma cooperação, com vistas à elucidação dos fatos controversos, devem ser respeitados os direitos ao silêncio e à não autoincriminação.

Capítulo IV
DO INÍCIO DO PROCESSO

Art. 5º – *O processo administrativo pode iniciar-se de ofício ou a pedido de interessado.*

Comentários

Estabelece o Código de Processo Civil, no seu art. 2º, o princípio da inércia ou da demanda,[299] segundo o qual somente haverá tutela jurisdicional quando a parte ou o interessado a requerer à autoridade competente: o "processo começa por iniciativa da parte e se desenvolve por impulso oficial, salvo as exceções previstas em lei".

Assim, o juiz somente poderá atuar quando provocado.

No entanto, dispõe a Lei nº 9.784/99 acerca da possibilidade da instauração do processo administrativo através do impulso oficial, ou seja, de ofício. A Administração Pública, pois, não precisa esperar ser provocada para a instaurar um processo administrativo, até porque é seu dever buscar, por si própria, a manutenção da legalidade, a correção de atos administrativos viciados e a penalização de servidores públicos, à luz do poder disciplinar.

Trata-se o inciso em comento, por conseguinte, de exteriorização do princípio da oficialidade, já comentado nas linhas anteriores, e que difere do princípio da inércia jurisdicional na medida em que permite que a própria Administração Pública inicie o processo.

Sobre o supracitado princípio, a lição de Thiago Marrara:

> O Estado existe sob a premissa de que os seres humanos, sozinhos, não são capazes de promover e tutelar todos os seus interesses e direitos, sobretudo os de custo elevado e outros que se caracterizam pelo caráter indivisível. Quando a Administração Pública atua, supõe-se que o faça sob interesses públicos primários definidos, como a defesa do consumidor, da concorrência, do equilíbrio ambiental, da ordem urbanística, da saúde pública, da cultura e da memória coletiva, ou seja, para desempenhar para o povo aquilo que o próprio povo lhe atribuiu. Por conseguinte, é inevitável que todos os processos administrativos guardem relação direta ou indireta com os interesses públicos primários, consagrados na Constituição da República e pormenorizados em leis, regulamentos e outros atos normativos.
>
> O princípio da oficialidade ou impulso oficial no processo administrativo nada mais é que a tradução dessas tarefas constitucionais, ou melhor, da função estatal (não exclusiva, é claro) de promover e tutelar interesses públicos primários em favor de direitos fundamentais. Trata-se de poder-dever de órgãos administrativos para agir, dentro dos limites de suas competências explícitas e implícitas, a despeito de qualquer solicitação externa, com o

---

[299] Nesse sentido, conferir: GAIO JÚNIOR, Antônio Pereira; MELLO, Cleyson de Moraes. *Novo código de processo civil comentado*: Lei 13.105, de 16 de março de 2015. Belo Horizonte: Del Rey, 2016, p. 22; GONÇALVES, Marcus Vinicius Rios. *Direito processual civil esquematizado*. 7. ed. São Paulo: Saraiva, 2016, p. 87.

escopo de evitar a lesão ou a ameaça aos interesses primários que a Constituição colocou sob sua tutela. A oficialidade autoriza, em síntese, ação de ofício, por iniciativa própria, independentemente da vontade e de pedidos dos interessados ou de terceiros no processo administrativo.[300]

Interessante também a colocação de Marcelo Ferreira de Souza Neto, que delimita a oficialidade às questões relativas ao interesse público primário e, consequentemente, que defende a inércia quanto às questões de interesse meramente particular:

(...) os processos administrativos cujos interesses assumirem natureza pública devem ser instaurados *ex officio*, sem provocação, não se admitindo inércia do agente competente para a função. Ao contrário, o agente público não deve instaurar procedimento destinado a favorecer o interesse particular sem requerimento deste, devendo, portanto, aguardar provocação.[301]

Também em razão disso, é imprescindível que o ato de instauração do processo administrativo descreva adequadamente os fatos, enquadrando-os nos permissivos legais supostamente atingidos, e indique a autoridade competente.

São comuns a ausência de sistemática e a motivação deficiente do ato deflagrador dos processos administrativos no Brasil, com descrições genéricas das condutas suscetíveis de apuração. Essa prática viola, claro, o princípio da motivação, que impõe ao administrador público a exposição clara dos pressupostos de fato e de direito que ampararam a conduta administrativa.

Romeu Felipe Bacellar Filho, em seu *Processo administrativo disciplinar*,[302] destaca a importância da motivação do ato quando da instauração do processo administrativo disciplinar, colacionando julgado do Tribunal de Justiça do Paraná (Apelação Cível nº 73975500) em que se consignou a inafastabilidade do dever de a Administração Pública indicar,

(...) com suficiente especificidade, quais são os fatos e os dispositivos legais infringidos, que impedem a aprovação do servidor em estágio probatório porque, caso contrário, o processo administrativo disciplinar deve ser anulado, por não possibilitar a efetivação do contraditório e da ampla defesa.

Certamente que tais imposições assumem grau de relevância ímpar no processo administrativo disciplinar, mas também têm lugar em outros processos administrativos (guardadas as devidas proporções), uma vez que o patrimônio jurídico do cidadão ou da pessoa jurídica será afetado pela decisão administrativa.

Relembramos que, sempre que estão em jogo restrições a direitos fundamentais, é preciso que a Administração Pública confira todas as condições para que o administrado

---

[300] MARRARA, Thiago. Princípios do processo administrativo. *In*: BITENCOURT NETO, Eurico; MARRARA, Thiago (Coord.). *Processo administrativo brasileiro*: estudos em homenagem aos 20 anos da lei federal de processo administrativo. Belo Horizonte: Fórum, 2020, p. 97.

[301] SOUZA NETTO, Marcelo Ferreira de. Do início do processo e dos interessados (arts. 5º e 10). *In*: FIGUEIREDO, Lúcia Valle (Coord.). *Comentários à lei federal de processo administrativo*. Belo Horizonte: Fórum, 2004, p. 76.

[302] BACELLAR FILHO, Romeu Felipe. *Processo administrativo disciplinar*. São Paulo: Max Limonad, 1998, p. 248.

exerça com plenitude a sua defesa, sem o que o desfecho processual estará eivado de ilegalidade. Ocorre que não há como se falar em plenitude de defesa se não há a exposição individualizada e especificada dos fatos alegados, de modo a permitir que o administrado combata cada um dos pontos mencionados pela Administração.

Em suma, na hipótese de instauração do processo administrativo de ofício entendemos que, em face do ordenamento jurídico aplicável à espécie, não é possível que a autoridade administrativa descreva de forma genérica as condutas e o fundamento objeto nuclear do processo, sendo, portanto, relevante, conforme leciona Marcelo Ferreira de Souza,[303] a tipificação do comportamento, sua classificação e seu enquadramento sancionatório (quando for o caso).

Mas importa ressaltar que há julgados reconhecendo validade à portaria instauradora de processo administrativo disciplinar que tenha promovido exposição genérica e sucinta dos fatos a serem apurados.[304] Não concordamos com o entendimento dessa linha jurisprudencial, na medida em que temos convicção que uma exposição não individualizada dos fatos implica prejuízo à ampla defesa, o que não pode ser tolerado em um Estado Democrático de Direito.

De toda sorte, importa trazer à baila o entendimento da Controladoria-Geral da União, que, em seu Manual de Processo Administrativo Disciplinar, expõe os elementos essenciais da portaria instauradora de processo administrativo disciplinar:

> A portaria instauradora do processo administrativo disciplinar deverá conter os seguintes elementos:
>
> a) autoridade instauradora competente;
>
> b) os integrantes da comissão (nome, cargo e matrícula), com a designação do presidente;
>
> c) a indicação do procedimento do feito (PAD ou sindicância);
>
> d) o prazo para a conclusão dos trabalhos;
>
> e) a indicação do alcance dos trabalhos, reportando-se ao número do processo e demais "infrações conexas" que surgirem no decorrer das apurações.[305]

A deflagração do processo administrativo também pode decorrer da iniciativa do cidadão ou da pessoa jurídica interessada. Desse modo, pode-se afirmar que a instauração do processo administrativo de forma provocada decorre do direito de petição, assegurado no art. 5º, XXXIV, "a", da Constituição da República.

Como assinala Egon Bockmann Moreira:

> (...) o direito de petição contém não apenas a garantia a protocolar uma petição, mas todos os desdobramentos fático-processuais dele oriundos. Corolário desse direito é o dever de que o pedido do particular seja examinado, as providências por ele solicitadas sejam adotadas (inclusive a produção de provas), ele seja intimado de todos os atos e fatos do processo, e

---

[303] FIGUEIREDO, Lúcia Valle (Coord.). *Comentários à lei federal de processo administrativo*. Belo Horizonte: Fórum, 2004.

[304] STJ, MS 6.880/DF, Relator Min. PAULO MEDINA, DJ 05/04/2004; STJ, MS 8.030/DF, Relatora Min. LAURITA VAZ, DJ 13/06/2007; STJ, RMS 24.138/PR, Relatora Min. LAURITA VAZ, DJ 06/10/2009; STJ, MS 14.836/DF, Relator Min. CELSO LIMONGI, DJ 24.11.2010.

[305] Disponível em: https://www.ifmg.edu.br/portal/acesso-a-informacao/corregedoria-arquivos/manual-pad-dezembro-2017.pdf. Acesso em: 25.04.2021.

que uma conclusão final seja proferida. A administração tem o dever de, uma vez recebida a petição, instalar o respectivo processo administrativo e instruí-lo adequadamente, a fim de proferir uma decisão final imparcial e justa.[306]

Alexandre de Moraes adverte:

> o direito de petição possui eficácia constitucional, obrigando as autoridades públicas endereçadas ao recebimento, ao exame e, se necessário for, à resposta em prazo razoável, sob pena de configurar-se violação ao direito líquido e certo do peticionário (...).[307]

O direito de requerer ou reclamar contra autoridade surgiu, no Brasil, na Constituição do Império de 1822 (art. 179, parágrafo 30), tendo recebido tratamento em todas as Constituições posteriores.

Finalmente, a Constituição da República de 1988 previu de modo explícito o direito de petição como sendo o poder de requerer ou reclamar contra autoridades, sendo certo que referido direito encontra-se também na legislação infraconstitucional (Lei nº 4.898/65, art. 1º; Lei nº 8.443/93, arts. 53 e 54; Lei nº 8.112/90, art. 104). Não importa a designação, a Administração deverá receber e processar o pedido.[308]

* * *

Art. 6º – *O requerimento inicial do interessado, salvo casos em que for admitida solicitação oral, deve ser formulado por escrito e conter os seguintes dados:*

I – órgão ou autoridade administrativa a que se dirige;

II – identificação do interessado ou de quem o represente;

III – domicílio do requerente ou local para recebimento de comunicações;

IV – formulação do pedido, com exposição dos fatos e de seus fundamentos;

V – data e assinatura do requerente ou de seu representante.

* * *

Comentários

A deflagração do processo administrativo por iniciativa das partes condiciona-se à existência de requerimento contendo os requisitos previstos no art. 6º, sob pena de invalidade. São requisitos mínimos sem os quais resta dificultado ou impossibilitado

---

[306] MOREIRA, Egon Bockmann. O direito à prova no processo administrativo. *Fórum Administrativo – Direito Público*, Belo Horizonte, ano 4, n. 39, p. 3796, maio 2004.

[307] MORAES, Alexandre de. *Direito constitucional*. 19. ed. São Paulo: Atlas, 2006, p. 165.

[308] "Seja qual for o *nomen iuris* escolhido o certo é que o Poder Público não pode deixar de receber e processar o pedido, só lhe cabendo denegar a postulação se carecedora de amparo legal". (TRF2, REO/MS 99.02.13624-9/ RJ, Rel. Desembargador Federal SÉRGIO FELTRIN CORRÊA, DJU 14/10/1999, Seção 2, p. 163); "Inadmissível alegue a Administração que não pode parar suas atividades de interesse geral, para dar atenção a expedientes de interesse individual: além de ter ela servidores exatamente para misteres como esse (atendimento de pleitos dos administrados), as previsões constitucionais e infraconstitucionais existentes asseguram o trâmite completo e tempestivo das petições apresentadas". (TRF5., MAS 54.771/96/CE, Rel. Juiz Federal PETRÚCIO FERREIRA, DJU 20.09.1996, Seção 2, p. 70.578)

o trâmite do processo administrativo que, por natureza, deve ser simples, informal e desburocratizado.

O primeiro desses requisitos extrai-se da redação do *caput* do artigo, que dispõe que o requerimento deve ser feito por escrito, salvo algumas hipóteses em que se admite seja formulado oralmente.

Portanto, a regra é o requerimento escrito, e a exceção, o formulado oralmente. Na hipótese de a norma admitir a solicitação oral, deve ela ser posteriormente reduzida a termo pela Administração Pública, para que tome forma e, assim, tenha início o processo administrativo.

Importa realçar que, atualmente, os requerimentos dos interessados podem, muitas vezes, ser elaborados em meio eletrônico, resultado do advento e da consolidação da internet no Brasil a partir dos anos 2000.[309] Atualmente, denúncias anônimas, pedidos de informação e o exercício do direito de petição já podem, em diversas oportunidades, ser elaborados eletronicamente, lógica plenamente aplicável aos processos administrativos em geral.

O meio digital, embora, claro, tenha problemas, contribui para maior publicidade, eficiência e continuidade dos processos administrativos. Basta imaginar como seria a realidade brasileira caso não existissem os processos administrativos eletrônicos durante a pandemia do Covid-19, que impôs para a sociedade a necessidade do distanciamento social e, consequentemente, a diminuição dos trâmites dos processos físicos no afã de reduzir a movimentação de pessoas. Não fosse a digitalização processual, os processos permaneceriam parados e inacessíveis – excetuadas as medidas urgentes – enquanto não findada ou enfraquecida a pandemia, cenário que prejudicaria a eficiência, a publicidade e também a duração razoável do processo.[310]

O intuito da Lei nº 9.784/99, a partir dos princípios que a própria arrola, é afastar-se do formalismo exacerbado. Vale dizer, as formalidades a serem impostas ao interessado devem se limitar àquelas efetivamente imperiosas para salvaguardar o interesse público e, também, o interesse do próprio particular.

Nesse sentido, o posicionamento de Adilson Abreu Dallari e Sergio Ferraz:

> requerimento inicial que se apresente com falhas estruturais não deve ser liminarmente rejeitado: impõe-se à Administração orientar o administrado, no sentido da correção e recuperação formal do requerimento (*i.e.*, sem interferir em seu desenho material, substantivo, o que infringiria o dever de imparcialidade), indicando concreta e minuciosamente os pontos a serem reformulados (imperativos dos princípios da boa-fé e do devido processo legal). Somente persistindo as patologias ou omissões é que poderá ocorrer o indeferimento liminar (jamais a recusa de recebimento, pura e simples), sempre motivado e passível de recurso.[311]

---

[309] Nesse sentido, destaca-se o Decreto nº 8.539/15, que dispõe sobre o uso do meio eletrônico para a realização do processo administrativo no âmbito dos órgãos e das entidades da administração pública federal direta, autárquica e fundacional. Conferir, sobre o tema, também: NOHARA, Irene Patrícia. Processo administrativo eletrônico. *In*: BITENCOURT NETO, Eurico; MARRARA, Thiago (Coord.). *Processo administrativo brasileiro*: estudos em homenagem aos 20 anos da lei federal de processo administrativo. Belo Horizonte: Fórum, 2020.

[310] Sobre isso, interessante o artigo de Rodrigo Cândido Rodrigues que, embora seja direcionado aos processos judiciais, expõe a correlação entre a digitalização processual e a pandemia. Conferir: RODRIGUES, Rodrigo Cândido. Dificuldades e oportunidades da transformação digital e ética do judiciário trabalhista brasileiro de 1º grau, em face da pandemia do Covid-19. *In*: CRUZ, Álvaro Ricardo de Souza; PEREIRA, Maria Fernanda Pires de Carvalho. *A pandemia e seus reflexos jurídicos*. Belo Horizonte: Del Rey, 2020, p. 71 e seguintes.

[311] FERRAZ, Sergio; DALLARI, Adilson Abreu. *Processo administrativo*. São Paulo: Malheiros, 2002, p. 95.

Trata-se da aplicação do princípio da proporcionalidade e da menor oneração do interessado, tudo visando à imposição do menor sacrifício possível. Diversos dispositivos na lei explicitam essa ideologia, como o inciso VI do art. 2º ao determinar a observância do critério da ponderação, da adequação entre meios e fins, vedando expressamente a imposição de obrigações, restrições e sanções em medida superior àquelas estritamente necessárias ao atendimento do interesse público.[312]

O formalismo moderado, todavia, não traduz a ideia de que nada deva ser solicitado ao interessado, sob pena de atravancamento do órgão com solicitações totalmente equivocadas. Por isso mesmo, são fundamentais, repita-se, a identificação do órgão ou autoridade administrativa a quem se dirige o requerimento, a identificação do interessado ou de seu representante, o domicílio do requerente, o pedido, a data e a assinatura.[313]

Mas certo é que o espírito democrático que norteia o texto constitucional não convive de maneira harmoniosa com exigências que possam representar obstáculo à via administrativa. Por isso, a indicação incorreta da autoridade não deve impedir o conhecimento do pedido.

Destaca-se, assim, o disposto no art. 63, inciso II da mesma lei que, ao cuidar dos recursos administrativos, ofereceu relativa contribuição ao afirmar que o encaminhamento equivocado no recurso não acarretará seu não conhecimento, devendo ser indicada ao recorrente a autoridade competente e devolvido o prazo para recurso.

É certo, porém, que a lei teria avançado sobremaneira se acrescentasse que a própria Administração Pública faria o encaminhamento correto, na hipótese de endereçamento equivocado, o que atenderia de forma efetiva aos princípios da eficiência e da economia processual.

• •

Parágrafo único. É vedada à Administração a recusa imotivada de recebimento de documentos, devendo o servidor orientar o interessado quanto ao suprimento de eventuais falhas.

• •

Comentários

O parágrafo único do art. 6º veda a recusa imotivada de recebimento de documentos, visando proteger o interessado contra abusos por parte do administrador.

Nota-se que a proibição da lei é quanto à recusa imotivada, isto é, a partir do momento em que o servidor público justifica a sua recusa com motivos relevantes e

---

[312] No mesmo sentido, o disposto no art. 8º do CPC, que traz expressamente a proporcionalidade quando da aplicação do ordenamento jurídico: "Ao aplicar o ordenamento jurídico, o juiz atenderá aos fins sociais e às exigências do bem comum, resguardando e promovendo a dignidade da pessoa humana e observando a proporcionalidade, a razoabilidade, a legalidade, a publicidade e a eficiência".

[313] Cabe ao interessado indicar sua qualificação ou do seu representante legal (esta compreendendo a identificação das partes e o domicílio), requisitos básicos para que a Administração Pública saiba quem é o postulante. Ademais, constituem outros requisitos enumerados na lei a formulação do pedido contendo os fundamentos de fato e de direito da pretensão, a data e a assinatura do interessado.

aceitáveis, ela passa a ser lícita. Como já afirmado nesta obra, nem mesmo a ampla defesa pode ser considerada absoluta, razão pela qual é possível e legítima a recusa, quando devidamente motivada, de documentos inúteis, meramente protelatórios e que não sejam capazes de contribuir em nenhuma medida para o esclarecimento dos fatos.

Importa destacar, ainda, que além de motivar a recusa de recebimento de documentos, deve o servidor orientar a parte interessada no que for necessário, já que, quando se trata de Administração Pública, algumas informações não são de total conhecimento dos particulares. Trata-se de ideia que reflete a ideia cooperativa que deve nortear a Administração, sobretudo tendo em vista que esta atua não como uma parte com interesses particulares na controvérsia, mas como entidade que busca o esclarecimento dos fatos e a verdade real.

Esta orientação visa guiar o interessado na correção de eventuais falhas e erros que possam conter o requerimento, a fim de que este possa ser instaurado de forma adequada. Essa lógica passou a ser aplicada também nos processos judiciais, em virtude do princípio da cooperação e dos seus decorrentes deveres de prevenção e auxílio.

Art. 7º – Os órgãos e entidades administrativas deverão elaborar modelos ou formulários padronizados para assuntos que importem pretensões equivalentes.

Comentários

O intuito do artigo, ao estabelecer a elaboração de modelos e formulários padronizados referentes às pretensões equivalentes, é facilitar a atuação tanto da Administração Pública quanto do interessado.

Entende-se por modelo aquilo de que se serve como exemplo, destinado a ser produzido por imitação,[314] ou seja, uma peça que sirva de referência para confeccionar o requerimento a ser utilizado pelo interessado.

Por sua vez, o formulário pode ser definido como modelo impresso no qual apenas se preencham os dados faltantes.[315]

Desse modo, a elaboração de modelos ou formulários, além de ajudar o interessado na elaboração e apresentação de sua solicitação e facilitar o encaminhamento do pleito pela Administração Pública, pode contribuir para uma maior celeridade e efetividade da atividade administrativa, enquadrando-se na devida aplicação dos princípios da eficiência e da duração razoável do processo.

Contudo, não se supõe hábil a não aceitação do pleito quando não apresentado no formulário padronizado. Repita-se que a indicação da norma é para facilitar a vida do cidadão e mesmo a da Administração, não podendo tal intenção transformar-se em impedimento à utilização da via administrativa, o que redundaria em cerceamento de defesa.

---

[314] FERREIRA, Aurélio Buarque de Holanda. *Novo dicionário da língua portuguesa.*

[315] Conferir: FERRAZ, Sergio; DALLARI, Adilson Abreu. *Processo administrativo.* São Paulo: Malheiros, 2002, p. 96.

O dispositivo destina-se, pois, a concretizar o acesso à esfera administrativa.

* *

***Art. 8º** – Quando os pedidos de uma pluralidade de interessados tiverem conteúdo e fundamentos idênticos, poderão ser formulados em um único requerimento, salvo preceito legal em contrário.*

* *

Comentários

O presente artigo objetiva a efetivação da celeridade e economicidade, permitindo, na esteira do previsto no Código de Processo Civil, a pluralidade de sujeitos ativos, aqui denominados interessados. Vale dizer, se os pedidos dessas pessoas forem de iguais conteúdos e fundamentos jurídicos, eles, facultativamente, poderão ser inseridos em um único requerimento.

Trata-se de dispositivo que se assemelha, nas devidas proporções, à figura do litisconsórcio ativo facultativo do processo civil. Nesses casos, essa pluralidade de interessados que se justifica pela comunhão de interesses é denominada por Pedro de Menezes Niebuhr de dimensão subjetiva dos processos coletivos.[316]

A inclusão de situações idênticas e com igual fundamento jurídico num único documento evita a interposição de requerimentos exatamente iguais, facilitando a atuação da Administração Pública. E, facilitando o agir administrativo, acabam sendo valorizados os princípios da eficiência, da economia processual e da duração razoável do processo.

Além disso, ao concentrar interesses idênticos em um mesmo requerimento, resta valorizado também o princípio da isonomia, na medida em que a unicidade processual facilita ao administrador público o tratamento igualitário de cidadãos na mesma situação jurídica (*treat like cases alike*).

A respeito dessa possível unificação dos pedidos idênticos formulados por diversos interessados, registra José dos Santos Carvalho Filho que, diversamente do que ocorre no processo judicial, a conjugação de esforços não pressupõe sempre situação de beligerância:

> A figura se assemelha ao litisconsórcio ativo do processo judicial, mas entre eles dimana bem definida diferença. No litisconsórcio ativo do processo judicial, os litisconsortes estão associados para o fim de deduzirem uma pretensão a ser formulada em face de outro ou outros indivíduos, que resistem a essa pretensão e deixam de satisfazer os interesses dos autores. No processo administrativo, porém, os interessados nem sempre se predispõem à formação de conflito. Podem eles limitar-se apenas à formulação de um pedido a ser apreciado pela Administração sem qualquer natureza litigiosa.[317]

---

[316] NIEBUHR, Pedro de Menezes. Processos administrativos coletivos. *In*: BITENCOURT NETO, Eurico; MARRARA, Thiago (Coord.). *Processo administrativo brasileiro*: estudos em homenagem aos 20 anos da lei federal de processo administrativo. Belo Horizonte: Fórum, 2020, p. 246.

[317] CARVALHO FILHO, José dos Santos. *Processo administrativo federal*: comentários à Lei nº 9.784, de 29.01.1999. 2. ed. Rio de Janeiro: Lumen Juris, 2005, p. 93.

Capítulo V
DOS INTERESSADOS

Art. 9º – *São legitimados como interessados no processo administrativo:*

Comentários

O *caput* do art. 9º designa as pessoas físicas ou jurídicas legitimadas a figurar como interessadas no processo administrativo a ser instaurado, isto é, como requerentes ou requeridos do aludido procedimento.

O referido artigo destina-se não somente aos particulares e interessados que provocam a instauração do processo administrativo em busca dos seus direitos ou interesses, mas também a entidades da Administração Pública, que, eventualmente, poderão ser afetadas pela decisão.

Repita-se que a Lei de Processo Administrativo Federal designa os particulares como sendo interessados, diferentemente da denominação utilizada pela Constituição da República, que faz referência no art. 5º, LV, ao termo litigante. O uso da palavra "interessado" configura equívoco, eis que o mesmo, no processo administrativo, na maioria das vezes, não terá mero interesse, mas, verdadeiramente, direitos. Ou seja, os envolvidos discutem diretamente em processo administrativo os seus respectivos patrimônios jurídicos, consagrados muitas vezes como direitos fundamentais essenciais para a pessoa humana e para o Estado Democrático de Direito, e não somente meros benefícios ou prejuízos pouco relevantes.

Para o pleno exercício do direito de ação no processo judicial, algumas condições, tais como o interesse de agir e a legitimidade, deverão ser devidamente preenchidas. Desse modo, somente quando verificadas preliminarmente todas essas premissas, que são as "condições da ação",[318] terá o jurisdicionado reconhecido o seu direito de ação.

As condições da ação, portanto, são requisitos que uma ação judicial deve conter para que se profira uma decisão de mérito, ou seja, para que o juiz pronuncie se a pretensão é devida ou não.

---

[318] Os autores não se olvidam que o termo "condições da ação" não está expressamente previsto no Código de Processo Civil de 2015, como antes estava no art. 267, VI, do Código de Processo Civil de 1973, o Código Buzaid. Atualmente, o CPC/15 apenas menciona, em seu art. 17, que para postular em juízo "é necessário ter interesse e legitimidade". Ainda assim, no entanto, compreendemos que a essência das condições da ação permanece, ainda que não utilizada literalmente tal nomenclatura (*nomen iuris*). É dizer, no nosso entendimento, malgrado extirpado o termo linguístico (*nomen iuris*), permanecem a sua ideia jurídica e a norma processual a ele intrínsecas. Nesse sentido, por exemplo, é o entendimento de Antônio Pereira Gaio Júnior e Cleyson de Moraes Mello, que mantiveram em sua obra atualizada (após o advento da Lei nº 13.105/15) o termo condições da ação: "Como requisitos básicos para que o autor esteja legitimado a pleitear a devida tutela jurisdicional do Estado, duas são as condições da ação: interesse processual e legitimidade para a causa". Conferir: GAIO JÚNIOR, Antônio Pereira; MELLO, Cleyson de Moraes. *Novo código de processo civil comentado*: lei 13.105, de 16 de março de 2015. Belo Horizonte: Del Rey, 2016, p. 46. O tema, no entanto, não é pacífico entre os processualistas.

Conclui-se, portanto, que os legitimados, no que concerne ao processo administrativo, são aqueles que têm interesse na decisão do processo, sendo necessário demonstrar sua qualidade de interessado,[319] para que seja configurada a sua legitimidade.

• •

I – pessoas físicas ou jurídicas que o iniciem como titulares de direitos ou interesses individuais ou no exercício do direito de representação;

• •

Comentários

Para a Lei de Processo Administrativo Federal, são legitimadas as pessoas físicas ou jurídicas que iniciam o processo administrativo como titulares de direitos ou interesses individuais, ou, ainda, no exercício do direito de representação.

Pessoa física ou natural é aquela que nasce com vida, tenha ela ou não perfeição na integridade física ou mental. Como ensina Levenhagem "é o indivíduo em si, o ser humano nascido com vida",[320] excluídos, por conseguinte, os animais e demais seres vivos não humanos e os objetos inanimados.[321]

Toda pessoa natural é dotada de personalidade jurídica (cujo começo é o nascimento com vida,[322] nos termos do art. 2º do Código Civil), que é a aptidão genérica reconhecida a toda e qualquer pessoa para que possa titularizar relações jurídicas e reclamar a proteção dedicada pelos direitos da personalidade.[323]

No entanto, o Código Civil enumera nos arts. 3º e 4º aqueles considerados absolutamente incapazes e os relativamente incapazes. Para que pratiquem algum ato jurídico serão empregados os institutos da representação e da assistência, respectivamente, pois não são considerados aptos a praticar pessoalmente e sozinhos todo ato jurídico.

---

[319] CARVALHO FILHO, José dos Santos. *Processo administrativo federal*: comentários à Lei nº 9.784, de 29.01.1999. 2. ed. Rio de Janeiro: Lumen Juris, 2005, p. 98.

[320] LEVENHAGEN, Antônio José de Souza. *Código Civil, comentários didáticos*. 4. ed. São Paulo: Atlas, 1995, p. 19.

[321] Importa consignar que os animais não humanos, embora obviamente não sejam pessoas naturais, não são mais tratados como meros objetos de direito, como era até há pouco tempo. Os tribunais superiores, por exemplo, passam atualmente a discutir guarda compartilhada e o direito de visita em relação aos animais domésticos, o que indica que, com razão, a tendência é não mais considerar os animais como objetos. Outro exemplo que ilustra essa tendência é a Lei nº 14.064/20, que, modificando a Lei nº 9.605/98, aumentou as penas cominadas ao crime de maus-tratos aos animais quando se tratar de cão ou gato. Há, inclusive, estudiosos que defendem a família multiespécie, formada por vínculos afetivos entre humanos e animais não humanos. Essa reflexão, claro, foge do escopo desta obra, pelo que não será aprofundada. Para mais informações, conferir, por exemplo: BIZAWU, Sébástien Kiwonghi (coord.). *Direito dos animais*: desafios e perspectivas da proteção internacional. Belo Horizonte: Arraes, 2015; MEDEIROS, Fernanda Luiza Fontoura de. *Direito dos animais*. Porto Alegre: Livraria do Advogado, 2013.

[322] Como explicam Pablo Stolze Gagliano e Rodolfo Pamplona Filho: "No instante em que principia o funcionamento do aparelho cardiorrespiratório, clinicamente aferível pelo exame de docimasia hidrostática de Galeno, o recém-nascido adquire personalidade jurídica, tornando-se sujeito de direito, mesmo que venha a falecer minutos depois". Conferir: GAGLIANO, Pablo Stolze; PAMPLONA FILHO, Rodolfo. *Manual de direito civil*. São Paulo: Saraiva, 2017, p. 42.

[323] Nesse sentido: CASSETTARI, Christiano. *Elementos de direito civil*. 4. ed. São Paulo: Saraiva, 2016, p. 46.

Interessante notar que, com o advento da Lei nº 13.146/15 (Estatuto da Pessoa com Deficiência), que modificou aqueles dispositivos do Código Civil, atualmente apenas os menores de dezesseis anos são considerados absolutamente incapazes. São relativamente incapazes os maiores de dezesseis e menores de dezoito anos, os ébrios habituais, os viciados em tóxicos, os pródigos e aqueles que, por causa transitória ou permanente, não puderem exprimir a sua vontade.

Para o mesmo diploma legal (art. 5º), considera-se plenamente capaz para a prática de todos os atos da vida civil o maior de dezoito anos, passando este a ter a capacidade de exercer pessoalmente todos os seus direitos. A isso se nomeia capacidade de exercício do direito ou capacidade de fato, que é "a capacidade para exercer esses direitos", enquanto a capacidade de direito, advinda simplesmente da personalidade civil, é a simples "capacidade plena para adquirir direitos e obrigações".[324]

Entende-se pessoa jurídica como sendo, em regra, um agrupamento de indivíduos que se reúnem para um determinado fim reconhecido por lei. Leciona Levenhagen que a pessoa jurídica "não tem uma exteriorização, uma aparência física, mas a sua existência, embora abstrata, é juridicamente reconhecida para conferir o exercício de direitos e assumir compromissos na ordem civil".[325]

O Código de Processo Civil estabelece no art. 18 um limite quanto à legitimidade, diferenciando-a em legitimidade ordinária e legitimidade extraordinária. Dispõe o artigo que "Ninguém poderá pleitear direito alheio em nome próprio, salvo quando autorizado pelo ordenamento jurídico".

Nesse diapasão, pode-se extrair da legislação supramencionada que o legitimado ordinário é o próprio detentor do direito material, que o buscará por meio do exercício do direito de ação. Em regra, somente este possui legitimidade para exercer o direito de ação.

Entretanto, verificamos que, havendo autorização legal, poderá outra pessoa, que não o legitimado ordinário, exercer o direito de ação, buscando em nome próprio o direito de outrem. É o denominado legitimado extraordinário.[326]

• •

II – aqueles que, sem terem iniciado o processo, têm direitos ou interesses que possam ser afetados pela decisão a ser adotada;

• •

Comentários

Todos aqueles que iniciaram o processo ou aqueles cujos direitos ou interesses podem ser atingidos pela discussão processual podem ter acesso ao processo administrativo.

---

[324] ASSIS NETO, Sebastião de; JESUS, Marcelo de; MELO, Maria Izabel. *Manual de direito civil*. 6. ed. rev., atual. e ampl. Salvador: JusPodivm, 2017, p. 109.

[325] LEVENHAGEN, Antônio José de Souza. *Código Civil, comentários didáticos*. 4. ed. São Paulo: Atlas, 1995, p. 39.

[326] Pode ser citado como exemplo de legitimado extraordinário a permissão conferida em lei para que o Ministério Público promova uma ação em prol do ofendido. O titular da demanda não será o ofendido, mas sim o Ministério Público.

Em regra, os efeitos de uma decisão se restringem tão somente às partes no processo, no entanto, casos há em que os efeitos dos atos decisórios poderão repercutir na esfera jurídica de pessoas não integrantes da relação processual.

Nesses casos, tais terceiros também são considerados interessados, de modo que podem defender os seus interesses e direitos nos autos do processo administrativo. Isso porque, em um Estado Democrático de Direito, todo aquele que possa ter o seu patrimônio jurídico atingido, ainda que indiretamente, tem a prerrogativa de defendê-lo.

Nesse trilho, inclusive, o art. 5º, LIV, da Carta Política, que assevera que ninguém será privado de seus bens – materiais ou imateriais, portanto – sem o devido processo legal. Por conseguinte, seria impróprio admitir que direitos de pessoas que não sejam diretamente partes no processo administrativo pudessem ser alvejados sem que seus titulares pudessem atuar no sentido de resguardá-los.

Segundo o art. 119 do Código de Processo Civil, o terceiro que tiver interesse jurídico em determinado processo poderá intervir para assistir uma das partes. Trata-se do instituto da assistência, modalidade de intervenção de terceiros no processo civil e que guarda similitudes com o disposto no inciso em tela, haja vista que, pela mesma lógica, aquele que detiver interesse jurídico em processos administrativos é também interessado, podendo se manifestar nos autos a fim de auxiliar uma ou outra parte e, assim, resguardar interesse envolvido.

Assim sendo, aos terceiros interessados, a legislação também confere legitimidade, atuando este como assistente nos autos do processo.

* * *

III – as organizações e associações representativas, no tocante a direitos e interesses coletivos;

* * *

Comentários

São consideradas legitimadas as organizações e associações representativas para propor processo administrativo quando se referir a direitos e interesses coletivos. A título ilustrativo, importa trazer o conceito de interesses ou direitos coletivos disposto no art. 81, parágrafo único, inciso II do Código de Defesa do Consumidor, que é o adotado pela doutrina e jurisprudência majoritárias: "os transindividuais, de natureza indivisível de que seja titular grupo, categoria ou classe de pessoas ligadas entre si ou com a parte contrária por uma relação jurídica base".

Se tais entidades representam uma parcela de indivíduos e atuam no sentido de defender os seus interesses, é natural que elas sejam legitimadas e interessadas em processo administrativo que discuta direitos e interesses daqueles cuja defesa justifica a própria existência daquelas primeiras.

De mais a mais, sob a ótica da duração razoável do processo, é relevante e eficiente garantir às organizações e associações representativas interesse e legitimidade, a fim de evitar o trâmite de inúmeros processos administrativos com a mesma discussão, o que contribui, também, para serem evitadas decisões conflitantes e procedimentos diversos, o que não coadunaria com o princípio da isonomia.

IV – as pessoas ou as associações legalmente constituídas quanto a direitos ou interesses difusos.

Comentários

Este inciso tem forte relação com o dispositivo anterior. Mantendo a lógica dos comentários anteriores, importa conceituar direitos ou interesses difusos que, conforme o art. 81, parágrafo único, I, do Código de Defesa do Consumidor, são aqueles "transindividuais, de natureza indivisível, de que sejam titulares pessoas indeterminadas e ligadas por circunstâncias de fato".

A fim de elucidar melhor o conceito, importa transcrever as lições de Flávio Tartuce e Daniel Amorim Assumpção Neves, amparadas na doutrina de Teori Albino Zavascki. Aqueles autores adentram nos elementos transindividualidade e indivisibilidade, intrínsecos aos direitos e interesses difusos:

> Afirmar que o direito difuso é transindividual é determinar a espécie de direito pelo seu aspecto subjetivo, qual seja o seu titular. O direito transindividual, também chamado de metaindividual ou supraindividual, é aquele que não tem como titular um indivíduo. Nas corretas lições de Teori Albino Zavascki, "é direito que não pertence à administração pública e nem a indivíduos particulares determinados. Pertence, sim, a um grupo de pessoas, a uma classe, a uma categoria, ou à própria sociedade, considerada em seu sentido amplo" (...) O segundo elemento é a natureza indivisível, voltada para a incindibilidade do direito, ou seja, o direito difuso é um direito que não pode ser fracionado entre os membros que compõem a coletividade. Dessa forma, havendo uma violação a um direito difuso, todos suportarão por igual tal violação, o mesmo ocorrendo com a tutela jurisdicional, que, uma vez obtida, aproveitará a todos, indistintamente.[327]

Vale destacar a distinção feita pelo doutrinador José dos Santos Carvalho Filho entre os direitos coletivos e direitos difusos. De acordo com ele,

> (...) os componentes dos direitos coletivos estão atrelados entre si ou com a parte contrária por uma relação jurídica-base; nos direitos difusos, todavia, a ligação entre os integrantes se dá meramente por circunstâncias de fato, episódicas, eventuais.[328]

Portanto, também possuem legitimidade para iniciar um processo administrativo as pessoas ou associações quando titulares de interesses difusos.

---

[327] TARTUCE, Flávio; NEVES, Daniel Amorim Assumpção. *Manual de direito do consumidor*: direito material e processual. Rio de Janeiro: Forense; São Paulo: Método, 2012, p. 546 e 547. Conferir também: ANDRADE, Adriano; MASSON, Cleber; ANDRADE, Lindolfo. *Interesses difusos e coletivos esquematizado*. 2. ed. rev., atual. e ampl. Rio de Janeiro: Forense; São Paulo: Método, 2012, p. 20.

[328] CARVALHO FILHO, José dos Santos. *Processo administrativo federal*: comentários à Lei nº 9.784, de 29.01.1999. 2. ed. Rio de Janeiro: Lumen Juris, 2005, p. 102.

Art. 10 | 143

Art. 10 – *São capazes, para fins de processo administrativo, os maiores de dezoito anos, ressalvada previsão especial em ato normativo próprio.*

Comentários

O art. 1º do Código Civil estabelece que "toda pessoa é capaz de direitos e deveres na ordem civil". Isso quer dizer que todo ser humano nascido com vida possui direitos e deveres. Essa capacidade conferida a todo ser humano desde o seu nascimento é denominada capacidade jurídica, ou capacidade de direito, ou, ainda, capacidade de gozo.

Porém, não podemos confundi-la com outro tipo de capacidade, denominada capacidade de fato ou de exercício.

A capacidade de fato, ou capacidade de exercício, é a aptidão que uma pessoa adquire para contrair obrigações e exercer os direitos pessoalmente. Essa espécie de capacidade é geralmente adquirida quando a pessoa completa a maioridade, ou seja, dezoito anos. No entanto, o Código Civil prevê outras formas de emancipação, nas quais a pessoa terá a capacidade de fato, ou de exercício, como se extrai do seu art. 5º, parágrafo único.[329]

Como se percebe, a legislação dispõe que os maiores de dezoito anos são considerados capazes para os fins do processo administrativo.

Ocorre que há uma ressalva especial na lei, prevendo em ato normativo próprio a possibilidade de alteração dessa capacidade. Como a legislação não especifica, conclui-se que esta somente poderá ser feita em relação aos relativamente incapazes. Segundo o Código Civil, repita-se que os menores de dezesseis anos são considerados absolutamente incapazes, sendo nulos os atos por eles praticados.

Capítulo VI
DA COMPETÊNCIA

Art. 11 – *A competência é irrenunciável e se exerce pelos órgãos administrativos a que foi atribuída como própria, salvo os casos de delegação e avocação legalmente admitidos.*

---

[329] Art. 5 º A menoridade cessa aos dezoito anos completos, quando a pessoa fica habilitada à prática de todos os atos da vida civil.
Parágrafo único. Cessará, para os menores, a incapacidade:
I – pela concessão dos pais, ou de um deles na falta do outro, mediante instrumento público, independentemente de homologação judicial, ou por sentença do juiz, ouvido o tutor, se o menor tiver dezesseis anos completos;
II – pelo casamento;
III – pelo exercício de emprego público efetivo;
IV – pela colação de grau em curso de ensino superior;
V – pelo estabelecimento civil ou comercial, ou pela existência de relação de emprego, desde que, em função deles, o menor com dezesseis anos completos tenha economia própria.

Comentários

Competência é uma das condições necessárias à validade do ato administrativo.[330] É definida como sendo uma atribuição da lei conferida ao agente ou ao órgão administrativo para praticar determinado ato ou exercer certa função. Dessa maneira, só pode praticar algum ato administrativo aquele que for legalmente investido para o seu exercício.

Conforme explica José dos Santos Carvalho Filho, o elemento competência "funda-se na necessidade de divisão do trabalho, ou seja, na necessidade de distribuir a intensa quantidade de tarefas decorrentes de cada uma das funções básicas (legislativa, administrativa ou jurisdicional) entre os vários agentes do Estado".[331] A competência permite, nesse sentido, também a melhor organização da atividade administrativa, o que contribui inclusive para a concretização do princípio da eficiência.

Destaca-se a conceituação de Hely Lopes Meirelles:

> Entende-se por competência administrativa o poder atribuído ao agente da Administração para o desempenho específico de suas funções. A competência resulta da lei e por ela é delimitada. Todo ato emanado de agente incompetente, ou realizado além do limite de que dispõe a autoridade incumbida de sua prática, é inválido, por lhe faltar um elemento básico de sua perfeição, qual seja, o poder jurídico para manifestar a vontade da Administração. Daí a oportuna advertência de Caio Tácito de que "não é competente quem quer, mas quem pode, segundo a norma de Direito".[332]

Trata-se a competência de elemento vinculado, pelo que seu exercício não se submete à discricionariedade do administrador público.[333] É, também por isso, um requisito de ordem pública, improrrogável, inderrogável, irrenunciável e intransferível,[334] salvo as exceções legais nesta última hipótese, consubstanciadas no instituto da delegação.

São três os vícios que podem afetar o ato administrativo no que concerne à competência: o excesso de poder, a função de fato e a usurpação de função. O excesso de poder, espécie de abuso de poder,[335] ocorre quando o agente ultrapassa as atribuições

---

[330] Os autores oscilam quanto ao emprego das expressões "condição", "elementos" e "requisitos" do ato administrativo. Há ainda quem entenda que o elemento do ato administrativo em análise, a bem da verdade, não é a competência, mas o sujeito ou agente, sendo aquela pressuposto de validade do ato. Conferir: OLIVEIRA, Rafael Carvalho Rezende. *Curso de direito administrativo*. 4. ed. rev., atual. e ampl. Rio de Janeiro: Forense; São Paulo: Método, 2016, p. 286; MARINELA, Fernanda. *Direito administrativo*. 7. ed. rev., ampl., reformada e atual. Niterói: Impetus, 2013, p. 271.

[331] CARVALHO FILHO, José dos Santos. *Manual de direito administrativo*. 27. ed. rev., atual. e ampl. São Paulo: Atlas, 2014, p. 106 e 107.

[332] MEIRELLES, Hely Lopes. *Direito administrativo brasileiro*. 25. ed. São Paulo: Malheiros, 2000, p. 141.

[333] Nesse sentido: MEIRELLES, Hely Lopes. *Direito administrativo brasileiro*. 39. ed. São Paulo: Malheiros, 2013, p. 161; LIMA, Arnaldo Esteves. *O processo administrativo no âmbito da administração pública federal*: Lei nº 9.784, de 29.01.1999. Belo Horizonte: Del Rey, 2014, p. 28.

[334] Nesse sentido: OLIVEIRA, Rafael Carvalho Rezende. *Curso de direito administrativo*. 4. ed. rev., atual. e ampl. Rio de Janeiro: Forense; São Paulo: Método, 2016, p. 287.

[335] Explica Hely Lopes Meirelles: "O gênero *abuso de poder* ou *abuso de autoridade* reparte-se em duas espécies bem caracterizadas: o *excesso de poder* e o *desvio de finalidade* (...) O *excesso de poder* ocorre quando a autoridade, embora competente para a prática do ato, vai além do permitido e exorbita no uso de suas faculdades administrativas (...) O *desvio de finalidade* ou *de poder* verifica-se quando a autoridade, embora atuando nos limites de sua competência, pratica o ato por motivos ou com fins diversos dos objetivados pela lei ou exigidos pelo interesse público". Conferir: MEIRELLES, Hely Lopes. *Direito administrativo brasileiro*. 25. ed. São Paulo: Malheiros, 2000, p. 104.

conferidas em lei e pratica um ato que está inserido na lista de atribuições de outro cargo ou emprego. A função de fato existe quando o servidor, por alguma razão, não poderia ter praticado naquele momento o ato administrativo e assim o fez. E, por último, a usurpação de função, que ocorre quando o particular que não foi investido de forma alguma para o exercício de um determinado ato administrativo resolve praticá-lo.

O excesso de poder, não sendo o caso de competência exclusiva, admite convalidação por intermédio da ratificação por parte da autoridade competente. Quanto à função de fato, merece destaque que, malgrado seja o ato ilegal, seus efeitos são mantidos face aos administrados de boa-fé, por aplicação da teoria da aparência. Já no que se refere à usurpação de função, trata-se de verdadeiro delito praticado por particular contra a Administração Pública, tipificado no art. 328 do Código Penal e cuja pena equivale à detenção de três a dois anos e multa; ou, se auferida vantagem, à reclusão, de dois a cinco anos, e multa.[336] A doutrina majoritária compreende que os atos do usurpador de função são inexistentes.

Em razão do princípio da legalidade, e tendo em vista que a competência decorre de imposição legal, os órgãos administrativos, quando provocados, não podem renunciar a sua competência, admitindo a legislação, contudo, em certos casos, a delegação ou avocação de atribuições.

Sobre a questão, Miguel Florestano Neto assevera que:

> Com efeito, a supremacia do interesse público sobre o privado impede que o administrador abdique da competência que lhe fora atribuída por lei, sob pena de subversão dos princípios do Direito Administrativo, em que a vontade particular do agente público não deve (e não pode) sobrepujar os comandos legais.[337]

Entretanto, quando a competência não é matéria exclusiva de determinado órgão, poderá o agente público hierarquicamente superior transferir temporariamente a outro servidor uma determinada atribuição ou chamar para si a responsabilidade ou competência de outrem. Essas possibilidades denominam-se delegação e avocação, respectivamente. Neste trilho, Rafael Carvalho Rezende Oliveira:

> É possível a modificação de competência, desde que não se trate de competência atribuída, com exclusividade, ao órgão ou entidade administrativos. A modificação de competência pode ser dividida em duas categorias:
>
> a) delegação: é a transferência precária, total ou parcial,[338] do exercício de determinadas atribuições administrativas, inicialmente conferidas ao delegante, para outro agente público; e

---

[336] Sobre o crime em tela, ensina Rogério Greco que: "O núcleo *usurpar* deve ser entendido no sentido de exercer indevidamente, fazendo-se passar por um funcionário público devidamente investido para a prática do ato de ofício. Há necessidade, portanto, para efeitos de caracterização do delito em estudo, que o agente, efetivamente, pratique algum ato que diga respeito ao exercício de uma determinada função pública". Conferir: GRECO, Rogério. *Código penal comentado*. 10. ed. Niterói: Impetus, 2016, p. 1106. No mesmo sentido: FLORES, Andréa; LOPES, Jodascil Gonçalves. *Manual de direito penal*. 2. ed. Saraiva, 2016, p. 617.

[337] FLORESTANO NETO, Miguel. Da competência administrativa (arts. 11 a 15). *In*: FIGUEIREDO, Lúcia Valle (Coord.). *Comentários à lei federal de processo administrativo*. Belo Horizonte: Fórum, 2004, p. 99.

[338] Não concordamos com a delegação total. Isso será tratado nas próximas linhas.

b) avocação: é o chamamento, pela autoridade superior, das atribuições inicialmente outorgadas pela lei ao agente subordinado.[339]

Importante frisar que, para avocar uma competência, é necessário que a autoridade que avoca seja hierarquicamente superior a outra, mas a lei em comento não exigiu a identidade de níveis hierárquicos quando cuidou do instituto da delegação, admitindo-a entre pessoas de mesma estatura.

O que se depreende do artigo é que ele tem por regra o exercício da competência realizada pelo seu respectivo órgão e como exceção a delegação, o que se verifica pela terminologia "salvo". Percebe-se, pois, que a intenção do legislador foi exatamente de restringir o instituto da delegação e da avocação.

Art. 12 – *Um órgão administrativo e seu titular poderão, se não houver impedimento legal, delegar parte da sua competência a outros órgãos ou titulares, ainda que estes não lhe sejam hierarquicamente subordinados, quando for conveniente, em razão de circunstâncias de índole técnica, social, econômica, jurídica ou territorial.*[340]

Comentários

Como já dito, a delegação de competência se dá, geralmente, de um órgão hierarquicamente superior em relação a outro hierarquicamente inferior.

Na obra coordenada pela Professora Lúcia Valle Figueiredo[341] afirma-se tal exigência, que, no nosso sentir, faz sentido, uma vez que a delegação entre pessoas de mesma estatura funcional soa estranho, em especial porque o destinatário da ordem não se insere em relação de subordinação com o autor da determinação. Assim, fica a pergunta: se houver a delegação, e o "colega", de mesma hierarquia, não quiser atendê--la, o que se faz? A questão é verdadeiramente duvidosa, porém, para fins ilustrativos, importa trazer à baila a opinião de Gustavo Scatolino e João Trindade:

> Conforme visto, a delegação não exige relação de hierarquia. Porém, havendo delegação entre superior e subordinado, este é obrigado a aceitar o ato transferido, independentemente de sua concordância, pois, nessa situação, existe o dever de obediência, salvo se for ordem manifestamente ilegal. Nesse caso o subordinado deve se recusar a praticar o ato. De outro

---

[339] OLIVEIRA, Rafael Carvalho Rezende. *Curso de direito administrativo*. 4. ed. rev., atual. e ampl. Rio de Janeiro: Forense; São Paulo: Método, 2016, p. 287.

[340] No que se refere a essa possibilidade de delegação de competência, há de se ter o necessário cuidado para não se violar o princípio do juiz natural (que é aquele previamente encarregado como competente para o julgamento de determinados processos) aplicável também aos processos administrativos. Isso porque a previsão inserida no inciso LIII do art. 5º da Constituição Federal não distingue processo judicial ou administrativo. Em razão disso, é fundamental que estejam de antemão designados os servidores a quem competirá o julgamento dos processos administrativos, sob pena de ferimento frontal ao citado princípio.

[341] FIGUEIREDO, Lúcia Valle (Coord.). *Comentários à lei federal de processo administrativo*. Belo Horizonte: Fórum, 2004, p. 100 e 101.

modo, a delegação feita em relação na qual não está presente a hierarquia, não gera para o delegado o dever de aceitar o ato transferido.[342]

A Lei nº 9.784/99, porém, ignorou o problema admitindo a delegação entre administradores de igual posição na estrutura da Administração Pública. É o que se extrai da literalidade do art. 12: "ainda que estes não lhe sejam hierarquicamente subordinados".

De toda forma, a delegação não pode ser realizada de modo aleatório, mas sim quando for conveniente, sendo necessária a observância de circunstâncias de índole técnica, social, econômica, jurídica ou territorial. Ou seja, a delegação deve ser feita estritamente quando for propulsora do interesse público, o que é uma exigência oriunda do próprio princípio da finalidade. Qualquer conduta estatal, claro, deve perseguir o interesse público, e com a delegação não seria diferente.

Presentes essas circunstâncias de índole técnica, social, econômica, jurídica ou territorial, pode ocorrer delegação parcial de determinadas funções a outros órgãos que tenham especialidade nas áreas referidas e que possam melhor desempenhar a atividade do que os outros. E, nos termos do art. 12, parágrafo único, do Decreto-Lei nº 200/67, o ato de delegação indicará com precisão a autoridade delegante, a autoridade delegada e as atribuições objeto de delegação, sendo vedada, pois, a delegação genérica, indeterminada.

Cabe ressaltar que a legislação limita a delegação, porque a delegação total configuraria renúncia aos poderes administrativos,[343] o que está vedado pelo art. 11 da norma. Em que pese a literalidade da lei, há abalizada doutrina administrativista que defende a possibilidade de delegação total, a exemplo de Rafael Carvalho Rezende Oliveira,[344] com a qual, respeitosamente, não concordamos.

Por fim, vale registrar que a delegação do ato não impede a autoridade delegante de praticá-lo. Conforme assinala José dos Santos Carvalho Filho, "o ato de delegação não retira a competência da autoridade delegante, que continua competente cumulativamente com a autoridade delegada",[345] todavia, para os fins de impetração de mandado de segurança, o Enunciado nº 510 da Súmula do Supremo Tribunal Federal é categórico ao frisar que "praticado o ato por autoridade no exercício de competência delegada, contra ela cabe o mandado de segurança ou a medida judicial".

● ●

Parágrafo único: O disposto no caput *deste artigo aplica-se à delegação de competência dos órgãos colegiados aos respectivos presidentes.*

● ●

---

[342] SCATOLINO, Gustavo; TRINDADE, João. *Manual de direito administrativo*. 4. ed. rev., ampl. e atual. Salvador: JusPodivm, 2016, p. 253.

[343] CARVALHO FILHO, José dos Santos. *Processo administrativo federal*: comentários à Lei nº 9.784, de 29.01.1999. 2. ed. Rio de Janeiro: Lumen Juris, 2005, p. 115.

[344] OLIVEIRA, Rafael Carvalho Rezende. *Curso de direito administrativo*. 4. ed. rev., atual. e ampl. Rio de Janeiro: Forense; São Paulo: Método, 2016, p. 287.

[345] CARVALHO FILHO, José dos Santos. *Manual de direito administrativo*. 27. ed. rev., atual. e ampl. São Paulo: Atlas, 2014, p. 109. No mesmo sentido: MEDAUAR, Odete. *Direito administrativo moderno*. 6. ed. São Paulo: Revista dos Tribunais, 2002, p. 63.

Comentários

Os órgãos, quanto à atuação funcional, classificam-se em singulares e colegiados. Os órgãos singulares são representados por um único agente, possuindo somente ele o poder de decisão. Os órgãos colegiados se caracterizam por serem compostos por um grupo determinado de pessoas que expressam as suas decisões pela vontade da maioria, ou seja, deles resultam decisões plúrimas.[346] [347]

No entanto, observando a conveniência do ato e as circunstâncias de índole técnica, social, econômica, jurídica ou territorial, poderá ocorrer a delegação de competência de órgãos colegiados aos seus respectivos presidentes. Ou seja, uma vez delegada determinada atribuição em decorrência dos fatores supramencionados, o poder de decisão passa da condição pluripessoal (órgão colegiado) para a unipessoal (órgão singular), visando sempre alcançar o interesse público.

* * *

Art. 13 – *Não podem ser objeto de delegação:*

I – a edição de atos de caráter normativo;

II – a decisão de recursos administrativos;

III – as matérias de competência exclusiva do órgão ou autoridade.

* * *

Comentários

Conforme já explicitado nos comentários sobre os artigos anteriores, no instituto da delegação há a possibilidade de repasse de competência, desde que autorizado por lei. Já o art. 13 excepciona o que não pode ser objeto de delegação.

A primeira hipótese é a edição de ato normativo, que é aquele destinado às pessoas em geral, de caráter abstrato, sem individualização dos destinatários.

Em razão desse caráter geral, a lei determina que o ato normativo somente seja elaborado e editado pela autoridade hierarquicamente superior competente, já que os seus efeitos irão atingir os agentes públicos e órgãos inferiores de forma geral. Caso pudesse ocorrer o contrário, os destinatários editariam atos normativos para seu próprio cumprimento, e assim o fariam da forma que melhor lhes conviesse. Daí, pois, a razão pela qual o artigo proíbe a delegação de ato normativo.

---

[346] Nesse sentido: CARVALHO, Matheus. *Manual de direito administrativo.* 4. ed. rev., atual. e ampl. Salvador: JusPodivm, 2017, p. 167.

[347] A análise de José dos Santos Carvalho Filho é um pouco mais profunda. Para o autor, os órgãos singulares são mesmo aqueles integrados por um único agente. Os órgãos colegiados, no entanto, chamados pelo autor de coletivos, subdividem-se em duas espécies: os órgãos coletivos de representação voluntária, que são "aqueles em que a exteriorização da vontade do dirigente do órgão é bastante para consubstanciar a vontade do próprio órgão", e os órgãos coletivos de representação plúrima, que são "aqueles em que a exteriorização da vontade do órgão, quando se trata de expressar ato inerente à função institucional do órgão como um todo, emana da unanimidade ou da maioria das vontades dos agentes que o integram, normalmente através de votação. É o caso de Conselhos, Comissões, ou Tribunais Administrativos. Como a manifestação do órgão resulta da vontade conjugada de seus membros, têm sido denominados de órgãos colegiados". Conferir: CARVALHO FILHO, José dos Santos. *Manual de direito administrativo.* 27. ed. rev., atual. e ampl. São Paulo: Atlas, 2014, p. 17 e 18.

Outra hipótese que não pode ser objeto de delegação é a decisão de recurso administrativo. Como bem acentua Miguel Florestano Neto:

> Seria desarrazoado supor-se que a autoridade administrativa de hierarquia superior (portanto, competente para conhecer, instruir, e julgar os recursos administrativos provindos da instância inferior) pudesse delegar tal competência ao órgão cuja decisão passa pelo seu crivo. Em outras palavras, a delegação de tal competência seria devolver a matéria à reapreciação do órgão que, num primeiro momento, tivesse decidido a questão, ainda em âmbito administrativo.[348]

Pode-se dizer que seria até mesmo uma afronta ao princípio constitucional da ampla defesa, uma vez que o mesmo órgão examinaria duas vezes a mesma matéria e raramente alteraria a decisão proferida.

Lado outro, estar-se-ia a ofender também o princípio do juiz natural em sede de processo administrativo caso a delegação fosse admitida.

A última hipótese que a lei proíbe ser passível de delegação é em relação às matérias de competência exclusiva do órgão ou autoridade. Assim, quando se fala de competência exclusiva, quer dizer que somente aquele órgão ou autoridade pode realizar aquelas funções, não podendo transferi-las a ninguém. A própria legislação já as define como de exclusividade de um órgão ou autoridade, razão pela qual não podem ser delegadas, sob pena de ofender preceito legal.

Em resumo, a conclusão de Maria Sylvia Zanella Di Pietro:

> O artigo 13 da lei exclui a delegação para:
>
> I – a edição de atos de caráter normativo;
>
> II – a decisão de recursos administrativos, já que o recurso administrativo também é decorrência da hierarquia e há de ser decidido por cada instância separadamente, sob pena de perder sentido; se a autoridade superior pudesse delegar a decisão do recurso, estaria praticamente extinguindo uma instância recursal;
>
> III – as matérias de competência exclusiva do órgão ou autoridade, pois, se assim não fosse, a delegação implicaria infringência à lei que reservou a matéria à competência de determinado órgão ou autoridade.[349]

Delegação: necessidade de lei que previamente a estabeleça?

Há uma dúvida que cerca o instituto da delegação, tendo em vista a aparente contradição entre os artigos 11 e 12 da lei em questão. Vejamos.

O art. 11 assinala a irrenunciabilidade da competência, referindo-se à delegação e à avocação, legalmente admitidas.

Mas o art. 12 afirma a possibilidade de delegação se não houver impedimento legal.

Afinal, a delegação pode ocorrer sempre que não vedada, ou para a sua existência lícita exige-se prévia menção legal?

---

[348] FLORESTANO NETO, Miguel. Da competência administrativa (arts. 11 a 15). *In*: FIGUEIREDO, Lúcia Valle (Coord.). *Comentários à lei federal de processo administrativo*. Belo Horizonte: Fórum, 2004, p. 110.

[349] DI PIETRO, Maria Sylvia Zanella. *Direito administrativo*. 15. ed. São Paulo: Atlas, 2003, p. 198.

Sobre o tema, o Professor Miguel Florestano Neto assim se manifestou:

(...) após investigar a contradição, aparente ou real, que decorre do confronto entre os artigos 11 e 12, uma vez que o primeiro afirma que a delegação e a avocação só ocorrem nos casos determinados em lei e o segundo admite o uso da delegação (só dela) "se não houver impedimento legal", entende que deve prevalecer a dicção do art. 11.[350]

Isso porque, no entender do referido professor, o primado da legalidade condiciona a atuação do administrador público, pelo que somente se a lei autorizar ou ordenar seria lícito o uso do instituto.

Tendemos a concordar com Miguel Florestano Neto. Conforme afirmado anteriormente nesta obra, o princípio da legalidade sob a ótica da Administração Pública determina que o administrador somente pode atuar quando a lei expressamente o permitir. Ou seja, diversamente do particular, que tudo pode desde que não seja proibido, o agente público está amarrado à lei, somente podendo atuar quando o ordenamento jurídico o autorizar. Nesse sentido, compreende-se que o art. 12 da Lei nº 9.784/99, mera regra, não poderia ser interpretado de maneira contrária ao princípio da legalidade, que, por sua vez, fundamenta todo o Direito Administrativo, dando-lhe a tônica distintiva.[351]

Ainda que a dúvida possa incomodar, é evidente que o devido atendimento do artigo em foco passa pela observância do princípio da motivação, sendo necessário para a delegação estarem expressas e bem definidas as matérias e os poderes transferidos à pessoa delegada, assim como os limites de sua atuação.

- -

Art. 14 – *O ato de delegação e sua revogação deverão ser publicados no meio oficial.*

- -

Comentários

O presente artigo visa dar publicidade aos atos praticados pela Administração Pública, obrigando-a a dar ciência aos interessados de todos eles. Afinal, conforme com razão relembra Lucas Furtado, repita-se que, se a "democracia é governo do povo, pelo povo, é necessário que o povo saiba o que ocorre nas entranhas das repartições públicas".[352]

---

[350] FIGUEIREDO, Lúcia Valle (Coord.). *Comentários à lei federal de processo administrativo*. Belo Horizonte: Fórum, 2004, p. 106 e 107.

[351] A questão, no entanto, não é pacífica. Raquel Melo Urbano de Carvalho, por exemplo, em respeitável posicionamento, já afirmou que "exigir lei específica que autorize um superior a transferir parte da sua responsabilidade ao inferior inviabilizaria o próprio funcionamento da Administração Pública. Não se coaduna com o trâmite demorado do processo legislativo a celeridade inerente à execução das competências administrativas. Se, para que cada órgão ou autoridade pública pudesse delegar parcela das suas funções a um subalterno fosse necessária aprovação de lei pelo Congresso Nacional, Assembleia Legislativa ou Câmara de Vereadores, não raras vezes estaria inviabilizada a própria atuação da Administração". Conferir: CARVALHO, Raquel Melo Urbano de. *Delegação de competência no direito administrativo*. 17 de abril de 2019. Disponível em: http://raquelcarvalho.com.br/2019/04/17/delegacao-de-competencia-no-direito-administrativo/#_ftn2. Acesso em: 30 abr. 2021.

[352] FURTADO, Lucas Rocha. *Princípios gerais de direito administrativo*. Belo Horizonte: Fórum, 2016, p. 91.

Trata-se, pois, de corolário do princípio da publicidade, insculpido no *caput* do art. 37 da Constituição Federal, que exige que o administrador atue às claras, sendo o sigilo permitido apenas em situações excepcionalíssimas devidamente previstas em lei.

Trata-se, igualmente, de mecanismo que favorece o controle e a manutenção da legalidade, na medida em que, uma vez ciente do ato administrativo de delegação, poderão os cidadãos e os órgãos de controle atuar no sentido de suscitar a anulação do ato, caso verificada alguma ilegalidade. Exemplos de delegações ilegais são as expostas no artigo antecedente, isto é, quando envolverem edição de atos normativos, decisão de recursos administrativos e matérias de competência exclusiva. Outros exemplos de delegações ilegais poderiam ser aquelas efetuadas para satisfazer interesse particular do agente delegante, em desatenção ao princípio da finalidade pública; e aquelas levadas a efeito com declaração de motivos que são falsos, a ensejar a anulação sob o esteio da teoria dos motivos determinantes.

Nesse sentido, o ato de delegação, assim como sua revogação, deverão ser divulgados. O meio oficial é o instrumento mais adequado, embora não único, para a publicação desses atos. A bem da verdade, objetivando uma divulgação ampla, e tendo em vista a Era Informacional em que vivemos, o ideal seria que a Administração divulgasse seus atos também em meios virtuais, acessíveis por todos por intermédio da rede mundial de computadores.

* * *

§1º – O ato de delegação especificará as matérias e poderes transferidos, os limites da atuação do delegado, a duração e os objetivos da delegação e o recurso cabível, podendo conter ressalva de exercício da atribuição delegada.

* * *

Comentários

Todo ato praticado pela Administração Pública deve ser devidamente motivado, no intuito de dar maior transparência às atividades administrativas, sempre respaldado no princípio da moralidade.

Assim, é justamente em razão dos princípios da motivação e da moralidade que se faz necessário que o ato de delegação contenha e especifique as matérias e os poderes transferidos, além de estabelecer os limites de atuação do delegatário, a duração, bem como os objetivos da delegação e o recurso cabível.

Essa exigência permite o exercício do controle por parte do interessado, quando, por exemplo, o agente delegado extrapolar os limites da delegação atuando com excesso de poder. Nessa hipótese, com base no próprio ato de delegação, poderá o interessado recorrer à autoridade superior competente, com vistas a demonstrar o vício de competência da autoridade delegada.

Destaca-se, ainda, a ressalva contida no parágrafo sobre o exercício da atribuição delegada. Poderá a autoridade delegante limitar a delegação do ato no que achar conveniente, transferindo apenas parte da competência, ficando ambos com a prerrogativa de realizar o ato, porém, cada qual com atuação específica relativa à mesma competência.

Entretanto, se não houver nenhum tipo de ressalva, deduz-se que poderá a autoridade competente delegar totalmente o exercício de certa atividade, sem que, no entanto, transfira totalmente seu arcabouço de competências legais. Isso porque, conforme desenvolvemos nas linhas anteriores, entende-se indevida a delegação total, sob pena de frustração do próprio princípio da legalidade.

§2º – O ato de delegação é revogável a qualquer tempo pela autoridade delegante.

Comentários

Por revogação, entende-se o desfazimento do ato válido, que se revelou inoportuno ou inconveniente em momento posterior à sua prática.

Trata-se a revogação, pois, de uma questão não de ilegalidade, mas de mérito administrativo, na medida em que o ato é plenamente harmônico com o ordenamento jurídico, entretanto, não mais passa pelo crivo do juízo de conveniência e oportunidade exclusivo do administrador público. Não por outra razão o Poder Judiciário não tem competência para revogar, porque, inexistindo ilegalidade a ser sanada, a interferência jurisdicional em atos administrativos válidos culminaria com violação à separação de poderes.[353]

A lei dispõe que a revogação pode ser realizada a qualquer tempo. Nada mais lógico, já que todo e qualquer ato deve ser praticado visando ao interesse público. Nesse diapasão, quando não for mais conveniente e oportuno para a Administração que o ato seja praticado pelo delegatário, deve a autoridade delegante revogá-lo, respeitados os direitos adquiridos, consoante se extrai da literalidade do Enunciado nº 473 da Súmula do STF: "A administração pode anular seus próprios atos, quando eivados de vícios que os tornam ilegais, porque deles não se originam direitos; ou revogá-los, por motivo de conveniência ou oportunidade, respeitados os direitos adquiridos, e ressalvada, em todos os casos, a apreciação judicial".

A possibilidade de revogação a qualquer tempo decorre do fato de que, com a revogação, o agente delegante não perde as suas competências originárias. Como contribui Thiago Marrara, "a transferência do exercício, que ocorre mediante avocação ou delegação, não é suficiente para alterar as competências anteriormente distribuídas. Um ato de delegação ou avocação de competência não altera, portanto, o ato normativo que fixou as competências originariamente".[354]

---

[353] Segundo Hely Lopes Meirelles: "*Revogação* é a supressão de um ato administrativo legítimo e eficaz, realizada pela Administração – e somente por ela – por não mais lhe convir a sua existência. Toda revogação pressupõe, portanto, um ato legal e perfeito, mas inconveniente ao interesse público. Se o ato for ilegal ou ilegítimo, não ensejará *revogação*, mas sim *anulação*, como veremos adiante". Conferir: MEIRELLES, Hely Lopes. *Direito administrativo brasileiro*. 39. ed. São Paulo: Malheiros, 2013, p. 212.

[354] MARRARA, Thiago. Competência, delegação e avocação na lei de processo administrativo. *In*: NOHARA, Irene Patrícia; MORAES FILHO, Marco Antonio Praxedes de (Org.). *Processo administrativo*: temas polêmicos da Lei nº 9.784/99. São Paulo: Atlas, 2011, p. 247.

§3º – As decisões adotadas por delegação devem mencionar explicitamente esta qualidade e considerar-se-ão editadas pelo delegado.

Comentários

Quando se é investido em um cargo ou função na Administração Pública, a lei, sem embargo da existência de tratamento também em decretos e portarias, dispõe sobre as competências específicas para o exercício do cargo ou função.

Em razão dessa legalidade, cada agente público deve realizar as atribuições inerentes à sua própria função, sob pena de não ser considerado válido aquele ato.

Assim, quando um servidor desempenha uma atividade delegada, determina o §3º que as decisões adotadas por ele mencionem explicitamente esta qualidade de delegação. A exigência se justifica na medida em que um ato praticado por agente incompetente é passível de anulação, já que presente vício relacionado à competência.

Por isso, é necessário mencionar na decisão adotada que a função foi delegada, para que todos saibam da transferência da atribuição, não suscitando vício no ato praticado. "Necessária a menção aludida porque a competência, originariamente, para a prática do ato não é do delegatário, mas do delegante",[355] conforme afirma Arnaldo Esteves Lima, em consonância com o ora aduzido.

Contudo, faz a legislação outra exigência, determinando que o ato delegado deva ser considerado editado pelo próprio delegatário, tendo em vista que a autoridade que delegou a atividade não tem responsabilidade em relação aos atos praticados pelo delegatário durante o período da delegação.

Outra hipótese que pode surgir sobre a questão diz respeito à prática de abuso de poder por parte do agente delegado, tornando-se importante definir a autoridade coatora. Assim, mencionando na decisão que o ato foi delegado e respondendo o delegatário pelas suas decisões, torna-se mais fácil identificar o coator e tomar as medidas necessárias.

Sobre a matéria, sumulou o STF dizendo que "praticado o ato por autoridade, no exercício de competência delegada, contra ela cabe o mandado de segurança ou a medida judicial".[356]

Conclui-se, pois, que, quando há uma decisão praticada em virtude de delegação, esta deverá mencionar tal qualidade, sendo responsável pelos efeitos dessa decisão o agente delegatário.

---

[355] LIMA, Arnaldo Esteves. *O processo administrativo no âmbito da administração pública federal*: Lei nº 9.784, de 29.01.1999. Belo Horizonte: Del Rey, 2014, p. 61.

[356] Enunciado nº 510 da Súmula do Supremo Tribunal Federal.

Art. 15 – *Será permitida, em caráter excepcional e por motivos relevantes devidamente justificados, a avocação temporária de competência atribuída a órgão hierarquicamente inferior.*[357]

Comentários

No âmbito administrativo a regra é que cada agente público execute suas próprias funções. O uso da avocação deve relatar uma exceção porque não se pode perder de vista o risco no seu emprego incorreto. Explica-se: pode ocorrer que o superior hierárquico queira avocar com o propósito de esvaziar por completo a atuação do subordinado, reduzindo-lhe a importância, seja pela eventual dificuldade de relacionamento entre eles, seja para evitar que o servidor realize atos que o superior não quer ver praticados, em face de compromissos escusos assumidos perante terceiros.

No processo administrativo, a legislação federal admite a avocação temporária, estabelecendo requisitos necessários à sua efetivação.

Ao contrário da delegação, que culmina com transferência temporária de atribuições a outrem, de mesma ou inferior hierarquia, a avocação reside em chamar para si atribuições de um agente hierarquicamente subordinado, legítima apenas mediante motivo relevante devidamente justificado. Delegação e avocação, nesse sentido, são, pois, institutos díspares e opostos, em contrapartida, assemelham-se no que se refere à impossibilidade de delegar ou avocar competências exclusivas.

Sobre o instituto, a lição de Odete Medauar:

> *Avocação* é o deslocamento de competências, de órgão subordinado para órgão superior da hierarquia. Em geral, a autoridade situada em nível hierárquico superior chama a si a matéria que normalmente caberia ao escalão inferior tratar. Essa fungibilidade de atribuições é típica, em princípio, das estruturas hierarquizadas, encontrando limites na lei e outras normas quando estas fixam as competências do órgão inferior.[358]

Um dos requisitos exigidos pela lei é a presença do caráter excepcional, ou seja, somente em situações ímpares, de caráter especial, é que poderá ser admitida a avocação. Caso contrário, a regra de competência restaria esvaziada, porque o administrador público poderia a qualquer tempo ignorar a disposição legal, o que não faz sentido em um Estado de Direito, caracterizado justamente pela subordinação do administrador à lei – princípio da legalidade.

---

[357] ATO ADMINISTRATIVO. ILEGALIDADE. ANULAÇÃO. NECESSIDADE DE DECLARAÇÃO PELA ADMINISTRAÇÃO. DEVIDO PROCESSO LEGAL. PRESUNÇÃO DE LEGITIMIDADE DOS ATOS ADMINISTRATIVOS. A anulação do ato administrativo pela própria Administração Pública deverá ser precedida pelo devido processo legal, no qual se apure a ilegalidade daquele. A competência para anular o ato ilegal é deferida tanto ao agente que o praticou como à autoridade superior, através de recurso interno ou avocação. (TJMG, APELAÇÃO CÍVEL/REEXAME NECESSÁRIO 1.0024.03.941421-4/001, Rel. Desembargador CARREIRA MACHADO, 4ª CÂMARA CÍVEL, julgado em 30.09.2004)

[358] MEDAUAR, Odete. *Direito administrativo moderno*. 17. ed. São Paulo: Revista dos Tribunais, 2013, p. 70.

Outro requisito necessário é a relevância dos motivos. Há evidente espaço de discricionariedade, mas tal liberdade não é absoluta. Assim, entendemos possível um controle externo sobre a relevância, que é conceito jurídico indeterminado, caso a fundamentação permita auferir que se ofendeu o princípio da razoabilidade ao se empregar a avocação em situação cotidiana, vulgar.

Aqui se aplica o controle jurisdicional dos atos administrativos mediante a utilização da lógica das zonas de certeza positiva e zonas de certeza negativa: algumas situações claramente se adequam à norma, outras claramente não se adequam à norma e, em outras, está-se diante de uma zona de penumbra (zona cinzenta). Neste último caso, é vedado o controle jurisdicional, na medida em que impossível averiguar mediante critérios objetivos se o administrador ultrapassou ou não os limites da discricionariedade.

Por exemplo, avocar uma competência sob a alegação de ser esta uma necessidade para a satisfação pessoal do agente delegante, para além de representar violação aos princípios da finalidade e da moralidade, encontra-se na zona de certeza negativa: trata-se, sem dúvida, de motivo que não é relevante para os fins de avocação, de modo que o controle jurisdicional, aqui, é legítimo. Lado outro, a avocação realizada para evitar prejuízo robusto, claro e iminente, vislumbrada de forma cristalina no caso concreto, seria uma situação que se enquadraria em uma zona de certeza positiva: trata-se, com certeza, de hipótese em que o motivo é relevante.[359]

De toda sorte, a fundamentação é crucial, para esclarecer e justificar o ato da avocação, o porquê de aquele agente atrair uma determinada função do agente inferior. Trata-se de decorrência do princípio da motivação, que exige da Administração Pública a exposição das razões de fato e de direito que justificaram a sua atuação.

Por fim, o último requisito é a temporariedade, significando que a avocação possui um prazo, qual seja, o tempo que persistir a situação especial, retornando ao normal logo que encerrar o caráter excepcional.

. . . .

Art. 16 – *Os órgãos e entidades administrativas divulgarão publicamente os locais das respectivas sedes e, quando conveniente, a unidade fundacional competente em matéria de interesse especial.*

. . . .

Comentários

Novamente, clama o legislador pelo princípio da publicidade ao determinar aos órgãos e entidades administrativas a divulgação dos locais das sedes e a unidade fundacional competente em matéria de interesse especial, sendo a última hipótese divulgada se conveniente ao interesse público.

---

[359] Sobre esse tema, é de leitura obrigatória o seguinte artigo de José dos Santos Carvalho Filho: CARVALHO FILHO, José dos Santos. O controle judicial da concretização dos conceitos jurídicos indeterminados. *R. Dir. Proc. Geral*, Rio de Janeiro, 54, 2001. Disponível em: https://pge.rj.gov.br/comum/code/MostrarArquivo. php?C=ODY3Nw%2C%2C. Acesso em: 1º maio 2021.

Essa divulgação, além de demonstrar clareza nas atividades administrativas, é muito importante para a instauração do processo administrativo, visto que, se não for divulgada a sede dos órgãos ou entidades administrativas, tornar-se-á praticamente inviável o encaminhamento do requerimento ou o recurso do interessado.

Art. 17 – Inexistindo competência legal específica, o processo administrativo deverá ser iniciado perante a autoridade de menor grau hierárquico para decidir.

Comentários

Segundo este artigo, quando a lei não especificar qual a autoridade competente para decidir determinada matéria, o processo administrativo deve ser instaurado perante a autoridade de menor hierarquia.

Nada mais quis o legislador do que garantir o princípio da ampla defesa ao interessado, objetivando primordialmente resguardar a aplicabilidade dos recursos, pois, dessa forma, haverá mais possibilidade recursal às instâncias administrativas superiores e, consequentemente, mais chance de a Administração Pública rever a decisão tomada.

É nesse sentido o entendimento de Arnaldo Esteves Lima:

> A regra é no sentido de que, ordinariamente, o início do Processo Administrativo deve ocorrer perante a autoridade competente de menor grau decisório. Essa orientação melhor atende aos princípios do devido processo legal, da ampla defesa, do contraditório, do juiz natural (art. 5º XXXVII e LIII, da CF), pois oferece maiores oportunidades às partes para demonstrar o seu alegado direito ou legítimo interesse.[360]

Assim, não havendo competência específica, o processo administrativo deverá ser iniciado perante a autoridade de menor grau hierárquico, visando também a efetivar o princípio da pluralidade de instâncias, decorrente do poder de autotutela da Administração Pública, qual seja, o dever-poder de rever seus próprios atos quando eivados de ilegalidade, ou quando inconvenientes ou inoportunos.[361]

---

[360] LIMA, Arnaldo Esteves. *O processo administrativo no âmbito da administração pública federal*: Lei nº 9.784, de 29.1.1999. Belo Horizonte: Del Rey, 2014, p. 63.

[361] Segundo a Súmula nº 346 do STF, "a Administração Pública pode declarar a nulidade dos seus próprios atos" e, de acordo com Súmula nº 473 do STF, "a administração pode anular seus próprios atos, quando eivados de vícios que os tornam ilegais, porque deles não se originam direitos; ou revogá-los, por motivo de conveniência ou oportunidade, respeitados os direitos adquiridos, e ressalvada, em todos os casos, a apreciação judicial". Comentários sobre o poder-dever de anular serão feitos ao longo deste trabalho, em especial, ao se apreciar o art. 54.

Capítulo VII
DOS IMPEDIMENTOS E DA SUSPEIÇÃO

Art. 18 – *É impedido de atuar em processo administrativo o servidor ou autoridade que:*

I – tenha interesse direto ou indireto na matéria;

II – tenha participado ou venha a participar como perito, testemunha ou representante, ou se tais situações ocorrem quanto ao cônjuge, companheiro ou parente e afins até o terceiro grau;

III – esteja litigando judicial ou administrativamente com o interessado ou respectivo cônjuge ou companheiro.

Art. 19 – *Autoridade ou servidor que incorrer em impedimento deve comunicar o fato à autoridade competente, abstendo-se de atuar.*

Parágrafo único – A omissão do dever de comunicar o impedimento constitui falta grave, para efeitos disciplinares.

Art. 20 – *Pode ser argüida a suspeição de autoridade ou servidor que tenha amizade íntima ou inimizade notória com algum dos interessados ou com os respectivos cônjuges, companheiros, parentes e afins até o terceiro grau.*

Art. 21 – *O indeferimento de alegação de suspeição poderá ser objeto de recurso, sem efeito suspensivo.*

Comentários

A Lei nº 9.784/99 tratou em capítulo específico do impedimento e da suspeição.

A eficiência no processo administrativo, que, como já dito, está associada ao devido processo legal, estará comprometida quando a condução do processo e o ato decisório estiverem entregues a agentes não neutros.

A preocupação da lei não se restringe ao momento de decisão, tanto que alude a servidores e autoridade. Se autoridade, por definição da própria Lei nº 9.784/99, é o agente dotado de poder de decisão, servidor é quem não o teria, mas que também atua no processo administrativo. Não nos parece que se possa aprioristicamente afirmar que os comandos excluam os agentes públicos que realizam atos materiais próprios da fase instrutória. Primeiro porque não há a ressalva na lei, segundo porque no caso concreto pode se revelar comprometida a eficiência e o devido processo legal exatamente diante de um comportamento "direcionado" de um desses colaboradores.

A alegação de impedimento ou de suspeição visa a garantir imparcialidade na condução do processo administrativo.[362] Ora, é importante que a parte confie na imparcialidade e não duvide da lisura da atuação dos agentes da Administração Pública.

---

[362] O STJ, ao julgar o Mandado de Segurança nº 14.958/DF, entendeu pela nulidade de demissão aplicada a servidor público, uma vez que a portaria sancionatória foi assinada pela mesma autoridade que realizou representação contra o agente.

Além disso, a atuação imparcial dos servidores e autoridades é requisito de validade do processo administrativo.[363]

De acordo com Sérgio Ferraz e Adilson Abreu Dallari:

> Seria total e absolutamente inútil o processo administrativo se inexistisse para os litigantes a garantia de imparcialidade na tomada da decisão. Do administrador-julgador há, pois, de se exigir, como condição de capacidade subjetiva, a inexistência de condições que, direta ou indiretamente, sejam suscetíveis de prejudicar a total isenção que há de marcar sua atuação em face dos direitos e interesses contrapostos (ainda quando entre tais direitos e interesses figurem aqueles de que titular a própria Administração).[364]

Nesse sentido, a lei estabeleceu as hipóteses que podem afastar o servidor e a autoridade de atuar no processo, separando em dois conjuntos: os impedimentos e a suspeição. No caso da arguição de impedimento, o legislador elencou taxativamente as hipóteses de sua caracterização (art. 18, incisos I, II e III).

O rol das hipóteses de impedimento no Código de Processo Civil é mais extenso: são nove hipóteses, elencadas nos incisos do art. 144.[365] Interessante observar que, segundo o art. 18, I, da Lei nº 9.784/99, é impedido o servidor ou autoridade que tenha interesse direto ou indireto na matéria, embora, lado outro, o art. 145, IV, do Código de Processo Civil preveja que é hipótese de suspeição do juiz o interesse no julgamento. Há, aqui, um tratamento diferenciado entre as duas leis no tocante àquele que tenha interesse na controvérsia.

De outro modo, nos casos de suspeição, apenas foram indicados os fatos e circunstâncias que podem ser levantados, a saber: quando a autoridade ou o servidor tenha amizade íntima ou inimizade notória com algum dos interessados ou com os respectivos cônjuges, companheiros, parentes e afins até o terceiro grau. Trata-se de hipótese que igualmente representa suspeição do juiz, nos termos do art. 145, I, do Código de Processo Civil.[366]

---

[363] Odete Medauar diz que "impessoalidade, imparcialidade, objetividade envolvem tanto a ideia de funcionários que atuam em nome do órgão, não para atender objetivos pessoais, como de igualdade dos administrados e atuação norteada por fins de interesse público". Conferir: MEDAUAR, Odete. *A processualidade no direito administrativo*. São Paulo: Revista dos Tribunais, 1993, p. 89.

[364] FERRAZ, Sérgio; DALLARI, Adilson Abreu. *Processo administrativo*. São Paulo: Malheiros, 2002, p. 106.

[365] Art. 144. Há impedimento do juiz, sendo-lhe vedado exercer suas funções no processo:
I – em que interveio como mandatário da parte, oficiou como perito, funcionou como membro do Ministério Público ou prestou depoimento como testemunha;
II – de que conheceu em outro grau de jurisdição, tendo proferido decisão;
III – quando nele estiver postulando, como defensor público, advogado ou membro do Ministério Público, seu cônjuge ou companheiro, ou qualquer parente, consanguíneo ou afim, em linha reta ou colateral, até o terceiro grau, inclusive;
IV – quando for parte no processo ele próprio, seu cônjuge ou companheiro, ou parente, consanguíneo ou afim, em linha reta ou colateral, até o terceiro grau, inclusive;
V – quando for sócio ou membro de direção ou de administração de pessoa jurídica parte no processo;
VI – quando for herdeiro presuntivo, donatário ou empregador de qualquer das partes;
VII – em que figure como parte instituição de ensino com a qual tenha relação de emprego ou decorrente de contrato de prestação de serviços;
VIII – em que figure como parte cliente do escritório de advocacia de seu cônjuge, companheiro ou parente, consanguíneo ou afim, em linha reta ou colateral, até o terceiro grau, inclusive, mesmo que patrocinado por advogado de outro escritório;
IX – quando promover ação contra a parte ou seu advogado.

[366] Art. 145. Há suspeição do juiz:

Art. 21 | 159

Há que ficar claro que as hipóteses de impedimento dizem respeito a fatos diretamente relacionados com o processo. Já a suspeição trata de situações externas ao processo que podem ser apontadas pelo interessado.

Entende-se que o administrador público pode declarar-se suspeito por questão de foro íntimo, apesar de essa circunstância não estar indicada no art. 20.[367] Trata-se de uma analogia ao art. 145, §1º, do Código de Processo Civil, que prevê: "poderá o juiz declarar-se suspeito por motivo de foro íntimo, sem necessidade de declarar suas razões", haja vista que tal razão pode afetar a imparcialidade do agente decisório.

Fábio Nadal Pedro defende a não exaustão das hipóteses de suspeição e inclui o prejulgamento por parte da autoridade julgadora, porque tal atitude evidencia a parcialidade do julgador.[368]

Dentro dessa perspectiva, entende-se, também, que é impedido de atuar no processo administrativo o agente público que se enquadre, *mutatis mutandis*, nas hipóteses descritas no art. 144 do Código de Processo Civil, para além daquelas estipuladas no art. 18 da Lei nº 9.784/99. Por exemplo, o Supremo Tribunal Federal, no âmbito do RMS 26.029/DF, declarou nula a decisão de recurso administrativo proferida por Ministro de Estado que, anteriormente, era justamente a autoridade que havia prolatado a decisão recorrida (hipótese que se enquadra, *mutatis mutandis*, ao art. 144, II, do CPC).[369]

O Superior Tribunal de Justiça, em decisão no Mandado de Segurança nº 14.233/DF, afirmou que, em face do art. 18 da Lei nº 9.784/99, "é nula a aplicação de sanção demissória a servidor público autárquico, em conclusão de PAD destinado a apurar as

---

I – amigo íntimo ou inimigo de qualquer das partes ou de seus advogados;

II – que receber presentes de pessoas que tiverem interesse na causa antes ou depois de iniciado o processo, que aconselhar alguma das partes acerca do objeto da causa ou que subministrar meios para atender às despesas do litígio;

III – quando qualquer das partes for sua credora ou devedora, de seu cônjuge ou companheiro ou de parentes destes, em linha reta até o terceiro grau, inclusive;

IV – interessado no julgamento do processo em favor de qualquer das partes.

[367] DIREITO ADMINISTRATIVO DO ESTADO DE MINAS GERAIS. PROCESSO ADMINISTRATIVO DISCIPLINAR. ARGÜIÇÃO DE SUSPEIÇÃO. RECURSO ADMINISTRATIVO. No processo administrativo estadual, a autoridade prolatora da decisão recorrida limita-se a reconsiderá-la ou a encaminhar o recurso à autoridade superior, sem emitir juízo de admissibilidade do mesmo, que é exclusivo da autoridade competente para apreciá-lo (art. 51, §1º, da Lei Estadual 14.184/02). Cabe recurso contra a decisão que rejeita argüição de suspeição em processo administrativo (art. 63, parágrafo único, da Lei Estadual 14.184/02) cuja apreciação, tratando-se de servidor do Poder Judiciário, cabe ao Conselho da Magistratura. Salvo disposição legal em sentido contrário, os recursos administrativos não têm efeito suspensivo (art. 57, *caput*, da Lei Estadual 14.184/02), o que, tratando-se de arguição de suspeição, é reforçado pelo art. 63, parágrafo único, do mesmo diploma legal. (TJMG, Mandado de Segurança 1.0000.00.290347-4/000, Rel. Desembargadora MARIA ELZA, 5ª CÂMARA CÍVEL, julgado em 28.03.2003)

[368] PEDRO, Fábio Nadal. Dos impedimentos e da suspeição na Lei nº 9.784/99. *In*: NOHARA, Irene Patrícia; MORAES FILHO, Marco Antonio Praxedes de (Org.). *Processo administrativo*: temas polêmicos da Lei nº 9.784/99. São Paulo: Atlas, 2011.

[369] A 2ª Turma deu provimento parcial a recurso ordinário em mandado de segurança para, apenas, declarar nula decisão proferida por Ministro de Estado e determinar que seja realizado novo julgamento de recurso administrativo interposto pela recorrente. No caso, a autoridade administrativa que revogara a permissão da impetrante para serviço de retransmissão televisiva rejeitara pedido de reconsideração formulado pela permissionária. Posteriormente, a aludida autoridade teria sido alçada ao cargo de Ministro de Estado e, nessa qualidade, julgara o respectivo recurso administrativo interposto. A Turma concluiu que o recurso administrativo deveria ter sido apreciado por autoridade superior e diferente daquela que o decidira anteriormente, de modo que seria nula a decisão proferida pela mesma pessoa. Mencionou o art. 18 da Lei 9.784/1999, que impediria de atuar no processo administrativo o servidor ou a autoridade que tivesse decidido ou participado como perito, testemunha ou representante, nos casos em que já tivesse atuado. (STF, RMS 26.029/DF, Rel. Min. CÁRMEN LÚCIA, 11.03.2014, Informativo 738)

irregularidades constatadas pela Controladoria-Geral da União na Gerência Regional de Administração do Ministério da Fazenda do Estado da Paraíba, que foi inaugurado justamente por um dos gestores em cuja gerência foram detectadas irregularidades, que exerceu sua competência como se não estivesse entre os acusados. O mesmo entendimento deve ser aplicado no que pertine à prova testemunhal, que foi prestada por servidores também relacionados no relatório da CGU e que, por estarem sendo objeto de investigação, sequer prestaram o compromisso de dizer a verdade perante a comissão".

No Mandado de Segurança nº 14.958, o STJ rotulou como nula a aplicação de sanção demissória, após conclusão de processo administrativo disciplinar, se o signatário da portaria sancionatória foi quem deflagrou o processo. No mesmo processo, o Tribunal Superior repudiou a presença de Procurador Federal a presidir processo disciplinar, quando o agente participou como autor do parecer que orientou a decisão pela nulidade de PAD anterior.

O procedimento para alegação de impedimento é bem simples, devendo ser reconhecido pelo administrador na primeira oportunidade, quando será cientificada a autoridade competente, sob pena de incorrer em falta grave, para efeitos disciplinares. Outrossim, o impedimento também pode ser levantado pelo interessado.

Do mesmo modo a suspeição pode ser suscitada tanto pelo administrador quanto pelo interessado.

Da decisão que indeferir a alegação de suspeição, cabe recurso sem efeito suspensivo[370] diante do critério exclusivamente subjetivo da alegação que deverá ser objeto de análise mais minuciosa.

Faz sentido a referida previsão, haja vista a fundamentação da alegação ser consubstanciada em aspectos exclusivamente subjetivos apontados pelo interessado, que já foram objeto de análise e poderiam ser utilizados com fins meramente procrastinatórios.

Capítulo VIII
DA FORMA, TEMPO E LUGAR DOS ATOS DO PROCESSO

Art. 22 – *Os atos do processo administrativo não dependem de forma determinada senão quando a lei expressamente a exigir.*

§1º – Os atos do processo devem ser produzidos por escrito, em vernáculo, com a data e o local de sua realização e a assinatura da autoridade responsável.

§2º – Salvo imposição legal, o reconhecimento de firma somente será exigido quando houver dúvida de autenticidade.

§3º – A autenticação de documentos exigidos em cópia poderá ser feita pelo órgão administrativo.

§4º – O processo deverá ter suas páginas numeradas seqüencialmente e rubricadas.

---

[370] O recurso sem efeito suspensivo não suspende a executoriedade da decisão recorrida.

Art. 22 | 161

Comentários

Os atos administrativos são manifestações de vontade da Administração Pública ou de quem lhe faça as vezes, espécies de atos jurídicos que têm por fim imediato adquirir, resguardar, transferir, modificar, extinguir e declarar direitos, ou impor obrigações aos particulares ou a si própria, e, por fim mediato, a concretização do interesse público.[371] Nas palavras de José dos Santos Carvalho Filho, ato administrativo é "a exteriorização de vontade de agentes da Administração Pública ou de seus delegatários, nessa condição, que, sob o regime de direito público, vise à produção de efeitos jurídicos, com o fim de atender ao interesse público".[372]

A Lei nº 9.784/99 estabelece como regra que os atos administrativos não dependem de forma determinada, adotando o princípio da liberdade das formas, isto é, a forma é livre, podendo ser formalizados de qualquer modo, tanto escrito quanto verbal. Trata-se de manifestação do princípio da instrumentalidade das formas e também do formalismo moderado, que se apegam mais ao conteúdo e à finalidade do ato praticado que à forma adotada, propriamente dita.

Com efeito, a própria lei indica que os atos administrativos devem, em regra, ser produzidos por escrito, em vernáculo – até porque a língua portuguesa é o idioma oficial da República Federativa do Brasil, conforme art. 13, *caput*, da Constituição –, com a data e o local de sua realização e assinatura da autoridade responsável. Excepcionalmente, é admitida a produção de atos verbais, visuais ou gestuais para atender logística administrativa, como, por exemplo, sinais luminosos, placas, gestos praticados pelos agentes de trânsito, etc.

Com relação aos documentos apresentados, é possível aceitar a cópia, e o servidor autorizado do órgão poderá autenticá-la conferindo-a com o original apresentado.

A medida ajusta-se ao princípio do formalismo moderado previsto no art. 2º da lei e também ao art. 3º – incisos I e II – da Lei nº 13.726/18 (lei que racionaliza atos e procedimentos administrativos e institui o Selo de Desburocratização e Simplificação),[373]

---

[371] MEIRELLES, Hely Lopes. *Direito administrativo brasileiro*. 29. ed. São Paulo: Malheiros, 2004, p. 147.

[372] CARVALHO FILHO, José dos Santos. *Manual de direito administrativo*. 27. ed. rev., atual. e ampl. São Paulo: Atlas, 2014, p. 101.

[373] Art. 1º Esta Lei racionaliza atos e procedimentos administrativos dos Poderes da União, dos Estados, do Distrito Federal e dos Municípios mediante a supressão ou a simplificação de formalidades ou exigências desnecessárias ou superpostas, cujo custo econômico ou social, tanto para o erário como para o cidadão, seja superior ao eventual risco de fraude, e institui o Selo de Desburocratização e Simplificação.
Art. 2º (VETADO).
Art. 3º Na relação dos órgãos e entidades dos Poderes da União, dos Estados, do Distrito Federal e dos Municípios com o cidadão, é dispensada a exigência de:
I – reconhecimento de firma, devendo o agente administrativo, confrontando a assinatura com aquela constante do documento de identidade do signatário, ou estando este presente e assinando o documento diante do agente, lavrar sua autenticidade no próprio documento;
II – autenticação de cópia de documento, cabendo ao agente administrativo, mediante a comparação entre o original e a cópia, atestar a autenticidade;
III – juntada de documento pessoal do usuário, que poderá ser substituído por cópia autenticada pelo próprio agente administrativo;
IV – apresentação de certidão de nascimento, que poderá ser substituída por cédula de identidade, título de eleitor, identidade expedida por conselho regional de fiscalização profissional, carteira de trabalho, certificado de prestação ou de isenção do serviço militar, passaporte ou identidade funcional expedida por órgão público;
V – apresentação de título de eleitor, exceto para votar ou para registrar candidatura;

que determina que na relação dos órgãos e entidades públicas com o cidadão são dispensados o reconhecimento de firma e a autenticação de documentos.

Para finalizar, o processo deverá ter suas páginas numeradas sequencialmente e rubricadas, a fim de criar uma sequência lógica e ordenada dos atos praticados, além de evitar a retirada de documentos.

No que se refere especificamente aos processos administrativos eletrônicos, por óbvio, as páginas não serão manualmente numeradas e rubricadas, mas se exige a assinatura digital daquele que neles intervenha, sem embargo de outras exigências e diretrizes que visem à garantia da autenticidade, da autoria e da integridade documental.

VI – apresentação de autorização com firma reconhecida para viagem de menor se os pais estiverem presentes no embarque.

§1º É vedada a exigência de prova relativa a fato que já houver sido comprovado pela apresentação de outro documento válido.

§2º Quando, por motivo não imputável ao solicitante, não for possível obter diretamente do órgão ou entidade responsável documento comprobatório de regularidade, os fatos poderão ser comprovados mediante declaração escrita e assinada pelo cidadão, que, em caso de declaração falsa, ficará sujeito às sanções administrativas, civis e penais aplicáveis.

§3º Os órgãos e entidades integrantes de Poder da União, de Estado, do Distrito Federal ou de Município não poderão exigir do cidadão a apresentação de certidão ou documento expedido por outro órgão ou entidade do mesmo Poder, ressalvadas as seguintes hipóteses:

I – certidão de antecedentes criminais;

II – informações sobre pessoa jurídica;

III – outras expressamente previstas em lei.

Art. 4º (VETADO).

Art. 5º Os Poderes da União, dos Estados, do Distrito Federal e dos Municípios poderão criar grupos setoriais de trabalho com os seguintes objetivos:

I – identificar, nas respectivas áreas, dispositivos legais ou regulamentares que prevejam exigências descabidas ou exageradas ou procedimentos desnecessários ou redundantes;

II – sugerir medidas legais ou regulamentares que visem a eliminar o excesso de burocracia.

Art. 6º Ressalvados os casos que impliquem imposição de deveres, ônus, sanções ou restrições ao exercício de direitos e atividades, a comunicação entre o Poder Público e o cidadão poderá ser feita por qualquer meio, inclusive comunicação verbal, direta ou telefônica, e correio eletrônico, devendo a circunstância ser registrada quando necessário.

Art. 7º É instituído o Selo de Desburocratização e Simplificação, destinado a reconhecer e a estimular projetos, programas e práticas que simplifiquem o funcionamento da administração pública e melhorem o atendimento aos usuários dos serviços públicos.

Parágrafo único. O Selo será concedido na forma de regulamento por comissão formada por representantes da Administração Pública e da sociedade civil, observados os seguintes critérios:

I – a racionalização de processos e procedimentos administrativos;

II – a eliminação de formalidades desnecessárias ou desproporcionais para as finalidades almejadas;

III – os ganhos sociais oriundos da medida de desburocratização;

IV – a redução do tempo de espera no atendimento dos serviços públicos;

V – a adoção de soluções tecnológicas ou organizacionais que possam ser replicadas em outras esferas da administração pública.

Art. 8º A participação do servidor no desenvolvimento e na execução de projetos e programas que resultem na desburocratização do serviço público será registrada em seus assentamentos funcionais.

Art. 9º Os órgãos ou entidades estatais que receberem o Selo de Desburocratização e Simplificação serão inscritos em Cadastro Nacional de Desburocratização.

Parágrafo único. Serão premiados, anualmente, 2 (dois) órgãos ou entidades, em cada unidade federativa, selecionados com base nos critérios estabelecidos por esta Lei.

Art. 10. (VETADO).

Art. 23 – *Os atos do processo devem realizar-se em dias úteis, no horário normal de funcionamento da repartição na qual tramitar o processo.*

Parágrafo único. Serão concluídos depois do horário normal os atos já iniciados, cujo adiamento prejudique o curso regular do procedimento ou cause dano ao interessado ou à Administração.

Comentários

Os atos do processo deverão ser praticados em dias úteis, inclusive aos sábados, desde que haja expediente nesse dia. Inclusive, nesse contexto, importa dizer que o art. 219 do Código de Processo de 2015 inovou em relação ao Código de Processo Civil de 1973, ao versar que, na contagem dos prazos processuais, contabilizar-se-ão apenas os dias úteis.

A prática dos atos do processo administrativo deve ocorrer durante o horário de expediente, podendo ser concluídos após o horário normal os atos já iniciados, cujo adiamento afete a tramitação regular do processo ou gere prejuízos ao interessado ou à Administração. Trata-se de exceção, que deve ser admitida em situações especiais.

Art. 24 – *Inexistindo disposição específica, os atos do órgão ou autoridade responsável pelo processo e dos administrados que dele participem devem ser praticados no prazo de cinco dias, salvo motivo de força maior.*

Parágrafo único. O prazo previsto neste artigo pode ser dilatado até o dobro, mediante comprovada justificativa.

Comentários

A estipulação de prazo para prática de atos do órgão ou autoridade responsável, bem como dos interessados, vai ao encontro da necessidade de que a Administração não se omita em tomar suas decisões e os particulares não protelem o andamento do procedimento.

Trata-se de dispositivo que privilegia, pois, o princípio da duração razoável dos processos administrativos, que não podem tramitar eternamente, cenário que inclusive vulneraria a segurança jurídica. Sobre o tema, inclusive, o Superior Tribunal de Justiça já teve a oportunidade de expor que "a conclusão de processo administrativo em prazo razoável é corolário dos princípios da eficiência, da moralidade e da razoabilidade".[374]

---

[374] STJ, REsp 1.138.206/RS, 1ª Seção, Rel. Ministro LUIZ FUX, julgado em 09.08.2010.

Referida determinação é de fundamental importância, na medida em que os prazos não são respeitados pelos agentes públicos responsáveis pela condução dos processos administrativos. Grande parte das vezes, os processos ficam anos aguardando decisões, gerando toda a sorte de insegurança e prejuízo aos interessados e destinatários da decisão aguardada.

A designação de prazo e, sobretudo, a sua obediência contribuem para a consecução do princípio da eficiência, pois não se pode supor conviver com um processo administrativo que se prolongue indefinidamente. Voltaremos à questão, quando do exame do art. 49.

Mas o mais importante é a possibilidade de incursão do servidor omisso ou negligente em desídia, que caracteriza falta disciplinar, podendo ser punida com a pena de demissão.[375] Lado outro, se o interessado não praticar o ato no prazo, sofrerá o ônus da preclusão administrativa.

Há, ainda, possibilidade de dilação do prazo de cinco dias até o dobro, quando ocorrer justificativa comprovada para tanto. A dilação do prazo é uma faculdade da Administração, tendo em vista a justificativa apresentada, podendo ela indeferir o pedido caso não vislumbre motivo para tanto. Vale esclarecer, também, que prazo em dobro quer dizer prazo de até dez dias.

O dispositivo ainda se refere a casos de força maior. Não há, nem na doutrina nem na jurisprudência, consenso quanto ao significado de caso fortuito e de força maior. Há quem sustente que esta exprime o fato proveniente de situação alheia à vontade humana, tais como uma tempestade, um ciclone, um terremoto; enquanto o caso fortuito representa situação alheia à vontade da parte, mas decorrente da vontade humana como, por exemplo, uma greve, um incêndio provocado dolosamente por terceiro, uma guerra.[376]

Todavia, contrapondo-se a tal entendimento, alguns doutrinadores concebem justamente o contrário: o caso fortuito como o acontecimento natural, derivado da força da natureza, ou o fato das coisas, e a força maior como o acontecimento que envolve um elemento humano.[377]

Para a caracterização do caso fortuito ou da força maior, faz-se necessário o preenchimento de três requisitos: 1. A natureza insuperável do fato, pois, nos termos do art. 393 do Código Civil, apenas exclui a responsabilidade o fato em relação ao qual o dano seja resultado obrigatório; 2. A inevitabilidade, uma vez que só se pode eximir de responsabilidade o aparente causador do dano nas hipóteses em que o evento danoso não possa ser impedido em seus efeitos; e, 3. A impossibilidade de cumprimento da prestação, de forma razoável, pelo devedor, não se exigindo que tal impossibilidade tenha caráter absoluto, porquanto, daquele, não há que se exigir esforços extraordinários a fim de executar a prestação estabelecida.[378]

---

[375] Usa-se, como referência, o art. 132, inciso XIII, da Lei nº 8.112/90.

[376] Nesse sentido: MONTEIRO, Washington de Barros. *Curso de direito civil*. 15. ed. São Paulo: Saraiva, 1979, p. 331 (Direito das obrigações, v. 4, 1ª parte).

[377] Carvalho Santos cita diversos autores que adotam este entendimento. Para maiores informações, ver: SANTOS, J. M. de. *Código Civil brasileiro interpretado*. 10. ed. Rio de Janeiro: Freitas Bastos, 1982 (Direito das obrigações, v. 14).

[378] Nesse sentido: PEREIRA, Caio Mário da Silva. *Responsabilidade civil*. 3. ed. Rio de Janeiro: Forense, 1992, p. 302; TEPEDINO, Gustavo *et al*. *Código Civil interpretado conforme a Constituição da República*. Rio de Janeiro: Renovar, 2004. v. 1, p. 705.

Deve-se salientar, entretanto, que o interesse em distinguir caso fortuito e força maior se limita ao âmbito teórico. O Código Civil de 2002, no parágrafo único do art. 393, trata caso fortuito e força maior como sinônimos, conceituando-os como o "fato necessário, cujos efeitos não era possível evitar ou impedir".[379]

Para finalizar, vale alertar que esta norma é de aplicação subsidiária aos demais processos que são regulados por norma geral, conforme preceitua o art. 69 da Lei nº 9.784/99.

Art. 25 – *Os atos do processo devem realizar-se preferencialmente na sede do órgão, cientificando-se o interessado se outro for o local de realização.*

Comentários

Em regra, os atos do processo realizar-se-ão na sede do órgão, podendo, no entanto, realizar-se em outro local, desde que seja previamente cientificado o interessado. Todavia, essa mudança não pode se dar ao bel-prazer do administrador, senão em situações de real necessidade e visando ao melhor desenvolvimento do processo, sempre em atenção ao princípio da finalidade.

Caso o interessado não seja cientificado da alteração do local de realização do processo, poderá suscitar a nulidade do ato e requerer a sua repetição. Entretanto, se o interessado não se manifestar, há que se entender que se conformou com o ato praticado fora da sede.[380]

Nada impede, no entanto, se cientes e acordados todos os interessados, que alguns atos sejam realizados à distância, por videoconferência, mecanismo tecnológico que se firmou de vez, sobretudo após o advento da pandemia do Covid-19, que restringiu demasiadamente os atos processuais presenciais a fim de manter o necessário distanciamento social.

Em contrapartida, entende-se que, caso algum dos interessados levante impossibilidade ou empecilho razoável a impedir a presença virtual em atos processuais à distância, deve o pleito ser considerado e, o ato em questão, realizado presencialmente, sob pena de cerceamento de defesa. Seria o caso, por exemplo, de um processado que reside em zona rural onde não há acesso à rede mundial de computadores; ou de um interessado idoso que, por questões pessoais, não tem a destreza necessária para manusear instrumentos digitais, realidade comum que não pode ser simplesmente ignorada.

---

[379] Art. 393. (...)
Parágrafo único. O caso fortuito ou de força maior verifica-se no fato necessário, cujos efeitos não era possível evitar ou impedir.

[380] CARVALHO FILHO, José dos Santos. *Processo administrativo federal*: comentários à Lei nº 9.784, de 29.1.1999. 2. ed. Rio de Janeiro: Lumen Juris, 2005, p. 153.

Capítulo IX
DA COMUNICAÇÃO DOS ATOS

Art. 26 – *O órgão competente perante o qual tramita o processo administrativo determinará a intimação do interessado para ciência de decisão ou a efetivação de diligências.*

§1º – A intimação deverá conter:

I – identificação do intimado e o nome do órgão ou entidade administrativa;

II – finalidade da intimação;

III – data, hora e local em que deve comparecer;

IV – se o intimado deve comparecer pessoalmente, ou fazer-se representar;

V – informação da continuidade do processo independentemente do seu comparecimento;

VI – indicação dos fatos e fundamentos legais pertinentes.

§2º – A intimação observará a antecedência mínima de três dias úteis quanto à data de comparecimento.

§3º – A intimação pode ser efetuada por ciência no processo, por via postal com aviso de recebimento, por telegrama ou outro meio que assegure a certeza da ciência do interessado.[381]

§4º – No caso de interessados indeterminados, desconhecidos ou com domicílio indefinido, a intimação deve ser efetuada por meio de publicação oficial.[382]

§5º – As intimações serão nulas quando feitas sem observância das prescrições legais, mas o comparecimento do administrado supre sua falta ou irregularidade.

Art. 27 – *O desatendimento da intimação não importa o reconhecimento da verdade dos fatos, nem a renúncia a direito pelo administrado.*

Parágrafo único – No prosseguimento do processo, será garantido direito de ampla defesa ao interessado.

---

[381] O STJ decidiu que a notificação pela internet da exclusão do Refis (Programa de Recuperação Fiscal) é legal e desobriga a Fazenda Nacional de intimar pessoalmente a empresa excluída. De acordo com o Ministro Herman Benjamin, a intimação *on-line* em relação ao Refis está prevista na Resolução nº 20/2001 do Comitê Gestor do Programa, norma regulamentar da Lei nº 9.964/00 (Lei do Refis). Assim, é possível que a intimação ocorra pela internet, pois não se aplica aos atos de exclusão do Refis o disposto no art. 26 da Lei nº 9.784, por haver disciplina específica de regência do referido programa (Lei nº 9.964/00). Conferir: STJ, REsp 638.425/DF, Rel. Ministro HERMAN BENJAMIN, SEGUNDA TURMA, publicado no DJ em 13.09.2007, p. 183. No mesmo sentido, ver também: STJ, REsp 756.320/DF, Rel. Ministro HERMAN BENJAMIN, SEGUNDA TURMA, publicado no DJ em 12.09.2007; STJ, REsp nº 720.552/CE, Rel. Ministro HERMAN BENJAMIN, SEGUNDA TURMA, publicado no DJ em 24.10.2006; e STJ, REsp nº 781.812/DF, Rel. Ministro HERMAN BENJAMIN, SEGUNDA TURMA, publicado no DJ em 19.10.2006.

[382] TRIBUTÁRIO. EXECUÇÃO FISCAL. CONSELHO DE FISCALIZAÇÃO PROFISSIONAL. AUSÊNCIA DE NOTIFICAÇÃO. INTIMAÇÃO POR EDITAL. NULIDADE DO CRÉDITO TRIBUTÁRIO. 1. A validade do crédito que resulta da aplicação da norma tributária ao caso concreto depende da regular notificação do sujeito passivo, assegurando-se o devido processo legal. 2. É incabível a intimação por edital se não houver prévia tentativa de intimação pessoal, nos termos do art. 26, §4º, da Lei 9.784/99. 3. A nulidade formal do crédito tributário autoriza novo lançamento, observado o disposto no art. 173, II, do CTN. (TRF4, Apelação Cível 5010248-32.2018.4.04.7122, Rel. Desembargador Federal FRANCISCO DONIZETE GOMES, 1ª TURMA, julgado em 28.08.2019)

Art. 28 – *Devem ser objeto de intimação os atos do processo que resultem para o interessado em imposição de deveres, ônus, sanções ou restrições ao exercício de direitos e atividades e os atos de outra natureza, de seu interesse.*

Comentários

A intimação é o ato pelo qual se dá ciência a alguém dos atos e termos do processo, nos termos do art. 269, *caput*, do Código de Processo Civil, conceito que se aplica também às intimações no âmbito dos processos administrativos. Segundo Heinen, Sparapani e Maffini, "a intimação é uma comunicação na forma escrita, expedida pela autoridade administrativa, com o intuito de fazer com que o interessado conheça os fatos e termos do processo, e por meio da qual se solicita que o interessado faça ou deixe de fazer algo".[383]

Dessa forma, o órgão competente, perante o qual tramita o processo administrativo, deverá intimar o interessado para ciência de decisão ou efetivação de diligência, e para se manifestar, caso assim queira e entenda devido.

A intimação privilegia o contraditório e a ampla defesa na medida em que impede que o processo se desenvolva de maneira inquisitiva, garantindo que o seu desfecho seja construído mediante a participação dos envolvidos, cenário que se harmoniza com a ideia de Administração Pública dialógica e concertada. Valoriza e concretiza, igualmente, o direito do administrado à comunicação, insculpido no art. 2º, inciso X, da Lei nº 9.784/99.

Quando o art. 26 faz menção à decisão, não está se referindo apenas à decisão final, que põe termo ao processo, mas também à decisão interlocutória, que resolve questões incidentais. Entende-se, a bem da verdade, que os interessados devem ser intimados não apenas dos atos de conteúdo decisório, mas de todos os atos ou documentos juntados aos autos que possam, ainda que indiretamente, influenciar a compreensão da controvérsia posta.

Ademais, não há que se falar aqui em intimação de mero ato de expediente, que faz parte da tramitação do processo, mas não tem conteúdo decisório, a não ser que tais atos possam afetar o interessado. Assim, é óbvio o dever de intimar quando a Administração Pública pretende, por ato de mero expediente, oferecer oportunidade para a apresentação de alegações finais ou produção de provas. Assim, repisando o que foi dito, é legítimo que o interessado não seja intimado apenas nas hipóteses de ato de expediente e, ainda assim, quando ele não tiver o condão de, direta ou indiretamente, influenciar o entendimento meritório do processo administrativo.

Aliás, Francisco Xavier da Silva Guimarães[384] explica, com clareza, os efeitos da intimação:

– transmitir, ao conhecimento dos interessados, os atos a serem praticados e o comportamento da Administração, para adoção de providências em defesa de seus direitos;

---

[383] HEINEN, Juliano; SPARAPANI, Priscilia; MAFFINI, Rafael. *Comentários à lei federal de processo administrativo*: Lei nº 9.784/99. Porto Alegre: Livraria do Advogado, 2015, p. 189 e 190.

[384] GUIMARÃES, Francisco Xavier da Silva. *Direito processual administrativo*: comentários à Lei nº 9.784/99. Belo Horizonte: Fórum, 2008, p. 108.

- marcar o início do prazo para manifestação, cumprimento de exigência, realização de diligência, interposição de recurso e contagem de prazo prescricional ou decadencial;
- evitar alegações de desconhecimento em relação ao processo e seus atos.

Por sua vez, o art. 26, §1º, descreve o conteúdo da intimação:
- nome do órgão ou entidade administrativa que procederá a intimação;
- identificação do intimado que tomará ciência do ato;
- finalidade da intimação, para que o intimado possa saber do que se trata e manifestar-se a respeito. Desse modo, não pode o administrador dirigir-se aos particulares com intimação genérica e despida da referência ao fim a que se destina;[385]
- data, hora e local em que o intimado deve comparecer;[386]
- se o intimado deve comparecer pessoalmente ou fazer-se representar;
- informação de que o processo terá continuidade, independentemente do seu comparecimento;
- indicação dos fatos e fundamentos legais pertinentes, que se traduz na razão de ser da intimação.

Se o desrespeito ao conteúdo legal da intimação causar prejuízo ao administrado a ser intimado, a nulidade se impõe. Lado outro, se, em que pese alguma irregularidade, o ato de intimação se prestou para os fins aos quais se dirige, não causando qualquer dano ou prejuízo, deve ele ser considerado plenamente válido, em atenção à instrumentalidade das formas e ao brocardo *pas de nullité sans grief*.

---

[385] CARVALHO FILHO, José dos Santos. *Processo administrativo federal*: comentários à Lei nº 9.784, de 29.01.1999. 2. ed. Rio de Janeiro: Lumen Juris, 2005, p. 161 e 162.

[386] MANDADO DE SEGURANÇA. REFORMA AGRÁRIA. NOTIFICAÇÃO PRÉVIA. LEI Nº 8.629/93, ART. 2º, PARÁGRAFO 2º. REALIZAÇÃO DE VISTORIA EM DATAS DIVERSAS DAS FIXADAS NAS NOTIFICAÇÕES ENCAMINHADAS AO PROPRIETÁRIO. OFENSA AO DEVIDO PROCESSO LEGAL ADMINISTRATIVO. NULIDADE DO PROCEDIMENTO QUE CONTAMINA O DECRETO PRESIDENCIAL. 1. Inocorrência de litispendência ou conexão entre Mandado de Segurança impetrado contra ato do Sr. Presidente da República e outras demandas que atacam defeitos do procedimento administrativo em que se embasou o decreto que declarou a utilidade pública de área rural, para fins de reforma agrária. 2. Desnecessária a participação do INCRA no pólo passivo de Mandado de Segurança que ataca ato próprio do Sr. Presidente da República, mesmo que lastreado em procedimento administrativo desenvolvido por esse órgão auxiliar a ele subordinado. Precedentes. 3. Não cabe a análise, em Mandado de Segurança da alegada produtividade do imóvel rural. Tal perquirição melhor se ajusta a exame pelas instâncias ordinárias e mediante ampla dilação probatória. Precedentes. 4. A jurisprudência do Tribunal considera indispensável que a notificação prevista no parágrafo 2º, do artigo 2º, da Lei nº 8.629/93 seja feita com antecedência, de modo a permitir a efetiva participação do proprietário, ou de preposto por ele designado, nos trabalhos de levantamento de dados que tem por objetivo a determinação da produtividade do imóvel. A notificação que inaugura o devido processo legal tem por objetivo dar ao proprietário a oportunidade real de acompanhar os trabalhos de levantamento de dados, fazendo-se assessorar por técnicos de sua confiança, para apresentar documentos, demonstrar a existência de criações e culturas e fornecer os esclarecimentos necessários à eventual caracterização da propriedade como produtiva e, portanto, isenta da desapropriação-sanção. Precedentes. 5. Empecilho à realização dos trabalhos de vistoria não autoriza a realização da verificação em data diversa, sem prévia notificação ao proprietário. Decisões judiciais que não se prestam ao efeito de dispensar o INCRA da obrigação legal de notificar, pois, extraídas de despacho que não deliberou a respeito e derivadas de recursos aviados pela defesa do expropriado-impetrante a quem não podiam prejudicar (*ne reformatio in pejus*). 6. A realização de vistoria para levantamento de dados com vistas a aferição da produtividade, ou não, de área rural não se coaduna com a previsão constante do parágrafo 5º, do artigo 2º, da Lei nº 8.629/93. O fator surpresa, ali inserido, é útil para a averiguação da ocorrência de ilícitos, mas, não serve à finalidade de obter um levantamento fidedigno dos índices de aproveitamento da gleba rural. 7. Mandado de Segurança deferido. (STF, MS 24.547/DF, Rel. Ministra ELLEN GRACIE, TRIBUNAL PLENO, publicação em 23.04.2004)

É nesse horizonte também o entendimento de Edilson Pereira Nobre Júnior, Francisco Cavalcanti, Marcílio da Silva Ferreira Filho e Theresa Christine de Albuquerque Nóbrega, que afirmam que o "maltrato das formalidades essenciais eivam as intimações de invalidade. No entanto, esta somente poderá ser reconhecida se demonstrado prejuízo".[387]

De fato, não vislumbramos razão, sobretudo tendo em vista a instrumentalidade, a economia processual e a duração razoável do processo, que a intimação seja declarada nula se ela se prestou para concretizar a sua finalidade e se inexistentes quaisquer prejuízos para o destinatário do ato. Não faria sentido essa declaração de nulidade, não teria ela qualquer desiderato senão o apego extremado e injustificado à formalidade, algo que não se admite no bojo dos processos administrativos.

De mais a mais, a Lei Federal de Processo Administrativo, na esteira de outras legislações, estabelece os prazos a partir de dias úteis. Com isso, o prazo é suspenso nos fins de semana e feriados. Essa lógica foi adotada também pelo Código de Processo Civil de 2015, que, diferentemente do anterior Código Buzaid, prevê em seu art. 219 que computar-se-ão os prazos processuais apenas em dias úteis.

O artigo em foco determina como sendo de três dias úteis a antecedência mínima quanto à data de comparecimento. Assim, se a intimação ocorrer na segunda-feira, o comparecimento deverá se dar no mínimo a partir de quinta-feira, se todos os dias da semana forem dias úteis. Ocorrendo a intimação na quinta-feira, o comparecimento dar-se-á a partir da próxima terça-feira (se dia útil), visto que o sábado e o domingo, repita-se, não são contados, por não serem dias úteis.

A intimação poderá ocorrer por meio de ciência no processo, via postal com aviso de recebimento, por telegrama ou outro meio que assegure a certeza da ciência do interessado.[388] Veja-se que, ao tratar de outros meios cabíveis, o legislador ampara, por exemplo, a intimação por meios eletrônicos, a exemplo do *e-mail* e do *WhatsApp*, desde que haja a inequívoca e cristalina certeza da ciência, sob pena de cerceamento de defesa.

A intimação de interessados indeterminados, desconhecidos ou com domicílio indefinido deverá ser efetuada por meio de publicação oficial. Nesses casos, é recomendável que se fixe um prazo maior para a intimação, sob pena de ser inválida, haja vista não ter sido respeitado o prazo estipulado na lei entre a certeza da ciência da pessoa a quem se destinava a intimação e o comparecimento. Destaca-se, também, que, se o interessado não puder comparecer ou cumprir a diligência determinada, poderá requerer a dilação do prazo, sendo facultado à autoridade competente deferi-la ou não.

---

[387] NOBRE JÚNIOR, Edilson Pereira; CAVALCANTI, Francisco; FERREIRA FILHO, Marcílio da Silva; NÓBREGA, Theresa Christine de Albuquerque. *Comentários à lei do processo administrativo federal*. São Paulo, Saraiva, 2016, p. 115 e 116.

[388] EMBARGOS À EXECUÇÃO FISCAL. RESTITUIÇÃO DE VALOR INDEVIDAMENTE RECEBIDO AOS COFRES PÚBLICOS. PROCESSO ADMINISTRATIVO. NOTIFICAÇÃO POR AVISO DE RECEBIMENTO. DESNECES-SIDADE DE SER SUBSCRITA PELO PRÓPRIO DESTINATÁRIO. Art. 26, §3º, da Lei nº 9.784/99. A intimação do particular no processo administrativo, não obstante obrigatória, pode ser realizada, nos termos do artigo 26, §3º, da Lei nº 9.784/99, via correio com aviso de recebimento e não necessita ser firmada pelo devedor pessoalmente, desde que enviado ao endereço correto. Além disso, não foi elidida a presunção de liquidez e certeza da inscrição em dívida ativa. Recurso Desprovido. (TJRS, Apelação Cível nº 70012847398, Rel. Desembargador ARNO WERLANG, 2ª CÂMARA CÍVEL, julgado em 23.08.2006)

Vícios na intimação importarão nulidade do processo se comprovado o prejuízo, já que estará caracterizado o cerceamento de defesa,[389] a não ser que esta não tenha restado afetada, o que se admite quando o interessado procurou se informar e conseguiu realizar sua defesa (sentido amplo) sem qualquer sorte de prejuízo.

O comparecimento do interessado supre a falta ou irregularidade, podendo ser convalidado conforme art. 55 da Lei nº 9.784/99. Neste ponto, cabe um esclarecimento: o saneamento do ato só poderá ocorrer se o comparecimento do interessado não lhe tiver trazido prejuízo.

Outrossim, a orientação correta no processo administrativo é a dispensa de exigência de formalidades desnecessárias, a ponto de prejudicar o interesse público. Ora, se a intimação foi realizada, se o vício existente é meramente de forma e o interessado compareceu sem a existência de prejuízos à defesa, não há que se prestigiar o rigor formal determinando a anulação do processo, em homenagem ao princípio da instrumentalidade das formas.[390]

O art. 27 da Lei nº 9.784/99 estabelece que o desatendimento da intimação não importa o reconhecimento da verdade dos fatos,[391] nem a renúncia a direito pelo particular, que terá assegurado o direito à ampla defesa e ao contraditório no prosseguimento do processo. Não se aplica, pois, nos processos administrativos, os efeitos materiais da revelia do processo civil, consubstanciados na consideração da veracidade dos fatos narrados pelo autor, conforme determina o art. 344 do Código de Processo Civil.

Ora, o que se busca no processo administrativo é a verdade material.[392] Assim, sob tal prisma, não importa se o interessado se manteve inerte ou não, devendo ser perseguido pela Administração o conhecimento de como se deu o fato no mundo real, podendo, portanto, promover de ofício a prática dos atos necessários para formar o seu convencimento.

Com efeito, a inércia do interessado poderá prejudicá-lo quando se tratar de intimação para interposição de recurso administrativo, pois o art. 63, inciso I, da Lei nº 9.784/99, determina que este não será conhecido quando interposto fora do prazo e ocorrida a preclusão administrativa.[393]

Para finalizar, segundo a literalidade legal, devem ser objeto de intimação os atos do processo que resultem para o interessado imposição de deveres, ônus, sanções ou restrição ao exercício de direitos e atividades e os atos de outra natureza, de seu interesse.[394] Entende-se, no entanto, que quaisquer atos que não sejam meramente

---

[389] "Correta a decisão do M. M. Juiz *a quo* ao julgar procedentes os embargos do devedor, pelo fato de não haver, nos processos administrativos juntados, prova de o executado ter sido notificado." (TRF4, Apelação Cível 2.366/SC 90.04.02366-6, Rel. Juiz LUIZ DÓRIA FURQUIM, SEGUNDA TURMA, DJ 03.11.1993)

[390] O princípio da instrumentalidade das formas permite considerar válido o ato se, realizado de outro modo, alcançar a finalidade.

[391] No processo civil, se o réu não contestar a ação, será considerado revel e reputar-se-ão verdadeiros os fatos afirmados pelo autor (art. 344 do CPC).

[392] Nesse sentido: "Vê-se claramente que no Processo Administrativo, permeado que é pelo interesse público, não se admite a verdade formal, predominante no Processo Civil, onde, de regra, prevalecem interesses particulares. Portanto, a revelia, que no Processo Civil acerca de direitos disponíveis torna o fato incontroverso, a teor do art. 319 do CPC, no processo administrativo não acarreta tal efeito". Conferir: ZYMLER, Benjamin. A procedimentalização do direito administrativo brasileiro. *Fórum Administrativo – Direito Público*, Belo Horizonte, ano 2, n. 22, p. 1595, dez. 2002.

[393] Admite-se, no art. 63, §2º, a apreciação de recurso intempestivo, se não verificada a preclusão administrativa.

[394] Mandado de segurança – Cópia do ato impugnado – Apresentação pela autoridade coatora. II – Administrativo – Lei 9.784/99 – Devido processo administrativo – Comunicação dos atos – Intimação pessoal – Anulação e revogação.

de expediente devem ser comunicados aos interessados, para que estes, se quiserem, apresentem suas considerações, entendimento que valoriza o contraditório substancial e a plenitude de defesa.

Capítulo X

DA INSTRUÇÃO

Art. 29 – *As atividades de instrução destinadas a averiguar e comprovar os dados necessários à tomada de decisão realizam-se de ofício ou mediante impulsão do órgão responsável pelo processo, sem prejuízo do direito dos interessados de propor atuações probatórias.*

§1º – O órgão competente para a instrução fará constar dos autos os dados necessários à decisão do processo.

§2º – Os atos de instrução que exijam a atuação dos interessados devem realizar-se do modo menos oneroso para estes.

Art. 30 – *São inadmissíveis no processo administrativo as provas obtidas por meios ilícitos.*

Comentários

A fase instrutória tem fundamental importância na formação da convicção do administrador público para a devida tomada de decisão. Sobretudo porque superada a obsoleta verdade sabida, a instrução é fundamental para que a decisão administrativa seja fruto de um debate democrático entre os envolvidos, afastado o ultrapassado modelo inquisitorial antes existente nos processos administrativos brasileiros.

É durante a fase instrutória que a Administração Pública perseguirá a verdade material, ouvindo testemunhas, analisando documentos, realizando e recebendo estudos técnicos, enfim, é durante a fase em comento que os fundamentos de fato e de direito da decisão administrativa serão construídos.

O procedimento pode ser diametralmente oposto ao do processo judicial, já que no processo administrativo é cabível que a Administração Pública inicie de ofício o

---

(...) II – A Lei 9.784/99 é, certamente, um dos mais importantes instrumentos de controle do relacionamento entre Administração e Cidadania. Seus dispositivos trouxeram para nosso Direito Administrativo o devido processo legal. Não é exagero dizer que a Lei nº 9.784/99 instaurou no Brasil, o verdadeiro Estado de Direito. III – A teor da Lei 9.784/99 (art. 26), os atos administrativos devem ser objeto de intimação pessoal aos interessados. IV – Os atos administrativos, envolvendo anulação, revogação, suspensão ou convalidação devem ser motivados de forma "explícita, clara e congruente" (L. 9.784/99, art. 50). V – a velha máxima de que a Administração pode nulificar ou revogar seus próprios atos continua verdadeira (art. 53). Hoje, contudo, o exercício de tais poderes pressupõe devido processo legal administrativo, em que se observam os princípios da legalidade, finalidade, motivação, razoabilidade, proporcionalidade, moralidade, ampla defesa, contraditório, segurança jurídica, interesse público e eficiência (L. 9.784/99, art. 2º). (STJ, MS nº 8.946/DF, Rel. Ministro HUMBERTO GOMES DE BARROS, PRIMEIRA SEÇÃO, DJU 17.11.2003, p. 197)

processo e o impulsione, inclusive determinando diligências para esclarecer os fatos duvidosos, o que redunda na aplicação do princípio da oficialidade.[395]

Os interessados podem apresentar documentos, requerer diligências, depoimento pessoal do(s) processado(s), audiência de testemunhas, perícias, tudo de modo a subsidiar de forma consistente a decisão da autoridade. Tal permissivo espelha os princípios da ampla defesa e contraditório, previstos no art. 3º, inciso III, da Lei nº 9.784/99, que dispõe que o particular tem o direito de "formular alegações e apresentar documentos antes da decisão, os quais serão objeto de consideração pelo órgão competente".

Outrossim, serão juntados ao processo todos os documentos necessários ao convencimento da autoridade competente para decidir. Não podemos deixar de alertar que a Administração Pública, ao determinar as provas necessárias à instrução do processo a serem produzidas pelos interessados, deverá fazê-lo do modo menos oneroso, a fim de não tornar excessivamente difícil o exercício do direito.[396]

No que diz respeito à natureza das provas a serem admitidas no processo, o art. 30 proíbe a utilização de provas ilícitas, em consonância com o disposto no art. 5º, LVI, da Constituição da República. Assim, será permitida a demonstração do fato por meios admitidos no ordenamento jurídico, sendo inclusive possível a utilização das provas emprestadas, conforme já tivemos a oportunidade de frisar em linhas anteriores.

São consideradas ilícitas as provas colhidas em flagrante desatendimento às normas do direito material, visto que não se pode aceitar uma prova, por mais relevante que seja, obtida com violação das garantias e dos direitos fundamentais previstos na Carta da República.

Lado outro, quando a prova, embora materialmente legal, fere normas apenas de direito processual e procedimental (segundo processualistas mais teóricos, seriam essas as provas ilegítimas),[397] entende-se que a sua inadmissão, quando favorável ao interessado, no bojo específico dos processos administrativos, deve ser analisada casuisticamente, mediante ponderação e sopesamento, dado que vigora nesses procedimentos os princípios do informalismo e da busca da verdade material. O caso a caso irá resolver a questão, na medida em que meras irregularidades procedimentais não podem servir de amparo para afastar a verdade dos fatos, máxime quando a prova é essencial para o deslinde da controvérsia.[398]

De toda sorte, não só as provas ilícitas são descabidas, mas também as oriundas das ilícitas, por aplicação da teoria dos frutos da árvore envenenada (*fruits of the poisonous tree*

---

[395] Com relação a impulso oficial do processo pela Administração Pública, o TRF3 assim se manifestou: "cabendo a ela e não a um terceiro o empenho na condução e desdobramento da seqüência de atos que o compõe até a produção de seu ato conclusivo". (TRF3, REO 90.03.00683-0, Rel. Desembargador Federal SINVAL ANTUNES, DJU 12/12/1995, Seção 2, p. 86.340). E, sobre o princípio da oficialidade enquanto mecanismo de consecução do interesse público, conferir: CASSAGNE, Juan Carlos. *Los principios generales del derecho en el derecho administrativo.* Buenos Aires: Abeledo-Perrot, 1988, p. 320.

[396] Nesse sentido: HEINEN, Juliano; SPARAPANI, Priscilia; MAFFINI, Rafael. *Comentários à lei federal de processo administrativo:* Lei nº 9.784/99. Porto Alegre: Livraria do Advogado, 2015, p. 200.

[397] Nesse sentido, conferir: CAPEZ, Fernando. *Curso de processo penal.* 5. ed. rev. São Paulo: Saraiva, 2000, p. 243 e seguintes.

[398] Nesse sentido: HEINEN, Juliano; SPARAPANI, Priscilia; MAFFINI, Rafael. *Comentários à lei federal de processo administrativo:* Lei nº 9.784/99. Porto Alegre: Livraria do Advogado, 2015, p. 204.

doctrine) aos processos administrativos.[399] Igualmente aplicáveis são as exceções à teoria que, embora construídas pela doutrina processualista penal, são aqui consideradas, a exemplo das teorias da descoberta inevitável e da fonte independente.[400]

A prova ilícita não gera a nulidade de todo o processo, mas somente a sua própria. Dessa forma, a decisão do processo administrativo não poderá ser tomada com base na mesma, que é considerada imprestável para todo e qualquer fim.[401]

Art. 31 – *Quando a matéria do processo envolver assunto de interesse geral, o órgão competente poderá, mediante despacho motivado, abrir período de consulta pública para manifestação de terceiros, antes da decisão do pedido, se não houver prejuízo para a parte interessada.*

§1º – A abertura da consulta pública será objeto de divulgação pelos meios oficiais, a fim de que pessoas físicas ou jurídicas possam examinar os autos, fixando-se prazo para oferecimento de alegações escritas.

§2º – O comparecimento à consulta pública não confere, por si, a condição de interessado do processo, mas confere o direito de obter da Administração resposta fundamentada, que poderá ser comum a todas as alegações substancialmente iguais.

Art. 32 – *Antes da tomada de decisão, a juízo da autoridade, diante da relevância da questão, poderá ser realizada audiência pública para debates sobre a matéria do processo.*

Art. 33 – *Os órgãos e entidades administrativas, em matéria relevante, poderão estabelecer outros meios de participação de administrados, diretamente ou por meio de organizações e associações legalmente reconhecidas.*

Art. 34 – *Os resultados da consulta e audiência pública e de outros meios de participação de administrados deverão ser apresentados com a indicação do procedimento adotado.*

Art. 35 – *Quando necessária à instrução do processo, a audiência de outros órgãos ou entidades administrativas poderá ser realizada em reunião conjunta, com a participação de titulares ou representantes dos órgãos competentes, lavrando-se a respectiva ata, a ser juntada aos autos.*

---

[399] Nesse sentido: NOBRE JÚNIOR, Edilson Pereira; CAVALCANTI, Francisco; FERREIRA FILHO, Marcílio da Silva; NÓBREGA, Theresa Christine de Albuquerque. *Comentários à lei do processo administrativo federal*. São Paulo, Saraiva, 2016, p. 126.

[400] Adentrar nessas teorias foge do objetivo da presente obra. Para aprofundamento, conferir: PACELLI, Eugênio. *Curso de processo penal*. 17. ed. São Paulo: Atlas, 2013, p. 363; TÁVORA, Nestor; ALENCAR, Rosmar Rodrigues. *Curso de direito processual penal*. 12. ed. rev. e atual. Salvador: JusPodivm, 2017, p. 632 e seguintes.

[401] A propósito, Nobre Júnior, Cavalcanti, Ferreira Filho e Nóbrega: "A prova ilícita ou produzida ilicitamente, contudo, não torna o processo nulo. Com o desentranhamento da prova, a autoridade deverá dar continuidade normal ao processo administrativo, colhendo outros elementos probatórios e instruindo o processo normalmente para embasar a futura decisão administrativa". Conferir: NOBRE JÚNIOR, Edilson Pereira; CAVALCANTI, Francisco; FERREIRA FILHO, Marcílio da Silva; NÓBREGA, Theresa Christine de Albuquerque. *Comentários à lei do processo administrativo federal*. São Paulo, Saraiva, 2016, p. 127.

Comentários

A Lei prevê expressamente, nos arts. 31 e 32, dois institutos de participação popular nos casos de processos administrativos que envolvam matéria de interesse coletivo, quais sejam, a consulta e a audiência pública, que têm o condão de trazer o cidadão para dentro do processo decisório da Administração.[402]

São institutos, portanto, que valorizam a contemporânea Administração Pública dialógica, cooperativa, concertada e, sobretudo, de cunho participativo e democrático;[403] modelo no qual o cidadão passa a ser capaz de influenciar diretamente as atuações administrativas, mormente aquelas que envolvam interesses coletivos. Nessa toada, adverte Júlia Barreto que "observa-se uma nova forma de legitimação da atuação da Administração Pública não mais fundada com exclusividade nos tradicionais processos de representação política, mas, também, na participação concreta e efetiva dos administrados, destinatários do ato administrativo, e no resultado".[404]

Ainda sobre o tema, Marcos Augusto Perez ensina:

> Muitos dos institutos de participação popular na Administração Pública assumem caráter deliberativo ou possuem força vinculante, melhor dizendo, decorrem da estruturação de processos de formação de atos administrativos, com a participação da sociedade no momento da tomada de decisão.
>
> Nesses casos, o cidadão toma parte, diretamente ou através de representantes, do ato de decidir e compartilha, é necessário reconhecer, dos poderes constitucionais atribuídos à Administração Pública.
>
> Vale observar que, ao assim atuar, o cidadão não desvirtua a repartição constitucional de poderes. A decisão continua sendo tomada pela Administração, em nada sendo usurpada a divisão constitucional de poderes e funções estatais. Há, isto sim, uma estruturação aberta do processo de construção da decisão administrativa, de modo a possibilitar ao cidadão exercitar; como que em devolução, os poderes que ele próprio delegou constitucionalmente à Administração.[405]

Da leitura do art. 31, podemos verificar que a Administração poderá abrir período de consulta pública para manifestação de terceiros desde que a matéria tratada no

---

[402] Ver *Fórum Administrativo – Direito Público*, p. 1.595, jul. 2001.

[403] Essa mudança de paradigma foi reforçada com o advento da Lei nº 13.655/18 – destaque para o art. 29 da LINDB –, conforme explica Marcelo Wacheleski: "Os efeitos dos novos instrumentos da Lei de Introdução às Normas do Direito Brasileiro, após a Lei nº 13.655/2018, elevou a importância da procedimentalização da Administração Pública e aponta para importância da construção das decisões através de um processo administrativo democrático que encontra sua legitimidade na obediência das regras do núcleo processual constitucional (...) Contudo, no estágio atual de reconhecimento e exercício da democracia na atuação estatal, é necessário, como requisito de sua própria legitimidade, que a interpretação atribuída à supremacia do interesse público não seja capaz de autorizar uma atuação supressiva aos direitos fundamentais e alheia à participação dialógica da sociedade na formação da vontade da Administração Pública". Conferir: WACHELESKI, Marcelo Paulo. Processo administrativo e a lei de introdução às normas do direito brasileiro. *In*: VALIATI, Thiago Priess; HUNGARO, Luis Alberto; CASTELLA, Gabriel Morettini (coord.). *A lei de introdução e o direito administrativo brasileiro*. Rio de Janeiro: Lumen Juris, 2019, p. 171 e seguintes.

[404] BARRETO, Júlia d'Alge Mont'Alverne. *Consensualidade administrativa*: o uso de dispute boards para solução de conflitos no âmbito das agências reguladoras. Rio de Janeiro: Lumen Juris, 2019, p. 11. Ainda sobre as tendências da Administração Pública moderna, conferir: NOHARA, Irene Patrícia. *Direito administrativo*. 3. ed. rev. e atual. São Paulo: Atlas, 2013, p. 28 e seguintes; BITENCOURT NETO, Eurico. *Concertação administrativa interorgânica*: direito administrativo e organização no século XXI. São Paulo: Almedina, 2017, p. 207.

[405] PEREZ, Marcos Augusto. *A Administração Pública democrática*. Belo Horizonte: Fórum, 2004, p. 139.

processo envolva interesse coletivo e que tal procedimento não enseje prejuízo para o interessado.

No §1º é feita abordagem no sentido de que é possível que os interessados examinem os autos e apresentem alegações escritas. Vale alertar que não há, na consulta, sessão pública e debates orais. Aliás, essas são as principais diferenças entre os institutos.

A consulta pública consiste em procedimento de divulgação prévia de minutas de atos (de interesse geral), visando que, no prazo determinado pela Administração (no caso analisado, no mínimo de dez dias), todos os eventuais interessados ofereçam críticas, sugestões de aperfeiçoamento ou peçam informações e resolvam dúvidas a seu respeito. A Administração tem o dever de documentar todas as consultas e respondê-las publicamente antes de tomar sua decisão final, de modo a instruir e fundamentar o processo decisório.[406]

Carvalho Filho sugere algumas condições a serem examinadas quando da realização da consulta pública:[407]

- É vedado que a consulta pública provoque prejuízo ao interessado. A despeito de haver matéria de interesse geral discutida no processo, pode ocorrer que a instauração do procedimento, que fatalmente dilarga seu desfecho, cause prejuízo àquele que, afinal, participa diretamente do feito.
- A decisão deverá conter motivação expressa, ou seja, é necessário que a autoridade aponte em seu ato as razões que a levaram a realizar a consulta pública ("despacho motivado").
- A resolução administrativa para implantar a consulta pública deve ocorrer antes da decisão a ser proferida no processo. Realmente, após decidido o processo, não teria cabimento a instauração do incidente.

No art. 32 temos a previsão da realização de audiência quando a questão for relevante. O que difere a consulta da audiência é a operacionalização, já que a consulta se apoia na apresentação de alegações escritas, ou seja, na elaboração de peças formais,[408] enquanto a audiência pública ocorre por meio de sessão pública com manifestação oral dos participantes, manifestação essa que deverá ser reduzida a termo.[409] [410]

A respeito, escreve Marcos Augusto Perez:

A audiência pública é o instituto de participação popular na Administração Pública, de caráter não vinculante, consultivo ou meramente opinativo, inserido na fase instrutória do processo decisório, consistente na realização de uma sessão pública aberta a todos os interessados e voltada ao esclarecimento e à discussão de todos os aspectos e problemas envolvidos em uma determinada decisão administrativa. (...) No direito brasileiro, nos casos especificados em lei, a falta da realização de audiência pública, previamente à decisão administrativa, invalida todo o procedimento administrativo, ou os atos que sucederam a omissão da Administração Pública. A realização de audiência pública é formalidade

---

[406] PEREZ, Marcos Augusto. *A Administração Pública democrática*. Belo Horizonte: Fórum, 2004, p. 178.

[407] CARVALHO FILHO, José dos Santos. *Processo administrativo federal*: comentários à Lei nº 9.784, de 29.01.1999. 2. ed. Rio de Janeiro: Lumen Juris, 2005, p. 182 e 183.

[408] Ver *Fórum Administrativo – Direito Público*, p. 1595, jul. 2001.

[409] O art. 32 da Lei nº 9.784/99 prevê "debates" acerca da matéria.

[410] Nesse sentido: HEINEN, Juliano; SPARAPANI, Priscilia; MAFFINI, Rafael. *Comentários à lei federal de processo administrativo*: Lei nº 9.784/99. Porto Alegre: Livraria do Advogado, 2015, p. 212.

essencial, pois se relaciona à devida instrução da decisão administrativa. Quando não prevista em lei, será facultado ao Chefe do Poder Executivo convocar a audiência pública, previamente à decisão que tomará, por força dos poderes que lhe são atribuídos pelo art. 84, II.[411]

O mesmo autor ainda ressalta que para a realização das audiências públicas algumas regras devem ser observadas. São elas:[412]
- deve ser acessível a todos os interessados;
- deve haver ampla divulgação da sessão e da pauta que será discutida na audiência, como forma de possibilitar que os interessados elaborem com antecedência suas intervenções com base nas dúvidas, críticas ou concordâncias que possuírem em relação à posição esboçada pela Administração Pública, para a resolução dos assuntos tratados;[413]
- os participantes devem ter conhecimento prévio das regras do debate (tempo de intervenção, direito à réplica, entre outros);
- a audiência deve ser presidida por autoridade pública formalmente designada para a tarefa e auxiliada por, no mínimo, um secretário. A autoridade deve ter poderes para instalar a sessão e encerrá-la, dar a palavra e suspendê-la, quando for o caso, conduzindo a audiência de acordo com as regras previamente divulgadas e resumindo os debates para que sejam lavrados num termo pelo secretário;
- a autoridade que preside a sessão deve atuar de forma imparcial e leal. Dessa forma, não deve existir, *a priori*, uma posição inflexível da parte da Administração, nem a autoridade que preside a sessão deve tomar a defesa da posição divulgada previamente pela Administração; daí a importância de técnicos que façam essa defesa;
- a participação na audiência deverá ser gratuita;
- os documentos apresentados na audiência pelos participantes deverão ser juntados ao processo.

À luz da doutrina citada, também os tribunais vêm se posicionando acerca dos procedimentos a serem respeitados quando da realização de audiência pública. Tanto é que em ação civil pública ambiental com pedido de liminar proposta pelo Núcleo de Assessoria às Comunidades Atingidas por Barragens (NACAB) e a Associação dos Moradores Atingidos pela Barragem de Cachoeira da Providência (AMABCP) em face

---

[411] PEREZ, Marcos Augusto. *A Administração Pública democrática*. Belo Horizonte: Fórum, 2004, p. 168.

[412] PEREZ, Marcos Augusto. *A Administração Pública democrática*. Belo Horizonte: Fórum, 2004, p. 171 a 174.

[413] Ambiental e Administrativo. Ação civil pública. Transposição da bacia hidrográfica do rio São Francisco. Licenciamento ambiental. Instituto brasileiro de meio ambiente e recursos naturais renováveis – IBAMA. Legitimidade. Realização de audiências públicas na pendência de esclarecimentos e complementações ao EIA/RIMA. Impossibilidade. Indenização por danos ambientais futuros. Coisa julgada. Descabimento. (...) A solicitação de esclarecimentos e complementações a Estudo e Relatório de Impacto Ambiental – EIA/RIMA tem expressa previsão na Resolução CONAMA nº 237/97 (art. 10, inciso IV), como medida prévia à realização de audiências públicas (art. 10, inciso V), competindo ao IBAMA aferir a sua necessidade, com vistas na completa instrução do procedimento de licenciamento ambiental. Demonstrada, objetivamente, essa necessidade, obstáculos de ordem material e/ou de política governamental, nem mesmo o poder discricionário do órgão ambiental, não têm o condão de impedir a sua realização, em homenagem ao interesse maior da sociedade, na busca da elucidação de todas as questões pertinentes ao aludido licenciamento ambiental (...) (TRF1, Apelação Cível 2001.33.00.005779-0/BA. Desembargador Federal SOUZA PRUDENTE, 6ª TURMA, DJ 03.05.2004, p. 86)

da Fundação Estadual do Meio Ambiente de Minas Gerais (FEAM), em função da não disponibilização no prazo legal dos estudos ambientais, essenciais para discussão na audiência pública, foi concedido o pedido determinando a suspensão do evento.[414]

Nesse particular, cumpre ressaltar que a ANEEL (Agência Nacional de Energia Elétrica) publicou caderno temático esclarecendo como deve se dar passo a passo o procedimento da audiência e consulta pública, inclusive descrevendo resumidamente as etapas a serem observadas.[415]

Há quem aponte, ainda, como distinção entre os dois institutos o objeto para o qual serão utilizados. A consulta pública é sugerida para matérias que envolvam assuntos de interesse geral, e a audiência pública, quando se tratar de questão relevante.

Ocorre que a expressão assunto de interesse geral não é muito clara, faltando-lhe parâmetros objetivos. Cuida-se, com efeito, de conceito jurídico indeterminado, doutrinariamente considerado como aquele que encerra termos e expressões despidos de conteúdo exato.[416] Do mesmo modo, a condição de matéria relevante para realização de audiência é imprecisa, já que a lei não indica quais são essas matérias.[417]

Se, de um lado, a opção do legislador pelos conceitos jurídicos indeterminados ("interesse geral" e "questão relevante") gera certa insegurança jurídica e incerteza quanto aos seus delineados, consequência natural da alta abstração desses termos, de outro, esse alargamento conceitual traz também maior liberdade para o administrador público utilizar os mecanismos da consulta e da audiência públicas, que privilegiam o princípio democrático.

Assim, há que ficar claro que a realização de consulta e audiência pública, salvo quando há exigência legal específica, é uma faculdade colocada à disposição da autoridade ou órgão competente, que poderá utilizá-las quando entender oportuno e conveniente, embora seja sempre recomendável em face do espírito democrático da Constituição.[418]

Partindo dessa premissa, em ação ajuizada para anular procedimento administrativo de tombamento do Encontro das Águas dos Rios Negro e Solimões, no Estado do Amazonas, foi decidido que deveriam ser realizadas audiências públicas, bem como viabilizadas consultas públicas, sob o fundamento de que:[419]

A Lei 9.784/99, aplicável subsidiariamente ao procedimento de tombamento, de fato, se interpretada de maneira literal, dá às audiências públicas e consultas públicas um caráter

---

[414] TJMG, Apelação Cível 1.0355.05.006051-4/001, Rel. Desembargadora TERESA CRISTINA DA CUNHA PEIXOTO, 8ª CÂMARA CÍVEL, publicado em 06.05.2008.

[415] *Audiências e consultas públicas*: Agência Nacional de Energia Elétrica. 2. ed. Brasília: ANEEL, 2008.

[416] CARVALHO FILHO, José dos Santos. *Processo administrativo federal*: comentários à Lei nº 9.784, de 29.01.1999. 2. ed. Rio de Janeiro: Lumen Juris, 2005, p. 180.

[417] A lei fala em assunto de interesse geral e matéria relevante. Com efeito, perdeu-se a oportunidade de informar quais são estas matérias, ficando a Administração Pública livre para decidir. É oportuno que as leis estaduais e municipais estabeleçam o rol de matérias ou referências de forma mais precisa, não deixando ao alvedrio do administrador esta indicação.

[418] Veja-se, por exemplo, o que diz a Lei nº 9.472/97 a respeito.

[419] Ação Anulatória. Processo de Tombamento. Encontro das Águas dos Rios Negro e Solimões. Lei nº 9.784/99. Aplicação Subsidiária. Audiências e Consultas Públicas. Necessidade. Razoabilidade e Proporcionalidade. Princípios da informação e participação. Pedido parcialmente procedente. (Justiça Federal de 1ª Instância, Seção Judiciária do Amazonas, 7ª Vara Federal-Ambiental e Agrária, Ação Ordinária, Processo nº 780-89.2011.401.3200, Juiz Federal: Dimas da Costa Braga)

de instrumento discricionário, na medida em que o artigo 31 e seguintes utiliza o verbo "poderá".

Ocorre que não cabe interpretar estes dispositivos de forma literal. Deve-se buscar o sentido teleológico da norma, qual seja a possibilidade uma decisão administrativa mais segura e fundamentada, de modo que, tratando-se de um bem cuja importância transcende, inclusive, os limites regionais, como é o Encontro das Águas, impõe-se oportunizar a participação da sociedade, órgãos, institutos e outros interessados no processo de tombamento.

A desnecessidade ou inexigibilidade da realização de audiências e consultas públicas deveria ser fundamentada de modo que as suas supressões fossem indispensáveis para a própria conservação do bem ambiental em jogo. Isso, absolutamente, não ocorreu.

Temos, no ordenamento jurídico brasileiro, várias normas que preveem a realização de consulta e audiência públicas.

Podemos citar, por exemplo, a Resolução CONAMA nº 001, de 23 de janeiro de 1986, que trata, no seu art. 11, §2º, da audiência pública para levantar informação acerca de projetos e seus impactos ambientais e discussão de Relatórios de Impacto Ambiental (RIMA); a Lei nº 8.666, de 21 de junho de 1993, Estatuto das Licitações e Contratos Administrativos, que prevê no seu art. 39 a obrigatoriedade de realização de audiência pública nos casos em que o valor estimado para uma licitação ou para um conjunto de licitações simultâneas ou sucessivas for superior a 100 (cem) vezes o limite previsto para modalidade concorrência; a Lei Complementar nº 101, de 04 de maio de 2000, que institui normas de finanças públicas asseguratórias da responsabilidade fiscal, que estabelece no seu art. 48, §1º, I, a realização de audiência pública como instrumento de transparência da gestão fiscal quando da elaboração de planos, LDO e orçamentos; Lei nº 10.257, de 10 de julho de 2001, que estabelece diretrizes gerais de política urbana, dispõe no seu art. 40, §4º, I, que deverão ser promovidas audiências no processo de elaboração do plano diretor e na fiscalização de sua implementação; a Lei nº 9.427, de 26 de dezembro de 1996, que institui a ANEEL, que prescreve em seu art. 4º, §3º, que "o processo decisório que implicar afetação de direitos dos agentes econômicos do setor elétrico ou dos consumidores, mediante iniciativa de projeto de lei ou, quando possível, por via administrativa, será precedido de audiência pública convocada pela ANEEL"; a Lei nº 9.472, de 16 de julho de 1997, que dispõe sobre a organização dos serviços de telecomunicações, a criação e o funcionamento de um órgão regulador e outros aspectos institucionais, que menciona em vários dispositivos a necessidade de realização de consulta pública; e, finalmente, a Lei nº 11.079/04, cujo art. 10, inciso VI, fixa o dever de submeter o edital da licitação relativo a parcerias público-privadas à consulta pública.

Optou-se por manter neste estudo, atualizado, o art. 39 da Lei nº 8.666/93, haja vista que ainda não extirpada totalmente do ordenamento jurídico referida lei, mesmo com o advento da Lei nº 14.133/21.

Isso porque, nos termos do art. 191 da Nova Lei de Licitações e Contratos Administrativos, a Administração Pública poderá optar por licitar e contratar nos moldes da Lei nº 8.666/93 durante o prazo de 2 (dois) anos[420] a partir da publicação oficial da

---

[420] Art. 191. Até o decurso do prazo de que trata o inciso II do *caput* do art. 193, a Administração poderá optar por licitar ou contratar diretamente de acordo com esta Lei ou de acordo com as leis citadas no referido inciso, e a opção escolhida deverá ser indicada expressamente no edital ou no aviso ou instrumento de contratação direta, vedada a aplicação combinada desta Lei com as citadas no referido inciso.

Art. 35 | 179

nova lei.[421] Destaca-se, ainda, a Medida Provisória nº 1.167/23, editada pelo Presidente Luiz Inácio Lula da Silva, que prorrogou até 30.12.2023 a validade da Lei nº 8.666/93, da Lei nº 12.462/11 (Lei do RDC) e da Lei nº 10.520/02 (Lei do Pregão).

Quanto ao tema, no âmbito da Lei nº 14.133/21, o *caput* do art. 21 assevera que a "Administração poderá convocar, com antecedência mínima de 8 (oito) dias úteis, audiência pública, presencial ou a distância, na forma eletrônica, sobre licitação que pretenda realizar, com disponibilização prévia de informações pertinentes, inclusive de estudo técnico preliminar e elementos do edital de licitação, e com possibilidade de manifestação de todos os interessados", e, por sua vez, o parágrafo único do mesmo artigo dispõe que a "Administração também poderá submeter a licitação a prévia consulta pública, mediante a disponibilização de seus elementos a todos os interessados, que poderão formular sugestões no prazo fixado".

Em suma, a audiência pública e a consulta pública permitem a participação popular na tomada de decisão. Vale lembrar, ainda, que as conclusões da audiência e da consulta têm caráter meramente opinativo, mas, caso a autoridade não adote as sugestões apresentadas, deverá motivar a sua decisão (art. 34).[422]

O art. 33 faz referência a outros meios de participação popular no trâmite do processo administrativo, o que nos leva a concluir que a audiência e a consulta pública são apenas alguns dos exemplos a serem adotados. Outrossim, o estabelecimento dos meios de participação dos particulares poderá ser realizado também por associações e organizações legalmente reconhecidas.

Nesse contexto, é importante que, no atual contexto da sociedade informacional, sejam conferidos meios eletrônicos e informatizados de participação popular. Não só porque isso favorece a amplitude da participação da população e, logo, do princípio democrático, mas também porque em cenários de calamidade pública pode existir restrição legítima do ir e vir, cenário no qual exsurgem fundamentais os mecanismos

---

Parágrafo único. Na hipótese do *caput* deste artigo, se a Administração optar por licitar de acordo com as leis citadas no inciso II do *caput* do art. 193 desta Lei, o contrato respectivo será regido pelas regras nelas previstas durante toda a sua vigência. (...)

Art. 193. Revogam-se:

I – os arts. 89 a 108 da Lei nº 8.666, de 21 de junho de 1993, na data de publicação desta Lei;

II – a Lei nº 8.666, de 21 de junho de 1993, a Lei nº 10.520, de 17 de julho de 2002, e os arts. 1º a 47-A da Lei nº 12.462, de 4 de agosto de 2011, após decorridos 2 (dois) anos da publicação oficial desta Lei.

[421] Nesse sentido, Rafael Carvalho Rezende Oliveira: "Portanto, durante 2 (dois) anos, os gestores públicos poderão optar entre a aplicação da nova Lei de Licitações ou manutenção dos regimes jurídicos tradicionais de licitação. Trata-se de escolha inerente à discricionariedade dos gestores. O que não é permitido, naturalmente, é mesclar os dispositivos da legislação tradicional com aqueles inseridos na nova Lei de Licitações. O objetivo é estabelecer um regime de transição para que os gestores públicos conheçam melhor o novo regime licitatório, qualifiquem as suas equipes e promovam, paulatinamente, as adequações institucionais necessárias para efetividade dos dispositivos da nova Lei". Conferir: OLIVEIRA, Rafael Carvalho Rezende. *Nova lei de licitações e contratos administrativos*: comparada e comentada. Rio de Janeiro: Forense, 2021, p. 397 e 398.

[422] DIREITO PROCESSUAL CIVIL. EMBARGOS DECLARATÓRIOS. OMISSÃO EXISTENTE. DESCABIMENTO DOS EFEITOS INFRINGENTES. SENTENÇA ADEQUADA. (...) O órgão licenciador não está vinculado às conclusões da audiência pública, na decisão, mas deve levar em consideração, na decisão, as colocações que nela são feitas, a finalidade da participação pública no procedimento apenas é atingida se as manifestações foram fundadas e efetivas. O princípio da participação pública assegura ao cidadão o direito de intervir na tomada da decisão devidamente informado, participação desinformada não é participação e o direito à informação deve ser dar no momento adequado, na profundidade necessária e com clareza suficiente. (TRF4, Apelação Cível/ Remessa Necessária 001.71.01.001497-1, Rel. Desembargadora MARGA INGE BARTH TESSLER, QUARTA TURMA, julgado em 1º.4.2009)

participativos à distância. A pandemia do Covid-19, que limitou severamente – e com razão – os encontros presenciais, mostrou-nos quão importante é conferir tais meios participativos virtuais.[423]

O art. 34, por sua vez, impõe que os resultados tanto da consulta quanto da audiência pública e de quaisquer outros meios de participação dos particulares devam ser apresentados com a indicação do procedimento adotado, vale dizer, deve-se demonstrar o meio utilizado para a conclusão obtida.

Trata-se do direito à resposta fundamentada, corolário do princípio da motivação, que exige que o administrador exponha à população não só os motivos de sua decisão, mas também os caminhos e os procedimentos utilizados para construí-la. Trata-se, igualmente, de consequência do princípio da publicidade, que implica transparência da Administração Pública no que se refere aos seus atos e decisões.[424]

O art. 35, por fim, faculta a realização de audiência conjunta, quando necessária à instrução do processo, mediante a presença de representantes dos órgãos competentes. Tudo isso, é claro, no intuito de exaurir a instrução do feito e chegar-se à verdade material no menor tempo possível, em atenção à economia processual e à duração razoável do processo.

Art. 36 – *Cabe ao interessado a prova dos fatos que tenha alegado, sem prejuízo do dever atribuído ao órgão competente para a instrução e do disposto no art. 37 desta Lei.* [425]

Comentários

O art. 36 em tela consagra uma regra processual geral, aplicável aos processos administrativos: em regra, o ônus da prova incumbe a quem alega. Consoante ensinam Nobre Júnior, Cavalcanti, Ferreira Filho e Nóbrega, "o ônus probatório é

---

[423] Sobre isso, interessante conferir: SCHIEFLER, Eduardo. Covid-19 e a importância da administração pública digital: crise pode servir como gatilho para o desenvolvimento de uma nova administração pública: mais digital do que nunca. *Jota*, 18.03.2020. Disponível em: https://www.jota.info/coberturas-especiais/inova-e-acao/covid-19-e-a-importancia-da-administracao-publica-digital-18032020. Acesso em: 26 maio 2021.

[424] Nesse sentido: NOBRE JÚNIOR, Edilson Pereira; CAVALCANTI, Francisco; FERREIRA FILHO, Marcílio da Silva; NÓBREGA, Theresa Christine de Albuquerque. *Comentários à lei do processo administrativo federal*. São Paulo, Saraiva, 2016, p. 131.

[425] AGRAVO EM EXECUÇÃO PENAL DEFENSIVO. ATO JURISDICIONAL HOMOLOGATÓRIO DE FALTA GRAVE APURADA EM PROCEDIMENTO ADMINISTRATIVO DISCIPLINAR E DETERMINANTE DA ALTE-RAÇÃO DA DATA-BASE PARA FINS PROGRESSIONAIS E DA PERDA DE DIAS REMIDOS. RATIFICAÇÃO. (...) 2) Prevalecente, no âmbito do gênero Direito Processual, seja ele de espécie administrativa (artigo 36, Lei 9.784/99), civil (artigo 373, NCPC), trabalhista (artigo 818, CLT) ou penal (artigo 156, CPP), a regra segundo a qual a prova da alegação sempre incumbirá a quem a fizer, e, uma vez apreendidos psicotrópicos nos pertences do agravante durante sua transferência entre alas da unidade prisional, caberia a ele demonstrar que tais substâncias eram de propriedade de terceira pessoa, o que não se deu, inviabilizando o acolhimento da pretensão de reforma da decisão judicial que homologou a falta grave respectiva e determinou as consequências jurídicas decorrentes de tal indisciplina (= perda dos dias remidos e alteração da data-base para fins progressionais). AGRAVO CONHECIDO E NÃO PROVIDO. (TJGO, Agravo em Execução Penal 5438102-17.2020.8.09.0000, Rel. Desembargador NICOMEDES DOMINGOS BORGES, 1ª CÂMARA CRIMINAL, DJ 26.10.2020)

da Administração Pública quando a prática do ato seja de seu interesse, e não do administrado/interessado",[426] o que inclusive coaduna com a presunção de boa-fé e de inocência, mormente quando se está a falar de processos administrativos sancionatórios.

Claro que, entretanto, referida regra não é interpretada nos processos administrativos como é nos processos judiciais, na medida em que estes se pautam na verdade formal, construída nos autos; enquanto aqueles buscam a verdade material, conforme já exposto neste trabalho.

Estando os elementos de prova dentro do processo, será inválida não somente a decisão que os tiver desconsiderado, como também aquela que os tiver considerado de forma errônea ou distorcida. Para tanto, estão à disposição dos interessados os mecanismos processuais aptos para reformar ou invalidar as decisões administrativas, a exemplo dos recursos e dos pedidos de reconsideração.

Os relatórios indicam apenas a descrição detalhada dos fatos ocorridos no curso do processo. É nesse detalhamento que se exige sejam mencionadas as provas produzidas e as espécies de que se revestiram. Isso, contudo, repita-se, não é motivar, mas sim descrever.

Art. 37 – *Quando o interessado declarar que fatos e dados estão registrados em documentos existentes na própria Administração responsável pelo processo ou em outro órgão administrativo, o órgão competente para a instrução proverá, de ofício, à obtenção dos documentos ou das respectivas cópias.*

Comentários

O art. 37 impõe o fornecimento de documentos pela própria Administração quando estes estiverem em sua posse e forem indicados pelos interessados como prova. Se os referidos documentos estiverem na posse de terceiros, a autoridade responsável pela instrução do feito oficiará o órgão possuidor para que este o apresente ou faça a entrega de suas cópias.

Similar disposição é encontrada na Lei do Mandado de Segurança (art. 6º, §1º, da Lei nº 12.016/09),[427] a qual faculta ao juiz que ordene a exibição do documento em original ou em cópia autêntica.

---

[426] NOBRE JÚNIOR, Edilson Pereira; CAVALCANTI, Francisco; FERREIRA FILHO, Marcílio da Silva; NÓBREGA, Theresa Christine de Albuquerque. *Comentários à lei do processo administrativo federal.* São Paulo, Saraiva, 2016, p. 133.

[427] Art. 6º A petição inicial, que deverá preencher os requisitos estabelecidos pela lei processual, será apresentada em 2 (duas) vias com os documentos que instruírem a primeira reproduzidos na segunda e indicará, além da autoridade coatora, a pessoa jurídica que esta integra, à qual se acha vinculada ou da qual exerce atribuições.
§1º No caso em que o documento necessário à prova do alegado se ache em repartição ou estabelecimento público ou em poder de autoridade que se recuse a fornecê-lo por certidão ou de terceiro, o juiz ordenará, preliminarmente, por ofício, a exibição desse documento em original ou em cópia autêntica e marcará, para o cumprimento da ordem, o prazo de 10 (dez) dias. O escrivão extrairá cópias do documento para juntá-las à segunda via da petição.

O presente artigo, sem dúvida nenhuma, traduz o princípio da eficiência, pois torna mais simples e célere a tramitação do processo,[428] além de refletir a busca da verdade material, uma vez que não consulta ao interesse público que o interessado deixe de ter provido seu pleito por ausência de documento que demonstre seu direito, documento esse que se encontra na posse da própria Administração.

Por isso mesmo, toda e qualquer providência no sentido de trazer ao bojo dos autos o maior número de documentos hábeis a demonstrar a verdade material é bem--vinda, na medida em que permite, de modo mais efetivo, uma prestação jurisdicional mais adequada.

Entende-se, ainda, que, caso o interessado demonstre que o documento que comprova o seu direito está sob a posse da Administração Pública ou possa por esta ser facilmente encontrado ou identificado, há a descaracterização do ônus probatório do particular em caso de letargia estatal para apresentá-lo.[429] Em primeiro lugar, porque insensato que o administrado seja prejudicado por uma letargia injustificada do ente estatal; e, em segundo lugar, porque nos processos administrativos a Administração Pública tem o dever de agir na busca da verdade material e, assim sendo, foge do seu objetivo principal simplesmente deixar de atuar e agir quando a elucidação dos fatos assim exige.

• •

Art. 38 – *O interessado poderá, na fase instrutória e antes da tomada da decisão, juntar documentos e pareceres, requerer diligências e perícias, bem como aduzir alegações referentes à matéria objeto do processo.*

• •

Comentários

O art. 38 espelha os princípios da ampla defesa e do contraditório, permitindo ao interessado, antes da tomada da decisão, juntar documentos e pareceres, requerer diligências e perícias, bem como apresentar alegações sobre matéria diretamente relacionada com o objeto do processo, isto é, exaurir seu direito de defesa.

Trata-se, enfim, de dispositivo que advém do devido processo legal (*due processo of law*), mandamento constitucional que impõe, entre outros, que a restrição de direitos e de bens não pode ser arbitrária, senão deve ser precedida de todos os mecanismos que o ordenamento confere ao administrado para proteger o seu patrimônio jurídico, amplamente considerado.

Por força da dicção do §1º do art. 38, todas as provas produzidas ao longo do processo administrativo devem necessariamente ser objeto de consideração no relatório e, sobretudo, na decisão. Isso significa dizer que as razões de decidir da autoridade têm

---

[428] Sugerimos a leitura: LUNA FILHO, Eury Pereira. A nova lei do processo administrativo. *BDA – Boletim de Direito Administrativo*, São Paulo, v. 16, n. 7, p. 488-497, jul. 2000.

[429] Nesse sentido: NOBRE JÚNIOR, Edilson Pereira; CAVALCANTI, Francisco; FERREIRA FILHO, Marcílio da Silva; NÓBREGA, Theresa Christine de Albuquerque. *Comentários à lei do processo administrativo federal*. São Paulo, Saraiva, 2016, p. 134.

de se basear nas provas produzidas durante a instrução, sem que sejam olvidadas as alegações postas pelo administrado.

A decisão, portanto, deve ser plenamente fundamentada, e a consideração das provas e das argumentações do particular revelam o princípio do contraditório substancial, que propugna pela construção da decisão administrativa conjuntamente com os interessados, cenário que igualmente valoriza o caráter dialógico e concertado da Administração Pública contemporânea.

Embora a norma seja expressa ao permitir a realização de perícias e diligências, costumeiramente os órgãos administrativos negam esse direito, sob a sucinta e insatisfatória alegação de que ambos teriam natureza meramente protelatória, sem que reste explanada pela autoridade a razão que a conduziu à rejeição do pedido do interessado.

De fato, impedir a realização de prova requerida a tempo e modo pelo interessado e expressamente autorizada pela norma desatende ao princípio da ampla defesa e deve ser evitado pela Administração. Apenas em situações excepcionais, devidamente justificadas pela autoridade, deve-se negar o direito à produção probatória, até porque o §2º do aludido artigo dispõe que somente podem ser recusadas as provas ilícitas, impertinentes, desnecessárias ou protelatórias.

Inobstante a interpretação possa admitir algum grau de subjetividade, ela deve se dar à luz dos princípios constitucionais já exaustivamente mencionados da ampla defesa, do contraditório e da motivação, pelo que a ilicitude, a impertinência, a desnecessidade ou o caráter protelatório devem ser comprovados e estar compatíveis com as razões alegadas pela autoridade para negar a realização da prova.

Há que ficar claro que aduzir alegações não se confunde com a manifestação prevista no art. 44, que ocorrerá após a fase instrutória. Diz respeito apenas à participação do interessado na produção das provas, podendo questioná-las e fiscalizá-las.

Há que se pensar o art. 38 em conformidade com o previsto no art. 39, que dispõe sobre a necessidade de expedição de intimação para a produção de informações ou apresentação de provas pelos interessados ou terceiros.

Por fim, não podemos perder de vista que prova válida é aquela que tem a participação de todos os envolvidos na relação processual. Mas, caso o interessado se mantenha inerte, não há que se falar em cerceamento de defesa ou ilegalidade na tramitação da fase instrutória, desde que comprovado nos autos que foi devidamente intimado para apresentá-las.

Sobre o tema, já se manifestou o Superior Tribunal de Justiça, *verbis*:

> ampla defesa significa oportunizar todas as possibilidades de produção de provas servíveis ao indicado/réu ou qualquer pessoa que responda a processo administrativo ou judicial. Não serve, contudo, para postergar o rito ao alvitre da parte interessada. (MS nº 7188/DF, Min. Gilson Dipp, *DJ*, 7 out. 2002)

§1º – Os elementos probatórios deverão ser considerados na motivação do relatório e da decisão.

Comentários

Referido parágrafo nem seria necessário, na medida em que para a tomada de qualquer decisão, faz-se fundamental a análise das questões de fato e direito, nos termos do que dispõe o art. 489, inciso II, do CPC, subsidiariamente aplicável à espécie.

A bem da verdade, a consideração dos elementos probatórios trazidos pelos interessados é decorrência do próprio Estado Democrático de Direito. Sem dúvida alguma, permitir que decisões sejam prolatadas em desconsideração das provas produzidas nos autos é retroceder aos modelos processuais arbitrários e autoritários de tempos outros, períodos históricos em que contraditório e a ampla defesa eram meramente formais, isso quando previstos.

E é nesse sentido que a consideração quanto aos elementos de prova constantes do processo é condição de validade da própria decisão, sob pena de nulidade. Tal cenário é passível de reforma não só pela autoridade administrativa superior, sob o manto da autotutela, mas também pelo Poder Judiciário, vez que ignorar as provas dos autos não se enquadra na circunscrição da discricionariedade administrativa, senão representa patente ilegalidade.

Portanto, os elementos probatórios que se encontram no processo deverão ser considerados no relatório e na decisão, sob pena de ilegalidade.

Não basta que se faça simples menção às provas apresentadas, pois o que se está a exigir é a sua motivação quando da elaboração do relatório ou decisão, vale dizer, analisar realmente as provas colacionadas ao processo, justificando em que ponto os documentos influenciam ou não.

José dos Santos Carvalho Filho, ao comentar o dispositivo em análise, ensina que a exigência de elementos probatórios

> representa verdadeiro meio de controle da legalidade da decisão proferida pelo administrador. Estando os elementos de prova dentro do processo, será inválida não somente a decisão que tiver deixado de levá-lo em consideração, como também aquela que os tiver considerado de forma errônea ou distorcida. Tudo isso estará dentro do poder de observação e controle por parte dos interessados.[430]

Também o escólio de Arnaldo Esteves Lima, sobre o dispositivo em comento, merece ser ressaltado:

> O §1º determina que os elementos probatórios deverão ser considerados na motivação do relatório e da decisão. Sem dúvida, ao fundamentar a decisão, a autoridade competente haverá de considerá-los, pois, do contrário, não faria sentido a sua existência nos autos. Como se sabe, a fundamentação das decisões – administrativas e judiciais – é pressuposto básico de legalidade. Por ela, o Estado, democraticamente, torna pública a razão de haver decidido de determinada forma. Evita-se o arbítrio, a prepotência, permitindo-se o controle de legalidade pela parte, gerando, ademais, segurança jurídica.[431]

---

[430] CARVALHO FILHO, José dos Santos. *Processo administrativo federal*: comentários à Lei nº 9.784, de 29.01.1999. 2. ed. Rio de Janeiro: Lumen Juris, 2005, p. 198.

[431] LIMA, Arnaldo Esteves. *O processo administrativo no âmbito da administração pública federal*: Lei nº 9.784, de 29.1.1999. Belo Horizonte: Del Rey, 2014, p. 93.

É preciso, enfim, uma decisão verdadeiramente analítica, que de fato sopese todos os elementos fáticos e jurídicos que fazem parte do arcabouço processual. Simplesmente mencionar as provas trazidas ao caso concreto, sem considerá-las realmente, não atende à motivação e à fundamentação constitucionalmente necessárias: tratar-se-ia de mero simulacro de motivação e de fundamentação.

• •

§2º – Somente poderão ser recusadas, mediante decisão fundamentada, as provas propostas pelos interessados quando sejam ilícitas, impertinentes, desnecessárias ou protelatórias.

• •

Comentários

Preliminarmente, contrapondo-se ao parágrafo sob exame, há de se alertar que só podem ser objeto de prova os fatos relevantes, determinados e controversos. Até porque os fatos irrelevantes, como a própria semântica indica, nada importam; os indeterminados, por sua vez, exigiriam a produção de prova diabólica para serem comprovados, o que é impossível ou excessivamente difícil; e os incontroversos, por fim, por assim serem, são plenamente aceitos, seja porque notórios, seja porque todos os envolvidos assim os reconhecem.

Egon Bockmann Moreira, citando Moniz de Aragão, esclarece que:

> relevantes são aqueles cuja demonstração é indispensável para formar a convicção do julgador; determinantes são fatos certos e por isso passíveis de demonstração em juízo; e controversos são os fatos a cujo respeito as partes estão em desacordo.

Assim, e desde que demonstrado ser a prova possível, idônea e necessária à solução da controvérsia, sua concretização é imperiosa.[432]

Em contrapartida, não serão aceitas as provas ilícitas, impertinentes, desnecessárias ou protelatórias.

Isso porque, conforme já dito neste estudo, nem mesmo o direito à ampla defesa pode ser tratado de maneira absoluta, mas sopesado com princípios outros, a exemplo da duração razoável do processo, da proporcionalidade e da boa-fé processual. Conforme já decidiu o Supremo Tribunal Federal, o "indeferimento motivado das provas meramente protelatórias ou desnecessárias ao deslinde da controvérsia não configura cerceamento de defesa e encontra suporte nos arts. 38, §2º, da Lei nº 9.784/1999 e 156, §1º, da Lei nº 8.112/1990".[433]

Passemos ao estudo de cada uma dessas provas:

a) Provas ilícitas: a recusa da prova ilícita se fundamenta no artigo art. 5º, LVI, da Constituição da República de 1988, que prevê: "são inadmissíveis, no

---

[432] MOREIRA, Egon Bockmann. O direito à prova no processo administrativo. *Fórum Administrativo – Direito Público*, Belo Horizonte, ano 4, n. 39, p. 3797, maio 2004.

[433] STF, RMS 33.151/DF, Rel. Ministro MARCO AURÉLIO, PRIMEIRA TURMA, julgado em 16.10.2018.

processo, as provas obtidas por meios ilícitos". Na Lei nº 9.784/99 encontramos a inadmissibilidade da prova ilícita no art. 30, que reproduz o dispositivo constitucional, e no §2º do art. 38. Egon Bockmann Moreira faz uma observação acerca da diferença na abordagem dos dois: "Numa breve análise, parece-nos que o art. 30 refere-se a provas produzidas extra-autos ('obtidas por meios ilícitos'), enquanto o parágrafo 2º do artigo 38 diz respeito ao pleito de provas realizado pelo particular interessado, a ser futuramente produzido intra-autos".[434]

O que busca efetivamente o preceito sob exame é impedir os integrantes da relação processual de se beneficiarem à custa da utilização de prova ilícita e, por isso mesmo, inadmissível, para fazer valer o seu interesse. É o caso da coação ou ameaça contra terceiros.

Com efeito, caso o interessado utilize prova ilícita, a autoridade competente deverá determinar, por meio de decisão fundamentada, sua recusa, procedendo ao imediato desentranhamento no processo.

b) Provas impertinentes: não têm relação com a matéria objeto do processo, servindo apenas e tão somente para retardar o andamento processual, visto que o julgador terá de se ater às mesmas, perdendo tempo na análise daquelas que não condizem com o objeto do processo. Do mesmo modo que a prova ilícita, deverá ser recusada pela autoridade competente.

c) Provas desnecessárias: não têm serventia probatória. Não servem para absolutamente nada, apenas para tumultuar o processo.

d) Provas protelatórias: têm a função de procrastinar o andamento do processo, e, por isso mesmo, também devem ser recusadas.

Apenas a título ilustrativo, veja-se o magistério de Arnaldo Esteves Lima, que se harmoniza com o exposto:

> A prova ilícita, como o próprio nome indica, é a obtida *contra legem*. Vale dizer, por coação, roubo ou furto, por invasão de domicílio ou de sigilo bancário, telefônico, de dados, etc (ver comentários ao art. 30).
>
> Impertinentes serão as provas que não tenham nenhum liame com os fatos que se desejam comprovar. Controverte-se sobre a construção de uma ponte, por exemplo, mas o interessado solicita uma perícia médica. Desnecessárias são aquelas provas ociosas ou inúteis – determinado fato já está comprovado ou é incontroverso, ainda assim o interessado deseja apresentar mais provas a respeito. Além da desnecessidade, pode revelar-se aí o sentido protelatório, procrastinatório de tal desejo.[435]

Não podemos perder de vista que a recusa das provas pela autoridade competente deverá ser motivada, a fim de dar transparência e legitimidade à sua decisão, sobretudo porque a regra é a ampla dilação probatória, razão pela qual sua recusa deverá estar devidamente justificada nos autos.

---

[434] MOREIRA, Egon Bockmann. O direito à prova no processo administrativo. *Fórum Administrativo – Direito Público*, Belo Horizonte, ano 4, n. 39, p. 3801, maio 2004.

[435] LIMA, Arnaldo Esteves. *O processo administrativo no âmbito da administração pública federal*: Lei nº 9.784, de 29.1.1999. Belo Horizonte: Del Rey, 2014, p. 94.

Finalmente, cabe registrar, os tribunais vêm aceitando que a prova emprestada pode ser usada em processos administrativos disciplinares. Eis o teor de acórdão do Supremo Tribunal Federal:

> Prova Emprestada. Penal. Interceptação telefônica. Escuta Ambiental. Autorização judicial e produção para fim de investigação criminal. Suspeita de delitos cometidos por autoridades e agentes públicos. Dados obtidos em inquérito policial. Uso em procedimento administrativo disciplinar, contra outros servidores, cujos eventuais ilícitos administrativos teriam despontado à colheita dessa prova. Admissibilidade. Resposta afirmativa a questão de ordem. Inteligência do art. 5º, inc. XII, da CF, e do art. 1º da Lei federal n. 9.296/96. Precedente. Voto vencido. Dados obtidos em interceptação de comunicações telefônicas e em escutas ambientais, judicialmente autorizadas para produção de prova em investigação criminal ou em instrução processual penal, podem ser usados em procedimento administrativo disciplinar, contra a mesma ou as mesmas pessoas em relação às quais foram colhidos, ou contra outros servidores cujos supostos ilícitos teriam despontado à colheita dessa prova.[436]

Art. 39 – *Quando for necessária a prestação de informações ou a apresentação de provas pelos interessados ou terceiros, serão expedidas intimações para esse fim, mencionando-se data, prazo, forma e condições de atendimento.*

Comentários

A apresentação das provas, assim como a prestação de informações nos autos do processo, dar-se-ão após a devida intimação para esse fim. Referido artigo dá azo à consecução do princípio da publicidade, o qual, desatendido, impede a contagem regular dos prazos.

Assim, na intimação regular e válida constarão a data, o prazo, a forma e as condições para a apresentação de provas e para a manifestação nos autos.

Somente se pode cogitar da tempestividade na hipótese de regular conhecimento prévio: o interessado precisa saber que pode produzir provas, como deve ser feita a proposição formal e qual o prazo para sua dedução frente à Administração.[437]

Quer dizer, só incorrerá em preclusão se, regularmente intimado a manifestar-se ou apresentar provas, deixar de fazê-lo no prazo hábil.

É de se destacar, por fim, que o presente artigo também revela o poder e o dever de a Administração Pública, por si própria, buscar a verdade material. No âmbito dos processos administrativos, não pode o Estado permanecer inerte, mas deve estimular o esclarecimento da controvérsia. Para tanto, poderá, independentemente de qualquer provocação, intimar os interessados ou terceiros para o esclarecimento dos fatos ou para

---

[436] STF, Inquérito 2424 QO-QO/RJ, Rel. Ministro CEZAR PELUSO, publicado em 24/08/2007.

[437] MOREIRA, Egon Bockmann. O direito à prova no processo administrativo. *Fórum Administrativo – Direito Público*, Belo Horizonte, ano 4, n. 39, p. 3789, maio 2004.

a apresentação de documentos, sem que isso implique – ressalvados casos arbitrários e desproporcionais – violação aos direitos fundamentais dos administrados.

Parágrafo único – Não sendo atendida a intimação, poderá o órgão competente, se entender relevante a matéria, suprir de ofício a omissão, não se eximindo de proferir a decisão.

Comentários

Fica de todo evidente, nesse parágrafo, a manifestação do princípio da verdade material, que se traduz no verdadeiro dever de a Administração buscar a verdade real para sustentar o seu convencimento. O dispositivo também se relaciona ao princípio da oficialidade, que faculta o prosseguimento do feito, por impulsão de ofício, até o ato final conclusivo.

No processo administrativo, diferentemente do processo judicial, o julgador não se encontra adstrito às provas trazidas aos autos pelos interessados, devendo diligenciar com vistas à obtenção de documentos ou provas que auxiliem o seu juízo de convencimento.

Em contrapartida, pela literalidade legal, essa atuação da Administração não poderá ser efetivada sem que seja dada a oportunidade para o intimado esclarecer a questão ou apresentar o que lhe foi solicitado, até porque o contraditório substancial exige que os envolvidos participem ativamente na construção da decisão administrativa.

Nesse sentido, como explicam Juliano Heinen, Priscilia Sparapani e Rafael Maffini, para suprir de ofício a omissão do particular no que toca à intimação, é preciso o preenchimento concomitante dos seguintes requisitos: "a) o primeiro evidencia-se pela inércia do administrado intimado pelo órgão público; b) o segundo é que o órgão competente possa suprir *ex officio* a inatividade do administrado, ou seja, a autoridade deve poder editar o ato contido na intimação, o qual cabia ao interessado praticar inicialmente; c) o terceiro requisito é a questão da relevância da matéria objeto do processo, que deve envolver o interesse público, uma vez que se o processo for de interesse preponderantemente particular, não há que se falar em atuação secundária do Poder Público".[438]

Art. 40 – *Quando dados, atuações ou documentos solicitados ao interessado forem necessários à apreciação de pedido formulado, o não atendimento no prazo fixado pela Administração para a respectiva apresentação implicará arquivamento do processo.*

---

[438] HEINEN, Juliano; SPARAPANI, Priscilia; MAFFINI, Rafael. *Comentários à lei federal de processo administrativo*: Lei nº 9.784/99. Porto Alegre: Livraria do Advogado, 2015, p. 245.

Comentários

Não sendo atendida a intimação, pelo interessado, quanto à apresentação de dados, atuações ou documentos, poderá a Administração arquivar o processo caso o seu objeto não seja relevante para o interesse público ou se tratar de direitos disponíveis.

O que mais chama a atenção no dispositivo em apreço é a diferença de tratamento que a lei atribui à inércia do particular e à inércia administrativa.

Quando se examinam os arts. 42 e 43 da lei, verifica-se que a ausência de parecer obrigatório e vinculante, assim como de laudo técnico, não importará o deferimento do pedido do particular, na hipótese de este ter inaugurado o processo administrativo, nem no arquivamento do processo, quando este tenha sido iniciado pela Administração Pública.

Assim, embora preconize a eficiência e a oficialidade, a lei penaliza o particular quando este deixa de praticar ato que é de sua responsabilidade, mas não penaliza a Administração quando seus agentes públicos não observam suas obrigações.[439]

Voltaremos à questão quando da apreciação dos referidos arts. 42 e 43 e ainda quando em destaque o art. 49.

Importa consignar, por fim, que a questão do fornecimento de dados pelo Estado foi muito alterada pelo advento da Lei nº 13.709/18, a LGPD. Isso porque, a partir da Lei Geral de Proteção de Dados Pessoais, a Administração Pública passa a ter limites literalmente fixados no que se refere aos dados dos administrados.[440] Exigir dados pessoais não é tão simples e raso assim, ao menos não mais. Por isso, entendemos abusivo o arquivamento do processo administrativo de interesse particular, em virtude do não fornecimento de dados solicitados, quando a solicitação não cumpre as exigências da LGPD, que tem por escopo, consoante revela o seu art. 1º, *caput*, a proteção de direitos fundamentais.[441]

Exige-se, por exemplo, que essa solicitação de dados seja devidamente motivada, apresentando ademais ao seu titular qual é o intuito específico que justificara a apresentação dos dados solicitados. Nesse sentido, o art. 23, *caput*, da LGPD, que assevera que o tratamento de dados pessoais pela Administração "deverá ser realizado para o atendimento de sua finalidade pública, na persecução do interesse público, com o objetivo de executar as competências legais ou cumprir as atribuições legais do serviço público", e também os arts. 6º e 7º,[442] que trazem respectivamente princípios e requisitos a serem observados por aqueles que manuseiam dados de outrem.

---

[439] Os arts. 42 e 43 parecem dar ensejo apenas à penalização do administrador que se omite, não à Administração.

[440] Sobre o tema, conferir: CARDOSO, André Guskow. O regime do uso e compartilhamento de dados pessoais pela administração pública no âmbito da LGPD. *Informativo Justen, Pereira, Oliveira e Talamini*, Curitiba, n. 163, set. 2020. Disponível em: https://justen.com.br/pdfs/IE163/IE163-Andre-Uso-Compart-Dados-pela-Adm-LGPD.pdf. Acesso em: 28 maio 2021.

[441] Art. 1º Esta Lei dispõe sobre o tratamento de dados pessoais, inclusive nos meios digitais, por pessoa natural ou por pessoa jurídica de direito público ou privado, com o objetivo de proteger os direitos fundamentais de liberdade e de privacidade e o livre desenvolvimento da personalidade da pessoa natural.

[442] Art. 6º As atividades de tratamento de dados pessoais deverão observar a boa-fé e os seguintes princípios:
I – finalidade: realização do tratamento para propósitos legítimos, específicos, explícitos e informados ao titular, sem possibilidade de tratamento posterior de forma incompatível com essas finalidades;
II – adequação: compatibilidade do tratamento com as finalidades informadas ao titular, de acordo com o contexto do tratamento;

III – necessidade: limitação do tratamento ao mínimo necessário para a realização de suas finalidades, com abrangência dos dados pertinentes, proporcionais e não excessivos em relação às finalidades do tratamento de dados;

IV – livre acesso: garantia, aos titulares, de consulta facilitada e gratuita sobre a forma e a duração do tratamento, bem como sobre a integralidade de seus dados pessoais;

V – qualidade dos dados: garantia, aos titulares, de exatidão, clareza, relevância e atualização dos dados, de acordo com a necessidade e para o cumprimento da finalidade de seu tratamento;

VI – transparência: garantia, aos titulares, de informações claras, precisas e facilmente acessíveis sobre a realização do tratamento e os respectivos agentes de tratamento, observados os segredos comercial e industrial;

VII – segurança: utilização de medidas técnicas e administrativas aptas a proteger os dados pessoais de acessos não autorizados e de situações acidentais ou ilícitas de destruição, perda, alteração, comunicação ou difusão;

VIII – prevenção: adoção de medidas para prevenir a ocorrência de danos em virtude do tratamento de dados pessoais;

IX – não discriminação: impossibilidade de realização do tratamento para fins discriminatórios ilícitos ou abusivos;

X – responsabilização e prestação de contas: demonstração, pelo agente, da adoção de medidas eficazes e capazes de comprovar a observância e o cumprimento das normas de proteção de dados pessoais e, inclusive, da eficácia dessas medidas.

Art. 7º O tratamento de dados pessoais somente poderá ser realizado nas seguintes hipóteses:

I – mediante o fornecimento do consentimento pelo titular;

II – para o cumprimento de obrigação legal ou regulatória pelo controlador;

III – pela administração pública, para o tratamento e uso compartilhado de dados necessários à execução de políticas públicas previstas em leis e regulamentos ou respaldadas em contratos, convênios ou instrumentos congêneres, observadas as disposições do Capítulo IV desta Lei;

IV – para a realização de estudos por órgão de pesquisa, garantida, sempre que possível, a anonimização dos dados pessoais;

V – quando necessário para a execução de contrato ou de procedimentos preliminares relacionados a contrato do qual seja parte o titular, a pedido do titular dos dados;

VI – para o exercício regular de direitos em processo judicial, administrativo ou arbitral, esse último nos termos da Lei nº 9.307, de 23 de setembro de 1996 (Lei de Arbitragem) ;

VII – para a proteção da vida ou da incolumidade física do titular ou de terceiro;

VIII – para a tutela da saúde, em procedimento realizado por profissionais da área da saúde ou por entidades sanitárias;

VIII – para a tutela da saúde, exclusivamente, em procedimento realizado por profissionais de saúde, serviços de saúde ou autoridade sanitária;

IX – quando necessário para atender aos interesses legítimos do controlador ou de terceiro, exceto no caso de prevalecerem direitos e liberdades fundamentais do titular que exijam a proteção dos dados pessoais; ou

X – para a proteção do crédito, inclusive quanto ao disposto na legislação pertinente.

§1º Nos casos de aplicação do disposto nos incisos II e III do *caput* deste artigo e excetuadas as hipóteses previstas no art. 4º desta Lei, o titular será informado das hipóteses em que será admitido o tratamento de seus dados. (Revogado pela Medida Provisória nº 869, de 2018)

§1º (Revogado).

§2º A forma de disponibilização das informações previstas no §1º e no inciso I do *caput* do art. 23 desta Lei poderá ser especificada pela autoridade nacional. (Revogado pela Medida Provisória nº 869, de 2018)

§2º (Revogado).

§3º O tratamento de dados pessoais cujo acesso é público deve considerar a finalidade, a boa-fé e o interesse público que justificaram sua disponibilização.

§4º É dispensada a exigência do consentimento previsto no *caput* deste artigo para os dados tornados manifestamente públicos pelo titular, resguardados os direitos do titular e os princípios previstos nesta Lei.

§5º O controlador que obteve o consentimento referido no inciso I do *caput* deste artigo que necessitar comunicar ou compartilhar dados pessoais com outros controladores deverá obter consentimento específico do titular para esse fim, ressalvadas as hipóteses de dispensa do consentimento previstas nesta Lei.

§6º A eventual dispensa da exigência do consentimento não desobriga os agentes de tratamento das demais obrigações previstas nesta Lei, especialmente da observância dos princípios gerais e da garantia dos direitos do titular.

§7º O tratamento posterior dos dados pessoais a que se referem os §§3º e 4º deste artigo poderá ser realizado para novas finalidades, desde que observados os propósitos legítimos e específicos para o novo tratamento e a preservação dos direitos do titular, assim como os fundamentos e os princípios previstos nesta Lei.

Veja-se, pois, que a questão da exigência de dados passa a ser mais profunda. Se, de um lado, o art. 40, *caput* em comento permanece vigente, de outro, entende-se que ele deve passar a ser interpretado nos moldes da LGPD.

• •

Art. 41 – *Os interessados serão intimados de prova ou diligência ordenada com antecedência mínima de três dias úteis, mencionando-se data, hora e local de realização.*

• •

Comentários

Esse artigo estabelece a obrigatoriedade de a Administração observar o prazo de três dias úteis para a intimação dos interessados na hipótese de apresentação de provas ou realização de diligência ordenada.

A intimação deverá conter: data, hora e local de realização do procedimento. São esses elementos imprescindíveis, sob pena de nulidade, isso por uma questão óbvia: sem tais informações é literalmente impossível atender ao conteúdo do ato intimatório, cenário exótico que sem dúvida alguma violaria o princípio do devido processo legal administrativo.

Vale alertar que, no caso de intimação de interessados indeterminados, desconhecidos ou com domicílio indefinido, o art. 26, §4º, exige publicação oficial.

Diante da dicção da norma, pode-se questionar a razoabilidade do prazo mínimo previsto para atendimento da intimação, tendo em vista a sua exiguidade, sobretudo em se tratando de publicação via edital.

A redação da Lei Federal de Processo Administrativo ora estabelece os prazos em dias úteis, ora os designa em dias corridos. Por isso, cabe um alerta aos destinatários da norma para atentarem se a hipótese a que estão submetidos designa o prazo em dias úteis ou não, tudo para não existir prejuízo.

• •

Art. 42 – *Quando deva ser obrigatoriamente ouvido um órgão consultivo, o parecer deverá ser emitido no prazo máximo de quinze dias, salvo norma especial ou comprovada necessidade de maior prazo.*

• •

Comentários

O presente art. 42 designa o prazo máximo de quinze dias para a emissão de parecer – salvo norma especial ou necessidade de maior prazo –, quando deva ser obrigatório ouvir um órgão consultivo. Como não há qualquer ressalva quanto a tratar-se de dias úteis, entendemos que o prazo é contado em dias corridos, excetuando-se o dia da intimação e contando-se o último dia, salvo se este ocorrer em fim de semana ou feriado, hipótese na qual o prazo resta prorrogado para o primeiro dia útil posterior.

Como dito, demonstrada a necessidade de obtenção de manifestação de órgão consultivo da Administração, este deverá emitir o parecer no prazo máximo de quinze dias, exceto se norma especial estipular prazo diverso ou for comprovada a necessidade de prazo maior.

Pareceres são atos administrativos enunciativos por meio dos quais a Administração manifesta opinião acerca de assunto técnico ou jurídico submetido ao seu pronunciamento. É justamente o que assevera José dos Santos Carvalho Filho quando diz que pareceres "consubstanciam opiniões, pontos de vista de alguns agentes administrativos sobre matéria submetida à sua apreciação".[443]

Antes de ir além, faz-se necessário discorrermos sobre as espécies de pareceres. Para tanto, adotaremos a classificação de Oswaldo Aranha Bandeira de Mello:

a) Parecer Facultativo: é facultativo quando fica a critério da Administração solicitá-lo ou não, além de não ser vinculante para quem o solicitou. Se foi indicado como fundamento da decisão, passará a integrá-la por corresponder à própria motivação do ato.

b) Parecer Obrigatório: é obrigatório quando a lei o exige como pressuposto para a prática do ato final. A obrigatoriedade diz respeito à solicitação do parecer. Por exemplo, uma lei que exija parecer jurídico sobre todos os recursos encaminhados ao Chefe do Executivo; embora haja obrigatoriedade de ser emitido o parecer sob pena de ilegalidade do ato final, ele não perde o seu caráter opinativo. Mas a autoridade que não o acolher deverá motivar a sua decisão.

c) Parecer Vinculante: a Administração é obrigada a solicitá-lo e acatar a sua conclusão. Para conceder aposentadoria por invalidez, a Administração tem que ouvir o órgão médico oficial e não pode decidir em desconformidade com a sua decisão.[444]

Como podemos ver, o art. 42 faz referência ao parecer obrigatório e vinculante, que deverá ser emitido antes da prática do ato decisório no prazo máximo de quinze dias, em regra.

Ressalte-se, contudo, que José dos Santos Carvalho Filho tem uma visão diferente a respeito da classificação do parecer em vinculante, já que para ele há um desvio de qualificação jurídica desse ato, pois parecer é ato tipicamente opinativo, não podendo, pois, ter natureza de ato tipicamente decisório, que vincula a autoridade competente. Em abono de tal entendimento, o festejado autor chama a atenção, bem a propósito para que:

---

[443] CARVALHO FILHO, José dos Santos. *Manual de direito administrativo*. 27. ed. rev., atual. e ampl. São Paulo: Atlas, 2014, p. 139. No mesmo sentido: MEIRELLES, Hely Lopes. *Direito administrativo brasileiro*. 37. ed. São Paulo: Malheiros, 2011, p. 198.

[444] MELLO, Oswaldo Aranha Bandeira de. *Princípios gerais de direito administrativo*. Rio de Janeiro: Forense, 1979. p. 575. No mesmo sentido: DI PIETRO, Maria Sylvia Zanella. *Direito administrativo*. 26. ed. São Paulo: Atlas, 2013, p. 238 e 239.

Em nosso entender, porém, há um desvio de qualificação jurídica nesses atos: pareceres são atos opinativos, de modo que, se o opinamento do parecerista vincula outra autoridade, o conteúdo do ato é tipicamente decisório, e não meramente opinativo, como é de sua natureza. Em suma: o parecerista acaba tendo a vestimenta de autoridade decisória, cabendo ao agente vinculado papel meramente secundário e subserviente à conclusão do parecerista. Cuida-se, pois, de esdrúxula inversão de *status* jurídico.[445]

Em apoio a essa posição, cabe transcrever a seguinte passagem de autoria de Diógenes Gasparini:

> O parecer vinculante é, no mínimo, estranho, pois se a autoridade competente para decidir há de observar suas conclusões, ele deixa de ser parecer, opinião, para ser decisão.[446]

É importante destacar, ainda, que há no ordenamento jurídico previsão de parecer vinculante que não se coaduna com a definição estabelecida pela doutrina, pois prevê que o parecer só se torna vinculante por meio da manifestação da autoridade competente.[447] A previsão se encontra na Lei Orgânica da Advocacia-Geral da União, Lei Complementar nº 73, de 10 de fevereiro de 1993, que prevê no seu art. 40, §1º, que o parecer aprovado e publicado juntamente com o despacho presidencial vincula a Administração Federal, cujos órgãos e entidades ficam obrigados a lhe dar fiel cumprimento.[448]

Neste ponto, mostra-se pertinente esclarecer que a doutrina é pacífica ao qualificar o parecer que a autoridade atribui efeito vinculante, representando uma orientação geral para todos os órgãos e entidades administrativas, como parecer normativo.[449]

---

[445] CARVALHO FILHO, José dos Santos. *Manual de direito administrativo*. 20. ed. Rio de Janeiro: Lumen Juris, 2008, p. 133.

[446] GASPARINI, Diogenes. *Direito administrativo*. 13. ed. São Paulo: Saraiva, 2008.

[447] Nessa linha de raciocínio, destacamos pensamento de Francisco Xavier da Silva Guimarães em: GUIMARÃES, Francisco Xavier da Silva. *Direito processual administrativo*: comentários à Lei nº 9.784/99. Belo Horizonte: Fórum, 2008, p. 132 e 133.

[448] "Art. 39. É privativo do Presidente da República submeter assuntos ao exame do Advogado-Geral da União, inclusive para seu parecer.
Art. 40. Os pareceres do Advogado-Geral da União são por este submetidos à aprovação do Presidente da República.
§1º O parecer aprovado e publicado juntamente com o despacho presidencial vincula a Administração Federal, cujos órgãos e entidades ficam obrigados a lhe dar fiel cumprimento.
§2º O parecer aprovado, mas não publicado, obriga apenas as repartições interessadas, a partir do momento em que dele tenham ciência.
Art. 41. Consideram-se, igualmente, pareceres do Advogado-Geral da União, para os efeitos do artigo anterior, aqueles que, emitidos pela Consultoria-Geral da União, sejam por ele aprovados e submetidos ao Presidente da República.
Art. 42. Os pareceres das Consultorias Jurídicas, aprovados pelo Ministro de Estado, pelo Secretário-Geral e pelos titulares das demais Secretarias da Presidência da República ou pelo Chefe do Estado-Maior das Forças Armadas, obrigam, também, os respectivos órgãos autônomos e entidades vinculadas.
Art. 43. A Súmula da Advocacia-Geral da União tem caráter obrigatório quanto a todos os órgãos jurídicos enumerados nos arts. 2º e 17 desta lei complementar.
§1º O enunciado da Súmula editado pelo Advogado-Geral da União há de ser publicado no Diário Oficial da União, por três dias consecutivos.
§2º No início de cada ano, os enunciados existentes devem ser consolidados e publicados no Diário Oficial da União.
Art. 44. Os pareceres aprovados do Advogado-Geral da União inserem-se em coletânea denominada 'Pareceres da Advocacia-Geral da União', a ser editada pela Imprensa Nacional".

[449] Essa é a orientação adotada pela Resolução nº 148/2005 da Procuradoria-Geral do Estado de Minas Gerais, que estabelece no seu art. 6º: "São Normativos os Pareceres aprovados pelo Governador do Estado e publicados

Assim, resta claro a impropriedade da utilização da terminologia "parecer vinculante" para a produção desse tipo de ato. Nesse sentido são as palavras de Diogenes Gasparini: "Será normativo se, ao ser aprovado, tornar-se obrigatório para os casos idênticos que surgirem no futuro".[450]

Também não é outro o entendimento de Carvalho Filho:

> Por fim, convém dar uma palavra sobre os denominados pareceres normativos, não muito raros na Administração. A terminologia levaria a um paradoxo, pois que um juízo de valor não pode revestir-se do cunho de normatividade. Ocorre que, às vezes, o parecer esgota, de forma profunda e estudada, o tratamento a ser dispensado a determinada questão. Concordando com esse tratamento, determinada autoridade decisória resolve, então, estendê-lo a todas as demais hipóteses idênticas que vierem a ocorrer, passando assim, a representar uma orientação geral para os órgãos administrativos. Note-se, todavia, que sem a aprovação formal da autoridade decisória e sem sua indicação de que o tratamento deve ser estendido aos demais órgãos o parecer não poderia ter tais efeitos. O que se observa é que a normatividade não é propriamente do parecer, mas da solução que deu determina questão, devidamente aprovada pela autoridade competente.[451]

Finalmente, cabe registrar que o STF entendeu que o parecer que não tem caráter vinculante não pode gerar responsabilização de seu parecerista, já que se trata de ato opinativo e, caso a autoridade não concorde com a fundamentação apresentada, deverá se socorrer de outro parecer. Eis o teor da ementa:

> Constitucional. Administrativo. Controle externo. Auditoria pelo TCU. Responsabilidade de procurador de autarquia por emissão de parecer técnico-jurídico de natureza opinativa. Segurança deferida. i. Repercussões da natureza jurídico-administrativa do parecer jurídico: (i) quando a consulta é facultativa, a autoridade não se vincula ao parecer proferido, sendo que seu poder de decisão não se altera pela manifestação do órgão consultivo; (ii) quando a consulta é obrigatória, a autoridade administrativa se vincula a emitir o ato tal como submetido à consultoria, com parecer favorável ou contrário, e se pretender praticar ato de forma diversa da apresentada à consultoria, deverá submetê-lo a novo parecer; (iii) quando a lei estabelece a obrigação de decidir à luz de parecer vinculante, essa manifestação de teor jurídica deixa de ser meramente opinativa e o administrador não poderá decidir senão nos termos da conclusão do parecer ou, então, não decidir. II. No caso de que cuidam os autos, o parecer emitido pelo impetrante não tinha caráter vinculante. Sua aprovação pelo superior hierárquico não desvirtua sua natureza opinativa, nem o torna parte de ato administrativo posterior do qual possa eventualmente decorrer dano ao erário, mas apenas incorpora sua fundamentação ao ato. III. Controle externo: É lícito concluir que é abusiva a responsabilização do parecerista à luz de uma alargada relação de causalidade entre seu parecer e o ato administrativo do qual tenha resultado dano ao erário. Salvo demonstração de culpa ou erro grosseiro, submetida às instâncias administrativo-disciplinares ou jurisdicionais próprias, não cabe a responsabilização do advogado público pelo conteúdo de seu parecer de natureza meramente opinativa. Mandado de segurança deferido.[452]

---

no Órgão Oficial dos Poderes do Estado. Parágrafo único. Os Pareceres Normativos obrigam: I – toda a Administração, quando publicado no Órgão Oficial dos Poderes do Estado; II – todas as autoridades que deles tiverem de ter conhecimento, quando não publicados".

[450] GASPARINI, Diogenes. *Direito administrativo*. 13. ed. São Paulo: Saraiva, 2008, p. 93 e 94.

[451] CARVALHO FILHO, José dos Santos. *Manual de direito administrativo*. 20. ed. Rio de Janeiro: Lumen Juris, 2008, p. 133.

[452] STF, MS nº 24.631/DF, Rel. Ministro JOAQUIM BARBOSA, publicado em 1º/02/2008.

Sobre a responsabilização do parecerista, trata-se de tema espinhoso que, no entanto, teve seus contornos reforçados pela Lei nº 13.655/18. Isso porque, segundo o art. 28 da LINDB, acrescido por aquela lei, o "agente público responderá pessoalmente por suas decisões ou opiniões técnicas em caso de dolo ou erro grosseiro",[453] de modo que não mais é possível a responsabilização do parecerista por mera culpa simples, senão pelo dolo ou pelo erro grosseiro, sendo entendido este último como aquele inescusável,[454] crasso, injustificável.[455] [456]

Interessante verificar as balizas firmadas pelo Tribunal de Contas da União, no âmbito do Acórdão nº 2.391/2018, Plenário:

> 82. Dito isso, é preciso conceituar o que vem a ser erro grosseiro para o exercício do poder sancionatório desta Corte de Contas. Segundo o art. 138 do Código Civil, o erro, sem nenhum tipo de qualificação quanto à sua gravidade, é aquele 'que poderia ser percebido por pessoa de diligência normal, em face das circunstâncias do negócio' (grifos acrescidos). Se ele for substancial, nos termos do art. 139, torna anulável o negócio jurídico. Se não, pode ser convalidado.
>
> 83. Tomando como base esse parâmetro, o erro leve é o que somente seria percebido e, portanto, evitado por pessoa de diligência extraordinária, isto é, com grau de atenção acima do normal, consideradas as circunstâncias do negócio. O erro grosseiro, por sua vez, é o que poderia ser percebido por pessoa com diligência abaixo do normal, ou seja,

---

[453] Para Danilo Miranda Vieira, erro grosseiro é a culpa grave: "O erro grosseiro configura, portanto, nada mais do que a culpa grave". Conferir: VIEIRA, Danilo Miranda. A responsabilidade pessoal do agente público por dolo ou erro grosseiro. *In*: NOBRE JÚNIOR, Edilson Pereira (org.). *O direito administrativo em transformação*: reflexões sobre a Lei nº 13.655/2018. Rio de Janeiro: Lumen Juris, 2019, p. 119.

[454] Para Floriano de Azevedo Marques Neto e Rafael Véras de Freitas, o "'erro grosseiro', por sua vez, terá lugar quando o agente público incorrer em negligência, imprudência ou imperícia inescusáveis no exercício de seu mister (por exemplo, quando expedir um ato administrativo de cassação de uma licença, com base numa legislação revogada)". Conferir: MARQUES NETO, Floriano de Azevedo; FREITAS, Rafael Véras. *Comentários à Lei nº 13.655/2018 (lei da segurança para a inovação pública)*. 2. reimpressão. Belo Horizonte: Fórum, 2019, p. 137.

[455] Sobre o tema, já tivemos a oportunidade de defender: "Como se sabe, o parecer é ato consultivo, em regra desprovido de caráter vinculativo, de modo que se presta tão somente a emitir opinião sobre questões técnicas, inclusive, jurídicas. Nessa continuidade, em função do seu próprio cerne caracterizador, ele não produz qualquer efeito jurídico se considerado de forma isolada, mas, diversamente, em regra, tem um viés meramente auxiliar, possuindo o administrador destinatário do parecer repleta liberdade e autonomia para acatá-lo ou não, no bojo do seu exclusivo juízo de conveniência e oportunidade. Nesse trilho, leciona Hely Lopes Meirelles que 'o parecer tem caráter meramente opinativo, não vinculando a Administração.' Caso contrário, se os pareceres vinculassem o administrador público, os pareceristas, por via oblíqua, acabariam por ditar a atividade administrativa, realidade hipotética absurda que não guardaria identidade com o cenário jurídico brasileiro. Por isso, por ser simplesmente uma opinião, comumente não vinculante, entende-se que normalmente o conteúdo do parecer não pode ensejar a responsabilidade do seu emissor, sob pena, inclusive, de inviabilizar e congelar sua função e, consequentemente, de prejudicar a consecução do interesse público. Isso porque, a prevalecer o posicionamento pela responsabilização dos pareceristas enquanto regra a ser seguida, decerto tais profissionais não emitiriam sua convicção técnica ou jurídica em toda a sua plenitude, ante o medo de sofrerem sanções descabidas: um efeito congelante que em nenhuma perspectiva é benéfico ao interesse público e à boa gestão pública. É pelo exposto a doutrina e a jurisprudência, que apontam para a responsabilização do parecerista se justifica em situações excepcionalíssimas, quando demonstrado, de maneira inequívoca, o erro grosseiro injustificável, o dolo ou a culpa gravíssima. Por conseguinte, mesmo que o parecer esteja tecnicamente equivocado, entende-se majoritariamente que, ausentes tais elementos subjetivos, responsabilizar o seu emissor não encontra respaldo no pátrio ordenamento jurídico". Conferir: CAVALCANTI, Caio Mário Lana. *Comentários à lei de improbidade administrativa*. Rio de Janeiro: CEEJ, 2020, p. 246 e 247.

[456] Sobre a temática relativa ao erro grosseiro, veja-se a título ilustrativo o Enunciado nº 20 do IBDA: "O art.28 da LINDB, para os casos por ele especificados (decisões e opiniões técnicas) disciplinou o §6º do artigo 37 da Constituição, passando a exigir dolo ou erro grosseiro (culpa grave) também para fins da responsabilidade regressiva do agente público".

que seria evitado por pessoa com nível de atenção aquém do ordinário, consideradas as circunstâncias do negócio. Dito de outra forma, o erro grosseiro é o que decorreu de uma grave inobservância de um dever de cuidado, isto é, que foi praticado com culpa grave.[457]

Nesse sentido, inexistindo dolo ou erro grave e inescusável – é dizer, o grosseiro –, fica prejudicada a responsabilização do agente público, o que inclusive lhe confere maior segurança para agir, sobretudo em tempos de controle banalizado e desproporcional. Nas palavras de Clovis Beznos, "o mero erro, seja ao que tange a aspectos decisórios, seja ao que respeita à manifestação de opinião, não enseja responsabilidade alguma, tratando-se de ônus dividido pela comunidade, em consequência de erro não grosseiro, de quem exerce atividade pública e social em prol dessa mesma comunidade".[458]

Ainda sobre a obrigatoriedade de audiência de órgão consultivo, convém observar, em relação aos órgãos jurídicos, que esta audiência pode decorrer de imposição legal, a exemplo do que se verifica em relação à Lei de Licitações e Contratos de nº 8.666/93 (lei ainda não superada totalmente quando da presente edição), que no parágrafo único do art. 38 determina: "As minutas de editais de licitação, bem como a dos contratos, acordos, convênios ou ajustes devem ser previamente examinadas e aprovadas por assessoria jurídica da Administração".

Em relação, ainda, ao órgão jurídico, sua audiência, no âmbito da União, impõe-se por força da Lei Complementar nº 73, de 10 de fevereiro de 1993.[459] Por sua vez, o Decreto nº 3.035, de 27 de abril de 1999, que delega competência aos Ministros de Estado e ao Advogado-Geral da União, também entende indispensável a consulta jurídica nos casos nele descritos.

* * *

§1º – Se um parecer obrigatório e vinculante deixar de ser emitido no prazo fixado, o processo não terá seguimento até a respectiva apresentação, responsabilizando-se quem der causa ao atraso.

* * *

Comentários

Discussões à parte, quando parte da doutrina menciona a expressão "parecer obrigatório e vinculante" está a se referir ao parecer obrigatoriamente requerido ao órgão técnico/jurídico competente para a prática do ato final e cuja conclusão será acatada pela Administração.

---

[457] TCU, Acórdão nº 2.391/2018, Rel. Ministro BENJAMIN ZYMLER, data da sessão 17.10.2018. Conferir, a título de aprofundamento, artigo analisando o referido acórdão: NIEBUHR, Joel de Menezes. O erro grosseiro: análise crítica do Acórdão nº 2.391/2018 do TCU. *In*: VALIATI, Thiago Priess; HUNGARO, Luis Alberto; CASTELLA, Gabriel Morettini (coord.). *A lei de introdução e o direito administrativo brasileiro*. Rio de Janeiro: Lumen Juris, 2019, p. 485 e seguintes.

[458] BEZNOS, Clovis. A LINDB – alterações. *In*: MOTTA, Fabrício; GABARDO, Emerson (coord.). *Limites do controle da administração pública no Estado de direito*. Curitiba: Íthala, 2019, p. 87 e 88.

[459] Conferir: GUIMARÃES, Francisco Xavier da Silva. *Direito processual administrativo*: comentários à Lei nº 9.784/99. Belo Horizonte: Fórum, 2008, p. 129 e 130.

O prazo para apresentação do parecer será de quinze dias, já que a lei não previu de outro modo, e é este o prazo estabelecido no art. 42.

O raciocínio adotado na lei foi singelo e superficial. Pensou o legislador que se o ato decisório depende do conteúdo do parecer para ser produzido, a sua não emissão importará a paralisação do processo, já que é inconcebível aceitar a continuidade do processo sem sua existência.[460]

Porém, ainda que se trate de parecer obrigatório e vinculante, não nos parece razoável, em face do princípio da eficiência, que o particular (quando este deu início ao processo administrativo a fim de obter algo da Administração Pública) possa esperar indefinidamente pela vontade dos agentes públicos de emitirem o parecer.

Isso violaria inclusive o princípio da duração razoável do processo administrativo e também o direito de ser respondido, corolário do direito fundamental de petição. Afinal, como já enfrentado neste trabalho, o direito de requerer junto à Administração Pública igualmente garante um direito de resposta em prazo razoável, sob pena de esvaziamento do próprio direito.

O fato de o agente responder administrativamente não resolve o problema. O particular não terá seu direito satisfeito com a punição do agente que se omitiu. Para o particular importa obter a decisão final da Administração Pública.

Nesse cenário, é plenamente possível a provocação do Poder Judiciário para ordenar o agir administrativo. Se de um lado não pode o juiz substituir o administrador em sua atuação, pode, sim, compeli-lo a agir quando há omissão ilegal, à luz da inafastabilidade jurisdicional.

Entendemos que é chegado o momento de repensar o efeito do silêncio administrativo, assunto que enfrentaremos com maior ênfase quando da abordagem do art. 49.

---

§2º – Se um parecer obrigatório e não vinculante deixar de ser emitido no prazo fixado, o processo poderá ter prosseguimento e ser decidido com sua dispensa, sem prejuízo da responsabilidade de quem se omitiu no atendimento.

Comentários

Parecer obrigatório e não vinculante é aquele que deverá ser exigido para prática do ato decisório, mas que não vincula a autoridade solicitante. A obrigatoriedade está relacionada com a elaboração do parecer. O processo, contudo, poderá prosseguir e ser decidido com a dispensa do ato opinativo, sem embargo da responsabilização do agente omisso.

Cumpre destacar que deverão ser tomadas todas as providências necessárias para que o parecer seja concluído a tempo, pois sua ausência pode ser prejudicial para o andamento regular do processo, bem assim para o seu devido desenlace.

---

[460] Neste ponto, cabe um esclarecimento: parecer é ato administrativo que tem natureza opinativa, podendo ser acolhido ou não. Assim sendo, se for qualificado como de observância obrigatória e vinculante adquire características de decisão.

Art. 43 – *Quando por disposição de ato normativo devam ser previamente obtidos laudos técnicos de órgãos administrativos e estes não cumprirem o encargo no prazo assinalado, o órgão responsável pela instrução deverá solicitar laudo técnico de outro órgão dotado de qualificação e capacidade técnica equivalente.*

Comentários

Quando se fizer necessária a produção de laudos técnicos e os responsáveis não cumprirem seu encargo no prazo assinalado, poderá o órgão responsável pela instrução solicitar a confecção de laudo técnico de outro órgão com as mesmas qualificações e capacidade técnica. Trata-se de manifestação da colaboração que deve existir entre os órgãos da Administração Pública, com vistas à consecução do interesse público, materializado também na busca da verdade material.

Embora no cotidiano forense e na vivência dos processos administrativos os termos sejam utilizados como sinônimos, têm razão Heinen, Sparapani e Maffini ao diferenciarem parecer e laudo técnico, quando da definição deste último:

> O laudo é a opinião técnica que concretiza o trabalho realizado pelo perito, e se apresenta, em regra, na forma escrita. É o relato do técnico ou especialista a respeito de questões ligadas às ciências exatas, com o escopo de avaliar determinadas hipóteses que estão inseridas em sua área de conhecimento. O laudo evidencia as impressões apreendidas pelo técnico ou especialista, a respeito de certos assuntos do processo, que têm sua análise feita por intermédio dos conhecimentos específicos de quem os examinou. O laudo é muito mais objetivo do que o parecer, pois, diferentemente deste que está ligado às ciências sociais, aquele se relaciona com questões pontuais da matemática, física, biologia, química, etc.[461]

Referida previsão é bem-vinda, porque determinadas matérias somente serão corretamente apreciadas se instruídas com a prova técnica pertinente. Exemplos clássicos são aquelas controvérsias envolvendo superfaturamento ou sobrepreço no âmbito de obras públicas, hipóteses nas quais os laudos de experts alheios às ciências jurídica e da administração são fundamentais para a conclusão final do processo administrativo.

No entanto, resta a dúvida: havendo atraso reiterado na elaboração do laudo, o que deve ocorrer? Aplica-se o disposto no inciso I do art. 42 ou reconhece-se o direito do particular, quando este tiver dado ensejo ao processo administrativo?

A questão referente ao silêncio administrativo será objeto de tratamento nas linhas dedicadas aos arts. 48 e 49.

---

[461] HEINEN, Juliano; SPARAPANI, Priscilia; MAFFINI, Rafael. *Comentários à lei federal de processo administrativo*: Lei nº 9.784/99. Porto Alegre: Livraria do Advogado, 2015, p. 256.

Art. 44 | 199

Art. 44 – *Encerrada a instrução, o interessado terá o direito de manifestar-se no prazo máximo de dez dias, salvo se outro prazo for legalmente fixado.*

Comentários

Após a instrução, o interessado tem o prazo de dez dias para apresentar sua manifestação, salvo se a lei firmar prazo diverso ou se a própria Administração Pública designar outro prazo. Aqui importa relembrar que cada ente federado tem a competência para criar normas próprias atinentes aos seus processos administrativos, razão pela qual o prazo ora destacado poderá ser maior ou menor, a depender da opção legislativa.

Entende-se cabível uma flexibilização de prazos no bojo dos processos administrativos, desde que razoável, na medida em que se preza pelo formalismo moderado. Destarte, a depender do caso concreto – a exemplo da dificuldade de analisar as provas, da complexidade do assunto ou de algum problema particular do interessado, devidamente comprovado –, é pertinente a dilação do referido prazo, desde que o requerimento seja feito antes do seu término.

Segundo alguns autores,[462] o artigo trata das alegações finais que o interessado pode apresentar à Administração ratificando o seu posicionamento, como ato derradeiro, após todo o processamento do feito. Inclusive, esse direito já conta com previsão no art. 2º, X, da Lei nº 9.784/99, que expressamente concebe o direito de apresentação de alegações finais, enquanto reflexo do contraditório e da ampla defesa.

O relatório será idealizado a partir da análise de todos os documentos constantes do processo e manifestações das partes, sugerindo a medida que deve ser tomada. Por isso mesmo, é fundamental a ciência do interessado quanto ao teor do relatório final, tudo com vistas à apresentação das alegações finais antes da tomada de decisão.

Em apoio a essa posição, cabe transcrever a seguinte passagem de autoria de Eury Pereira Luna Filho ao comentar o artigo em questão:

> Claramente, a norma processual institui um direito processual dos particulares: pronunciar-se, após o encerramento da instrução e antes da decisão final vir a ser proferida pela autoridade administrativa.[463]

O entendimento do Superior Tribunal de Justiça é o de que o dispositivo não se aplica subsidiariamente nos casos de processo administrativo disciplinar. Assim, no caso de não se assegurar o momento para as alegações finais em norma estatutária,

---

[462] FIGUEIREDO, Lúcia Valle (Coord.). *Comentários à lei federal de processo administrativo*. Belo Horizonte: Fórum, 2004, p. 183; NOBRE JÚNIOR, Edilson Pereira; CAVALCANTI, Francisco; FERREIRA FILHO, Marcílio da Silva; NÓBREGA, Theresa Christine de Albuquerque. *Comentários à lei do processo administrativo federal*. São Paulo, Saraiva, 2016, p. 138; LIMA, Arnaldo Esteves. *O processo administrativo no âmbito da administração pública federal*: Lei nº 9.784, de 29.1.1999. Belo Horizonte: Del Rey, 2014, p. 97; HEINEN, Juliano; SPARAPANI, Priscilia; MAFFINI, Rafael. *Comentários à lei federal de processo administrativo*: Lei nº 9.784/99. Porto Alegre: Livraria do Advogado, 2015, p. 259.

[463] LUNA FILHO, Eury Pereira. A nova lei do processo administrativo. *BDA – Boletim de Direito Administrativo*, São Paulo, v. 16, n. 7, p. 495, jul. 2000.

não poderia o acusado se socorrer da Lei nº 9.784/99 a fim de exigir tal oportunidade. Há vários julgados nesse sentido. No Mandado de Segurança nº 12.937/DF, o referido tribunal chancelou novamente sua posição.

Não se ignora que a Lei nº 9.784/99 não afasta a aplicação da legislação específica, condutora de processos especiais. Mas entendemos que a posição do STJ desconhece que as alegações finais se inserem dentro do conceito de ampla defesa e podem ser vitais para a correta decisão administrativa, pelo que se afinam com a busca pela eficiência.

Art. 45 – *Em caso de risco iminente, a Administração Pública poderá motivadamente adotar providência acauteladora sem a prévia manifestação do interessado.*

Comentários

Deparando-se a Administração com risco iminente, poderá tomar medidas acautelatórias que julgar adequadas, sem a prévia manifestação do interessado, desde que justifique sua decisão. A justificativa da decisão é elemento imprescindível de validade da providência acauteladora, decorrência do princípio da motivação, sem a qual o ato estará eivado de ilegalidade e poderá, pois, ser anulado pela autoridade superior competente ou pelo Poder Judiciário (este último se provocado, claro).

Estamos diante, portanto, da possibilidade de procedimento cautelar, caso a situação possa gerar lesão grave e de difícil reparação. Nesse caso, o contraditório é, sim, imperioso – não poderia ser diferente –, porém é diferido, postecipado, na medida em que apenas após afastado o risco terá o interessado a oportunidade de trazer ao processo as suas razões.

Trata-se a providência cautelar, ademais, de consequência não só do poder de cautela da Administração, mas também da polícia administrativa, na medida em que há uma restrição a um direito particular com vistas à concretização do interesse público.[464] Seria o caso, por exemplo, do afastamento temporário de um servidor público de suas funções, não enquanto medida de punição, mas porque a permanência daquele na máquina pública influencia negativamente a instrução processual. Outro caso seria a interdição de bares e restaurantes que, por desrespeitarem normas sanitárias, colocam em risco a saúde dos consumidores, cenário usual durante a pandemia do Covid-19 iniciada no final de 2019.

Em contrapartida, o contraditório diferido é excepcional, efetivado estritamente quando necessário. A regra, vale repisar, é o contraditório prévio.

---

[464] Sobre o poder de polícia administrativo, Celso Antônio Bandeira de Mello explica: "Em face de todo o exposto, pode-se definir a polícia administrativa como a atividade da Administração Pública, expressa em atos normativos ou concretos, de condicionar, com fundamento em sua supremacia geral e na forma da lei, a liberdade e a propriedade dos indivíduos, mediante ação ora fiscalizatória, ora preventiva, ora repressiva, impondo coercitivamente aos particulares um dever de abstenção (*'non facere'*) a fim de conformar-lhes os comportamentos aos interesses sociais consagrados no sistema normativo". Conferir: MELLO, Celso Antônio Bandeira de. *Elementos de direito administrativo*. 2. ed. São Paulo: Revista dos Tribunais, 1991, p. 246.

Entende-se também que, ainda que o artigo faça menção apenas ao risco iminente (*periculum in mora* próximo, prestes a se concretizar), é preciso que a autoridade administrativa prolatora da decisão demonstre que há uma relevante probabilidade naquilo que se alega (*fumus boni iuris*). Isso porque medidas adotadas anteriormente ao esgotamento do devido processo legal, ainda quando necessárias, sobretudo quando tomadas sem a prévia oitiva do interessado, são exceções à regra do contraditório prévio e da ampla defesa antecedente, pelo que devem ser tratadas com cautela e parcimônia.

Art. 46 – *Os interessados têm direito à vista do processo e a obter certidões ou cópias reprográficas dos dados e documentos que o integram, ressalvados os dados e documentos de terceiros protegidos por sigilo ou pelo direito à privacidade, à honra e à imagem.*

Comentários

Esse artigo espelha o princípio da publicidade dos atos administrativos. Ressalte-se, entretanto, que, como já dito, serão resguardados, entre outros, os documentos de terceiros protegidos pelos direitos da personalidade (ex.: honra e imagem), bem como os de interesse da segurança nacional.[465]

Destaca-se que não se fez menção à possibilidade de retirada de processo para exame. Entendemos que é de todo possível, por meio de seu representante legal, haja vista o que dispõe a Lei nº 8.906/94 (Estatuto da Advocacia e da Ordem dos Advogados do Brasil):

Art. 7º São direitos do advogado:

(...)

XV – ter vista dos processos judiciais ou administrativos de qualquer natureza, em cartório ou na repartição competente, ou retirá-los pelos prazos legais.

Como já afirmamos ao analisar o art. 3º, o acesso aos autos deve ser assegurado. A retirada nem sempre se fará viável, diante dos riscos de extravio. A presente lei não prevê tal direito no art. 3º. As cópias ao advogado, no entanto, não podem ser negadas, nem se pode impor o custeio de valores exorbitantes.

---

[465] Eury Pereira Luna Filho esclarece que o proposto critério processual da divulgação oficial dos atos administrativos busca inserir-se na questão da participação do usuário na Administração Pública, possibilitando a este, mesmo não sendo parte interessada direta em determinado processo, ter meios para saber o que está ocorrendo no seio da Administração. Além disso, indica que essa institucionalização da divulgação oficial dos atos processuais administrativos poderá ser condição para assegurar o direito ao exercício da legitimação processual administrativa, de que trata o art. 9º (Capítulo V – Dos Interessados), quando, em seu inciso II, admite, como interessados no processo administrativo, aqueles que "sem terem iniciado o processo têm direitos ou interesses que possam ser afetados pela decisão a ser adotada" (inciso II), as "organizações e associações representativas, no tocante a direitos e interesses coletivos" (inciso III), e "as pessoas ou as organizações legalmente constituídas quanto a direitos ou interesses difusos" (inciso IV). Conferir: LUNA FILHO, Eury Pereira. A nova lei do processo administrativo. *BDA – Boletim de Direito Administrativo*, São Paulo, v. 16, n. 7, p. 492, jul. 2000.

Art. 47 – *O órgão de instrução que não for competente para emitir a decisão final elaborará relatório indicando o pedido inicial, o conteúdo das fases do procedimento e formulará proposta de decisão, objetivamente justificada, encaminhando o processo à autoridade competente.*

Comentários

Prevê o presente artigo solução na hipótese de falecer competência para o instrutor do processo decidi-lo. Nesse caso, caberá ao mesmo a formulação do relatório, contendo o pedido e as razões do interessado, relatando todo o processado, com os fundamentos nos quais se analisam as questões de fato e de direito e os pressupostos normativos aplicáveis. Tudo isso configura a motivação capaz de sustentar a indicação de uma decisão que caberá à autoridade competente.

É claro que, sendo apenas uma proposta, a decisão sugerida é meramente indicativa, não vinculando a autoridade competente. Contudo, caso o julgador vá divergir do relatório e da proposta de solução para o processo, deverá, sob pena de nulidade, motivar as razões de seu convencimento diversas daquelas constantes do relatório.

Capítulo XI

DO DEVER DE DECIDIR

Art. 48. *A Administração tem o dever de explicitamente emitir decisão nos processos administrativos e sobre solicitações ou reclamações, em matéria de sua competência.*

Art. 49. *Concluída a instrução de processo administrativo, a Administração tem o prazo de até 30 (trinta) dias para decidir, salvo prorrogação por igual período expressamente motivada.* [466] [467] [468]

---

[466] PREVIDENCIÁRIO E PROCESSUAL CIVIL. MANDADO DE SEGURANÇA. REQUERIMENTO DE BENEFÍCIO DE APOSENTADORIA POR TEMPO DE CONTRIBUIÇÃO NO ÂMBITO ADMINISTRATIVO. DEMORA NA APRECIAÇÃO. ILEGALIDADE CONFIGURADA. 1. É de 30 (trinta) dias, prorrogável motivadamente por igual período, o prazo de que dispõe a Administração para decidir após o encerramento da instrução de processo administrativo. 2. A inexistência de motivo justo para o descumprimento de norma procedimental (art. 49 da Lei n. 9.784) torna reconhecida a omissão da Administração Pública, que contraria direito líquido e certo do interessado, a quem a Constituição Federal assegura razoável duração do processo (art. 5º, LXXVIII). (TRF4, Remessa Necessária 5081582-95.2018.4.04.7100, Rel. Desembargador Federal OSNI CARDOSO FILHO, 5ª TURMA, julgado em 09.07.2019)

[467] PREVIDENCIÁRIO. MANDADO DE SEGURANÇA. REMESSA NECESSÁRIA. REQUERIMENTO ADMINISTRATIVO. DEMORA NA DECISÃO. PRINCÍPIOS DA EFICIÊNCIA E DA RAZOABILIDADE. DIREITO FUNDAMENTAL À RAZOÁVEL DURAÇÃO DO PROCESSO E À CELERIDADE DE SUA TRAMITAÇÃO. ORDEM CONCEDIDA. I – A ausência de manifestação da autoridade competente quanto ao pleito do demandante viola imposição legal dos artigos 48 e 49 da lei 9.784/99, que estipulam prazo máximo de 60 dias para a decisão em procedimentos administrativos. II – Ofensa ao princípio da eficiência e ao direito constitucional à razoável duração do processo (art. 37, *caput* e art. 5º, LXXVIII, CR/88). III – Remessa necessária desprovida. (TRF2, Reexame Necessário 0076139-82.2018.4.02.5104, Rel. Desembargador Federal MARCELLO FERREIRA DE SOUZA GRANADO, 2ª TURMA ESPECIALIZADA, julgado em 05.03.2021)

Comentários

Os artigos serão examinados em conjunto, devido à forte relação entre eles. Segundo o art. 48 da Lei nº 9.784/99, a Administração Pública não pode se quedar inerte, sem se pronunciar sobre o processo administrativo do qual faz parte. O artigo em exame trata, pois, do dever de decidir da Administração Pública,[469] ainda que se esteja diante de um caso obscuro e complexo, em que as regras jurídicas e as práticas administrativas não sejam capazes de solucionar facilmente.

Trata-se de dispositivo que se assemelha à vedação ao *non liquet*, estudada no âmbito do processo civil: segundo tal vedação, espelhada no art. 4º da Lei de Introdução às Normas do Direito Brasileiro[470] e no art. 140 do Código de Processo Civil,[471] o magistrado não pode não decidir. Em caso de lacuna, para emitir a sua decisão, deverão ser considerados elementos de integração, tais como a analogia, os costumes, a equidade e os princípios jurídicos.

O princípio da eficiência, tantas vezes ventilado neste trabalho, fixa o dever de dar fim ao processo administrativo, com a emissão do posicionamento. Tal dever assume maior relevância quando o processo tem início a partir da vontade do particular, que espera obter um pronunciamento da Administração Pública acerca do pleito que se apresenta.

Por conseguinte, trata-se o dever de decidir também de corolário do princípio constitucional da duração razoável do processo administrativo, na medida em que este não poderia se estagnar, por tempo indeterminado, e ficar à mercê da boa vontade do administrador público. Sobre o mencionado dever, importa mencionar o entendimento do Tribunal de Justiça do Estado de Minas Gerais, que aduz que "Além de constituir decorrência lógica do princípio da boa-fé, o dever de decidir do administrador está positivado no art. 48 da Lei 9.784/99, caracterizando omissão ilegal, assim, o silêncio da Administração Municipal quanto ao pedido de expedição de alvará de construção".[472]

O dever de decidir ganhou novos contornos com o advento da Lei nº 13.655/18, que, conforme visto ao longo deste trabalho, acresceu uma série de dispositivos à LINDB. Dentre eles, para os fins do artigo em tela, importa destacar uma vez mais o art. 20, que impõe que o administrador público leve em consideração as consequências práticas da decisão.

---

[468] APELAÇÃO CÍVEL. MANDADO DE SEGURANÇA. SERVIDOR PÚBLICO. APOSENTADORIA. PEDIDO ADMINISTRATIVO. ANÁLISE. DEMORA. AUSÊNCIA DE COMPROVAÇÃO. De acordo com o disposto nos artigos 48 e 49, da Lei nº 9.784/99, a Administração Pública tem o prazo de 30 dias, prorrogável pelo mesmo período, para emitir decisão sobre pedido administrativo, após concluída a instrução do processo. Verificado que, desde a data do pedido de aposentadoria do servidor, o processo administrativo está em constante movimentação, para a adequada instrução do pedido, não se configura hipótese de inércia apta a ensejar a intervenção do Poder Judiciário. (TJDFT, Apelação Cível 07071108520208070018, Rel. Desembargador ESDRAS NEVES, 6ª TURMA CÍVEL, julgado em 14.07.2021)

[469] Entendem Nohara e Marrara que o dever de decidir é corolário do direito de petição. Comunga-se de tal entendimento, afinal, como inclusive já mencionado neste trabalho, se há um direito de pleitear, naturalmente há um direito de ser respondido, sem o qual aquele primeiro restaria esvaziado. Conferir: NOHARA, Irene Patrícia; MARRARA, Thiago. *Processo administrativo*: Lei nº 9.784/99 comentada. São Paulo: Atlas, 2009, p. 312.

[470] Art. 4º Quando a lei for omissa, o juiz decidirá o caso de acordo com a analogia, os costumes e os princípios gerais de direito.

[471] Art. 140. O juiz não se exime de decidir sob a alegação de lacuna ou obscuridade do ordenamento jurídico.

[472] TJMG, Remessa Necessária 1.0123.19.002626-0/001, Rel. Desembargador MAURÍCIO SOARES, 3ª CÂMARA CÍVEL, julgado em 27.08.2020.

Ou seja, não mais é possível aplicar o ordenamento jurídico de forma dissociada dos fatos, o que é medida razoável, afinal, se a ciência jurídica se presta a organizar e disciplinar a vida real, estudá-la e interpretá-la tão somente em abstrato, de forma pura – como queriam os positivistas clássicos –, ignorando a realidade, é ir em contramão à sua própria razão de ser. Nesse sentido, com razão, ensina Adilson Abreu Dallari, em artigo específico sobre o tema, que "a melhor decisão, em abstrato, pode não ser a mais adequada às circunstâncias do caso concreto".[473]

Além disso, nos termos do art. 22 da LINDB, quando da interpretação das normas de gestão pública e quando da prolação da decisão administrativa, serão considerados os obstáculos e as dificuldades reais do gestor, bem como as exigências das políticas públicas a seu cargo.[474] Não por outra razão Rodrigo Pagani de Souza e Letícia Lins de Alencar defendem, com acerto, um dever de contextualização no âmbito das decisões administrativas:

> A contextualização deve refletir-se, geralmente, na motivação das decisões estatais. Prevista como dever, a contextualização das soluções agrega ao direito brasileiro uma mais precisa noção do que significa validamente interpretar e aplicar o direito público. E tende a incorporar-se na nossa cultura jurídica, paulatinamente, à medida que os preceitos legais sejam invocados em situações concretas. Basicamente, ela envolve a compreensão de que é preciso considerar espectro abrangente de elementos de fato e de direito, articulados numa séria perspectiva de decidir para solucionar problemas ou atender a necessidades e finalidades públicas.
>
> A proclamação deste dever pelas novas normas acrescidas à Lei de Introdução reage a uma cultura jurídica, infelizmente ainda corrente, que é seu contraponto. É a cultura de algum descaso com a contextualização.[475]

Valoriza-se, assim, mais uma vez, a realidade, as dificuldades, a efetiva vivência da Administração Pública e o cenário experimentado, que passam a ser norte para a aplicação e interpretação das normas jurídicas. E isso hoje, mais que uma tendência doutrinária e jurisprudencial, é um mandamento legal, após o advento da Lei nº 13.655/18.

De toda sorte, entendemos insuficiente a disciplina normativa da Lei nº 9.784/99 sobre o dever de decidir, porque nenhum efeito resultante da não decisão está ali assinalado.

---

[473] DALLARI, Adilson Abreu. Dever de decidir. *In*: BITENCOURT NETO, Eurico; MARRARA, Thiago (Coord.). *Processo administrativo brasileiro*: estudos em homenagem aos 20 anos da lei federal de processo administrativo. Belo Horizonte: Fórum, 2020, p. 120.

[474] Sobre a temática, importa ressaltar os ensinamentos de José dos Santos Carvalho Filho: "A gestão administrativa submete-se a inúmeras variáveis que, não raramente, deixam conturbado o exercício dessa função. Se, de um lado, é verdade que alguns administradores não desempenham a contento as suas funções, não menos verdadeiro é que, no curso de seu desempenho, podem surgir algumas intercorrências que indiscutivelmente afetam a normalidade do exercício regular da competência". Conferir: CARVALHO FILHO, José dos Santos. Novo regime de direito público: relevância da aplicabilidade. *In*: MOTTA, Fabrício; GABARDO, Emerson (coord.). *Limites do controle da administração pública no Estado de direito*. Curitiba: Íthala, 2019, p. 177. Conferir também, sobre o tema: NETTO, Pedro Dias de Oliveira. A primazia da realidade na gestão pública: como proporcionar um controle da administração pública de forma mais eficaz? *In*: NOBRE JÚNIOR, Edilson Pereira (org.). *O direito administrativo em transformação*: reflexões sobre a Lei nº 13.655/2018. Rio de Janeiro: Lumen Juris, 2019, p. 30 a 35.

[475] SOUZA, Rodrigo Pagani de; ALENCAR, Letícia Lins de. O dever de contextualização na interpretação e aplicação do direito público. *In*: VALIATI, Thiago Priess; HUNGARO, Luis Alberto; CASTELLA, Gabriel Morettini (coord.). *A lei de introdução e o direito administrativo brasileiro*. Rio de Janeiro: Lumen Juris, 2019, p. 51 e 52.

Referimo-nos não só aos efeitos relativos à penalização do agente público que se omitiu,[476] mas sobretudo aos efeitos do silêncio administrativo frente ao pleito do particular.

Oportunamente, já afirmamos:

> O dever da Administração Pública de decidir é fato incontestável, até mesmo por força do direito de petição insculpido no art. 5º, XXXIV da CR/88. Aliás, o respeito ao direito de petição e de resposta do administrado é inerente a qualquer Estado que se pretenda caracterizar-se como Estado Democrático de Direito.[477]

O Superior Tribunal de Justiça, ao analisar o MS nº 12.701, cuja relatoria ficou sob o comando da Ministra Maria Thereza de Assis Moura, examinava dispositivos da Lei de Anistia (Lei nº 10.559/02) e afirmou que, em homenagem ao princípio da eficiência, a autoridade deve se manifestar sobre os requerimentos de anistia em tempo razoável, sendo-lhe vedado postergar, indefinidamente, a conclusão do procedimento administrativo, sob pena de configurar abuso de poder. Uma vez ultrapassado o "prazo razoável", visto que desde 2007 os autos aguardavam a feitura do ato ministerial, o STJ concedeu a segurança para que a autoridade em sessenta dias se pronunciasse sobre o pedido.

Veja-se, a propósito, a opinião dos eminentes juristas Sergio Ferraz e Adilson Abreu Dallari sobre o tema:

> Uma vez desencadeado (de ofício ou mediante provocação do interessado), a oficialidade do processo o impele inevitavelmente a seu destino vocacional (a decisão), de sorte que o andamento ininterrupto do processo administrativo é, sobretudo, um ônus da Administração, "cabendo a ela e não a um terceiro o empenho na condução e desdobramento da seqüência de atos que o compõem até a produção de seu ato conclusivo" (TRF – 3a R., REO 900300683-0, rel. Des. Federal Sinval Antunes, DJU 12.12.1995, Seção 2, p. 86340). Inadmissível alegue a administração que não pode parar suas atividades de interesse geral, para dar atenção a expedientes de interesse individual: além de ter ela servidores exatamente para misteres como esse (atendimento de pleito dos administrados), as previsões constitucionais e inconstitucionais existentes asseguram o trâmite completo e tempestivo das petições apresentadas. (TRF – 5ª R., MAS nº 54771/96-CE, rel. Juiz Federal Petrúcio Ferreira, *DJU* 20.09.1996, Seção 2, p. 70578)[478]

Cumpre, todavia, indagar qual seria o prazo de que a Administração Pública dispõe para eximir-se de sua tarefa. Importa definir a partir de quando a ausência de resposta por parte da Administração deixa de ser uma demora no andamento do processo administrativo e passa a configurar o silêncio administrativo.

No âmbito federal, a questão está, em parte, solucionada pela disciplina contida no art. 49 da Lei nº 9.784/99. De acordo com esse dispositivo, o prazo para a Administração

---

[476] A depender da análise casuística, pode o agente incorrer em crime de prevaricação, contido no art. 319 do Código Penal, cujo tipo descreve a conduta de "retardar ou deixar de praticar, indevidamente, ato de ofício, ou praticá-lo contra disposição expressa de lei, para satisfazer interesse ou sentimento pessoal".

[477] FORTINI, Cristiana; DANIEL, Felipe Alexandre Santa Anna Mucci. O silêncio administrativo: conseqüências jurídicas no direito urbanístico e em matéria de aquisição de estabilidade pelo servidor. *Fórum Administrativo – Direito Público*, Belo Horizonte, ano 6, n. 64, p. 7395, jun. 2006.

[478] FERRAZ, Sergio; DALLARI, Adilson Abreu. *Processo administrativo*. São Paulo: Malheiros, 2002, p. 94.

Pública decidir está fixado em 30 (trinta) dias a contar da conclusão da instrução processual, com possibilidade de prorrogação mediante justificativa. Esse prazo, no entanto, é impróprio, conforme já salientou o Superior Tribunal de Justiça, no âmbito da Edição nº 132, de 06.09.2019, de sua Jurisprudência em Teses, quando sedimentou que "O prazo previsto no art. 49 da Lei nº 9.784/1999 é impróprio, visto que ausente qualquer penalidade ante o seu descumprimento".[479] [480]

A despeito da fixação do prazo, a legislação federal concedeu, ainda, margem de discricionariedade quanto ao prazo para manifestação da Administração Pública, uma vez que o prazo mencionado flui a partir da instrução processual, não havendo qualquer previsão quanto ao prazo da mesma.

Certamente, inapropriado seria fixar um prazo dedicado à fase probatória para as diversas situações colocadas à apreciação da Administração Pública, sem que se admitisse a possibilidade de alargá-lo, em certas hipóteses e com a devida justificativa, a fim de não comprometer o direito à ampla defesa e o interesse público.

Mas, assim como a lei assinala o prazo de 30 (trinta) dias para o pronunciamento da Administração Pública em uma gama variada de situações, adequado seria que também tivesse sido objeto de preocupação, por parte do legislador, o estabelecimento de prazo para a conclusão da fase probatória. A ausência de termo final pode provocar a letargia administrativa.

A Administração Pública, em total afronta ao interesse público primário e ao interesse do particular, poderá se valer da inexistência de data limite para pôr fim à produção de prova e, assim, alongar indefinidamente o procedimento administrativo.

A lei apresenta outras lacunas: mesmo que tenha tido o cuidado de instituir um momento para que a Administração Pública se pronunciasse, não indicou os efeitos decorrentes do descumprimento deste dever de decidir, assim como, ao abordar o problema resultante da não confecção de parecer obrigatório e vinculante, apenas estabeleceu a impossibilidade de o procedimento prosseguir.

Veja-se opinião do Professor Sergio Ferraz sobre a questão:

> De se lastimar, contudo, tenham sido até criados alguns mecanismos de frontal contrariedade à realização do propósito de duração razoável do processo. Nesse sentido, para exemplificar: a) nada se prevê, em termos de prosseguimento do processo, quando um parecer obrigatório e vinculante, requerido a um órgão consultivo, não seja emitido (art. 42, parágrafo 1º); b) o mesmo praticamente ocorrerá se, reiterada e sucessivamente, diversos órgãos administrativos se esquivarem a produção de laudo técnico, requerido

---

[479] Checar: https://www.stj.jus.br/internet_docs/jurisprudencia/jurisprudenciaemteses/Jurisprudencia%20em%20Teses%20132%20-%20Do%20Processo%20Administrativo.pdf. Acesso em: 21 jun. 2021.

[480] REMESSA NECESSÁRIA E APELAÇÃO CÍVEL. MANDADO DE SEGURANÇA. MULTA IMPOSTA PELO PROCON. INFRAÇÃO DA LEGISLAÇÃO CONSUMERISTA. RELAÇÃO DE CONSUMO. INEXISTÊNCIA. INCOMPETÊNCIA DO PROCON. NULIDADE DO PROCEDIMENTO ADMINISTRATIVO. 1. Em que pese a via do mandado de segurança não comportar dilação probatória, a matéria em debate no caso concreto é exclusivamente de direito, comportando em tese a instrução do mandumus com prova pré-constituída, não havendo portanto falar em inadequação da via eleita pela impetrante. 2. No que tange à prescrição administrativa suscitada pela apelada e reconhecida por meio da respeitável sentença recorrida, o colendo Superior Tribunal de Justiça no julgamento do recurso especial n. 1.319.560/ES, interposto pelo apelante, decidiu que o prazo previsto no art. 49 da Lei 9.784/1999 é impróprio, não implicando seu desrespeito em preclusão. Prescrição administrativa afastada pelo colendo STJ (...) (TJES, Remessa Necessária 0007798-92.2010.8.08.0024, Rel. Desembargador DAIR JOSÉ BREGUNCE DE OLIVEIRA, 3ª CÂMARA CÍVEL, julgado em 23.03.2021)

pela autoridade processante (art. 43); c) tampouco ousou o legislador enfrentar aberta e frontalmente a questão da conseqüência processual, na hipótese de omissão do dever decidir, dentro dos prazos consignados no diploma (art. 49 e 50).

Em todas essas hipóteses, só seria respeitado o princípio se a lei tivesse consagrado o prosseguimento do processo sem a prova ou o parecer requeridos, bem como explicitado o efeito, por implicitude, do requerimento, quando ultrapassado o prazo do exercício do dever de decidir. Melhor seria, aliás, que a lei tivesse enfrentado expressamente o problema do silêncio administrativo, a ele conectando a de se ter por procedente o pleito. Mas, como não o fez, princípios vários (dentre eles, o do formalismo, o da finalidade, o da indisponibilidade do interesse público) impedem que se dê ao silêncio essa conseqüência. As advertências de Couture (tempo é justiça) e de Sentis Melendo (tempo é liberdade), projetadas embora à luz da processualística cível, imporiam, no processo administrativo, a solução ora sustentada. É claro que, em todos esses casos, configurar-se-ia uma omissão administrativa, atacável por vias judiciais bem conhecidas. Mas não é disso que se trata! O que se quer – ao menos é o que se supõe, não só a lume do inciso LV do art. 5º da Lei das leis, mas também em vista do ingente que requer a produção de uma lei como a ora examinada – é, a toda evidência, outorgar ao processo administrativo um relevo e uma consistência análogos a tais atributos, no processo jurisdicional. Para isso, omissões desse porte não deveriam acontecer. E, se não acontecessem, por certo que cresceriam, dia a dia, os números dos que se limitassem a litigância perante a Administração, desafogando um pouco, quem sabe, nosso Judiciário.[481]

Na oportunidade, afirmamos que o não pronunciamento deve ser compreendido como acolhida do pedido apresentado, não como recusa. Apesar de no trabalho a que ora se alude termos cuidado do silêncio em matéria urbanística ou de conquista da estabilidade, entendemos que a regra, a admitir algumas exceções, deva ser a de enxergar o silêncio como aceitação do pedido apresentado pelo particular. Na ocasião, consideramos:

Todavia, sem embargo da necessidade de aprimoramento do texto legal acima citado, defendemos que a omissão administrativa, mesmo que na prática de atos discricionários, não poderá repercutir negativamente na esfera jurídica do requerente, de maneira a que ele fique à mercê do administrador, sobretudo quando o socorro junto ao Poder Judiciário, na linha do entendimento supra exposto, resultará apenas na fixação de prazo.

Assim, defendemos, em prol do interesse do particular, que não pode ser aniquilado pelo interesse público primário, que a falta de resposta seja compreendida como silêncio positivo.[482] A inação deve ser entendida como recepção ao pleito, de maneira a tornar desnecessária a interferência judicial.

---

[481] FERRAZ, Sergio. Os prazos no processo administrativo. *In*: SUNDFELD, Carlos Ari; MUNOZ, Guilhermo Andres (Coord.). *As leis de processo administrativo* (Lei Federal 9.784/99 e Lei Paulista 10.177/98). São Paulo: Malheiros, 2000, p. 296.

[482] Sobre a diferença entre silêncio positivo e silêncio negativo, Heinen, Sparapani e Maffini: "Com efeito, é possível que ocorra a atribuição legal de efeitos jurídicos decorrentes do silêncio ou da omissão da Administração Pública. Tem-se, em casos como tais, hipóteses de '*silêncio negativo*', em que o decurso de determinado lapso temporal equipara-se ao indeferimento da pretensão veiculada perante os órgãos estatais, bem como de '*silêncio positivo*', em que o transcurso do prazo legal implica o deferimento da pretensão administrativa". Conferir: HEINEN, Juliano; SPARAPANI, Priscila; MAFFINI, Rafael. *Comentários à lei federal de processo administrativo*: Lei nº 9.784/99. Porto Alegre: Livraria do Advogado, 2015, p. 275.

Como recorda José dos Santos Carvalho Filho,[483] quando conferida uma competência a determinado agente público, ele não só pode como deve agir. Trata-se de um poder-dever que não pode ser afastado ao sabor do titular da competência. A inércia, quando a lei impõe a ação, naturalmente revela um cenário de ilegalidade que não pode prejudicar o particular, que, aliás, à luz do princípio da confiança, legitimamente confia que os agentes estatais efetivamente farão o que tem de ser feito, segundo os mandamentos legais.

Outro aspecto importante do tema diz respeito à possibilidade de o Poder Judiciário decidir acerca da demanda objeto da conduta omissiva da autoridade competente. No nosso entendimento, é perfeitamente possível que tal procedimento ocorra sobretudo quando se tratar de manifestação acerca de atos vinculados, isto é, aqueles em que a lei estabelece todos os requisitos e condições de sua realização. Ora, se as condições e os requisitos foram cumpridos pelo interessado, não há razão para impedir que o Poder Judiciário decida impondo a atuação administrativa no sentido que a lei determina, evitando prejuízos que poderiam ser gerados pelo prolongamento da omissão de decidir da Administração Pública.

De outra senda, nos casos de atos discricionários, ou seja, aqueles que a lei outorga certa margem de liberdade de atuação ao agente, conforme critérios de oportunidade e conveniência, entendemos que não é possível permitir que o Poder Judiciário decida acerca do mérito administrativo, sob pena de usurpação do princípio da separação de poderes. Como é sabido, cabe ao Judiciário examinar a legalidade do ato, e não sua oportunidade e conveniência, pois isso é papel do administrador público. Não pode o juiz substituir o gestor.

Nada impede, no entanto, que o Poder Judiciário imponha a prática do ato, sem adentrar no seu mérito, caso seja verificada afronta à juridicidade. Por exemplo, uma demora excessiva, desproporcional da Administração. Nesta esteira, já decidiu o Superior Tribunal de Justiça que "A demora da Administração para apreciar os requerimentos administrativos vulnera, em tese, direito subjetivo, e legitima o administrado à socorrer--se no Poder Judiciário, para ver cessado o ato omissivo estatal, mas não possibilita que o impetrante haja por conta própria e que cometa atos ilícitos, como, por exemplo, a mudança de equipamento levada a cabo. Ademais, ainda que haja ato omissivo da Administração, o Poder Judiciário não pode suprir essa omissão e decidir o mérito do processo administrativo, mas apenas determinar que o procedimento seja concluído em tempo razoável".[484]

---

[483] CARVALHO FILHO, José dos Santos. *Manual de direito administrativo.* 27. ed. rev., atual. e ampl. São Paulo: Atlas, 2014, p. 46.

[484] STJ, MS 14.760/DF, Rel. Ministro BENEDITO GONÇALVES, PRIMEIRA SEÇÃO, DJe 16.06.2010.

Capítulo XI-A
DA DECISÃO COORDENADA

Art. 49-A. *No âmbito da Administração Pública federal, as decisões administrativas que exijam a participação de 3 (três) ou mais setores, órgãos ou entidades poderão ser tomadas mediante decisão coordenada, sempre que:*

I – for justificável pela relevância da matéria; e

II – houver discordância que prejudique a celeridade do processo administrativo decisório.

§1º Para os fins desta Lei, considera-se decisão coordenada a instância de natureza interinstitucional ou intersetorial que atua de forma compartilhada com a finalidade de simplificar o processo administrativo mediante participação concomitante de todas as autoridades e agentes decisórios e dos responsáveis pela instrução técnico-jurídica, observada a natureza do objeto e a compatibilidade do procedimento e de sua formalização com a legislação pertinente.

§2º (VETADO).

§3º (VETADO).

§4º A decisão coordenada não exclui a responsabilidade originária de cada órgão ou autoridade envolvida.

§5º A decisão coordenada obedecerá aos princípios da legalidade, da eficiência e da transparência, com utilização, sempre que necessário, da simplificação do procedimento e da concentração das instâncias decisórias.

§6º Não se aplica a decisão coordenada aos processos administrativos:

I – de licitação;

II – relacionados ao poder sancionador; ou

III – em que estejam envolvidas autoridades de Poderes distintos.

Comentários

Fruto da Lei nº 14.210/21, cuja iniciativa legislativa partiu do então Senador Antônio Anastasia, a decisão coordenada pode ser compreendida, nos termos do §1º do art. 49-A, como um instituto jurídico que possibilita a simplificação da tomada da decisão administrativa, por intermédio da conjugação da participação das autoridades, dos agentes decisórios e dos responsáveis técnicos de um determinado processo administrativo. Sem dúvida, o novel instituto recebeu influências da italiana *conferenza di servizi* e da portuguesa conferência procedimental, que já apontavam para a necessidade de uma tomada de decisão interorgânica, dialógica e multilateral.[485]

---

[485] Conferir, nesse sentido: TEIXEIRA JÚNIOR, Flávio Germano de Sena. Decisão coordenada: eficiência, integração administrativa e segurança jurídica. Revista Consultor Jurídico, 20.10.2021. Disponível em: https://www.conjur.com.br/2021-out-20/opiniao-decisao-coordenada-eficiencia-integracao-seguranca. Acesso em: 24 out. 2022.

Há, por conseguinte, por corolário, uma valorização também da celeridade e da concentração dos atos administrativos, porquanto há a "manifestação concomitante de órgãos e entidades diversas e que de outro modo atuariam sequencialmente e isoladamente no âmbito do processo administrativo ordinário",[486] é dizer, há um construir administrativo interinstitucional ou intersetorial guiado por uma atuação compartilhada, coordenada,[487] concertada,[488] coparticipativa e democrática.[489]

Assim sendo, ao invés de a decisão administrativa ser construída de maneira solitária, por vezes solipsista, o modelo decisório coordenado propugna a construção do entendimento administrativo mediante um agir conjunto de vários sujeitos, que, cada um à sua maneira, podem contribuir para a sedimentação de uma compreensão mais acertada, mais madura, mais rápida e, inclusive, mais democrática e condizente com o atual modelo concertado e dialógico de administração pública. Ou seja, tudo de acordo com as novas tendências do Direito Administrativo, que valorizam a consensualidade e o diálogo, em contraste com o Poder Público unilateral e autoritário.

Em consonância com o exposto, sobre o instituto em comento, afirma Egon Bockmann Moreira:

> Como se constata, portanto, a decisão coordenada tem a finalidade de permitir a participação/ integração de todos os interessados/legitimados na futura decisão administrativa, a fim de acelerar e conferir unidade a processos decisórios complexos, que digam respeito a mais de um órgão ou entidade administrativa federal. Por um lado, incrementa o diálogo e a participação democrática na formação dos atos administrativos; por outro, diminui os conflitos (e respectivos custos), harmonizando perspectivas e soluções consensuais.[490]

Na mesma toada, esclarece Flávio Germano de Sena Teixeira Júnior:

> Nesse sentido, a decisão coordenada é uma forma de atuação cooperativa, negocial, de articulação administrativa por parte da Administração Pública federal. Por meio da Lei nº 14.210/2021, os órgãos e entidades são incentivados a desenvolver esforços colaborativos,

---

[486] MODESTO, Paulo. Decisão coordenada: experimentação administrativa processual. *Revista Consultor Jurídico*, 02.12.2021. Disponível em: https://www.conjur.com.br/2021-dez-02/interesse-publico-decisao-coordenada-experimentacao-administrativa-processual. Acesso em: 20 set. 2022.

[487] A busca pela atuação administrativa coordenada em nível federal não é uma ideia nova no Direito Administrativo. Por exemplo, o art. 8º, *caput*, do Decreto-Lei nº 200/67 já estabelecia que "as atividades da Administração Federal e, especialmente, a execução dos planos e programas de governo, serão objeto de permanente coordenação", e, além disso, o *caput* do art. 9º do mesmo instrumento estabelece que "os órgãos que operam na mesma área geográfica serão submetidos à coordenação com o objetivo de assegurar a programação e execução integrada dos serviços federais".

[488] Sobre o tema, conferir: NETO, Eurico Bitencourt. *Concertação administrativa interorgânica*: direito administrativo e organização no século XXI. Lisboa: Almedina 2017, p. 249.

[489] Nesse sentido, o então Senador Antônio Anastasia, hoje Ministro do Tribunal de Contas da União, assim justificou a inovação legislativa em testilha: "administração pública moderna deve ser baseada nos tradicionais princípios da legalidade e da eficiência, mas lidos, agora, a partir de novos pressupostos, como a transparência e a celeridade na tomada de decisões e a participação democrática como elementos fundantes de qualquer ordem jurídica justa". Conferir: MOTTA, Fabrício. Decisão coordenada. *Revista Consultor Jurídico*, 21.10.2021. Disponível em: https://www.conjur.com.br/2021-out-21/interesse-publico-decisao-coordenada-boa-novidade. Acesso em: 24 out. 2022.

[490] MOREIRA, Egon Bockmann. Breves notas sobre a decisão coordenada. *Jota*, 04.10.2022. Artigo disponível em: https://www.jota.info/opiniao-e-analise/artigos/breves-notas-sobre-a-decisao-coordenada-04102021. Acesso em: 20 set. 2022.

a fim de negociar soluções multipartes, inclusive, com incidência unitária em seus polos ativos – isto é, àqueles sujeitos administrativos que se digladiam, mas que podem se resolver e a quem serão imputados os atos –, e também seus polos passivos, as pessoas físicas ou jurídicas de direito privado que experimentarão direta ou indiretamente os efeitos do ato (...)

Como se constata, portanto, a decisão coordenada tem a finalidade de permitir a participação, a integração de todos os legitimados e interessados na futura decisão administrativa, a fim de não só acelerar, gerar vantagens de eficiência, mas, principalmente, a fim de conferir unidade a processos decisórios complexos, que digam respeito a mais de um órgão ou entidade da Administração Pública federal. Isso, sem dúvida alguma, é muito bom, porque incrementa o diálogo, incrementa a participação democrática, o consensualismo e a confiança na formação dos atos administrativos. E, por outro lado, o que também é igualmente importante, diminui os conflitos e os respectivos custos de transação, harmonizando e conferindo estabilidade a perspectivas e soluções consensuais.

É um novo Direito Administrativo. É um Direito Administrativo da confiança. Do acolhimento. Da consensualidade. Por isso, devemos saudar a Lei nº 14.210 e essa nova disposição, esse novo capítulo da Lei nº 9784/99.[491]

Destaca-se, entretanto, que, apesar de seus supracitados benefícios, não é qualquer decisão administrativa que pode ser submetida à decisão coordenada, o que merece ser realçado: conforme o art. 49-A da Lei nº 9.784/99, a decisão coordenada apenas será possível caso legalmente se exija a participação de 3 (três) ou mais setores, órgãos ou entidades (*caput*); e, além disso, a matéria envolvida deve ser reconhecida como relevante (inciso I) e, por fim, cumulativamente, deve haver uma discordância de entendimentos dos atores administrativos que prejudique a celeridade do processo administrativo decisório (inciso II), o que inclusive afrontaria o princípio constitucional da duração razoável do processo.

Nesse diapasão, verificados esses pressupostos legais, a Administração Pública poderá – uma faculdade, portanto, abarcada pela discricionariedade administrativa[492] – adotar a concepção da decisão coordenada. Não que, ausentes os requisitos supraditos, o Poder Público não possa decidir de forma coordenada, até porque a coordenação por vezes é um pressuposto para a eficiência; o que quis dizer o legislador é que tais requisitos legais são imprescindíveis especificamente para o modelo de decisão coordenada inaugurado pelo art. 49-A da Lei nº 9.784/99, conforme esclarece José Vicente Santos de Mendonça:

A essa altura da discussão, vale sublinhar o seguinte: não estão proibidas decisões coordenadas que não se enquadrem nos limites da lei. Não faria sentido proibir decisões coordenadas sobre, digamos, questões não tão importantes, ou envolvendo dois órgãos

---

[491] TEIXEIRA JÚNIOR, Flávio Germano de Sena. Decisão coordenada: eficiência, integração administrativa e segurança jurídica. *Revista Consultor Jurídico*, 20.10.2021. Disponível em: https://www.conjur.com.br/2021-out-20/opiniao-decisao-coordenada-eficiencia-integracao-seguranca. Acesso em: 24 out. 2022.

[492] Nesse sentido, José Vicente Santos de Mendonça: "E vem a pergunta clássica: preenchidos os requisitos, as decisões poderão – como está na lei – ou deverão ser tomadas mediante o procedimento de coordenação? Apesar da tentação, comum aos juristas, em encontrar deveres em todo lugar, não há como fugir à literalidade do texto. Importa deixar espaços abertos à realidade da administração, tanto que, às vezes, decidir por coordenação pode significar abrir espaço para procedimento que irá burocratizar ainda mais". Conferir: MENDONÇA, José Vicente Santos de. Decisão administrativa coordenada: limites e impossibilidades da lei na coordenação de decisões administrativas. *In*: CABRAL, Antonio do Passo; MENDONÇA, José Vicente Santos de. *Decisão administrativa coordenada*: reflexões sobre os arts. 49-A e seguintes da Lei n. 9.784/99. São Paulo: Editora JusPodivm, 2022, p. 40.

(e não três). Ela apenas não será a decisão administrativa coordenada definida pelo art. 49-A, par. 1º, da lei do processo administrativo federal. Pode-se dizer que há decisão coordenada em sentido amplo, e outra, em sentido estrito, que é a regulada pela lei. Pode se falar, igualmente, em decisões coordenadas de modo informal (em razão de interações frequentes) ou formal (e, dentre essas, as reguladas pela lei nº 9.784/99, e as permitidas pela autoadministração dos entes federativos, inclusive a da União). Todas são, em princípio, lícitas e possíveis.[493]

Ademais, assegura o §4º do art. 49-A que a decisão coordenada não exclui a responsabilidade originária de cada órgão ou autoridade envolvida, previsão importantíssima para que sejam evitadas as "decisões artificialmente coordenadas",[494] é dizer, caracterizadas como subterfúgio para que haja uma fuga da responsabilização dos agentes públicos envolvidos. Evita-se, assim, a atuação deturpada dos agentes públicos desonestos que poderiam ver no mecanismo da decisão coordenada um meio para a prática de atos ilícios sem a devida penalização: com o disposto no §4º do art. 49-A, tal atuação desviada é repelida, ao menos teoricamente.

Já nos termos do §5º do art. 49-A, a decisão coordenada obedecerá aos princípios da legalidade, da eficiência e da transparência, com utilização, sempre que necessário, da simplificação do procedimento e da concentração das instâncias decisórias.

Em verdade, o dispositivo pouco inova. Em primeiro lugar, porque os princípios da legalidade, da eficiência e da transparência já são intrínsecos à Administração Pública, cuja atividade deles não pode se olvidar. E, no que se refere à simplificação procedimental e à concentração de instâncias decisórias, são pontos que integram o próprio conceito de decisão coordenada, que, nos termos do §1º do art. 49-A, envolve a simplificação do processo administrativo por intermédio da participação concomitante de uma multiplicidade de atores administrativos, isto é, justamente o intento de simplificar conjugado com a concentração de autoridades que, por sua vez, podem representar diversas instâncias decisórias.

Por derradeiro, o §6º do art. 49-A traz algumas restrições à aplicação da decisão coordenada: segundo o dispositivo legal, não se aplica o instituto aos processos administrativos de licitação (inciso I), relacionados ao poder sancionador (inciso II) ou àqueles em que estejam envolvidas autoridades de Poderes distintos (inciso III). Nessas hipóteses, compreendeu por bem o legislador ordinário em afastar a aplicabilidade do instituto em comento.

---

[493] MENDONÇA, José Vicente Santos de. Decisão administrativa coordenada: limites e impossibilidades da lei na coordenação de decisões administrativas. *In*: CABRAL, Antonio do Passo; MENDONÇA, José Vicente Santos de. *Decisão administrativa coordenada*: reflexões sobre os arts. 49-A e seguintes da Lei n. 9.784/99. São Paulo: Editora JusPodivm, 2022, p. 40.

[494] MENDONÇA, José Vicente Santos de. Decisão administrativa coordenada: limites e impossibilidades da lei na coordenação de decisões administrativas. *In*: CABRAL, Antonio do Passo; MENDONÇA, José Vicente Santos de. *Decisão administrativa coordenada*: reflexões sobre os arts. 49-A e seguintes da Lei n. 9.784/99. São Paulo: Editora JusPodivm, 2022, p. 41.

Art. 49-B. *Poderão habilitar-se a participar da decisão coordenada, na qualidade de ouvintes, os interessados de que trata o art. 9º desta Lei.*

Parágrafo único. A participação na reunião, que poderá incluir direito a voz, será deferida por decisão irrecorrível da autoridade responsável pela convocação da decisão coordenada.

Art. 49-C. *(VETADO).*

Art. 49-D. *Os participantes da decisão coordenada deverão ser intimados na forma do art. 26 desta Lei.*

Art. 49-E. *Cada órgão ou entidade participante é responsável pela elaboração de documento específico sobre o tema atinente à respectiva competência, a fim de subsidiar os trabalhos e integrar o processo da decisão coordenada.*

Parágrafo único. O documento previsto no caput deste artigo abordará a questão objeto da decisão coordenada e eventuais precedentes.

Art. 49-F. *Eventual dissenso na solução do objeto da decisão coordenada deverá ser manifestado durante as reuniões, de forma fundamentada, acompanhado das propostas de solução e de alteração necessárias para a resolução da questão.*

Parágrafo único. Não poderá ser arguida matéria estranha ao objeto da convocação.

Art. 49-G. *A conclusão dos trabalhos da decisão coordenada será consolidada em ata, que conterá as seguintes informações:*

I - relato sobre os itens da pauta;

II - síntese dos fundamentos aduzidos;

III - síntese das teses pertinentes ao objeto da convocação;

IV - registro das orientações, das diretrizes, das soluções ou das propostas de atos governamentais relativos ao objeto da convocação;

V - posicionamento dos participantes para subsidiar futura atuação governamental em matéria idêntica ou similar; e

VI - decisão de cada órgão ou entidade relativa à matéria sujeita à sua competência.

§1º Até a assinatura da ata, poderá ser complementada a fundamentação da decisão da autoridade ou do agente a respeito de matéria de competência do órgão ou da entidade representada.

§2º (VETADO).

§3º A ata será publicada por extrato no Diário Oficial da União, do qual deverão constar, além do registro referido no inciso IV do caput deste artigo, os dados identificadores da decisão coordenada e o órgão e o local em que se encontra a ata em seu inteiro teor, para conhecimento dos interessados.

Comentários

Segundo o *caput* do art. 49-B da Lei nº 9.784/99, poderão habilitar-se a participar da decisão coordenada, enquanto ouvintes, aqueles elencados nos incisos do art. 9º da Lei do Processo Administrativo Federal, dispositivo legal já comentado anteriormente nesta oportunidade e que trata dos interessados no processo administrativo. São eles: as pessoas físicas ou jurídicas que o iniciem como titulares de direitos ou interesses individuais, ou, então, no exercício do direito de representação (inciso I); aqueles que, sem terem iniciado o processo, têm direitos ou interesses que possam ser afetados pela decisão a ser adotada (inciso II); as organizações e associações representativas, no tocante a direitos e interesses coletivos (inciso III) e as pessoas ou as associações legalmente constituídas quanto a direitos ou interesses difusos (inciso IV).

Ou seja, em síntese, o que faz o *caput* do art. 49-B é possibilitar que os interessados no processo administrativo participem da decisão coordenada, participação que, a nosso juízo, a depender do caso concreto, pode ser garantida mediante instrumentos tecnológicos de transmissão de imagens e sons à distância em tempo real. Trata-se de compreensão que inclusive vai ao encontro da realidade do processo administrativo eletrônico que, para além de propiciar a faceta da atualidade do serviço público, segundo Irene Patrícia Nohara, "garante celeridade, padronização, transparência, eficiência e economias de recursos materiais e humanos, além das vantagens socioambientais que decorrem da desmaterialização do papel, sendo, portanto, incontornável o avanço tecnológico e as novas possibilidades trazidas pelos meios eletrônicos".[495]

De mais a mais, o parágrafo único do art. 49-B assevera que a participação desses interessados na reunião, que poderá incluir direito à voz, será deferida por decisão irrecorrível da autoridade responsável pela convocação da decisão coordenada.

Em contrapartida, ao optar o legislador ordinário pela utilização do verbo poder no futuro do presente do indicativo ("poderão"), tem-se que o direito à voz conferido aos interessados e, logo, o direito a efetivamente interferir na decisão coordenada ativamente, está circunscrito na discricionariedade da autoridade administrativa, que, à luz do caso concreto, tem a prerrogativa de indeferir aquele direito.

Melhor seria, sob a ótica deste trabalho, que o direito à voz no bojo das decisões coordenadas fosse um direito subjetivo garantido dos interessados, que vinculasse o administrador público. Tratar-se-ia de previsão que melhor coadunaria com o princípio do contraditório substancial, já aprofundado neste estudo, bem como com a noção de Administração Pública Dialógica, que pugna pela construção da decisão administrativa de forma concertada em conjunto com os particulares interessados; por isso, acredita-se que o novel dispositivo vai de encontro às novas e modernas tendências administrativistas, que apontam para um processo administrativo plurilateral, em detrimento da unilateralidade presente em tempos outros.[496]

---

[495] NOHARA, Irene Patrícia. Processo administrativo eletrônico. *In*: BITENCOURT NETO, Eurico; MARRARA, Thiago (Coord.). *Processo administrativo brasileiro*: estudos em homenagem aos 20 anos da lei federal de processo administrativo. Belo Horizonte: Fórum, 2020, p. 169.

[496] Sobre essas tendências, ensina Fabrício Motta, exatamente no contexto da decisão coordenada: "A busca por uma Administração Pública que tenha no concerto ou consenso suas principais formas de agir tem sido objeto de atenção da doutrina há algum tempo. Em razão das origens do nosso Direito Administrativo e de alguns dos pilares sobre os quais foi construído – legalidade, unilateralidade e hierarquia –, a busca por aprofundamento nos instrumentos de legitimação do exercício do poder é sempre necessária. Transparência, participação e controle social, por exemplo, são tópicos que compõem esse cenário e que exigem adequado tratamento no nosso Estado social e democrático de Direito". Conferir: MOTTA, Fabrício. Decisão coordenada. *Revista Consultor Jurídico*, 21.10.2021. Disponível em: https://www.conjur.com.br/2021-out-21/interesse-publico-decisao-coordenada-boa-novidade. Acesso em: 24 out. 2022.

De mais a mais, afirma o art. 49-D da Lei nº 9.784/99 que os participantes da decisão coordenada deverão ser intimados na forma do art. 26, dispositivo legal já comentado anteriormente.

Assim sendo, conforme determina o art. 26 da Lei nº 9.784/99, a intimação dos ditos participantes deverá conter, vale rememorar: a identificação do intimado e o nome do órgão ou entidade administrativa (§1º, inciso I); a finalidade da intimação (§1º, inciso II); data, hora e local em que deve comparecer (§1º, inciso III); se o intimado deve comparecer pessoalmente ou fazer-se apresentar (§1º, inciso IV); a informação da continuidade do processo independentemente do seu comparecimento (§1º, inciso V) e a indicação dos fatos e fundamentos legais pertinentes (§1º, inciso VI).

Outrossim, segundo o §5º do art. 26, as intimações serão nulas quando feitas sem observância das prescrições legais, mas o comparecimento do administrado supre sua falta ou irregularidade. Ou seja, em regra, todas essas formalidades acima mencionadas são necessárias, em contrapartida, em valorização do princípio da instrumentalidade das formas, se o interessado comparecer espontaneamente a despeito de alguma irregularidade formal, não há que se falar em nulidade, porquanto ausente prejuízo (*pas de nullité sans grief*).

Ademais, esclarece também o art. 26 da Lei de Processo Administrativo Federal que a intimação observará a antecedência mínima de 3 (três) dias úteis quanto à data de comparecimento (§2º) e poderá ser efetuada por ciência no processo, por via postal com aviso de recebimento, por telegrama ou outro meio que assegure a certeza da ciência do interessado (§3º). Outrossim, o dispositivo legal determina também que no caso de interessados indeterminados, desconhecidos ou com domicílio indefinido, a intimação deve ser efetuada por meio de publicação oficial (§4º).

Dando continuidade à análise dos dispositivos da Lei nº 9.874/99, determina o art. 49-E, *caput*, que cada órgão ou entidade participante da decisão coordenada é responsável pela elaboração de documento específico sobre o tema atinente à respectiva competência, com o fito de subsidiar os trabalhos e integrar o processo da decisão coordenada. E, nos termos do parágrafo único do mesmo artigo, tal documento abordará a questão controversa e precedentes porventura existentes.

Assim, cada participante da decisão coordenada elaborará um documento específico contendo as suas percepções técnicas e jurídicas acerca do tema discutido, de acordo com as suas respectivas especialidades e competências legais, de forma a contribuir para a discussão e para o debate no bojo da decisão coordenada. Nesse sentido, a participação de cada um dos interessados, de acordo com o conhecimento e com as experiências de cada um, em tese, contribui para a construção de uma conclusão administrativa mais técnica, mais fundamentada, mais robusta e, também, mais legítima e democrática, porque ancorada em múltiplas e diversificadas compreensões e visões.

Para mais e além, aduz o *caput* do art. 49-F que os dissensos na solução do objeto da decisão coordenada serão manifestados durante as próprias reuniões, sempre de forma fundamentada e acompanhada de propostas efetivas para a resolução da controvérsia. E, nos termos do parágrafo único do mesmo artigo, matérias estranhas ao tema da decisão coordenada não poderão ser suscitadas, até para evitar que as reuniões sejam conturbadas e fujam do seu propósito, que é a construção de uma decisão administrativa célere relativa a um objeto específico.

Ademais, o art. 49-G, também incluído pela Lei nº 14.210/21, aduz que a conclusão dos trabalhos da decisão coordenada será consolidada em ata, disposição importante para fins de registro das atuações administrativas. Segundo o dispositivo, a ata conterá – ou seja, necessariamente deve conter, sendo uma obrigação que vincula o administrador – as seguintes informações: relato sobre os itens da pauta (inciso I); síntese dos fundamentos aduzidos (inciso II); síntese das teses pertinentes ao objeto da convocação (inciso III); registro das orientações, das diretrizes, das soluções ou das propostas de atos governamentais relativos ao objeto da convocação (inciso IV); posicionamento dos participantes para subsidiar futura atuação governamental em matéria idêntica ou similar (inciso V); e a decisão de cada órgão ou entidade relativa à matéria sujeita à sua competência (inciso VI).

Compreende-se que nada impede que outras informações constem na supracitada ata, desde que pertinentes e relevantes, entretanto, os elementos acima mencionados são obrigatórios. Quanto a eles, elencados nos incisos do art. 49-G, deve a Administração Pública desenvolvê-los na ata que consolida o trabalho da decisão coordenada.

Inclusive, o §1º do art. 49-G estipula que, até a assinatura da ata, poderá ser complementada a fundamentação da decisão da autoridade ou do agente a respeito de matéria de competência do órgão ou da entidade representada. Isto é, compreendemos que eventuais complementações, anotações, ratificações e/ou retificações poderão ser realizadas, porém, segundo a literalidade legal, até o momento da assinatura da ata; sendo que, por fim, segundo o §3º, esta última será publicada por extrato no Diário Oficial da União (DOU), em atenção ao princípio da publicidade.

E, quando da publicação, para além dos elementos já citados, deverão constar os dados identificadores da decisão coordenada, o órgão e o local em que se encontra a ata em seu inteiro teor, para conhecimento dos interessados. Tudo isso no afã de conferir transparência à atuação administrativa, de forma a possibilitar, inclusive, o controle popular.

Por derradeiro, importa mencionar que, conquanto a Lei nº 9.784/99 seja aplicável subsidiariamente aos Estados-Membros e aos Municípios, nada impende que estes entes federativos elaborem regras próprias acerca da decisão coordenada, de forma a amoldá-la às peculiaridades de cada localidade. Nesse sentido, destaca-se, por exemplo, a Lei Municipal nº 13.692/22, do Município de Uberlândia, que acresceu o instituto da decisão coordenada à Lei Municipal nº 8.814/04, que, por sua vez, trata do processo administrativo no âmbito local daquele ente municipal.

Capítulo XII

DA MOTIVAÇÃO

Art. 50 – *Os atos administrativos deverão ser motivados, com indicação dos fatos e dos fundamentos jurídicos, quando:*

I – neguem, limitem ou afetem direitos ou interesses;

II – imponham ou agravem deveres, encargos ou sanções;

III – decidam processos administrativos de concurso ou seleção pública;

Art. 50 | 217

IV – dispensem ou declarem a inexigibilidade de processo licitatório;

V – decidam recursos administrativos;

VI – decorram de reexame de ofício;

VII – deixem de aplicar jurisprudência firmada sobre a questão ou discrepem de pareceres, laudos, propostas e relatórios oficiais;

VIII – importem anulação, revogação, suspensão ou convalidação de ato administrativo.

§1º – A motivação deve ser explícita, clara e congruente, podendo consistir em declaração de concordância com fundamento de anteriores pareceres, informações, decisões ou propostas, que, neste caso, serão parte integrante do ato.

§2º – Na solução de vários assuntos da mesma natureza, pode ser utilizado meio mecânico que reproduza os fundamentos das decisões, desde que não prejudique direito ou garantia dos interessados.

§3º – A motivação das decisões de órgãos colegiados e comissões ou de decisões orais constará da respectiva ata ou de termo escrito.

Comentários

A redação do *caput* do art. 50 pode ser alvo de críticas se interpretada literalmente. Isso porque parece sugerir que o dever de motivar estará presente apenas nas hipóteses alinhavadas nos incisos deste dispositivo.[497]

Certamente este não foi o intuito do legislador, que elegeu o princípio da motivação como preceito de observância obrigatória ao mencioná-lo não apenas no *caput* do art. 2º, mas também por se referir a ele no inciso VII do parágrafo único do mesmo dispositivo.

Também não seria compatível com o tecido constitucional imaginar que a obrigação de expor os fundamentos de fato e de direito estaria limitada a situações taxativamente fixadas na lei.

Conforme já dito, entendemos que tal princípio está na raiz de qualquer constituição republicana, em especial aquelas que se intitulam democráticas. O legislador, pois, disse menos do que gostaria e do que impõe a vontade da lei, pelo que o intérprete deve, neste ponto específico, exercer uma interpretação ampliativa, de modo inclusive a conferir ao mandamento legal em comento uma interpretação conforme o texto constitucional.

Não haverá democracia se o administrador público estiver desonerado do dever de prestar contas à coletividade dos atos que pratica na gestão do interesse público. Não há como olvidar que o Estado de Direito submete todos à ordem jurídica, contrapondo-se ao absolutismo e, portanto, ao arbítrio.

Se no Estado Democrático de Direito brasileiro todo o poder emana do povo – art. 1º, parágrafo único, da Constituição da República –, é natural que o administrador público, mero gestor da coisa pública, indique aos verdadeiros detentores do poder

---

[497] Juarez Freitas também advoga que a lista do art. 50 da Lei nº 9.784/99 não é exaustiva. Conferir: SUNDFELD, Carlos Ari; MUNOZ, Guillermo Andrés (Coord.). *As leis de processo administrativo* (Lei Federal 9.784/99 e Lei Paulista 10.177/98). São Paulo: Malheiros, 2006, p. 96.

as razões de fato e de direito que respaldam a sua atuação. Isso permite, inclusive, o exercício do controle popular da Administração Pública, outro elemento indissociável do Estado Democrático de Direito.

Importa considerar que o cumprimento de todos os demais princípios da Administração Pública está condicionado ao atendimento da motivação. Esse alerta fora oportunamente articulado pelo Professor Romeu Felipe Bacellar Filho, por meio do seguinte apontamento:

> A motivação dos atos processuais, instrumento efetivador do princípio da publicidade da Administração, garante o cumprimento dos outros princípios constitucionais: legalidade, impessoalidade, moralidade e eficiência.[498]

Acrescentamos ao pensamento de Romeu Felipe Bacellar Filho também o fato de que a motivação igualmente contribui para a concretização do princípio da ampla defesa, que inclui o direito ao recurso. Isso porque a possibilidade de recorrer meritoriamente de uma decisão administrativa somente resta viável quando se sabe quais argumentos devem ser combatidos na instância superior. Uma decisão imotivada é, também, uma decisão face a qual o exercício do recurso é obstaculizado.

É certo que as situações alinhavadas nos incisos do *caput* do art. 50 contemplam as mais diversas hipóteses. Não menos correto seria pontuar que o inciso I do citado dispositivo estaria a abarcar boa parte dos processos administrativos. Fato é que a diversidade de situações com as quais se deparará o administrador público ao longo de sua gestão não cabe nos oito incisos contidos no referido artigo, o que reforça a crítica à redação do artigo, mas não deve desonerar o administrador do dever de motivar.

O conteúdo do §1º do art. 50 exige motivação "explícita, clara e congruente", repudiando, pois, justificativas despidas de razão ou mesmo de sentido lógico. Ao interessado atribui-se o direito de compreender o porquê das condutas administrativas.

Nesse sentido, devem ser repudiadas decisões administrativas obscuras, ambíguas, incompreensíveis e incoerentes. Destaca-se, sobre o tema, o antigo mas ainda atual entendimento de Antônio Carlos de Araújo Cintra, para quem "se a motivação for obscura, ininteligível, contraditória, redundará na incerteza e insegurança sobre o verdadeiro significado do ato administrativo assim motivado. Assim, os requisitos da motivação são suficiência, a clareza e a congruência".[499]

Assim, não apenas devem estar fornecidos os dados que impulsionaram as ações do gestor, bem como é de se exigir clareza na exposição de tais elementos. A linguagem deve ser acessível. Termos técnicos devem ser empregados na medida do imprescindível, vez que só haverá efetiva ampla defesa, com os atributos a ela inerentes, permitindo que o destinatário da decisão administrativa consiga apreciar e entender as posições adotadas, sobretudo considerando que, de acordo com a Súmula Vinculante nº 05, a defesa técnica não é imprescindível nos processos administrativos. Daí porque é ainda mais importante, na seara administrativa, que as decisões sejam claras, pois muitas vezes o interessado não estará acompanhado de advogado.

---

[498] *Processo administrativo disciplinar*, p. 212.

[499] CINTRA, Antônio Carlos de Araújo. *Motivo e motivação do ato administrativo*. São Paulo: Revista dos Tribunais, 1979, p. 128

Decisões pautadas no §1º não representam necessariamente decisões extensas,[500] mas sim decisões substanciosas que podem estar embasadas inclusive em outros documentos, como pareceres. Diz a norma (o que é obvio) que, nesses casos, o documento anterior integrará a decisão.

Essa espécie de motivação, que faz referência a pareceres, informações, precedentes ou decisões outras, é chamada pela doutrina de motivação aliunde, referida ou *per relationem*, e é em regra admitida pela doutrina e jurisprudência.[501] Nada há de ilegal nessa estirpe de fundamentação, desde que, claro, não venha a se tornar um obstáculo para o exercício da ampla defesa e do contraditório, ou implique ausência de motivação.[502]

Neste trilho, já firmou o STJ que: "A técnica da motivação *per relationem* se mostra compatível com o princípio da motivação dos atos administrativos. Assim, a remissão feita pela autoridade apontada como coatora aos fundamentos (de fato e/ou de direito) adotados na manifestação do Secretário de Segurança Pública do Estado de São Paulo e, ainda, ao parecer formulado pela Assessoria Jurídica, constitui meio apto a promover a formal incorporação, ao ato decisório, da motivação a que referida autoridade se reportou como razão de decidir".[503]

Em consonância com o exposto, também o seguinte julgado do Tribunal de Justiça do Estado de Minas Gerais:

> APELAÇÃO CÍVEL – MANDADO DE SEGURANÇA – SERVIDOR PÚBLICO – MUNI-CÍPIO DE POUSO ALEGRE – DESTITUIÇÃO DO CARGO DE DIRETOR ESCOLAR – PROCEDIMENTO ADMINISTRATIVO – IRREGULARIDADES NÃO DEMONS-TRADAS – OBSERVÂNCIA DO DEVIDO PROCESSO LEGAL, AMPLA DEFESA E CONTRADITÓRIO – AUSÊNCIA DE MOTIVAÇÃO DO ATO QUE INSTAUROU O PAD – NÃO OCORRÊNCIA – MOTIVAÇÃO PER RELATIONEM – POSSIBILIDADE – CONTROLE JUDICIAL LIMITADO AOS ASPECTOS DE LEGALIDADE – SEGURANÇA DENEGADA – SENTENÇA MANTIDA – RECURSO NÃO PROVIDO. 1. Se na hipótese dos autos houve respeito ao devido processo legal, à ampla defesa e ao contraditório, há que ser rechaçada a tese de nulidade do processo administrativo que culminou na destituição da impetrante do cargo de diretora de escola municipal. 2. Não há falar-se em nulidade do ato administrativo que deflagrou o PAD por ausência de fundamentação, se o decisum se reporta a parecer conclusivo exarado pela Sindicância instaurada para apurar os fatos imputados à impetrante. Trata-se de motivação aliunde ou per relationem, admitida pela doutrina como forma de motivação do ato administrativo. 3. Patente a legalidade do ato administrativo, é de rigor a manutenção da sentença que denegou a segurança. 4. Recurso não provido.[504]

---

[500] Nesse sentido, Sérgio Ferraz e Adilson Abreu Dallari: "Mas da precisão e clareza da motivação não segue deva ela ser, sempre e sempre, extensa. Motivação sucinta não é falta de motivação: uma vez clara e precisamente indicada a operação lógica que engendra as premissas da decisão não haverá que se cogitar de nulidade (...)" Conferir: FERRAZ, Sérgio; DALLARI, Adilson Abreu. *Processo administrativo*. São Paulo: Malheiros, 2002, p. 162.

[501] Destaca-se, nesse sentido, o Enunciado nº 2 do Instituto Brasileiro de Direito Administrativo (IBDA): "A motivação exigida pelo parágrafo único do art. 20 da LINDB poderá se dar por remissão a orientações gerais, precedentes administrativos ou atos normativos. A possibilidade de motivação por remissão, contudo, não exime a Administração Pública da análise das particularidades do caso concreto, inclusive para eventual afastamento da orientação geral".

[502] Nesse sentido, conferir: ARAÚJO, Florivaldo Dutra de. *Motivação e controle do ato administrativo*. Belo Horizonte: Del Rey, 1992, p. 119 e 120; CARVALHO FILHO, José dos Santos. *Manual de direito administrativo*. 27. ed. rev., atual. e ampl. São Paulo: Atlas, 2014, p. 117 e 118.

[503] STJ, AgInt no RMS 57903/SP, Rel. Ministro SÉRGIO KUKINA, PRIMEIRA TURMA, DJ 13/11/2018.

[504] TJMG, Apelação Cível 1.0525.14.014160-3/001, Rel. Desembargador RAIMUNDO MESSIAS JÚNIOR, 2ª CÂ-MARA CÍVEL, DJ 25/05/2016. No mesmo sentido: TJMG, Apelação Cível nº 1.0000.00.286508-7/000, Rel.

CONFORME se extrai da leitura das decisões pretorianas, os tribunais absorveram a importância do princípio da motivação, exigindo-a nas mais diversas situações, como no julgamento do Recurso Ordinário em Mandado de Segurança, processo nº 2005/0009447-5 (publicado no DJ, 01.12.06), no qual o eminente relator, Ministro Arnaldo Esteves Lima, assinalou:

> Administrativo. Servidor Público Estadual. Remoção *ex officio*. Motivação. Ausência. Nulidade do ato. Recurso ordinário provido.
>
> 1. É nulo o ato que determina a remoção *ex officio* de servidor público sem a devida motivação. Precedentes.

A Ministra Maria Thereza de Assis Moura, apreciando o Mandado de Segurança nº 2005/0030834-5 (publicado no DJ, 30.10.06), rendeu homenagens ao princípio da motivação, estabelecendo que:

> Conforme entendimento firmado pela Terceira Seção do Superior Tribunal de Justiça, no processo administrativo disciplinar, o presidente da comissão deve fundamentar adequadamente a rejeição de pedido de oitiva de testemunhas formulado pelo servidor (art. 156, §1º, da Lei nº 8.112/90), em obediência aos princípios constitucionais do contraditório e da ampla defesa (CF, art. 5º, LV).
>
> No caso, a autoridade administrativa indeferiu os depoimentos requeridos na defesa escrita, pois não trariam maiores esclarecimentos para o desfecho da investigação. Deveria, contudo, ter explicitado o motivo por que tais testemunhos seriam desnecessários, e não fazer mera repetição da regra do citado art. 156, §1º, da Lei nº 8.112/90.
>
> A insuficiente fundamentação da recusa ao pleito do impetrante configura cerceamento de defesa, o que importa na declaração de nulidade do processo administrativo disciplinar desde tal ato. Segurança concedida.

Por sua vez, o Ministro Paulo Gallotti, ao julgar o Recurso Ordinário em Mandado de Segurança nº 0234130-3 (publicado no DJ, 02.10.06, p. 313), explica que:

> É nulo o ato administrativo que, sem ostentar a necessária motivação, invalida nomeação de candidato aprovado em concurso público.

Impende também ressaltar mais um julgado do Superior Tribunal de Justiça, pela didática que o envolve. Nele, a Corte Cidadã esclarece não só a diferença entre motivo e motivação, mas ressalta a importância do princípio da motivação para a forma de governo republicana e para o Estado Democrático de Direito:

> PROCESSUAL CIVIL E ADMINISTRATIVO. AGRAVO INTERNO NO AGRAVO INTERNO NO AGRAVO EM RECURSO ESPECIAL. SERVIDOR PÚBLICO ESTADUAL. REMOÇÃO EX OFFICIO DE POLICIAL MILITAR. SEGURANÇA CONCEDIDA NA ORIGEM, POR AUSÊNCIA DE MOTIVAÇÃO DO ATO IMPUGNADO. INVIABILIDADE DE MOTIVAÇÃO POSTERIOR, SOB PENA DE ESVAZIAMENTO DAS GARANTIAS

Desembargadora JUREMA MIRANDA, 4ª CÂMARA CÍVEL, DJ 05/09/2002; TJMG, Agravo de Instrumento nº 1.0000.16.090932-1/001, Rel. Desembargador KILDARE CARVALHO, 4ª CÂMARA CÍVEL, DJ 17/08/2017.

DO SERVIDOR E DO ADMINISTRADO EM GERAL. AGRAVO INTERNO DO ENTE ESTADUAL A QUE SE NEGA PROVIMENTO.

1. Rememorando brevemente o histórico da causa, LEONARDO FERREIRA DE MENESES DOS SANTOS (ora agravado), Policial Militar do ESTADO DO PIAUÍ (agravante), impetrou Mandado de Segurança contra ato do Senhor Comandante Geral da Polícia Militar, no qual impugna sua remoção ex officio da cidade de Teresina/PI para Bom Jesus/PI.

2. A Corte local concedeu a segurança, anulando o ato questionado, por entender que este não foi motivado a tempo, pois a motivação da remoção somente foi apresentada após a prática do ato administrativo (fls. 207/217).

3. O princípio da motivação regula a condução dos atos administrativos que negam, limitam ou afetam direitos e interesses do administrado. É certo que o ato administrativo, para que seja válido, deve observar, entre outros, o princípio da impessoalidade, da licitude e da publicidade. Estes três pilares do Direito Administrativo fundem-se na chamada motivação dos atos administrativos, que é o conjunto das razões fáticas ou jurídicas determinantes da expedição do ato.

4. O motivo do ato administrativo é pressuposto de fato e de direito, servindo-lhe de fundamento objetivo. Não se confunde, contudo, com a motivação, que é o dever de exposição dos motivos, a demonstração de que os pressupostos de fato e de direito realmente existiram no caso concreto. A motivação, nos atos administrativos, é obrigatória e irrecusável, não existindo, neste ponto, discricionariedade alguma por parte da Administração.

5. A referida motivação deve ser apresentada anteriormente ou concomitante à prática do ato administrativo, pois, caso se permita a motivação posterior, dar-se-ia ensejo para que se fabriquem, se forjem ou se criem motivações para burlar eventual impugnação ao ato. Não se deve admitir como legítima, portanto, a prática imotivada de um ato que, ao ser contestado na via judicial ou administrativa, faça com que o gestor construa algum motivo que dê ensejo à validade do ato administrativo.

6. Não se harmoniza com o princípio republicano e democrático que rege o ordenamento jurídico brasileiro atribuir à Administração o livre alvedrio para agir ao seu exclusivo talante, sem levar em conta as necessárias correlações subjetivas com os indivíduos e os cidadãos; o controle de legalidade, no Estado Democrático de Direito, não se exaure na simples e linear observância de formas e formulários, devendo focar a sua energia sobre os motivos e sobre a motivação dos atos administrativos.

7. No presente caso, como constatou o Tribunal de origem, a motivação do ato impugnado foi apresentada apenas após sua prática (fls. 209) – o que, na linha dos argumentos acima colacionados, não pode ser considerado lícito.

8. Agravo Interno do Ente Estadual a que se nega provimento.[505]

Conforme se depreende da leitura das ementas transcritas, a motivação é hoje condição de validade do ato administrativo, sem a qual o mesmo torna-se nulo. Daí, ratifica-se a imprescindibilidade da motivação.[506]

---

[505] STJ, AgInt no AgInt no AREsp 1108757/PI, Rel. Ministro NAPOLEÃO NUNES MAIA FILHO, PRIMEIRA TURMA, DJe 03.12.2020.

[506] "Alguns dos votos que me precederam afirmaram que o ato não é discricionário. Ao contrário, penso que o ato é discricionário. Mas precisamente porque discricionário é que a recusa reclama motivação. O ato vinculado não a reclama, na normalidade dos casos, porque ou o motivo legal necessário à sua validade existe ou não. E, em regra, não é preciso que ele seja explicitado, porque o prejudicado pode demonstrar que não existe o único motivo que validaria o ato. Já o ato discricionário, sim, deve ser motivado para submeter-se, não apenas ao controle e legalidade estrita, mas também ao abuso de poder". (STF, RE 235.487/RO, Rel. Ministro SEPÚLVEDA PERTENCE, julgado em 15.06.2000)

É de se destacar que, para alguns estudiosos, algumas decisões prescindem de motivação, tais como as que ampliam direitos (como as concessões de jetons, gratificações, etc.), razão pela qual sequer são tratadas no presente artigo.

Vale relembrar que, ainda que um certo ato administrativo não necessite ser motivado, uma vez que assim seja, a sua validade está adstrita aos motivos declarados. É o que assevera a teoria dos motivos determinantes, largamente admitida pela doutrina e pela jurisprudência e já por nós analisada em linhas anteriores.

O §2º do art. 50 autoriza a repetição mecânica de fundamentos, valorizando-se a economia processual e também a celeridade, que por sua vez tem íntima ligação com a duração razoável do processo administrativo. Alerta-se que tal medida (repetição) está condicionada à inexistência de prejuízo a direito ou garantia do interessado.

A norma reproduz a preocupação com a celeridade que inebria os estudiosos de processo civil, assim como aquela que embasou a inserção do princípio constitucional da eficiência no inciso LXXVIII do art. 5º, por força da Emenda Constitucional nº 45, de 8 de dezembro de 2004.[507] As alterações patrocinadas na Constituição da República e no Código de Processo Civil exaltam a busca pela prestação jurisdicional e administrativa mais veloz e consentânea com a rapidez dos tempos. Sobre o tema, já decidiu o Tribunal Regional Federal da 3ª Região que "o processo administrativo deve guardar um lapso razoável para a sua conclusão, em atenção aos princípios do devido processo legal e da eficiência".[508]

Temos o receio de que, sob a manta da celeridade, reproduzam-se, mecanicamente, decisões que não consideram a particularidade de cada caso concreto. Há, ainda, o risco da perpetuação de decisões equivocadas ou descompassadas das novas concepções doutrinárias e jurisprudenciais acerca de determinado assunto.

Conciliar atividade administrativa célere e eficiente com a sua eficácia é trabalho hercúleo que não pode ser esquecido pelo administrador público atento e competente, a quem cabe a atenção quanto à celeridade da decisão, sem, contudo, perder de vista a necessidade de coerência e fundamentação.

Nesse sentido, merece relembrar que o processo não deve, necessariamente, ser rápido, mas deve demorar o tempo necessário para que todos os direitos e garantias processuais sejam observados, e para que o desfecho processual seja construído de forma legítima. A celeridade processual que se busca não é um fim em si, mas uma diretriz, no sentido de se evitar morosidades excessivas e demoras desnecessárias.

O §3º do art. 50 cuida das decisões de órgãos colegiados, comissões e mesmo de decisões proferidas oralmente, frisando a imperiosidade de que estejam transcritas em ata ou em termo escrito.

Vale dizer, o que o parágrafo em foco visa é a formalização da ação do administrador público, por meio da qual se atende a transparência e a legalidade. Ora, não há como questionar qualquer ato que não esteja consubstanciado em ata, isto é, que não esteja transcrito. Dessa forma, para a segurança das decisões administrativas, fundamental estejam elas formalizadas por escrito.

---

[507] LLXVIII – a todos, no âmbito judicial e administrativo, são assegurados a razoável duração do processo e os meios que garantam a celeridade de sua tramitação.

[508] TRF3, Remessa Necessária nº 50023680320174036103, Rel. Desembargadora Federal CECÍLIA MARIA PIEDRA MARCONDES, 3ª TURMA, DJ 08.11.2019.

Capítulo XIII
DA DESISTÊNCIA E OUTROS CASOS DE EXTINÇÃO DO PROCESSO

Art. 51 – *O interessado poderá, mediante manifestação escrita, desistir total ou parcialmente do pedido formulado ou, ainda, renunciar a direitos disponíveis.*

§1º – Havendo vários interessados, a desistência ou renúncia atinge somente quem a tenha formulado.

§2º – A desistência ou renúncia do interessado, conforme o caso, não prejudica o prosseguimento do processo, se a Administração considerar que o interesse público assim o exige.

Comentários

Abre-se ao interessado o direito de renunciar a direitos disponíveis ou de desistir, total ou parcialmente, das pretensões apresentadas junto à Administração Pública. Importa destacar que, em um ou outro caso, a manifestação dar-se-á por escrito, consoante a literalidade do *caput* do artigo em exame.

A diferença básica entre os institutos reside no fato de que, na renúncia, renuncia-se ao próprio direito material, enquanto na desistência, o interessado abre mão do direito processual, do processo. Nesse trilho, explica a doutrina que a renúncia "implica a extinção do direito em si", e a desistência "refere-se ao processo, à discussão, ao embate, naquele momento sobre as questões suscitadas".[509]

Chama a atenção a previsão do §2º do art. 51, no qual se assinala a possibilidade de a Administração Pública prosseguir com o processo administrativo se detectado interesse público a exigir salvaguarda. Afinal, à luz dos ainda vigentes princípios da supremacia do interesse público sobre o privado e da indisponibilidade do interesse público, o desinteresse particular no processo não pode prevalecer sobre o interesse da coletividade em mantê-lo.

Nesse sentido, Irene Patrícia Nohara e Thiago Marrara:

A desistência e a renúncia são hipóteses em que o processo administrativo pode vir a ser extinto pela vontade do particular, porém, como o seu objetivo precípuo é a busca da satisfação dos interesses públicos, à medida que pode ser iniciado de ofício, mesmo diante da desistência ou renúncia do interessado a direitos disponíveis, conforme se verá, a Administração poderá prosseguir normalmente com o curso do processo se o interesse público assim o exigir, em função do princípio da indisponibilidade dos interesses públicos.[510]

---

[509] NOBRE JÚNIOR, Edilson Pereira; CAVALCANTI, Francisco; FERREIRA FILHO, Marcílio da Silva; NÓBREGA, Theresa Christine de Albuquerque. *Comentários à lei do processo administrativo federal*. São Paulo, Saraiva, 2016, p. 153 e 155. No mesmo sentido: HEINEN, Juliano; SPARAPANI, Priscilia; MAFFINI, Rafael. *Comentários à lei federal de processo administrativo*: Lei nº 9.784/99. Porto Alegre: Livraria do Advogado, 2015, p. 317.

[510] NOHARA, Irene Patrícia; MARRARA, Thiago. *Processo administrativo*: Lei nº 9.784/99 comentada. São Paulo: Atlas, 2009, p. 333.

Difere-se, mais uma vez, o processo administrativo do processo civil, no qual o interesse do autor, em regra, assume importância muito maior no que tange ao destino final da demanda. Nos termos do art. 485, §4º, do Código de Processo Civil, antes de apresentada a contestação, a desistência por parte do autor é livre, com ou sem a concordância do réu, e deverá ser homologada pelo juiz nos termos do inciso VIII do mesmo artigo. Ou seja, a depender do momento em que aquela foi formalizada, impedirá a continuidade do feito.

No processo administrativo, porém, a Administração Pública desempenha duplo papel: "parte e juiz", fato que parece justificar sua posição mais ativa.

Exemplo de tal característica encontra-se também no art. 63, §2º, em que se reconhece à Administração Pública a possibilidade de rever o ato recorrido, mesmo que o recurso interposto não possa ser conhecido.

A possibilidade de a Administração prosseguir com o processo administrativo ou de rever o ato recorrido, como aqui destacado, pode significar prejuízo para o destinatário.

Isso porque a renúncia e a desistência tendem a ser fruto de reflexões do interessado, que vislumbrou seria mais ajustada a não manifestação da Administração Pública, motivo pelo qual não haveria mais razões para a continuidade do processo administrativo.

De outra ponta, porém, não se pode esquecer de que situações existem que podem atingir a esfera de direitos de tantos outros interessados, motivo pelo qual, em casos como esse, justificar-se-ia a continuidade do processo, a fim de assentar entendimento sobre o tema objeto da contenda.

Daí a razão da ressalva quanto à presença do interesse público que autorize a continuidade do processo, mesmo sem a aquiescência da parte.

Tais proposições se assemelham a algumas hipóteses do processo penal, nas quais mesmo diante da ausência de representação da vítima, isto é, ainda que inexistente o interesse na apuração do fato pelo principal atingido, o processo será instaurado em face do interesse público no esclarecimento da questão. São os casos dos crimes submetidos à ação penal pública incondicionada.

De outra ponta, não se pode olvidar o princípio da verdade material que pauta o processo administrativo, autorizando a autoridade a buscar a verdade.

De toda sorte, nos termos do §1º do artigo em comento, havendo vários interessados, a desistência e renúncia atingem somente quem as tenha formulado. Na mesma lógica, em paralelo com o processo judicial, assevera o art. 117 do Código de Processo Civil que "os litisconsortes serão considerados, em suas relações com a parte adversa, como litigantes distintos, exceto no litisconsórcio unitário, caso em que os atos e as omissões de um não prejudicarão os outros, mas os poderão beneficiar".

Art. 52 – *O órgão competente poderá declarar extinto o processo quando exaurida sua finalidade ou o objeto da decisão se tornar impossível, inútil ou prejudicado por fato superveniente.*

Comentários

O art. 52 não demanda maiores comentários, visto que apenas autoriza a declaração de extinção do processo quando ele perder sua finalidade ou quando o objeto da decisão se tornar prejudicado, inútil ou impossível. Há quem classifique que, na primeira hipótese (exaurimento da finalidade), estar-se-ia diante da extinção normal ou natural do processo administrativo, enquanto, na segunda hipótese (prejudicialidade, inutilidade ou impossibilidade), estar-se-ia diante da extinção anormal do processo administrativo.

Obviamente, não faz sentido o prosseguimento do processo administrativo quando dele não se retirar nenhuma finalidade. A continuidade do feito resultaria em perda de tempo e recurso público, o que seria inadmissível.

É de esclarecer que a decisão que extingue o processo com fulcro no art. 52 prosperará se motivada. Caberá à autoridade administrativa informar os motivos que sustentam sua decisão, especialmente para que os particulares possam compreendê-la e questioná-la, se julgarem necessário.

Não se pode ignorar que a decisão pautada pelo art. 52 pode contrariar o interesse do particular, em especial quando este promoveu a instauração do processo. Tendo em vista o "duplo grau de jurisdição administrativa", a decisão considerada insatisfatória poderá ser reapreciada por outra autoridade administrativa, seja por exame de ofício, seja por provocação do interessado.

* * *

Capítulo XIV

DA ANULAÇÃO, REVOGAÇÃO E CONVALIDAÇÃO

Art. 53 – *A Administração deve anular seus próprios atos, quando eivados de vício de legalidade, e pode revogá-los por motivo de conveniência ou oportunidade, respeitados os direitos adquiridos.*

* * *

Comentários

O art. 53 estabelece para a Administração Pública o dever de anular os seus atos ilegais e a possibilidade de revogá-los quando legais, mas inoportunos e/ou inconvenientes.[511] O tema da anulação será examinado com maior profundidade. De toda forma, algumas reflexões sobre a revogação serão ofertadas.

---

[511] Nesse sentido, dispõe a Súmula nº 473 do Supremo Tribunal Federal, editada em 1969, que prevê: "a administração pode anular seus próprios atos, quando eivados de vício que os tornam ilegais, porque deles não se originam direitos; ou revogá-los, por motivo de conveniência ou oportunidade, respeitados os direitos adquiridos, e ressalvada, em todos os casos, a apreciação judicial". Esse entendimento sumulado é um reflexo da autotutela administrativa. Crítica merece ser direcionada ao seu texto: entende-se que, se a Administração Pública verificar que um ato anteriormente expedido é ilegal, deve ela anulá-lo. Trata-se, a nosso olhar, de uma exigência, e não de uma faculdade, como parece sugerir a literalidade do entendimento sumulado, que utiliza o verbo "poder", e não "dever", ao asseverar que "a administração pode anular seus próprios atos". Tecnicamente melhor, por conseguinte, o texto do *caput* do art. 53 da Lei nº 9.784/99, que versa que a "Administração deve anular seus próprios atos, quando eivados de vício de legalidade".

Revogação[512]

A revogação opera-se quando a Administração Pública decide por extinguir ato válido, que, não obstante não carregar máculas, não mais se releva conveniente e/ou oportuno para o interesse público.

Os efeitos do ato revogatório – que somente podem ser concretizados a partir de processo administrativo, máxime quando atingirem interesses de outrem[513] – são prospectivos, *ex nunc*, de modo que situações consolidadas anteriores ao ato administrativo revogado não são afetadas, até porque sedimentadas em um cenário de plena legalidade. Não por outra razão, em harmonia com o art. 5º, XXXVI, da Constituição, o artigo em tela expressamente impõe que o ato administrativo de revogação deve respeitar os direitos adquiridos.

Ainda sobre os efeitos, importa dizer que inexistem, em regra, os chamados efeitos repristinatórios – salvo previsão expressa –, é dizer, a revogação do ato revogatório não implica o restabelecimento do ato anteriormente revogado, lógica simétrica àquela prevista no art. 2º, §3º, da Lei de Introdução às Normas do Direito Brasileiro.[514]

A mutabilidade do interesse público realinha entendimentos anteriores e reposiciona o administrador público, que deve sempre estar atento às novas realidades e aos novos cenários. De fato, seria impróprio cogitar que a Administração tivesse de estar estanque, paralisada, atrelada a atos anteriores, quando as mudanças sociais exigem condutas inovadoras. A revogação, então, é instrumento importante para que a Administração Pública sempre persiga o interesse público que, em sua essência, é mutável.

Além disso, a revogação envolve juízo de mérito, e não de legalidade, por isso é medida que se insere entre as tarefas exclusivas do administrador, competente para tanto.

Assim sendo, é totalmente descabido se falar de revogação por parte do Poder Judiciário, que, sob pena de afronta ao princípio da separação de poderes, não pode substituir o administrador público no bojo do seu mérito administrativo. Ressalva-se, claro, a hipótese de o Poder Judiciário emitir, em função atípica, seus próprios atos administrativos.

Igualmente, não pode o particular querer obrigar a Administração a revogar qualquer ato, porque, como dito, a revogação tem em sua essência justamente um juízo de conveniência e oportunidade que foge da alçada dos particulares.

Nessa toada, Irene Patrícia Nohara e Thiago Marrara:

> O interessado poderá discutir as ilegalidades porventura ocorridas na revogação, como, por exemplo, se ela foi efetivada por autoridade incompetente, se o motivo é inexistente ou falso ou se não obedeceu às formalidades exigidas; mas não há direito adquirido amparado no ordenamento para que se questione a oportunidade e a conveniência do ato revogatório em si, a não ser que ocorra, por exemplo, desvio de finalidade, que é uma ilegalidade camuflada ou se o ato violar princípios como eficiência ou proporcionalidade (que têm caráter normativo).[515]

---

[512] Importante colaboração sobre o assunto deve ser atribuída a Bruno Aurélio. Sugerimos: AURÉLIO, Bruno. *Atos administrativos ampliativos de direitos*: revogação e invalidação. São Paulo: Malheiros, 2011.

[513] Nesse sentido: JUSTEN FILHO, Marçal. *Curso de direito administrativo*. São Paulo: Saraiva, 2005, p. 274.

[514] Nesse sentido: MOREIRA NETO, Diogo de Figueiredo. *Curso de direito administrativo*. 15. ed. Rio de Janeiro: Forense, 2009, p. 233. O tema, no entanto, não é totalmente pacificado.

[515] NOHARA, Irene Patrícia; MARRARA, Thiago. *Processo administrativo*: Lei nº 9.784/99 comentada. São Paulo: Atlas, 2009, p. 346.

Ademais, a reformulação do juízo do administrador obsta falar em revogação de ato praticado no exercício da competência vinculada.[516] Se, desde o início, outro caminho não se apresentava ao administrador público senão realizar determinado ato, a passagem do tempo não contribuirá para criar espaço para reavaliação meritória.[517]

De mais a mais, a revogação não poderá desconsiderar os efeitos jurídicos já extraídos do ato válido revogado, justamente em virtude dos seus efeitos prospectivos acima expostos. O postulado da segurança jurídica conduz a esse raciocínio. Se o ato ainda é ineficaz, a revogação impedirá a produção dos seus efeitos, mas se eficaz o ato, os efeitos já produzidos serão protegidos.

Atos integrantes de procedimento, em que se opera a sucessão cadenciada de atos, não são revogáveis quando ato posterior já foi levado a efeito. Isso porque, nas palavras de Rafael Carvalho Rezende Oliveira, "no processo administrativo, a edição de novo ato acarreta a preclusão do ato anterior",[518] razão pela qual este último não mais pode ser revogado.

Igualmente não podem ser revogados os atos já exauridos, por uma questão de lógica e de prática. Ora, se o ato administrativo não mais produz qualquer efeito, é inútil e despiciendo que o gestor público o extinga, vez que ele em nada interfere para a vivência administrativa ou para o cotidiano dos administrados.

Outros atos administrativos que entende a doutrina serem irrevogáveis, para além daqueles que a própria lei assim dispor, são os atos enunciativos, tais como certidões e atestados. Tais atos apenas declaram um estado de fato, logo, não há qualquer análise de conveniência ou oportunidade em sua expedição.

Discute-se sobre a possibilidade de revogação quando exaurida a competência do agente que o implementou. A hipótese de recurso interposto contra decisão administrativa, a deslocar a competência para o superior hierárquico, inviabiliza a reformulação do entendimento inicial por parte do autor do ato questionado? Maria Sylvia Zanella Di Pietro refuta a possibilidade por entender que se esgotou a esfera de competência do agente responsável pela edição do ato.[519] Posição oposta é defendida por José dos Santos Carvalho Filho, que considera inesgotada a competência do autor do ato, não obstante tenha sido apresentado recurso contra sua conduta.[520]

Discussão apimentada cerca o dever de indenizar diante da opção administrativa por revogar.[521] Para enfrentar a questão, vamos nos valer de problemas relacionados aos bens de uso especial.

---

[516] Exceção à regra é a discussão envolvendo a revogação da licença para construir que, em que pese seja ato vinculado, admite, para alguns, revogação. Não se trata, no entanto, de entendimento pacificado.

[517] Nesse sentido, Rafael Carvalho Rezende Oliveira: "a revogação incide sobre o ato discricionário, que pressupõe a avaliação do mérito quando da sua edição, sendo afastada a revogação de atos administrativos vinculados que não deixam margem de liberdade ao administrador". Conferir: OLIVEIRA, Rafael Carvalho Rezende. *Curso de direito administrativo*. 4. ed. rev., atual. e ampl. Rio de Janeiro: Forense; São Paulo: Método, 2016, p. 324.

[518] OLIVEIRA, Rafael Carvalho Rezende. *Curso de direito administrativo*. 4. ed. rev., atual. e ampl. Rio de Janeiro: Forense; São Paulo: Método, 2016, p. 327.

[519] DI PIETRO, Maria Sylvia Zanella. *Direito administrativo*. 21. ed. São Paulo: Atlas, 2008, p. 236.

[520] CARVALHO FILHO, José dos Santos. *Manual de direito administrativo*. 19. ed. Rio de Janeiro: Lumen Juris, 2008, p. 154.

[521] Bruno Aurélio aborda a questão. Conferir: AURÉLIO, Bruno. *Atos administrativos ampliativos de direitos*: revogação e invalidação. São Paulo: Malheiros, 2011.

Afirma José dos Santos Carvalho Filho que a expressão bens de uso especial "indica que tais bens constituem o aparelhamento material da Administração para atingir seus fins".[522] São, portanto, aqueles bens que, afetados a uma específica destinação de interesse público, fazem parte da máquina administrativa para a prestação de serviços públicos e para o exercício do poder de polícia, a exemplo das escolas, dos hospitais, das repartições públicas, dos mercados municipais e das viaturas policiais.[523]

Por isso, o autor afirma que o uso de tais bens, primordialmente, cabe ao Poder Público, salientando, contudo, que "os indivíduos podem utilizá-los na medida em que algumas vezes precisam estar presentes nas repartições estatais, mas essa utilização deverá obedecer as condições previamente estabelecidas pela pessoa jurídica interessada, não somente quanto à autorização, ao horário, preço e regulamento". Toma-se como exemplo a entrada dos cidadãos nos fóruns ou nos hospitais públicos, que não pode ser arbitrariamente impedida, mas cujos procedimentos prévios de segurança, controle e de identificação podem ser exigidos, enquanto meios de concretização do próprio interesse público.[524]

No mesmo sentido o entendimento de Diógenes Gasparini,[525] que igualmente admite o uso de tais bens por terceiros, desde que atendidas certas condições. O autor exemplifica o uso lícito de bens de uso especial por particulares, valendo-se dos casos das escolas públicas ou de museus. Efetivamente, nestes casos, o uso pela coletividade é presumido. O bem é criado para que dele usufruam terceiros.

A utilização privada de bens públicos pode ocorrer de várias formas. Destacam-se a autorização, a permissão e a concessão.

A autorização traduz ato unilateral, discricionário e precário e visa apenas atividades transitórias e pouco relevantes para o interesse público. Justamente por isso, a autorização é concedida sobretudo diante do interesse particular, que é preponderante em tais casos.

A permissão de uso continua a ser considerada como ato unilateral, discricionário, negocial, cuja concessão se reveste de um interesse preponderantemente público. Enquanto ato, ainda se reveste de precariedade, que poderá ser reduzida se afixado um prazo para o uso alheio, quando, então, a permissão passa a ser denominada permissão qualificada ou permissão condicionada. A fixação de prazo não impede a retomada antecipada, mas gera direito de indenização se demonstrado que o não cumprimento dos termos da permissão ocasionou danos ao beneficiário.

A distinção crucial entre elas estaria, segundo José dos Santos Carvalho Filho, no fato de que "na autorização de uso, o interesse que predomina é o privado, conquanto haja interesse público como pano de fundo. Na permissão de uso, os interesses são

---

[522] CARVALHO FILHO, José dos Santos. *Manual de direito administrativo*. 17. ed. Rio de Janeiro: Lumen Juris, 2007, p. 970.

[523] Interessante salientar, a título de curiosidade, que também as terras ocupadas pelos índios são bens de uso especial, de propriedade da União. Aos indígenas, nos termos do art. 231, §2º, da Constituição da República, cabem em relação a tais terras o "usufruto exclusivo das riquezas do solo, dos rios e dos lagos nelas existentes".

[524] É justamente esse o entendimento de Edimur Ferreira de Faria, quando diz que "o "ingresso de pessoas nesses bens sujeita-se a controle e a algumas formalidades, em cada caso, de acordo com a destinação do bem". Conferir: FARIA, Edimur Ferreira de. *Curso de direito administrativo positivo*. 4. ed. Belo Horizonte: Del Rey, 2001, p. 391.

[525] GASPARINI, Diogenes. *Direito administrativo*. 11. ed. São Paulo: Saraiva, 2001, p. 810 e 811.

nivelados: a Administração tem algum interesse público na exploração do bem pelo particular, e este tem intuito lucrativo na utilização privativa do bem".[526]

Importa aqui dizer que o que há é relação de preponderância, e não de exclusão, de completo afastamento. Na autorização, o interesse é preponderantemente privado, o que não permite que seja ela concedida em sepultamento do interesse público; lado outro, na permissão, o interesse que prepondera – para alguns – é o da coletividade, embora saibamos que a supremacia do interesse público, sobretudo diante da doutrina administrativista moderna, não pode implicar degola dos direitos particulares.

Mas a doutrina não é acorde no que tange aos pontos de distinção entre os institutos. Maria Sylvia Zanella Di Pietro também salienta a precariedade tanto da autorização quanto da permissão, apenas ressalvando que a segunda gera o dever de uso para o beneficiado, enquanto a primeira gera a faculdade de uso para o destinatário, afirmando também que o prazo para o uso privado na permissão é maior do que o uso na autorização.[527]

Entendemos não haver diferença substancial entre eles, porque ambos são atos unilaterais, discricionários e precários. Assim, em ambos os casos o interesse público estaria salvaguardado.

A precariedade da autorização e da permissão são incontestes e significam dizer que os atos que viabilizaram o uso privado podem ser desfeitos a qualquer momento, unilateralmente, salvo se, no caso de permissão, instituir um prazo para o uso do particular, quando, então, teríamos uma permissão qualificada.

Hely Lopes Meirelles, por exemplo, ao abordar a permissão, define-a como "ato negocial unilateral, discricionário e precário através do qual a Administração faculta ao particular a utilização individual de determinado bem público. Como ato negocial, pode ser com ou sem condições, gratuito ou remunerado, por tempo certo ou indeterminado, conforme estabelecido no termo próprio, mas sempre modificável e revogável unilateralmente pela Administração, quando o interesse público o exigir, dados sua natureza precária e o poder discricionário do permitente para consentir e retirar o uso especial do bem público".[528]

A jurisprudência já se manifestou repetidas vezes sobre o assunto, merecendo destaque o julgamento do RMS nº 16.280, relatado pelo eminente Ministro José Delgado, quando se afirmou a ausência de direito líquido e certo à presença no bem público, cujo uso privado havia sido deferido.

Normalmente, a autorização é utilizada quando o uso não será diferido no tempo, e a permissão, quando esse se prolongará no tempo. Não há, todavia, uma delimitação rígida para o emprego de tais institutos, assim como não há uma regra nacional (e nem poderia haver em apego ao princípio do federalismo) a dizer quando usar a permissão. Há, pois, considerável discricionariedade para a decisão acerca de qual instituto empregar, salvo se a legislação aplicável ao caso contiver comando que estabeleça marcos temporais claros.

---

[526] CARVALHO FILHO, José dos Santos. *Manual de direito administrativo*. 17. ed. Rio de Janeiro: Lumen Juris, 2007. p. 994 e 995. No mesmo sentido: OLIVEIRA, Rafael Carvalho Rezende. *Curso de direito administrativo*. 4. ed. rev., atual. e ampl. Rio de Janeiro: Forense; São Paulo: Método, 2016, p. 315.

[527] DI PIETRO, Maria Sylvia Zanella. *Direito administrativo*. 14. ed. São Paulo: Atlas, 2002, p. 218.

[528] MEIRELLES, Hely Lopes. *Direito administrativo brasileiro*. 27. ed. São Paulo: Malheiros, 2002, p. 493.

A concessão de uso, por derradeiro, é contrato administrativo por meio do qual se reconhece o direito de um particular à utilização exclusiva de um bem público. O que o diferencia da autorização e da permissão de uso é o seu caráter de contrato e a relativa estabilidade da outorga do uso do bem público ao particular, nas condições convencionadas no termo ajustado entre as partes, estabilidade que se conquista também com a permissão condicionada acima discutida.

Ressalte-se, porém, que a validade da concessão de uso de bem público, na égide da Lei nº 8.666/93, depende de autorização legislativa e prévia licitação, nos termos do art. 2º daquela lei, salvo nas hipóteses em que se admite a dispensa ou se faz presente a inexigibilidade. No mesmo sentido, a Lei nº 14.133/21, a Nova Lei de Licitações e Contratos Administrativos, estipula em seu art. 2º, IV a sua aplicabilidade às concessões e permissões de uso de bens públicos.

Independentemente do instituto usado, o uso exercido por um ou por alguns particulares sobre bem público, ainda que por lapso de tempo considerável, não transfere o domínio. E mais, em virtude do sabido caráter precário afirmado, não é devido ao particular arguir sua posse para fins de ação possessória – há somente detenção[529] –, afinal, como já decidiu o Tribunal de Justiça do Estado de Minas Gerais, a "autorização e a permissão de uso de bem público por particulares são atos administrativos unilaterais, discricionários e precários que podem ser revogados pela Administração Pública sumariamente a qualquer tempo desde que a bem do interesse público sempre preponderante sobre o interesse privado".[530]

Não importa por quanto tempo o particular tenha utilizado privativamente o espaço público. O maior lapso de tempo não induz à aquisição da propriedade pública, tampouco à posse, nem lhe autoriza considerar-se titular do direito de eterna permanência em espaço que não lhe pertence.

A instabilidade do ato de autorização e de permissão não pode ser ignorada pelo particular, em especial se presente cláusula que assim expressamente afirme. Logo, se realizada permissão de uso de bem público, em que presente cláusula dessa natureza, ao particular não se assegura indenização por interrupção da relação jurídica.

Sobre o tema ora discutido, os seguintes julgados do Tribunal de Justiça do Estado de Minas Gerais merecem destaque, por ilustrarem tanto o caráter precário firmado quanto à possibilidade de revogação dos atos administrativos de permissão e autorização:

APELAÇÃO CÍVEL – AÇÃO DE INDENIZAÇÃO POR DANOS MORAIS E MATERIAIS C/C LUCROS CESSANTES – SHOPPING POPULAR TUPINAMBÁS – REVOGAÇÃO DE AUTORIZAÇÃO E DESOCUPAÇÃO COMPULSÓRIA DO EMPREENDEDOR INADIMPLENTE – NOTIFICAÇÃO PRÉVIA – LEGALIDADE DO ATO – AUSÊNCIA DE RESPONSABILIDADE CIVIL – SENTENÇA REFORMADA – RECURSO AO QUAL SE DÁ PROVIMENTO. 1. A revogação da autorização para uso de boxe em Centro de Comércio

---

[529] Nesse sentido: TJMG, Agravo de Instrumento nº 1.0000.00.343475-0/000. Rel. Desembargador GERALDO AUGUSTO, 1ª CÂMARA CÍVEL, DJ 21/10/2013; TJGO, Apelação Cível nº 0322021-46.2017.8.09.0143, Rel. Desembargador JOSÉ CARLOS DE OLIVEIRA, 3ª CÂMARA CÍVEL, DJ 06.09.2019; TJSP, Apelação Cível nº 0002713.73.2007.8.26.0075, Rel. Desembargador VICENTE DE ABREU AMADEI, 1ª CÂMARA DE DIREITO PÚBLICO, DJ 30.07.2013.

[530] TJMG, Apelação Cível nº 1.0324.04.018855-3/003. Rel. Desembargador BELIZÁRIO DE LACERDA, 7ª CÂMARA CÍVEL, DJ 12.11.2013.

Popular criado e sua desocupação compulsória são medidas administrativas legítimas, previstas no Regulamento de Centro de Comércio Popular denominado "Shopping Popular Tupinambás". 2. A autorização concedida pelo poder público é precária e discricionária, cabendo ao autorizatário observar o regramento administrativo, que, desobedecido, ensejará sua revogação e consequente desocupação do boxe, se não promovida pelo particular no prazo avençado, o que, por consectário lógico, leva à improcedência do pedido indenizatório.[531]

REEXAME NECESSÁRIO EX OFFICIO E APELAÇÃO CÍVEL – AÇÃO DE INDENIZAÇÃO POR DANOS MATERIAIS E MORAIS – EVENTOS DE FORMATURA CANCELADOS – INTERDIÇÃO DO CENTRO DE CONVENÇÕES DO MUNICÍPIO DE CAXAMBU/MG – REVOGAÇÃO DE AUTORIZAÇÃO DE USO DE BEM PÚBLICO – PRECARIEDADE DO ATO – PRIMAZIA DO INTERESSE PÚBLICO – SENTENÇA REFORMADA. – A autorização é espécie de ato administrativo negocial, nela não há qualquer direito subjetivo à obtenção ou à continuidade, daí porque a Administração pode negá-la ao seu talante, como pode cassar o alvará a qualquer momento, sem indenização alguma. Assim, o autorizatário deve sempre ter em mente que a autorização a ele concedida é precária, e deve planejar suas atividades exercidas com base nesta premissa. – Descabe falar em indenização dos danos decorrentes da não realização dos eventos de formatura no Centro de Convenções do Município de Caxambu (bem público), interditado dias antes pelo Corpo de Bombeiros Militar de Minas Gerais, o que motivou e legitimou a revogação do ato de autorização previamente concedido à parte autora pelo Poder Público. – O Município agiu dentro da estrita legalidade, haja vista a precariedade do ato de autorização, inexistindo, portanto, o dever de indenizar. – Sentença reformada no reexame necessário, prejudicado o recurso.[532]

Pode, porém, ocorrer a interrupção prematura, em descompasso com o lapso temporal avençado no instrumento viabilizador do uso privativo do espaço público. Em casos assim, a depender da forma como praticado o ato, em especial se ausente cláusula a prever o contrário, a indenização teria lugar. É o que já decidiu o TJMG:

REEXAME NECESSÁRIO – APELAÇÃO – DIREITO ADMINISTRATIVO – AUTORIZAÇÃO DE USO DE BEM PÚBLICO POR PRAZO DETERMINADO – ATO PRECÁRIO E DISCRICIONÁRIO – POSSIBILIDADE DE REVOGAÇÃO A QUALQUER TEMPO – PREJUÍZOS AO BENEFICIÁRIO – INDENIZAÇÃO CABÍVEL. Na permissão de uso de bem público prepondera o interesse público, tratando-se de instituto de natureza precária, podendo ser a qualquer tempo alterada e revogada, em regra e sem qualquer ônus para a Administração Pública, de acordo com a sua conveniência, salvo expressa disposição em contrário e desde que não esteja agindo na revogação ou modificação por mero arbítrio ou por abuso de poder. Sendo a outorga com prazo determinado e tendo a revogação unilateral gerado prejuízos ao beneficiário, a administração pública tem o dever de ressarci-lo.[533]

---

[531] TJMG, Apelação Cível nº 1.0024.11.343017-7/002, Rel. Juiz de Direito Convocado BAETA NEVES, 2ª CÂMARA CÍVEL, DJ 02.07.2019.

[532] TJMG, Apelação Cível/Reexame Necessário nº 1.0155.12.003170-5/001, Rel. Desembargador WILSON BENEVIDES, DJ 17.10.2018.

[533] TJMG, Apelação Cível/Reexame Necessário nº 0721483-86.2007.8.13.0317, Rel. Desembargadora VANESSA VERDOLIM HUDSON ANDRADE, 1ª CÂMARA CÍVEL, DJ 10.10.2013.

Anulação

Considerado verdadeiro baluarte da atividade administrativa, o princípio da legalidade foi concebido para salvaguardar o interesse público, evitando condutas desastrosas, despidas de respaldo social. Tendo a sua gênese relacionada ao combate do absolutismo, o princípio da legalidade marca a ruptura com o modelo de poder absoluto dos então governantes, que passam a se submeter às leis que, ao menos em tese, representam os interesses da coletividade.

Trata-se de garantia inafastável do Estado de Direito, por sujeitar também aquele a quem compete o exercício das potestades estatais o respeito à lei,[534] sendo o princípio da legalidade fundamental para a construção do Direito Administrativo.

Está presente, por trás do princípio da legalidade, a noção de que todo o agir do administrador público é intrajurídico. Nada lhe é autorizado se não inserido no Direito. Mesmo quando se lhe oferece espaço para decisão, a opção não se valida se ultrapassa as muralhas do ordenamento jurídico.

Por isso é correto dizer que, ainda que estejamos diante de um ato discricionário, é este vinculado aos limites do ordenamento jurídico e da vontade da lei, sob pena de transmudar-se em um ato arbitrário.[535] O ordenamento jurídico, assim, não tolera a arbitrariedade mascarada, travestida, de discricionariedade: esta é plenamente legal e imprescindível para o interesse público; aquela, ilegal, porque não busca os fins administrativos, senão os anseios pessoais do gestor.

Reforçamos, porém, que o princípio da legalidade não comporta visão primitiva no sentido de que a atividade administrativa só há de ser levada a efeito se previamente o legislador a tiver disciplinado, apontando todos seus elementos, indicando milimetricamente como deve portar-se o administrador público.

Numa visão mais moderna da legalidade, não se pode resumir a atuação da Administração Pública a um atendimento míope e limitadamente formal da norma escrita. Trata-se de entendimento obsoleto, ultrapassado e atinente à ideia de legalidade estrita, que correlacionava o ato ilegal tão somente ao desrespeito às regras jurídicas expressas, olvidando-se que o ordenamento jurídico também é composto de princípios jurídicos que igualmente têm de ser considerados.

Legal é a conduta cujo fundamento é extraído do ordenamento jurídico. Quando se apura que certo ato se ajusta ao ordenamento jurídico visto como um todo, a reunir, pois, princípios e leis, inviável deflagrá-lo como inválido.

Por sua vez, um ato supostamente legal, porque alicerçado sobre texto de lei, pode ser ofensivo ao princípio da legalidade, caso atinja princípio norteador da atividade administrativa.

Vale dizer: o princípio da legalidade não traduz princípio de mera observância da lei. O Direito não se exaure na lei. Esta é apenas um dos elementos da ordem jurídica.

---

[534] O princípio da legalidade não pressupõe apenas a observância das leis, mas de todo o ordenamento jurídico. Vigora não mais a ideia de mera legalidade estrita, mas de juridicidade, que envolve não apenas as regras, mas os princípios, que igualmente têm força jurídica.

[535] Sobre o tema, Celso Antônio Bandeira de Mello: "não se confundem discricionariedade e arbitrariedade. Ao agir arbitrariamente o agente está agredindo a ordem jurídica, pois terá se comportado fora do que lhe permite a lei. Seu ato, em consequência, é ilícito e por isso mesmo corrigível judicialmente". Conferir: MELLO, Celso Antônio Bandeira de. *Curso de direito administrativo*. 32. ed. São Paulo: Saraiva, 2015, p. 401.

Por isso, de grande valia a lição de Celso Antônio Bandeira de Mello, para quem a violação a um princípio pode corresponder a um dano maior do que a ofensa à lei. Não se trata de aniquilar a importância da lei, mas de valorizar todo o conteúdo normativo.

O princípio da legalidade há de revestir-se de outra roupagem. Estará a respeitar dito princípio a conduta que considerar todo o ordenamento jurídico.

Não só as regras, literalmente previstas, precisam ser observadas: também os princípios e os direitos fundamentais devem ser igualmente considerados quando da análise da legalidade do ato administrativo, sob pena de ilegalidade. A essa nova concepção se dá o nome de juridicidade – princípio da legalidade temperada, na nomenclatura de Juarez Freitas[536] – que, em que pese não ignore a lei escrita, igualmente tem em mente que existem princípios e direitos outros, inclusive não escritos e implícitos, cuja obediência resta imperiosa.

A legalidade não pode ser lida sem o devido zelo pela razoabilidade e pela proporcionalidade. Por isso, a conduta atenderá ao princípio da legalidade quando empreendida de maneira razoável, evitando-se bizarrices e exageros.

Atitude aparentemente respaldada pela lei pode ofender os princípios da razoabilidade e da proporcionalidade e, assim, ser inválida. Atento a isso, o Poder Judiciário fulmina de ilegalidade atos administrativos praticados no âmbito do poder de polícia ou poder disciplinar que, ainda que numa visão simplista encontrem lastro legal, não podem continuar no mundo jurídico porque há um exagero na punição, uma não correspondência entre o ato praticado e a sanção aplicada.

Neste sentido, feliz a dicção da Lei nº 9.784, quando em seu art. 2º, *caput*, prevê o atendimento ao princípio da legalidade, impondo a atuação administrativa "conforme a lei e o Direito", bem como quando salienta a importância dos princípios da proporcionalidade e razoabilidade.

Egon Bockmann Moreira,[537] em excepcional obra, explicita que:

> Ao distinguir os dois termos, o artigo disciplina que para o processo administrativo a lei não é a única fonte, nem tampouco pode ser interpretada de forma restritiva. Não basta uma leitura simplista, literal, de um singelo artigo de lei, para a aplicação do Direito pelo agente público.

Vê-se, pois, que estamos diante de um novo paradigma acerca da legalidade, onde não se há de indagar da sua presença como exclusivo cumprimento à letra seca da lei, mas, sim, como atendimento a todo um sistema, isto é, o sistema normativo, assim entendido o respeito a todos os princípios constitucionais. Atualmente essa ideia é ainda mais clara após o advento da Lei nº 13.655/18, que, para além de valorizar a busca de soluções jurídicas proporcionais e equânimes, impõe um olhar voltado para a realidade, para as consequências reais do agir administrativo e para o cenário analisado, o que nada mais é senão aplicar o ordenamento jurídico de modo sensato – razoável – e inteligente, e não mecânico.

---

[536] FREITAS, Juarez. *O controle dos atos administrativos e os princípios fundamentais.* 5. ed. rev. e ampl. São Paulo: Malheiros, 2013, p. 59 e seguintes.

[537] MOREIRA, Egon Bockmann. *Processo administrativo:* princípios constitucionais e a Lei 9.784/99. 2. ed. São Paulo: Malheiros, 2003, p. 79.

Prosseguindo na análise do artigo, faz-se necessário comentar sobre o dever inexorável de anular o ato e o seu efeito. É o que faremos a seguir.

O Direito Administrativo há tempos convive com o dogma da anulação. Constante encontrar nos livros a menção à obrigatoriedade de se extinguir, pela via da anulação, ato administrativo que contenha vício insanável.

A anulação resultaria da impossibilidade de a Administração Pública conviver com atos praticados de forma dissonante da ordem jurídica, visto que lhe cabe atuar conforme o Direito (princípio da legalidade). A anulação funcionaria como mecanismo de proteção ao interesse público.

Logo, se o agente público não pode descurar de dito interesse, em face do princípio da indisponibilidade do interesse público, ao se deparar com ato ilegal, cujo vício não pode ser extirpado, outra saída não existiria salvo a de eliminar o ato, fulminando-o com a anulação.[538]

Assim, a anulação, por envolver ilegalidades – e não meras inconveniências e inoportunidades –, pode ser levada a efeito não só pela Administração, no bojo da sua autotutela, mas também pelo Poder Judiciário, quando devidamente provocado, haja vista os princípios da inafastabilidade jurisdicional e da inércia.

Isso independentemente de o ato administrativo ser vinculado ou discricionário.[539] Embora na maioria das vezes a ilegalidade seja mais escancarada no exercício da competência vinculada, também os atos discricionários podem ser anulados pelo Judiciário, quando esses ultrapassem os limites legais da discricionariedade administrativa ou extrapolem as paredes das zonas de certeza negativa ou positiva.

E mais: plenamente possível que o Judiciário anule o ato com base não só na legalidade estrita, mas em virtude do desrespeito a princípios jurídicos, que igualmente têm força normativa. Vedado é, apenas, que o julgador substitua o administrador público, ditando o que seria ou não oportuno ou conveniente (mérito administrativo), situação que resultaria em afronta ao princípio da separação de poderes.[540] O controle jurisdicional da juridicidade, no entanto, não só é legítimo, mas é inerente ao famoso sistema de freios e contrapesos (*checks and balances*).

A anulação produziria, em regra, efeitos retroativos,[541] visto não se conceber que ato conflitante com a ordem jurídica possa produzir alguma sorte de consequência para a mesma. A regra, contudo, sofre balizamentos.

---

[538] Celso Antônio Bandeira de Mello, ao tratar do conteúdo do regime jurídico-administrativo, pontifica: "A indisponibilidade dos interesses públicos significa que, sendo interesses qualificados como próprios da coletividade – internos ao setor público –, não se encontram à livre disposição de quem quer que seja, por inapropriáveis. O próprio órgão administrativo que os representa não tem disponibilidade sobre eles, no sentido de que lhe incumbe apenas curá-los – o que também é um dever – na estrita conformidade do que predispuser a *intentio legis*". Conferir: MELLO, Celso Antônio Bandeira de. *Curso de direito administrativo*. 20. ed. São Paulo: Malheiros, 2006, p. 62.

[539] Ensina Florivaldo Dutra de Araújo: "Se, numa hipótese de discricionariedade, verificar o juiz que a opção do administrador não se achava entre as resguardadas legalmente, anulará o ato. Não se substituirá à Administração, suprindo-lhe a vontade defeituosa. Apenas invalidará o seu comportamento anterior, deixando-lhe a oportunidade de praticar novo ato, contido dentre os limites opcionais previstos em lei". Conferir: ARAÚJO, Florivaldo Dutra de. *Motivação e controle do ato administrativo*. Belo Horizonte: Del Rey, 1992, p. 132.

[540] Conferir, sobre o tema: FARIA, Edimur Ferreira de. *Controle do mérito do ato administrativo pelo poder judiciário*. Belo Horizonte: Fórum, 2011, p. 215.

[541] A retroatividade dos efeitos da anulação também é assunto que reclama cautela. Como ensina Ricardo Marcondes, "em determinadas hipóteses, por força dos princípios incidentes no caso, o sistema jurídico veda a retroatividade da invalidação, ou melhor, veda a retirada retroativa dos efeitos jurídicos do ato inválido". Conferir: MARTINS, Ricardo Marcondes. *Efeitos dos vícios do ato administrativo*. São Paulo: Malheiros, 2008. p. 416.

Celso Antônio Bandeira de Mello pontua que:

> Os efeitos da invalidação consistem em fulminar o ato viciado e seus efeitos inúmeras vezes atingindo-o *ab initio*, portanto retroativamente. Vale dizer: a anulação, com freqüência, mas não sempre, opera *ex tunc*, isto é, desde então. Fulmina o que já ocorreu, no sentido de que são negados hoje os efeitos de ontem.[542]

Tomemos o seguinte exemplo: a anulação de ato de nomeação de servidor para cargo efetivo, não aprovado em concurso público, não pode descurar dos direitos que assistem ao trabalhador. Assim, a força de trabalho utilizada pelo Estado precisa ser recompensada, ainda que o ato de nomeação seja evidentemente ilícito por contradizer o disposto no art. 37, II, da Constituição da República.

Há julgados que, presos ao dogma segundo o qual "ato nulo não gera efeitos", não reconhecem nenhum tipo de direito ao servidor defenestrado. Mas os julgados mais consentâneos com o Direito Administrativo, que pugna pela busca da legalidade, pautada pela proporcionalidade, razoabilidade e boa-fé, asseguram ao menos o direito aos dias trabalhados, quando não afirmam o direito a outras parcelas, como o FGTS (se cabível).

E nem poderia ser diferente, sob pena de configurar locupletamento ilícito por parte da Administração Pública, que deixaria de pagar a contraprestação pecuniária pelos serviços prestados pelo servidor indevidamente nomeado.

Celso Antônio Bandeira de Mello nos brinda com outros exemplos:

> se alguém é nomeado em conseqüência de concurso público inválido, e por isto vem a ser anulada a nomeação dele decorrente, o nomeado não deverá restituir o que percebeu pelo tempo que trabalhou. Nem se diga que assim há de ser tão-somente por força do enriquecimento sem causa, que impediria ao Poder Público ser beneficiário de um trabalho gratuito. Deveras, embora não compareça tal fundamento, a solução haverá de ser a mesma se alguém é permissionário de uso de um bem público e mais tarde vem-se a descobrir que a permissão foi invalidamente outorgada. A invalidação deverá operar-se daí para o futuro.[543]

Também cabe discutir se a anulação seria mesmo um dever, do qual não pode o administrador público se afastar. A interpretação do art. 53 da Lei nº 9.784/99 importaria destituir o administrador público de outra alternativa, salvo a de anular?

Maria Sylvia Zanella Di Pietro enfrenta o tema da vinculação ou da discricionariedade da anulação dizendo existirem opiniões nos dois sentidos:

> Os que defendem o dever de anular apegam-se ao princípio da legalidade; os que defendem a faculdade de anular invocam o princípio da predominância do interesse público sobre o particular. Para nós, a Administração tem, em regra, o dever de anular os atos ilegais, sob pena de cair por terra o princípio da legalidade. No entanto, poderá deixar de fazê-lo, em circunstâncias determinadas, quando o prejuízo resultante da anulação puder ser maior do que o decorrente da manutenção do ato ilegal; nesse caso, é o interesse público que norteará a decisão.[544]

---

[542] MELLO, Celso Antônio Bandeira de. *Curso de direito administrativo*. 20. ed. São Paulo: Malheiros, 2006, p. 434.

[543] MELLO, Celso Antônio Bandeira de. *Curso de direito administrativo*. 20. ed. São Paulo: Malheiros, 2006, p. 448.

[544] DI PIETRO, Maria Sylvia Zanella. *Direito administrativo*. 19. ed. São Paulo: Atlas, 2006, p. 244.

Com efeito, dentro de uma interpretação mais adequada da legalidade, não há como admitir que o seu apego ocorra de forma absoluta, sem ponderar acerca da estabilidade das relações jurídicas.

Decerto, um dos fundamentos da legalidade é, justamente, garantir a segurança jurídica. Sob tal prisma, seria um contrassenso que, com amparo na legalidade, sepultasse-se a estabilização de relações jurídicas há muito tempo sedimentadas, pelo que cada caso concreto deve ser analisado. Não por outra razão Gilmar Mendes, Inocêncio Coelho e Paulo Gustavo Gonet Branco asseveram que "posições consolidadas podem assentar-se até mesmo em quadro inicial de ilicitude",[545] e, na mesma toada, relembra Rafael Maffini que "o fundamento material da legalidade consiste justamente na busca da segurança jurídica, não se apresentando, pois, num fim em si mesmo".[546]

Nesse diapasão, não há como, antecipadamente, em um embate entre a legalidade e a segurança jurídica, dizer que sempre a primeira prevalecerá, ainda que os prazos prescricionais e decadenciais não tenham se findado.

A casuística mostrará a medida ótima a ser tomada, nos trilhos do realismo[547] e do consequencialismo intrínsecos aos mandamentos da Lei nº 13.655/18. A legalidade não é absoluta, sob pena de servir de escudo para prática de bizarrices: como já decidiu o Superior Tribunal de Justiça, "Cumprir a lei nem que o mundo pereça é uma atitude que não tem mais o abono da Ciência Jurídica, neste tempo em que o espírito da justiça se apoia nos direitos fundamentais da pessoa humana, apontando que a razoabilidade é a medida sempre preferível para se mensurar o acerto ou desacerto de uma solução jurídica".[548]

O desfazimento de atos que já produziram efeitos por vários anos, mesmo que portadores de vícios, pode se mostrar irracional, porque perpetua um estado de incerteza ou, quando não menos, reinstala uma discussão sobre situações já consolidadas no tempo.

---

[545] MENDES, Gilmar; COELHO, Inocêncio Mártires; BRANCO, Paulo Gustavo Gonet. *Curso de direito constitucional*. São Paulo: Saraiva, 2007, p. 472 a 475. No mesmo sentido: ARAÚJO, Valter Shuenquener de. *O princípio da proteção da confiança*: uma nova forma de tutela do cidadão diante do Estado. Rio de Janeiro: Impetus, 2009, p. 37 e seguintes.

[546] MAFFINI, Rafael. *Princípio da proteção substancial da confiança no direito administrativo brasileiro*. Porto Alegre: Verbo Jurídico, 2006, p. 223.

[547] Sobre o realismo no âmbito da LINDB, André Ribeiro Tosta: "Considerações realistas são argumentos interdisciplinares voltados a descrever empiricamente a interpretação/aplicação de normas jurídicas por instituições com nome e endereço e por agentes de carne e osso em ambientes socieconômicos/políticos reais. São debates que se preocupam não apenas com 'o Direito', mas também com o contexto dos envolvidos em sua concretização (...) Realistas se preocupam em complementar debates jurídicos tradicionais, que tipicamente focam no '*quid iuris*' – em apontar qual resposta determina 'o Direito', suas normas, seus princípios, seus valores –, com fatores endereçados por outras lentes. Eles entendem que as normas e a linguagem jurídica gozam de alguma espécie de 'autoridade', mas argumentam que há outras variáveis de ordem prática que impactam no exercício adequado dessa autoridade (...) Para realistas, compreender o Direito Público vai além de compreender os conceitos jurídicos (primeiro passo), seria preciso também endereçar aspectos concretos, extra jurídicos, que não são captados pelas abordagens e pelos conceitos jurídicos tradicionais (...) A nova LINDB é realista e demanda posturas realistas; ela positiva regras que limitam os efeitos da indeterminação jurídica em alguns debates corriqueiros (direcionando desfechos mais coerentes em casos de incertezas) e salienta a necessidade de decisões públicas (administrativas ou controladoras) que não se pautem apenas pelas normas ou princípios jurídicos cabíveis, mas, também, pelo *contexto* da decisão. Os arts. 20 e 22 são os que melhor simbolizam essa segunda faceta". TOSTA, André Ribeiro. Realismo e a LINDB: amor à primeira vista? *In*: MAFFINI, Rafael; RAMOS, Rafael (coord.). *A nova LINDB*. Rio de Janeiro: Lumen Juris, 2020, p. 6, 7, 8, 17 e 18. Conferir também: TABORDA, Maren Guimarães. Realismo, natureza das coisas e publicidade: discussão sobre os critérios hermenêuticos da Lei 13.655/2018. *In*: MAFFINI, Rafael; RAMOS, Rafael (coord.). *A nova LINDB*. Rio de Janeiro: Lumen Juris, 2020, p. 33 e seguintes.

[548] STJ. RMS 24.339/TO, Rel. Ministro NAPOLEÃO NUNES MAIA FILHO, QUINTA TURMA, DJ 17.11.2008.

Art. 53 | 237

Lúcia Valle Figueiredo ensina que:

> por força de erro administrativo, podem surgir situações consumadas, direitos adquiridos de boa-fé. Diante das situações fáticas constituídas, rever tais promoções (hipótese considerada) seria atritar com princípios maiores do ordenamento jurídico, sobretudo com a segurança jurídica, princípio maior de todos (...).[549] [550]

Ainda sobre o tema, salientam Sergio Ferraz e Adilson Abreu Dallari, examinando o art. 54 da Lei nº 9.784/99, que:

> o interesse público e a paz social determinam que, transcorrido certo tempo, ditado em obediência ao princípio da razoabilidade, se tenha por imutável o ato.[551]

Assim, entre valorar a literalidade dos textos legais e a passagem do tempo, render-se-ia homenagem ao propósito apaziguador do Direito, justificando a manutenção do ato pelo transcurso do tempo.

São apropriadas as palavras de Marcello Caetano: "O ato doente cura-se com o decurso do tempo, e isso se dá porque o legislador pensa que a ilegalidade cometida não é tão grave que deva sobrepor-se ao interesse de pôr termo à insegurança dos direitos".[552]

Porém, é preciso frisar que a aplicação da teoria do fato consumado, assunto que guarda relação com o presente, só pode ocorrer em situações excepcionalíssimas.[553] Em breves linhas, a teoria do fato consumado defende a manutenção do ato ilegal pela consolidação no tempo, com respaldo na segurança jurídica e na boa-fé, asseverando que a sua retirada do mundo jurídico traria mais prejuízos que benefícios à coletividade.

O Superior Tribunal de Justiça já se pronunciou diversas vezes sobre o assunto, sobretudo em demandas que envolvam a licitude de concurso público ou a adequação de condutas administrativas que recusem a inscrição ou desaprovem candidatos em alguma das fases do certame.

O acolhimento da teoria não ocorre de forma indistinta, mas, ao contrário, de forma criteriosa, admite-se seu emprego em alguns casos.[554] Por exemplo, em julgamento ocorrido em 18.05.2021, afirmou o STJ: "Esta Corte Superior, alinhada à orientação do Supremo Tribunal Federal, tem firmado posição no sentido de dar estabilidade a situações consolidadas com o tempo, quando a boa-fé, a segurança jurídica, a confiança,

---

[549] FIGUEIREDO, Lúcia Valle. *Curso de direito administrativo*. 8. ed. São Paulo: Malheiros, 1994, p. 151.

[550] Sobre o assunto, indica-se também o texto de Mauro Roberto Gomes de Mattos: MATTOS, Mauro Roberto Gomes de. Princípio do fato consumado no direito administrativo. *Fórum Administrativo – Direito Público*, Belo Horizonte, ano 2, n. 18, p. 1044-1050, ago. 2002.

[551] FERRAZ, Sergio; DALLARI, Adilson Abreu. *Processo administrativo*. São Paulo: Malheiros, 2002, p. 194.

[552] CAETANO, Marcello. *Princípios fundamentais de direito administrativo*. Rio de Janeiro: Forense, 1989, p. 187.

[553] Sugerimos a leitura do artigo de autoria de Mauro Roberto Gomes de Mattos: MATTOS, Mauro Roberto Gomes de. Princípio do fato consumado no direito administrativo. *Fórum Administrativo – Direito Público*, Belo Horizonte, ano 2, n. 18, p. 1044-1050, ago. 2002.

[554] Em matéria ambiental, no entanto, o STJ é firme pela inaplicabilidade da teoria do fato consumado. Nesse sentido: STJ, REsp 1.638.798/RS, Rel. Ministro FRANCISCO FALCÃO, SEGUNDA TURMA, DJe 13/12/2019; STJ, AgInt no REsp 1.657.829/RS, Rel. Ministro FRACISCO FALCÃO, SEGUNDA TURMA, DJe 07/12/2020; STJ, REsp 1.510.392/MS, Rel. Ministro HERMAN BENJAMIN, SEGUNDA TURMA, DJe 05/05/2017; STJ, AgInt no REsp 1.705.324/RJ, Rel. Ministra REGINA HELENA COSTA, PRIMEIRA TURMA, DJe 25.06.2020.

a razoabilidade e a proporcionalidade demonstrarem ser mais gravosa a sua dissolução do que a sua manutenção e quando não houver prejuízo à parte contrária".[555]

Há, inclusive no trilho do que hoje impõe a Lei nº 13.655/18, uma análise casuística, que leva em consideração as peculiaridades e especificidades de cada caso concreto, o que é essencial para evitar decisões que apliquem cegamente determinada orientação sem se atentar para o que a realidade exige.

A 2ª Turma (DJ, 13.10.06, p. 297), por exemplo, ao apreciar o Recurso Especial nº 510202, relatado pelo eminente Ministro João Otávio de Noronha, consignou:

> O STJ firmou entendimento de que, sob pena de causar prejuízos severos ao estudante, deve ser mantida matrícula efetuada por força de liminar se, durante a vigência desta, for comprovada a conclusão do ensino médio, porquanto resta configurada a situação fática consolidada pelo decurso do tempo que deve ser respeitada. Teoria do fato consumado.

O Ministro José Delgado, relator do Recurso Especial nº 677217 (DJ, 13.12.04, p. 265) também empregou a teoria:

> 1. A conclusão de Curso de 2º Grau, com apresentação do competente Certificado, deve ser aceita como fato superveniente a sanar a irregularidade porventura existente quanto à apresentação de Certificado apresentado anteriormente, mormente quando o aluno já logrou aprovação no Vestibular e encontra-se no meio do Curso Universitário. Deve-se, neste caso, aplicar-se o disposto no art. 462 do CPC.
>
> 2. Por força de liminar concedida em mandado de segurança, o impetrante efetivou sua matrícula em curso superior antes de ser certificado no ensino médio. Na hipótese, ainda que, à época da matrícula, não tenham sido comprovados os requisitos necessários ao ingresso na Universidade, a subseqüente conclusão do segundo grau impõe a aplicação da teoria do fato consumado, que deve ser considerada quando a irreversibilidade da situação decorre da demora no julgamento da ação. (REsp nº 611797/DF, Rel. Min. Teori Albino Zavascki, *DJ* de 27.09.2004)
>
> 3. As situações consolidadas pelo decurso de tempo devem ser respeitadas, sob pena de causar à parte desnecessário prejuízo e afronta ao disposto no art. 462 do CPC. Teoria do fato consumado. Discussão acerca da matrícula em curso superior na hipótese de ausência de conclusão do 2º grau à época, cujo direito de matrícula foi assegurado por força de liminar. Situação consolidada. Segundo grau concluído. (REsp nº 365771/DF, Rel. Min. Luiz Fux, *DJ* de 31.05.2004)

Porém, ao julgar o RMS nº 19937/SC, Recurso Ordinário em Mandado de Segurança nº 2005/0067119-5, a 5ª Turma, em acórdão relatado pelo Ministro Arnaldo Esteves Lima (DJ, 27.11.06, p. 292), entendeu que:

> A teoria do fato consumado não se aplica nas hipóteses em que a participação do candidato no certame ocorreu apenas em virtude de decisão liminar.

No mesmo sentido, o julgamento dos Embargos Declaratórios no Agravo Regimental no Agravo de Instrumento nº 2006/0016130-5, igualmente prolatado pela 5ª Turma, relator Ministro Gilson Dipp (DJ, 13.11.06, p. 288), em que se assinalou:

---

[555] STJ, RMS 20.534/RS, Rel. Ministra LAURITA VAZ, SEXTA TURMA, DJe 02.06.2021.

A Eg. Terceira Seção possui entendimento no sentido de afastar a aplicação da "Teoria do Fato Consumado" nas hipóteses em que os candidatos tomaram posse sabendo que os seus processos judiciais ainda não haviam findado, submetendo-se aos riscos da reversibilidade do julgamento.

Ratificando a excepcional aplicação da teoria do fato consumado em sede de nomeação de candidatos de concurso público, em julgado datado de 2020, o Superior Tribunal de Justiça reafirmou que a segurança jurídica, mediante a análise de cada caso concreto, exige a manutenção de relações sedimentadas no tempo, ainda que em um cenário inicial de ilegalidade:

> ADMINISTRATIVO E PROCESSUAL CIVIL. AGRAVO INTERNO NO RECURSO ESPE-CIAL. CONCURSO PÚBLICO. DELEGADO E PERITO DA POLÍCIA FEDERAL. LIMINAR CONCEDIDA. NOMEAÇÃO. EFETIVO EXERCÍCIO NO CARGO POR MAIS DE 17 ANOS. SITUAÇÃO CONSOLIDADA NO TEMPO. 1 – O STF, em julgamento realizado sob a sistemática da repercussão geral, estabeleceu o entendimento de que "não é compatível com o regime constitucional de acesso aos cargos públicos a manutenção no cargo, sob fundamento de fato consumado, de candidato não aprovado que nele tomou posse em decorrência de execução provisória de medida liminar ou outro provimento judicial de natureza precária, supervenientemente revogado ou modificado" (RE 608.482, Relator Min. Teori Zavascki, Tribunal Pleno, DJe 30.10.2014). 2 – Segundo a jurisprudência desta Corte, "existem situações excepcionais, como a dos autos, nas quais a solução padronizada ocasionaria mais danos sociais do que a manutenção da situação consolidada, impondo-se o distinguishing, e possibilitando a contagem do tempo de serviço prestado por força de decisão liminar para efeito de estabilidade, em necessária flexibilização da regra (REsp. 1.673.591/RS, Rel. Min. REGINA HELENA COSTA, DJe 20.8.2018); caso dos autos, em que a liminar que deu posse ao recorrente no cargo de Policial Rodoviário Federal foi deferida em 1999 e desde então o recorrente está no cargo, ou seja, há 20 anos" (AREsp 883.574/MS, Rel. Ministro NAPOLEÃO NUNES MAIA FILHO, PRIMEIRA TURMA, julgado em 20/02/2020, DJe 5.3.2020). Precedentes de ambas as Turmas que compõem a Primeira Seção do Superior Tribunal de Justiça. 3 – Na hipótese dos presentes autos, os autores foram nomeados e empossados no cargo há mais de 17 anos por força de tutela antecipada, situação jurídica que se prolongou no tempo, inclusive, em razão de liminar concedida por esta Corte para dar efeito suspensivo ao recurso especial. O caso, inegavelmente, reveste-se de singularidade capaz de atrair, excepcionalmente, as benesses da teoria do fato consumado 4. Agravo interno não provido.[556]

Em outro caso, julgado em 25.05.2021, o Superior Tribunal de Justiça, com fundamento da teoria do fato consumado, manteve diploma de ensino superior de estudante, mesmo sem que este tenha prestado o obrigatório Exame Nacional do Desempenho dos Estudantes – ENADE:

> ADMINISTRATIVO E PROCESSUAL CIVIL. RECURSO ESPECIAL. ENSINO SUPERIOR. ENADE. OBRIGATORIEDADE. ALEGADA VIOLAÇÃO AO ART. 1.022 DO CPC/2015. INEXISTÊNCIA DE VÍCIOS, NO ACÓRDÃO RECORRIDO. INCONFORMISMO. COLAÇÃO DE GRAU E DIPLOMA EXPEDIDO POR FORÇA DE LIMINAR, CONFIRMADA POR SENTENÇA E PELO ACÓRDÃO RECORRIDO. SITUAÇÃO

---

[556] STJ, AgInt no Resp 1.256.762/RS, Rel. Ministro SÉRGIO KUKINA, PRIMEIRA TURMA, DJe 28/10/2020.

FÁTICA CONSOLIDADA PELO DECURSO DO TEMPO. PRECEDENTES DO STJ. RECURSO ESPECIAL IMPROVIDO. (...) II. Na origem, trata-se de Mandado de Segurança impetrado contra o Reitor da Pontifícia Universidade Católica do Rio Grande do Sul e o Presidente do Instituto Nacional de Estudos e Pesquisas – INEP, com pedido de liminar, a fim de obter provimento jurisdicional que determine, às autoridades impetradas, que se abstenham de exigir do impetrante a realização do Exame Nacional de Desempenho dos Estudantes – ENADE como condição para colação de grau no curso de Direito da instituição de ensino e para expedição do diploma. A liminar foi deferida e posteriormente confirmada por sentença, que concedeu a segurança. O acórdão do Tribunal de origem manteve a sentença (...) IV. Resta consolidada, in casu, situação fática pelo decurso do tempo, uma vez que a liminar, deferitória da efetivação da colação de grau do recorrido e da expedição do respectivo diploma – apesar da não realização do Exame Nacional de Desempenho dos Estudantes – ENADE –, foi deferida em 17.07.2019, confirmada pela sentença concessiva da segurança, em 19/09/2019, bem como pelo acórdão recorrido, em 04/12/2019, ensejando, assim, a participação do impetrante na cerimônia de colação de grau, em 29/08/2019, e a expedição do diploma. V. Na forma da jurisprudência, "a participação no Exame Nacional do Desempenho dos Estudantes (ENADE) é obrigatória para todos os estudantes regularmente convocados a realizá-lo, sendo legal o condicionamento da colação de grau e, consequentemente, da expedição do diploma universitário ao comparecimento do estudante ao certame". Não obstante, no presente caso, a liminar concedida em primeira instância possibilitou que o recorrido obtivesse o diploma de conclusão do curso superior, o que enseja a consolidação da situação de fato, uma vez que a reversão desse quadro implicaria, inexoravelmente, danos desnecessários e irreparáveis ao agravado. Em casos excepcionais, em que a restauração da estrita legalidade ocasionaria mais danos sociais que a manutenção da situação consolidada pelo decurso do tempo por intermédio do mandado de segurança concedido (in casu, a conclusão do curso e obtenção do diploma), a jurisprudência do Superior Tribunal de Justiça tem se firmado no sentido de admitir a aplicação da teoria do fato consumado.[557]

Também o Supremo Tribunal Federal enfrentou a questão decorrente do transcurso do tempo. A acolhida da teoria do fato consumado uma vez mais não se opera de forma tranquila junto àquela Corte. Em regra, o STF a rechaça.[558] De toda sorte, em manifestação importante, a despeito de muito antiga, afirmou-se: "Ocorrência, na espécie, de circunstâncias excepcionais que aconselham a inalterabilidade da situação de fato e de direito constituída pela concessão da liminar".[559]

Vê-se, pois, que o dever de anular nem sempre existirá. A situação concreta irá recomendar ou não a anulação.

Ampla defesa e anulação

Entendemos que a anulação do ato administrativo, ainda que se revele a medida correta e salutar para o interesse público, não prescinde da observância da ampla defesa, do contraditório e, finalmente, do devido processo legal, que como bem descortina

---

[557] STJ, REsp 1.908.055/RS, Rel. Ministra ASSUSETE MAGALHÃES, SEGUNDA TURMA, DJe 31.05.2021.

[558] Nesse sentido: STF, AR 2.540 ED AgR, Rel. Ministro LUIZ FUX, TRIBUNAL PLENO, julgado em 27/10/2017; STF, RE 950.730 AgR, Rel. Ministro LUÍS ROBERTO BARROSO, PRIMEIRA TURMA, julgado em 30.06.2017.

[559] STF, RMS 13.807/GB, Rel. Ministro PRADO KELLY, TERCEIRA TURMA, julgado em 1º.01.1970, RTJ, 37/248.

Art. 53 | 241

Rúsvel Beltrame Rocha, "desde seu nascimento na Inglaterra, serviu de limite à atuação desmedida das autoridades que detêm o poder estatal".[560] [561] [562]

A supremacia do interesse público, um dos pilares sobre o qual se alicerça o regime jurídico próprio da Administração Pública, não autoriza o aniquilamento dos direitos assegurados ao particular, pelo que entendemos que não há princípio da legalidade que possa olvidar das garantias constitucionais.

Já tivemos oportunidade de escrever que:

> Costuma-se invocar a súmula 473 do STF, a fim de justificar o dever da Administração Pública de anular os atos ilegais. É comum ainda alegar-se que há determinadas situações, em que seria irrelevante ouvir as partes, já que a lei teria adiantado todo o necessário para que sua aplicação tivesse lugar.
>
> Segundo a súmula, "A Administração pode anular seus próprios atos quando eivados de vícios que os tornam ilegais porque deles não se originam direitos; ou revogá-los, por motivo de conveniência ou oportunidade, respeitados os direitos adquiridos, e ressalvada, em todos os casos, a apreciação judicial".
>
> Como base nestes entendimentos, costuma-se dizer que se a Administração Pública, a título de ilustração, verificasse ter realizado pagamento indevido a certo servidor, caber-lhe-ia por fim ao pagamento tão logo apurasse o equívoco.
>
> A questão que se coloca é: pode a Administração Pública, de rompante, efetuar o desconto da referida verba sem, antes, oferecer ao trabalhador o direito de tomar assento naquela decisão administrativa? É lícita, consentânea com o Estado democrático de direito e com os princípios do contraditório e do devido processo legal, o corte no pagamento antes de qualquer comunicação, antes de se oportunizar a participação do particular?
>
> O Supremo Tribunal Federal, ao apreciar o recurso extraordinário nº 452.721-9, relatado pelo eminente Ministro Gilmar Mendes, teve a oportunidade de examinar questão que envolvia a anulação de nomeação de servidores, aprovados em concurso público.
>
> Discutia-se, naquele feito, a juridicidade da conduta adotada pelo Governador do Mato Grosso que anulou as nomeações de 25 servidores, aprovados em concurso público, baseando-se no fato de que o decreto de seu antecessor, que havia prorrogado o prazo de validade do certame por mais dois anos, não podia subsistir, tendo em vista a ausência de menção de prazo de validade do concurso no edital e considerando que a prorrogação havia sido efetuada fora do biênio legal.
>
> Dúvidas não existem de que não se pode prorrogar a validade de concurso público ultrapassados 2 anos da sua homologação. Em verdade, no caso em exame, o concurso fora

---

[560] Direito Administrativo – Reexame Necessário – Apelação – Ação Ordinária – Servidor Público Estadual – Qüinqüênio – Averbação de tempo de serviço na iniciativa privada, para fins de adicionais – Posterior cancelamento sem o devido processo administrativo – Estado de Minas Gerais – Correção Monetária – Juros Moratórios – Custas Processuais – Isenção – Lei Estadual n. 14.939, de 2003. – É ilegítimo o ato administrativo que, em nome do poder de autotutela estatal, suprime qüinqüênios, de forma unilateral e à revelia do servidor público (TJMG, Apelação Cível/Remessa Necessária 1.0024.06.045850-2/001, Rel. Desembargador SILAS VIEIRA, 8ª CÂMARA CÍVEL, publicado em 27.09.2007).

[561] Administrativo. Servidor Público de Autarquia Estadual. Exoneração por motivo exclusivamente político sem prévio procedimento administrativo. Inobservância do Princípio Constitucional do Contraditório Administrativo e da Ampla Defesa. Ato nulo de pleno direito. Anistia. A Lei Federal n. 10.559/02, que regulamenta o art. 8º do ADCT, art. 1º, inciso III. Efeitos. Contagem de Tempo. Vencimentos. Mandado de Segurança. Concessão. Confirmação em reexame necessário. (TJMG, Apelação Cível/Reexame Necessário 1.0024.04.338300-9/001, Rel. Desembargador FERNANDO BRÁULIO, 8ª CÂMARA CÍVEL, publicado em 31.01.2007)

[562] ROCHA, Rúsvel Beltrame. Devido processo legal, direitos fundamentais e inquérito civil público. *Revista da Procuradoria-Geral do Município de Belo Horizonte*, ano 2, n. 3, p. 210, jan./jun. 2009.

homologado em 28.12.98 e o decreto expedido em 04.07.02, ou seja, quase 4 anos após a homologação. Entretanto, a celeuma girava em torno da conduta adotada pelo Governador, quando detectou a incorreção do ato do anterior Chefe do Executivo.

O eminente Relator destacou, para proferir seu voto, o fato de que a "nomeação e a posse repercutiram no campo de interesses individuais e patrimoniais, os quais não podem deixar de ser observados no caso concreto". Salientou-se, ato contínuo, que os candidatos haviam sido nomeados dentro do número de vagas a que fazia alusão o edital, pelo que seria possível "cogitar de uma presunção de legitimidade no que tange aos atos de nomeação praticados pela Administração Pública".

Assim, a partir de tais elementos, o eminente Relator confeccionou seu voto, consignando alguns julgados anteriores do próprio STF, nos quais se exigia temperamento quando da aplicação do instituto da anulação, de forma a harmonizá-lo com os preceitos constitucionais do devido processo legal, do contraditório e da ampla defesa. Acrescentou-se o argumento já acolhido pelo STF, em outra oportunidade (Recurso extraordinário nº 378.041-MG, Ministro Carlos Britto, *DJ* de 11.01.2005), de que "os servidores públicos em estágio probatório (era o caso) não poderiam ser exonerados *ad nutum*, sob pena de ofensa à garantia do devido processo legal, do contraditório e da ampla defesa".

Conclui-se, pois, pela invalidade do decreto que determinava a anulação das nomeações, à luz dos preceitos constitucionais.

Em verdade, trata-se de julgado exemplar, mas que infelizmente não espelha o entendimento da totalidade da jurisprudência.

No mesmo STF, em processo (Recurso extraordinário nº 352.258, publicado no *DJ* de 14.05.04) no qual se investigava nomeação igualmente realizada após o primeiro biênio, com base em ato administrativo que, intempestivamente, estendera o prazo de validade do concurso, firmou-se o seguinte entendimento:

"a nulidade das nomeações realizadas com fundamento em tal ato, que pode ser declarada pela Administração sem a necessidade de prévio processo administrativo, em homenagem à Súmula STF nº 473".

Segundo entendemos, o acórdão, relatado pela eminente Ministra Ellen Gracie, enfrentou o problema da anulação de forma tímida e formalista, reconhecendo à Administração Pública prerrogativas que esbarram no arbítrio.

Não se está a desconhecer da aplicação do princípio da legalidade ou da finalidade. Nem se está a negar valia ao princípio da supremacia do interesse público sobre o particular. O que se defende é a aplicação de tais princípios balizados pela ideia de democracia, participação e razoabilidade.

Assim, a nomeação ofensiva à ordem jurídica não há de prevalecer. Mas, a remoção de tal ato deve ser igualmente pautada pelo Direito. O excesso, o descompromisso com preceitos constitucionais, quando da anulação, também traduzirá vício, igualmente repugnante. O instituto da anulação há de funcionar como remédio. Não como veneno.

Retomando, então, a situação de servidores que tenham sido beneficiados, durante certo tempo, com a percepção de vantagem indevida, defendemos que a anulação não será consentânea na hipótese de o trabalhador ser surpreendido pela decisão que ordena o corte no benefício.

Importa destacar que a democracia exige o diálogo, a destruição do dogma da verdade absoluta como algo de propriedade estatal.

Também é preciso ponderar que a decisão pelo corte do pagamento pode estar incorreta. Com efeito, não se pode descurar da hipótese de a primeira decisão administrativa, que conferiu a vantagem, estar certa e de o equívoco residir na nova conduta. Será descoberto o "local" do erro, atraindo o interessado para um debate, em que se privilegiará a transparência, a participação e a boa-fé.

Obviamente que não se está a defender a manutenção do pagamento indevido, mas pugna-se pela concretude do ideal democrático e de seus reflexos. Parece importante, contudo, que a decisão pela paralisação do pagamento não seja abrupta.[563]

Aliás, o Supremo Tribunal Federal assim se posicionou, atribuindo repercussão geral ao seguinte acórdão:

> Direito Administrativo. Anulação de ato Administrativo cuja formalização tenha repercutido no campo de interesses individuais. Poder de autotutela da Administração Pública. Necessidade de instauração de procedimento administrativo sob o rito do devido processo legal e com obediência aos princípios do contraditório e da ampla defesa. Existência de Repercussão Geral.[564]

Confirmado o julgado acima posto, os entendimentos posteriores da Corte Suprema seguem a mesma linha. Por exemplo, já restou posto que "A jurisprudência do Supremo Tribunal Federal é no sentido de que a anulação de ato administrativo que reflita em interesses individuais deve assegurar ao prejudicado o prévio exercício do contraditório e da ampla defesa"[565] e que "Nos termos da jurisprudência desta Corte, deve ser assegurado o contraditório e ampla defesa no caso de anulação de ato administrativo que gera benefício ao particular, como é o caso da ascensão funcional de empregados públicos considerada ilegal pelo Tribunal de Contas da União".[566]

Felizmente, são crescentes os julgados não apenas no Supremo Tribunal Federal, mas em outras Cortes de Justiça, em que a ampla defesa é considerada fundamental para a licitude da anulação.

Diz-se felizmente haja vista que a Constituição da República, para além de enaltecer a ampla defesa e o contraditório, assegura que ninguém poderá ser privado de seus bens ou ter restringido os seus direitos sem o devido processo legal. Não por outra razão aduz a Súmula Vinculante 03 que "Nos processos perante o Tribunal de Contas da União asseguram-se o contraditório e a ampla defesa quando da decisão puder resultar anulação ou revogação de ato administrativo que beneficie o interessado, excetuada a apreciação da legalidade do ato de concessão inicial de aposentadoria, reforma e pensão".[567]

O Ministro Paulo Gallotti, ao julgar o Recurso Ordinário em Mandado de Segurança nº 0234130-3 (DJ, 02/10/06, p. 313), em feliz dicção, pautada por decisões do STF, acentuou:

---

[563] FORTINI, Cristiana. Processo administrativo como mecanismo pelo qual se efetiva a cidadania. *Fórum Administrativo – Direito Público*, Belo Horizonte, ano 6, n. 69, p. 8092-8094, nov. 2006.

[564] STF, Repercussão Geral em RE 594.296/MG, Rel. Ministro MENEZES DIREITO, publicado em 13.02.2009.

[565] STF, RE 602.013 AgR, Rel Ministro RICARDO LEWANDOWSKI, julgado em 13.08.2013.

[566] STF, MS 26.118 AgR, Rel. Ministro TEORI ZAVASCKI, SEGUNDA TURMA, julgado em 09.12.2014.

[567] A exceção se justifica porque a concessão inicial de aposentadoria, reforma ou pensão são atos complexos, pelo que, até a análise do TCU, ainda nem sequer estariam perfeitos. De toda sorte, caso a Corte de Contas da União demore mais de 5 (cinco) anos para realizar a avaliação do ato, surge, para o interessado, o direito ao contraditório e à ampla defesa. É o que entende o STF: "Em atenção aos princípios da segurança jurídica e da confiança legítima, os Tribunais de Contas estão sujeitos ao prazo de cinco anos para o julgamento da legalidade do ato de concessão inicial de aposentadoria, reforma ou pensão, a contar da chegada do processo à respectiva Corte de Contas". Conferir: STF, RE 636.553/RS, Rel. Ministro GILMAR MENDES, PLENÁRIO, julgado em 19.02.2020.

tratando-se de ato administrativo cuja formalização haja repercutido no campo de interesses individuais, a anulação não prescinde da observância do contraditório, ou seja, da instauração de processo administrativo que enseje a audição daqueles que terão modificada situação já alcançada. (RE nº 199.733/MG, Relator Ministro Marco Aurélio, *DJU*, 30/04/1999)

Também este é o entendimento exposto em voto da lavra do Ministro Felix Fischer, em recurso ordinário no Mandado de Segurança nº 16762 (DJ, 16/10/06), senão vejamos:

Recurso ordinário em mandado de segurança. administrativo.

Gratificação de escolaridade. Redução. Processo administrativo.

Falta. Ilegalidade.

I – "Tratando-se de anulação de ato administrativo cuja formalização tenha repercutido no campo de interesses individuais, a anulação não prescinde da observância do contraditório, ou seja, da instauração de processo administrativo que enseje a audição daqueles que terão modificada situação já alcançada. Presunção de legitimidade do ato administrativo praticado, que não pode ser afastada unilateralmente, porque é comum à Administração e ao particulares". (RE 158543-9-RJ)

II – Na espécie, o ato de apostilamento que reduziu a gratificação de escolaridade torna imprescindível a instauração do devido processo administrativo, tendo em vista que repercute diretamente no interesse do recorrente.

Recurso ordinário provido.

O Ministro Humberto Gomes de Barros, relator do Mandado de Segurança nº 8946, após afirmar que "não é exagero dizer que a Lei nº 9.784/99 instaurou no Brasil o verdadeiro Estado de Direito", complementa apontando que "a velha máxima de que a Administração pode nulificar ou revogar seus próprios atos continua verdadeira (art. 53). Hoje, contudo, o exercício de tais poderes pressupõe devido processo legal administrativo, em que se observem os princípios da legalidade, finalidade, motivação, razoabilidade, proporcionalidade, moralidade, ampla defesa, contraditório, segurança jurídica, interesse público e eficiência".

Confirmando o entendimento aqui exposto, em julgados mais recentes, ratificou o Superior Tribunal de Justiça a necessidade de garantir a ampla defesa anteriormente à extirpação de atos benéficos aos particulares, em valorização do devido processo legal. Inúmeros são os julgados da Corte Superior que tratam do tema, mas, apenas a título ilustrativo, alguns merecem ser destacados.

Por exemplo, sedimentou-se que "É assente a orientação desta Corte afirmando que a supressão de pagamento de parcela remuneratória paga a Servidor Público deve ser precedida da instauração de regular processo administrativo, conferindo-se o direito ao contraditório e à ampla defesa".[568] Em outra oportunidade, no mesmo horizonte, a Corte Cidadã corroborou que "Nos termos da jurisprudência do STJ, a administração pode anular seus atos quando eivados de nulidades, desde que oportunize o contraditório e a ampla defesa à quem foi beneficiado pelo ato irregular".[569]

---

[568] STJ, AgInt no REsp 1.587.180/RS, Rel. Ministro NAPOLEÃO NUNES MAIA FILHO, PRIMEIRA TURMA, DJe 01.04.2020.

[569] STJ, AgInt nos EDcl no RMS 58.753/RO, Rel. Ministro MAURO CAMPBELL MARQUES, SEGUNDA TURMA, DJe 27.08.2019.

Na mesma toada, também já explicou o Superior Tribunal de Justiça que "é pacífico também o entendimento de que a invalidação do ato administrativo que repercute no campo de interesses individuais de servidores imprescinde de prévia instauração de processo administrativo, no qual seja assegurado o exercício da ampla defesa e do contraditório",[570] e, em sede de controvérsia envolvendo concurso público, explicitou que "a anulação de concurso público devidamente homologado deve ser precedida de processo administrativo, para que seja assegurado aos interessados o exercício do contraditório e da ampla defesa".[571]

Logo, detectado o dever de anular, a melhor exegese afirma-se no sentido de que a ampla defesa há de ser preservada, sob pena de o ato anulador restar também contaminado de ilicitude. Essa ideia foi corroborada pelo Enunciado nº 20 da I Jornada de Direito Administrativo do Conselho da Justiça Federal, que versa que "O exercício da autotutela administrativa, para o desfazimento do ato administrativo que produza efeitos concretos favoráveis aos seus destinatários, está condicionado à prévia intimação e oportunidade de contraditório aos beneficiários do ato".[572]

De toda sorte, importa mencionar que, nos termos do art. 21 da LINDB, acrescido pela Lei nº 13.655/18, as decisões que decretarem a invalidação de atos administrativos devem, necessariamente, indicar de modo expresso suas consequências jurídicas e administrativas.[573] E, nos termos do art. 24 também da Lei de Introdução às Normas do Direito Brasileiro, a revisão quanto à validade dos atos administrativos levará em conta as orientações gerais da época, sendo vedado que, com base em mudança posterior de orientação geral, declarem-se inválidas situações plenamente constituídas.

Anulação e indenização

Outra questão importante versa sobre o direito à indenização, na hipótese de anulação de ato administrativo.

Com efeito, o ato maculado, que vem a ser extirpado da ordem jurídica, pode envolver consequências e danos na esfera moral ou patrimonial. Logo, a anulação pode não espelhar medida satisfatória e suficiente sob a ótica do particular que objetiva, ainda, o ressarcimento dos prejuízos sofridos.

De fato, a denominada responsabilidade civil estatal, inscrita no §6º do art. 37 da Constituição da República, impõe o dever de reparação do Poder Público por danos causados.

Ademais, cabe ressaltar o princípio que veda o locupletamento ilícito da Administração às custas do particular, sendo certo que causado o dano e não indenizado, estar-se-á a afrontar a vedação legal.

---

[570] STJ, AgInt no AREsp 1.376.977/CE, Rel. Ministro FRANCISCO FALCÃO, SEGUNDA TURMA, DJe 14.06.2019.

[571] STJ, AgInt no AREsp 1.314.933/CE, Rel. Ministro BENEDITO GONÇALVES, PRIMEIRA TURMA, DJe 29.03.2019.

[572] Disponível em: www.cjf.jus.br. Acesso em: 15 jul. 2021.

[573] Sobre o art. 21 da LINDB, explicam Marques Neto e Freitas que "O art. 21, por sua vez, visa a conferir uma racionalidade aos processos administrativos invalidadores. Em termos coloquiais, impõe que sejam consideradas as consequências do 'dia seguinte' da decisão invalidadora". Conferir: MARQUES NETO, Floriano de Azevedo; FREITAS, Rafael Véras. *Comentários à Lei nº 13.655/2018* (Lei da segurança para a inovação pública). 2. reimpressão. Belo Horizonte: Fórum, 2019, p. 43

E, como sabido, o princípio da responsabilidade civil do Estado apresenta-se como um dos pilares do Estado Democrático.

Por isso mesmo, a legalidade da anulação do ato administrativo não afasta, como regra, o dever de ressarcimento dos danos gerados ao particular, quando não detectada contribuição sua para a mácula do ato. No mesmo trilho é o escólio de Rafael Carvalho Rezende Oliveira, quando afirma que a "anulação, em regra, gera o dever de indenizar por parte da Administração Pública, salvo na hipótese em que o administrado contribuiu para a prática da ilegalidade".[574]

A Ministra Laurita Vaz, no julgamento do Agravo Regimental no Agravo de Instrumento nº 2006/0158769-9 (DJ, 04.12.06, p. 367), vislumbrou o comentado direito à indenização, asseverando:

> Processual civil. Administrativo. Servidor público. Reintegração. Direito à indenização referente aos vencimentos compreendidos no período em que ficou afastado. Jurisprudência consolidada desta Corte. Prescrição. Não-ocorrência.
>
> 1. O servidor público que foi reintegrado, em razão da anulação do ato exoneratório, tem direito à indenização referente aos vencimentos devidos, relativamente ao período compreendido entre a exoneração e sua reintegração.

Claro, portanto, que a iniciativa de anulação, em atendimento ao poder de autotutela da Administração Pública, não autoriza, sob qualquer fundamento, a não indenização, sob pena de enriquecimento indevido do Poder Público.

●●●

Art. 54 – *O direito da Administração de anular os atos administrativos de que decorram efeitos favoráveis para os destinatários decai em 5 (cinco) anos, contados da data em que foram praticados, salvo comprovada má-fé.*[575 576 577]

---

[574] OLIVEIRA, Rafael Carvalho Rezende. *Curso de direito administrativo*. 4. ed. rev., atual. e ampl. Rio de Janeiro: Forense; São Paulo: Método, 2016, p. 324.

[575] Apelação Cível. Ação Ordinária. Servidora Pública. Aposentadoria. Transcurso do prazo de mais de cinco anos. Recontagem do tempo. Revogação de benefícios (qüinqüênio e adicional trintenário) deferidos pela Administração. Em decorrência do poder de autotutela, a Administração pode revogar seus próprios atos, quando eivados de nulidade. Entretanto, tal prerrogativa deve ser exercida dentro do prazo de cinco anos, sob pena de decadência do direito de rever os atos administrativos de ofício. (TJMG, Apelação Cível 1.0480.05.069450-8/004, Rel. Desembargador JARBAS LADEIRA, 2ª CÂMARA CÍVEL, julgado em 29.08.2008)

[576] Administrativo – Mandado de segurança – Servidor público – Processo administrativo disciplinar – Aposentadoria – Cassação – Impossibilidade – Decadência – Lei nº 9.784/99, art. 54, §1º. No caso *sub judice*, tendo a impetrante se aposentado em 10.10.1992 e o benefício sido cassado após a conclusão do processo administrativo disciplinar n. 35.301.010672/97-56, instaurado em 09.07.1998, verifica-se a extrapolação do prazo de cinco anos entre a concessão da aposentação e a instauração do procedimento. Desta forma, nula é a Portaria n. 6.637/2000, já que a Administração Pública não poderia revisar tal ato em razão da prescritibilidade dos seus atos. (STJ, MS 7.226-0/DF, Rel. Ministro JORGE SCARTEZZINI, TERCEIRA SEÇÃO, DJA 28.10.2002, RSTJ, 164/423).

[577] No âmbito da Jurisprudências em Teses do STJ, Edição nº 132, de 06.09.2019, as seguintes teses sobre decadência merecem destaque: 1) No âmbito de recurso ordinário, a decadência administrativa prevista no art. 54 da Lei n. 9.784/1999 pode ser reconhecida a qualquer tempo e *ex officio*, por se tratar de matéria de ordem pública, sendo indispensável seu prequestionamento nas instâncias especiais; 2) Diante da ausência de previsão legal, o prazo decadencial de cinco anos do art. 54, *caput*, da Lei n. 9.784/1999 é insuscetível de suspensão ou de interrupção, devendo ser observada a regra do art. 207 do Código Civil; 3) A superveniência da Lei Distrital n. 2.834/2001 não interrompe a contagem do prazo decadencial iniciado com a publicação da Lei n. 9.784/1999, uma vez que sua única finalidade é aplicar, no âmbito do Distrito Federal, as regras previstas na referida lei federal; 4) O prazo decadencial para que a administração promova a autotutela, previsto no art. 54 da Lei n. 9.784/1999, aplica-se tanto aos atos nulos, quanto aos anuláveis; 5) As situações flagrantemente inconstitucionais não se submetem ao

Art. 54 | 247

§1º – No caso de efeitos patrimoniais contínuos, o prazo de decadência contar-se-á da percepção do primeiro pagamento.

§2º – Considera-se exercício do direito de anular qualquer medida de autoridade administrativa que importe impugnação à validade do ato.[578] [579] [580] [581]

---

prazo decadencial de 5 anos previsto no art. 54 da Lei n. 9.784/1999, não havendo que se falar em convalidação pelo mero decurso do tempo; 6) O prazo previsto no art. 54 da Lei n. 9.784/1999 para a administração rever seus atos não pode ser aplicado de forma retroativa, devendo incidir somente após a vigência do referido diploma legal; 7) A Lei n. 9.784/1999, especialmente no que diz respeito ao prazo decadencial para a revisão de atos administrativos no âmbito da administração pública federal, pode ser aplicada, de forma subsidiária, aos estados e municípios, se inexistente norma local e específica que regule a matéria (Súmula n. 633/STJ); 8) Em se tratando de atos de que decorram efeitos patrimoniais contínuos, como aqueles decorrentes de pagamentos de vencimentos e de pensões, ocorridos após a entrada em vigor da Lei n. 9.784/1999, nos quais haja pagamento de vantagem considerada irregular pela administração, o prazo decadencial de cinco anos é contado a partir da percepção do primeiro pagamento indevido, consoante o §1º do art. 54 da Lei n. 9.784/1999; 9) É possível interromper o prazo decadencial com base no art. 54, §2º, da Lei n. 9.784/1999 desde que haja ato concreto, produzido por autoridade competente, em prol da revisão do ato administrativo identificado como ilegal, cujo prazo será fixado a partir da cientificação do interessado; 10) Os atos administrativos abstratos, como as notas e os pareceres da Advocacia-Geral da União – AGU, não configuram atos de autoridade tendentes à revisão das anistias e são, portanto, ineficazes para, por si sós, interromper o fluxo decadencial, nos moldes do art. 54, §2º, da Lei n. 9.784/1999; 11) Por se tratar de hipótese de ato administrativo complexo, a decadência prevista no art. 54 da Lei n. 9.784/1999 não se consuma no período compreendido entre o ato administrativo concessivo de aposentadoria ou de pensão e o julgamento de sua legalidade pelo Tribunal de Contas, vez que tais atos se aperfeiçoam apenas com o registro na Corte de Contas. Conferir, no site oficial do Superior Tribunal de Justiça: https://www.stj.jus.br/internet_docs/jurisprudencia/jurisprudenciaemteses/Jurisprudencia%20em%20Teses%20132%20-%20Do%20Processo%20Administrativo.pdf. Acesso em: 21 jun. 2021.

[578] ADMINISTRATIVO. SERVIDOR PÚBLICO. APOSENTADORIA. RETIFICAÇÃO. DECADÊNCIA DO DIREITO DE SEU EXERCÍCIO. AUTOCONTROLE ADMINISTRATIVO. PROCEDIMENTO ADMINISTRATIVO. AUSÊNCIA. IMPOSSIBILIDADE DA RETIFICAÇÃO. – O poder-dever da Administração Pública de rever seus atos administrativos acoimados de erro esbarra no instituto da decadência administrativa que garante a segurança da coisa julgada no âmbito da própria administração. – A supressão de vantagens funcionais operada pela Administração Pública, a par de sujeitar à preclusão máxima administrativa, submete-se também à exigência do devido processo legal. – Consumado o prazo decadencial previsto na LE nº 14.184/02 e na Lei Federal nº 9.794/99, a Administração não pode revisar a aposentadoria da apelada. (TJMG, Apelação Cível/Reexame Necessário 1.0024.04.516345-8/004, Rel. Desembargador BELIZÁRIO DE LACERDA, 7ª CÂMARA CÍVEL, julgado em 12.01.2007)

[579] ADMINISTRATIVO. MANDADO DE SEGURANÇA. PODER DE AUTOTUTELA. REVOGAÇÃO DE ATO ADMINISTRATIVO. AUSÊNCIA DO DEVIDO PROCESSO LEGAL. DECADÊNCIA. O Estado utilizando-se do seu poder de autotutela pode anular ou revogar seus próprios atos, quando eivados de nulidades, mas deve respeitar o devido processo legal e a segurança jurídica das relações, observando o lapso temporal máximo de 05 anos da realização do ato, para que seja possível sua revisão. Confirmada a sentença, em reexame necessário. Prejudicado o apelo voluntário. (TJMG, Apelação Cível 1.0024.03.087.956-3/001, Rel. Desembargador LAMBERTO SANT'ANNA, 3ª CÂMARA CÍVEL, julgado em 17.06.2004)

[580] SERVIDOR PÚBLICO – PROVENTOS DE APOSENTADORIA – REDUÇÃO SUMÁRIA – OMISSÃO ADMINISTRATIVA – DECURSO DO PRAZO LEGAL – DECADÊNCIA CONSUMADA – LEIS 9.774/99 E 14.184/2002 – NULIDADE DO ATO REDUTÓRIO IMPUGNADO – "MANDAMUS" – SUA CONCESSÃO. Nada impede que a Administração proceda à revisão do ato de aposentadoria do servidor, desde que o faça com observância do devido processo legal, a ele (servidor) assegurado o exercício do direito à ampla defesa. Todavia, se a Administração se omite e só adota as medidas conducentes à revisão (e, mesmo assim, unilateralmente) após o decurso do prazo de cinco anos, consuma-se, inexoravelmente, a decadência. E consuma-se, porque o direito do Poder Público de nulificar os atos administrativos dos quais resultem efeitos favoráveis aos respectivos benefícios sujeita-se à decadência, ou seja, decai, irremediavelmente, em cinco anos, contados da data em que tiverem sido praticados, salvo a ocorrência de má-fé comprovada "salienter tantum", a teor do art. 54 da Lei 9.784/1999 e do art. 65 da Lei (estadual) 14.184/2002. (TJMG, Apelação Cível 1.0000.00.341715-1/000, Rel. Desembargador HYPARCO IMMESI, 4ª CÂMARA CÍVEL, julgado em 09.12.2004)

[581] MANDADO DE SEGURANÇA – AVERBAÇÃO – CONCESSÃO DE VANTAGEM – MODIFICAÇÃO POSTERIOR – PRAZO DECADENCIAL. O administrador público tem o direito de rever seus próprios atos. Entretanto, se estes produzirem efeitos concretos, a revisão fica limitada ao prazo decadencial de cinco anos, mormente quando não comprovada eventual má-fé do particular e se tratar de prática de medida que importem em supressão de ato concessivo de vantagens a servidor público. (TJMG, Apelação Cível/Reexame Necessário 1.0024.05.681181-3/001, Rel. Desembargador AUDEBERT DELAGE, 4ª CÂMARA CÍVEL, julgado em 04.05.2006)

Comentários

O princípio da segurança jurídica, a prescrição e a decadência administrativas

O dispositivo em apreço cuida do tema da segurança jurídica ao fixar prazo para que a anulação tenha lugar. E, nos termos literais do §2º do artigo em comento, considera-se exercício do direito de anular qualquer medida da autoridade administrativa que represente impugnação à validade do ato administrativo em questão.

É preciso limitar a atuação administrativa no sentido de não deixar as relações consolidadas eternamente à mercê da Administração Pública. Se no campo privado é certo o brocardo que aduz que o Direito não socorre os que dormem – *dormientibus non succurrit jus*, igualmente as ações do Estado devem estar limitadas pelo transcurso temporal.[582]

Não se discute que a segurança jurídica é princípio fulcral do Estado de Direito,[583] tendo em vista a necessidade de solidificar as relações jurídicas, tornando-as perenes.[584] [585] Mais do que isso: a segurança jurídica é pressuposto para a dignidade da pessoa humana, na medida em que não há que se falar em vida digna e em bem-estar se inexistentes no mundo fático condições mínimas de previsibilidade e de estabilidade social.[586]

Almiro do Couto e Silva[587] teceu, ao longo dos anos, duras críticas ao apego excessivo ao princípio da legalidade em detrimento do princípio da segurança jurídica.

---

[582] Nesse sentido, conferir: CARVALHO FILHO, José dos Santos. *Improbidade administrativa*: prescrição e outros prazos extintivos. São Paulo: Atlas, 2012, p. 107; TARTUCE, Flávio. *Manual de direito civil*. 6. ed. rev., atual. e ampl. Rio de Janeiro: Forense; Paulo: Método, 2016, p. 309.

[583] Nesse sentido: CANOTILHO, José Joaquim Gomes. *Direito constitucional e teoria da constituição*. 7. ed. Coimbra: Livraria Almedina, 2000, p. 257.

[584] Remessa oficial e apelação cível voluntária. Ação de mandado de segurança. Servidora pública estadual aposentada. Proventos. Ato administrativo. Revisão pelo próprio particular. Lei nº 9.784, de 1999, art. 54. Prazo decadencial consumado. Segurança concedida. Sentença confirmada. 1. O art. 54 da Lei nº 9.784, de 1999, fixa em cinco anos o prazo decadencial para ser exercitado o direito de invalidar, ainda que parcialmente, os atos administrativos pelo próprio particular. 2. O administrador público tem o direito de rever seus próprios atos. Entretanto, se estes produzirem efeitos concretos, a revisão fica limitada ao prazo decadencial de cinco anos mencionado. Consumada a decadência, torna-se defesa a autotutela. 3. Remessa oficial e apelação cível voluntária conhecidas. 4. Sentença confirmada em reexame necessário, prejudicado o recurso voluntário. (TJMG, Apelação Cível/Reexame Necessário nº 1.0024.06.930894-8/001, Rel. Desembargador CAETANO LEVI LOPES, 2ª CÂMARA CÍVEL, julgado em 14.11.2006)

[585] MANDADO DE SEGURANÇA – ANULAÇÃO DE ATO PELA ADMINISTRAÇÃO – SÚMULA 473 DO STF – AFETAÇÃO A SITUAÇÕES JURÍDICAS JÁ CONSOLIDADAS – NECESSIDADE DO DEVIDO PROCESSO LEGAL E GARANTIAS A ELE INERENTES – PRAZO DECADENCIAL – LEI MINEIRA Nº 14.184/02. Embora a Administração Pública possa anular seus próprios atos (Súmula 473-STF), não se olvide que deve se orientar nos princípios constitucionais do devido processo legal, do contraditório e da ampla defesa, mormente quando afetam situações jurídicas já consolidadas, como é o caso de adicionais concedidos ao servidor por ocasião de sua aposentadoria. Ademais, o poder/dever da administração de rever/anular ato de que decorram efeitos favoráveis para o destinatário sofre limitação temporal, posto que decai em cinco anos contados da data em que foi praticado, salvo comprovada má-fé, conforme dispõe a Lei Estadual nº 14.184/02. (TJMG, Reexame Necessário 1.0024.04.508277-3/001, Rel. Desembargador GERALDO AUGUSTO, 1ª CÂMARA CÍVEL, julgado em 14.02.2006)

[586] Nesse sentido, conferir: PIOVESAN, Flavia; IKAWA, Daniela. Segurança jurídica e direitos humanos: o direito à segurança dos direitos. *In*: ROCHA, Cármen Lúcia Antunes (org.). *Constituição e segurança jurídica*: direito adquirido, ato jurídico perfeito e coisa julgada. Estudos em homenagem a José Paulo Sepúlveda Pertence. 2. ed. rev. e ampl. Belo Horizonte: Fórum, 2005, p. 48; NADER, Paulo. *Filosofia do direito*. 19. ed. Rio de Janeiro: Forense, 2010, p. 82.

[587] SILVA, Almiro do Couto e. Princípios da legalidade da Administração Pública e da segurança jurídica no Estado de direito contemporâneo. *Revista de Direito Público*, v. 20, n. 84, p. 46-63, out./dez. 1987.

Coadunamos com tais críticas. Afinal, conforme já mencionamos anteriormente neste trabalho, um dos fundamentos a justificar a legalidade – entre outros, a exemplo da necessidade de limitação do poder estatal – é, justamente, garantir a segurança jurídica, de modo que o sepultamento desta em prol daquela pode culminar com um verdadeiro contrassenso jurídico.[588]

É nesse contexto que exsurgem os institutos da prescrição e da decadência enquanto meios legais para garantir a estabilização das relações jurídicas e a conservação de efeitos jurídicos já consolidados no tempo, ainda que surgidos em cenário inicial de ilegalidade.

O tema da decadência e da prescrição administrativa sempre despertou interesse, a começar da diferença entre ambos.[589] A confusão entre os dois institutos remonta ao tratamento dispensado pelo Código Civil de 1916, que abordou os dois institutos conjuntamente. O Código Civil em vigor pretendeu solucionar a questão.

A decadência é a perda de uma potestade que se exerce de forma isolada, unilateralmente pelo titular. Quando a Administração Pública deixa de aplicar, em tempo hábil, pena a servidores que praticaram condutas reprováveis à luz do estatuto, tem-se a não utilização do dever-poder que a ela se reserva, unilateralmente, de ofício, mas com a observância dos princípios vetores, realizar a conduta esperada. Nessa situação ocorre a decadência. Perdeu-se o momento para se empreender o que ao Estado cabia unilateralmente executar. Não se trata de prescrição porque esta se opera quando escoa *in albis* o tempo legal para se exigir do outro o atendimento a uma pretensão.

Quando a Administração Pública perde o direito de anular seus atos, há decadência. Como já adiantamos:

> Vale dizer: os direitos potestativos de que é titular a Administração Pública (sem exclusividade), porque seu exercício cria um estado de sujeição para terceiros, são alcançados, nos prazos fixados pelo ordenamento jurídico, pela decadência.
>
> Esclarece-se: o poder de promover a anulação de seus próprios atos, sujeitando o administrado (cidadão, melhor seria) aos efeitos dessa medida (não sem antes instaurar e bem

---

[588] Nesse sentido: Heinen, Sparapani e Maffini: "Ocorre que, consoante já decidido pelo próprio STF, a legalidade não pode mais ser considerada como um fim em si mesma, porquanto se apresenta dotada de uma índole eminentemente instrumental, justamente orientada à consecução da segurança jurídica e, em termos mediatos, do próprio Estado de Direito. Em outras palavras, a legalidade não existe para a própria legalidade, mas para a obtenção de um estado de coisas que enseje segurança jurídica e, assim, conforme o Estado de Direito (...) Nenhum princípio ou valor jurídico se apresenta absoluto, e mesmo a legalidade administrativa reclama ponderações". Conferir: HEINEN, Juliano; SPARAPANI, Priscilia; MAFFINI, Rafael. *Comentários à lei federal de processo administrativo*: Lei nº 9.784/99. Porto Alegre: Livraria do Advogado, 2015, p. 346 e 347.

[589] O critério clássico usualmente empregado para apartar decadência de prescrição baseava-se no fato de a primeira atingir o direito e, por via oblíqua, a ação, enquanto a prescrição fulminaria a ação e, indiretamente, o direito. O parâmetro foi e é objeto de contestações, porque o direito de instaurar o procedimento judicial não é, verdadeiramente, atingido pela prescrição, dado que ao interessado se consagra o direito de acesso ao Judiciário, independentemente da ocorrência da prescrição. Agnelo Amorim Filho, cuja obra é de leitura obrigatória quando em foco a decadência, discorre sobre a distinção entre os dois institutos, aduzindo que a prescrição se inicia com a violação de direito que gera o direito a uma ação em que se postulará uma pretensão. Por isso mesmo, a prescrição afeta apenas as ações de cunho condenatório, uma vez que nelas (e só nelas) pretende o autor obter do réu determinada prestação. Na ação constitutiva, pretende-se a criação, modificação ou extinção de um estado jurídico e, na ação declaratória, objetiva-se uma confirmação jurídica, razão pela qual não é correto relacioná-las à prescrição. O autor consolida sua posição quando, ao se ater às situações fixadas no art. 178 do Código Civil de 1916, que cuidava de fixar hipóteses de prescrição, conclui que, efetivamente, todas são relativas às ações condenatórias.

desenvolver o processo administrativo) espelha exemplo de direito potestativo, tendo em vista que seu exercício implica a submissão do administrado aos efeitos provocados pela extinção do ato.

Não há pretensão violada quando a Administração Pública decide rever seus atos, pelo que incabível a prescrição. Situação idêntica se verifica quando a Administração Pública aplica pena aos seus servidores estatutários, autores de infrações administrativas.

Não bastasse esse argumento, a conclusão não seria diversa adotado fosse o parâmetro distintivo da doutrina clássica. À Administração Pública se confere a dever de rever seus próprios atos sem que se faça necessário bater às portas do Judiciário. A inviabilidade de a Administração Pública rever seus atos ou aplicar sanções não é reflexa, pois da perda de ação ou do perecimento da via processual.

O pensamento de Câmara Leal, por fim, chancela a tese de que há impropriedade técnica no emprego da expressão prescrição administrativa como habitualmente dita a doutrina, ao expor que:

"a) a prescrição supõe uma ação cuja origem é distinta da origem do direito tendo por isso um nascimento posterior ao nascimento do direito;

b) a decadência supõe uma ação cuja origem é idêntica à origem do direito sendo por isso simultâneo o nascimento de ambos".

A atuação administrativa não dista temporalmente do direito (dever) de rever seus atos ou de sancionar comportamentos inadequados ao direito. A ação é contemporânea ao direito (dever).

Nesse sentido, bem andou a Lei Federal nº 9.784/99 que, em seu art. 54, dispõe:

"O direito da Administração de anular os atos administrativos de que decorram efeitos favoráveis para os destinatários decai em cinco anos contados da data em que foram praticados salvo comprovada má-fé".

O novo Código Civil, na tendência da doutrina moderna, estabelece que o direito violado dá origem à pretensão apresentada em juízo por meio da ação. Extinta a pretensão aniquila-se a ação (art. 189).

Tal opção do legislador acaba por salientar que a prescrição não equivale à perda do direito de ação, reafirmando a inadequação do uso da expressão prescrição administrativa para indicar a inviabilidade de a Administração Pública reapreciar seus atos ou sancionar conduta inapropriada de seus agentes ou de terceiros.

Assim, o conceito tradicional de prescrição administrativa parece carecer de revisão.

Não se pode compreendê-la como usualmente faz a doutrina, já que o conceito presente nos livros de Direito Administrativo geralmente promove confusão entre prescrição e decadência.

É imperioso, diante da nova Lei Federal de Processo Administrativo e em face do novo Código Civil, realinhar os conceitos para ajustá-los ao caminhar dos tempos e ao avançar das leis.[590]

Assim, podemos concluir que o art. 54 da lei em comento corretamente fala em decadência.

Também em apreço ao princípio da segurança jurídica, o entendimento jurisprudencial é no sentido de que os cinco anos previstos no art. 54 são contados a partir da

---

[590] FORTINI, Cristiana. Os conceitos de prescrição, preclusão e decadência na esfera administrativa – a influência do Novo Código Civil e da Lei Federal de Processo Administrativo. *Revista Eletrônica de Direito do Estado*, Salvador, Instituto Brasileiro de Direito Público, n. 28, out./dez. 2011.

edição da Lei nº 9.784/99, quando o ato é anterior à lei; afinal, se posterior, a redação é clara ao prever que a contagem se dá a partir da data da prática do ato administrativo, sendo esta o termo *a quo*.

Nesse sentido, por exemplo, o posicionamento do Superior Tribunal de Justiça, que já teve a oportunidade de asseverar que "mesmo os atos administrativos praticados anteriormente ao advento da Lei Federal 9.784, de 1º.2.1999, estão sujeitos ao prazo de decadência quinquenal contado da sua entrada em vigor",[591] e, em recente julgado, que "Os atos administrativos praticados antes do advento da Lei federal n. 9.784, de 1º/2/1999, estão sujeitos ao prazo decadencial quinquenal, contado da sua entrada em vigor".[592]

Ocorre que, exatamente considerando a segurança jurídica, seria defensável alegar que os cinco anos já seriam aplicáveis mesmo antes da criação da Lei nº 9.784/99. Isso porque já se poderia extrair do ordenamento jurídico uma série de dispositivos que estabelecem o prazo de cinco anos como referência ao tratar do efeito temporal sobre as relações jurídicas. Vejam-se os exemplos da prescrição prevista no Decreto-Lei nº 20.910 e na Constituição Federal, art. 183, ao disciplinar a usucapião urbana para fins de moradia.

Por fim, uma última informação merece ser ressaltada. Conforme já afirmado, cada ente federado tem autonomia e liberdade para tratar das regras próprias de processo administrativo, tendo a Lei nº 9.784/99, portanto, abrangência federal, e não nacional.

Todavia, em caso de silêncio legislativo em âmbito municipal, estadual ou distrital, aplica-se de forma subsidiária a Lei de Processo Administrativo Federal, inclusive no tocante ao prazo decadencial ora posto. Nesse sentido, já sedimentou o Superior Tribunal de Justiça que "Ausente lei específica, os comandos normativos contidos na Lei nº 9.784/99 são aplicáveis no âmbito das Administrações Estadual e Municipal, os quais estabelecem o prazo de 5 (cinco) anos para a Administração rever seus próprios atos".[593]

Inclusive, tal entendimento foi sumulado pela Corte Superior, por intermédio da edição do Enunciado nº 633 da Súmula do Superior Tribunal de Justiça, que versa que "A Lei 9.784/99, especialmente no que diz respeito ao prazo decadencial para revisão de atos administrativos no âmbito da administração pública federal, pode ser aplicada de forma subsidiária aos Estados e municípios se inexistente norma local e específica regulando a matéria".

Registra-se, por fim, que o Supremo Tribunal Federal, quando da Ação Direta de Inconstitucionalidade nº 6.019, atestou a inconstitucionalidade da Lei Estadual nº 10.177/98, do Estado de São Paulo, quanto ao dispositivo que estipulava o prazo decadencial decenal para a Administração Pública proceder à anulação. Eis a ementa:

DIREITO CONSTITUCIONAL E ADMINISTRATIVO. AÇÃO DIRETA DE INCONS-TITUCIONALIDADE. PRAZO DECADENCIAL PARA O EXERCÍCIO DO PODER DE AUTOTUTELA PELA ADMINISTRAÇÃO PÚBLICA ESTADUAL.

1. Ação direta contra o art. 10, I, da Lei nº 10.177/1998, do Estado de São Paulo, que estabelece o prazo decadencial de 10 (dez) anos para anulação de atos administrativos reputados inválidos pela Administração Pública estadual.

---

[591] STJ, AgRg no AREsp 263.635/RS, Rel. Ministro HERMAN BENJAMIN, SEGUNDA TURMA, DJe 22.05.2013.

[592] STJ, AgInt no AREsp 1.731.639/RS, Rel. Ministro OG FERNANDES, SEGUNDA TURMA, DJe 24.05.2021.

[593] STJ, RMS 24.423/RS, Rel. Ministra LAURITA VAZ, QUINTA TURMA, DJe 08.09.2011.

2. Lei estadual que disciplina o prazo decadencial para o exercício da autotutela pela administração pública local não ofende a competência da União Federal para legislar sobre direito civil (art. 22, I, CF/1988) ou para editar normas gerais sobre licitações e contratos (art. 22, XXVII, CF/1988). Trata-se, na verdade, de matéria inserida na competência constitucional dos estados-membros para legislar sobre direito administrativo (art. 25, § 1º, CF/1988).

3. O dispositivo impugnado não viola os princípios constitucionais da segurança jurídica e da razoabilidade. O prazo decenal não é arbitrário e não caracteriza, por si só, instabilidade das relações jurídicas ou afronta às legítimas expectativas dos particulares na imutabilidade de situações jurídicas consolidadas com o decurso do tempo. Esse é, inclusive, o prazo prescricional geral do Código Civil (art. 205) e de desapropriação indireta (Tema 1.019, STJ), dentre outros inúmeros exemplos no ordenamento jurídico brasileiro.

4. Sem embargo, o prazo quinquenal consolidou-se como marco temporal geral nas relações entre o Poder Público e particulares (v., e.g., o art. 1º do Decreto nº 20.910/1932 e o art. 173 do Código Tributário Nacional), e esta Corte somente admite exceções ao princípio da isonomia quando houver fundamento razoável baseado na necessidade de remediar um desequilíbrio entre as partes.

5. Os demais estados da Federação aplicam, indistintamente, o prazo quinquenal para anulação de atos administrativos de que decorram efeitos favoráveis aos administrados, seja por previsão em lei própria ou por aplicação analógica do art. 54 da Lei nº 9.784/1999. Não há fundamento constitucional que justifique a situação excepcional do Estado de São Paulo, impondo-se o tratamento igualitário nas relações Estado-cidadão.

6. A presente ADI foi ajuizada somente em 2018 e o art. 10, I, da Lei nº 10.177/1998 vem sendo aplicado há décadas pela Administração Pública paulista, tendo servido de base à anulação de diversos atos administrativos. A declaração de nulidade, com efeitos ex tunc, do dispositivo ora impugnado acarretaria enorme insegurança jurídica no Estado de São Paulo, com potencial de (i) refazimento de milhares de atos administrativos cuja anulação já se consolidou no tempo, (ii) ampla e indesejável litigiosidade nas instâncias ordinárias e (iii) provável impacto econômico em momento de grave crise financeira que assola o país, tendo em vista que os atos anulados haviam produzido efeitos favoráveis aos administrados

7. Desse modo, impõe-se a modulação dos efeitos desta decisão (art. 27 da Lei nº 9.868/1999), para que (i) sejam mantidas as anulações já realizadas pela Administração até a publicação da ata do julgamento de mérito desta ação direta (23.04.2021), desde que tenham observado o prazo de 10 (dez) anos; (ii) seja aplicado o prazo decadencial de 10 (dez) anos aos casos em que, em 23.04.2021, já havia transcorrido mais da metade do tempo fixado na lei declarada inconstitucional (aplicação, por analogia, do art. 2.028 do Código Civil); e (iii) para os demais atos administrativos já praticados, seja o prazo decadencial de 5 (cinco) anos contado a partir da publicação da ata do julgamento de mérito desta ação (23.04.2021).

8. Procedência do pedido, com a declaração de inconstitucionalidade do art. 10, I, da Lei nº 10.177/1998, do Estado de São Paulo, modulando-se os efeitos na forma acima descrita.

Segundo a Suprema Corte, conforme posto acima, o prazo decadencial quinquenal já se consolidou como marco temporal geral nas relações entre o Poder Público e os particulares. Logo, embora em regra os entes federados possam tratar especificamente dos seus processos administrativos, quanto à questão da decadência, o STF firmou a necessária obediência ao modelo quinquenal.

A exegese do art. 54

Apreciada a questão relativa à nomenclatura empregada na Lei nº 9.784/99, importa dissecar o conteúdo do art. 54, basicamente para responder a três indagações: Qual ou quais atos são afetados pela decadência? A impossibilidade de se anular, decorrida a decadência, afeta o Poder Judiciário? O que deve ser extraído da expressão "salvo comprovada má-fé"?

A primeira pergunta é a de mais difícil resposta. Todo e qualquer ato, não importa a gravidade do vício que o acomete, estaria destinado à imortalidade, se a anulação não ocorresse no prazo quinquenal?

Para Sergio Ferraz e Adilson Abreu Dallari, sim. Os autores não distinguem os atos que estariam afetados pela regra do art. 54. Assim, ainda que padecessem de grave mácula, a anulação só poderia ocorrer no prazo fixado legalmente.[594]

Mas cremos que o atual reconhecimento do prestígio do princípio da segurança jurídica, historicamente desmerecido pela supervalorização do princípio da legalidade, não pode autorizar que hoje se cometa o excesso em sentido contrário: enaltecendo excessivamente a segurança jurídica e aniquilando a legalidade. É preciso não só o equilíbrio, mas a averiguação casuística, na medida em que somente diante das peculiaridades do caso concreto será possível verificar qual dos dois princípios deve prevalecer.

Assim, preferimos o entendimento defendido por Juarez Freitas, para quem o porte do vício que acomete o ato será balizador da ocorrência ou não da decadência. Caso o vício fosse de alta monta, não seria possível admitir a eterna permanência do ato ilícito.[595]

O autor exemplifica seu pensamento ilustrando-o com a descrição de uma nomeação para cargo efetivo realizada com ofensa ao princípio do concurso público. Seria correto dimensionar a importância do princípio da segurança jurídica a ponto de tal nomeação continuar a produzir efeitos para todo o sempre porque não mais possível desfazê-la após os cinco anos previstos no art. 54?

Para a jurisprudência do Superior Tribunal de Justiça, não, por compreender tratar-se de situação de flagrante inconstitucionalidade. Inclusive, no âmbito da Jurisprudência em Teses do STJ, Edição nº 132, de 06.09.2019, foi estabelecido que "As situações flagrantemente inconstitucionais não se submetem ao prazo decadencial de 5 anos previsto no art. 54 da Lei nº 9.784/1999, não havendo que se falar em convalidação pelo mero decurso do tempo".[596]

Segundo o STJ, o prazo decadencial previsto no art. 54 da Lei nº 9.784/99 não pode se sobrepor à regra constitucional do concurso público insculpida no art. 37, II, da Constituição da República. A título ilustrativo, destacam-se os seguintes julgados da Corte Superior:

> PROCESSUAL CIVIL E ADMINISTRATIVO. DECADÊNCIA. AUTOTUTELA ADMINISTRATIVA. ART. 54 DA LEI 9.784/1999. SITUAÇÕES FLAGRANTEMENTE INCONSTITUCIONAIS. NÃO INCIDÊNCIA. CONSULTOR LEGISLATIVO NO ESTADO DO PARANÁ. PROMOÇÃO AO CARGO DE PROCURADOR LEGISLATIVO.

---

[594] FERRAZ, Sergio; DALLARI, Adilson Abreu. *Processo administrativo*. São Paulo: Malheiros, 2002, p. 193 e 194.

[595] SUNDFELD, Carlos Ari; MUNOZ, Guillermo Andrés (Coord.). *As leis de processo administrativo* (Lei Federal 9.784/99 e Lei Paulista 10.177/98). São Paulo: Malheiros, 2006, p. 99 a 101.

[596] Checar: https://www.stj.jus.br/internet_docs/jurisprudencia/jurisprudenciaemteses/Jurisprudencia%20em%20 Teses%20132%20-%20Do%20Processo%20Administrativo.pdf. Acesso em: 21 jun. 2021.

INCOMPATIBILIDADE COM A ORDEM CONSTITUCIONAL DE 1988. SÚMULA VINCULANTE 43/STF.

1. "O disposto no art. 54 da Lei n. 9.784/1999 – norma temporal que impede a Administração de rever atos benéficos aos administrados de boa-fé – não se sobrepõe à proibição constitucional de investidura em cargo efetivo sem prévia aprovação em concurso público, assim prevista no art. 37, inciso II e §2º, da Carta Republicana" (AgRg no RMS 43.107/MA, Rel. Ministro Sérgio Kukina, Primeira Turma, DJe 21.11.2016).

2. A legislação estadual do Estado do Paraná, sob a vigência da Constituição Federal de 1967, previa o instituto da promoção do cargo de Consultor Legislativo para o cargo de Procurador Legislativo, situação que se tornou incompatível com a ordem constitucional que entrou em vigor em 5.10.1988.

3. Não havendo direito adquirido à mencionada promoção sob a égide da Constituição Federal de 1967, o ingresso no cargo de Procurador Legislativo somente é possível, sob a vigência da Constituição Federal de 1988, mediante concurso público de provimento originário. No mesmo sentido: RMS 47.987/PR, Rel. Ministro Humberto Martins, Segunda Turma, julgado em 16/6/2016, DJe 23/6/2016.

4. Nos termos da Súmula Vinculante 43/STF (antiga Súmula 685/STF), "é inconstitucional toda modalidade de provimento que propicie ao servidor investir-se, sem prévia aprovação em concurso público destinado ao seu provimento, em cargo que não integra a carreira na qual anteriormente investido".

5. Agravo Interno não provido.[597]

ADMINISTRATIVO. AGRAVO REGIMENTAL NO RECURSO EM MANDADO DE SEGURANÇA. EFETIVAÇÃO DE SERVIDORA EM CARGO PÚBLICO SEM APROVAÇÃO EM CONCURSO PÚBLICO. IMPOSSIBILIDADE. DECADÊNCIA QUINQUENAL DO ART. 54 DA LEI 9.784/1999. PREVALÊNCIA DO PRINCÍPIO DO CONCURSO PÚBLICO ERIGIDO NO ART. 37, II e §2º, DA CONSTITUIÇÃO FEDERAL.

1. É nula a interpretação de dispositivo de lei ordinária tendente a permitir aquilo que foi expressamente vedado pelo comando constitucional.

2. O disposto no art. 54 da Lei n. 9.784/1999 – norma temporal que impede a Administração de rever atos benéficos aos administrados de boa-fé – não se sobrepõe à proibição constitucional de investidura em cargo efetivo sem prévia aprovação em concurso público, assim prevista no art. 37, inciso II e §2º, da Carta Republicana.

3. Não pode ser mantida no serviço público estadual servidora que nele ingressou sem a chancela do certame isonômico, ainda que tenha desempenhado suas funções por longo tempo.

4. Agravo regimental a que se nega provimento.[598]

No mesmo horizonte, também o Supremo Tribunal Federal compreendeu, em caso envolvendo anistia e serviço militar, que as "situações flagrantemente inconstitucionais não devem ser consolidadas pelo transcurso do prazo decadencial previsto no art. 54 da Lei nº 9.784/99, sob pena de subversão dos princípios, das regras e dos preceitos previstos na Constituição Federal de 1988".[599] Esse posicionamento foi, no ano de 2021, objeto de ratificação:

---

[597] STJ, AgInt no RMS 55.499/PR, Rel. Ministro HERMAN BENJAMIN, SEGUNDA TURMA, DJe 18/10/2019. No mesmo sentido: STJ, AgInt no REsp 1.637.299/RJ, Rel. Ministro MAURO CAMPBELL MARQUES, SEGUNDA TURMA, DJe 11/10/2017.

[598] STJ, AgRg no RMS 43.107/MA, Rel. Ministro SÉRGIO KUKINA, PRIMEIRA TURMA, DJe 21/11/2016.

[599] STF, RE 817.338/DF, Rel. Ministro DIAS TOFFOLI, TRIBUNAL PLENO, julgado em 16.10.2019.

CONSTITUCIONAL E ADMINISTRATIVO. MANDADO DE SEGURANÇA. SERVENTIA EXTRAJUDICIAL. EFETIVAÇÃO, APÓS 1988, SEM CONCURSO PÚBLICO. ARTIGO 236 DA CONSTITUIÇÃO FEDERAL. NORMA AUTOAPLICÁVEL, COM EFEITOS IMEDIATOS. PACÍFICA ORIENTAÇÃO JURISPRUDENCIAL DESTA SUPREMA CORTE. SEGURANÇA DENEGADA. 1. A orientação jurisprudencial desta SUPREMA CORTE firmou-se no sentido de que o prazo decadencial previsto no art. 54 da Lei 9.784/99 não alcança situações flagrantemente inconstitucionais, sob pena de subversão das determinações insertas na Constituição Federal. Precedentes. 2. Desse modo, tem-se refutado, de maneira expressa, a pretensão de retirar do texto constitucional justificativa pautada em ato jurídico perfeito ou decadência, para, ao final, pretender resguardar situação consolidada em desrespeito à própria ordem Constitucional de 1988. 3. O CNJ atuou conforme suas prerrogativas constitucionais e de acordo com a jurisprudência desta CORTE, não incorrendo em qualquer ilegalidade ou abuso de poder. 4. Mandado de segurança denegado.[600]

O Tribunal de Justiça do Estado de Minas Gerais, por sua vez, já decidiu que a "decadência estabelecida pelo art. 54 da Lei nº 9.784/99 não se aplica aos atos administrativos flagrantemente inconstitucionais".[601] Em outra oportunidade, atestou que o "Supremo Tribunal Federal possui o entendimento de que situações flagrantemente inconstitucionais, no caso, contratação para prestação de serviços públicos sem o devido procedimento licitatório, nos termos do art. 175, CR/88, não podem e não devem ser superadas pela incidência do disposto no art. 54 da Lei nº 9.784/99, sob pena de subversão das normas previstas na Constituição da República".[602]

Outros tribunais brasileiros decidiram na mesma linha, a exemplo do Tribunal de Justiça do Estado de Goiás,[603] do Tribunal de Justiça do Estado da Paraíba,[604] do Tribunal de Justiça do Estado do Acre,[605] entre outros.

---

[600] STF, MS 29.795/DF, Rel. Ministro MARCO AURÉLIO, PRIMEIRA TURMA, julgado em 13/04/2021. No mesmo sentido: STF, Ação Rescisória 2.567/DF, Rel. Ministro MARCO AURÉLIO, TRIBUNAL PLENO, julgado em 08.03.2021; STF, MS 29.517/DF, Rel. Ministro MARCO AURÉLIO, PRIMEIRA TURMA, julgado em 29.05.2020; STF, MS 29.065/DF, Rel. Ministro MARCO AURÉLIO, PRIMEIRA TURMA, julgado em 22.05.2020.

[601] TJMG, Embargos de Declaração 1.0000.16.025960-2/003, Rel. Desembargador MAURÍCIO SOARES, 3ª CÂMARA CÍVEL, julgado em 30.05.2019. No mesmo sentido: TJMG, Agravo de Instrumento 1.0522.18.000357-9/001, Rel. Desembargadora TERESA CRISTINA DA CUNHA PEIXOTO, 8ª CÂMARA CÍVEL, julgado em 28/02/2019; TJMG, Apelação Cível 1.0687.14.000406-4/006, Rel. Desembargador BITENCOURT MARCONDES, 1ª CÂMARA CÍVEL, julgado em 18/12/2018; TJMG, Apelação Cível 1.0024.13.251623-8/002, Rel. Desembargadora HILDA TEIXEIRA DA COSTA, 2ª CÂMARA CÍVEL, julgado em 14.04.2015.

[602] TJMG, Agravo de Instrumento 1.0433.14.041159-9/001, Rel. Desembargador JAIR VARÃO, 3ª CÂMARA CÍVEL, julgado em 26.03.2015.

[603] APELAÇÃO CÍVEL. AÇÃO DECLARATÓRIA. ACUMULAÇÃO DE CARGOS PÚBLICOS. APOSENTADORIA. INÉRCIA DA ADMINISTRAÇÃO PÚBLICA. DECADÊNCIA PARA A REVISÃO DE SEUS ATOS. NÃO APLICAÇÃO A REGRAMENTO CONSTITUCIONAL. AGENTE ADMINISTRATIVO EDUCACIONAL APOIO. INEXISTÊNCIA DE CONHECIMENTO ESPECÍFICO DE UMA ÁREA DO SABER. ACUMULAÇÃO DE CARGOS INDEVIDA. RESTITUIÇÃO CONTRIBUIÇÕES PREVIDENCIÁRIAS. IMPOSSIBILIDADE. 1. Em regra, o direito da Administração Pública de anular os atos administrativos de que decorram efeitos favoráveis para os destinatários decai em cinco anos, contados da data em que foram praticados, salvo comprovada má-fé (art. 54 da Lei Estadual n. 13.800/01 e art. 54 da Lei n. 9.784/1999). Todavia, tal norma não se aplica à questão que envolve regramento constitucional, como a vedação de acumulação de cargos públicos, expressa no art. 37, XVI, da CF, porque caracteriza uma situação que não se convalida com o decurso do tempo, passível de ser investigada pela Administração, a qualquer momento. 2. O cargo público estadual de Agente Educacional de Apoio não demanda nível de especificação, capacidade e técnica na atividade exercida pelo servidor, necessárias para o correto exercício do trabalho, daí porque não se enquadra na exceção constitucional disposta no art. 37, XVI, 'b', a ensejar o direito à acumulação de proventos de aposentadoria do cargo de Agente Administrativo Educacional Apoio com o cargo público municipal de Auxiliar de Serviços Gerais. 3. Não há se falar em direito

Deve ser destacado que nem sempre o nomeado tem condições de entender qual tipo de vínculo jurídico está a travar com a Administração Pública. Nem sempre o servidor é capaz de compreender que está a ocupar cargo para o qual se impõe a aprovação em concurso público, sobretudo nos rincões do Brasil, em que a ignorância vigora.

Diz-se isso porque, se a má-fé estivesse evidenciada, a decadência estaria descartada. Mas, como se verá adiante, a tarefa de detectar a má-fé não é das mais fáceis.

Parece-nos que o princípio da razoabilidade socorreria o intérprete, a fim de elucidar quando aplicar o quinquídio legal afirmado no art. 54.

Quanto ao segundo ponto, entendemos que a decadência afeta a Administração Pública e também o Judiciário. Passados os cinco anos (salvo na hipótese aqui levantada) não seria possível eliminar o ato. Caso apenas a autotutela estivesse afetada, mantendo-se intacta a autoridade judicial para reconhecer o vício após o prazo, estar-se-ia a admitir a permanência da possibilidade de anular, alterando-se apenas a forma e o agente.

Por fim, no que se refere ao terceiro ponto a ser analisado, resta indagar de quem é a má-fé que impede a decadência. É certo que a expressão provoca divergências.

Sergio Ferraz e Adilson Abreu Dallari opinam pela inconstitucionalidade da expressão "salvo comprovada má-fé", porque a entendem inadequada ao texto

---

à restituição das contribuições previdenciárias pagas por servidora afastada do cargo estadual de Agente Administrativo Educacional Apoio em razão da vedação constitucional de acumulação de cargo público, ante o caráter contributivo e solidário do regime próprio de previdência, previsto no art. 40 da CF. APELO DESPROVIDO. (TJGO, Apelação Cível 5013710-27.2017.8.09.0051, Rel. Desembargador CARLOS HIPOLITO ESCHER, 4ª CÂMARA CÍVEL, DJ 12.04.2021)

[604] APELAÇÃO CÍVEL. AÇÃO ANULATÓRIA DE ATO ADMINISTRATIVO C/C COBRANÇA. SERVIDOR PÚBLICO NÃO ESTÁVEL. GRATIFICAÇÃO INCORPORADA. SUSPENSÃO ABRUPTA. AUSÊNCIA DE MOTIVAÇÃO DO ATO. PROCEDIMENTO ADMINISTRATIVO PRÉVIO NÃO INSTAURADO. NECESSIDADE. EIVA NA FORMAÇÃO DO ATO. ILEGALIDADE REVELADA. PROCEDÊNCIA. REPERCUSSÕES FINANCEIRAS RECONHECIDAS. REFORMA DA SENTENÇA. PROVIMENTO DO APELO. Nos temos da Súmula 473 do STF, é sabido a administração tem o poder de rever e anular seus próprios atos quando eivados de ilegalidade. Em situações excepcionais, mesmo tendo decorrido o prazo decadencial de cinco anos para rever o ato administrativo, é facultado à Administração reavaliá-los, se acaso seja evidenciada inconstitucionalidade. 1. Todavia, quando o ato administrativo invade a esfera jurídica do administrado, é obrigatória a instauração de processo administrativo prévio, com a observância do devido processo legal e ampla defesa, inocorrente na espécie. (TJPB, Apelação Cível 0004988-23.2012.815.0011, Rel. Desembargadora MARIA DE FÁTIMA MORAES BEZERRA, 3ª CÂMARA ESPECIALIZADA CÍVEL, julgado em 29.01.2019)

[605] DIREITO CONSTITUCIONAL E ADMINISTRATIVO. APELAÇÃO CÍVEL. AÇÃO ORDINÁRIA. SERVIDOR PÚBLICO. CARGO TEMPORÁRIO. REINTEGRAÇÃO NO CARGO. INEXISTÊNCIA DE OFENSA AO DIREITO ADQUIRIDO E AO PRINCÍPIO DA SEGURANÇA JURÍDICA. PRECEDENTES DOS TRIBUNAIS SUPERIORES. 1. O exercício da autotutela não está sujeito ao prazo decadencial previsto no art. 54, da Lei n. 9.784/1999, quando o ato administrativo tiver relação com o ingresso em cargos públicos sem aprovação em concurso público, podendo, a qualquer tempo, ser corrigido pela Administração. Nesse sentido, o Supremo Tribunal Federal entende que situações inconstitucionais jamais convalescem, eis que é nenhum, em nosso sistema normativo, o valor jurídico dos atos eivados de inconstitucionalidade. O ato inconstitucional, precisamente porque afetado por um radical vício de nulidade jurídica, revela-se insuscetível de convalidação, qualquer que tenha sido o lapso de tempo já decorrido (Precedente: ADI 1247). 2. Em sendo o contrato temporário, o mesmo não gera vínculo eterno com a Administração Pública, podendo ser extinto a qualquer tempo, de acordo com entendimento do Superior Tribunal de Justiça de que não há necessidade de se instaurar processo administrativo para a dispensa do servidor (Precedente: AgRg no RMS 28.477/MG). Por outro lado, o Supremo Tribunal Federal, em sede de repercussão geral, ratificou o entendimento de que a contratação por tempo determinado no atendimento a necessidade temporária de excepcional interesse público, que inobserva preceito constitucional (art. 37, IX, CF/88), não origina efeito jurídico válido para tais servidores, salvo o recebimento de salário e Fundo de Garantia pelo período efetivamente trabalhado (Precedente: RE 765320). 3. Apelação desprovida. (TJAC, Apelação Cível 0701944-62.2018.8.01.0001, Rel. Desembargador LUÍS CAMOLEZ, 1ª CÂMARA CÍVEL, julgado em 25.06.2020)

constitucional, já que este preconiza a preocupação com segurança jurídica, enquanto a norma em destaque, na parte final, apresenta causa impeditiva de se operar a decadência.[606]

Juarez Freitas, por seu turno, não a chancela com a marca da inconstitucionalidade. Ao contrário, parece entender correta a opção legal. Isso porque o eminente administrativista, a quem tanto deve o Direito Administrativo, não só não critica a norma como admite que qualquer má-fé (do destinatário do ato, do agente público ou de ambos) impede a ocorrência da decadência.[607]

É claro que dificilmente haverá má-fé exclusiva do agente público, porque, em princípio, ele não praticaria um ato ilegal para beneficiar terceiros sem que estes estivessem cientes e envolvidos na prática da ilicitude. Mas, apesar de remota, a situação não é impossível. Ocorrendo, resta saber se a má-fé exclusiva impediria o fluxo do prazo decadencial.

Parece-nos que a má-fé isolada do administrador não pode impedir o fluxo do prazo decadencial, sob pena de se prejudicar o destinatário de boa-fé. Todavia, reconhecemos a magnitude dos fundamentos do Professor Juarez Freitas.

De toda sorte, a presunção relativa é de boa-fé, logo, a configuração da má-fé, apta a afastar o prazo decadencial, deve ser robustamente comprovada. Meros indícios ou suspeitas são insuficientes para tanto. A análise de cada caso concreto – que deverá também levar em consideração o contexto vivenciado e as orientações gerais à época, nos termos da Lei nº 13.655/18 – é que determinará a existência ou não de má-fé para os fins do artigo em exame.

De mais a mais, a exegese do art. 54 expõe que não só a má-fé afasta o prazo decadencial, mas também as hipóteses que envolvam atos administrativos prejudiciais aos particulares. Isso porque o *caput* do artigo é claro ao prever que o prazo quinquenal se aplica, *ipsis litteris*, aos "atos administrativos de que decorram efeitos favoráveis para os destinatários". Logo, utilizando uma interpretação em sentido inverso, infere-se que a Administração Pública não se submete à decadência quando exercer a sua autotutela para anular atos prejudiciais aos administrados,[608] embora isso não implique dizer que o particular não se submete ao prazo prescricional legal para reclamar tal anulação.

Por derradeiro, importa ressaltar o termo inicial da contagem do prazo decadencial relativo aos atos administrativos de efeitos patrimoniais contínuos que, conforme o §1º do art. 54, coincidirá com a data da percepção do primeiro pagamento.

Casos concretos

O Poder Judiciário constantemente depara-se com situações concretas que envolvem o dispositivo. Há inúmeros julgados a respeito, transcritos nas notas de rodapé ao longo deste livro, em especial junto aos comentários dos arts. 53 e 54.

---

[606] FERRAZ, Sergio; DALLARI, Adilson Abreu. *Processo administrativo*. São Paulo: Malheiros, 2002, p. 194.

[607] SUNDFELD, Carlos Ari; MUNOZ, Guillermo Andrés (Coord.). *As leis de processo administrativo* (Lei Federal 9.784/99 e Lei Paulista 10.177/98). São Paulo: Malheiros, 2006, p. 101 e 102.

[608] Nesse sentido é o entendimento de José dos Santos Carvalho Filho, citado em obra de Irene Patrícia Nohara e Thiago Marrara. Conferir: NOHARA, Irene Patrícia; MARRARA, Thiago. *Processo administrativo*: Lei nº 9.784/99 comentada. São Paulo: Atlas, 2009, p. 348.

Nesse sentido, o Mandado de Segurança nº 12509/DF, julgado pelo Superior Tribunal de Justiça, relatado pelo eminente Ministro Castro Meira, em que se afirmou:

> Sedimentou-se na jurisprudência dessa Corte que a decadência para os atos anteriores à Lei nº 9.784/99, portanto, quando ainda não existia prazo para a Administração Pública revogar seus próprios atos, deve ser contada a partir da data em que a lei e ntrou em vigor, vale dizer, 29 de janeiro de 1999.[609] No caso, o ato administrativo foi editado em 20 de abril de 1998, de modo que o prazo decadencial somente teve início em 29 de janeiro de 1999 e encerrava-se em 29 de janeiro de 2004. O ato ministerial ora impugnado, que revogou em parte o ato anterior, foi expedido em 1º de setembro de 2006. Ocorre que, em 1º de setembro de 2003, portanto, antes de expirados os cinco anos, a Administração Pública deu início ao processo para anular, em parte, o primitivo ato administrativo. Nesses termos, houve interrupção do prazo em 1º de setembro de 2003, não havendo que se falar em consumação do prazo decadencial e tampouco em violação do art. 54 da Lei nº 9.784/99, já que, nos termos do §2º desse dispositivo "considera-se exercício do direito de anular qualquer medida de autoridade administrativa que importe impugnação à validade do ato".

O julgado é importante, quer por definir (e não se trata do primeiro) o marco inicial da contagem dos cinco anos, quer por examinar a questão relacionada à sua consumação.

O Superior Tribunal de Justiça, em 2011, julgando o Recurso em Mandado de Segurança nº 22.376, relatado pela Ministra Laurita Vaz, comentando o mesmo §2º do art. 54, entendeu que "a decisão do Tribunal de Contas que julga ilegal o ato e determina a tomada de providências necessárias à correção dos vícios apontados tem o condão de obstar a decadência, porquanto demonstra não ter havido inércia da administração". Na ocasião, o Tribunal discutia sobre a consumação do prazo decadencial diante de anulação de admissão (nomeação) após detectar-se o descumprimento de requisito previsto em edital de concurso público.

No Mandado de Segurança nº 14.748/DF, julgado em 26.05.10, e relatado pelo Ministro Felix Fisher, o STJ entendeu que a instauração de portaria por autoridade competente, que determina a instauração de processo de revisão da condição de anistiado político, importa exercício regular do direito de anular e é causa interruptiva do prazo decadencial, conforme previsto no §2º do art. 54.

Também em 2010, exatamente em 19.10.10, o Ministro Castro Meira, relator do Recurso Especial nº 114.8460, apreciava situação que envolvia cassação de alvará por Município. O tribunal de origem havia mantido a licença para construir, ao fundamento (entre outros) de que expirados os cinco anos, inexistindo causas suspensivas ou interruptivas porque decadencial o prazo, a situação não era mais mutável. O STJ entendeu aplicável o art. 207 do Código Civil, afirmando que, a menos que exista previsão legal, não se aplicam à decadência as normas que impedem, suspendem ou interrompem a prescrição.

Também pode ser mencionado o Mandado de Segurança nº 15.160, apreciado pelo STJ, no qual o tribunal entendeu impossível rever decisão administrativa que habilitou licitante, após os cinco anos assinalados na Lei nº 9.784/99. O caso concreto envolvia decisão administrativa que sete anos depois da habilitação de interessado pretendia

---

[609] Mesmo entendimento se visualiza em outros julgados. A título de exemplo, o Recurso Especial 638.995/RS, relatado pelo Desembargador convocado Celso Limongi, em 03.02.2011.

revisar o ato, sem que tivesse restado comprovada a má-fé capaz de impedir a fluência dos cinco anos.

Outro interessante caso envolveu o Recurso Especial 1.374.200/RJ, oportunidade em que reconheceu o Superior Tribunal de Justiça a má-fé de servidora pública municipal no intuito de afastar o prazo decadencial quinquenal do art. 54 da Lei nº 9.784/99.

Para a Corte, o fato de a agente ter optado pela redução da sua carga horária, mas, concomitantemente, ter coadunado por quase uma década com a percepção dos valores mensais anteriormente percebidos – antes da diminuição da jornada –, representa má-fé.

Entendemos, no entanto, que essa conclusão não pode ser régua a medir toda e qualquer situação, devendo cada caso ser analisado conforme as suas especificidades. Se, de um lado, entende-se que tal cenário implicaria má-fé se se estiver diante de um agente público que exerce funções altamente intelectuais ou jurídicas, que naturalmente implicam conhecimento de que a redução de carga horária culmina com diminuição proporcional dos vencimentos, conclusão semelhante não é necessária na hipótese de se estar diante de um servidor público que exerce atividades pouco intelectuais, braçais, e que não teve oportunidade de ter acesso ao ensino médio regular, por exemplo. Nesta última hipótese, a má-fé do servidor até pode existir, mas nos parece temerário admiti-la objetivamente, sem adentrar em elementos outros.

A casuística dirá. Inexiste regra pronta.

Aliás, interessante mencionar trecho do voto vencido do Ministro Napoleão Nunes Maia Filho: "Há decadência do direito de a Administração Pública efetuar desconto em folha de valores recebidos por servidora pública que, após redução de sua carga horária de trabalho, continuou a receber remuneração integral por quase dez anos. Isso porque a Administração Pública, que tem mecanismos de revisões e auditorias periódicas do Tribunal de Contas, deveria ter detectado seu próprio equívoco, não sendo possível atribuir má-fé à servidora".

Eis, de qualquer modo, a ementa do acórdão, que corresponde ao entendimento que prevaleceu na ocasião:

ADMINISTRATIVO. SERVIDORA MUNICIPAL. OPÇÃO PELA REDUÇÃO DA CARGA HORÁRIA DE TRABALHO SEM A CORRESPONDENTE REDUÇÃO DOS VENCIMENTOS. DECADÊNCIA (ART. 54 DA LEI Nº 9.784/99). MÁ-FÉ. RESSARCIMENTO. Quem, mesmo após optar pela redução da carga horária de trabalho, continua a perceber, por quase dez anos, a remuneração integral que sabe ser indevida, não pode invocar boa-fé, devendo responder pela omissão. Prazo decadencial expressamente afastado pelo tribunal a quo à vista da caracterização da má-fé (art. 54 da Lei nº 9.784, de 1999). Recurso especial conhecido, mas desprovido.[610]

Os casos a envolver a aplicação do dispositivo não são examinados apenas pelo controle interno ou pelo controle externo realizado pelo Poder Judiciário. O Tribunal de Contas da União, no Acórdão nº 453/2009, refutou a defesa que pretendia se valer da incidência do prazo decadencial previsto no art. 54. Tratava-se de Tomada de Contas Especial em que se discutia a observância das previsões de convênio e a correta aplicação dos recursos transferidos. O recorrente alegava que o convênio fora celebrado em 1999

---

[610] STJ, REsp 1.374.200/RJ, Rel. Ministro ARI PARGENDLER, PRIMEIRA TURMA, DJe 04.08.2014.

e a obra, executada em 2000. No entanto, apenas em 2007 o Tribunal de Contas havia se posicionado sobre o assunto, pelo que ultrapassado o quinquídio legal. O TCU reafirmou o que havia sido dito na Decisão nº 1.020/2000 e na Decisão nº 194/2001, nas quais se apresentou o entendimento de que não se aplicaria o referido prazo nos processos de controle externo examinados pelo Tribunal. O referido julgado ainda aludia aos Mandados de Segurança nº 24.859-9/DF e nº 4.997-8/DF do Supremo Tribunal Federal.

Art. 55 – *Em decisão na qual se evidencie não acarretarem lesão ao interesse público nem prejuízo a terceiros, os atos que apresentarem defeitos sanáveis poderão ser convalidados pela própria Administração.*[611] [612]

Comentários

A convalidação equivale ao conserto do ato administrativo, com efeitos retroativos,[613] quando este está acometido de algum vício de menor gravidade. Também chamada de sanatória, a convalidação consiste em um ato exarado pela Administração que se presta a corrigir ato administrativo que, embora defeituoso, não apresenta vício insanável e que, por isso, pode ser mantido no mundo jurídico uma vez reparado.

Vale dizer, convalida-se o ato administrativo quando presente uma mácula que, todavia, não representa ofensa substancial e gravosa a ordem jurídica.

---

[611] Como salientam Sergio Ferraz e Adilson Abreu Dallari: "no campo do processo administrativo se deve evitar a discussão teórica, jamais pacificada, sobre os tipos de invalidade do ato administrativo. Aqui, para efeitos práticos, temos os atos nulos e anuláveis (evidentemente a coincidência com o direito privado é apenas nominal: nulidade e anulabilidade têm conceitos próprios em direito administrativo): os nulos são os marcados pela ilegalidade de modo indelével e grave, a desafiarem, por isso, o poder-dever de anulação, com as limitações temporais antes referidas (surgindo, então, a nulidade como sanção que atinge o ato não-conforme à lei); os anuláveis são aqueles que podem ser alvo de saneamentos ou ser novamente realizados sem máculas". Conferir: FERRAZ, Sergio; DALLARI, Adilson Abreu. *Processo administrativo*. São Paulo: Malheiros, 2002, p. 194.

[612] ADMINISTRATIVO. OCUPAÇÃO INDEVIDA DE BEM DA UNIÃO. LEI 9636/98. CONVALIDAÇÃO. ART. 55 DA LEI 9784/99. BOA-FÉ. DEVER DE MITIGAR AS PRÓPRIAS PERDAS. PRECEDENTE DO STJ. SUCUMBÊNCIA. INVERSÃO. I. Só se poderia cogitar de ocupação indevida a partir da data em que a Secretaria de Patrimônio da União deu ciência ao Município de que a área é de titularidade do ente federal e que a doação ao Município tem vício em relação ao titular da propriedade, pois até então se presume legal a transferência realizada mediante ato legislativo do Estado ao Município. II. A inércia em zelar pelo próprio patrimônio caracteriza ato de tolerância da União, afastando a cobrança no período. III. A formalização de contrato de cessão de uso onerosa, ainda que não englobasse a totalidade das áreas nas quais está situado o parque de estacionamentos explorado pela Associação, convalida a ocupação do Município sobre o local. IV. Nulidade da indenização imposta pela SPU em face da boa-fé do Município, ao qual não se pode imputar o uso indevido de área da União, por ter recebido a doação através de Lei Estadual, que goza de presunção de legalidade e legitimidade. V. Inversão da sucumbência. (TRF4, Apelação Cível 5009856-23.2016.4.04.7200, Rel. Desembargador Federal ROGERIO FAVRETO, 3ª TURMA, julgado em 28.07.2020)

[613] Nesse sentido: NOHARA, Irene Patrícia; MARRARA, Thiago. *Processo administrativo*: Lei nº 9.784/99 comentada. São Paulo: Atlas, 2009, p. 351; OLIVEIRA, Rafael Carvalho Rezende. *Curso de direito administrativo*. 4. ed. rev., atual. e ampl. Rio de Janeiro: Forense; São Paulo: Método, 2016, p. 328; TJMG, Apelação Cível nº 0003712-75.2012.8.13.0216, Rel. Desembargador MARCELO RODRIGUES, 2ª CÂMARA CÍVEL, julgado em 21.11.2017.

José dos Santos Carvalho Filho[614] ressalta que a convalidação pressupõe o reconhecimento da dualidade de atos administrativos: os nulos e os anuláveis.

Isso porque, se há nulidade, o vício é grave e não comporta correção; lado outro, se há apenas anulabilidade, o defeito não possui alta gravidade e, por isso, pode ser remediado, mediante o instituto da convalidação.[615] A título exemplificativo, o Tribunal de Justiça do Estado de Minas Gerais já teve a oportunidade de asseverar ser descabida a convalidação de decreto municipal eivado de desvio de finalidade, haja vista tratar-se de nulidade absoluta.[616]

Além disso, trata-se de instrumento que mais se afeiçoa ao princípio da segurança jurídica, quando comparado ao da anulação, porque, ao se convalidar, preservam-se os efeitos já produzidos pelo ato, sem causar distúrbios nas relações jurídicas existentes. Usam-se, eventualmente, nomes distintos para a convalidação, tais como ratificação, confirmação e saneamento, mas o resultado final não se altera.

A convalidação é compreendida, desde a obra produzida por Weida Zancaner,[617] como ato vinculado.[618] Assim, na hipótese de o ato ser passível de saneamento, impõe-se sua convalidação, até por uma questão de economicidade, para além da já mencionada segurança jurídica. Esse entendimento foi inclusive ratificado pelo Enunciado nº 7 do Instituto Brasileiro de Direito Administrativo, que reforça que as "medidas de convalidação, conversão, modulação de efeitos e saneamento são prioritárias à invalidação".[619]

Nesse sentido, importa trazer à baila trecho de ementa de esclarecedor julgado do Tribunal de Justiça do Estado do Mato Grosso:

> ADMINISTRATIVO E CONSTITUCIONAL – RECURSO DE APELAÇÃO CÍVEL – AÇÃO POPULAR – APONTAMENTO DE IRREGULARIDADES NO TRÂMITE DA APROVAÇÃO DE LOTEAMENTO – DIRETRIZES URBANÍSTICAS – VIOLAÇÃO À LEI ORGÂNICA MUNICIPAL E AOS PRINCÍPIOS DA ADMINISTRAÇÃO – NÃO CONFIGURAÇÃO – LESIVIDADE – NÃO CONSTATAÇÃO – VÍCIO SANEÁVEL – POSSIBILIDADE DE CONVALIDAÇÃO DO ATO ADMINISTRATIVO – DEVER DE PRESERVAÇÃO DA

---

[614] CARVALHO FILHO, José dos Santos. *Manual de direito administrativo*. 17. ed. Rio de Janeiro: Lumen Juris, 2007, p. 147.

[615] Nesse sentido, João Francisco da Motta: "A convalidação, de acordo com a doutrina, há de incidir sobre atos anuláveis, portadores de vícios que a lei (ou a própria doutrina) repute sanáveis. Sob este prisma, os atos nulos, em razão do acentuado desvalor que lhes confere a ordem jurídica, não a comportariam, sendo esta a opinião de Celso Antônio Bandeira de Mello". Conferir: MOTTA, João Francisco da. *Invalidação dos atos administrativos*. 2. ed. Belo Horizonte: Del Rey, 2013, p. 127.

[616] TJMG, Remessa Necessária 1.0303.18.000111-5/001, Rel. Desembargadora ALICE BIRCHAL, 7ª CÂMARA CÍVEL, julgado em 13.08.2019. Na oportunidade, restou afirmado: "Os atos administrativos – Decreto Municipal e Termo de Notificação de suspensão de Alvará de Funcionamento – notadamente eivados de vício de finalidade e que violam os princípios da legalidade e da impessoalidade, não se submetem a convalidação pela Administração Pública".

[617] ZANCANER, Weida. *Da convalidação e da invalidação do ato administrativo*. 2. ed. 3. tiragem. São Paulo: Malheiros, 2001.

[618] Em contrapartida, há entendimentos contrários – com os quais respeitosamente não concordamos –, que compreendem que a convalidação é ato discricionário. Nesse sentido: FARIA, Edimur Ferreira de. *Curso de direito administrativo positivo*. 4. ed. Belo Horizonte: Del Rey, 2001, p. 251.

[619] A íntegra do enunciado diz respeito ao art. 21 da LINDB, acrescido pela Lei nº 13.655/18: "Na expressão 'regularização' constante do art. 21 da LINDB estão incluídos os deveres de convalidar, converter ou modular efeitos de atos administrativos eivados de vícios sempre que a invalidação puder causar maiores prejuízos ao interesse público do que a manutenção dos efeitos dos atos (saneamento). As medidas de convalidação, conversão, modulação de efeitos e saneamento são prioritárias à invalidação".

HIGIDEZ DO ATO ADMINISTRATIVO – PRINCÍPIOS DA ECONOMICIDADE E DA SEGURANÇA JURÍDICA – IMPROCEDÊNCIA DOS PEDIDOS AUTORAIS – SENTENÇA REFORMADA – SENTENÇA RETIFICADA. A convalidação do ato administrativo, quando presentes os pressupostos para o refazimento do ato praticado com ilegalidade, é atividade vinculada, não cabendo ao administrador se eximir desse dever, sobretudo, por se tratar de medida que corresponde à boa prática administrativa, visto prestigiar os princípios da economicidade e da segurança jurídica.[620]

A única ressalva ocorre quando o ato maculado é discricionário e foi praticado por autoridade incompetente. Neste caso, não há como exigir que a autoridade efetivamente competente adote o mesmo entendimento acerca de conveniência e oportunidade, e, assim, opte por manter o ato viciado.

A doutrina costuma indicar situações em que a convalidação encontra barreiras. Seriam elas: "1) a impugnação do interessado, expressamente ou por resistência quanto ao cumprimento dos efeitos; 2) o decurso do tempo, com a ocorrência da prescrição".[621]

Sergio Ferraz e Adilson Abreu Dallari justificam a vedação ao uso da convalidação, quando presente impugnação pelo interessado, aduzindo que "admitir, ainda assim, a convalidação implicaria a inutilidade da faculdade de arguir o vício, com o que se estaria, em verdade, quebrando o princípio da igualdade entre as partes".[622]

Os mesmos professores acrescem à lista oferecida por José dos Santos Carvalho Filho outras hipóteses em que haveria resistência ao uso da convalidação. Afirmam inviável a convalidação quando o interesse público tiver sido lesado (certamente, os autores estão a se referir à ausência de lesão expressiva ao interesse público, porque alguma sorte de lesão existirá se estamos a tratar de ato portador de vício); quando presentes direitos ou interesses de terceiros lesados pelo ato; e, por fim, não a admitem se se tratar de ato inexistente.[623]

A Lei nº 9.784/99 avançou ao abordar a convalidação, mas deixa a desejar por ter empregado o verbo "poder" ao disciplinar o instituto.

Vê-se no *caput* do art. 55 que o legislador afirma que "os atos que apresentarem defeitos sanáveis poderão ser convalidados pela própria Administração".

A leitura simplista e literal, que, infelizmente, tem seus adeptos, levaria à conclusão de que está a cargo do administrador público escolher ou não a via da convalidação. Tal entendimento, além de contrariar a doutrina dominante, esbarra no princípio da segurança jurídica, cuja importância está consignada na mesma Lei nº 9.784/99 (art. 2º, *caput*).

Mas a abalizada doutrina de Sergio Ferraz e Adilson Abreu Dallari nos socorre quando afirma que a convalidação é atividade vinculada:

---

[620] TJMT, Apelação Cível 0002192-84.2015.8.11.0037, Rel. Desembargador MÁRCIO VIDAL, PRIMEIRA CÂMARA DE DIREITO PÚBLICO E COLETIVO, julgado em 09.12.2019.

[621] CARVALHO FILHO, José dos Santos. *Manual de direito administrativo*. 17. ed. Rio de Janeiro: Lumen Juris, 2007, p. 148.

[622] FERRAZ, Sergio; DALLARI, Adilson Abreu. *Processo administrativo*. São Paulo: Malheiros, 2002, p. 200.

[623] FERRAZ, Sergio; DALLARI, Adilson Abreu. *Processo administrativo*. São Paulo: Malheiros, 2002, p. 200. No mesmo sentido: HEINEN, Juliano; SPARAPANI, Priscilia; MAFFINI, Rafael. *Comentários à lei federal de processo administrativo*: Lei nº 9.784/99. Porto Alegre: Livraria do Advogado, 2015, p. 374; LIMA, Arnaldo Esteves. *O processo administrativo no âmbito da administração pública federal*: Lei nº 9.784, de 29.1.1999. Belo Horizonte: Del Rey, 2014, p. 136.

na medida em que se trata de operação que não se cinge apenas a fulminar a invalidade, alcançando, bem antes, a restauração da legalidade. Dúvida não pode, assim, haver quanto ao cabal e completo atendimento ao basilar princípio da legalidade que a convalidação, quando possível, propicia.[624]

O princípio da segurança jurídica exige que se convalidem os atos sempre que presentes os pressupostos para tanto. A convalidação, por preservar os efeitos já decorridos, não promove a instabilidade que pode resultar da anulação. Por isso, aquela deve ser homenageada em detrimento da anulação.

Capítulo XV

DO RECURSO ADMINISTRATIVO E DA REVISÃO

Art. 56 – *Das decisões administrativas cabe recurso, em face de razões de legalidade e de mérito.[625] [626]*

§1º – O recurso será dirigido à autoridade que proferiu a decisão, a qual, se não a reconsiderar no prazo de cinco dias, o encaminhará à autoridade superior.

§2º – Salvo exigência legal, a interposição de recurso administrativo independe de caução.

---

[624] FERRAZ, Sergio; DALLARI, Adilson Abreu. *Processo administrativo*. São Paulo: Malheiros, 2002, p. 201.

[625] Direito Constitucional e Administrativo. Devido processo legal. Direito, no campo do processo administrativo, que as instâncias recursais sejam garantidas. Lei nº 9.131/95. Recurso para o pleno do conselho nacional de educação. 1. A Administração Pública, no aplicar as regras impostas para a tramitação dos processos administrativos, está, também, obrigada a obedecer ao devido processo legal. 2. No âmbito dessa garantia está o direito das partes utilizarem-se de recursos para todas as instâncias administrativas, assegurando-se-lhes, assim, ampla defesa, contraditório e segurança do julgamento. (STJ, MS 7.225/DF, Rel. Ministro JOSÉ DELGADO, PRIMEIRA SEÇÃO, julgado em 13.06.2001)

[626] PROCESSUAL CIVIL. AGRAVO DE INSTRUMENTO. DISPENSA DE LICITAÇÃO. ART. 26 DA LEI Nº 8.666/93. AUDIÊNCIA PÚBLICA PARA ESCOLHA DE PROPOSTA. NECESSIDADE DE PREENCHIMENTO DOS REQUISITOS LEGAIS PARA A CONTRATAÇÃO. ABERTURA DE PRAZO PARA A INTERPOSIÇÃO DE RECURSO ADMINISTRATIVO. CABIMENTO. I. Trata-se de agravo de instrumento interposto contra decisão que, em ação de mandado de segurança, indeferiu a liminar pela qual se pretendia ver reconhecida a nulidade do Empenho nº 2013NE800274, bem como do ato administrativo de contratação por Dispensa de Licitação nº 59402.002358/2013-10, para a execução dos serviços de perfurações de poços e instalações de adutoras em diversos municípios do Estado do Ceará. II. O Coordenar Estadual do Ceará convocou audiência pública com o objetivo de receber propostas com o menor preço para a execução do objeto, ampliando a perspectiva de escolha da melhor proposta para a Administração Pública. Entendendo uma das empresas participantes da audiência pública que a Administração não observou os requisitos legais para a contratação direta, deve-lhe ser garantido o direito de recorrer da escolha e da contração. III. A pretensão da agravante de ver desclassificada a empresa que apresentou a melhor proposta poderia ter sido objeto de recurso administrativo que, entretanto, não foi oportunizado, passando o DNOCS ao empenho da verba e à contratação direta de outra empresa, sem levar em consideração os eventuais argumentos contrários da segunda colocada no procedimento simplificado instaurado. IV. Garantir o direito de recorrer aos participantes do procedimento, além de ser imposição do atuar impessoal e moral do administrador, encontra fundamento exatamente na lei geral do processo administrativo (Lei nº 9.784/99), cujo art. 56 estabelece textualmente que "das decisões administrativas cabe recurso, em face de razões de legalidade e de mérito. V. Agravo de instrumento parcialmente provido, para determinar que o DNOCS abra prazo de 10 (dez) dias para a interposição de recurso do resultado de dispensa de licitação nº 59402.002358/2013-10. (TRF5, Agravo de Instrumento 08001256520144050000, Rel. Desembargador Federal IVAN LIRA DE CARVALHO, 4ª TURMA, julgado em 13.05.2014)

§3º – Se o recorrente alegar que a decisão administrativa contraria enunciado da súmula vinculante, caberá à autoridade prolatora da decisão impugnada, se não a reconsiderar, explicitar, antes de encaminhar o recurso à autoridade superior, as razões da aplicabilidade ou inaplicabilidade da súmula, conforme o caso.

Comentários

O presente artigo faculta a interposição de recurso contra as decisões administrativas. Referida previsão legal obedece ao princípio da ampla defesa, buscando o exaurimento do exercício dos princípios da ampla defesa e do contraditório, visando, também, alcançar a segurança jurídica. Isso porque a possibilidade de se rever toda a matéria alegada e conhecida perante uma instância amplia o exercício do direito de defesa, aumentando, por conseguinte, as chances de que a decisão definitiva seja correta, na medida em que submetida ao crivo de mais de uma instância competente.

É claro que todo e qualquer recurso, quando interposto, visa à anulação ou à reforma parcial ou total da decisão proferida.[627]

Portanto, o recurso é sempre aviado com respaldo em alguma discordância ou inconformidade presente na decisão, podendo ser arguidas questões atinentes à formalidade ou ao mérito.

Vale dizer, podem ser explicitadas no recurso tanto questões relativas à legalidade, quanto pertinentes ao mérito, aí entendidos questionamentos acerca da conveniência e oportunidade dos atos impugnados, conforme bem salientado pelos Professores Sergio Ferraz e Adilson Abreu Dallari em sua obra.[628]

A previsão é mais do que salutar, na medida em que permite ao interessado arguir razões de conveniência e oportunidade, possibilitando ao administrador perquirir as condições em que se deu a prática do ato administrativo, o que, aliás, este último já está autorizado a fazer em função do poder de autotutela deferido ao Poder Público. Nessa hipótese, porém, tem-se a participação do interessado, que expõe suas razões, auxiliando o juízo de convencimento da Administração.

Outra questão que merece ser trazida à tona é quanto à amplitude do recurso administrativo, sobretudo quando comparado ao recurso apresentado perante o âmbito judicial. O recurso administrativo é guiado pelo princípio da verdade material, e, por isso mesmo, admite a apresentação de novas provas e a arguição de outras razões em grau de recurso que não constaram do requerimento apresentado em primeira instância administrativa.

Essa possibilidade distingue o recurso administrativo do recurso judicial, na medida em que o segundo limita as razões do apelo àquelas já apresentadas originariamente,

---

[627] Merece ressalva, no processo civil, o recurso denominado embargos declaratórios, cujo objetivo precípuo não é anular ou reformar a decisão (exceto quando há os excepcionais efeitos infringentes), mas integrá-la, quando presentes erro material, contradição, obscuridade ou omissão. Trata-se de recurso de fundamentação vinculada, portanto. Nesse sentido, os arts. 1.022 e seguintes do Código de Processo Civil. Conferir também: DIDIER JR., Fredie; CUNHA, Leonardo Carneiro da. *Curso de direito processual civil*: o processo civil nos tribunais, recursos, ações de competência originária de tribunal e *querela nullitatis*, incidentes de competência originária de tribunal. V. 3. 13. ed. Salvador: JusPodivm, 2016, p. 247 e seguintes.

[628] FERRAZ, Sergio; DALLARI, Adilson Abreu. *Processo administrativo*. São Paulo: Malheiros, 2002, p. 186.

Art. 56 | 265

sendo vedada a inovação quanto às teses levantadas e também quanto à matéria fática arguida, salvo fato novo contemporâneo ao recurso que altere o rumo do processo. Por isso que, na prática forense, é comum dizer que, nos processos judiciais, em regra não é possível inovar em sede recursal.

O recurso, segundo o §1º, será sempre dirigido à mesma autoridade que dele conheceu originariamente, a qual poderá exercer o juízo de retratação no prazo de cinco dias, ou encaminhá-lo à autoridade hierarquicamente superior, competente para julgá-lo.[629]

O §2º prevê que o recurso independe de caução, salvo expressa disposição legal. A referida exigência, mesmo que assentada na norma, é patentemente inconstitucional, vez que configura inaceitável cerceamento de defesa, afrontando a garantia constitucional do devido processo legal. Ademais, ao se exigir depósito para que o recurso seja processado, está-se, também, inviabilizando o direito à ampla defesa.

Durante muito tempo, as decisões dos tribunais pátrios adotaram essa tese, sendo praticamente unânime a jurisprudência reconhecendo a inconstitucionalidade da exigência e determinando o conhecimento do recurso independentemente de caução.

Posteriormente, o Supremo Tribunal Federal alterou seu posicionamento, passando a entender que a exigência de depósito recursal não configurava qualquer cerceamento de defesa (ADI-MC nº 1.049/DF). Assim, a partir de 1995, a despeito de posicionamento doutrinário persistente, a jurisprudência havia passado a se assentar no sentido da possibilidade da exigência do depósito para processamento dos recursos administrativos.

De forma acertada, o entendimento alterou-se novamente, tendo sido considerada inconstitucional a exigência de depósito prévio como condição de admissibilidade de recurso na esfera administrativa, nos termos do RE nº 388.359/PE.[630]

Atualmente, tal entendimento é completamente sedimentado, porquanto editada a Súmula Vinculante 21, que assevera ser inconstitucional a exigência de depósito ou arrolamento prévios de dinheiro ou bens para a admissibilidade de recurso administrativo. A desobediência a tal entendimento sumulado, inclusive, pode ser plenamente revista pelo Poder Judiciário, sobretudo considerando que, nos termos do art. 103-A da Constituição da República, as súmulas vinculantes – como a nomenclatura sugere – vinculam as esferas administrativas de todos os entes federativos.

---

[629] Interessante observar que o procedimento em análise contém, em verdade, dois recursos, posto que, apresentado à própria autoridade que emitiu o ato, consubstancia-se em pedido de reconsideração que, uma vez não provido, será encaminhado à autoridade hierárquica superior, a quem caberá sua nova análise, o que nada mais é que o recurso denominado hierárquico.

[630] É inconstitucional a exigência de depósito prévio como condição de admissibilidade de recurso na esfera administrativa. Nesse sentido, o Tribunal, por maioria, deu provimento a recurso extraordinário interposto contra acórdão do Tribunal Regional Federal da 5ª Região, e declarou a inconstitucionalidade do art. 33, §2º, do Decreto nº 70.235/72, na redação do art. 32 da Medida Provisória nº 1.699-41/98, convertida na Lei nº 10.522/2002, dados constantes do Informativo nº 423 do STF. Entendeu-se que a exigência do depósito ofende o art. 5º, LV, da CF – que assegura aos litigantes, em processo judicial ou administrativo, e aos acusados em geral, o contraditório e a ampla defesa, com os meios e recursos a ela inerentes –, bem como o art. 5º, XXXIV, "a", da CF, que garante o direito de petição, gênero no qual o pleito administrativo está inserido, independentemente do pagamento de taxas. Nesse julgamento, restou vencido o Ministro Sepúlveda Pertence que, reportando-se ao voto que proferira no julgamento da ADI nº 1922 MC/DF (DJU, de 24.11.2000), negava provimento ao recurso, ao fundamento de que exigência de depósito prévio não transgride a Constituição Federal, porque esta não prevê o duplo grau de jurisdição administrativa.

O §3º foi introduzido pela Lei da Súmula Vinculante (Lei nº 11.417, de 19.12.06), repercutindo, pois, nos recursos administrativos. Como é sabido, a súmula vinculante, que consiste na sedimentação de orientações adotadas reiteradamente pelo Supremo Tribunal Federal, busca desafogar o Judiciário e evitar que decisões administrativas sejam produzidas em desconformidade com os enunciados.

De acordo com o §3º, no âmbito do processo administrativo, se houver, na visão do interessado, descumprimento (a lei aduz, aqui, em contrariar) de súmula vinculante pelo órgão decisório, este interessado poderá provocar uma demanda de reforço argumentativo, obrigando o centro decisório a "explicitar as razões da aplicabilidade ou inaplicabilidade da súmula".

Logo, não bastará, no âmbito administrativo, motivar a decisão de forma rasa; será necessário expor as razões pelas quais foi adotado determinado entendimento (supostamente contrário à súmula), e não outro (sempre que o órgão prolator da decisão impugnada pretender mantê-la).[631] Em sentido semelhante, no processo civil, são as previsões do art. 1.022, parágrafo único, II e do art. 489, §1º, VI, ambas do Código de Processo Civil, que mencionam ser omissa a decisão judicial que deixar de seguir enunciado de súmula – aqui, não necessariamente vinculante – invocado pela parte.

Há que ficar claro que a alegação, pelo particular, de decisão administrativa com entendimento contrário à súmula deve se dar de forma responsável, evitando que se invoque tal mecanismo de modo leviano, sem relação direta com a matéria tratada no feito.

Vale alertar que, se houver reconsideração da decisão administrativa, não há que se falar em explicitar, antes de encaminhar o recurso à autoridade superior, as razões da aplicabilidade ou inaplicabilidade da súmula.[632] Assim, só é cabível a explicitação das razões de aplicabilidade ou não aplicabilidade da súmula se não for reconsiderada a decisão, alterando, pois, o entendimento do §1º, que não faz esta exigência, já que permite que a autoridade que proferiu a decisão, apenas, faça subir o recurso à autoridade superior.

Finalmente, cabe registrar que, apesar de o art. 7º da Lei nº 11.417, de 19.12.2006, prever a possibilidade de reclamação de ato administrativo que negue vigência ou aplique indevidamente súmula vinculante, deverão ser esgotadas as vias administrativas. Assim, só é possível a utilização desta prerrogativa se for ato ou decisão final a ser proferida na esfera administrativa de que não caiba mais recurso.

---

[631] Esses são os ensinamentos de André Ramos Tavares: TAVARES, André Ramos. *Nova lei da súmula vinculante*: estudos e comentários à Lei 11.417, de 19.12.2006. São Paulo: Método, 2007, p. 89.

[632] André Ramos Tavares esclarece que a Lei da Súmula Vinculante parece trabalhar com as seguintes hipóteses que geram dever de dupla fundamentação: i) a decisão impugnada é mantida, entendendo-se que com ela a súmula vinculante foi aplicada; ii) a decisão impugnada é mantida, entendendo-se que a súmula vinculante não deve ser aplicada naquele caso concreto. Na hipótese (i) surge o dever de explicitar as razões de aplicabilidade da súmula, o que, na maior parte dos casos, significará uma discussão sobre o significado da súmula vinculante e a demonstração de que a interpretação correta foi a que vingou. Na verdade, tratar-se-á de uma defesa da decisão impugnada pelo caminho de comprovar que a mesma seguiu o enunciado da súmula invocada pelo interessado e de que a este, portanto, não assiste razão. Na hipótese (ii) surge o dever de explicitar as razões de inaplicabilidade da súmula, seja por motivos temporais, seja por limites subjetivos, espaciais ou interpretativos. Não se assume necessariamente, nesta hipótese, a tese de descumprimento da súmula. A fundamentação (admissível) será a de inaplicabilidade fundamentada. Conferir: TAVARES, André Ramos. *Nova lei da súmula vinculante*: estudos e comentários à Lei 11.417, de 19.12.2006. São Paulo: Método, 2007, p. 92.

Importante conceituar os diversos modos de manifestação dirigidos contra as diversas decisões proferidas pela Administração Pública, todos enfeixados sobre o título genérico de recurso.

Inclusive o próprio capítulo em apreço somente distingue o recurso administrativo e a revisão, considerando inseridos no recurso todas as demais formas de manifestação existentes contra as decisões administrativas.

O recurso decorre do previsto no art. 5º, inciso LV, da Constituição da República, que assegura aos litigantes, em processo judicial ou administrativo, o contraditório e a ampla defesa com os meios e recursos a ela inerentes.

E os recursos administrativos são alvo de pluralidade de instâncias, vez ser permitida à Administração Pública a revisão de seus próprios atos quando ilegais, inconvenientes ou inoportunos.

Nesse sentido é que se tem o denominado recurso hierárquico, que, na lavra de Hely Lopes Meireles, são:

> Aqueles pedidos que as partes dirigem à instância superior da própria administração, propiciando o reexame do ato inferior sob todos os seus aspectos.[633]

Isto é, trata-se de pedido dirigido à autoridade superior, daí sua denominação de hierárquico.

Importa dizer que a doutrina diferencia o recurso hierárquico em duas espécies: próprio e impróprio.

O primeiro é aquele em que o recurso será apreciado por autoridade superior que, por sua vez, está atrelada à mesma pessoa jurídica a qual está ligada a autoridade recorrida. Trata-se, portanto, de consequência do poder hierárquico, no âmbito do qual a autoridade hierarquicamente superior detém competência para revisar os atos dos agentes subordinados – há, pois, subordinação. Para o cabimento do recurso hierárquico próprio, não há necessidade de lei específica, na medida em que a revisão é ínsita ao devido processo legal e também às características do poder hierárquico.[634]

O segundo, por sua vez, é aquele em que o recurso será apreciado por autoridade atrelada a pessoa jurídica e a estrutura diversas daquelas que está ligada a autoridade recorrida. Aqui, não há que se falar em hierarquia – tecnicamente inexistente entre agentes de pessoas jurídicas distintas –, mas em controle derivado da chamada vinculação administrativa, também denominada por alguns de supervisão ministerial. Portanto, justamente por inexistir uma hierarquia propriamente dita entre as autoridades, o recurso hierárquico impróprio, para ter validade, precisa de previsão legal.[635]

Questão delicada diz respeito à possibilidade da *reformatio in pejus* no âmbito dos recursos administrativos. Se no âmbito dos processos judiciais é inconteste que o recurso não pode gerar situação pior para o recorrente, em esfera administrativa tal proibição é

---

[633] MEIRELLES, Hely Lopes. *Direito administrativo brasileiro*. 24. ed. São Paulo: Malheiros: 1999, p. 609.

[634] Nesse sentido, José dos Santos Carvalho Filho: "Decorre também da hierarquia o poder de revisão dos atos praticados por agentes de nível hierárquico mais baixo". Conferir: CARVALHO FILHO, José dos Santos. *Manual de direito administrativo*. 27. ed. rev., atual. e ampl. São Paulo: Atlas, 2014, p. 70.

[635] Nesse sentido: NOHARA, Irene Patrícia; MARRARA, Thiago. *Processo administrativo*: Lei nº 9.784/99 comentada. São Paulo: Atlas, 2009, p. 367 e 368; HEINEN, Juliano; SPARAPANI, Priscilia; MAFFINI, Rafael. *Comentários à lei federal de processo administrativo*: Lei nº 9.784/99. Porto Alegre: Livraria do Advogado, 2015, p. 381.

duvidosa, na medida em que aplicável a busca pela verdade material. Trataremos dessa questão quando dos comentários aos próximos artigos.

Outro instrumento previsto na órbita dos processos administrativos é a revisão. Esse se volta para situações excepcionais, já definitivamente julgadas na órbita da Administração, nas quais possam ter ocorrido erros que tenham comprometido a eficácia, a regularidade e a justiça da decisão. Por esse motivo, o ordenamento jurídico disponibiliza à Administração um mecanismo destinado a corrigir eventuais distorções, conforme previsão expressa no art. 65.

O instituto da revisão é uma possibilidade contra a chamada coisa julgada administrativa, com o fim de reparar erros de julgamento. Cuida-se de exceção, até mesmo em respeito à segurança jurídica e à estabilidade das relações entre Administração e administrado, só sendo admitida nas hipóteses expressamente previstas, quais sejam, diante de fatos novos ou circunstâncias relevantes.

A revisão dar-se-á a qualquer tempo, a pedido ou de ofício, quando surgirem fatos novos[636] ou circunstância suscetível de justificar a inocência ou a inadequação da pena. Logo, não se aplica a prescrição quinquenal. Os efeitos da revisão aplicam-se de forma retroativa.[637]

Claro que não basta a alegação de injustiça, cumprindo realizar um juízo de admissibilidade do pedido de revisão.[638]

O ônus caberá ao interessado, sem prejuízo do dever atribuído ao órgão competente para a instrução do feito, nos termos do art. 36 da lei em comento.

As regras sobre impedimento e suspeição aplicam-se às autoridades envolvidas na revisão.[639]

Aproveita-se a oportunidade para abordar a representação, a reclamação e o pedido de reconsideração. A representação é a denúncia de irregularidade, ilegalidade ou condutas abusivas feitas perante a própria Administração e também possui previsão na Carta Constitucional, no art. 74, §2º, que estabelece que "qualquer cidadão, partido político, associação ou sindicato é parte legítima para, na forma da lei, denunciar irregularidades ou ilegalidades perante o Tribunal de Contas da União".

A reclamação administrativa, no conceito de Maria Sylvia Zanella Di Pietro, é:

> o ato pelo qual o administrado, seja particular ou servidor público, deduz uma pretensão perante a Administração Pública, visando obter o reconhecimento de um direito ou a correção de um erro que lhe cause lesão ou ameaça de lesão.

Por fim, o pedido de reconsideração é aquele destinado à mesma autoridade que decidiu determinado pleito, requerendo a sua alteração ou invalidação.

Nesse contexto, importante mencionar ainda a literalidade do Enunciado nº 430 da Súmula do Supremo Tribunal Federal, segundo o qual "pedido de reconside-

---

[636] Ver: STJ, REsp 139.379/SP, Rel. Ministro GILSON DIPP, QUINTA TURMA.

[637] Efeitos *ex tunc* da decisão que a defere: contagem do tempo de serviço e direito aos valores não percebidos (art. 182, Lei nº 8.112/90).

[638] Sobre revisão no processo administrativo disciplinar, consultar os artigos 176 e 177 da Lei nº 8.112/90.

[639] De acordo com a Lei nº 8.112/90, a comissão revisora se sujeita às mesmas normas e procedimentos a que se subordina a comissão disciplinar (art. 180).

ração na via administrativa não interrompe o prazo para o mandado de segurança". Por conseguinte, deve o interessado estar atento para o fato de que o prazo decadencial para a impetração da ação constitucional, previsto no art. 23 da Lei nº 12.016/09,[640] não é interrompido pelo protocolo do pleito de reconsideração.

> **Art. 57** – *O recurso administrativo tramitará no máximo por três instâncias administrativas, salvo disposição legal diversa.*

Comentários

O recurso administrativo possui um limite de tramitação, qual seja, três instâncias administrativas, salvo se houver expressa previsão legal dispondo de modo diverso. Para tais fins, entendemos insuficientes previsões inovadoras em atos administrativos normativos – a exemplo dos decretos[641] –, na medida em que, por não possuírem função legiferante, não podem inovar o ordenamento jurídico, muito menos contrariar disposição legal, sob pena de afronta ao princípio da legalidade – arts. 5º, II e 37, *caput*, ambos da Carta Política.

Referido artigo espelha nada mais nada menos que o princípio da pluralidade de instâncias, sendo direito do interessado discutir seus interesses nas instâncias administrativas superiores. Compreende-se, nessa esteira, que a previsão de decisões administrativas irrecorríveis, quando não inconstitucionais, devem ser excepcionalíssimas e atender aos princípios da razoabilidade e da proporcionalidade.

Isso significa dizer que apresentado o requerimento à autoridade, e tendo sido ele julgado, vencida estará uma primeira instância. Apresentado o recurso à mesma autoridade, e esta encaminhando-o à autoridade hierarquicamente superior, vencida estaria a segunda instância. Seria ainda plausível apresentar mais um apelo, que, pelo teor do presente artigo, corresponderia ao último nível de tramitação.

Finda a apreciação pela última autoridade competente, forma-se a denominada coisa julgada administrativa,[642] que se refere à impossibilidade de mudar a decisão na esfera administrativa. Nada impede, contudo, que o tema seja rediscutido no Poder Judiciário, à luz do princípio constitucional da inafastabilidade jurisdicional, previsto no art. 5º, XXXV, da Constituição da República.

Pode-se afirmar que a limitação de trâmites visa conciliar, de um lado, os direitos à ampla defesa e ao devido processo legal, e, de outro, os princípios da eficiência e da duração razoável do processo. Deve-se primar pela ampla defesa, mas, ao mesmo tempo, é preciso evitar o aspecto protelatório da apresentação de diversos recursos que adiem

---

[640] Art. 23. O direito de requerer mandado de segurança extinguir-se-á decorridos 120 (cento e vinte) dias, contados da ciência, pelo interessado, do ato impugnado.

[641] Como ensina Maria Sylvia Zanella Di Pietro, o decreto "não cria direito novo, mas apenas estabelece normas que permitam explicitar a forma de execução da lei". Conferir: DI PIETRO, Maria Sylvia Zanella. *Direito administrativo*. 15. ed. São Paulo: Atlas, 2003, p. 224.

[642] Sobre o tema, conferir: SANTOS, Murilo Giordan. *Coisa julgada administrativa*. Belo Horizonte: Fórum, 2020.

indefinidamente a solução da pendência, em prejuízo ao interesse das partes e também ao interesse público.

Art. 58 – *Têm legitimidade para interpor recurso administrativo:*

I – os titulares de direitos e interesses que forem partes no processo;

II – aqueles cujos direitos ou interesses forem indiretamente afetados pela decisão recorrida;

III – as organizações e associações representativas, no tocante a direitos e interesses coletivos;

IV – os cidadãos ou associações, quanto a direitos ou interesses difusos.

Comentários

A previsão quanto à legitimidade para interposição do recurso administrativo, por óbvio, encontra consonância com a legitimação outorgada para a deflagração do processo administrativo. E nem poderia ser diferente. Por isso mesmo, remete-se o leitor aos comentários ao art. 9º.

Assim, são legitimados para a interposição de recursos todos aqueles que sejam titulares de direitos e interesses no processo, isto é, todos aqueles que são efetivos possuidores de direitos ou têm interesse juridicamente qualificado.

Desse modo, podem interpor o recurso o próprio interessado (para fazer uso da designação da norma), enquanto titular do direito e parte no processo, assim como os terceiros interessados, assim compreendidos aqueles que, mesmo não sendo parte no processo, são afetados pela decisão recorrida.

Possuem legitimidade, ainda, as organizações e associações representativas quanto aos direitos e interesses coletivos. Segundo o art. 81, parágrafo único, II, do Código de Defesa do Consumidor, interesses ou direitos coletivos são "os transindividuais, de natureza indivisível de que seja titular grupo, categoria ou classe de pessoas ligadas entre si ou com a parte contrária por uma relação jurídica base."

Como bem colocado por Cássio Scarpinella Bueno,[643] o inciso em referência afina-se à "coletivização" da legitimidade de agir de que é repleta a Constituição de 1988.

Por derradeiro, têm legitimidade também os cidadãos e as associações, quanto aos interesses e direitos difusos. Segundo o art. 81, parágrafo único, I, do Código de Defesa do Consumidor, interesses ou direitos difusos são "os transindividuais, de natureza indivisível, de que sejam titulares pessoas indeterminadas e ligadas por circunstâncias de fato".

---

[643] BUENO, Cassio Scarpinella. Os recursos nas leis de processo administrativo federal e paulista: uma primeira aproximação. *In:* SUNDFELD, Carlos Ari; MUÑOZ, Guilhermo Andrés (orgs.). *As leis de processo administrativo* (Lei Federal 9.784 e Lei Paulista). São Paulo: Malheiros, 2000, p. 199.

Art. 59 | 271

Art. 59 – *Salvo disposição legal específica, é de dez dias o prazo para interposição de recurso administrativo, contado a partir da ciência ou divulgação oficial da decisão recorrida.*

§1º – Quando a lei não fixar prazo diferente, o recurso administrativo deverá ser decidido no prazo máximo de trinta dias, a partir do recebimento dos autos pelo órgão competente.

§2º – O prazo mencionado no parágrafo anterior poderá ser prorrogado por igual período, ante justificativa explícita.

Comentários

O prazo de interposição do recurso é de dez dias, contados da ciência ou publicação da decisão. Nesse caso, para a devida contagem do prazo, nos termos do que ocorre com os prazos na prática processual judicial, exclui-se o dia da publicação e inclui-se o dia final, correndo o prazo de forma ininterrupta e contínua.

A redação do presente artigo, pois, difere da previsão do art. 23, *caput*, que determina que a prática de atos processuais só se dê em dias úteis.

Referida diferença na determinação dos prazos é no mínimo incoerente, gerando insegurança na prática de atos pertinentes ao processo administrativo.

Andaria melhor a norma se tivesse previsto a fluência do prazo recursal apenas em dias úteis, possibilitando a melhor utilização do tempo hábil para a preparação e apresentação do apelo, nos termos do art. 62, que cuida da impugnação do recurso.

No que se refere ao início do prazo para a interposição do recurso, importante ressaltar que ele se inicia no dia seguinte ao da publicação da decisão ou da ciência, sendo certo que se entende como ciência o conhecimento inequívoco quanto à decisão proferida, sob pena de nulidade.

Em nome dos princípios da ampla defesa e do devido processo legal, não se admite que essa ciência seja informal. A ciência deve ser certa, bem assim, devidamente registrada nos autos do processo para fins de garantia e segurança jurídica da decisão. Mas, se o interessado apresentar seu recurso a tempo e modo, mácula inexistirá.

O §1º estipula prazo para a decisão do processo administrativo, estabelecendo-o em trinta dias.[644] Infelizmente, esse prazo não vem sendo atendido, o que afronta, no nosso entendimento, a legalidade. A jurisprudência, no entanto, tende a compreender tratar-se

---

[644] AGRAVO DE INSTRUMENTO. MANDADO DE SEGURANÇA. ADMINISTRAÇÃO. PROCESSO ADMINISTRATIVO. PRAZO DECISÃO. DESCUMPRIMENTO. LEI 9784/99. LIMINAR SATISFATIVA. A Administração Pública deve obediência aos princípios estabelecidos na Constituição Federal, art. 37, dentre os quais o da eficiência. A prática de atos processuais administrativos e respectiva decisão encontram limites nas disposições da Lei 9.784/99, sendo de cinco dias o prazo para a prática de atos e de trinta dias para a decisão. Aqueles prazos poderão ser prorrogados até o dobro, desde que justificadamente. Ultrapassado, sem justificativa plausível, o prazo para a decisão, deve ser concedida a ordem, eis que fere a razoabilidade permanecer o administrado sem resposta por tempo indeterminado. Não se concederá liminar que esgote não somente o mérito do presente recurso, mas o próprio Mandado de Segurança, por ser satisfativa. (TRF4, Agravo de Instrumento 5046190-83.2020.4.04.0000, Rel. Desembargador Federal LUIZ FERNANDO PENTEADO, TURMA REGIONAL SUPLEMENTAR DO PARANÁ, julgado em 23.02.2021)

de prazo impróprio,[645] pelo que seu desrespeito pela autoridade administrativa não culmina com qualquer consequência processual, ressalvadas situações manifestamente desproporcionais ou arbitrárias.

No caso dos servidores públicos federais, o desrespeito ao prazo supracitado pode também, a depender da análise concreta, representar violação a alguns dos deveres funcionais expostos no art. 116 da Lei nº 8.112/90, a exemplo dos deveres de zelo e dedicação (inciso I), do dever de presteza (inciso V) e do dever de assiduidade (inciso X). No mesmo trilho, igualmente a depender de apreciação casuística, a demora injustificada para a prolação da decisão pode também afrontar algumas das proibições insculpidas no art. 117 da Lei nº 8.112/90, a exemplo da proibição de opor resistência injustificada ao andamento do processo (inciso IV) e da proibição de atuação desidiosa (inciso XV).

Tais condutas acima podem culminar, inclusive, com aplicação de penalidades, consoante art. 127 e seguintes do Estatuto dos Servidores Públicos Federais. Claro, sempre respeitado o devido processo legal e afastada a verdade sabida, modelo que não se harmoniza com o Estado Democrático de Direito.

Ainda, também a depender da situação apreciada, essa inércia em decidir pode configurar crime de prevaricação, conforme o art. 319 do Código Penal.[646]

Mais uma vez, torna-se imperioso o amadurecimento da doutrina quanto às consequências da inação administrativa.

Assim, é preciso fortalecer o processo administrativo por meio da devida atuação dos agentes públicos, que devem ser preparados para o exercício do mister. Não só a fim

---

[645] EMBARGOS À EXECUÇÃO DE DÍVIDA ATIVA. AUTO DE INFRAÇÃO. NULIDADE. INOCORRÊNCIA. ADEQUADA IDENTIFICAÇÃO DA ÁREA DEGRADADA NO LAUDO DE VISTORIA TÉCNICA. MAJORAÇÃO DA MULTA AMBIENTAL. DESCABIMENTO. AUSÊNCIA DE FUNDAMENTAÇÃO LEGAL. MULTA POR INFRAÇÃO AMBIENTAL FIXADA COM BASE NA LEI Nº 9.605, DE 1998, E NO DECRETO Nº 3.179, DE 1999. PRINCÍPIO DA LEGALIDADE. ADVERTÊNCIA PRÉVIA. DESNECESSIDADE. PRAZOS PARA JULGAMENTO DE AUTO DE INFRAÇÃO E RECURSO ADMINISTRATIVO. CONVERSÃO DA MULTA AMBIENTAL EM SERVIÇOS DE PRESERVAÇÃO, MELHORIA E RECUPERAÇÃO DA QUALIDADE DO MEIO AMBIENTE. DISCRICIONARIEDADE DA ADMINISTRAÇÃO. DEVER DO INFRATOR DE REPARAR O DANO AMBIENTAL. AUTORIZAÇÃO DE ÓRGÃO AMBIENTAL ESTADUAL PARA CORTE DE VEGETAÇÃO. APROVAÇÃO DE TERMO DE COMPROMISSO APRESENTADO PELO INFRATOR. SUCUMBÊNCIA RECÍPROCA. 1. Não há nulidade do auto de infração quando o laudo de vistoria técnica que o acompanha identifica adequadamente a área degradada. 2. É indevida a majoração da multa ambiental sem a correspondente fundamentação legal. 3. Não viola o princípio da legalidade a multa por infração ambiental fixada com base na Lei nº 9.605, de 1998, e no Decreto nº 3.179, de 1999. 4. A aplicação de multa simples pela prática de infração ambiental não depende de prévia advertência. 5. É de R$1.500,00 por hectare a multa por Destruir ou danificar florestas nativas ou plantadas ou vegetação fixadora de dunas, protetora de mangues, objeto de especial preservação, nos termos do artigo 37 do Decreto nº 3.179, de 1999. 6. São impróprios os prazos para julgamento de auto de infração ambiental (artigo 71, II, da Lei nº 9.605, de 1998) e recurso administrativo (artigo 59, §§1º e 2º, da Lei 9.784, de 1999), razão pela qual seu descumprimento não acarreta a nulidade do auto de infração. 7. A conversão da multa ambiental em serviços de preservação, melhoria e recuperação da qualidade do meio ambiente, prevista no artigo 72, §4º, da Lei nº 9.605, de 1998, encontra-se inserida no âmbito da discricionariedade administrativa, obedecendo a critérios de conveniência e oportunidade. 8. A aplicação de multa ambiental independe do dever do infrator de reparar o dano ambiental. 9. A autorização do órgão ambiental estadual para o corte de vegetação não impede a fiscalização do IBAMA, sobretudo quando o administrado descumpre as condições impostas. 10. A autoridade competente não está obrigada a aprovar o termo de compromisso apresentado pelo infrator, previsto no artigo 60 do Decreto nº 3.179, de 1999. 11. Havendo decaimento recíproco, os encargos da sucumbência devem ser distribuídos proporcionalmente entre os litigantes, nos termos do artigo 21 do Código de Processo Civil de 1973. (TRF4, Apelação Cível/Remessa Necessária 5000058-75.2019.4.04.9999, Rel. Desembargador Federal RÔMULO PIZZOLATTI, 2ª TURMA, julgado em 02.07.2019)

[646] Art. 319 – Retardar ou deixar de praticar, indevidamente, ato de ofício, ou praticá-lo contra disposição expressa de lei, para satisfazer interesse ou sentimento pessoal: Pena – detenção, de três meses a um ano, e multa.

de resguardar o interesse do particular, mas também o interesse patrimonial do Estado, na medida em que a omissão em tela, se causar prejuízos, pode implicar pagamento de indenização, à luz da responsabilidade estatal.

O §2º admite a hipótese de prorrogação do prazo para decidir, desde que em ato explicitamente motivado, o que, a nosso entender, deve ser feito antes do escoamento do prazo. Tal prorrogação, claro, somente restará legítima se o caso concreto exigir um maior tempo para a apreciação de toda a matéria constante dos autos, sendo indevido prorrogar o prazo em situações usuais, oportunidade em que a regra do §1º deve ser seguida.

Por derradeiro, saliente-se que a inércia administrativa pode ser objeto de mandado de segurança, tendo em vista que o particular tem direito líquido e certo à decisão administrativa. Não há, claro, direito subjetivo a uma decisão favorável, mas direito de ter as suas razões devidamente apreciadas. Assim, verificada a demora excessiva, além do prazo legal, permite-se que o administrado busque o Poder Judiciário, que, por sua vez, ordenará a prática do ato em tempo hábil e razoável.

Art. 60 – O recurso interpõe-se por meio de requerimento no qual o recorrente deverá expor os fundamentos do pedido de reexame, podendo juntar os documentos que julgar convenientes.

Comentários

O presente artigo dispõe acerca da apresentação da petição de recurso, que deverá conter as razões de modificação da decisão de primeira instância, podendo ser juntados documentos que os interessados entenderem pertinentes.

É preciso também que se demonstre o interesse recursal, de modo que deve "haver causalidade entre os fundamentos e o pedido de reexame, ou seja, deve-se demonstrar que o provimento do recurso gera alguma utilidade jurídica para o recorrente".[647]

Não se desincumbindo o recorrente de tal obrigação, é possível que não seja conhecido o recurso. E isso sem que exista qualquer ofensa à ampla defesa, na medida em que o direito de recorrer não é absoluto e deve ser exercido de acordo com as rédeas legais e constitucionais, sob pena de tolerância a atuações abusivas e procrastinatórias, o que não coaduna com o devido processo legal administrativo.

Conforme já salientado, o recurso administrativo, atrelado à verdade material, permite a apresentação de novos documentos em grau de recurso, o que o Código de Processo Civil impede, salvo raríssimas exceções. Um exemplo dessa excepcional possibilidade no âmbito do processo judicial é a superveniência de fato novo capaz de influenciar o mérito, nos termos do art. 493 da Lei nº 13.105/15, cuja comprovação, por uma questão temporal, não poderia ser suscitada em primeiro grau.

---

[647] NOHARA, Irene Patrícia; MARRARA, Thiago. *Processo administrativo*: Lei nº 9.784/99 comentada. São Paulo: Atlas, 2009, p. 388.

CRISTIANA FORTINI, MARIA FERNANDA VELOSO PIRES, TATIANA MARTINS DA COSTA CAMARÃO, CAIO MÁRIO LANA CAVALCANTI
PROCESSO ADMINISTRATIVO – COMENTÁRIOS À LEI Nº 9.784/1999

Assim, as partes podem trazer novos fatos ao conhecimento do julgador de segundo grau, diversamente do processo judicial, que não admite inovação da matéria, em grau de recurso.

Tal preceito viabiliza o encontro da verdade material, autorizando as partes por todos os meios possíveis a levarem ao conhecimento da autoridade todos os fatos e dados que têm em favor do pleito que pretendem ver deferido.

● ●

Art. 61 – *Salvo disposição legal em contrário, o recurso não tem efeito suspensivo.*

Parágrafo único – Havendo justo receio de prejuízo de difícil ou incerta reparação decorrente da execução, a autoridade recorrida ou a imediatamente superior poderá, de ofício ou a pedido, dar efeito suspensivo ao recurso.

● ●

Comentários

Os recursos administrativos são conhecidos, em regra, apenas no efeito devolutivo, o que significa dizer que a decisão prolatada pode ser executada desde já, podendo, por exemplo, a punição disciplinar ser imediatamente aplicada. Trata-se o efeito devolutivo, pois, da mera entrega da questão discutida para reanálise da autoridade superior competente para apreciar o recurso administrativo, sem que haja – em regra – a suspensão dos efeitos da decisão administrativa recorrida.

Essa regra geral da inexistência de efeito suspensivo guarda relação com a presunção de legitimidade e de legalidade dos atos administrativos. Ora, se a decisão administrativa se presume de acordo com o ordenamento jurídico, não haveria motivo para, em regra, impedir a sua execução. Essa lógica é perseguida também no processo judicial civil, cuja sistemática do Código de Processo Civil, em regra, igualmente não confere efeito suspensivo legal aos recursos,[648] com exceção da apelação.[649]

A título ilustrativo, o seguinte trecho de ementa de julgado do Tribunal de Justiça do Estado de Minas Gerais:

APELAÇÃO CÍVEL – EMBARGOS À EXECUÇÃO – CÓDIGO DE POSTURAS – MUNI-CÍPIO DE BELO HORIZONTE – IRREGULARIDADES NO PASSEIO – NOTIFICAÇÕES – RECURSO ADMINISTRATIVO SEM EFEITO SUSPENSIVO – MULTA – AUTO DE INFRAÇÃO. 1. A publicação no Diário Oficial do Município, das decisões proferidas no âmbito administrativo, não afronta os princípios da ampla defesa, do contraditório e do devido processo legal. 2. A interposição de recurso administrativo não suspende a exigibilidade da notificação, conforme regra geral do art. 61 da Lei 9.784/99, pelo que não

---

[648] Art. 995. Os recursos não impedem a eficácia da decisão, salvo disposição legal ou decisão judicial em sentido diverso.
Parágrafo único. A eficácia da decisão recorrida poderá ser suspensa por decisão do relator, se da imediata produção de seus efeitos houver risco de dano grave, de difícil ou impossível reparação, e ficar demonstrada a probabilidade de provimento do recurso.

[649] Art. 1.012. A apelação terá efeito suspensivo.

fica a Administração impedida de praticar o ato que esteja sendo alvo de impugnação administrativa pelo particular.[650]

Contudo, o parágrafo único possibilita que em situações específicas, devidamente demonstradas, diante da presença de justo receio de prejuízo de difícil ou incerta reparação, seja concedido efeito suspensivo pela autoridade recorrida ou mesmo pela autoridade superior, seja de ofício ou a pedido. Trata-se de mandamento legal que se harmoniza com o parágrafo único do art. 995 do Código de Processo Civil, que, após asseverar que os recursos em regra não têm efeito suspensivo, dispõe que a "eficácia da decisão recorrida poderá ser suspensa por decisão do relator, se da imediata produção de seus efeitos houver risco de dano grave, de difícil ou impossível reparação, e ficar demonstrada a probabilidade de provimento do recurso".

Nesses casos, a decisão proferida ficará suspensa, desde que o recorrente demonstre que o caso assim exige, haja vista o justo receio de prejuízo de difícil ou incerta reparação decorrente da execução da decisão recorrida. É preciso que se demonstre, então, o denominado *periculum in mora*.

Ainda que omissa a lei, para nós é claro que a concessão do efeito suspensivo depende também da demonstração da verossimilhança das alegações e da probabilidade do direito invocado (*fumus boni iuris*).[651] Isso porque inexiste sentido em suspender a decisão recorrida, ainda que haja certo perigo de dano, se a autoridade administrativa não vislumbra qualquer chance de êxito meritório do recurso administrativo. É preciso que exista, ao menos minimamente, o *fumus boni iuris*.

Tal possibilidade é bem-vinda, na medida em que situações existem que demandam a suspensão da decisão, sob pena de gerar um prejuízo de alta monta, difícil de ser estornado. O bom senso requer, então, que nesses casos se aguarde uma decisão definitiva para maior segurança da execução da decisão administrativa.

Portanto, os interessados podem requerer o conhecimento dos recursos também em seu efeito suspensivo, enquadrando a situação do processo à hipótese legal, sobretudo demonstrando os riscos da aplicação imediata da decisão.

Nesses termos, a autoridade competente poderá, portanto, de ofício ou a pedido do interessado, dar efeito suspensivo ao recurso.

Art. 62 – Interposto o recurso, o órgão competente para dele conhecer deverá intimar os demais interessados para que, no prazo de cinco dias úteis, apresentem alegações.

---

[650] TJMG, Apelação Cível nº 1.0024.13.129165-0/001, Rel. Desembargador ROGÉRIO COUTINHO, 8ª CÂMARA CÍVEL, DJ 06.04.2015.

[651] Nesse sentido: NOBRE JÚNIOR, Edilson Pereira; CAVALCANTI, Francisco; FERREIRA FILHO, Marcílio da Silva; NÓBREGA, Theresa Christine de Albuquerque. *Comentários à lei do processo administrativo federal*. São Paulo, Saraiva, 2016, p. 187.

Comentários

O presente artigo determina que o órgão competente para conhecer do recurso intime todos os interessados para apresentação de suas razões no prazo de cinco dias úteis, visando resguardar o atendimento ao princípio do contraditório.

Melhor teria caminhado o aludido artigo se tivesse estabelecido prazo igual àquele definido para apresentação do recurso, qual seja, dez dias, salvo estipulação expressa diversa, tudo para harmonizar os dispositivos da norma que tratam de prazo e evitar confusões que possam redundar em prejuízo para os particulares.

Parece-nos, nesse sentido, que conferir prazo superior ao recorrente atenta contra o princípio da paridade das armas, corolário da isonomia processual, na medida em que o legislador conferiu discriminação injustificada entre os interessados no âmbito do processo administrativo. Tal reflexão não passou despercebida por Arnaldo Esteves Lima, que afirma que "a fixação do prazo de cinco dias para apresentação de alegações pelos 'demais interessados' não foi isonômica. Isso porque o recorrente tem, como regra, dez dias para impugnar a decisão, nos termos do art. 59".[652]

Em sentido semelhante, as reflexões de Nobre Júnior, Cavalcanti, Ferreira Filho e Nóbrega sobre o art. 62 da Lei nº 9.784/99:

> No entanto, indispensável uma observação. A partir da Constituição vigente, tornou-se inegável que o princípio do contraditório há de ser aplicado na esfera administrativa, pois assim é explícito o art. 5º, LV, da Lei Máxima.
>
> O contraditório, em sua essência, pressupõe paridade de armas entre aquelas que se encontram numa determinada disputa.
>
> Por isso, não se afigura admissível que o recorrente possua, de regra, dez dias para a interposição do recurso, enquanto que os interessados, os quais se encontram com interesses opostos, somente disponham de cinco dias para apresentar suas alegações.[653]

Esse problema é repetido na Lei do Processo Administrativo do Estado de Minas Gerais, a Lei Estadual nº 14.184/02, que em seus arts. 55 e 58 prevê o prazo de dez dias para recorrer e de cinco dias para contraminutar o recurso administrativo. No âmbito mineiro, a disparidade é ainda maior, na medida em que não há previsão do cômputo do prazo de cinco dias apenas em dias úteis, pelo que se conclui que a contagem é na modalidade corrida.

De toda sorte, segundo o art. 62 da Lei nº 9.784/99, os recorridos têm prazo de cinco dias úteis para apresentarem também suas razões, equivalendo esse documento às contrarrazões recursais no processo judicial. É no mínimo estranho, quando não ofensivo ao texto constitucional que assegura o contraditório e o devido processo legal, que o prazo para as contrarrazões seja diverso daquele estabelecido para fins de interposição de recurso.

---

[652] LIMA, Arnaldo Esteves. *O processo administrativo no âmbito da administração pública federal*: Lei nº 9.784, de 29.1.1999. Belo Horizonte: Del Rey, 2014, p. 146.

[653] NOBRE JÚNIOR, Edilson Pereira; CAVALCANTI, Francisco; FERREIRA FILHO, Marcílio da Silva; NÓBREGA, Theresa Christine de Albuquerque. *Comentários à lei do processo administrativo federal*. São Paulo, Saraiva, 2016, p. 188.

Art. 63 – *O recurso não será conhecido quando interposto:*

I – fora do prazo;

II – perante órgão incompetente;

III – por quem não seja legitimado;

IV – após exaurida a esfera administrativa.

§1º – Na hipótese do inciso II, será indicada ao recorrente a autoridade competente, sendo-lhe devolvido o prazo para recurso.

§2º – O não conhecimento do recurso não impede a Administração de rever de ofício o ato ilegal, desde que não ocorrida preclusão administrativa.

Comentários

Conhecer o recurso administrativo é o mesmo que admiti-lo, em sede de juízo de admissibilidade, para que posteriormente haja um exame meritório das argumentações nele elencadas. Ou seja, conhecer o recurso não implica prové-lo, mas tão somente reconhecer que seus pressupostos formais estão preenchidos e que, por isso, o seu mérito pode ser avaliado, independentemente de efetivo provimento.

O artigo em comento prevê as hipóteses de não conhecimento de recurso, estabelecendo as seguintes situações: recursos interpostos fora do prazo, recursos dirigidos a órgãos incompetentes, recursos aviados por quem não detém legitimidade e apresentados depois de findada a esfera administrativa, isto é, interpostos após a ocorrência da preclusão do pleito.

O recurso interposto a destempo, em razão de sua intempestividade, não pode mesmo ser conhecido. Idem no que tange ao recurso aviado por pessoas que não estão legitimadas a fazê-lo.

Na hipótese do recurso apresentado a órgão incompetente, reza o §1º que, embora não conhecido, deverá ser indicado o órgão competente e devolvido o prazo recursal.

Assim sendo, melhor caminharia o dispositivo de lei se tivesse previsto a imediata remessa do recurso ao órgão competente, em nome da economicidade, da eficiência e, consequentemente, da duração razoável do processo administrativo. Se o prazo será devolvido, e, com toda a certeza, a tendência é que os interessados se limitem a repetir as razões de recurso já apresentadas ao órgão competente, o ideal seria o encaminhamento daquelas a quem de direito.

Arnaldo Esteves Lima possui o mesmo entendimento:

> O §1º determina que o órgão incompetente, ao qual foi dirigido o recurso (inciso II), deve indicar ao recorrente a autoridade competente, devolvendo-se-lhe o prazo para o recurso. Teria sido menos burocrático, mais efetivo, portanto, caso se previsse a remessa, desde logo, para o órgão ou autoridade competente, comunicando-se ao recorrente. A despeito dessa norma, parece inexistir óbice a que se adote este caminho, mais prático e consentâneo com o princípio da economia processual.[654]

---

[654] LIMA, Arnaldo Esteves. *O processo administrativo no âmbito da administração pública federal*: Lei nº 9.784, de 29.1.1999. Belo Horizonte: Del Rey, 2014, p. 147.

O §2º prevê a possibilidade de a Administração, em face do poder de autotutela, rever de ofício o ato questionado, mesmo que não conhecido o recurso apresentado pelos interessados.

Já afirmamos em outra oportunidade que:

A noção de processo administrativo leva necessariamente à noção de procedimento administrativo e, assim, à noção de prazo. Os atos que compõem o processo administrativo precisam ser realizados em determinado tempo, de forma que a relação jurídica seja impelida a caminhar com destino à solução na esfera administrativa.

A inércia provoca, pois, efeitos jurídicos sobre o processo administrativo. Ao não postular a produção de prova no momento ajustado, sofre o interessado o ônus de sua desídia (sem embargo da possibilidade de a Administração Pública reapreciar seus atos, quando possível, em apoio ao princípio da autotutela). A omissão gera a preclusão administrativa, que se caracteriza pela perda da faculdade[655] de agir no curso do processo.

A Lei Federal nº 9.784/99 (fato que se repete na Lei do Estado de Minas Gerais) consigna a expressão acima mencionada, embora o faça de maneira, no mínimo, curiosa.

Nos termos do diploma legal acima mencionado, é possível a revisão de ofício de ato ilegal a despeito de o recurso do interessado não poder ser conhecido. Porém, os referidos diplomas condicionam a revisão à não ocorrência da preclusão administrativa.

Sergio Ferraz[656] sustenta que "não tem sentido, tecnicamente, falar-se em revisão de ofício do ato ilegal, 'desde que não ocorrida preclusão administrativa' no caso de recurso intempestivo (inciso I do art. 63) ou de exaustão da esfera administrativa (inciso IV do art. 63): nessas duas hipóteses, sempre terá ocorrido, até mesmo como efeito inelutável das duas figuras nela tratadas, preclusão administrativa (...)"

Razão assiste ao autor. Tecnicamente, se não se obteve êxito na pretensão de acionar a Administração Pública a fim de se operar o reexame da decisão anterior, porque a irresignação foi manifestada intempestivamente; porque ilegítima a parte recorrente; porque esgotada a via administrativa ou porque o apelo foi dirigido à autoridade incorreta, inviável afastar a ocorrência de preclusão.

É preciso, portanto, procurar o sentido da norma.

Modernamente aceita-se a manutenção de ato viciado quando o interesse público assim recomendar.

Relativiza-se, pois, o apego à autotutela quando se detecta o risco ao interesse público e à segurança jurídica, pelo que inaceitável a aplicação irrestrita das Súmulas 346 e 473 do Supremo Tribunal Federal. Daí a crescente importância que a doutrina atribui à convalidação cada vez mais compreendida como conduta vinculada (salvo nas hipóteses de ato discricionário praticado por autoridade incompetente).[657]

Percebe-se que a intenção do legislador foi, em obséquio dos princípios da legalidade e da autotutela, franquear ao administrador o reexame da conduta combatida pelo recurso (apesar de seu não conhecimento), salvo quando demonstrada a inviabilidade de se reformar a decisão recorrida porque tal medida implicaria ofensa ao princípio finalístico (dentre outros).

---

[655] O princípio da indisponibilidade do interesse público desautoriza entender como facultativa a realização de atos processuais pela Administração Pública.

[656] FERRAZ, Sergio; SUNDFELD, Carlos Ari; MUNOZ, Guillermo Andrés (Coord.). *As leis de processo administrativo* (Lei Federal 9.784/99 e Lei Paulista 10.177/98). São Paulo: Malheiros, 2000, p. 300.

[657] A Lei Federal nº 9.784/99 não acompanha o avanço doutrinário uma vez que, em seu art. 55, refere-se à convalidação como opção a ser estudada pelo administrador que se defronta com vícios sanáveis.

Portanto, a leitura da Lei Federal de processo administrativo rejuvenesce o tradicional conceito de "preclusão administrativa". O legislador considerou que há preclusão administrativa quando o organismo estatal, a quem cabe curar os interesses da coletividade, não puder, em face do princípio finalístico, alterar a situação. Assim, para o legislador federal, a preclusão administrativa não se concretiza quando a parte recorre intempestivamente ou quando o decurso é dirigido de maneira inadequada. Ao contrário, em tais hipóteses, pode não ter se solidificado a prescrição se o interesse público recomendar a revisão da conduta administrativa combatida pelo interessado.[658]

Art. 64 – O órgão competente para decidir o recurso poderá confirmar, modificar, anular ou revogar, total ou parcialmente, a decisão recorrida, se a matéria for de sua competência.

Parágrafo único – Se da aplicação do disposto neste artigo puder decorrer gravame à situação do recorrente, este deverá ser cientificado para que formule suas alegações antes da decisão.

Art. 64-A – Se o recorrente alegar violação de enunciado da súmula vinculante, o órgão competente para decidir o recurso explicará as razões da aplicabilidade ou inaplicabilidade da súmula, conforme o caso.

Art. 64-B – Acolhida pelo Supremo Tribunal Federal a reclamação fundada em violação de enunciado da súmula vinculante, dar-se-á ciência à autoridade prolatora e ao órgão competente para o julgamento do recurso, que deverão adequar as futuras decisões administrativas em casos semelhantes, sob pena de responsabilização pessoal nas esferas cível, administrativa e penal.

Comentários

O art. 64 diz que o órgão competente tem poderes para decidir o recurso, podendo confirmar, modificar, anular ou revogar, total ou parcialmente, a decisão recorrida.

É por demais amplo o poder do órgão competente, em obediência aos princípios e poderes que detém a Administração Pública e que recaem sobre o processo administrativo.

O dever-poder de autotutela exige da autoridade competente agir de ofício, revogando os atos legais, mas inconvenientes e/ou inoportunos, e anulando os atos ilegais.[659] Não seria diferente com a interposição de recurso.

Isso significa dizer que a autoridade competente poderá, com base nas razões de recurso ou mesmo fundada em seu próprio juízo de convencimento, formado a partir

---

[658] FORTINI, Cristiana. Os conceitos de prescrição, preclusão e decadência na esfera administrativa – a influência do Novo Código Civil e da Lei Federal de Processo Administrativo. *Revista Eletrônica de Direito do Estado*, Salvador, Instituto Brasileiro de Direito Público, n. 28, out./dez. 2011.

[659] Nem sempre a anulação deve ser encarada como uma obrigação. Remete-se o leitor para os comentários ao art. 54.

de outros dados além daqueles produzidos pelas partes nos autos, alterar a decisão proferida no todo ou em parte, tudo isso em prol do atingimento da verdade material.

Aludido poder revisional encontra guarida ainda nos princípios da ampla defesa, da eficiência e da oficialidade. No caso dos recursos hierárquicos próprios, conforme já visto, a revisibilidade das decisões administrativas também tem por fundamento o poder hierárquico, cujo cerne garante à autoridade superior o poder de revisão dos atos dos seus agentes subordinados.

Esse poder revisional, repita-se, bastante amplo deferido à Administração na reavaliação dos recursos administrativos, carece ser mais bem utilizado pelas autoridades competentes. Isso porque, em grande parte das vezes, a apreciação dos recursos se limita a seus aspectos formais, com mera repetição das razões de decidir da instância inferior, o que gera descrédito do interessado em galgar os trâmites administrativos antes de procurar o Judiciário.

Essa atitude, aliás, apenas abarrota ainda mais o Poder Judiciário de questões que, muitas vezes, poderiam ser resolvidas administrativamente. Desta feita, necessário que as autoridades administrativas exerçam seu mister com seriedade, de forma a debruçar sobre os argumentos apresentados pelos interessados, não apenas porque se trata de um dos seus deveres funcionais,[660] mas porque tal conduta evita o ainda maior sufocamento do Poder Judiciário.

O parágrafo único do artigo em pauta diz que o interessado deverá ser intimado para apresentar suas alegações, caso a alteração das razões de decidir implique gravame à situação do recorrente. Trata-se de decorrência dos princípios da ampla defesa e do contraditório, que não permitem que o particular sofra certo prejuízo sem que, anteriormente, seja dado a ele oportunidade de expor sua argumentação.

Vale dizer, o parágrafo único do art. 64 admite que a Administração Pública reavalie a situação do recorrente, a partir do recurso que ele tenha interposto, abrindo-se a possibilidade de a nova decisão tornar-se mais gravosa do que a original. A ressalva contida no parágrafo único é a de que se deve ouvi-lo antes de proferida a decisão final em grau de recurso. Trata-se da aplicação do princípio da *reformatio in pejus*.

Assim, diversamente do âmbito judicial, em que recursos não podem piorar a situação do recorrente, nos processos administrativos é possível que a situação posterior à interposição do recurso administrativo seja pior para o recorrente que a situação posta pela decisão recorrida. E isso é possível, sob a ótica do legislador, tendo em vista o princípio da verdade material que, nos processos administrativos, impõe à autoridade julgadora a busca pela verdade efetivamente ocorrida, mesmo que isso seja ainda mais prejudicial para o particular.

A possibilidade de agravamento da situação do recorrente na seara do processo administrativo provoca intensos debates, tanto assim que os autores da presente obra têm opinião diversa sobre o assunto. Se, por um lado, há como defender a viabilidade e até a imperiosidade da mudança de posicionamento administrativo, mesmo que com maior sacrifício a ser sentido pelo recorrente, ao argumento de que se cuidaria de

---

[660] Em âmbito federal, por exemplo, o art. 116, I, da Lei nº 8.112/90 estipula ser dever do servidor exercer com zelo e dedicação as atribuições do cargo. Ser zeloso e dedicado, por sua vez, engloba também analisar os argumentos trazidos aos processos administrativos com seriedade, enfrentando-os devidamente, objetivando a busca da verdade material e a melhor solução ao caso concreto.

Art. 64-B | 281

decorrência dos deveres de autotutela e de busca pela verdade material, bem como de corolário do princípio da legalidade,[661] não há como deixar de considerar a influência que tal possibilidade acarreta em termos de exercício da ampla defesa. Isso porque o interessado, ciente de que seu recurso poderá, indiretamente, ensejar modificação na sua situação, tornando-a mais dramática do que aquela contra a qual se colocou, poderá renunciar ao recurso e, assim, ao esgotamento da via administrativa. Ou seja, a possibilidade de *reformatio in pejus* representará um empecilho, ainda que indireto, ao exercício da ampla defesa.

Sobre o tema, entende Carvalho Filho:

> Uma delas é que são diversos os interesses em jogo no Direito Penal e no Direito Administrativo, não podendo simplesmente estender-se a este princípios específicos daquele. Depois, um dos fundamentos do Direito Administrativo é o princípio da legalidade, pelo qual é inafastável a observância da lei, devendo esta prevalecer sobre qualquer interesse privado.

> Neste ponto, permitimo-nos fazer uma distinção sobre o tema. Quando admitimos inaplicável o referido princípio no Direito Administrativo, consideramos que a matéria é de legalidade estrita. É a hipótese em que o ato administrativo da autoridade inferior tenha sido praticado em desconformidade com a lei, conclusão extraída mediante critérios objetivos. Vejamos um exemplo: um servidor reincidente foi punido com a pena "A", quando a lei determinava que a pena deveria ser a "B", por causa da reincidência. A pena "A", portanto, não atendeu à regra legal, o que se observa mediante critério meramente objetivo. Se o servidor recorre, e estando presentes os elementos que deram suporte à apenação, deve a autoridade julgadora não somente negar provimento ao recurso, como ainda corrigir o ato punitivo, substituindo a pena "A" pela "B".

> Suponhamos outra hipótese: o servidor foi punido com a pena "A" porque assim o entendeu a autoridade competente como resultado da apreciação das provas, dos elementos do processo, do grau de dolo ou culpa, dos antecedentes etc. Observe-se que todos estes elementos foram considerados subjetivamente para a conclusão da comissão. Se o servidor recorre contra a pena "A", não poderá a autoridade de instância superior proceder à nova avaliação subjetiva dos elementos do processo, para o fim de concluir aplicável a pena "B", de caráter mais gravoso. Aqui, sim, parece-nos aplicável a vedação à *reformatio in pejus*, em ordem a impedir o agravamento da sanção para o recorrente.

> Há flagrante diferença entre as hipóteses. No primeiro caso, o ato punitivo originário é realmente ilegal, porque contrário ao mandamento da lei. No segundo, todavia, o ato não é rigorosa e objetivamente ilegal; há apenas uma variação nos critérios subjetivos de apreciação dos elementos processuais. Por isso, ali pode dar-se a correção do ato, e aqui daria apenas uma substituição, o que parece vedado.[662]

Lúcia Valle Figueiredo reviu seu posicionamento entendendo que é possível nova apreciação administrativa, como exercício natural inerente à função administrativa. Argumenta que quando o processo revisional for realizado de ofício ou, se

---

[661] Cassio Scarpinella Bueno parece compreender pela possibilidade da *reformatio in pejus*, à luz dos Enunciados nº 346 e nº 473, ambos da Súmula do Supremo Tribunal Federal. Conferir: BUENO, Cassio Scarpinella. Os recursos nas leis de processo administrativo federal e paulista: uma primeira aproximação. *In*: SUNDFELD, Carlos Ari; MUÑOZ, Guilhermo Andrés (Coord.). *As leis de processo administrativo* (Lei Federal 9.784/99 e Lei Paulista 10.177/98). São Paulo: Malheiros, 2000, p. 212 e 213.

[662] CARVALHO FILHO, José dos Santos. *Manual de direito administrativo*. 27. ed. rev., atual. e ampl. São Paulo: Atlas, 2014, p. 975 e 976.

provocadamente, encontrarem-se vários interessados, como ocorre nos procedimentos concorrenciais, a Administração Pública exercitará controle de legalidade. O exemplo fornecido pela autora é o de posterior exclusão de licitante, antes considerado habilitado, a partir de recurso apresentado por outro concorrente. A autora, todavia, não entende tratar-se de real *reformatio in pejus*, mas, antes, de controle de legalidade.

Juliano Heinen, Priscilia Sparapani e Rafael Maffini, após reconhecerem que a temática é controversa, parecem admitir a possibilidade da *reformatio in pejus*, desde que assentada em critérios objetivos, na medida em que "o que não se pode conceber é a reforma para pior baseada em critérios meramente subjetivos, despidos de uma ilegalidade evidente".[663]

Na jurisprudência, há poucas abordagens sobre o tema. Ao relatar o Agravo Regimental em Mandado de Segurança nº 24308, a Ministra Ellen Gracie enfrentou a seguinte situação: havia se aplicado a pena de suspensão quando correta teria sido a demissão. A Ministra afirmou se tratar de ato da Administração Pública proferido contra expressa letra da lei e passível de correção *ex officio*, pelo que ausente qualquer mácula na decisão ulterior adotada administrativamente.

No julgamento do Recurso em Mandado de Segurança nº 3252-3-RS, o Superior Tribunal de Justiça examinou a seguinte situação: questionava-se decisão da juíza--corregedora que, deparando-se com irresignação contra decisão do juiz de direito diretor do foro da comarca de Canoas/RS, praticada no exercício da função administrativa, por meio da qual se havia aplicado a pena de suspensão, para depois transformá-la em pena pecuniária, criou subterfúgio e agravou a situação do recorrente, ainda que sem oficialmente conhecer do recurso.

À época, afirmou-se:

> O Poder Disciplinar, próprio do Estado-administração, não pode ser efetivamente confundido com o poder punitivo penal inerente ao Estado-sociedade. A punição do último se faz através do Poder Judiciário, já a do primeiro, por meio de órgãos da própria Administração. Ambos, porém, não admitem a reformatio in pejus, e muito menos a aplicação de pena não mais contemplada pela Lei.

Em outro momento, ao julgar o Recurso em Mandado de Segurança nº 29-0-RJ, o Ministro Américo Luz, do Superior Tribunal de Justiça, afirmou:

> No procedimento disciplinar é de se aplicar o princípio do contraditório e da ampla defesa, não o que proíbe a *reformatio in pejus*, sob pena de esvaziamento do poder de autoridade hierarquicamente superior.

No mesmo sentido, quando do Recurso em Mandado de Segurança nº 17.580/RJ, a Corte Cidadã salientou que no "âmbito do processo administrativo, a autoridade superior pode aplicar pena mais gravosa do que a imposta pela autoridade inferior".[664]

---

[663] HEINEN, Juliano; SPARAPANI, Priscilia; MAFFINI, Rafael. *Comentários à lei federal de processo administrativo*: Lei nº 9.784/99. Porto Alegre: Livraria do Advogado, 2015, p. 414.

[664] STJ, RMS 17.580/RJ, Rel. Ministro FRANCISCO PEÇANHA MARTINS, SEGUNDA TURMA, julgado em 18.08.2005.

Em 2010, o STJ novamente negou a prevalência do princípio da *non reformatio in pejus*, admitindo que exceções venham a constar de lei. Na oportunidade, firmou-se que no "processo administrativo não se observa o princípio da '*non reformatio in pejus*' como corolário do poder de autotutela da administração, traduzido no princípio de que a administração pode anular os seus próprios atos. As exceções devem vir expressas em lei".[665]

Antes de avançarmos um pouco mais, é de se destacar que o dispositivo em comento não foi confeccionado para regrar especificamente a possibilidade de *reformatio in pejus* em sede de processo administrativo disciplinar. Como informado no início deste livro, a Lei nº 9.784/99 não afasta a incidência de regras específicas referentes a processo administrativo. Portanto, se um ou outro estatuto fixarem limites ou mesmo vedarem a *reformatio in pejus*, não será lícito à autoridade administrativa empreendê-la, salvo se defendida a inconstitucionalidade da proibição.

Também é conveniente advertir que a *reformatio in pejus* não se confunde com o instituto da revisão da pena disciplinar que, nos termos do parágrafo único do art. 182 da Lei nº 8.112/90, não poderá resultar agravamento da penalidade. O instituto da revisão, objeto do art. 174 da mesma Lei nº 8.112/90, será utilizado diante de fatos novos ou circunstâncias suscetíveis de justificar a inadequação da pena ou a inocência do condenado.[666]

Ainda que parte significativa da doutrina e parcela da jurisprudência acolham a *reformatio in pejus*, aduzindo argumentos importantes a seu favor, não podemos deixar de manifestar nosso receio, já superficialmente indicado, quanto aos reflexos oblíquos que daí podem advir, sobretudo se considerarmos a coluna vertebral que sustenta a Constituição de 1988 e, daí, toda a ordem jurídica brasileira.

O viés democrático, a busca de uma processualidade em todos os âmbitos da ação estatal e a preocupação com a ampla defesa hão de ser considerados quando da avaliação sobre o instituto. Ainda que sem a preocupação de concluirmos em um sentido ou em outro, o que julgamos fundamental é o repúdio à ideia de que o processo administrativo lida com direitos de menor dimensão (trabalho, propriedade, etc.) do que aqueles em discussão no processo penal (liberdade), daí a possibilidade ou até necessidade de menor grau de proteção ao particular na seara administrativa.

Nem sempre a pena aplicável ao condenado pela prática de ilícito penal será a privação de liberdade. Por exemplo, para além da pena de multa, que em alguns delitos pode ser a única pena a ser aplicada,[667] há de se rememorar acerca das medidas cautelares diversas da prisão, nos termos do art. 319 do Código de Processo Penal,[668] que

---

[665] STJ, RMS 21.981/RJ, Rel. Ministro CESAR ROCHA, SEGUNDA TURMA, julgado em 22.06.10.

[666] STJ, MS 6.787/DF, Rel. Ministro JOSÉ ARNALDO FONSECA, TERCEIRA SEÇÃO; STJ, REsp 139.379, Rel. Ministro GILSON DIPP, QUINTA TURMA.

[667] Por exemplo, o crime de perigo de contágio venéreo, previsto no art. 130 do Código Penal, cuja pena é a detenção, de três meses a um ano, ou multa; o crime de omissão de socorro, previsto no art. 135 do Código Penal, cuja pena é a detenção, de um a seis meses, ou multa; o crime de rixa, previsto no art. 137 do Código Penal, cuja pena é a detenção, de quinze dias a dois meses, ou multa; o crime de injúria, previsto no art. 140 do Código Penal, cuja pena é a detenção, de um a seis meses, ou multa; dentre vários outros delitos que permitem a fixação tão somente de penalidade pecuniária.

[668] Art. 319. São medidas cautelares diversas da prisão: I – comparecimento periódico em juízo, no prazo e nas condições fixadas pelo juiz, para informar e justificar atividades; II – proibição de acesso ou frequência a determinados lugares quando, por circunstâncias relacionadas ao fato, deva o indiciado ou acusado permanecer

podem ser mais brandas que o afastamento do agente público de suas funções, medida assecuratória permitida nos processos administrativos.

Assim, a depender do caso concreto, a pena resultante do processo administrativo, sobretudo o disciplinar, poderá ser mais dramática do que a que decorre da condenação na esfera penal. Logo, pretender afastar de forma absoluta os princípios do processo penal, entre eles o que veda a *reformatio in pejus*, sustentando o menor impacto do processo administrativo, é ignorar o quanto significativa pode ser a condenação administrativa.[669]

Essa lógica é compartilhada por Edilson Pereira Nobre Júnior, Francisco Cavalcanti, Marcílio da Silva Ferreira Filho e Theresa Christine de Albuquerque Nóbrega. Para os autores, o direito estatal de punir é uno, seja em esfera judicial ou administrativa, pelo que o regime jurídico punitivo deveria, em ambos os casos, ter bases principiológicas semelhantes, o que inclui a vedação à *reformatio in pejus*:

> E assim deve ser em face de que o direito de punir, cuja titularidade pertence ao Estado, é uno, englobando tanto a competência para infligir sanções criminais quanto administrativas. O regime jurídico de ambas, salvo peculiaridades específicas, impõe-se seja idêntico. Por isso, a proscrição da *reformatio in pejus* não pode restar encerrada ao direito penal. Desse modo, a admissibilidade da reforma para pior no direito administrativo – que tem como razão de ser o imperativo de restauração da legalidade – encontra estorvo quando se tratar da competência sancionadora da Administração. No entanto, lamenta-se – e bastante – que esse entendimento, o qual foi capaz de seduzir a jurisprudência estrangeira, venha sendo rejeitado por arestos que se fundamentam, exclusivamente, na circunstância de admitir o parágrafo único do art. 64 da Lei n. 9.784/99 a reforma prejudicial de forma ampla, contanto que observada a formalidade que impõe a oitiva prévia do administrado.[670]

Seguindo a orientação adotada pelo §3º do art. 56, foi acrescido à Lei nº 9.784/99, pela Lei nº 11.417/06, o art. 64-A, no sentido de prever que é possível ao recorrente alegar violação de enunciado de súmula vinculante. Com efeito, neste caso, por se tratar de recurso administrativo, caberá ao órgão competente para decidir o recurso explicitar as razões da aplicabilidade ou inaplicabilidade da súmula.

Caso a decisão prolatada permaneça violando enunciado de súmula vinculante, é possível reclamar[671] ao Supremo Tribunal Federal, mas, como já dito, é necessário esgotar

---

distante desses locais para evitar o risco de novas infrações; III – proibição de manter contato com pessoa determinada quando, por circunstâncias relacionadas ao fato, deva o indiciado ou acusado dela permanecer distante; IV – proibição de ausentar-se da Comarca quando a permanência seja conveniente ou necessária para a investigação ou instrução; V – recolhimento domiciliar no período noturno e nos dias de folga quando o investigado ou acusado tenha residência e trabalho fixos; VI – suspensão do exercício de função pública ou de atividade de natureza econômica ou financeira quando houver justo receio de sua utilização para a prática de infrações penais; VII – internação provisória do acusado nas hipóteses de crimes praticados com violência ou grave ameaça, quando os peritos concluírem ser inimputável ou semi-imputável (art. 26 do Código Penal) e houver risco de reiteração; VIII – fiança, nas infrações que a admitem, para assegurar o comparecimento a atos do processo, evitar a obstrução do seu andamento ou em caso de resistência injustificada à ordem judicial; IX – monitoração eletrônica.

[669] Alteramos a abordagem realizada na primeira edição.

[670] NOBRE JÚNIOR, Edilson Pereira; CAVALCANTI, Francisco; FERREIRA FILHO, Marcílio da Silva; NÓBREGA, Theresa Christine de Albuquerque. *Comentários à lei do processo administrativo federal*. São Paulo, Saraiva, 2016, p. 193 e 194.

[671] Necessário distinguir a reclamação enquanto recurso administrativo daquela prevista na Lei nº 11.417/06. A primeira trata-se de recurso a ser apresentado no caso de direito ou interesse atingido pelo interessado. Já a reclamação a ser apresentada ao STF é mecanismo específico para cobrar efetividade de súmula vinculante em decorrência de seu descumprimento.

a via administrativa para que se faça uso da reclamação.[672] Se for acolhida pelo STF a reclamação apresentada, a decisão administrativa será anulada, e nova decisão deverá ser proferida pelo órgão competente para o julgamento do recurso, em consonância com a orientação da Corte Suprema.

Dentro dessa perspectiva, fica evidente que todas as futuras decisões administrativas, em casos semelhantes àquele que foi objeto de reclamação, deverão ser adequadas.

A respeito, escreve André Ramos Tavares, em sua já citada obra:

> Isso significa que a reclamação, para fins administrativos, conta com o que se pode chamar de "efeitos transcendentes", porque "amarra" as instâncias administrativas para todos os demais casos concretos que venham a surgir no futuro e que guardem semelhança com o primeiro, já julgado pelo STF.[673]

Por fim, vale alertar que o descumprimento da determinação do STF de adequação das futuras decisões em casos semelhantes à decisão proferida na reclamação pode levar à responsabilização pessoal nas esferas cível, administrativa e penal do agente administrativo.

• •

Art. 65 – *Os processos administrativos de que resultem sanções poderão ser revistos, a qualquer tempo, a pedido ou de ofício, quando surgirem fatos novos ou circunstâncias relevantes suscetíveis de justificar a inadequação da sanção aplicada.*

Parágrafo único – Da revisão do processo não poderá resultar agravamento da sanção.

• •

Comentários

Traz o presente artigo a possibilidade de revisão dos processos administrativos já decididos, que resultaram em sanções, a qualquer tempo,[674] a pedido do interessado ou de ofício pela Administração Pública, em função do surgimento de novos fatos ou circunstâncias tidas como relevantes.

A revisão de ofício tem amparo na oficialidade, na busca pela verdade material e também na autotutela. Na medida em que é dever da Administração Pública rever de ofício atos ilegais e buscar em âmbito administrativo a verdade dos fatos, conclui-se pela possibilidade e necessidade de revisão de sanções que tenham sido ilegalmente fixadas, formal ou materialmente.

---

[672] O art. 7º, §1º, da Lei nº 11.417, de 19/12/2006, prevê: "Contra omissão ou ato da Administração Pública, o uso da reclamação só será admitido após esgotamento das vias administrativas".

[673] TAVARES, André Ramos. *Nova lei da súmula vinculante*: estudos e comentários à Lei 11.417, de 19.12.2006. São Paulo: Método, 2007, p. 96.

[674] Não há limitações temporais para o requerimento de revisão, portanto. Diversamente, por exemplo, dos recursos voluntários hierárquicos, que somente podem ser interpostos dentre de um certo prazo, sob pena de preclusão e de perda de possibilidade de rediscutir a matéria.

A revisão, por óbvio, tem o escopo de alterar a situação jurídica decorrente de uma decisão definitiva na esfera administrativa, sendo necessária uma nova fundamentação para esse fim: segundo o dispositivo, ou um novo documento que altere a interpretação da situação exposta no processo, ou circunstâncias que demonstrem cabalmente que a avaliação foi equivocada, resultando em sanção injusta.

Entende-se, no entanto, que a mera alegação de injustiça da sanção, desprovida de documentos novos ou de circunstâncias não consideradas, não é suficiente para amparar a revisão. Em tais casos, o correto é que o interessado interponha recurso administrativo em sentido estrito,[675] quando então poderá rediscutir a matéria ainda que não exista qualquer situação inédita ou ignorada.

Diversamente do previsto no artigo anterior, da revisão não pode surgir agravamento da sanção já aplicada, isto é, especificamente no art. 65, definiu o legislador que não será possível a ocorrência da *reformatio in pejus,* em sede de revisão. Em sentido semelhante ao parágrafo único do art. 65 da Lei nº 9.784/99, o parágrafo único do art. 182 da Lei nº 8.112/90 igualmente impede o agravamento da penalidade, no âmbito da revisão de processos administrativos disciplinares envolvendo servidores públicos federais.

A *reformatio in pejus* importa possibilidade do agravamento da sanção quando da apresentação de algum recurso. No Direito Penal, a *reformatio in pejus* pode ocorrer, exceto se o recurso for interposto exclusivamente pelo réu. No processo administrativo, como já dito, não há impedimento de se reformar, para piorar a situação do particular, a decisão decorrente de pedido de reexame.

Com efeito, não podemos considerar essa orientação para os casos de revisão, que se caracteriza pela sua interposição após a conclusão de processo administrativo, tendo em vista fato novo ou circunstância não considerada. Na revisão, não pode haver o agravamento da sanção, não se aplica, pois, a *reformatio in pejus.*

A revisão não pode se limitar a repetir as razões já deduzidas, porque equivaleria ao recurso administrativo em sentido estrito, o qual já foi interposto ou já foi objeto de preclusão.

A revisão, repita-se, deve estar fundada em dados novos, colocados pelo interessado ao conhecimento da autoridade competente, visando à reforma da sanção determinada, demonstrado de forma objetiva e clara que a decisão aplicada foi inadequada.

Capítulo XVI

DOS PRAZOS

Art. 66 – *Os prazos começam a correr a partir da data da cientificação oficial, excluindo-se da contagem o dia do começo e incluindo-se o do vencimento.*

---

[675] Optou-se por dizer recurso administrativo em sentido estrito porque há quem diga que a revisão é espécie de recurso administrativo em sentido amplo. Evita-se, assim, confusão terminológica. Nohara e Marrara, por exemplo, afirmam em sua análise da Lei nº 9.784/99 que a "revisão é uma espécie de recurso administrativo em sentido amplo, pois ela devolve a matéria julgada à reapreciação da autoridade (...)" Conferir: NOHARA, Irene Patrícia; MARRARA, Thiago. *Processo administrativo*: Lei nº 9.784/99 comentada. São Paulo: Atlas, 2009, p. 413.

§1º – Considera-se prorrogado o prazo até o primeiro dia útil seguinte se o vencimento cair em dia em que não houver expediente ou este for encerrado antes da hora normal.

§2º – Os prazos expressos em dias contam-se de modo contínuo.

§3º – Os prazos fixados em meses ou anos contam-se de data a data. Se no mês do vencimento não houver o dia equivalente àquele do início do prazo, tem-se como termo o último dia do mês.

Comentários

O art. 66 estabelece a contagem de prazos. Em teoria, os prazos no âmbito do processo administrativo são peremptórios,[676] é dizer, não podem ser livremente reduzidos ou ampliados, e a sua desobediência implica preclusão administrativa. Entretanto, inclusive sob o prisma da formalidade moderada, podem ser dilatados a pedido do interessado, sobretudo quando há justificativa razoável e proporcional para tanto.

Desse modo, sua contagem inicia-se a partir da cientificação oficial, excetuando-se o dia da intimação e incluindo-se o dia do vencimento, correndo de modo contínuo, segundo o artigo em tela. Neste último ponto há uma diferenciação no que se refere ao Código de Processo Civil, que em seu art. 219 estipula que na contagem dos prazos processuais serão contabilizados apenas os dias úteis.

Repitam-se aqui os comentários já apresentados em outro artigo, no sentido de que a intimação oficial deve ser segura, valendo aquela publicada no diário oficial do órgão competente, ou se realizada de modo pessoal. Certo é que deve constar de modo expresso a cientificação dos atos do processo aos interessados.

Quanto aos prazos, já nos referimos à vantagem de se considerar os prazos correndo apenas em dias úteis, à luz do que dispõem o art. 109 da Lei nº 8.666/93, os arts. 164 e seguintes da Lei nº 14.133/21 e o art. 219 do atual Código de Processo Civil. Mas o artigo em comento optou por considerá-los de modo contínuo, sendo certo que eles serão prorrogados quando vencerem em dias que não tiverem expediente.

O §3º traz hipótese muito rara, mas eventualmente necessária, quando se trata de prazos a serem contados em meses ou anos, explicitando que, nessas hipóteses, os prazos serão contados de data a data. Assim, se o prazo for de dois anos, contar-se-ão os dias a partir do evento, considerando a preclusão dois anos depois. Se o prazo for de dois meses com ciência em 1º.01.2021, o termo final do prazo coincidirá com o dia 1º.03.2021, independentemente do número de dias existentes nos meses de janeiro e fevereiro.

Caso naquele mês não haja o dia específico do início do prazo, deve-se considerar o último dia daquele mês, tudo para evitar o cerceamento do direito de defesa do interessado.

---

[676] Nesse sentido: STJ, MS 7.897/DF, Rel. Ministro JOÃO OTÁVIO DE NORONHA, PRIMEIRA SEÇÃO, julgado em 24.10.2007.

Art. 67 – *Salvo motivo de força maior devidamente comprovado, os prazos processuais não se suspendem.*

Comentários

Conforme já explicitado nos comentários do artigo anterior, os prazos correm de forma contínua, sem suspensão, salvo motivo de força maior. Suspensão, relembre-se, é a paralisação da contagem do prazo que considera o tempo passado antes do evento suspensivo; diversamente da interrupção, que desconsidera o tempo anterior perpassado e devolve o prazo integral para o interessado.

Essa força maior a que faz menção o artigo em tela, claro, deve ser comprovada pelo interessado, exceto quando se estiver diante de fatos nitidamente notórios, a exemplo de um terremoto de enormes proporções ou de um temporal que inundou todo um território municipal.

Como a norma não define o que seja força maior para os fins do artigo em pauta, a decisão acerca da justificativa a fim de ensejar a suspensão em hipóteses excepcionais caberá à autoridade competente para conhecer da manifestação, do recurso ou do ato que se processaria no curso do processo administrativo.

É claro, entretanto, que não pode ser qualquer motivo. Com respaldo na razoabilidade e no bom senso que devem inferir a atuação do administrador público, há de se caracterizar como motivo de força maior aquele acontecimento inevitável, não previsto, para o qual o interessado não concorreu.

E, claro, a força maior deve ter alguma correlação que justifique a suspensão do prazo, não podendo ser encarada como mecanismo a privilegiar os inertes ou desidiosos. Não faz sentido, por exemplo, requerer a suspensão em comento em virtude de um incêndio em área urbana, se esse fenômeno não impediu ou dificultou em qualquer medida o cumprimento do prazo.

Exemplo de força maior apto à suspensão do prazo é, por exemplo, uma enchente de grandes proporções que causou o fechamento do trânsito de veículos e de pessoas na rua onde se localiza a repartição pública em que uma peça de recurso administrativo deve ser protocolada. Outro exemplo, envolvendo protocolos eletrônicos, é um problema técnico causado por um raio que culmine com a indisponibilidade do sistema eletrônico, impedindo que o interessado promova o protocolo de sua manifestação.

Capítulo XVII
DAS SANÇÕES

Art. 68 – *As sanções, a serem aplicadas por autoridade competente, terão natureza pecuniária ou consistirão em obrigação de fazer ou de não fazer, assegurado sempre o direito de defesa.*[677]

Comentários

O presente artigo estabelece que as sanções terão natureza pecuniária ou consistirão em determinada obrigação, de fazer ou não fazer. Não se trata de sanções cumulativas, mas sim alternativas.

De toda sorte, verificada a infração administrativa e a ilegalidade suscitada, a sanção é ato vinculado. É dizer, embora deva a autoridade administrativa dosá-la de acordo com o caso concreto, o ato de sancionamento é obrigatório, conforme explicam Irene Patrícia Nohara e Thiago Marrara:

> O ato de sancionamento ou de cominação da sanção é um ato claramente vinculado. Uma vez confirmada a conduta praticada e sua ilegalidade administrativa, não poderá a autoridade deixar de impor a sanção contra o servidor ou contra o administrado. O ato de sancionamento é obrigatório, seja por força do princípio da indisponibilidade do interesse público, seja em razão do princípio da isonomia.
>
> A indisponibilidade do interesse público impede que a autoridade administrativa, frente a motivos de ordem pessoal, interna, coloque o interesse público em segundo plano e beneficie aquele que descumpriu as normas jurídico-administrativas, deixando de lhe cominar a sanção administrativa devida. De outra via, o princípio da isonomia exige o tratamento igual dos iguais e desigual dos desiguais, de sorte que não cabe à autoridade escolher os infratores que sancionará. Não pode deixar uns impunes, mas outros punir rigorosamente.[678]

Há que ficar claro que a sanção do art. 68 não afasta outras sanções, tais como penais e civis. Isso porque as esferas são independentes e autônomas entre si, à exceção da sentença penal que declarar a negativa de autoria ou a inexistência de materialidade, que possui efeito vinculante.[679]

---

[677] A Lei de Processo Administrativo do Estado de Minas Gerais foi mais feliz na redação do referido capítulo, uma vez que enumera cada uma das sanções a serem aplicadas no descumprimento das normas.

[678] NOHARA, Irene Patrícia; MARRARA, Thiago. *Processo administrativo*: Lei nº 9.784/99 comentada. São Paulo: Atlas, 2009, p. 448.

[679] Agravo regimental nos embargos de declaração no recurso extraordinário. Direito Administrativo. Investigador de Polícia Civil. Processo administrativo disciplinar. Demissão. Independência das esferas penal e administrativa. Alegada violação dos princípios da legalidade, da ampla defesa, do contraditório e do devido processo legal. Prova produzida em ação penal utilizada em processo administrativo. Licitude da prova emprestada. Legislação infraconstitucional. Ofensa reflexa. Fatos e provas. Reexame. Impossibilidade. Precedentes. 1. Independência entre as esferas penal e administrativa, salvo quando, na instância penal, se decida pela inexistência material do fato ou pela negativa de autoria, casos em que essas conclusões repercutem na seara administrativa, o que não

Não podemos perder de vista que a aplicação das sanções fica condicionada à observância dos preceitos da razoabilidade, da proporcionalidade, da realidade, da motivação, entre outros vieses principiológicos.[680][681]

Mas não só isso, é de se repisar que a fixação sancionatória deve necessariamente observar os preceitos da Lei nº 13.655/18, que ao acrescer diversas disposições na LINDB, sedimentou o realismo e o consequencialismo jurídicos quando da aplicação e interpretação das normas publicísticas. Nesse trilho, por exemplo, o art. 22, §2º da LINDB, que firma que "Na aplicação de sanções, serão consideradas a natureza e a gravidade da infração cometida, os danos que dela provierem para a administração pública, as circunstâncias agravantes ou atenuantes e os antecedentes do agente".[682]

É nesse sentido que a fixação sancionatória, mais que uma análise de mera subsunção dos fatos à norma, observará as consequências práticas da decisão, as diretrizes gerais obedecidas à época dos fatos controversos, as dificuldades e obstáculos do gestor e as exigências das políticas públicas na hipótese. Nesse horizonte, a autoridade administrativa deve passar a considerar, quando da fixação das sanções, o contexto fático vivenciado e a realidade experimentada, tanto pelos interessados quanto pela sociedade em geral.[683][684]

Além disso, para além da influência da Lei nº 13.655/18 em âmbito sancionatório, igualmente merece destaque a influência da Lei nº 13.874/19, a Declaração de Direitos de Liberdade Econômica.[685] Essa lei, enquanto freio para a interferência estatal na atividade

---

ocorre na espécie. 2. As instâncias de origem reconheceram a legalidade do processo administrativo disciplinar que culminou na demissão do ora agravante amparadas na legislação pertinente e nos fatos e nas provas constantes dos autos. 3. Inadmissível, em recurso extraordinário, o reexame dos fatos e das provas dos autos e a análise da legislação infraconstitucional. Incidência da Súmula nº 279/STF. 4. Agravo regimental não provido. (STF, RE 1.272.316 ED-AgR/PA, Rel. Ministro DIAS TOFFOLI, PRIMEIRA TURMA, julgado em 21.12.2020)

[680] Sobre o tema, vale destacar os Enunciado nº 14 do Instituto Brasileiro de Direito Administrativo (IBDA): "Em homenagem ao princípio da proporcionalidade, a dosimetria necessária à aplicação das sanções será melhor observada quando as circunstâncias agravantes ou atenuantes aplicáveis ao caso forem positivadas preferencialmente em lei, regulamentos, súmulas ou consultas administrativas"

[681] Tem-se reputado que a lei não necessitaria exaurir a previsão do tipo e dos pressupostos da sanção. Seria possível a mera instituição legislativa da ilicitude e da sanção em seus termos genéricos, remetendo-se a atos administrativos regulamentares a disciplina precisa e exata. Conferir: JUSTEN FILHO, Marçal. *Pregão*: comentários à legislação do pregão comum e eletrônico. São Paulo: Dialética, 2003, p. 173.

[682] Sobre tal dispositivo legal, o Enunciado nº 15 do Instituto Brasileiro de Direito Administrativo (IBDA): "Para efeito do disposto no artigo 22, §2º da LINDB, os conceitos do direito penal podem ser usados na aplicação das sanções, subsidiariamente, desde que derivem de um núcleo comum constitucional entre as matérias, lastreado nos princípios gerais do direito sancionador, sobretudo quando não houver regulação específica".

[683] Nesse sentido: JUSTEN FILHO, Marçal. Art. 20 da LINDB: dever de transparência, concretude e proporcionalidade nas decisões públicas. *Revista de Direito Administrativo*, Rio de Janeiro, Edição Especial: Direito Público na Lei de Introdução às Normas de Direito Brasileiro – LINDB (Lei nº 13.655/2018), p. 13-41, nov. 2018.

[684] Interessante a acertada perspectiva de Eduardo Jordão, para quem é preciso considerar a heterogeneidade da administração pública brasileira quando da interpretação e aplicação da norma. Se há entes municipais do porte de São Paulo, igualmente há outros cuja precariedade – seja material, seja de pessoal, seja sob o ponto de vista do preparo técnico – é notória. Segundo o autor, "a verdade é que as condições orçamentárias, materiais e de pessoal variam dentro do país", razão pela qual a "atenção a estas disparidades é relevante para interpretar adequadamente a legislação administrativa no tocante a pequenos municípios do interior do país. E não faz sentido aplicar e interpretar a legislação relevante a seus gestores da mesma forma que a um gestor de uma grande e rica capital brasileira". Conferir: JORDÃO, Eduardo. Art. 22 da LINDB: acabou o romance: reforço do pragmatismo no direito público brasileiro. *Revista de Direito Administrativo*, Rio de Janeiro, Edição Especial: Direito Público na Lei de Introdução às Normas de Direito Brasileiro – LINDB (Lei nº 13.655/2018), p. 63-92, nov. 2018.

[685] Sobre o tema, conferir: FERRAZ, Sergio. Lei da liberdade econômica e processo administrativo. *In*: HUMBERT, Georges Louis Hage (coord.). *Lei de liberdade econômica e os seus impactos no direito administrativo*. Belo Horizonte: Fórum, 2020, p. 71 a 78.

econômica e na livre iniciativa, prevê uma série de direitos que devem ser igualmente considerados pela autoridade administrativa e, logo, cujo exercício não pode culminar com penalidade. Processos administrativos que sejam fruto do poder de polícia em seara econômica, portanto, devem ser guiados também de acordo com a mencionada legislação.

Por exemplo, o art. 3º, II, da Lei nº 13.874/19 prevê como direito de toda pessoa natural ou jurídica desenvolver atividade econômica em qualquer horário ou dia da semana, inclusive feriados, sem que para isso esteja sujeita a cobranças ou encargos adicionais.[686] Ademais, em harmonia com o postulado da presunção de inocência, o inciso V do mesmo artigo estipula que o administrado goza de presunção de boa-fé nos atos praticados no exercício da atividade econômica.

Essas previsões, de proteção à livre iniciativa e ao livre exercício de atividade econômica,[687] entre as demais previstas na Lei nº 13.874/19, devem ser de conhecimento da autoridade administrativa quando do processo administrativo e, logo, também quando da fixação das sanções.

De mais a mais, apoiado na melhor jurisprudência, o artigo supracitado garante o prévio direito de defesa antes da aplicação da sanção. Além disso, cabe à Administração decidir motivadamente sobre a sanção a ser aplicada. Nesse ponto, não há nada de inovador, na medida em que o princípio da motivação é ínsito à Administração Pública, e a ampla defesa, direito fundamental previsto na Constituição da República plenamente aplicável em seara administrativa.

Com efeito, no Direito Administrativo sancionatório, a motivação assume especial e transcendental relevância, visto que, aqui, o ato administrativo priva alguém de seu direito, restringe liberdades, limita movimentos. É fundamental que esses atos decisórios sejam devidamente motivados, sob pena de configurar-se a intolerável arbitrariedade.[688] E, reforça-se, estamos a falar de uma motivação substancial, e não meramente formal, que não apenas demonstra, de forma rasa, as razões de fato e de direito justificadoras, mas que também observa os ditames da Lei nº 13.655/18, que exige que a autoridade administrativa leve em consideração os pontos acima destacados.

Cumpre alertar, por fim, que as sanções previstas na Lei nº 9.784/99 se dirigem principalmente aos agentes públicos, a fim de promover o respeito aos ditames da lei e espalhar a exemplaridade na Administração Pública. Nada impede, contudo – e é comum, inclusive –, que as sanções sejam direcionadas a particulares, quando descumprirem seus deveres e violarem a ordem jurídico-administrativa.

---

[686] Desde que observadas: (i) as normas de proteção ao meio ambiente, incluídas as de repressão à poluição sonora e à perturbação do sossego público; (ii) as restrições advindas de contrato, de regulamento condominial ou de outro negócio jurídico, bem como as decorrentes das normas de direito real, incluídas as de direito de vizinhança; e (iii) a legislação trabalhista.

[687] Sobre essa essência da Declaração de Direitos de Liberdade Econômica, Guimarães e Souza explicam: "A Lei é o típico exemplo de norma que pretende dar nova conformação à realidade. A *Declaração de Direitos de Liberdade Econômica* é claro exemplo disso. A Lei, mais do que regular condutas determinadas, pretende, a partir de princípios gerais, aumentar a liberdade de empreender no país. Sua finalidade é ampliar a autonomia dos agentes privados, estatuindo em abstrato direitos de liberdade. Como se percebe, trata-se de uma lei ambiciosa. No seu DNA está a tentativa de tornar o Brasil um país mais aberto à livre iniciativa". Conferir: GUIMARÃES, Bernardo Strobel; SOUZA, Caio Augusto Nazario de. Lei de liberdade econômica e os limites para a intervenção do Estado na economia. *In*: HUMBERT, Georges Louis Hage (coord.). *Lei de liberdade econômica e os seus impactos no direito administrativo*. Belo Horizonte: Fórum, 2020, p. 26.

[688] OSÓRIO, Fábio Medina. *Direito administrativo sancionador*. São Paulo: Revista dos Tribunais, 2000, p. 406.

Capítulo XVIII
DAS DISPOSIÇÕES FINAIS

Art. 69 – *Os processos administrativos específicos continuarão a reger-se por lei própria, aplicando-se-lhes apenas subsidiariamente os preceitos desta Lei.*

Comentários

Os processos administrativos específicos[689] continuarão a reger-se por meio de legislação que lhes é específica, sofrendo a incidência da Lei nº 9.784/99 apenas subsidiariamente, isto é, as normas principiológicas da Lei de Processo Administrativo teriam aplicação imediata para além da esfera federal, e as normas gerais aplicar-se-iam em caso de lacuna nas leis que disciplinam processos específicos.[690]

A título ilustrativo dessa subsidiariedade, o seguinte julgado do Superior Tribunal de Justiça, envolvendo a aplicação da Lei nº 9.784/99 a processo administrativo específico envolvendo o Decreto-Lei nº 1.455/76, que, entre outras providências, dispõe sobre bagagem de passageiro procedente do exterior, disciplina o regime de entreposto aduaneiro e estabelece normas sobre mercadorias estrangeiras apreendidas:

> AGRAVO REGIMENTAL EM RECURSO ESPECIAL. ADMINISTRATIVO. PENA DEPERDIMENTO DE BENS. PROCESSO ADMINISTRATIVO. DECRETO-LEI Nº 1.455/76. DECISÃO IRRECORRÍVEL DO MINISTRO DA FAZENDA. AUSÊNCIA DEOBRIGATORIEDADE DO DUPLO GRAU DE JURISDIÇÃO ADMINISTRATIVA. AGRAVO IMPROVIDO (...)
>
> III – A Lei nº 9.784 /99, que dispõe que das decisões administrativas cabe recurso, em face de razões de legalidade e de mérito, porque de caráter geral, não teve o condão de derrogar o Decreto-Lei nº 1.455/76, que regula procedimento administrativo específico relacionado à pena de perdimento de bens.
>
> IV – Prevendo o artigo 69 da Lei nº 9.784 /99 que os processos administrativos específicos continuarão a reger-se por lei própria, aplicando-se-lhes apenas subsidiariamente os preceitos desta Lei, não há, pois, falar em derrogação dos preceitos do Decreto-Lei nº 1.455 /76.
>
> V – Agravo regimental a que se nega provimento.[691]

---

[689] Citem-se a respeito: Lei nº 8.112/90 – Regime jurídico dos servidores públicos civis da União, das autarquias e das fundações públicas federais; Lei nº 8.666/93 – Lei de Licitações e Contratos da Administração Pública; Lei nº 14.133/21 – Nova Lei de Licitações e Contratos Administrativos; Decreto-Lei nº 25/37 – Organiza a proteção do patrimônio histórico e artístico nacional e prevê o procedimento de tombamento; Lei nº 8.625/93 – Lei Orgânica Nacional do Ministério Público; Lei nº 9.427/96 – ANEEL; Lei nº 4.117/62 – ANATEL; Lei nº 9.279/96 – Concessão de Patentes ou o de Registro de Marcas de Indústria e Comércio; Lei nº 9.782/99 – Vigilância Sanitária; Lei nº 9.478/97 – Conselho Nacional de Política Energética e Agência Nacional do Petróleo; Lei nº 10.233/01 – Agência Nacional de Transportes Terrestres; Lei nº 9.605/98 – Meio Ambiente; Lei nº 8.884/99; Lei nº 9.021/95; Lei nº 9.781/99 – CADE; Lei nº 9.961/00 – ANS; Lei nº 9.984/00 – ANA, entre outras.

[690] A respeito, sugerimos: GUIMARÃES, Bernardo Strobel. Âmbito de validade da lei de processo administrativo (Lei n. 9.784/99): para além da Administração Federal. *A&C – Revista de Direito Administrativo e Constitucional*, Belo Horizonte, ano 4, n. 16, abr./jun. 2004.

[691] STJ, AgRg no REsp 1.279.053/AM, Rel. Ministro FRANCISCO FALCÃO, PRIMEIRA TURMA, DJe 16.03.2012.

Art. 69-A | 293

Art. 69-A. *Terão prioridade na tramitação, em qualquer órgão ou instância, os procedimentos administrativos em que figure como parte ou interessado: (Incluído pela Lei nº 12.008, de 2009).*

I – pessoa com idade igual ou superior a 60 (sessenta) anos; (Incluído pela Lei nº 12.008, de 2009).

II – pessoa portadora de deficiência, física ou mental;

III – (VETADO)

IV – pessoa portadora de tuberculose ativa, esclerose múltipla, neoplasia maligna, hanseníase, paralisia irreversível e incapacitante, cardiopatia grave, doença de Parkinson, espondiloartrose anquilosante, nefropatia grave, hepatopatia grave, estados avançados da doença de Paget (osteíte deformante), contaminação por radiação, síndrome de imunodeficiência adquirida, ou outra doença grave, com base em conclusão da medicina especializada, mesmo que a doença tenha sido contraída após o início do processo.

§1º A pessoa interessada na obtenção do benefício, juntando prova de sua condição, deverá requerê-lo à autoridade administrativa competente, que determinará as providências a serem cumpridas.

§2º Deferida a prioridade, os autos receberão identificação própria que evidencie o regime de tramitação prioritária.

§3º (VETADO)

§4º (VETADO)

Comentários

O artigo introduzido pela Lei nº 12.008/09 visa tratar desigualmente os desiguais, na medida de suas desigualdades, oferecendo, aos por ela salvaguardados, tratamento favorecido quanto à preferência na tramitação dos procedimentos administrativos. A norma guarda íntima correlação com as ditas ações afirmativas e com a concepção de isonomia material, que admitem discriminações não arbitrárias a fim de igualar os desiguais na realidade social.

No que se refere à prioridade de tramitação dos idosos, ainda que inexistente o inciso I do artigo em comento, ela ainda subsistiria em virtude da força normativa do art. 71 da Lei nº 10.741/03,[692] o Estatuto da Pessoa Idosa. Quanto às pessoas com defici-

---

[692] Art. 71. É assegurada prioridade na tramitação dos processos e procedimentos e na execução dos atos e diligências judiciais em que figure como parte ou interveniente pessoa com idade igual ou superior a 60 (sessenta) anos, em qualquer instância.
§1º O interessado na obtenção da prioridade a que alude este artigo, fazendo prova de sua idade, requererá o benefício à autoridade judiciária competente para decidir o feito, que determinará as providências a serem cumpridas, anotando-se essa circunstância em local visível nos autos do processo.
§2º A prioridade não cessará com a morte do beneficiado, estendendo-se em favor do cônjuge supérstite, companheiro ou companheira, com união estável, maior de 60 (sessenta) anos.
§3º A prioridade se estende aos processos e procedimentos na Administração Pública, empresas prestadoras de serviços públicos e instituições financeiras, ao atendimento preferencial junto à Defensoria Publica da União, dos Estados e do Distrito Federal em relação aos Serviços de Assistência Judiciária.

CRISTIANA FORTINI, MARIA FERNANDA VELOSO PIRES, TATIANA MARTINS DA COSTA CAMARÃO, CAIO MÁRIO LANA CAVALCANTI
PROCESSO ADMINISTRATIVO – COMENTÁRIOS À LEI Nº 9.784/1999

ência, o art. 9º da Lei nº 13.146/15,[693] o Estatuto da Pessoa com Deficiência, igualmente prevê o atendimento prioritário de tais indivíduos em uma série de circunstâncias, entre elas a tramitação dos processos administrativos (inciso VII).

No tocante ao inciso IV, merecem destaque dois pontos. Em primeiro lugar, veja-se que se trata de rol exemplificativo, permitindo o legislador que a prioridade se estenda para hipóteses de outras doenças graves, desde que mediante conclusão da medicina especializada. Em segundo lugar, merece destaque a redação final do inciso, que determina que mesmo que as mencionadas doenças tenham sido adquiridas durante o processo, faz o interessado jus à prioridade de tramitação.

Trata-se de direito que dependerá de postulação do interessado e que conduzirá a Administração a criar duplo controle temporal. Um primeiro arquivo será destinado às pessoas a quem não se conferiu o direito à prioridade temporal. Outro, com identificação própria, terá tramitação prioritária.

Art. 70 – *Esta Lei entra em vigor na data de sua publicação.*

Comentários

O art. 70 define o início da vigência da lei. Optou o legislador por não prever a chamada *vacatio legis,* que é o período temporal entre a publicação da lei e a sua vigência, que se presta, entre outros, para que a sociedade, os intérpretes e os aplicadores do ordenamento jurídico possam absorver as novas normas.

Entende-se que à época seria muito bem-vindo um prazo de vacância, considerando a complexidade, a repercussão e a importância da matéria tratada na lei em tela, de modo a atingir a finalidade acima posta. Nesse sentido, aliás, restou olvidado o teor do art. 8º, *caput,* da Lei Complementar nº 95/98, que dispõe que "A vigência da lei será indicada de forma expressa e de modo a contemplar prazo razoável para que dela se tenha amplo conhecimento, reservada a cláusula 'entra em vigor na data de sua publicação' para as leis de pequena repercussão".

Diversamente, ditou o legislador federal que a Lei nº 9.784/99 entrou em vigor logo na data de sua publicação oficial. Fosse a lei silente, ela entraria em vigor em território

---

§4º Para o atendimento prioritário, será garantido à pessoa idosa o fácil acesso aos assentos e caixas, identificados com a destinação a pessoas idosas em local visível e caracteres legíveis.

§5º Dentre os processos de pessoas idosas, dar-se-á prioridade especial aos das maiores de 80 (oitenta) anos.

[693] Art. 9º A pessoa com deficiência tem direito a receber atendimento prioritário, sobretudo com a finalidade de: I – proteção e socorro em quaisquer circunstâncias; II – atendimento em todas as instituições e serviços de atendimento ao público; III – disponibilização de recursos, tanto humanos quanto tecnológicos, que garantam atendimento em igualdade de condições com as demais pessoas; IV – disponibilização de pontos de parada, estações e terminais acessíveis de transporte coletivo de passageiros e garantia de segurança no embarque e no desembarque; V – acesso a informações e disponibilização de recursos de comunicação acessíveis; VI – recebimento de restituição de imposto de renda; VII – tramitação processual e procedimentos judiciais e administrativos em que for parte ou interessada, em todos os atos e diligências.

nacional apenas 45 (quarenta e cinco) dias após a sua publicação oficial, a teor do art. 1º, *caput*, da Lei de Introdução às Normas do Direito Brasileiro.[694]

* *

Brasília, 29 de janeiro de 1999; 178º da Independência e 111º da República.
FERNANDO HENRIQUE CARDOSO
Renan Calheiros
Paulo Paiva

---

[694] Art. 1º Salvo disposição contrária, a lei começa a vigorar em todo o país quarenta e cinco dias depois de oficialmente publicada.

REFERÊNCIAS

ACHOCHE, Munif Saliba. O devido processo constitucional e a súmula vinculante nº 5 do STF. *In*: CATTONI, Marcelo; MACHADO, Felipe (coord.). *Constituição e processo*: a resposta do constitucionalismo à banalização do terror. Belo Horizonte: Del Rey, 2009.

ALEXANDRINO, Marcelo; PAULO, Vicente. *Direito administrativo descomplicado*. 25. ed. rev. e atual. Rio de Janeiro: Forense; São Paulo: Método, 2017.

ALEXY, Robert. *Teoria de los derechos fundamentales*. Traducción de Ernesto Garzón Valdés. Madrid: Centro de Estúdios Constitucionales, 1993.

AMORIM FILHO, Agnelo. Critério científico para distinguir prescrição da decadência e identificar as ações imprescritíveis. *Revista dos Tribunais*, São Paulo, v. 49, n. 300, p. 7-37, out. 1960.

ANDRADE, Adriano; MASSON, Cleber; ANDRADE, Lindolfo. *Interesses difusos e coletivos esquematizado*. 2. ed. rev., atual. e ampl. Rio de Janeiro: Forense; São Paulo: Método, 2012.

ANDRADE, Fábio Martins de. *Comentários à Lei nº 13.655/2018*: proposta de sistematização e interpretação conforme. Rio de Janeiro: Lumen Juris, 2019.

ANDRADE, José Carlos Vieira de. *O dever de fundamentação expressa de actos administrativos*. 2. reimp. Coimbra: Almedina, 2007.

ARAGÃO, Alexandre Santos de. A concepção pós-positiva do princípio da legalidade. *Boletim de Direito Administrativo*, São Paulo, ano XX, n. 7, p. 768-777, jul. 2004.

ARAÚJO, Florivaldo Dutra de. *Motivação e controle dos atos administrativos*. Belo Horizonte: Del Rey, 1992.

ARAÚJO, Valter Shuenquener de. *O princípio da proteção da confiança*: uma nova forma de tutela do cidadão diante do Estado. Rio de Janeiro: Impetus, 2009.

ASSIS NETO, Sebastião de; JESUS, Marcelo de; MELO, Maria Izabel. *Manual de direito civil*. 6. ed. rev., atual. e ampl. Salvador: JusPodivm, 2017.

AURÉLIO, Bruno. *Atos administrativos ampliativos de direitos*: revogação e invalidação. São Paulo: Malheiros, 2011.

ÁVILA, Humberto. *Teoria dos princípios*. 7. ed. São Paulo: Malheiros, 2007.

BACELLAR FILHO, Romeu Felipe. O direito fundamental à presunção de inocência no processo administrativo disciplinar. *A&C – Revista de Direito Administrativo & Constitucional*, Belo Horizonte, ano 9, n. 37, p. 11-55, jul./set. 2009.

BACELLAR FILHO, Romeu Felipe. *Processo administrativo disciplinar*. São Paulo: Max Limonad, 1998.

BACELLAR FILHO, Romeu Felipe. *Processo administrativo disciplinar*. 2. ed. São Paulo: Max Limonad, 2003.

BACELLAR FILHO, Romeu Felipe; HACHEM, Daniel Wunder. É imprescindível a defesa por advogado em processo administrativo disciplinar? Sobre a súmula vinculante nº 5 do STF. *In*: BITENCOURT NETO, Eurico; MARRARA, Thiago (Coord.). *Processo administrativo brasileiro*: estudos em homenagem aos 20 anos da lei federal de processo administrativo. Belo Horizonte: Fórum, 2020.

BARRETO, Júlia d'Alge Mont'Alverne. *Consensualidade administrativa*: o uso de *dispute boards* para solução de conflitos no âmbito das agências reguladoras. Rio de Janeiro: Lumen Juris, 2019.

BARROSO, Luís Roberto. Prefácio. *In*: SARMENTO, Daniel (Coord.). *Interesses privados*: desconstruindo o princípio da supremacia do interesse público. Rio de Janeiro: Lumen Juris, 2005.

BASTOS, Celso Ribeiro. *Curso de direito administrativo*. São Paulo: Saraiva, 2011.

BELLINTANI, Leila Pinheiro. *Ação afirmativa e os princípios do direito*: a questão das quotas raciais para ingresso no ensino superior no Brasil. Rio de Janeiro: Lumen Juris, 2006.

BEZNOS, Clovis. A liberdade de manifestação do pensamento e da expressão e a proteção da intimidade e da vida privada. *Revista Brasileira de Direito Público*, Belo Horizonte, ano 4, n. 15, p. 9-25, out./dez. 2006.

BEZNOS, Clovis. A LINDB – alterações. *In*: MOTTA, Fabrício; GABARDO, Emerson (coord.). *Limites do controle da administração pública no Estado de direito*. Curitiba: Íthala, 2019.

BINENBOJM, Gustavo. O princípio da publicidade administrativa e a eficácia da divulgação de atos do poder público pela internet. *Revista Brasileira de Direito Público*, ano 6, n. 13, abr./jun. 2006.

BINENBOJM, Gustavo. *Uma teoria do direito administrativo*. Rio de Janeiro: Renovar, 2006.

BITENCOURT NETO, Eurico. *Concertação administrativa interorgânica*: direito administrativo e organização no século XXI. São Paulo: Almedina, 2017.

BITENCOURT NETO, Eurico. Subsídios para a atualização da lei federal de processo administrativo. *In*: BITENCOURT NETO, Eurico; MARRARA, Thiago (Coord.). *Processo administrativo brasileiro*: estudos em homenagem aos 20 anos da lei federal de processo administrativo. Belo Horizonte: Fórum, 2020.

BIZAWU, Sebástien Kiwonghi (coord.). *Direito dos animais*: desafios e perspectivas da proteção internacional. Belo Horizonte: Arraes, 2015.

BOBBIO, Norberto. *O futuro da democracia*: uma defesa das regras do jogo. 6. ed. Rio de Janeiro: Paz e Terra, 1986.

BONAVIDES, Paulo. *Curso de direito constitucional*. São Paulo: Malheiros, 1994.

BOROWSKI, Martin. *La estructura de los derechos fundamentales*. Trad. Carlos Bernal Pulido. Bogotá: Universidad Externado de Colombia, 2003.

BRASIL, Sérgio Augusto Veloso. O interesse público e o direito administrativo: supremacia ou ponderação frente ao interesse privado e considerações acerca do art. 266, da Constituição da República portuguesa. *In*: TAVARES, Fernando Horta (coord.). *Teoria geral do direito público*: institutos jurídicos fundamentais sob a perspectiva do Estado de Direito Democrático. Belo Horizonte: Del Rey, 2013.

BUENO, Cassio Scarpinella. Os recursos nas leis de processo administrativo federal e paulista: uma primeira aproximação. *In*: SUNDFELD, Carlos Ari; MUÑOZ, Guilhermo Andrés (Coord.). *As leis de processo administrativo (Lei Federal 9.784/99 e Lei Paulista 10.177/98)*. São Paulo: Malheiros, 2000.

BULOS, Uadi Lammêgo. *Constituição Federal anotada*. 9. ed. rev. e atual. São Paulo: Saraiva, 2009.

CAETANO, Marcello. *Princípios fundamentais de direito administrativo*. Rio de Janeiro: Forense, 1989.

CÂMARA, Alexandre Freitas. *O novo processo civil brasileiro*. 3. ed. rev., atual. e ampl. São Paulo: Atlas, 2017.

CAMARGO, José Aparecido. *Administração pública*: princípios constitucionais. Belo Horizonte: Del Rey, 2014.

CAMMAROSANO, Márcio. *O princípio constitucional da moralidade e o exercício da função administrativa*. Belo Horizonte: Fórum, 2006.

CAMPANA, Priscilla de Souza Pestana. A cultura do medo na Administração Pública e a ineficiência gerada pelo atual sistema de controle. *Revista de Direito de Viçosa*, v. 09, n. 01, 2017.

CANOTILHO, José Joaquim Gomes. *Direito constitucional e teoria da constituição*. 7. ed. Coimbra: Livraria Almedina, 2000.

REFERÊNCIAS | **299**

CANÇADO, Maria de Lourdes Flecha de Lima Xavier. *Os conceitos jurídicos indeterminados e a discricionariedade administrativa*. Belo Horizonte: Del Rey, 2013.

CAPEZ, Fernando. *Curso de processo penal*. 5. ed. rev. São Paulo: Saraiva, 2000.

CARDOSO, André Guskow. O regime do uso e compartilhamento de dados pessoais pela administração pública no âmbito da LGPD. *Informativo Justen, Pereira, Oliveira e Talamini*, Curitiba, n. 163, set. 2020. Disponível em: https://justen.com.br/pdfs/IE163/IE163-Andre-Uso-Compart-Dados-pela-Adm-LGPD.pdf. Acesso em: 28 maio 2021.

CARVALHO FILHO, José dos Santos. *Improbidade administrativa*: prescrição e outros prazos extintivos. São Paulo: Atlas, 2012.

CARVALHO FILHO, José dos Santos. *Manual de direito administrativo*. 17. ed. Rio de Janeiro: Lumen Juris, 2007.

CARVALHO FILHO, José dos Santos. *Manual de direito administrativo*. 19. ed. Rio de Janeiro: Lumen Juris, 2008.

CARVALHO FILHO, José dos Santos. *Manual de direito administrativo*. 20. ed. Rio de Janeiro: Lumen Juris, 2008.

CARVALHO FILHO, José dos Santos. *Manual de direito administrativo*. 27. ed. rev., atual. e ampl. São Paulo: Atlas, 2014.

CARVALHO FILHO, José dos Santos. Novo regime de direito público: relevância da aplicabilidade. *In*: MOTTA, Fabrício; GABARDO, Emerson (coord.). *Limites do controle da administração pública no Estado de direito*. Curitiba: Íthala, 2019.

CARVALHO FILHO, José dos Santos. O controle judicial da concretização dos conceitos jurídicos indeterminados. *R. Dir. Proc. Geral*, Rio de Janeiro, 54, 2001. Disponível em: https://pge.rj.gov.br/comum/code/MostrarArquivo.php?C=ODY3Nw%2C%2C. Acesso em: 1 maio 2021.

CARVALHO FILHO, José dos Santos. *Processo administrativo federal*: comentários à Lei nº 9.784 de 29.01.1999. 2. ed. Rio de Janeiro: Lumen Juris, 2005.

CARVALHO, Kildare Gonçalves. *Direito constitucional didático*. 4. ed. Belo Horizonte: Del Rey, 1997.

CARVALHO, Kildare Gonçalves. *Direito constitucional*: teoria do Estado e da Constituição: direito constitucional positivo. 14. ed. Belo Horizonte: Del Rey, 2008.

CARVALHO, Matheus. *Manual de direito administrativo*. 4. ed. rev., atual. e ampl. Salvador: JusPodivm, 2017.

CARVALHO, Raquel Melo Urbano de. *Curso de direito administrativo*. Parte geral, intervenção do estado e estrutura da administração. 2. ed. rev., ampl. e atual. Salvador: JusPodivm, 2009.

CARVALHO, Raquel Melo Urbano de. Delegação de competência no direito administrativo. 17 de abril de 2019. Disponível em: http://raquelcarvalho.com.br/2019/04/17/delegacao-de-competencia-no-direito-administrativo/#_ftn2. Acesso em: 30 abr. 2021.

CASAGRANDE, Laís Maria de Rezende Ponchio. Dos direitos e deveres dos administrados (arts. 3º e 4º). *In*: FIGUEIREDO, Lúcia Valle (Coord.). *Comentários à lei federal de processo administrativo*. Belo Horizonte: Fórum, 2004.

CASSAGNE, Juan Carlos. *Los principios generales del derecho en el derecho administrativo*. Buenos Aires: Abeledo-Perrot, 1988.

CASSETTARI, Christiano. *Elementos de direito civil*. 4. ed. São Paulo: Saraiva, 2016.

CASTRO JÚNIOR, Renério de. *Manual de direito administrativo*. Salvador: JusPodivm, 2021.

CAVALCANTI, Caio Mário Lana. *Comentários à lei de improbidade administrativa*. Rio de Janeiro: CEEJ, 2020.

CAVALCANTI, Caio Mário Lana. *Da expectativa de direito ao direito subjetivo à nomeação do candidato integrante do cadastro de reserva*. Rio de Janeiro: CEEJ, 2020.

CAVALCANTI, Caio Mário Lana. *Uma teoria do dever fundamental de pagar tributos*. Rio de Janeiro: CEEJ, 2019.

CINTRA, Antônio Carlos de Araújo. *Motivo e motivação do ato administrativo*. São Paulo: Revista dos Tribunais, 1979.

COMPARATO, Fábio Konder. Um quadro institucional para o desenvolvimento democrático. *In*: JAGUARIBE, Hélio (Coord.). *Brasil, sociedade democrática*. Rio de Janeiro: José Olympio, 1985.

COUTO, Reinaldo. *Curso prático de processo administrativo disciplinar e sindicância*. São Paulo: Atlas, 2012.

CRETELLA JR, J. *Prática do processo administrativo*. 4. ed. São Paulo: Revista dos Tribunais, 2004.

CRISTÓVAM, José Sérgio da Silva; SOUSA, Thanderson Pereira de. Motivação, invalidação e modulação de efeitos do ato administrativo a partir da Lei nº 13.655/2018. *In*: MAFFINI, Rafael; RAMOS, Rafael (coord.). *A nova LINDB*. Rio de Janeiro: Lumen Juris, 2020.

CUNHA JÚNIOR, Dirley da. *Curso de direito administrativo*. 18. ed. rev., ampl. e atual. Salvador: JusPodivm, 2020.

DALLARI, Adilson Abreu. Dever de decidir. *In*: BITENCOURT NETO, Eurico; MARRARA, Thiago (Coord.). *Processo administrativo brasileiro*: estudos em homenagem aos 20 anos da lei federal de processo administrativo. Belo Horizonte: Fórum, 2020.

DIDIER JR., Fredie; CUNHA, Leonardo Carneiro da. *Curso de direito processual civil*: o processo civil nos tribunais, recursos, ações de competência originária de tribunal e *querela nullitatis*, incidentes de competência originária de tribunal. V. 3. 13. ed. Salvador: JusPodivm, 2016.

DI PIETRO, Maria Sylvia Zanella. Aplicabilidade da lei de processo administrativo federal. *In*: BITENCOURT NETO, Eurico; MARRARA, Thiago (Coord.). *Processo administrativo brasileiro*: estudos em homenagem aos 20 anos da lei federal de processo administrativo. Belo Horizonte: Fórum, 2020.

DI PIETRO, Maria Sylvia Zanella. *Direito administrativo*. 14. ed. São Paulo: Atlas, 2002.

DI PIETRO, Maria Sylvia Zanella. *Direito administrativo*. 15. ed. São Paulo: Atlas, 2003.

DI PIETRO, Maria Sylvia Zanella. *Direito administrativo*. 19. ed. São Paulo: Atlas, 2006.

DI PIETRO, Maria Sylvia Zanella. *Direito administrativo*. 21. ed. São Paulo: Atlas, 2008

DI PIETRO, Maria Sylvia Zanella. *Direito administrativo*. 26. ed. São Paulo: Atlas, 2013.

DI PIETRO, Maria Sylvia Zanella. Princípios do processo judicial no processo administrativo. *Revista Consultor Jurídico*, 10 de dezembro de 2015. Disponível em: https://www.conjur.com.br/2015-dez-10/interesse-publico-principios-processo-judicial-processo-administrativo. Acesso em: 16 abr. 2021.

DIAS, Maria Tereza Fonseca. *Direito administrativo pós-moderno*. Belo Horizonte: Mandamentos, 2003.

DWORKIN, Ronald. *O império do direito*. São Paulo: Martins Fontes, 2003.

DWORKIN, Ronald. *Taking rights seriously*. 9. ed. Cambridge: Harvard University Press, 2002.

FARIA, Edimur Ferreira de. *Controle do mérito do ato administrativo pelo poder judiciário*. Belo Horizonte: Fórum, 2011.

FARIA, Edimur Ferreira de. *Curso de direito administrativo positivo*. 4. ed. Belo Horizonte: Del Rey, 2001.

FERNANDES, Bernardo Gonçalves. *Curso de direito constitucional*. 4. ed. rev., ampl. e atual. Salvador: JusPodivm, 2012.

FERNANDES, Bernardo Gonçalves. *Curso de direito constitucional*. 9. ed. rev., ampl. e atual. Salvador: JusPodivm, 2017.

FERRARI, Regina Maria Macedo Nery. *Direito municipal*. 5. ed. rev., atual. e ampl. Belo Horizonte: Fórum, 2018.

FERRAZ, Luciano. Segurança jurídica positivada na Lei Federal nº 9.784/99. *In*: NOHARA, Irene Patrícia; MORAES FILHO, Marco Antonio Praxedes de (Org.). *Processo administrativo*: temas polêmicos da Lei nº 9.784/99. São Paulo: Atlas, 2011.

FERRAZ, Sergio. Lei da liberdade econômica e processo administrativo. *In*: HUMBERT, Georges Louis Hage (coord.). *Lei de liberdade econômica e os seus impactos no direito administrativo*. Belo Horizonte: Fórum, 2020.

FERRAZ, Sergio. *Lei geral de proteção de dados*. Belo Horizonte: Fórum, 2021.

FERRAZ, Sergio. Os prazos no processo administrativo. *In*: SUNDFELD, Carlos Ari; MUNOZ, Guilhermo Andres (Coord.). *As leis de processo administrativo (Lei Federal 9.784/99 e Lei Paulista 10.177/98)*. São Paulo: Malheiros, 2000.

FERRAZ, Sergio; DALLARI, Adilson Abreu. *Processo administrativo*. São Paulo: Malheiros, 2002.

FERREIRA, Aurélio Buarque de Holanda. *Novo dicionário da língua portuguesa*.

FERREIRA, Luiz Tarcísio Teixeira. Princípios do processo administrativo e a importância do processo administrativo no Estado de Direito (arts. 1º e 2º). *In*: FIGUEIREDO, Lúcia Valle (Coord.). *Comentários à lei federal de processo administrativo*. Belo Horizonte: Fórum, 2004.

FIGUEIREDO, Lúcia Valle (Coord.). *Comentários à lei federal de processo administrativo*. Belo Horizonte: Fórum, 2004.

FIGUEIREDO, Lúcia Valle. *Curso de direito administrativo*. 8. ed. São Paulo: Malheiros, 1994.

FIGUEIREDO, Marcelo. Breve síntese da polêmica em torno do conceito de interesse público e sua supremacia: tese consistente ou devaneios doutrinários? *In*: MARRARA, Thiago (organizador). *Princípios de direito administrativo*: legalidade, segurança jurídica, impessoalidade, publicidade, motivação, eficiência, moralidade, razoabilidade, interesse público. São Paulo: Atlas, 2012.

FLORES, Andréa; LOPES, Jodascil Gonçalves. *Manual de direito penal*. 2. ed. Saraiva, 2016.

FLORESTANO NETO, Miguel. Da competência administrativa (arts. 11 a 15). *In*: FIGUEIREDO, Lúcia Valle (Coord.). *Comentários à lei federal de processo administrativo*. Belo Horizonte: Fórum, 2004.

FORTINI, Cristiana. Os conceitos de prescrição, preclusão e decadência na esfera administrativa – a influência do Novo Código Civil e da Lei Federal de Processo Administrativo. *Revista Eletrônica de Direito do Estado*, Salvador, Instituto Brasileiro de Direito Público, n. 28, out./dez. 2011.

FORTINI, Cristiana. Princípio da segurança jurídica e sua influência na revogação das licitações. *In*: BATISTA JÚNIOR, Onofre Alves; CASTRO, Sérgio Pessoa de Paula (coord.). *Tendências e perspectivas do direito administrativo*: uma visão da escola mineira. Belo Horizonte: Fórum, 2012.

FORTINI, Cristiana. Processo administrativo como mecanismo pelo qual se efetiva a cidadania. *Fórum Administrativo – Direito Público*, Belo Horizonte, ano 6, n. 69, p. 8092-8094, nov. 2006.

FORTINI, Cristiana. Processo administrativo disciplinar no Estado Democrático de Direito: o devido processo legal material, o princípio da eficiência e a Súmula Vinculante nº 05 do Supremo Tribunal Federal. *Revista Brasileira de Direito Público*, ano 6, n. 23, p. 123-136, out./dez. 2008.

FORTINI, Cristiana; AMARAL, Greycielle; CAVALCANTI, Caio Mário Lana. LGPD x LAI: sintonia ou antagonismo? *In*: PIRONTI, Rodrigo (Coord.). *Lei geral de proteção de dados no setor público*. Belo Horizonte: Fórum, 2021.

FORTINI, Cristiana; BUENO, Amaral Roque. A amplitude da segurança jurídica no processo administrativo correlacionada aos efeitos da Lei nº 13.655/18. *In*: BITENCOURT NETO, Eurico; MARRARA, Thiago (Coord.). *Processo administrativo brasileiro*: estudos em homenagem aos 20 anos da lei federal de processo administrativo. Belo Horizonte: Fórum, 2020.

FORTINI, Cristiana; DANIEL, Felipe Alexandre Santa Anna Mucci. O silêncio administrativo: conseqüências jurídicas no direito urbanístico e em matéria de aquisição de estabilidade pelo servidor. *Fórum Administrativo – Direito Público*, Belo Horizonte, ano 6, n. 64, p. 7394-7402, jun. 2006.

FORTINI, Cristiana; KIRCHMEYER, Virgínia. Ponderações sobre a prova de títulos nos concursos públicos. *Revista do Tribunal de Contas do Estado de Minas Gerais*, Edição Especial, Ano XXVIII.

FORTINI, Cristiana; PEREIRA, Maria Fernanda Pires de Carvalho; CAMARÃO, Tatiana Martins da Costa. *Licitações e contratos*: aspectos relevantes. Belo Horizonte: Fórum, 2007.

FORTINI, Cristiana; REPOLÊS, Maria Fernanda Salcedo. Do ato ao procedimento no marco do direito administrativo principiológico: apontamentos sobre a Lei Federal de Processo Administrativo. *In*: CONGRESSO NACIONAL DO CONPEDI, 16, 2007, Belo Horizonte. *Anais*... Belo Horizonte, 2007.

FRANÇA, Phillip Gil. Algumas considerações sobre como decidir conforme o consequencialismo da Lei 13.655/2018. *In*: MAFFINI, Rafael; RAMOS, Rafael (coord.). *A nova LINDB*. Rio de Janeiro: Lumen Juris, 2020.

FREITAS, Juarez. *A interpretação sistemática do direito*. 2. ed. São Paulo: Malheiros, 1998.

FREITAS, Juarez. *Discricionariedade administrativa e o direito fundamental à boa administração*. São Paulo: Malheiros, 2007.

FREITAS, Juarez. *O controle dos atos administrativos e os princípios fundamentais*. 5. ed. rev. e ampl. São Paulo: Malheiros, 2013.

FREITAS, Juarez; FREITAS, Thomas Bellini Freitas. *Inteligência artificial*: em defesa do humano. Belo Horizonte: Fórum, 2020.

FURTADO, Lucas Rocha. *Princípios gerais de direito administrativo*. Belo Horizonte: Fórum, 2016.

GABARDO, Emerson. *Princípio constitucional da eficiência administrativa*. Curitiba: Dialética, 2002.

GABARDO, Emerson; REZENDE, Maurício Corrêa de Moura. O conceito de interesse público no direito administrativo brasileiro. *Revista Brasileira de Estudos Políticos*, Belo Horizonte, n. 115, p. 267-318, jul./dez. 2017.

GAGLIANO, Pablo Stolze; PAMPLONA FILHO, Rodolfo. *Manual de direito civil*. São Paulo: Saraiva, 2017.

GAIO JÚNIOR, Antônio Pereira; MELLO, Cleyson de Moraes. *Novo código de processo civil comentado*: Lei 13.105, de 16 de março de 2015. Belo Horizonte: Del Rey, 2016.

GALUPPO, Marcelo Campos. Os princípios jurídicos no estado democrático de direito: ensaio sobre o modo de sua aplicação. *Revista de Informação Legislativa*, Brasília, ano 36, n. 143, jul./set. 1999.

GASPARINI, Diogenes. *Direito administrativo*. 11. ed. São Paulo: Saraiva, 2001.

GASPARINI, Diogenes. *Direito administrativo*. 13. ed. São Paulo: Saraiva, 2008.

GONÇALVES, Marcus Vinicius Rios. *Direito processual civil esquematizado*. 7. ed. São Paulo: Saraiva, 2016.

GRECO, Rogério. *Código penal comentado*. 10. ed. Niterói: Impetus, 2016.

GUIMARÃES, Bernardo Strobel. Âmbito de validade da lei de processo administrativo (Lei nº 9.784/99): para além da Administração Federal. *A&C – Revista de Direito Administrativo e Constitucional*, Belo Horizonte, ano 4, n. 16, abr./jun. 2004.

REFERÊNCIAS | 303

GUIMARÃES, Bernardo Strobel; SOUZA, Caio Augusto Nazario de. Lei de liberdade econômica e os limites para a intervenção do Estado na economia. *In*: HUMBERT, Georges Louis Hage (coord.). *Lei de liberdade econômica e os seus impactos no direito administrativo*. Belo Horizonte: Fórum, 2020.

GUIMARÃES, Fernando Vernalha. O direito administrativo do medo: a crise da ineficiência pelo controle. *Direito do Estado*, ano 2016, Número 71.

GUIMARÃES, Francisco Xavier da Silva. *Direito processual administrativo*: comentários à Lei nº 9.784/99. Belo Horizonte: Fórum, 2008.

GUNTHER, Klaus. Uma concepção normativa de coerência para uma teoria de argumentação. *Cadernos de Filosofia Alemã*, São Paulo, v. 6, 2000.

HAEBERLIN, Mártin. Revisitando a proporcionalidade: da análise dos seus possíveis usos à crítica de seu abuso no direito brasileiro. *Revista da AJURIS*, Porto Alegre, v. 45, n. 145, dezembro 2018.

HARGER, Marcelo. A importância do processo administrativo. *BDA – Boletim de Direito Administrativo*, São Paulo, v. 15, n. 5, p. 327-331, maio 1999.

HEINEN, Juliano; SPARAPANI, Priscilia; MAFFINI, Rafael. *Comentários à lei federal de processo administrativo*: Lei nº 9.784/99. Porto Alegre: Livraria do Advogado, 2015.

HOUAISS, Antônio; VILLAR, Mauro de Sales. *Dicionário Houaiss da língua portuguesa*. Rio de Janeiro: Objetiva, 2001.

IBRAHIM, Fábio Zambitte. Processo administrativo é mais eficaz sem formalidades. *Revista Consultor Jurídico*. Disponível em: https://www.conjur.com.br/2012-out-10/fabio-zambitte-processo-administrativo-eficaz-formalidades Acesso em: 16 abr. 2021.

ISMAIL FILHO, Salomão Abdo Aziz. Princípios da razoabilidade e da proporcionalidade: critérios limitantes da discricionariedade administrativa através do controle judicial. *BDA – Boletim de Direito Administrativo*, São Paulo, v. 18, n. 19, p. 723-735, set. 2002.

JAGUARIBE, Hélio. *Um quadro institucional para o desenvolvimento democrático*. Rio de Janeiro: Sociedade Democrática, 1985.

JORDÃO, Eduardo. Art. 22 da LINDB: acabou o romance: reforço do pragmatismo no direito público brasileiro. *Revista de Direito Administrativo*, Rio de Janeiro, Edição Especial: Direito Público na Lei de Introdução às Normas de Direito Brasileiro – LINDB (Lei nº 13.655/2018), p. 63-92, nov. 2018.

JUSTEN FILHO, Marçal. Art. 20 da LINDB: dever de transparência, concretude e proporcionalidade nas decisões públicas. *Revista de Direito Administrativo*, Rio de Janeiro, Edição Especial: Direito Público na Lei de Introdução às Normas de Direito Brasileiro – LINDB (Lei nº 13.655/2018), p. 13-41, nov. 2018.

JUSTEN FILHO, Marçal. *Comentários à lei de licitações e contratos administrativos*. Rio de Janeiro: AIDE, 1995.

JUSTEN FILHO, Marçal. *Curso de direito administrativo*. São Paulo: Saraiva, 2005.

JUSTEN FILHO, Marçal. *Pregão*: comentários à legislação do pregão comum e eletrônico. São Paulo: Dialética, 2003.

LAZZARINI, Alvaro. Do procedimento administrativo. *Revista de Informação Legislativa*, Brasília, ano 34, n. 135, jul./set., 1997.

LESSA, Sebastião José. *Do processo administrativo disciplinar e da sindicância*: doutrina, jurisprudência e prática. 5. ed. rev. e atual. Belo Horizonte: Fórum, 2011.

LEVENHAGEN, Antônio José de Souza. *Código Civil, comentários didáticos*. 4. ed. São Paulo: Atlas, 1995.

LIMA, Arnaldo Esteves. *O processo administrativo no âmbito da administração pública federal*: lei nº 9.784 de 29/01/1999. Belo Horizonte: Del Rey, 2014.

LIMA, Rogério Medeiros Garcia. *O direito administrativo e o poder judiciário*. 2. ed. rev. e atual. Belo Horizonte: Del Rey, 2005.

LIMA, Ruy Cirne. Princípios de direito administrativo. *Revista Direito e Democracia*, Canoas, v. 2, n. 2, p. 309-317, 2001.

LOEWENSTEIN, Karl. *Teoria da constituição*. 2. ed. Trad. Alfredo Gallego Anabitarte. Barcelona: Ediciones Ariel, 1970.

LUNA FILHO, Eury Pereira. A nova lei do processo administrativo. *BDA – Boletim de Direito Administrativo*, São Paulo, v. 16, n. 7, p. 488-497, jul. 2000.

MAFFINI, Rafael. *Princípio da proteção substancial da confiança no direito administrativo brasileiro*. Porto Alegre: Verbo Jurídico, 2006.

MARINELA, Fernanda. *Direito administrativo*. 7. ed. rev., ampl., reformada e atual. Niterói: Impetus, 2013.

MARQUES NETO, Floriano de Azevedo. Princípios do processo administrativo. *Fórum Administrativo – Direito Público*, Belo Horizonte, ano 4, n. 37, mar. 2004.

MARQUES NETO, Floriano de Azevedo; FREITAS, Rafael Véras de. A nova LINDB e a incorporação da teoria dos precedentes administrativos ao país. *Revista Consultor Jurídico*, 04/06/2018. Disponível em: https://www.conjur.com.br/2018-jun-04/opiniao-lindb-teoria-precedentes-administrativos. Acesso em: 26 abr. 2021.

MARQUES NETO, Floriano de Azevedo; FREITAS, Rafael Véras. *Comentários à Lei nº 13.655/2018 (lei da segurança para a inovação pública)*. 2. reimp. Belo Horizonte: Fórum, 2019.

MARRARA, Thiago. Competência, delegação e avocação na lei de processo administrativo. *In*: NOHARA, Irene Patrícia; MORAES FILHO, Marco Antonio Praxedes de (Org.). *Processo administrativo*: temas polêmicos da Lei nº 9.784/99. São Paulo: Atlas, 2011.

MARRARA, Thiago. O conteúdo do princípio da moralidade: probidade, razoabilidade e cooperação. *In*: MARRARA, Thiago (organizador). *Princípios de direito administrativo*: legalidade, segurança jurídica, impessoalidade, publicidade, motivação, eficiência, moralidade, razoabilidade, interesse público. São Paulo: Atlas, 2012.

MARRARA, Thiago. Princípios do processo administrativo. *In*: BITENCOURT NETO, Eurico; MARRARA, Thiago (Coord.). *Processo administrativo brasileiro*: estudos em homenagem aos 20 anos da lei federal de processo administrativo. Belo Horizonte: Fórum, 2020.

MARTINS, Ricardo Marcondes. *Efeitos dos vícios do ato administrativo*. São Paulo: Malheiros, 2008.

MARTINS, Ricardo Marcondes. Teoria do ato administrativo à luz das alterações da LINDB. *In*: VALIATI, Thiago Priess; HUNGARO, Luis Alberto; CASTELLA, Gabriel Morettini (coord.). *A lei de introdução e o direito administrativo brasileiro*. Rio de Janeiro: Lumen Juris, 2019.

MASSON, Nathália. *Manual de direito constitucional*. Salvador: JusPodivm, 2013.

MATTOS, Mauro Roberto Gomes de. Princípio do fato consumado no direito administrativo. *Fórum Administrativo – Direito Público*, Belo Horizonte, ano 2, n. 18, p. 1044-1050, ago. 2002.

MEDAUAR, Odete. *A processualidade no direito administrativo*. São Paulo: Revista dos Tribunais, 1993.

MEDAUAR, Odete. *Direito administrativo moderno*. 4. ed. São Paulo: Revista dos Tribunais, 2000.

MEDAUAR, Odete. *Direito administrativo moderno*. 6. ed. São Paulo: Revista dos Tribunais, 2002.

MEDAUAR, Odete. *Direito administrativo moderno*. 13. ed. São Paulo: Revista dos Tribunais, 2011.

MEDAUAR, Odete. *Direito administrativo moderno*. 17. ed. São Paulo: Revista dos Tribunais, 2013.

MEDAUAR, Odete. Lei nº 9.784, de 29 de janeiro de 1999: formação e características centrais. *In*: BITENCOURT NETO, Eurico; MARRARA, Thiago (Coord.). *Processo administrativo brasileiro*: estudos em homenagem aos 20 anos da lei federal de processo administrativo. Belo Horizonte: Fórum, 2020.

MEDEIROS, Fernanda Luiza Fontoura de. *Direito dos animais*. Porto Alegre: Livraria do Advogado, 2013.

MEIRA, José de Castro. Processo administrativo. *BDA – Boletim de Direito Administrativo*, São Paulo, v. 19, n. 3, p. 198-202, mar. 2003.

MEIRELLES, Hely Lopes. *Direito administrativo brasileiro*. 21. ed. São Paulo: Malheiros, 1995.

MEIRELLES, Hely Lopes. *Direito administrativo brasileiro*. 24. ed. São Paulo: Malheiros: 1999.

MEIRELLES, Hely Lopes. *Direito administrativo brasileiro*. 25. ed. São Paulo: Malheiros, 2000.

MEIRELLES, Hely Lopes. *Direito administrativo brasileiro*. 27. ed. São Paulo: Malheiros, 2002.

MEIRELLES, Hely Lopes. *Direito administrativo brasileiro*. 29. ed. São Paulo: Malheiros, 2004.

MEIRELLES, Hely Lopes. *Direito administrativo brasileiro*. 37. ed. São Paulo: Malheiros, 2011.

MEIRELLES, Hely Lopes. *Direito administrativo brasileiro*. 39. ed. São Paulo: Malheiros, 2013.

MEIRELLES, Hely Lopes. *Direito administrativo brasileiro*. 40. ed. São Paulo: Malheiros, 2014.

MELLO, Celso Antônio Bandeira de. *Curso de direito administrativo*. 19. ed. São Paulo: Malheiros, 2005.

MELLO, Celso Antônio Bandeira de. *Curso de direito administrativo*. 20. ed. São Paulo: Malheiros, 2006.

MELLO, Celso Antônio Bandeira de. *Curso de direito administrativo*. 27. ed. São Paulo: Malheiros, 2010.

MELLO, Celso Antônio Bandeira de. *Curso de direito administrativo*. 32. ed. São Paulo: Saraiva, 2015.

MELLO, Celso Antônio Bandeira de. *Elementos de direito administrativo*. 2. ed. São Paulo: Revista dos Tribunais, 1991.

MELLO, Oswaldo Aranha Bandeira de. *Princípios gerais de direito administrativo*. Rio de Janeiro: Forense, 1979.

MELLO, Rafael Munhoz de. Processo administrativo, devido processo legal e a Lei 9784/99. *A&C – Revista de Direito Administrativo e Constitucional*, ano 3, n. 11, p. 147-169, jan./mar. 2003.

MELLO, Rafael Munhoz de. Processo administrativo, devido processo legal e a Lei 9784/99. *Revista de Direito Administrativo*, Rio de Janeiro, n. 227, jan./mar. 2002.

MELO, José Tarcízio de Almeida. *Reformas*: administrativa, previdenciária e do judiciário. Belo Horizonte: Del Rey, 2000.

MELO, Luiz Carlos Figueira de. *Novos paradigmas da processualidade administrativa no Brasil*. Tese de Doutorado, Universidade Federal de Minas Gerais, 2001.

MENDES, Gilmar; COELHO, Inocêncio Mártires; BRANCO, Paulo Gustavo Gonet. *Curso de direito constitucional*. São Paulo: Saraiva, 2007.

MENDONÇA, José Vicente Santos de. Decisão administrativa coordenada: limites e impossibilidades da lei na coordenação de decisões administrativas. *In*: CABRAL, Antonio do Passo; MENDONÇA, José Vicente Santos de. *Decisão administrativa coordenada*: reflexões sobre os arts. 49-A e seguintes da Lei n. 9.784/99. São Paulo: Editora JusPodivm, 2022.

MODESTO, Paulo. Decisão coordenada: experimentação administrativa processual. *Revista Consultor Jurídico*, 02/12/2021. Disponível em: https://www.conjur.com.br/2021-dez-02/interesse-publico-decisao-coordenada-experimentacao-administrativa-processual. Acesso em: 20 set. 2022.

MODESTO, Paulo. Legalidade e autovinculação da administração pública: pressupostos conceituais do contrato de autonomia no anteprojeto da nova lei de organização administrativa. *In*: MODESTO, Paulo (org.). *Nova organização administrativa brasileira*. Belo Horizonte: Fórum, 2010.

MONTEIRO, Fábio de Holanda. Controle jurisdicional da correção de prova subjetiva nos concursos públicos. *Fórum Administrativo*, Belo Horizonte, ano 14, n. 164, p. 37-44, out. 2014.

MONTEIRO, Washington de Barros. *Curso de direito civil*. 15. ed. São Paulo: Saraiva, 1979. (Direito das obrigações, v. 4, 1ª parte).

MORAES, Alexandre de. *Direito constitucional*. 19. ed. São Paulo: Atlas, 2006.

MOREIRA, Egon Bockmann. Breves notas sobre a decisão coordenada. *Jota*, 04/10/2022. Artigo disponível em: https://www.jota.info/opiniao-e-analise/artigos/breves-notas-sobre-a-decisao-coordenada-04102021 Acesso em: 20 set. 2022.

MOREIRA, Egon Bockmann. O direito à prova no processo administrativo. *Fórum Administrativo – Direito Público*, Belo Horizonte, ano 4, n. 39, p. 3793-3803, maio 2004.

MOREIRA, Egon Bockmann. *Processo administrativo*: princípios constitucionais e a Lei 9.784/99. 2. ed. São Paulo: Malheiros, 2003.

MOREIRA, Egon Bockmann; PEREIRA, Paula Pessoa. Art. 30 da LINDB: o dever público de incrementar a segurança jurídica. *Revista de Direito Administrativo*, Rio de Janeiro, Edição Especial: Direito Público na Lei de Introdução às Normas de Direito Brasileiro – LINDB (Lei n.º 13.655/2018), p. 243-274, nov. 2018.

MOREIRA NETO, Diogo de Figueiredo. *Curso de direito administrativo*. 15. ed. Rio de Janeiro: Forense, 2009.

MORETTI, Natalia Pasquini. Uma concepção contemporânea do princípio da indisponibilidade do interesse público. *In*: MARRARA, Thiago (organizador). *Princípios de direito administrativo*: legalidade, segurança jurídica, impessoalidade, publicidade, motivação, eficiência, moralidade, razoabilidade, interesse público. São Paulo: Atlas, 2012.

MOTTA, Fabrício. Concurso público e a confiança na atuação administrativa: análise dos princípios da motivação, vinculação ao edital e publicidade. *In*: MOTTA, Fabrício (Coord.). *Concurso público e Constituição*. Belo Horizonte: Fórum, 2005.

MOTTA, Fabrício. Decisão coordenada. *Revista Consultor Jurídico*, 21/10/2021. Disponível em: https://www.conjur.com.br/2021-out-21/interesse-publico-decisao-coordenada-boa-novidade. Acesso em: 24 out. 2022.

MOTTA, Fabrício. Inteligência artificial e agilidade nas licitações públicas. *Revista Consultor Jurídico*, 29 de agosto de 2019. Disponível em: https://www.conjur.com.br/2019-ago-29/inteligencia-artificial-agilidade-licitacoes-publicas. Acesso em: 09 abr. 2021.

MOTTA, João Francisco da. *Invalidação dos atos administrativos*. 2. ed. Belo Horizonte: Del Rey, 2013.

NABAIS, José Casalta. *O dever fundamental de pagar impostos*: contributo para a compreensão constitucional do estado fiscal contemporâneo. Coimbra: Almedina, 2009.

NADER, Paulo. *Filosofia do direito*. 19. ed. Rio de Janeiro: Forense, 2010.

NEIVA, Geisa Rosignoli. *Conciliação e mediação pela Administração Pública*: parâmetros para sua efetivação. Rio de Janeiro: Lumen Juris, 2019.

NETO, Eurico Bitencourt. *Concertação administrativa interorgânica*: direito administrativo e organização no século XXI. Lisboa: Almedina 2017.

REFERÊNCIAS | **307**

NETTO, Luísa Cristina Pinto e. *Participação administrativa procedimental*: natureza jurídica, garantias, riscos e disciplina adequada. Belo Horizonte: Fórum, 2009.

NETTO, Luísa Cristina Pinto. Procedimentalização e participação: imposições jusfundamentais à atividade administrativa. *Revista da Procuradoria-Geral do Município de Belo Horizonte*, Belo Horizonte, v. 5, n. 10, p. 165-196, jul./dez. 2012.

NETTO, Pedro Dias de Oliveira. A primazia da realidade na gestão pública: como proporcionar um controle da administração pública de forma mais eficaz? *In*: NOBRE JÚNIOR, Edilson Pereira (org.). *O direito administrativo em transformação*: reflexões sobre a lei nº 13.655/2018. Rio de Janeiro: Lumen Juris, 2019.

NIEBUHR, Joel de Menezes. O erro grosseiro: análise crítica do Acórdão nº 2.391/2018 do TCU. *In*: VALIATI, Thiago Priess; HUNGARO, Luis Alberto; CASTELLA, Gabriel Morettini (coord.). *A lei de introdução e o direito administrativo brasileiro*. Rio de Janeiro: Lumen Juris, 2019.

NIEBUHR, Pedro de Menezes. Processos administrativos coletivos. *In*: BITENCOURT NETO, Eurico; MARRARA, Thiago (Coord.). *Processo administrativo brasileiro*: estudos em homenagem aos 20 anos da lei federal de processo administrativo. Belo Horizonte: Fórum, 2020.

NOBRE JÚNIOR, Edilson Pereira; CAVALCANTI, Francisco; FERREIRA FILHO, Marcílio da Silva; NÓBREGA, Theresa Christine de Albuquerque. *Comentários à lei do processo administrativo federal*. São Paulo, Saraiva, 2016.

NOHARA, Irene Patrícia. *Direito administrativo*. 3. ed. rev. e atual. São Paulo: Atlas, 2013.

NOHARA, Irene Patrícia. Motivação do ato administrativo na disciplina do direito público da LINDB. *In*: VALIATI, Thiago Priess; HUNGARO, Luis Alberto; CASTELLA, Gabriel Morettini (coord.). *A lei de introdução e o direito administrativo brasileiro*. Rio de Janeiro: Lumen Juris, 2019.

NOHARA, Irene Patrícia. Processo administrativo eletrônico. *In*: BITENCOURT NETO, Eurico; MARRARA, Thiago (Coord.). *Processo administrativo brasileiro*: estudos em homenagem aos 20 anos da lei federal de processo administrativo. Belo Horizonte: Fórum, 2020.

NOHARA, Irene Patrícia; MARRARA, Thiago. *Processo administrativo*: Lei nº 9.784/99 comentada. São Paulo: Atlas, 2009.

NOVELINO, Marcelo. *Manual de direito constitucional*. 8. ed. rev. e atual. Rio de Janeiro: Forense; São Paulo: Método, 2013.

OLIVEIRA, Carlos Alberto Alvaro de. Comentário ao art. 5º, LV. *In*: CANOTILHO, J.J. Gomes; MENDES, Gilmar; SARLET, Ingo; STRECK, Lenio (Coords.). *Comentários à Constituição do Brasil*. 1. ed. São Paulo. Saraiva, 2014.

OLIVEIRA, Gustavo Justino. O hiperativismo do controle externo da gestão pública pós-lei federal nº 13.655/18: panorama das adaptações do TCU e do Conselho Nacional do Ministério Público – CNMP frente aos novos parâmetros pragmatistas e consequencialistas de direito público pela LINDB. *In*: MAFFINI, Rafael; RAMOS, Rafael (coord.). *A nova LINDB*. Rio de Janeiro: Lumen Juris, 2020.

OLIVEIRA, Marcelo Andrade Cattoni de. Jurisdição e hermenêutica constitucional no Estado Democrático de Direito: um ensaio de teoria da interpretação enquanto teoria discursiva da argumentação jurídica de aplicação. *In*: OLIVEIRA, Marcelo Andrade Cattoni de (Coord.). *Jurisdição e hermenêutica constitucional no Estado Democrático de Direito*. Belo Horizonte: Mandamentos, 2004.

OLIVEIRA, Marcelo Andrade Cattoni de; NUNES, Dierle José Coelho. Súmula vinculante 5 do Supremo Tribunal Federal é inconstitucional. *Revista Consultor Jurídico*, 22 de maio de 2008. Disponível em: https://www.conjur.com.br/2008-mai-22/sumula_vinculante_stf_inconstitucional#:~:text=Nesse%20sentido%2C%20processo%20administrativo%20sem,%C3%89%20arb%C3%ADtrio. Acesso em: 05 abr. 2021.

OLIVEIRA, Mário Miranda de. A juridicidade como superação da legalidade na condução da administração pública. *In*: TAVARES, Fernando Horta (coord.). *Teoria geral do direito público*: institutos jurídicos fundamentais sob a perspectiva do Estado de Direito Democrático. Belo Horizonte: Del Rey, 2013.

CRISTIANA FORTINI, MARIA FERNANDA VELOSO PIRES, TATIANA MARTINS DA COSTA CAMARÃO, CAIO MÁRIO LANA CAVALCANTI
PROCESSO ADMINISTRATIVO – COMENTÁRIOS À LEI Nº 9.784/1999

OLIVEIRA, Rafael Carvalho Rezende. *Curso de direito administrativo*. 4. ed. rev., atual. e ampl. Rio de Janeiro: Forense; São Paulo: Método, 2016.

OLIVEIRA, Rafael Carvalho Rezende. *Nova lei de licitações e contratos administrativos*: comparada e comentada. Rio de Janeiro: Forense, 2021.

OSÓRIO, Fábio Medina. *Direito administrativo sancionador*. São Paulo: Revista dos Tribunais, 2000.

OTERO, Paulo. *Direito do procedimento administrativo*. Coimbra: Almedina, 2016, v.1.

PACELLI, Eugênio. *Curso de processo penal*. 17. ed. São Paulo: Atlas, 2013.

PEDRO, Fábio Nadal. Dos impedimentos e da suspeição na Lei nº 9.784/99. *In*: NOHARA, Irene Patrícia; MORAES FILHO, Marco Antonio Praxedes de (Org.). *Processo administrativo*: temas polêmicos da Lei nº 9.784/99. São Paulo: Atlas, 2011.

PEREIRA, Caio Mário da Silva. *Responsabilidade civil*. 3. ed. Rio de Janeiro: Forense, 1992.

PEREIRA, Flávio Henrique Unes. *Sanções disciplinares*: o alcance do controle jurisdicional. Belo Horizonte: Fórum, 2007.

PEREZ, Marcos Augusto. *A Administração Pública democrática*. Belo Horizonte: Fórum, 2004.

PIOVESAN, Flavia; IKAWA, Daniela. Segurança jurídica e direitos humanos: o direito à segurança dos direitos. *In*: ROCHA, Cármen Lúcia Antunes (org.). *Constituição e segurança jurídica*: direito adquirido, ato jurídico perfeito e coisa julgada. Estudos em homenagem a José Paulo Sepúlveda Pertence. 2. ed. rev. e ampl. Belo Horizonte: Fórum, 2005.

REPOLÊS, Maria Fernanda Salcedo. O princípio da moralidade no direito administrativo: tentativa de fundamentação filosófica adequada à aplicação dos princípios no direito e redefinição da ética na Administração Pública. *Revista do Instituto Carlos Campos*, Belo Horizonte, ano 1, n. 1, p. 61-98, 1995.

ROCHA, Cármen Lúcia Antunes. O princípio da coisa julgada e o vício de inconstitucionalidade. *In*: ROCHA, Cármen Lúcia Antunes (org.). *Constituição e segurança jurídica*: direito adquirido, ato jurídico perfeito e coisa julgada. Estudos em homenagem a José Paulo Sepúlveda Pertence. 2. ed. rev. e ampl. Belo Horizonte: Fórum, 2005.

ROCHA, Cármen Lúcia Antunes. *Princípios constitucionais da Administração Pública*. Belo Horizonte: Del Rey, 1994.

ROCHA, Rúsvel Beltrame. Devido processo legal, direitos fundamentais e inquérito civil público. *Revista da Procuradoria-Geral do Município de Belo Horizonte*, ano 2, n. 3, p. 191-212, jan./jun. 2009.

RODRIGUES, Rodrigo Cândido. Dificuldades e oportunidades da transformação digital e ética do judiciário trabalhista brasileiro de 1º grau, em face da pandemia do covid-19. *In*: CRUZ, Álvaro Ricardo de Souza; PEREIRA, Maria Fernanda Pires de Carvalho. *A pandemia e seus reflexos jurídicos*. Belo Horizonte: Del Rey, 2020.

SANTOS, J. M. de. *Código Civil brasileiro interpretado*. 10. ed. Rio de Janeiro: Freitas Bastos, 1982. (Direito das obrigações, v. 14).

SANTOS, Marília Lourindo dos. Noções gerais acerca do processo administrativo e da Lei nº 9784/99. *BDA – Boletim de Direito Administrativo*, São Paulo, jul. 2001.

SANTOS, Murilo Giordan. *Coisa julgada administrativa*. Belo Horizonte: Fórum, 2020.

SANTOS, Rodrigo Valgas dos. *Direito administrativo do medo*: risco e fuga da responsabilização dos agentes públicos. São Paulo: Revista dos Tribunais, 2020.

SARLET, Ingo Wolfgang; FENSTERSEIFER, Tiago. Deveres fundamentais ambientais. *Revista de direito ambiental*. São Paulo, v. 67, p. 15, jul./set, 2012.

SARMENTO, Daniel. *A ponderação de interesses na Constituição Federal*. Rio de Janeiro: Lumen Juris, 2003.

SCATOLINO, Gustavo; TRINDADE, João. *Manual de direito administrativo*. 4. ed. rev., ampl. e atual. Salvador: JusPodivm, 2016.

SCHIEFLER, Eduardo. Covid-19 e a importância da administração pública digital: crise pode servir como gatilho para o desenvolvimento de uma nova administração pública: mais digital do que nunca. *Jota*, 18/03/2020. Disponível em: https://www.jota.info/coberturas-especiais/inova-e-acao/covid-19-e-a-importancia-da-administracao-publica-digital-18032020. Acesso em: 26 maio 2021.

SILVA, Almiro do Couto e. Princípios da legalidade da Administração Pública e da segurança jurídica no Estado de direito contemporâneo. *Revista de Direito Público*, v. 20, n. 84, p. 46-63, out./dez. 1987.

SILVA, De Plácido e. *Vocabulário jurídico*. Rio de Janeiro: Forense, 1990, v. 4.

SILVA, José Afonso da. *Curso de direito constitucional positivo*. 5. ed. São Paulo: RT, 1989.

SILVA, Leila Maria Bittencourt. *Teoria da constituição e controle de constitucionalidade*. Belo Horizonte: Del Rey, 2011.

SILVEIRA, Raquel Dias da. *Profissionalização da função pública*. Belo Horizonte: Fórum, 2017.

SOARES, Fabiana de Menezes. *Direito administrativo de participação*: cidadania, direito, estado e município. Belo Horizonte: Del Rey, 1997.

SOUZA, Rodrigo Pagani de; ALENCAR, Letícia Lins de. O dever de contextualização na interpretação e aplicação do direito público. *In*: VALIATI, Thiago Priess; HUNGARO, Luis Alberto; CASTELLA, Gabriel Morettini (coord.). *A lei de introdução e o direito administrativo brasileiro*. Rio de Janeiro: Lumen Juris, 2019.

SOUZA NETTO, Marcelo Ferreira de. Do início do processo e dos interessados (arts. 5º e 10). *In*: FIGUEIREDO, Lúcia Valle (Coord.). *Comentários à lei federal de processo administrativo*. Belo Horizonte: Fórum, 2004.

SUNDFELD, Carlos Ari. Processo administrativo: um diálogo necessário entre Estado e cidadão. *A&C – Revista de Direito Administrativo e Constitucional*, Belo Horizonte, ano 6, n. 23, p. 39-45, jan./mar. 2006.

SUNDFELD, Carlos Ari; MUNOZ, Guillermo Andrés (Coord.). *As leis de processo administrativo (Lei Federal 9.784/99 e Lei Paulista 10.177/98)*. São Paulo: Malheiros, 2006.

TABORDA, Maren Guimarães. Realismo, natureza das coisas e publicidade: discussão sobre os critérios hermenêuticos da Lei 13.655/2018. *In*: MAFFINI, Rafael; RAMOS, Rafael (coord.). *A nova LINDB*. Rio de Janeiro: Lumen Juris, 2020.

TARTUCE, Flávio; NEVES, Daniel Amorim Assumpção. *Manual de direito do consumidor*: direito material e processual. Rio de Janeiro: Forense; São Paulo: Método, 2012.

TARTUCE, Flávio. *Manual de direito civil*. 6. ed. rev., atual. e ampl. Rio de Janeiro: Forense; Paulo: Método, 2016.

TAVARES, André Ramos. *Nova lei da súmula vinculante*: estudos e comentários à Lei 11.417, de 19.12.2006. São Paulo: Método, 2007.

TÁVORA, Nestor; ALENCAR, Rosmar Rodrigues. *Curso de direito processual penal*. 12. ed. rev. e atual. Salvador: JusPodivm, 2017.

TEIXEIRA JÚNIOR, Flávio Germano de Sena. Decisão coordenada: eficiência, integração administrativa e segurança jurídica. *Revista Consultor Jurídico*, 20/10/2021. Disponível em: https://www.conjur.com.br/2021-out-20/opiniao-decisao-coordenada-eficiencia-integracao-seguranca. Acesso em: 24 out. 2022.

TEPEDINO, Gustavo *et al*. *Código Civil interpretado conforme a Constituição da República*. Rio de Janeiro: Renovar, 2004. v. 1.

TOSTA, André Ribeiro. Realismo e a LINDB: amor à primeira vista? *In*: MAFFINI, Rafael; RAMOS, Rafael (coord.). *A nova LINDB*. Rio de Janeiro: Lumen Juris, 2020.

VALIM, Rafael. *O significado do princípio da segurança jurídica*. São Paulo: Malheiros, 2010.

VIEIRA, Danilo Miranda. A responsabilidade pessoal do agente público por dolo ou erro grosseiro. *In*: NOBRE JÚNIOR, Edilson Pereira (org.). *O direito administrativo em transformação*: reflexões sobre a Lei nº 13.655/2018. Rio de Janeiro: Lumen Juris, 2019.

WACHELESKI, Marcelo Paulo. Processo administrativo e a lei de introdução às normas do direito brasileiro. *In*: VALIATI, Thiago Priess; HUNGARO, Luis Alberto; CASTELLA, Gabriel Morettini (coord.). *A lei de introdução e o direito administrativo brasileiro*. Rio de Janeiro: Lumen Juris, 2019.

ZANCANER, Weida. *Da convalidação e da invalidação do ato administrativo*. 2. ed. 3. tiragem. São Paulo: Malheiros, 2001.

ZANCANER, Weida. O concurso público e os princípios da razoabilidade e da proporcionalidade. *In*: MOTTA, Fabrício (Coord.). *Concurso público e Constituição*. Belo Horizonte: Fórum, 2005, p. 167.

ZYMLER, Benjamin. A procedimentalização do direito administrativo brasileiro. *Fórum Administrativo – Direito Público*, Belo Horizonte, ano 2, n. 22, dez. 2002.

JURISPRUDÊNCIA

Ampla defesa e contraditório
APELAÇÃO CÍVEL. CONSTITUCIONAL. ADMINISTRATIVO. PROCESSUAL CIVIL E PROCESSUAL ADMINISTRATIVO. CÓDIGO DE TRÂNSITO BRASILEIRO (CTB). INFRAÇÕES DE TRÂNSITO. APLICAÇÃO DE PENALIDADES SEM O DEVIDO PROCESSO LEGAL. (DAER). AÇÃO ORDINÁRIA. IMPROCEDÊNCIA NA ORIGEM. PROVIMENTO EM GRAU RECURSAL. SENTENÇA REFORMADA. 1 É incabível a notificação de infração de trânsito c/c notificação de penalidade aplicada sem a observância da ampla defesa e do contraditório; em suma, sem o devido processo legal. Incidência e aplicação do artigo 5º, LV, da CF-1988, do artigo 281, parágrafo único, II, do Código Brasileiro de Trânsito (CTB) e do §2º do artigo 3º da Resolução nº 149 do CONTRAN (*DOU* 13.10.03). Igual incidência da Lei nº 9.784, de 29.01.1999 (*DOU* 01.02.1999 – Art. 2º e 3º), que regula o processo administrativo. *Improvimento*. 2 Nos termos de precedentes desta Câmara, deverá ser anulado, unicamente, o procedimento administrativo subseqüente à lavratura do auto de infração, porquanto este é peça inicial da abertura do processo administrativo. 3 Honorários Advocatícios. Cabimento da pretensão de sua majoração, consoante reiterado entendimento deste Órgão Colegiado. Provimento. APELO PROVIDO. SENTENÇA REFORMADA. (TJRS, Apelação Cível 70010382711, Rel. Desembargador WELLINGTON PACHECO BARROS, 4ª CÂMARA CÍVEL, julgado em 21.06.2006)

Para o julgamento pela irregularidade de contas ordinárias, não é necessário oportunizar nova defesa ao responsável se, em outros autos, já houver sido ofertado o contraditório e a ampla defesa em relação aos mesmos fatos (Súmula TCU 288). (TCU, Acórdão 10.223/2021, Rel. Ministro BENJAMIN ZYMLER, PRIMEIRA CÂMARA, julgado em 27.07.2021)

Direito Processual. Princípio da ampla defesa. Reiteração. Documento novo. Audiência. Citação. Princípio do contraditório. Obrigatoriedade. No caso de juntada aos autos, após a realização da citação ou da audiência do responsável, de documento novo que lhe seja desfavorável, outra oportunidade de manifestação deve-lhe ser concedida, em respeito aos princípios do contraditório e da ampla defesa. (TCU, Acórdão 1.670/2021, Rel. Ministro RAIMUNDO CARREIRO, PLENÁRIO, julgado em 14.07.2021)

EMBARGOS DECLARATÓRIOS – CONTRADIÇÃO. Constatada contradição no exame de certo tema, impõe-se o provimento de embargos declaratórios. CADASTRO FEDERAL DE INADIMPLENTES – MÍNIMO CONSTITUCIONAL – EDUCAÇÃO – DEVIDO PROCESSO LEGAL. A inscrição, em cadastro de inadimplência, por inobservância do percentual constitucional mínimo de recursos aplicáveis pelo ente federado na educação, pressupõe o contraditório, a ampla defesa. Ausente verba federal, é incabível prévia instauração de tomada de contas especial. (STF, ACO 2.671 ED/AL, Rel. Ministro MARCO AURÉLIO, TRIBUNAL PLENO, julgado em 21.12.2020)

AGRAVO DE INSTRUMENTO. AÇÃO ANULATÓRIA DE ATO ADMINISTRATIVO. SERVIDOR PÚBLICO. REDUÇÃO DE CARGA HORÁRIA. AUSÊNCIA DE PROCEDIMENTO ADMINISTRATIVO. INOBSERVÂNCIA AO CONTRADITÓRIO E A AMPLA DEFESA. ILEGALIDADE. TUTELA DE URGÊNCIA CORRETAMENTE DEFERIDA. RECURSO CONHECIDO E IMPROVIDO. I – O colendo Supremo Tribunal Federal, ao apreciar o Recurso Extraordinário nº 594.296/MG, reconheceu a existência da repercussão geral e definiu que qualquer ato da administração pública que tiver o condão de repercutir sobre a esfera de interesses do servidor deverá ser precedido de prévio procedimento administrativo, sendo assegurado ao interessado o efetivo exercício do direito ao contraditório e à ampla defesa; II – *In casu*, nos autos da Ação Anulatória de Ato Administrativo ajuizada pelo agravado, servidor público efetivo do Município recorrente, o Juízo Monocrático corretamente deferiu pedido de tutela de urgência, sustando os efeitos da Portaria nº 0125/2020/DRH/SEMED/PMM/PA, que resultou na redução da carga horária do recorrido e a consequente diminuição dos seus vencimentos (...) (TJPA, Agravo de Instrumento 0807552-21.2020.8.14.0000, Rel. Desembargadora ROSILEIDE MARIA DA COSTA CUNHA, 1ª TURMA DE DIREITO PÚBLICO, julgado em 1º.03.2021)

DIREITO ADMINISTRATIVO E DO CONSUMIDOR. PROCON/DF. RECLAMAÇÃO DO CONSUMIDOR. PROCEDIMENTO ADMINISTRATIVO. ANULAÇÃO DO ATO ADMINISTRATIVO. VIOLAÇÃO DO DEVIDO PROCESSO LEGAL. CONFIGURADA. CONTRADITÓRIO. NÃO OPORTUNIZADO. APELO CONHECIDO E NÃO PROVIDO. Como cediço, a Constituição Federal de 1988 traz um extenso arcabouço de medidas que devem ser tomadas em todo e qualquer processo ou procedimento, seja na via judicial ou administrativa, que possa de alguma forma limitar direitos ou privar de bens a pessoa física ou mesmo a pessoa jurídica. Previsões estas que visam tutelar, o que a doutrina denomina de devido processo legal, ganhando maior densidade normativa, conforme posicionamento consolidado na jurisprudência, quando se tratar de penalidade administrativa, a qual, poderá, inclusive, o Poder Judiciário em seu exame verificar a legalidade do ato administrativo, isto é, se ele foi praticado sob o manto da lei e, caso não o seja, decretar a sua nulidade. O Legislador, ao elaborar a legislação infraconstitucional, em função da força irradiante dos direitos e garantias fundamentais, fez prever na Lei 9.784/99 os mesmos princípios constitucionais do devido processo legal, os quais, como cediço, foram incorporados no âmbito do Distrito Federal pela Lei Distrital nº. 2.834/01, que recepcionou àquela lei no âmbito Distrital. *In casu*, é nítido que a reforma da decisão administrativa e, consequente, aplicação de penalidade ao impetrante, só ocorreu, por causa do recurso do consumidor, o qual não obedeceu ao devido contraditório, pois como afirmado pela própria autoridade coatora ao prestar suas informações ao mandado de segurança, a empresa, ora impetrante, não foi intimada para contrarrazoar o recurso do consumidor, de modo que, mostra-se indene de dúvidas, que houve desrespeito ao efetivo contraditório e a ampla defesa, não havendo como prosperar a referida decisão administrativa. Apelação conhecida e desprovida. Sentença mantida. (TJDFT, Apelação Cível 07123848120208070001, Rel. Desembargador GILBERTO PEREIRA DE OLIVEIRA, 3ª TURMA CÍVEL, julgado em 28.04.2021)

DIREITO CONSTITUCIONAL E ADMINISTRATIVO. REMESSA NECESSÁRIA. MANDADO DE SEGURANÇA COLETIVO. READAPTAÇÃO. PRINCÍPIO DA AUTOTUTELA. SÚMULA 473 DO STF. DIREITOS ADQUIRIDOS VIOLADOS. DESRESPEITO AOS PRINCÍPIOS DA AMPLA DEFESA E DO CONTRADITÓRIO. ATO ADMINISTRATIVO DECLARADO INVÁLIDO. REMESSA NECESSÁRIA CONHECIDA E NÃO PROVIDA. SENTENÇA MANTIDA. I. Os autos deste processo judicial versam acerca de mandado de segurança coletivo impetrado pela Associação dos Professores da Rede Municipal de Jaguaretama (APREMUJ) impetrado em desfavor da Prefeita do Município de Jaguaretama à época, por lavrar portaria que revogou a concessão de readaptação a docentes filiados à entidade de classe; II. A Súmula n. 473 do Supremo Tribunal Federal (STF) reconhece à Administração Pública, centralizada ou descentralizada, o poder-dever de anular seus atos eivados por vícios de ilegalidade e de inconstitucionalidade, bem como a faculdade de os revogar por critérios discricionários. Contudo, limita esta última ao respeito aos direitos adquiridos pelos administrados e pelos servidores públicos; III. Entretanto, caso a extinção do ato pelo ente político ou pela entidade administrativa ocasione efeitos negativos aos destinatários do ato, estes devem ser beneficiados pelo atendimento aos princípios da ampla defesa e do contraditório esculpidos pelo art. 5º, inc. LV, da Constituição Federal (CF) por intermédio de processo administrativo, o que não se concretizou no caso em apreço. IV. Remessa necessária conhecida e não provida. Sentença mantida. (TJCE, Remessa Necessária 0003899-78.2016.8.06.0106, Rel. Desembargador INACIO DE ALENCAR CORTEZ NETO, 3ª CÂMARA DE DIREITO PÚBLICO, julgado em 05.07.2021)

REMESSA NECESSÁRIA. MANDADO DE SEGURANÇA. CANCELAMENTO DE MULTA APLICADA PELO PROCON MARABÁ. DECISÃO DO PROCON SEM FUNDAMENTAÇÃO. AFRONTA AO PRINCÍPIO DO CONTRADITÓRIO E AMPLA DEFESA. EM REMESSA NECESSÁRIA, SENTENÇA MANTIDA. DECISÃO UNÂNIME. 1. O PROCON é órgão legítimo para a imposição de multa a empresas, por infração ao Código de Defesa do Consumidor decorrente do poder de polícia que lhe é conferido; 2. O art. 57, da Lei nº 8.078, de 1990 (CDC) dispõe que a pena de multa será graduada de acordo com a gravidade da infração, a vantagem auferida e a condição econômica do fornecedor; 3. A decisão administrativa não trouxe informação sobre os parâmetros utilizados para a quantificação da multa, o que fere o princípio do contraditório e da ampla defesa, ainda mais considerando ser esse um dos pontos aventados pela empresa no recurso administrativo; 4. Em remessa necessária, sentença confirmada. Manutenção de todos os termos da sentença. À unanimidade. (TJPA, Remessa Necessária 0013960-21.2013.8.14.0028, Rel. Desembargador ROBERTO GONCALVES DE MOURA, 1ª TURMA DE DIREITO PÚBLICO, julgado em 30.11.2020)

Os arts. 52, *caput*, e 118, inciso I, da Lei de Execução Penal, por regerem esfera distinta da formação de culpa no processo penal de conhecimento, não são incompatíveis com a norma inscrita no art. 5º, inciso LVII, da Constituição Federal. Dessa forma, descabe condicionar o reconhecimento da sanção administrativo-disciplinar de falta grave consistente na prática de fato definido como crime doloso pelo Juízo da Execução Penal ao trânsito em julgado da condenação oriunda do Juízo de Conhecimento. Independência das esferas de apuração e sancionamento de atos ilícitos. Juízes com competências diversas. Precedentes do Supremo Tribunal Federal. 2. A apuração da falta grave, todavia, deve observar os postulados constitucionais do devido processo legal, do contraditório e da ampla defesa, assegurado ao sentenciado defesa técnica e possibilidade de produção de provas. Tema de repercussão geral 941. Regras de Nelson Mandela das Nações Unidas. 3. Não se reconhece violação à cláusula de reserva de plenário quando o órgão fracionário do Tribunal de origem deixa de aplicar dispositivo infraconstitucional sem que o tenha declarado, expressa ou implicitamente, a inconstitucionalidade. 4. Recurso extraordinário a que se dá provimento, com a fixação da seguinte tese: o reconhecimento de falta grave consistente na prática de fato definido como crime doloso no curso da execução penal dispensa o trânsito em julgado da condenação criminal no juízo do conhecimento, desde que a apuração do ilícito disciplinar ocorra com observância do devido processo legal, do contraditório e da ampla defesa, podendo a instrução em sede executiva ser suprida por sentença criminal condenatória que verse sobre a materialidade, a autoria e as circunstâncias do crime correspondente à falta grave. (STF, RE 776823 / RS, Rel. Ministro EDSON FACHIN, TRIBUNAL PLENO, julgado em 07.12.2020)

RECURSO EXTRAORDINÁRIO COM REPERCUSSÃO GERAL. DIREITO ADMINISTRATIVO, FINANCEIRO E CONSTITUCIONAL. INSCRIÇÃO NO CADASTRO DE INADIMPLENTES DO SISTEMA INTEGRADO DE ADMINISTRAÇÃO FINANCEIRA DO GOVERNO FEDERAL – SIAFI/CADIN. DIREITO DA UNIÃO E DOS ESTADOS DE CONDICIONAR A ENTREGA DE RECURSOS AO PAGAMENTO DE SEUS CRÉDITOS, INCLUSIVE DE SUAS AUTARQUIAS. ART. 160, PARÁGRAFO ÚNICO, I, DA CONSTITUIÇÃO DA REPÚBLICA. AUSÊNCIA DE CONFLITO COM A GARANTIA DO CONTRADITÓRIO, AMPLA DEFESA E DEVIDO PROCESSO LEGAL. ART. 5º, LIV e LV, DA CONSTITUIÇÃO DA REPÚBLICA. VINCULAÇÃO AOS CADASTROS PARA A ENTREGA DE NOVOS RECURSOS. OBRIGAÇÃO LEGAL DIVERSA DO OBJETO DA AÇÃO. CARACTERIZAÇÃO DA INADIMPLÊNCIA PARA INSCRIÇÃO DE RESTRIÇÃO EM CADASTROS. MOMENTO. PRÉVIO JULGAMENTO DE TOMADA DE CONTAS ESPECIAL PELO TRIBUNAL DE CONTAS. NECESSIDADE NOS CASOS DE POSSIBILIDADE DE REVERSÃO DA INADIMPLÊNCIA. FIXAÇÃO DE TESE. RECURSO EXTRAORDINÁRIO A QUE SE NEGA PROVIMENTO. 1. Não viola o art. 160, I, da Constituição Federal a exigência do julgamento da tomada de contas especial para inscrição, em cadastro de inadimplentes, de ente subnacional que pretende receber recursos da União. 2. É requisito para a inscrição de ente subnacional em cadastro de inadimplentes o julgamento da tomadas de contas especial ou de outro procedimento específico instituído por lei que permita a apuração dos danos ao erário federal e das respectivas responsabilidades, desde que cabível à hipótese e possa resultar em reversão da inadimplência. Garantia do devido processo legal, contraditório e ampla defesa. Inteligência do disposto no art. 5º, LIV, e LV, da Constituição Federal. 3. É dispensável o julgamento ou mesmo a instauração da tomada de contas especial para a inscrição de ente subnacional em cadastro de inadimplentes, quanto tal procedimento não puder resultar em reversão da inadimplência, bastando, nestas hipóteses, a devida notificação do ente faltoso e o decurso do prazo nela previsto. 4. Fixação da seguinte tese em repercussão geral: "A inscrição de entes federados em cadastro de inadimplentes (ou outro que dê causa à negativa de realização de convênios, acordos, ajustes ou outros instrumentos congêneres que impliquem transferência voluntária de recursos), pressupõe o respeito aos princípios do contraditório, da ampla defesa e do devido processo legal, somente reconhecido: a) após o julgamento de tomada de contas especial ou procedimento análogo perante o Tribunal de Contas, nos casos de descumprimento parcial ou total de convênio, prestação de contas rejeitada, ou existência de débito decorrente de ressarcimento de recursos de natureza contratual (salvo os de conta não prestada) e; b) após a devida notificação do ente faltoso e o decurso do prazo nela previsto (conforme constante em lei, regras infralegais ou em contrato), independentemente de tomada de contas especial, nos casos de não prestação de contas, não fornecimento de informações, débito decorrente de conta não prestada, ou quaisquer outras hipóteses em que incabível a tomada de contas especial." 4. Recurso extraordinário a que se nega provimento, com fixação de tese em repercussão geral. (STF, RE 1.067.086/BA, Rel. Ministra ROSA WEBER, TRIBUNAL PLENO, julgado em 16.09.2020)

É incabível notificação de infração de trânsito c/c notificação de penalidade aplicada sem a observância da defesa prévia, da ampla defesa e do contraditório; em suma, sem o devido processo legal, o que constitui razão bastante para justificar a concessão de liminar ou tutela antecipada parcial ao efeito de suspender a sua eficácia até que a via ordinária decida sobre a sua anulação ou não. Incidência e aplicação do artigo 5º, LV, da CF/1988, do artigo 281, parágrafo único, II, do Código Brasileiro de Trânsito (CTB), e da Súmula nº 127 do STJ. Igual incidência da Lei nº 9.784, de 29.01.1999 (*DOU* 01.02.1999 – Art. 2º e 3º), que regula o processo administrativo. (TJRS, Agravo de Instrumento 70006502090, Rel. Desembargador WELLINGTON PACHECO BARROS, 4ª CÂMARA CÍVEL, julgado em 05.06.2003)

A Administração, à luz do princípio da autotutela, tem o poder de rever e anular seus próprios atos, quando detectada a sua ilegalidade, consoante reza a Súmula 473/STF. Todavia, quando os referidos atos implicam invasão da esfera jurídica dos interesses individuais de seus administrados, é obrigatória a instauração de prévio processo administrativo, no qual seja observado o devido processo legal e os corolários da ampla defesa e do contraditório. (STJ, AgInt no AgRg no AREsp 760.681/SC, Rel. Ministro NAPOLEÃO NUNES MAIA FILHO, PRIMEIRA TURMA, julgado em 03.06.2019)

CONSTITUCIONAL E ADMINISTRATIVO. MANDADO DE SEGURANÇA. PROCEDIMENTO DISCIPLINAR DO CONSELHO NACIONAL DO MINISTÉRIO PÚBLICO CONFORME SUAS COMPETÊNCIAS CONSTITUCIONAIS E RESPEITO AO REGIMENTO INTERNO. OBSERVÂNCIA AOS PRINCÍPIOS DA AMPLA DEFESA, CONTRADITÓRIO E PUBLICIDADE. AUSÊNCIA DE ILEGALIDADE OU ABUSO DE PODER. SEGURANÇA DENEGADA. 1. A observância dos princípios constitucionais da ampla defesa e do contraditório no decorrer do procedimento administrativo disciplinar supre eventual deficiência no decorrer de procedimento que antecede a instauração do PAD. 2. É pacífico o entendimento no SUPREMO TRIBUNAL FEDERAL de que o processado se defende dos fatos que lhe são imputados no ato de instauração do processo administrativo e não de sua capitulação jurídica 3. É devida a observância do princípio da publicidade nos processos disciplinares instaurados no âmbito do CNMP. 4. O CNMP atuou conforme suas prerrogativas constitucionais e de acordo com o previsto em seu Regimento Interno, não incorrendo em qualquer ilegalidade ou abuso de poder. 5. Essa atuação está em consonância com as diretrizes lançadas pela jurisprudência desta SUPREMA CORTE, consolidadas no sentido de que como regra geral, o controle dos atos do CNJ e CNMP pelo STF somente se justifica nas hipóteses de (i) inobservância do devido processo legal; (ii) exorbitância das competências do Conselho; e (iii) injuridicidade ou manifesta irrazoabilidade do ato impugnado (MS 33.690 AgR, Rel. Min. ROBERTO BARROSO, Primeira Turma,

DJe de 18/2/2016). Precedentes. 6. Mandado de Segurança em que se denega a ordem. (STF, MS 36.689/DF, Rel. Ministro ALEXANDRE DE MORAES, PRIMEIRA TURMA, julgado em 12.05.2021)

APELAÇÃO CÍVEL – AÇÃO DECLARATÓRIA – SUPRESSÃO DE PROGRESSÕES CONCEDIDAS A SERVIDOR PÚBLICO MUNICIPAL – CONCESSÃO SUPOSTAMENTE INDEVIDA – AUTOTUTELA DA ADMINISTRAÇÃO PÚBLICA – IMPOSSIBILIDADE – DECURSO DO PRAZO DECADENCIAL DE 5 ANOS – ART. 54 DA LEI 9.784/99 – NULIDADE DO ATO ADMINISTRATIVO – INOBSERVÂNCIA DO CONTRADITÓRIO E DA AMPLA DEFESA – VEDAÇÃO DA REFORMATIO IN PEJUS – SENTENÇA MANTIDA. É certo que cabe à Administração Pública anular seus próprios atos, quando verificar que se encontram eivados de vício de ilegalidade, sendo tal possibilidade limitada ao período de cinco anos, nos termos do art. 54 da Lei nº 9.784/99. A supressão de progressão concedida a servidor específico depende da instauração de prévio procedimento administrativo, em que sejam facultados a ampla defesa e o contraditório. (TJMG, Apelação Cível 1.0027.10.029110-6/001, Rel. Desembargador LUÍS CARLOS GAMBOGI, 5ª CÂMARA CÍVEL, julgado em 25.08.2016)

APELAÇÃO CÍVEL. DIREITO ADMINISTRATIVO. SERVIDOR DO MUNICÍPIO DE BETIM. GRATIFICAÇÃO PAGA INDEVIDAMENTE. REVISÃO DE ATO ADMINISTRATIVO. AUSÊNCIA DE PROCESSO ADMINISTRATIVO PRÉVIO. RECONHECIMENTO DA ILEGALIDADE PELA ADMINISTRAÇÃO PÚBLICA COBRANÇA DO VALOR REFERENTE AO PERÍODO DA REVISÃO DO ATO. RECURSO PROVIDO EM PARTE. – O Superior Tribunal de Justiça vem decidindo que, "consoante inteligência da Súmula 473/STF, a Administração, com fundamento no seu poder de autotutela, pode anular seus próprios atos, desde que ilegais". Todavia, "quando tais atos produzem efeitos na esfera de interesses individuais, mostra-se necessária a prévia instauração de processo administrativo, garantindo-se a ampla defesa e o contraditório, nos termos do art. 5º, LV, da Constituição Federal, 2º da Lei 9.784/99 e 35, II, da Lei 8.935/94" (MS 15474/DF, Primeira Seção, Rel. Min. Arnaldo Esteves Lima, j. em 13.03.2013). (TJMG, Apelação Cível 1.0027.02.004488-2/001, Rel. Desembargador MOACYR LOBATO, 5ª CÂMARA CÍVEL, julgado em 04.05.2017)

É necessária a prévia instauração de procedimento administrativo, assegurados o contraditório e a ampla defesa, sempre que a Administração, exercendo seu poder de autotutela, anula atos administrativos que repercutem na esfera de interesse do administrado. (STF, RE 946481/PR AgR, Rel. Ministro ROBERTO BARROSO, PRIMEIRA TURMA, julgado em 18.11.2016)

Ao Estado é facultada a revogação de atos que repute ilegalmente praticados; porém, se de tais atos já decorreram efeitos concretos, seu desfazimento deve ser precedido de regular processo administrativo. (STF, RE 594296/MG, repercussão geral, Rel. Ministro DIAS TOFFOLI, PLENÁRIO, julgado em 21.09.2011)

EMBARGOS INFRINGENTES. AÇÃO ANULATÓRIA DE ATO JURÍDICO. CERCEAMENTO DE DEFESA CONFIGURADO NO PROCEDIMENTO ADMINISTRATIVO. RECURSO PROVIDO PARA ANULAR O PROCESSO E ASSEGURAR A REALIZAÇÃO DE PROVAS ESSENCIAIS. Os atos administrativos estão atrelados aos princípios da legalidade, de modo que todos eles, os praticados em sindicância ou em processo disciplinar, têm de obedecer aos dispositivos constitucionais impostos em qualquer processo. Nos termos do art. 5º, LV, da Carta Magna, "aos litigantes, em processo judicial ou administrativo, e aos acusados em geral são assegurados o contraditório e a ampla defesa, com os meios e recursos a ela inerentes". Sofrendo o autor cerceamento em sua defesa, pela ausência de depoimentos de pessoas importantes para o esclarecimento dos fatos e, principalmente, por ter sido indeferida a leitura do Parecer exarado pelo Conselho Fiscal por ocasião do dia do julgamento, o procedimento administrativo deve ser anulado e, conseqüentemente, a pena de expulsão, a fim de que o autor possa novamente exercitar seu amplo e inquestionável direito constitucional, uma vez que tais provas, se realizadas, contribuiriam para o resultado diverso do ocorrido. (TJSC, Embargos Infringentes 2003.014183-9, Rel. Desembargador CARLOS PRUDÊNCIO, GRUPO DE CÂMARAS DE DIREITO CIVIL, julgado em 30.05.2006)

(...) tenho para mim, na linha de decisões que proferi nesta Suprema Corte, que se impõe reconhecer, mesmo em se tratando de procedimento administrativo, que ninguém pode ser privado de sua liberdade, de seus bens ou de seus direitos sem o devido processo legal, notadamente naqueles casos em que se estabelece uma relação de polaridade conflitante entre o Estado, de um lado, e o indivíduo, de outro. Cumpre ter presente, bem por isso, na linha dessa orientação, que o Estado, em tema de restrição à esfera jurídica de qualquer cidadão, não pode exercer a sua autoridade de maneira abusiva ou arbitrária (...). Isso significa, portanto, que assiste ao cidadão (e ao administrado), mesmo em procedimentos de índole administrativa, a prerrogativa indisponível do contraditório e da plenitude de defesa, com os meios e recursos a ela inerentes, consoante prescreve a Constituição da República em seu art. 5º, LV. O respeito efetivo à garantia constitucional do *due process of law*, ainda que se trate de procedimento administrativo (como o instaurado, no caso ora em exame, perante o E. Tribunal de Contas da União), condiciona, de modo estrito, o exercício dos poderes de que se acha investida a Pública Administração, sob pena de descaracterizar-se, com grave ofensa aos postulados que informam a própria concepção do Estado Democrático de Direito, a legitimidade jurídica dos atos e resoluções emanados do Estado, especialmente quando tais deliberações, como sucede na espécie, importarem em invalidação, por anulação, de típicas situações subjetivas de vantagem. (STF, MS 27.422/DF AgR, Voto do Rel. Ministro CELSO DE MELLO, SEGUNDA TURMA, julgado em 14.04.2015)

PROCESSUAL CIVIL. AGRAVO REGIMENTAL EM EMBARGOS DE DIVERGÊNCIA. TERRENO DE MARINHA. MAJORAÇÃO DA TAXA DE OCUPAÇÃO PELO VALOR DE MERCADO DO IMÓVEL. CONTRADITÓRIO PRÉVIO. DESNECESSIDADE. DECRETOS-LEIS N. 9.760/1946 E 2.398/1987.DISSÍDIO NÃO DEMONSTRADO. 1. A admissão dos embargos de divergência reclama a comprovação do dissídio jurisprudencial na forma prevista pelo RISTJ, com a demonstração das circunstâncias que assemelham os casos confrontados. 2. Caracteriza-se a divergência jurisprudencial quando, da realização do cotejo analítico entre os acórdãos paradigma e recorrido, verifica-se a adoção de soluções diversas a litígios semelhantes. 3. *In casu*, o acórdão embargado firmou entendimento no sentido de que a atualização monetária da taxa de ocupação dos terrenos de marinha prescinde de processo administrativo, com contraditório e ampla defesa "de acordo com o art. 28 da Lei n. 9.784/99, e conforme a própria jurisprudência desta Corte, somente a classificação de determinado imóvel como terreno de marinha depende de prévio procedimento administrativo, com contraditório e ampla defesa, por trata-se de imposição de dever. Já a simples atualização das taxas de ocupação não se configura como imposição ou mesmo agravamento de um dever, mas tão somente uma recomposição de patrimônio, devida na forma da lei, razão pela qual inaplicável o ditame do dispositivo mencionado". 4. A seu turno, o acórdão paradigma firmou entendimento no sentido de que no procedimento demarcatório de terrenos de marinha, deve-se observar o contraditório e da ampla defesa, com a citação pessoal dos interessados, *verbis*: Esta Corte já decidiu que, para a observância do contraditório e da ampla defesa, deve-se proceder à citação pessoal dos interessados no procedimento demarcatório de terrenos da marinha, sempre que identificados pela União e certo o domicílio. 5. Destarte, ressoa inequívoca a ausência de soluções diversas aos casos concretos em tela 6. Agravo regimental desprovido. (STJ, AgRg nos EREsp 1.161.374/SC, Rel. Ministro LUIZ FUX, PRIMEIRA SEÇÃO, DJe 1º.10.2010)

Anulação

CONSTITUCIONAL. ADMINISTRATIVO. MANDADO DE SEGURANÇA. DELEGADO DE POLÍCIA. REMOÇÃO EX OFFICIO. ATO ADMINISTRATIVO SEM QUALQUER REFERÊNCIA AOS MOTIVOS QUE LHE DERAM ENSEJO. ILEGALIDADE. INOBSERVÂNCIA DO ART. 50, I, DA LEI 9.784/99. MOTIVAÇÃO APRESENTADA SOMENTE NAS INFORMAÇÕES EM QUE NÃO HÁ CONGRUÊNCIA ENTRE O MOTIVO E A FINALIDADE DO ATO, ALÉM DE EVIDENCIAR ELEVADO GRAU DE SUBJETIVISMO À REVELIA DE CONCRETA DEMONSTRAÇÃO DE QUE A TRANSFERÊNCIA ATENDE A ALGUMA DAS HIPÓTESES PREVISTAS NO ART. 26, II, DA LEI ESTADUAL 4.122/99. ATO ADMINISTRATIVO QUE, APESAR DE DISCRICIONÁRIO, SUJEITA-SE AO CONTROLE DE JURIDICIDADE. PRECEDENTES. 1. Trata-se, na origem, de Mandado de Segurança contra ato do Secretário da Segurança Pública do Estado de Sergipe que determinou a remoção *ex officio* do Delegado de Polícia impetrante sem a correspondente motivação. 2. Integra o bloco de juridicidade do ato administrativo – ainda que discricionário – a explicitação das razões que levaram a Administração Pública à sua prática. Precedentes. (STJ, RMS 37.327/SE, Rel. Ministro HERMAN BENJAMIN, SEGUNDA TURMA, DJe 12.09.2013)

ADMINISTRATIVO. PROCESSO DISCIPLINAR. PREJUÍZO. PROVA. AUSÊNCIA. NULIDADE. INEXISTÊNCIA. DEMISSÃO. EXAME JUDICIAL. REVISÃO DO MÉRITO. IMPOSSIBILIDADE. 1. Eventual nulidade em processo administrativo disciplinar exige a respectiva comprovação do prejuízo sofrido, aplicando-se o princípio *pas de nullité sans grief*. Precedentes. 2. Esta Corte Superior pacificou o entendimento de que o controle jurisdicional do PAD restringe-se ao exame da regularidade do procedimento e à legalidade do ato, à luz dos princípios – contraditório, da ampla defesa – e do devido processo legal, sendo defesa qualquer incursão no mérito administrativo, a impedir a análise e valoração das provas constantes no processo disciplinar. (STJ, MS 21.754, Rel. Ministro GURGEL DE FARIA, PRIMEIRA SEÇÃO, DJe 30.06.2021)

REEXAME NECESSÁRIO – APELAÇÕES CÍVEIS – AÇÃO ORDINÁRIA – MUNICÍPIO DE UBERLÂNDIA – EXONERAÇÃO – PRELIMINARES – COISA JULGADA – IMPOSSIBILIDADE JURÍDICA DO PEDIDO – AFASTADAS – MÉRITO – EXONERAÇÃO – EXAME DE SAÚDE EM ESTÁGIO PROBATÓRIO – ARGUIÇÃO DE INCONSTITUCIONALIDADE – DISPOSTIVO DE LEI COMPLEMENTAR DECLARADA INCONSTITUCIONAL PELO ÓRGÃO ESPECIAL – RESSARCIMENTO – EFEITOS EX TUNC – PERTINÊNCIA – PRECEDENTES DO EGRÉGIO STJ. Evidenciado que a causa de pedir das anteriores ações mandamental e rescisória são distintas da causa de pedir desta ação ordinária, porquanto aquelas cuidam de prazo prescricional, não há falar em coisa julgada. Não se denota a impossibilidade jurídica do pedido, porquanto controle difuso de constitucionalidade se configura na permissão de todo e qualquer juiz ou tribunal analisar a questão relativa à constitucionalidade da norma, no deslinde de um caso concreto. Com o reconhecimento da legalidade da lei que autorizou o ato de exoneração da servidora, a anulação do referido ato tem efeitos *ex tunc*, ou seja, retroativos, devendo ser restabelecida a situação anterior à reconhecida ilegalidade, com a percepção dos vencimentos e vantagens, além da contagem de tempo. Os valores deverão ser corrigidos monetariamente com base no IPCA-E, em consonância com o RE 870/947, desde a época em eram devidos, os juros de mora deverão ser aplicados desde a citação, com base nos índices previstos no artigo 1º-F da Lei 9.494/97. (TJMG, Apelação Cível/Remessa Necessária 1.0702.15.073695-8/003, Rel. Desembargador ARMANDO FREIRE, 1ª CÂMARA CÍVEL, julgado em 02.12.2020)

RECURSO INOMINADO. SEGUNDA TURMA RECURSAL DA FAZENDA PÚBLICA. MUNICÍPIO DE SANTA MARIA. EXTINÇÃO DE E CRIAÇÃO DE CARGOS EM COMISSÃO. SERVIDOR INATIVO. MANUTENÇÃO DA INTEGRALIDADE DOS PROVENTOS. SENTENÇA DE PROCEDÊNCIA MANTIDA POR SEUS PRÓPRIOS FUNDAMENTOS. I. Em observância aos princípios norteadores dos juizados especiais, tais como celeridade, simplicidade, economicidade, entendo que a sentença bem enfrentou a questão, motivo pelo qual deve ser confirmada pelos próprios fundamentos, nos termos do art. 46 da Lei nº. 9.099/95. II. Os atos administrativos possuem validade, via de regra, até que outro ato os revogue ou anule. Nesse sentido, leciona Maria Sylvia Zanela di Pietro: "a anulação que alguns preferem chamar de invalidação é o desfazimento do ato administrativo por razões de ilegalidade. Como a desconformidade com a lei atinge o ato em suas origens, a anulação produz efeitos retroativos à data em que foi emitido (efeitos *ex tunc*, ou seja, a partir de então). A anulação pode se feita pela Administração Pública, com base no seu poder de autotutela sobre os próprios atos, conforme entendimento já consolidado pelo STF por meio das Súmulas 346 e 473". III. Contudo, há que se atentar para o prazo decadencial de 5 (cinco) anos, previsto no art. 54 da Lei Federal nº 9.784/99. Impende salientar que referido prazo é aplicável ao caso concreto, por força da Súmula nº 633 do STJ, que assim dispõe: "A Lei 9.784/1999, especialmente no que diz respeito ao prazo decadencial para a revisão de atos administrativos no âmbito da Administração Pública federal, pode ser aplicada, de forma subsidiária, aos estados e municípios, se inexistente norma local e específica que regule a matéria". III. No caso concreto, o autor foi aposentado por tempo de serviço na data de 12-06-1996, mediante ato legislativo nº 008/96. Em 22-03-2019, houve a revisão dos benefícios de pensionistas da Câmara Municipal de Vereadores de Santa Maria, com o objetivo de corrigir possíveis diferenças no valor dos proventos. Contudo, entre a data de concessão de aposentadoria do demandante e a revisão de seus proventos transcorreram-se mais de vinte anos, tendo operado o prazo de cinco anos para o exercício do poder de autotutela. RECURSO INOMINADO DESPROVIDO. (TJRS, Recurso Cível 71009242686, 2ª Turma Recursal da Fazenda Pública, Turmas Recursais, Rel. JOSÉ LUIZ JOHN DOS SANTOS, julgado em 26.06.2020)

APELAÇÃO CIVEL – AÇÃO ANULATÓRIA DE DÉBITO – MULTA APLICADA PELO PROCON – DECISÃO ADMINISTRATIVA – ACORDO FIRMADO NO ÂMBITO DO PROCON – DESCUMPRIMENTO PARCIAL – FATO INCONTROVERSO – DECISÃO CONDENATÓRIA PROFERIDA PELO PROCON – VIOLAÇÃO AO DEVIDO PROCESSO LEGAL – AUSÊNCIA – ANÁLISE DO MÉRITO ADMINISTRATIVO – IMPOSSIBILIDADE – MULTA – ADEQUAÇÃO AOS DITAMES LEGAIS – PROPORCIONALIDADE E RAZOABILIDADE – IMPOSSIBILIDADE DE ANULAÇÃO/REDUÇÃO – RESTITUIÇÃO EM DOBRO – DESCABIMENTO. O controle jurisdicional sobre a seara administrativa é admissível excepcionalmente e apenas para apreciar aspectos relacionados à legalidade do ato, sem adentrar no mérito administrativo propriamente dito, eis que decidido pela autoridade competente no âmbito de suas atribuições. Não havendo qualquer falha ou ilegalidade na decisão administrativa que aplicou pena de multa, deve essa ser mantida. O valor da sanção administrativa aplicada pelo PROCON municipal em desfavor do fornecedor que viola as normas de proteção das relações de consumo deve observar os parâmetros legais estabelecidos. Verificada a existência da infração, regularidade do procedimento administrativo, bem como a proporcionalidade entre o valor da penalidade administrativa aplicada e a gravidade da infração cometida, descabida a anulação ou a redução do valor da multa. Não é devida restituição em dobro quando a pena de multa aplicada afigura-se legítima, ainda que minorada em juízo, não havendo falar em má-fé do sancionador. (TJMG, Apelação Cível 1.0000.20.591630-7/001, Rel. Desembargador LEITE PRAÇA, 19ª CÂMARA CÍVEL, julgado em 29.04.2021)

ANULAÇÃO DE ATO ADMINISTRATIVO – CONCURSO PÚBLICO – PERITO CRIMINAL DA POLÍCIA CIVIL DE MINAS GERAIS – EDITAL N. 02/2013 – PRELIMINAR – NULIDADE DA SENTENÇA – REJEITADA – MÉRITO – ANULAÇÃO DE QUESTÕES – PROVA INEQUÍVOCA DA ILEGALIDADE – AUSÊNCIA – IMPROCEDÊNCIA DO PEDIDO – SENTENÇA CONFIRMADA – RECURSO NÃO PROVIDO. Não se vislumbra nulidade da sentença por cerceamento de defesa ou ofensa ao disposto no artigo 5º, XXXV, da CF/88, se a pretensão inicial foi devidamente examinada e decidida, cabendo ao Juiz, como destinatário das provas a avaliação acerca da necessidade de prova pericial que, *in casu*, se mostrava de fato impertinente, por objetivar a demonstração de que as questões da prova objetiva possuem erros em seu conteúdo. Ao Poder Judiciário não cabe avaliar o mérito de formulação e correção de questão de prova de concurso público, sendo certo que a postulada anulação seria cabível somente em situações excepcionais, de inequívoca ilegalidade, o que não é o caso dos autos. (TJMG, Apelação Cível 1.0024.14.053270-6/002, Rel. Desembargador ARMANDO FREIRE, 1ª CÂMARA CÍVEL, julgado em 28.04.2021)

APELAÇÃO CÍVEL. EMBARGOS À EXECUÇÃO FISCAL. MULTA ADMINISTRATIVA APLICADA PELO PROCON MUNICIPAL. PRELIMINAR DE ILEGITIMIDADE PASSIVA REJEITADA. PROCESSO ADMINISTRATIVO. INFRAÇÃO A NORMAS CONSUMERISTAS. DEVIDO PROCESSO ADMINISTRATIVO OBSERVADO. INEXISTÊNCIA DE VIOLAÇÃO AOS PRINCÍPIOS DO CONTRADITÓRIO E DA AMPLA DEFESA. VALOR DA MULTA. ARTIGO 57 DO CDC. PRINCÍPIOS DA RAZOABILIDADE E PROPORCIONALIDADE. MANUTENÇÃO. RECURSO NÃO PROVIDO. – Nos termos do art. 18 do CDC, todos os participantes da cadeia de circulação do produto respondem objetiva e solidariamente em se tratando de vício do produto. – É necessário esclarecer que, em pedido de anulação de ato administrativo, ao Poder Judiciário cabe apenas analisar se é ilegal ou se foi praticado com abuso de poder, não se admitindo o exame do mérito administrativo.

JURISPRUDÊNCIA | 317

– Não há nulidade no processo administrativo se instaurado pela autoridade competente e desenvolvido dentro de estrita legalidade, em obediência ao disposto no Decreto nº 2.187/97 e no Decreto Municipal nº 11.105/2015, tendo sido a infratora notificada e cientificada de todas as fases do procedimento, assegurando-lhe o exercício do contraditório e da ampla defesa. – O PROCON do Município de Juiz de Fora é competente para julgar e aplicar as multas administrativas previstas nos art. 56 da Lei nº 8.078/90, 2º da Lei Municipal nº 10.589/03 e 1º do Decreto Municipal nº 8.281/04. – Os atos da Administração gozam de presunção de legitimidade e veracidade. O primeiro atributo refere-se à conformidade do ato com a lei, de modo que se presume, até prova em contrário, que a Administração agiu dentro da legalidade. O segundo, por sua vez, diz respeito aos fatos, gerando a presunção de que as alegações da Administração Pública sejam verdadeiras. Daí porque cabe à requerente o ônus de comprovar perante o Judiciário a alegação de ilegalidade da aplicação da multa, o que não ocorreu. – Deve ser mantido o valor da multa arbitrada pelo PROCON/JF, por ter sido fundamentada de maneira detalhada, considerando os limites legais previstos no artigo 57 do CDC e no Decreto Municipal nº 11.105/2015, tudo de acordo com os princípios da razoabilidade e da proporcionalidade. (TJMG, Apelação Cível 1.0000.21.051159-8/001, Rel. Desembargador WANDER MAROTTA, 5ª CÂMARA CÍVEL, julgado em 08.07.2021)

APELAÇÃO CÍVEL. CONCURSO PÚBLICO. ESTADO DE MINAS GERAIS. PRELIMINARES REJEITADAS. CORREÇÃO DE PROVA DA PRIMEIRA FASE DO CERTAME. ANULAÇÃO DE QUESTÃO DE PROVA OBJETIVA PELO PODER JUDICIÁRIO. HIPÓTESE EXCEPCIONAL. ERRO GROSSEIRO E/OU FLAGRANTE ILEGALIDADE. INEXISTÊNCIA. – Tendo havido o enfrentamento do mérito do litígio pelo juízo de primeiro grau, com a adoção de entendimento contrário às teses defendidas pela parte autora, patente a prestação da atividade jurisdicional, não podendo se cogitar desrespeito ao princípio constitucional insculpido no art. 5º, inciso XXXV, da Carta Maior de 1.988. – Nos termos do art. 370 do Código de Processo Civil de 2.015, caberá ao juiz, de ofício ou a requerimento da parte, determinar as provas necessárias ao julgamento do mérito, indeferindo, em decisão fundamentada, as diligências inúteis ou meramente protelatórias. – Consoante pacificado entendimento jurisprudencial, em casos excepcionais, em que houver flagrante ilegalidade da questão objetiva, como também quando não forem observadas as regras editalícias, seria possível a anulação de questão de concurso público pelo Poder Judiciário, ao fundamento de caracterização de ofensa aos princípios da legalidade e da vinculação ao edital. – Não pode o Poder Judiciário substituir a banca examinadora do concurso, interferindo no mérito administrativo, porquanto os critérios de avaliação e a própria correção técnica das questões da prova são matérias que não estão afetas à análise judicial. – A avaliação das provas dos concursados deverá ser feita pela Comissão Organizadora do concurso, observadas as normas editalícias e resguardada a impessoalidade que é imposta ao Poder Público, competindo ao Poder Judiciário tão somente o exame da legalidade das normas instituídas no edital e dos atos praticados na realização do concurso. – Eventual erro somente pode ser analisado se a questão se enquadrar na conceituação jurídica. Não cabe ao Poder Judiciário indicar à Comissão de Concurso a melhor doutrina aplicável espécie. (TJMG, Apelação Cível 1.0000.19.031079-7/002, Rel. Desembargador ANA PAULA CAIXETA, 4ª CÂMARA CÍVEL, julgado em 24.06.2021)

Aplicação subsidiária da Lei nº 9.784/99
RECURSO ESPECIAL. LEI Nº 9.784/99. APLICAÇÃO SUBSIDIÁRIA. ESTADOS E MUNICÍPIOS. PRAZO DECADENCIAL. SUSPENSÃO. INTERRUPÇÃO. NÃO-OCORRÊNCIA. REVISÃO. FATOS. NÃO-CABIMENTO. SÚMULA 07/STJ. 1. A recorrida teve alvará de construção cassado pelo Município recorrente. O Tribunal de origem manteve a licença para construir, à vista dos seguintes fundamentos: a) transcurso do prazo quinquenal, previsto no art. 54 da Lei nº 9.784/99, para a revisão da referida licença; b) ausência de causas suspensivas ou interruptivas, devido à natureza decadencial do prazo quinquenal previsto na Lei nº 9.784/99; c) inexistência de direito de terceiro, eventualmente lesado, por culpa do recorrido. 2. O recorrente, por sua vez, alega ofensa ao disposto no art. 1º da Lei nº 9.784/99, vez que a instância ordinária aplicou, no âmbito municipal, diploma destinado à Administração Pública Federal. Outrossim, sustenta que houve violação dos artigos 54 e 55, da Lei nº 9.784/99, vez que o Tribunal de origem considerara como termo a quo do prazo quinquenal a data da primeira concessão do alvará, desprezando posteriores cassações, suspensões e anulações desta licença, afirmando, ainda, que o alvará de construção somente fora expedido, porque o recorrido teria induzido a Municipalidade a erro. 3. Os motivos de ordem fático-material, suscitados pelo recorrente, na defesa do ato que cassara o alvará, a exemplo de instauração de procedimento administrativo e posteriores cassações, suspensões e anulações do ato, não foram considerados pelo Tribunal de origem, nem explícita nem implicitamente, sendo vedado o reexame de provas, em recurso especial. Inteligência da Súmula 07/STJ: "A pretensão de simples reexame de prova não enseja recurso especial". 4. Ademais, o prazo de 05 (cinco) anos, previsto na Lei nº 9.784/99, para que a Administração Pública anule os atos de que decorram efeitos favoráveis para os administrados, tem natureza decadencial. 5. Nos termos do art. 207 do Código Civil, a menos que exista previsão legal expressa, não se aplicam à decadência as normas que impedem, suspendem ou interrompem a prescrição. Portanto, a regra geral é a ausência de suspensão ou interrupção dos prazos decadenciais, que poderá ser excepcionada por expressa previsão legal em contrário. 6. No caso, o art. 54 da Lei 9.784/99 fixou prazo decadencial de cinco anos para a Administração anular seus próprios atos, não prevendo, todavia, qualquer causa de suspensão ou interrupção desse prazo. Assim, embora possível, em tese, a suspensão e interrupção de prazos decadenciais, deve ser aplicada ao caso a regra geral

do art. 207 do Código Civil, dada a ausência de previsão expressa na Lei 9.784/99. 7. Por outro lado, o recorrente argumenta que a convalidação de atos irregulares depende da inexistência de prejuízo a terceiros e que o recorrido obteve alvará mediante indução dos órgãos municipais em erro. 8. Contudo, o Tribunal de origem expressamente rechaçou as teses de prejuízo a terceiros e de má-fé por parte do recorrido, pelo que se mostra inviável a revisão do quadro fático-probatório da demanda para analisar a incidência do disposto no art. 55 da Lei nº 9.784/99, em face do óbice imposto pela Súmula 07/STJ. 9. Ao contrário do que alega a municipalidade recorrente, o aresto impugnado deixou expresso que o impetrante agiu com boa-fé ao requerer o alvará de construção, como se observa do seguinte fragmento do voto condutor: "Destarte, percebe-se que o d. juízo a quo decidiu a lide de forma escorreita, balizando-se pela boa-fé do impetrante (...)". 10. A Lei 9.784/99 pode ser aplicada de forma subsidiária no âmbito dos demais Estados-Membros, se ausente lei própria regulando o processo administrativo no âmbito local. Precedentes do STJ. **11.** Recurso especial conhecido em parte e não provido. (STJ, REsp 1.148.460/PR, Rel. Ministro CASTRO MEIRA, SEGUNDA TURMA, DJe 28.10.2010)

REMESSA NECESSÁRIA – NÃO CONHECIMENTO – APELAÇÃO CÍVEL – PRELIMINARES – CERCEAMENTO DE DEFESA – VIOLAÇÃO AO ART. 265, IV, "A", DO CPC/73 – REJEIÇÃO – DECADÊNCIA – CONFIGURAÇÃO – RECURSO NÃO PROVIDO. 1. Quando o julgador estiver diante de elementos que lhe concedam segurança para aferir que a condenação imposta contra a Fazenda Pública não será superior a 60 salários mínimos, notadamente quando forem discutidos valores de pequena monta, e excluída mera análise do valor da causa, revela-se afrontosa, aos princípios constitucionais da efetividade da jurisdição e do tempo de duração razoável do processo, a remessa oficial, uma vez que deve haver limites para a proteção do interesse da Fazenda Pública. 2. Sendo desnecessária a produção de prova na hipótese em que a controvérsia é exclusivamente de direito, não há falar-se em cerceamento de defesa. 3. A suspensão do processo por prejudicialidade externa, nos termos do art. 265, IV, "a", do CPC/73, não é obrigatória, consoante entendimento consolidado na jurisprudência do STJ. 4. À míngua de lei municipal reguladora do processo administrativo, os preceitos da Lei Federal nº 9.784/99 e da Lei Estadual nº 14.184/02 devem ser observados, mesmo porque, por óbvio, são os parâmetros legislativos adotados no município; logo, o prazo para a Administração rever os atos administrativos é decadencial, não ocorrendo a suspensão, tampouco a interrupção, pela instauração do processo administrativo, consoante o art. 207 do Código Civil. 5. No caso concreto, uma vez que a instauração do processo administrativo contra a servidora deu-se mais de 05 anos do ato concessivo da progressão, é de rigor o reconhecimento da decadência do direito do ente municipal de anular o sobredito ato, devendo o réu cessar qualquer desconto na remuneração da parte autora, além de restituir os valores que porventura foram indevidamente descontados. 6. Recurso não provido. (TJMG, Apelação Cível/Remessa Necessária 1.0024.11.278569-6/001, Rel. Desembargador RAIMUNDO MESSIAS JÚNIOR, 2ª CÂMARA CÍVEL, julgado em 25.04.2023)

ADMINISTRATIVO. RECURSO ORDINÁRIO EM MANDADO DE SEGURANÇA. ATO ADMINISTRATIVO. CONTRA-INDICAÇÃO DE CANDIDATO EM ETAPA DE INVESTIGAÇÃO SOCIAL. MOTIVAÇÃO DEFICIENTE POR INADEQUADA INDICAÇÃO DOS FATOS. NULIDADE RECONHECIDA. 1. A atividade administrativa, por qualquer das suas expressões (atos administrativos), deve apresentar-se em conformidade com a lei, sob pena de nulidade dos atos que, por quaisquer de seus elementos, se divorciem dos limites balizados no ordenamento jurídico. Ocorrendo desvio, impõe-se a concessão da segurança para fazer cessar a violação de direito daí decorrente. 2. Até que norma local discipline a matéria, as Administrações Públicas dos Estados e Municípios devem observar, nos respectivos procedimentos administrativos, as prescrições da Lei Federal n. 9.784, de 29 de janeiro de 1999. Precedentes. 3. O ato administrativo que, na etapa de investigação social, declara candidato não indicado ao cargo, excluindo-o do certame, exige, sob pena de nulidade, adequada motivação, com indicação explícita, clara e congruente dos fundamentos de fato e de direito que nortearam a decisão da autoridade competente. Inteligência do art. 50 da Lei n. 9.784/1999. 4. Na hipótese, a decisão administrativa que excluiu a impetrante do certame não apresentou os fundamentos de fato que a justificassem, pelo que não atende, por falta de motivação, os requisitos mínimos previstos em lei. 5. Recurso ordinário em mandado de segurança provido para, cassando o acórdão recorrido, conceder a segurança. (STJ, RMS 35.033/RS, Rel. Ministro SERGIO KUKINA, PRIMEIRA TURMA, DJe 29.10.2015)

AGRAVO INTERNO NA AÇÃO CÍVEL ORIGINÁRIA. ADMINISTRATIVO. PROCESSO DE TOMBAMENTO. CENTRO HISTÓRICO DE MANAUS. DECRETO-LEI Nº 25/1937. REGRAMENTO ESPECÍFICO PRÓPRIO QUE DISCIPLINA O INSTITUTO DO TOMBAMENTO. APLICAÇÃO SUBSIDIÁRIA DA LEI Nº 9.784/1999. PRINCÍPIO DA ESPECIALIDADE DA NORMA. AGRAVO INTERNO A QUE SE NEGA PROVIMENTO. 1. A proteção jurídica do patrimônio cultural brasileiro, enquanto direito fundamental de terceira geração, é matéria expressamente prevista no texto constitucional (art. 216 da CRFB/1988). 2. A ordem constitucional vigente recepcionou o Decreto-Lei nº 25/1937, que, ao organizar a proteção do patrimônio histórico e artístico nacional, estabeleceu disciplina própria e específica ao instituto do tombamento, como meio de proteção de diversas dimensões do patrimônio cultural brasileiro. 3. *In casu*, ainda que houvesse irregularidades no processo administrativo questionado, a ausência de prejuízo delas decorrente impossibilita a declaração de qualquer nulidade, em aplicação do postulado *pas de nullité sans grief*. 4. Agravo Interno a que se nega provimento. (STF, ACO 1.966 AgR/AM, Rel. Ministro LUIZ FUX, TRIBUNAL PLENO, julgado em 17.11.2017)

APELAÇÃO CÍVEL EMBARGOS À EXECUÇÃO FISCAL – PENALIDADES ADMINISTRATIVAS IMPOSTAS PELO PROCON MUNICIPAL – PRESCRIÇÃO ADMINISTRATIVA AFASTADA – RECURSO DESPROVIDO. 1. Muito embora seja aplicável, em razão do silêncio legislativo e da subsidiariedade do diploma federal, a norma prevista no art. 49 da Lei 9.784/99 (que estabelece um prazo de trinta dias, prorrogável, motivadamente, por igual período, para a prolação da decisão administrativa) aos processos administrativos instaurados em âmbito municipal (de que são exemplos aqueles por meio dos quais o PROCON municipal impõe penalidade por infração ao diploma consumerista), o prazo previsto naquela não ostenta caráter preclusivo, nem acarreta, em caso de seu descumprimento, a prescrição para imposição das penalidades cabíveis, sendo que o único efeito deste descumprimento é a retomada do prazo prescricional quinquenal para tal imposição. 2. *In casu*, não restou caracterizado o transcurso do lapso prescricional quinquenal a partir da decisão que impôs, à apelante, as sanções administrativas questionadas. 3. Recurso desprovido. (TJES, Apelação Cível 0016576-13.2014.8.08.0347, Rel. Desembargador CARLOS SIMÕES FONSECA, 2ª CÂMARA CÍVEL, julgado em 15.12.2020)

APELAÇÃO CÍVEL. DIREITO PREVIDENCIÁRIO. DIREITO ADMINISTRATIVO. CANCELAMENTO DE PENSÃO POR MORTE. CONSTITUIÇÃO DE NOVO VÍNCULO CONJUGAL. DECADÊNCIA. ART. 54 DA LEI Nº 9.784/99. APLICAÇÃO AO MUNICÍPIO DE BETIM, QUE NÃO POSSUI LEGISLAÇÃO PRÓPRIA SOBRE O TEMA. TERMO INICIAL. DATA DO MATRIMÔNIO. DECURSO DO PRAZO. IMPOSSIBILIDADE DE REVISÃO DO ATO ADMINISTRATIVO DE CONCESSÃO DO BENEFÍCIO PREVIDENCIÁRIO. – O Colendo Superior Tribunal de Justiça firmou o entendimento de que o prazo decadencial previsto no art. 54 da Lei nº 9.784/99 é aplicável nos Estados-membros e nos Municípios que não possuírem lei própria a respeito do tema. – Nos termos do art. 54 da Lei nº 9.784/99, "o direito da Administração de anular os atos administrativos de que decorram efeitos favoráveis para os destinatários decai em cinco anos, contados da data em que foram praticados, salvo comprovada má-fé". – Na hipótese dos autos, considerando que o dependente, beneficiário da pensão por morte, contraiu novas núpcias em 03 de dezembro de 2.004, o instituto de previdência municipal teria até a data de 03 de dezembro de 2.009 para cancelar o benefício previdenciário. – Tendo sido o cancelamento praticado apenas em 05 de março de 2.015, há de ser reconhecida a decadência, sendo vedada a anulação do ato do qual decorre efeito favorável ao pensionista. (TJMG, Apelação Cível 1.0000.15.050679-8/002, Rel. Desembargadora ANA PAULA CAIXETA, 4ª CÂMARA CÍVEL, julgado em 29.08.2019)

DIREITO ADMINISTRATIVO E CONSTITUCIONAL. AGRAVO INTERNO EM MANDADO DE SEGURANÇA. 1. Agravo interno em mandado de segurança impetrado contra acórdão do Conselho Nacional de Justiça (CNJ) que confirmou decisão liminar no sentido de anular a Resolução 27/2013 do Tribunal de Justiça da Paraíba. 2. Como regra geral, o controle dos atos do Conselho por esta Corte somente se justifica nas hipóteses de (i) inobservância do devido processo legal, (ii) exorbitância das competências do Conselho e (iii) injuridicidade ou manifesta irrazoabilidade do ato impugnado. 3. Não há injuridicidade ou manifesta irrazoabilidade na decisão. Os fundamentos apresentados pelo CNJ estão alinhados com precedentes desta Corte. 4. Legitimidade da mudança de entendimento do CNJ acerca da Resolução 27/2013 do TJ/PB, uma vez que a decadência quinquenal prevista no art. 54 da Lei nº 9.784/1999 não se aplica a casos de flagrante inconstitucionalidade. Precedentes. 5. Agravo a que se nega provimento. (STF, Agravo Regimental no Mandado de Segurança 38.172/DF, Rel. Ministro ROBERTO BARROSO, PRIMEIRA TURMA, julgado em 06.06.2022)

AGRAVO DE INSTRUMENTO – AÇÃO ORDINÁRIA – MUNICÍPIO DE BETIM – IPREMB – SERVIDOR PÚBLICO – ENQUADRA-MENTO – CARGO DE SANITARISTA – PRAZO DECADENCIAL – TUTELA DE URGÊNCIA – ART. 300 DO CPC – REQUISITOS PRESENTES – DECISÃO REFORMADA – RECURSO PROVIDO. – Nos termos da Lei Federal nº 9.784/1.999 e Lei Estadual nº 14.184/2002, o direito da Administração Pública de anular os atos administrativos de que decorram efeitos favoráveis para os destinatários decai em cinco anos, contados da data em que foram praticados, salvo comprovada má-fé. – Evidenciado nos autos que o reenquadramento da servidora do cargo de Psicólogo para o cargo de Especialista da Saúde (Sanitarista) se deu a mais de 24 anos, revela-se prudente a concessão da medida excepcional a fim de manter a situação jurídica da agravante, porquanto o poder de autotutela da Administração Pública não é absoluto. – Recurso conhecido e provido. (TJMG, Agravo de Instrumento 1.0000.23.024906-2/001, Rel. Desembargador MAURÍCIO SOARES, 3ª CÂMARA CÍVEL, julgado em 07.07.2023)

REEXAME NECESSÁRIO – APELAÇÃO CÍVEL – AÇÃO DE COBRANÇA – SERVIDOR PÚBLICO MUNICIPAL – SUPRESSÃO DE QUINQUÊNIO – REVISÃO DE ATO ADMINISTRATIVO – LEI 9.784/99 – DECURSO DO PRAZO DECADENCIAL – PRECLUSÃO – SENTENÇA CONFIRMADA – APELO PREJUDICADO. 1) O dever de autotutela da Administração Pública submete-se ao prazo decadencial previsto em lei. 2) Sendo silente a legislação local, aplica-se o prazo qüinqüenal previsto na Lei Federal 9.784/99. 3) Tendo em vista que a revisão do ato que conferiu vantagem à autora se deu em 2013, conclui-se que decorreu o prazo qüinqüenal previsto em lei, impedindo a revogação do benefício, que se consolidou pelo decurso do tempo. 4) Sentença confirmada. (TJMG, Apelação Cível/Reexame Necessário 1.0358.14.001355-0/001, Rel. Desembargadora HILDA TEIXEIRA DA COSTA, 2ª CÂMARA CÍVEL, julgado em 03.05.2016)

AGRAVO REGIMENTAL EM PROCESSO ADMINISTRATIVO. EMBARGOS DE DECLARAÇÃO. PROCEDIMENTO ADMINISTRATIVO. AUSÊNCIA DE PREVISÃO. REGIME JURÍDICO DISTINTO. 1) A Lei Estadual nº 066/93 e, subsidiariamente, a Lei Federal nº 9.784/99 não prevêem a possibilidade de interposição de embargos de declaração na via administrativa, limitando-se a autorizar o pedido de reconsideração e o recurso administrativo. 2) No procedimento administrativo é incabível a interposição de espécie recursal não prevista em lei. 3) Agravo regimental não provido. (TJAP, Processo Administrativo 0000841-15.2015.8.03.0000, Rel. Desembargador CARMO ANTÔNIO, TRIBUNAL PLENO ADMINISTRATIVO, julgado em 04.09.2019)

APELAÇÃO. CÂMARA MUNICIPAL. LEGITIMIDADE PASSIVA. SERVIDOR PÚBLICO. NOMEAÇÃO SEM CONCURSO. QUADRO EFETIVO. DECADÊNCIA. AUSÊNCIA DE LEI LOCAL. APLICAÇÃO DE LEI FEDERAL. REVISÃO DO ATO. 1) A Câmara Municipal de Vereadores não detém personalidade jurídica, sendo apenas detentora de capacidade judiciária, o que lhe confere apenas poderes para defesa de interesses afetos às suas prerrogativas institucionais. 2) Reconhecida a nulidade do ingresso dos apelantes no serviço público, ocorrido sem concurso e após a vigência da Constituição Federal de 1988, ficam extintos seus efeitos jurídicos, não havendo decadência do ato impugnado. 3) Aplicam-se as disposições da Lei Federal nº 9.784/1999, que regula o processo administrativo no âmbito da Administração Pública Federal, quando não existir lei municipal ou estadual sobre a matéria. 4) A administração pública tem o poder-dever de anular, a qualquer tempo, seus atos eivados de nulidade – Súmula 473 do STF. 5) Apelação a que se nega provimento. (TJAP, Apelação Cível 0034569-15.2013.8.03.0001, Rel. Desembargador CARMO ANTÔNIO, CÂMARA ÚNICA, julgado em 06.03.2018)

APELAÇÃO. SERVIDOR PÚBLICO DO MUNICÍPIO DE BRUSQUE. REGISTRO DE APOSENTADORIA NEGADO PELO TRIBUNAL DE CONTAS DO ESTADO. ATO COMPLEXO PERFECTIBILIZADO COM A DECISÃO DA CORTE DE CONTAS. DEFLAGRAÇÃO, A PARTIR DAÍ, DO CURSO DO PRAZO DECADENCIAL DE UM LUSTRO. ULTERIOR ANULAÇÃO, PELA MUNICIPALIDADE, DA PORTARIA CONCESSIVA DA APOSENTAÇÃO. TRANSCURSO DE PERÍODO SUPERIOR A UM QUINQUÊNIO ENTRE A DECISÃO DA CORTE DE CONTAS E A ANULAÇÃO ADMINISTRATIVA DO ATO. DECADÊNCIA RECONHECIDA (ART. 54 DA LEI N. 9.784/1999) INEXISTÊNCIA DE INTERRUPÇÃO OU DE SUSPENSÃO DO PRAZO DECADENCIAL. SENTENÇA REFORMADA. RECURSO PROVIDO. O prazo quinquenal fixado pelo art. 54 da Lei n. 9.784/1999, de aplicação subsidiária para os Estados Federados, para que a Administração possa anular os atos de que decorram efeitos favoráveis para os destinatários, tem natureza decadencial e, inexistindo disposição legal expressa em sentido contrário, não está sujeito a suspensão ou interrupção. (TJSC, Apelação Cível 0004725-68.2014.8.24.0011, Rel. Desembargador JOÃO HENRIQUE BLASI, 2ª CÂMARA DE DIREITO PÚBLICO, julgado em 26.02.2019)

MANDADO DE SEGURANÇA. PENSÃO. SUPRESSÃO DE GRATIFICAÇÃO. GRPO. GIT. REVISÃO DE ATO ADMINISTRATIVO. DECADÊNCIA. EFEITOS PATRIMONIAIS A PARTIR DA IMPETRAÇÃO. 1. Não é nula a sentença sucinta. A nulidade somente alcança decisões destituídas de motivação, e não as de fundamentação concisa. 2. A Lei Federal n. 9.784/99 aplica-se subsidiariamente à administração pública estadual e municipal, em caso de lacuna normativa. Precedentes do STJ. 3. O prazo de decadência para a Administração anular os seus atos é de cinco anos a contar da data em que foram praticados, exceto se comprovada a má-fé, salvo na hipótese de atos inconstitucionais. Jurisprudência do STF. 4. Decorridos mais de cinco anos do ato de incorporação de duas gratificações à pensão previdenciária, ausente má-fé da pensionista, é de ser reconhecida a decadência do direito de anular os atos por ilegalidade. Hipótese em que a supressão decorreu de precedente do TCE sobre a matéria à luz da lei municipal. Não se tratando, portanto, de supressão de gratificações por inconstitucionalidade, não se aplica a jurisprudência do STF, segundo a qual "o prazo decadencial previsto no art. 54 da Lei 9.784/99 não alcança situações flagrantemente inconstitucionais, sob pena de subversão das determinações insertas na Constituição Federal." (MS 29065). 5. A concessão da segurança produz efeitos patrimoniais a contar da impetração sem que tal implique violação à Súmula 269 do STF. Jurisprudência do STJ. Recurso provido. (TJRS, Apelação Cível 50200838920208210001, Rel. Desembargador MARIA ISABEL DE AZEVEDO SOUZA, 1ª CÂMARA CÍVEL, julgado em 30.06.2021)

APELAÇÃO CÍVEL. DIREITO PREVIDENCIÁRIO. PENSÃO POR MORTE. FALECIMENTO DO INSTITUIDOR EM DATA ANTERIOR À VIGÊNCIA DA EMENDA CONSTITUCIONAL Nº 41/03. PRINCÍPIOS DA INTEGRALIDADE E DA PARIDADE. AUTOAPLICABILIDADE DAS NORMAS TRAZIDAS PELO ART. 40, §§4º e 5º, EM SUA REDAÇÃO ORIGINAL, RENUMERADOS PARA OS §§7º E 8º, DA CONSTITUIÇÃO DA REPÚBLICA FEDERATIVA DO BRASIL DE 1.988, COM REDAÇÃO DADA PELA EMENDA CONSTITUCIONAL Nº 20/98. OBSERVÂNCIA DO CARGO NO QUAL SE DEU A APOSENTADORIA. ENCARREGADO DA SEÇÃO DE PESSOAL. AUSÊNCIA DE PROVAS SOBRE O APOSTILAMENTO OU A RELAÇÃO COM O CARGO DE SECRETÁRIO MUNICIPAL. PRAZO DECADENCIAL PARA A REVISÃO DO ATO. APLICABILIDADE DO ART. 108 DA LEI MUNICIPAL Nº 1.892/93. – Conforme reiterada e uníssona jurisprudência do Excelso Supremo Tribunal Federal, as normas trazidas pelo art. 40, §§4º e 5º, em sua redação original, renumerados para os §§7º e 8º, da Constituição da República Federativa do Brasil de 1.988, com redação dada pela Emenda Constitucional nº 20/98, são autoaplicáveis. – Nos termos da Súmula nº 340 do Colendo Superior Tribunal de Justiça, "a lei aplicável à concessão de pensão previdenciária por morte é aquela vigente na data do óbito do segurado". – Se, à época do

JURISPRUDÊNCIA | 321

óbito do segurado, não vigiam as alterações promovidas pela Emenda Constitucional nº 41, de 19 de dezembro de 2.003, a pensão por morte devida ao dependente/beneficiário será regida pelos princípios da integralidade e da paridade, que deverão levar em consideração o cargo no qual se deu a aposentadoria. – Inexistindo nos autos provas a respeito do apostilamento ou, ainda, da equivalência dos cargos de Encarregado da Seção de Pessoal e de Secretário Municipal, não faz jus a apelante aos aumentos concedidos a estes últimos, não significando isso desrespeito ao princípio da irredutibilidade da verba remuneratória. – A Lei Federal nº 9.784/99, aplicável aos entes federados que não têm lei própria sobre o tema, prevê prazo decadencial de 05 (cinco) anos para a Administração exercer o dever de anular os atos administrativos de que decorram efeitos favoráveis para os destinatários. – O Município de Congonhas editou, a respeito do prazo decadencial, lei específica, qual seja, a Lei Municipal nº 1.892/93, que regulamentou o tema em seu art. 108. (TJMG, Apelação Cível 1.0180.09.047708-4/003, Rel. Desembargadora ANA PAULA CAIXETA, 4ª CÂMARA CÍVEL, julgado em 16.02.2017)

REEXAME NECESSÁRIO – SERVIDOR PÚBLICO MUNICIPAL – INSTAURAÇÃO DE PROCESSO ADMINISTRATIVO – DEMORA NA RESPOSTA – APLICAÇÃO POR ANALOGIA DOS PRAZOS ESTABELECIDOS NA LEI FEDERAL Nº 9.784/99, NA LEI ESTADUAL Nº 14.184/2002 E NO DECRETO MUNICIPAL Nº 11.601/04 – DIREITO DE PETIÇÃO E RESPOSTA – GARANTIA CONSTITUCIONAL – INOBSERVÂNCIA À DURAÇÃO RAZOÁVEL DO PROCESSO. 1. Quando a Constituição Federal assegura o direito de petição (CF, art. 5º, XXXIV) também garante o direito de resposta em prazo razoável; 2. A duração razoável do processo judicial e administrativo foi elevada à condição de direito fundamental (art. 5º, LXXVIII); 3. À míngua de norma que fixe prazo máximo para as decisões no âmbito dos processos administrativos do Município de Belo Horizonte, é possível adotar, por analogia, o prazo previsto na Lei Federal nº 9.784/99 (30 dias), na Lei Estadual nº 14.184/2002 (60 dias), ou mesmo no Decreto nº 11.601/04, que regulamenta o Código de Posturas do Município de Belo Horizonte e dispõe acerca do prazo máximo para deliberação sobre licenciamento requerido na esfera administrativa (30 dias); 4. A ausência imotivada de resposta ao requerimento administrativo por prazo superior a 60 dias se mostra contrária ao direito fundamental à duração razoável do processo. (TJMG, Remessa Necessária 1.0000.18.054450-4/001, Rel. Desembargador RENATO DRESCH, 4ª CÂMARA CÍVEL, julgado em 08.11.2018)

DUPLO GRAU DE JURISDIÇÃO E APELAÇÃO CÍVEL. MANDADO DE SEGURANÇA COLETIVO. DECISÃO SURPRESA. OFENSA AO ART. 10 DO CPC. NÃO OCORRÊNCIA. REQUERIMENTOS PARA PERCEPÇÃO DE GRATIFICAÇÃO DE INCENTIVO FUNCIONAL, PROGRESSÃO VERTICAL, GRATIFICAÇÃO DE TITULARIDADE. PEDIDOS AGUARDANDO EMISSÃO DE PARECER JURÍDICO E/OU DECISÃO DOS SECRETÁRIOS DAS RESPECTIVAS PASTAS DESDE 2012. INOBSERVÂNCIA DOS PRAZOS RAZOÁVEIS. ILEGALIDADE. APLICAÇÃO SUBSIDIÁRIA DA LEI FEDERAL 9.784/99 NO ÂMBITO MUNICIPAL. NECESSIDADE DE OBSERVÂNCIA AOS PRINCÍPIOS DA EFICIÊNCIA, CELERIDADE E RAZOÁVEL DURAÇÃO DO PROCESSO. Não há que se falar em violação ao princípio da não surpresa, quando a sentença decide, com base nos fatos alegados pelas partes, respeitando os limites dos pedidos contidos na exordial. 2. No âmbito estadual ou municipal, ausente lei específica, a Lei federal 9.784/99 pode ser aplicada de forma subsidiária, por se tratar de norma que deve nortear toda a Administração Pública, servindo de diretriz aos seus órgãos. 3. É patente a ilegalidade na conduta do Poder Público ao não apreciar os requerimentos formulados pelos substituídos, após o transcurso de mais de 6 (seis) anos em alguns casos, deixando de observar não apenas os regramentos normativos específicos, mas, também, os próprios preceitos constitucionais, que asseguram a duração razoável no âmbito administrativo, bem como os meios que garantam a celeridade de sua tramitação. 4. Deve ser aplicado o prazo de 30 (trinta) dias para que as autoridades impetradas concluam as análises dos requerimentos de gratificação de incentivo funcional, gratificação de titularidade, progressões horizontal e vertical pendentes de análise, com a prerrogativa de prorrogação por igual período, em caso de expressa motivação (art. 49, Lei 9.784/99). REMESSA NECESSÁRIA E APELAÇÃO CÍVEL CONHECIDAS E PARCIALMENTE PROVIDAS. (TJGO, Apelação Cível/Remessa Necessária 0213928-56.2016.8.09.0128, Rel. Desembargador FÁBIO CRISTÓVÃO DE CAMPOS FARIA, 3ª CÂMARA CÍVEL, DJ 28.06.2019)

ADMINISTRATIVO. PROCESSUAL CIVIL. SERVIDORA PÚBLICA DO DISTRITO FEDERAL. DECADÊNCIA ADMINISTRATIVA. LEI Nº 9.784/99. TERMO A QUO. INAPLICABILIDADE DA LEI LOCAL QUE APENAS RATIFICA A LEI FEDERAL. DISSÍDIO JURISPRUDENCIAL NÃO DEMONSTRADO. SÚMULA 83 DESTA CORTE. 1. O entendimento deste Superior Tribunal de Justiça é no sentido de que a superveniência da Lei Distrital nº 2.834/2001 não interferiu na vigência da Lei nº 9.784/99, aplicável de forma subsidiária no âmbito distrital. 2. A hipótese dos autos não é de ato confirmatório de aposentadoria por parte do Tribunal de Contas local e, sim, de decisão que alterou a interpretação a ser dada a ato normativo de aplicabilidade geral. 3. O acórdão recorrido está em sintonia com a jurisprudência pacificada desta Corte. Incide pois na, espécie, o óbice da Súmula nº 83 do Superior Tribunal de Justiça. 4. Agravo regimental desprovido. (STJ, AgRg no REsp 1111843/DF, Rel. Ministra LAURITA VAZ, QUINTA TURMA, DJe 01.02.2011)

Autotutela

RECURSO ORDINÁRIO EM MANDADO DE SEGURANÇA. DIREITO ADMINISTRATIVO. PODER DE AUTOTUTELA DA ADMINISTRAÇÃO PÚBLICA. ANISTIA [LEI N. 10.559/02]. REVOGAÇÃO POR ATO DO MINISTRO DE ESTADO DA JUSTIÇA. POSSIBILIDADE. INEXISTÊNCIA DE VIOLAÇÃO DO ARTIGO 2º, PARÁGRAFO ÚNICO, XIII, DA LEI N. 9.784/99. SÚMULAS

346 E 473 DO STF. MANIFESTAÇÃO PRÉVIA DA COMISSÃO DE ANISTIA. FUNÇÃO MERAMENTE CONSULTIVA. NÃO VINCULAÇÃO DO MINISTRO DA JUSTIÇA. PORTARIA GM3 N. 1.106/64. ATO DE EXCEÇÃO APENAS QUANTO AOS MILITARES QUE INGRESSARAM ANTES DE SUA EDIÇÃO. RECURSO IMPROVIDO. 1. A anistia política é ato vinculado. Comprovados os requisitos previstos na lei e no regulamento, é dever da Administração declará-la. A ausência de qualquer desses requisitos impede o reconhecimento desse direito. 2. Decorre do poder de autotutela o dever das autoridades de revisar, de ofício, os atos administrativos irregulares que impliquem ônus ao Estado, como é o caso da declaração da condição de anistiado político [Súmulas 346 e 473, STF]. Precedente: RMS n. 21.259, Relator o Ministro SEPÚLVEDA PERTENCE, *DJ* de 8.11.91 3. Não há violação do disposto no art. 2º, parágrafo único, XIII, da Lei n. 9.784/99 quando o ato de anulação for praticado com fundamento no poder de autotutela da Administração Pública. 4. O parecer da Comissão de Anistia consubstancia um dos requisitos da declaração de anistiado político, sendo necessário o enquadramento do requerente em uma das hipóteses do art. 2º da Lei n. 10.559/02. A Comissão tem função meramente consultiva. O Ministro da Justiça não está vinculado à manifestação do colegiado, nos termos do disposto nos artigos 10 e 12 da Lei n. 10.559/02. 5. A Portaria do Ministério da Aeronáutica n. 1.104/1964 não consubstancia ato de exceção em relação aos militares que não integravam os quadros das Forças Armadas à época em que foi editada. Precedentes: RE n. 584.705, Relatora a Ministra CÁRMEN LÚCIA, *DJ* de 13.6.08; RMS n. 26.636, Relatora a Ministra ELLEN GRACIE, *DJ* de 4.6.08; RMS n. 25.581, Relator o Ministro CARLOS VELLOSO, *DJ* de 29.11.05 e RMS n. 25.272, Relator o Ministro CARLOS BRITTO, *DJ* de 21.10.05. Recurso ordinário a que se nega provimento. (STF, RMS 25.988/DF, Rel. Ministro EROS GRAU, SEGUNDA TURMA, julgado em 09.03.2010)

APELAÇÃO CÍVEL. MANDADO DE SEGURANÇA. DIREITO ADMINISTRATIVO. SERVIDOR PÚBLICO. MUNICÍPIO DE JEQUITINHONHA/MG. QUINQUÊNIO. EXERCÍCIO DO PODER DE AUTOTUTELA. REVISÃO DO ATO DE CONCESSÃO DA VANTAGEM SEM OPORTUNIDADE DE MANIFESTAÇÃO DO BENEFICIÁRIO. OFENSA AO DEVIDO PROCESSO ADMINISTRATIVO. INVALIDAÇÃO DA BENESSE APÓS O TRANSCURSO DE MAIS DE UM LUSTRO DO PRIMEIRO PAGAMENTO. IMPOSSIBILIDADE. APLICAÇÃO DO ART. 54 DA LEI Nº 9.784/99. DECADÊNCIA ADMINISTRATIVA. CONFIGURAÇÃO. EFEITOS FINANCEIROS. LIMITAÇÃO À DATA DA IMPETRAÇÃO. RECURSO PROVIDO. SEGURANÇA CONCEDIDA EM PARTE. 1. Em atenção ao princípio da autotutela, a Administração Pública tem o poder-dever de controlar os seus próprios atos, com a possibilidade de anular os ilegais e revogar os inconvenientes ou inoportunos, independentemente de recurso ao Poder Judiciário. Súmulas nº 346 e 473 do STF. 2. O exercício da autotutela não se afigura pleno e esbarra nos limites que lhe são impostos pelos princípios da segurança jurídica, boa-fé, devido processo administrativo, bem como pela regra da vedação ao comportamento contraditório (*venire contra factum proprium*), normas estas que militam em favor do administrado. 3. A partir da promulgação da Constituição Federal de 1988, o direito ao contraditório e à ampla defesa, com os meios e recursos a eles inerentes, foram alçados à condição de garantia fundamental do cidadão em face do arbítrio estatal (art. 5º, LV, da CR). Desde então, quando o exercício da autotutela tiver o condão de repercutir sobre a esfera de interesses do administrado, deverá ser precedido de prévio procedimento em que se lhe assegure o efetivo direito de participar e inspirar as decisões do Poder Público, na mais plena democratização da atividade administrativa. 4. No caso concreto, a falta de instauração de prévio procedimento administrativo, em que fosse concedido ao servidor do Município de Jequitinhonha a oportunidade de se manifestar e participar da decisão que culminou na invalidação do quinquênio a que fazia jus, por configurar ofensa à disciplina do art. 5º, LV, da CR, já seria suficiente para reconhecer a irregularidade do ato administrativo. 5. De acordo com o entendimento estampado em sua Súmula nº 633, o Superior Tribunal de Justiça admite a aplicação, por analogia integrativa, da Lei Federal nº 9.784/99, que disciplina o processo administrativo no âmbito da administração pública federal – especialmente no que diz respeito ao lustro decadencial para a revisão de atos administrativos (art. 54) –, aos Estados e Municípios que não possuem norma específica, a despeito de sua autonomia legislativa para regular a matéria. 6. É que, segundo aquele Sodalício, não se mostra razoável, tampouco proporcional que a Administração deixe transcorrer mais de 05 (cinco) anos para providenciar a revisão e correção de atos administrativos viciados, com evidente surpresa e prejuízo ao beneficiário, sob pena de ofensa aos princípios da segurança jurídica e da estabilização das relações jurídicas. 7. Transcorrido mais de um lustro da percepção do primeiro pagamento do quinquênio que teria sido concedido ao arrepio da lei de regência, opera-se a decadência do direito de a Administração rever o ato, à míngua de qualquer notícia no sentido de que o beneficiário tenha dolosamente concorrido para sua prática. 8. Não se ignora a orientação do Supremo Tribunal Federal no sentido da impossibilidade de se reconhecer a consolidação, pelo decurso de tempo, de situações que violam diretamente a Constituição da República, a exemplo do provimento de cargos efetivos por servidores que não realizaram concurso público. (TJMG, Apelação Cível 1.0358.19.0011680-0/001, Rel. Desembargador BITENCOURT MARCONDES, 19ª CÂMARA CÍVEL, julgado em 08.04.2021)

GRAVO DE INSTRUMENTO. MANDADO DE SEGURANÇA. LICITAÇÃO. DECISÃO QUE INDEFERIU A CONCESSÃO DE MEDIDA LIMINAR PARA O PREGÃO N. 47/2020 E DAR PROSSEGUIMENTO AO SEU PREDECESSOR, O PREGÃO N. 27/2020. AUSÊNCIA DE *FUMUS BONI IURES*. ADMINISTRAÇÃO MUNICIPAL QUE REVOGOU O CERTAME POR EXISTÊNCIA DE ILEGALIDADE. EXEGESE DAS SUMULAS 346 E 473 DO STF. Verifica-se o acerto da decisão agravada ante a inexistência de *fumus boni iuris* a ensejar o deferimento da liminar pleiteada. Ademais, restou demonstrado nos autos que o

Município Agravado, no exercício do seu poder de autotutela, revogou o certame licitatório por verificar a presença ilegalidades no ato. Assim, é totalmente plausível que a Administração Pública, no exercício de seu poder/dever de rever seus próprios atos, possa revoga-los, nos termos do art. 53 da Lei 9.784/99. PRELIMINAR DE CONTRARRAZÕES. NÃO CONHECIMENTO DO RECURSO. NÃO ACOLHIMENTO. Verifica-se dos autos que o Agravante ataca a decisão vergastada com o intuito de reverter a não concessão da liminar. Portanto, presente a dialeticidade, não há que se falar em não conhecimento do Agravo. Preliminar rejeitada. (TJBA, Agravo de Instrumento 8014022-14.2020.8.05.0000, Rel. Desembargadora CASSINELZA DA COSTA SANTOS LOPES, 4ª CÂMARA CÍVEL, publicado em 04.05.2021)

CONSTITUCIONAL E ADMINISTRATIVO. APELAÇÃO CÍVEL. AÇÃO DE REINTEGRAÇÃO DE SERVIDOR PÚBLICO. CONCURSO PÚBLICO EIVADO DE ILEGALIDADES APURADAS PELO MINISTÉRIO PÚBLICO ESTADUAL. TERMO DE AJUSTAMENTO DE CONDUTA FIRMADO COM O MUNICÍPIO. NULIDADE DOS ATOS DECORRENTES SEM NECESSIDADE DE PRÉVIO PROCESSO ADMINISTRATIVO. PODER-DEVER DE AUTOTUTELA DA ADMINISTRAÇÃO. RECURSO CONHECIDO, MAS DESPROVIDO. 1. A Municipalidade atendeu exigência do Ministério Público Estadual que observou inúmeras ilegalidades no concurso público decorrente do Edital nº 1/2005, comprometendo-se a, dentre outros ajustes, anular o certame e seus atos administrativos decorrentes. 2. O servidor que almeja ser reintegrado não foi exonerado do cargo, mas, na verdade, diante das irregularidades apontadas no concurso no qual foi aprovado, teve os atos de nomeação, posse e entrada em exercício anulados em virtude de Termo de Compromisso de Ajustamento de Conduta firmado entre o Município de Milhã e o Ministério Público Estadual. 3. A Administração Pública Municipal assim agiu por existir título executivo extrajudicial formado junto ao MPE, e fundada no poder-dever de autotutela, pois "pode anular seus próprios atos, quando eivados de vícios que os tornam ilegais, porque deles não se originam direitos" (Súmula nº. 473/STF). 4. Apelação conhecida, mas desprovida. (TJCE, Apelação Cível 0001039-21.2013.8.06.0200, Rel. Desembargador WASHINGTON LUIS BEZERRA DE ARAUJO, 3ª CÂMARA DE DIREITO PÚBLICO, julgado em 17.05.2021)

SERVIDOR PÚBLICO FEDERAL. ANULAÇÃO DE ATO ADMINISTRATIVO DO QUAL DECORRAM EFEITOS FAVORÁVEIS AO ADMINISTRADO. DECADÊNCIA. INOCORRÊNCIA. PRAZO DE 5 (CINCO) ANOS CONTADOS DA PUBLICAÇÃO DA LEI 9.784/99 PARA OS ATOS ANTERIORES. §1º DO ART. 54 DA LEI 9.784/99. REVISÃO DO ATO DE ENQUADRAMENTO. POSSIBILIDADE. DEVIDO PROCESSO LEGAL. CONTRADITÓRIO DIFERIDO. SENTENÇA REFORMADA. 1. A decisão recorrida foi proferida sob a vigência do CPC de 1973, de modo que não se lhe aplicam as regras do CPC atual. 2. A Administração pode, a qualquer tempo, anular seus atos quando eivados de ilegalidade, de acordo com seu poder de autotutela e segundo a Súmula 473 do STF, exigindo-se o respeito ao devido processo legal. Nos termos do §1º do art. 54 da Lei n. 9.784, de 1999, o direito da Administração de anular seus próprios atos administrativos decai em cinco anos. 3. Na hipótese dos autos, a revisão levada a efeito pela Administração se deu em 11/12/2002, conforme comunicação do Coordenador-Geral de Recursos Humanos, de modo que, considerando o início do prazo quinquenal na data da publicação da Lei nº 9.784/1999, não se operou a decadência para a revisão do posicionamento do autor na carreira, do Nível Intermediário para o Nível Auxiliar. 4. Na esteira da orientação jurisprudencial desta Corte, perfilando o entendimento firmado no excelso STF, a Administração pode anular, de ofício, seus próprios atos quando eivados de ilegalidade, exigindo-se a instauração de prévio procedimento administrativo, em que assegurada a ampla defesa e o contraditório, somente nos casos em que houver necessidade de apuração de matéria fática. A hipótese, portanto, se harmoniza com a possibilidade de contraditório diferido. 5. Apelação e remessa oficial providas. (TRF1, Apelação Cível 0005430-74.2005.4.01.3400, Rel. Juíza Federal OLÍVIA SILVA, PRIMEIRA TURMA, julgado em 11.09.2019)

REMESSA NECESSÁRIA. Princípio autotutela. Revisão de ato administrativo. Necessidade e observância do devido processo legal, contraditório e ampla defesa. SENTENÇA MANTIDA. I. Segundo o princípio da autotutela administrativa, disposto no artigo 53, da Lei n. 9.784/99, a Administração Pública possui o poder-dever de controlar a legalidade de seus atos, podendo revê-los ou mesmo anulá-los acaso verificada pertinência valorativa ou afronta ao ordenamento jurídico. Súmula 473 do Supremo Tribunal Federal. II. Todavia, quando os referidos atos implicam invasão da esfera jurídica dos interesses individuais de seus administrados, é obrigatória a instauração de prévio processo administrativo, no qual seja observado o devido processo legal e os corolários da ampla defesa e do contraditório. Precedente STJ. III. No caso dos autos foi justamente esse balizamento que não fora observado, uma vez que examinando o ofício expedido com objetivo de cientificar o impetrante e garantir o contraditório e ampla defesa e, por conseguinte o devido processo legal, é possível denotar que ele fora datado de 31.08.2017, mesma data da publicação no Diário da Portaria que acarretou efeitos nefastos ao impetrante. IV. Remessa necessária conhecida. Sentença mantida. (TJES, Remessa Necessária 0000902-20.2017.8.08.0046, Rel. Desembargador JORGE HENRIQUE VALLE DOS SANTOS, 3ª CÂMARA CÍVEL, julgado em 15.03.2021)

AGRAVO EM RECURSO ORDINÁRIO EM MANDADO DE SEGURANÇA. ADMINISTRATIVO. ANULAÇÃO DE PORTARIA CONCESSIVA DE ANISTIA A EMPREGADOS PÚBLICOS – LEI 8.874/94. PORTARIA INTERMINISTERIAL Nº 372/02. LEGÍTIMO EXERCÍCIO DE AUTOTUTELA ADMINISTRATIVA. DECADÊNCIA ADMINISTRATIVA NÃO CARACTERIZADA. IMPOSSIBILIDADE DE APLICAÇÃO RETROATIVA DO ART. 54 DA LEI 9.784/99. LEGALIDADE DO DECRETO Nº 3.363/02.

PRECEDENTES. DIREITO LÍQUIDO E CERTO NÃO DEMONSTRADO. 1. O prazo decadencial de cinco anos para a Administração Pública anular seus próprios atos, previsto no art. 54 da Lei nº 9.784/1999, não tem aplicação retroativa. Precedentes. 2. A criação, por meio do Decreto nº 3.363, de 11 de fevereiro de 2000, de Comissão Interministerial para revisão dos processos de anistia consubstancia medida harmônica com os arts. 5º, II, e 37, *caput*, da Carta da República, enquanto manifestação do poder-dever da Administração Pública de anular os seus próprios atos, quando eivados de vícios. Precedentes. 3. Inexistência de violação das garantias do devido processo legal, do contraditório e da ampla defesa. Informações prestadas pela autoridade coatora que indicam participação efetiva dos interessados no processo administrativo. Ausência de liquidez e certeza do direito alegado. Precedentes. 4. Agravo a que se nega provimento. (STF, RMS 27913 AgR / DF, Rel. Ministra ROSA WEBER, PRIMEIRA TURMA, julgado em 16.06.2020)

CONSTITUCIONAL – DIREITO ADMINISTRATIVO – DIREITO PROCESSUAL CIVIL – REEXAME NECESSÁRIO – PROCESSO ADMINISTRATIVO – REVISÃO DE PROVENTOS DE APOSENTADORIA – PREVISÃO LEGAL – NOTIFICAÇÃO DA INSTAURAÇÃO – ENVIO DE CARTA COM AVISO DE RECEBIMENTO – MEIO QUE ASSEGURA A CIÊNCIA PELO INTERESSADO – AUSÊNCIA DE MANIFESTAÇÃO – NOMEAÇÃO DE DEFENSOR DATIVO – DEFENSOR PÚBLICO OCUPANTE DE CARGO DE LIVRE EXONERAÇÃO – APRESENTAÇÃO DE DEFESA TÉCNICA – AUSÊNCIA DE ELEMENTOS INDICANDO INTERFERÊNCIA EXTERNA – FALTA DE DEFESA TÉCNICA NO PROCESSO ADMINISTRATIVO – SITUAÇÃO QUE NÃO GERA NULIDADE – SÚMULA VINCULANTE 05 DO SUPREMO TRIBUNAL FEDERAL – AUSÊNCIA DE VÍCIO NO PROCEDIMENTO – SENTENÇA REFORMADA. – O Poder Público está sujeito aos princípios da legalidade, da autotutela e da indisponibilidade do interesse público (súmula 473 do Supremo Tribunal Federal), de forma que a Administração Municipal, ao constatar que praticou ato, em tese, ilegal, tem o poder-dever de revê-lo, mediante a instauração de processo administrativo, o qual pode seguir a lei local que o regulamenta ou mesmo a legislação estadual ou federal que trata da matéria, em caso de omissão da legislação municipal. – Constatado que o Município adotou meio que assegura a certeza da ciência do processo administrativo pelo autor, qual seja, o envio da notificação, por carta, para seu endereço, com aviso de recebimento assinado por seu filho, não há como falar em nulidade. – A nomeação, como defensor dativo no processo administrativo, de defensor público ocupante de cargo em comissão não é, por si só, justificativa para declaração da nulidade do processo, porque houve apresentação de peça de defesa detalhada e dotada de fundamentação jurídica. Ademais, não há, nos autos, prova de qualquer tentativa de influência do Prefeito ou da Comissão Processante sobre o trabalho desempenhado pelo defensor dativo no processo administrativo. Como se isso não bastasse, o entendimento consagrado pelo Supremo Tribunal Federal na súmula vinculante 05 é no sentido de que "a falta de defesa técnica por advogado no processo administrativo disciplinar não ofende a Constituição". (TJMG, Remessa Necessária 1.0000.21.051524-3/001, Rel. Desembargador MOREIRA DINIZ, 4ª CÂMARA CÍVEL, julgado em 10.06.2021)

AGRAVO INTERNO EM MANDADO DE SEGURANÇA. ACÓRDÃO DO TCU QUE RECUSOU REGISTRO A ATO CONCESSIVO DE PENSÃO POR MORTE. ATO DE CONTROLE. AUTOTUTELA. TERMO INICIAL DA FLUÊNCIA DO PRAZO DECADENCIAL PREVISTO NO ART. 54 DA LEI Nº 9.784/1999. 1. O direito potestativo outorgado à Administração Pública para anulação de seus próprios atos, quando eivados de vícios que os tornam ilegais (Súmulas nºs 346 e 473, ambas desta Corte), expressão do poder de autotutela, não está regulado pelo instituto da prescrição, mas, sim, pelo da decadência, inocorrente na espécie. 2. O ato concessivo de pensão por morte ostenta natureza complexa, de modo que só se aperfeiçoa com o exame de sua legalidade e subsequente registro pelo Tribunal de Contas da União. Enquanto não aperfeiçoado o ato concessivo de pensão, não há falar em fluência do prazo decadencial previsto no art. 54 da 9.784/1999, referente ao lapso de tempo de que dispõe a Administração Pública para promover a anulação de atos de que resultem efeitos favoráveis aos destinatários, tampouco em estabilização da expectativa do interessado, aspecto a conjurar, na espécie, afronta aos princípios da segurança jurídica e da boa-fé, bem como às garantias constitucionais do ato jurídico perfeito e do direito adquirido. Precedentes. 3. Inaplicável o art. 85, §11, do CPC/2015, por se tratar de recurso interposto em mandado de segurança (art. 25 da Lei nº 12.016/2009). 4. Agravo interno conhecido e não provido, com imposição, no caso de votação unânime, da penalidade prevista no art. 1.021, §4º, do CPC/2015, calculada à razão de 1% (um por cento) sobre o valor atualizado da causa. (STF, MS 26.864 AgR/DF, Rel. Ministra ROSA WEBER, PRIMEIRA TURMA, julgado em 1º.12.2017)

APELAÇÃO CÍVEL. AÇÃO ORDINÁRIA. DECADÊNCIA: DIREITO DA ADMINISTRAÇÃO DE ANULAR SEUS PRÓPRIOS ATOS. LEI FEDERAL Nº 9.784/99. INAPLICABILIDADE. DETERMINAÇÃO DO STF. LEI COMPLEMENTAR 100/2007 E ADI 4.876. DECLARAÇÃO DE INCONSTITUCIONALIDADE DO ART. 7º, I, II, IV E V. MODULAÇÃO DE EFEITOS. NÃO ENQUADRAMENTO DA AUTORA. AUSÊNCIA DE CONCURSO PÚBLICO. DANOS MORAIS. ATUAÇÃO NORMAL DO JUDICIÁRIO. RECURSO NÃO PROVIDO. – A hipótese dos autos não é o caso de autotutela, em que a Administração exerce o controle dos próprios atos, anulando os ilegais e revogando os inconvenientes ou inoportunos, uma vez que o que se tem aqui é o cumprimento de decisão proferida em sede de controle abstrato de constitucionalidade realizado pelo STF. – O Supremo Tribunal Federal, quando do julgamento da ADI 4.876, reconheceu a inconstitucionalidade do artigo 7º da Lei Complementar nº 100/07, incisos I, II, IV e V, editada pelo Governador de Minas Gerais, efetivando servidores nos cargos que ocupavam na data de publicação da referida Lei. – No julgamento da referida ADI, o STF reiterou seu entendimento acerca da imprescindibilidade de prévia aprovação em concurso público para investidura em cargo ou emprego público, assinalando que as exceções a essa regra estão na própria Constituição. Dessa forma, em se tratando de cargo efetivo, é forçosa a aprovação em concurso público. – A Constituição da República estabelece, em seu art. 37, inciso IX, a possibilidade de contratação temporária ou de excepcional interesse público, cabendo a cada ente disciplinar o seu especial regime administrativo, sem a aplicabilidade automática do regime celetista. – Diante da exoneração do servidor em razão da declaração de inconstitucionalidade da LC 100/2007 pelo STF, após o julgamento da ADI nº 4.876, mostra-se inexigível o pagamento de vantagens próprias dos trabalhadores contratados sob a égide da CLT. – O disposto no artigo 19-A da Lei Federal nº 8.036, de 1990, só se aplica aos contratos firmados no âmbito do regime trabalhista (STF – Recursos Extraordinários 569.478 e 705.140), e que tenham sido eventualmente declarados nulos nos termos da Constituição Federal (art. 37, §2º). – Em conclusão, os contratos submetidos ao regime jurídico administrativo não autorizam a exigência dos depósitos do Fundo de Garantia por Tempo de Serviço (FGTS). (TJMG, Apelação Cível 1.0005.16.000007-0/001, Rel. Desembargador WANDER MAROTTA, 5ª CÂMARA CÍVEL, julgado em 14.02.2019)

REEXAME NECESSÁRIO. AÇÃO ORDINÁRIA DE NULIDADE DO ATO ADMINISTRATIVO. MUNICÍPIO DE VARZELÂNDIA. CANCELAMENTO DE APOSENTADORIA. IMPOSSIBILIDADE. TRANSCURSO DO PRAZO DECADENCIAL. ART. 54 DA LEI FEDERAL N. 9.784/99. SENTENÇA CONFIRMADA. 1. A Administração Pública é dotada de poder de autotutela, que lhe possibilita rever de ofício os seus próprios atos e anulá-los quando eivados, devendo, entretanto, exercê-lo dentro do prazo decadencial, em atenção ao princípio da segurança jurídica. 2. Ante a omissão legislativa, impõe-se a aplicação subsidiária do prazo decadencial previsto no art. 54 da Lei Federal nº. 9.784/1999, na linha da jurisprudência do STJ (ex vi dos REsp 1.251.769/SC, REsp 1103105/RJ e AgRg no REsp 1034025/DF). (TJMG, Apelação Cível/Remessa Necessária 1.06424.11.001146-4/002, Rel. Desembargador HABIB FELIPPE JABOUR, 2ª CÂMARA CÍVEL, julgado em 28.01.2020)

APELAÇÃO CÍVEL – MANDADO DE SEGURANÇA – PROGRESSÃO POR ESCOLARIDADE – NÃO ATENDIMENTOS DOS REQUISITOS LEGAIS – CONCESSÃO IRREGULAR – ANULAÇÃO DO ATO – POSSIBILIDADE – PRÉVIO PROCESSO ADMINISTRATIVO – PRAZO DECADENCIAL DE CINCO ANOS – INTERRUPÇÃO – DECADÊNCIA NÃO CONFIGURADA. – O servidor municipal faz jus a progressão por escolaridade caso conclua curso de especialização, com conteúdo relacionado às atividades por ele desenvolvidas, com monografia aprovada e carga horária mínima de 360 horas-aula presenciais, ministrado por instituição devidamente registrada e autorizada pelo Ministério da Educação, tal como estabelece a Lei n. 8.69/03, regulamentada pelo Decreto n. 12.538/06. – Não restando preenchidos os requisitos legais, não há que se falar em ilegalidade no indeferimento da segunda progressão requerida pelo impetrante, nem na anulação da primeira concedida irregularmente. – A Administração Pública tem o dever de zelar pela legalidade e moralidade de seus atos, podendo, para que seja cumprida tal finalidade, rever seus atos de ofício, anulando aqueles que se encontrem eivados de ilegalidade ou revogando os que não atendam aos critérios de conveniência e oportunidade. – O poder de autotutela relativo à revisão de ato administrativo considerado ilegal pela Administração, quando dele decorrerem efeitos concretos, deve ser precedido de processo administrativo, de forma que seja oportunizado ao interessado o exercício do contraditório e da ampla defesa. – O art. 54, da Lei n. 9.784/99 fixou o prazo decadencial de cinco anos para que a Administração possa invalidar os atos dos quais decorram efeitos favoráveis aos destinatários, prazo este que é interrompido pela instauração de processo administrativo. – Sendo legal o ato que anulou a progressão funcional do impetrante, após regular processo administrativo iniciado antes de esgotado o prazo decadencial de cinco anos, deve ser mantida a sentença que denegou a segurança. (TJMG, Apelação Cível 1.0000.20.043097-3/001, Rel. Desembargador MAURÍCIO SOARES, 3ª CÂMARA CÍVEL, julgado em 20.10.2020)

APELAÇÃO CÍVEL. AÇÃO ORDINÁRIA. EXTINÇÃO DO PROCESSO SEM JULGAMENTO MÉRITO. POSSIBILIDADE JURÍDICA DO PEDIDO. Art. 5º, XXXV, CR/88. TEORIA DA CAUSA MADURA. ART. 515, §3º, CPC/73. JULGAMENTO PELO TRIBUNAL. POSSIBILIDADE. DECADÊNCIA: DIREITO DA ADMINISTRAÇÃO DE ANULAR SEUS PRÓPRIOS ATOS. LEI FEDERAL Nº 9.784/99. INAPLICABILIDADE. DETERMINAÇÃO DO STF. LEI COMPLEMENTAR 100/2007 E ADI 4.876. DECLARAÇÃO DE INCONSTITUCIONALIDADE DO ART. 7º, I, II, IV e V. MODULAÇÃO DE EFEITOS. NÃO ENQUADRAMENTO DA AUTORA. AUSÊNCIA DE CONCURSO PÚBLICO. – Ainda que o Supremo Federal tenha declarado a inconstitucionalidade da LC 100/07, a autora tem interesse em um provimento de mérito, ainda que seja de improcedência de seu pedido – art. 5º, XXXV, CR/88 – "a lei não excluirá da apreciação do Poder Judiciário lesão ou ameaça a direito". Nos casos de extinção do processo sem julgamento do mérito (art. 267), tratando-se de matéria exclusivamente de direito e estando a ação em condição de imediato julgamento, em observância ao princípio da economia processual, o Tribunal pode julgar a causa desde logo. – A hipótese dos autos não é o caso de autotutela, em que a Administração exerce o controle dos próprios atos, anulando os ilegais e revogando os inconvenientes ou inoportunos, uma vez que o que se tem aqui é o cumprimento de decisão proferida em sede de controle abstrato de constitucionalidade realizado pelo STF. – O colendo Supremo Tribunal Federal, quando do julgamento da ADI 4.876, reconheceu a inconstitucionalidade do artigo 7º da Lei Complementar nº 100/07, incisos I, II, IV e V, editada pelo Governador de Minas Gerais, efetivando servidores nos cargos que ocupavam na data de publicação da referida Lei. – No julgamento da referida ADI, o colendo STF reiterou seu entendimento acerca da imprescindibilidade de prévia aprovação em concurso público para investidura em cargo ou emprego público, assinalando que as exceções a essa regra estão na própria Constituição. Dessa forma, em se tratando de cargo efetivo, é forçosa a aprovação em concurso público. – Não se enquadrando a autora nas hipóteses constantes da modulação de efeitos da referida decisão, não há como resguardar-lhe o direito de permanência no cargo. (TJMG, Apelação Cível 1.0508.15.002246-7/001, Rel. Desembargador WANDER MAROTTA, 5º CÂMARA CÍVEL, julgado em 24.11.2016)

CONSTITUCIONAL E ADMINISTRATIVO. AGRAVO DE INSTRUMENTO. PRETENSÃO DE SUSPENSÃO DE EFEITOS DO DECRETO QUE DETERMINOU A DESOCUPAÇÃO DOS BOXES DO MERCADO PÚBLICO. IMPOSSIBILIDADE. ATO ADMINISTRATIVO DISCRICIONÁRIO. EXERCÍCIO DA AUTOTUTELA. SÚMULAS 473 E 346 DO STF. OFENSA À LEGALIDADE NÃO CARACTERIZADA. DECISÃO AGRAVADA MANTIDA. RECURSO CONHECIDO E DESPROVIDO. 1. Cuida-se de agravo de instrumento com pedido de antecipação de tutela recursal interposto por Antonio Lucas da Silva Filho, adversando decisão interlocutória proferida pelo Juízo da Vara Única da Comarca de Lavras da Mangabeira/CE que, nos autos da Ação Anulatória de Ato Administrativo nº. 0050033-66.2021.8.06.0114 movida em face do MUNICÍPIO DE LAVRAS DA MANGABEIRA/CE, a qual indeferiu a pretensão formulada pela parte excipiente para suspender os efeitos do Decreto 02/2021 e manter a(o) ora Agravante, em seu local de trabalho. 2. Na decisão agravada o magistrado singular assentou que: i) O contrato de permissão (cessão) de uso de bens públicos difere do da concessão de serviços públicos, porquanto nesse tipo de avença, o domínio dos bens é cedido no interesse coletivo para a exploração precária do particular; ii) que o instituto da PERMISSÃO é caracterizado pela precariedade e unilateralidade. 3. A Permissão de Uso de Bem Público é manifestação formal da Administração Pública com a finalidade de dar destinação específica a determinado bem público, mediante delegação aos particulares, tendo caráter precário, unilateral, oneroso e personalíssimo. Assim, a lei dispõe que a permissão é ato no qual a Administração faculta ao particular a utilização de determinado bem público. Pode ser com ou sem condições, gratuito ou remunerado, por tempo certo ou indeterminado, conforme estabelecido no termo próprio, mas sempre modificável e revogável unilateralmente pela Administração, quando o interesse público o exigir, dado sua natureza precária e o poder discricionário do permitente para consentir e retirar o uso especial do bem público. 4. É cediço que a Administração Pública tem a faculdade de rever seus atos, de ofício, quando revestidos de ilegalidade (anulação), ou mesmo por razões de oportunidade e conveniência (revogação), exercendo aquilo que se convencionou chamar de "poder de autotutela". Esse entendimento ficou sedimentado na Súmula 473 do STF. 5. Merece relevo, ainda, o art. 53 da Lei 9.784/99: "A Administração deve anular seus próprios atos, quando eivados de vício de legalidade, e pode revogá-los por motivo de conveniência ou oportunidade, respeitados os direitos adquiridos". 6. Correto, portanto o magistrado de piso, ao indeferir o pedido liminar em razão da falta verossimilhança nas alegações da parte autora aptas a demonstração da probabilidade do direito invocado, requisito indispensável para a concessão de medida de antecipação dos efeitos da tutela pretendida. 7. Agravo de instrumento conhecido e desprovido. (TJCE, Agravo de Instrumento 0621684-55.2021.8.06.0000, Rel. Desembargadora MARIA IRANEIDE MOURA SILVA, 2ª CÂMARA DE DIREITO PÚBLICO, julgado em 09.06.2021)

REMESSA NECESSÁRIA E APELAÇÃO CÍVEL – AÇÃO DE CONCESSÃO DE BENEFÍCIO PREVIDENCIÁRIO – AUXÍLIO-ACIDENTE CUMULADO COM APOSENTADORIA POR TEMPO DE SERVIÇO/CONTRIBUIÇÃO – IMPLEMENTAÇÃO APÓS A VIGÊNCIA DA LEI 9.528/97 – VEDAÇÃO EXPRESSA – ANULAÇÃO DE ATO ADMINISTRATIVO – AUTOTUTELA – DECADÊNCIA – INOCORRÊNCIA – VÁCUO LEGISLATIVO – ORIENTAÇÃO DO STJ (REsp N. 1.114.938/AL) – VALORES RECEBIDOS INDEVIDAMENTE – BOA-FÉ – RESTITUIÇÃO – IMPOSSIBILIDADE. Para os benefícios previdenciários concedidos até o advento da Lei n. 8.422/92 existia prazo decadencial quinquenal para a Administração revisar o ato, ressalvadas as hipóteses de fraude. Com a alteração trazida pela Lei n. 8.422/92, sobreveio um vácuo legislativo a respeito do prazo para autotutela administrativa, que somente foi sanado com a edição com a Lei n. 9.784/99 e, após, especificamente para o âmbito previdenciário, pela Medida Provisória n. 138/03. A colenda Corte Especial do STJ firmou o entendimento de que os atos administrativos praticados antes da Lei 9.784/99 podem ser revistos pela Administração a qualquer tempo, por inexistir norma legal expressa prevendo prazo para tal iniciativa (REsp n. 1.114.938/AL). Com as alterações do art. 86, §2º da Lei n. 8.213/91, promovidas pela a MP n. 1.596-14/97, convertida na Lei n. 9.528/97, o auxílio-acidente deixou de ser vitalício e passou a integrar o salário de contribuição para fins de cálculo do salário de benefício de aposentadoria previdenciária, motivo pelo qual o citado dispositivo trouxe em sua redação a proibição de acumulação de benefício acidentário com qualquer espécie de aposentadoria do regime geral. O STJ assentou o entendimento ser possível a cumulação do auxílio-suplementar/acidente com a aposentadoria, desde que ambos os benefícios sejam anteriores à vigência da Lei n. 9.528/97, em julgamento de recurso repetitivo da controvérsia (REsp 1.296.673/MG). É poder-dever da Administração rever o ato administrativo ilegal, de modo a adequá-lo aos preceitos legais, a teor do que dispõe as Súmulas n. 346 e 473 do STF e, também, expressos no art. 53 da Lei n. 9.784/99, sob pena de ofensa aos princípios constitucionais da moralidade e da legalidade, que devem pautar a atuação da Administração Pública. O entendimento jurisprudencial pacificou-se pela impossibilidade de cobrança dos valores percebidos de boa-fé, sem participação do segurado, em razão de interpretação errônea, má aplicação da lei ou erro da Administração. (TJMG, Apelação Cível/Remessa Necessária 1.0607.17.006178-4/001, Rel. Desembargador BAETA NEVES, 17ª CÂMARA CÍVEL, julgado em 08.04.2021)

Cautelar administrativa

APELAÇÃO. MANDADO DE SEGURANÇA. MEDIDA CAUTELAR ADMINISTRATIVA. PROCON-RS. ART. 58, LEI Nº 8.078/90. PROCESSO ADMINISTRATIVO, LEI Nº 9.784/99. PODER DE POLÍCIA DA ADMINISTRAÇÃO. A medida cautelar administrativa, como admitida no art. 58, da Lei nº 8.078/90, bem assim no art. 45, da Lei nº 9.784/99, de resto de há muito admitida no poder de polícia da administração, somente tem cabida havendo motivação do iminente risco, caso contrário será ilegal a sua determinação, sem o prévio exercício da ampla defesa e do contraditório no âmbito do processo administrativo. (TJRS, Apelação Cível 70003772530, Rel. Desembargador DIOGENES VICENTE HASSAN RIBEIRO, 6ª CÂMARA CÍVEL, julgado em 07.08.2002)

APELAÇÃO CÍVEL – MANDADO DE SEGURANÇA – INVESTIGAÇÃO PRELIMINAR – DEFERIMENTO DE MEDIDA CAUTELAR ANTECEDENTE AO PROCESSO ADMINISTRATIVO – SUPOSTA INOBSERVÂNCIA ÀS NORMAS DE DIREITO DO CONSUMIDOR – SUSPENSÃO DA VENDA DE SEGUROS NA COMERCIALIZAÇÃO VAREJISTA DE ELETRODOMÉSTICOS – LEGALIDADE DA PROVIDÊNCIA CAUTELAR – DISCUSSÃO CABÍVEL EM SEDE DE AÇÃO MANDAMENTAL – ART.56, VI, DO CDC C/C ART.45 DA LEI 9.784/99 – REQUISITOS LEGAIS INOBSERVADOS – MEDIDA DESARRAZOADA – SENTENÇA REFORMADA – ORDEM CONCEDIDA. Quando manifesta a comprovação de situação fática reveladora da prática de ato ilegal por autoridade pública ofensiva a direito líquido e certo do impetrante, impõe-se a concessão da segurança, nos termos do art. 1º da Lei 12.016/09. É exigida, portanto, a presença cumulativa de seus dois requisitos, quais sejam, a existência do direito líquido e certo alegado e o ato dito ilegal ou abusivo. Com tal premissa, é certo que, no presente mandado de segurança, somente poderá ser objeto de apreciação pelo Poder Judiciário a suposta ilegalidade da medida cautelar administrativa, pela ofensa aos princípios constitucionais do devido processo legal, do contraditório e da ampla defesa. A análise restringe-se, portanto, à alegada inobservância dos requisitos legais que autorizam a adoção de medida cautelar administrativa na tutela de direitos do consumidor, sendo estranha aos autos a discussão acerca das condutas efetivamente adotadas pela impetrante no mercado, que é objeto das investigações daquela Promotoria de Justiça no âmbito do Processo Administrativo em curso. Da detida análise do art. 45 da Lei nº9.784/99 c/c art. 56 do CDC, extrai-se que é lícito à Administração Pública adotar providências cautelares, inclusive antecipadamente ao processo administrativo, mas essa medida cautelar somente tem cabimento quando se evidencia o risco iminente, isto é, quando demonstrada situação de risco capaz de tornar ineficaz a própria decisão administrativa, caso concedida ao final do procedimento, requisito não comprovado nos autos. (TJMG, Apelação Cível 1.0024.13.042492-2/001, Rel. Desembargador GERALDO AUGUSTO, 1ª CÂMARA CÍVEL, julgado em 15.10.2013)

Confiança legítima

ADMINISTRATIVO. PROCESSUAL CIVIL. RECURSO ESPECIAL. ALEGAÇÃO DE VIOLAÇÃO DO DISPOSITIVO DO ART. 535, I E II, DO CPC/1973. REJEIÇÃO. SUPOSTA AFRONTA AOS DISPOSITIVOS DOS ARTS. 219 E 512 DO CPC/1973; 406 DO CÓDIGO CIVIL/2002 E 161, §1º, DO CÓDIGO TRIBUTÁRIO NACIONAL. AUSÊNCIA DE PREQUESTIONAMENTO. SÚMULA 211 DO STJ. APLICABILIDADE. DISCUSSÃO ACERCA DO VALOR DA INDENIZAÇÃO. PRETENSÃO DE REEXAME DE PROVAS. INCIDÊNCIA DA SÚMULA 7 DO STJ. MÉRITO. ALEGADA VIOLAÇÃO DOS DISPOSITIVOS DOS ARTS. 80, §§1º E 2º, E 87, §3º, III, DA LEI N. 9.394/1996; 2º DA LEI N. 9.131/95; 11 DO DECRETO 2.494/1998; 186, 187 E 927 DO CÓDIGO CIVIL; E 14 DO CÓDIGO DE DEFESA DO CONSUMIDOR. NÃO OCORRÊNCIA. TEORIA DOS MOTIVOS DETERMINANTES. APLICAÇÃO. PRINCÍPIOS DA BOA-FÉ E DA CONFIANÇA. RECURSO ESPECIAL DA PARTE AUTORA NÃO CONHECIDO E RECURSO ESPECIAL DA UNIÃO CONHECIDO, MAS NÃO PROVIDO. RECURSO JULGADO SOB A SISTEMÁTICA DO ART. 1.036 E SEGUINTES DO CPC/2015, C/C O ART. 256-N E SEGUINTES DO REGIMENTO INTERNO DO STJ. 1. No caso, o e. Tribunal de origem manifestou-se, expressamente, sobre os dispositivos dos arts. 80, §§1º e 2º, da Lei n. 9.394/1996, 2º da Lei n. 9.131/95 e, ainda, deu a interpretação cabível à regra regulamentar (Decreto 2.494/1998). Não há que se falar, portanto, em violação do dispositivo do art. 535 do Código de Processo Civil/1973, porquanto a prestação jurisdicional foi dada na medida da pretensão deduzida, uma vez que a causa foi devidamente fundamentada, de modo coerente e completo. Foram demonstradas as razões necessárias à solução da controvérsia, dando-lhe, contudo, solução jurídica diversa da pretendida pelos recorrentes. 2. O aresto recorrido não debateu, nem sequer implicitamente, a questão à luz dos arts. 219 e 512 do Código de Processo Civil/1973; 406 do Código Civil/2002 e art. 161, §1º, do Código Tributário Nacional bastando para tal conclusão verificar-se o inteiro teor do julgado. Logo, não foi cumprido o necessário e indispensável exame da questão pela decisão atacada, apto a viabilizar a pretensão recursal, nesse ponto, da autora/recorrente. Incidência da Súmula 211 do STJ. De igual sorte, descabe a discussão travada pela recorrente/autora sobre o valor arbitrado, a título de indenização por danos morais, diante do óbice da Súmula 7 do STJ. 3. No caso, o Conselho Nacional de Educação, instado a se manifestar, editou ato público (Parecer CNE/CES n. 290/2006, revisando o Parecer CNE/CES n. 14/2006) e direcionado ao Conselho Estadual de Educação do Paraná, a propósito do curso objeto desta demanda, explicitando que era "do Conselho Estadual de Educação do Paraná a competência para credenciamento, autorização e reconhecimento de instituições, cursos e Programas do seu Sistema de Ensino, não havendo necessidade de reconhecimento do 'curso' no MEC, pois não se trata de programa ofertado na modalidade de educação a distância". 4. Com efeito, a revisão posterior desse entendimento afronta a boa-fé dos interessados, o princípio da confiança, bem como malfere os motivos determinantes do ato, os quais se reportaram à efetiva incidência do inciso III do §3º do art. 87 da Lei n. 9.394/1996 – LDB, bem como para

CRISTIANA FORTINI, MARIA FERNANDA VELOSO PIRES, TATIANA MARTINS DA COSTA CAMARÃO, CAIO MÁRIO LANA CAVALCANTI
PROCESSO ADMINISTRATIVO – COMENTÁRIOS À LEI Nº 9.784/1999

atender ao contido no Plano Nacional de Educação, aprovado pela Lei n. 10.172/2001, dentro da denominada "Década da Educação". 5. Outrossim, descabia ao Conselho Estadual de Educação do Paraná, como perfizera via do Parecer n. 193/2007, restringir o escopo preconizado pelo inciso III do §3º do art. 87 da Lei n. 9.394/1996, quando dispõe acerca da realização dos programas de capacitação. É que o dispositivo legal permitiu a realização de "programas de capacitação para todos os professores em exercício", não exigindo que os discentes sejam professores com vínculo formal com instituição pública ou privada. 6. Segundo a teoria dos motivos determinantes, "a Administração, ao adotar determinados motivos para a prática de ato administrativo, ainda que de natureza discricionária, fica a eles vinculada" (RMS 20.565/MG, Quinta Turma, Rel. Min. Arnaldo Esteves Lima, julgado em 15/3/2007, DJ 21/5/2007). 7. Incidência do princípio da confiança no tocante à Administração Pública, o qual se reporta à necessidade de manutenção de atos administrativos, ainda que se qualifiquem como antijurídicos (o que não é o caso em exame), desde que verificada a expectativa legítima, por parte do administrado, de estabilização dos efeitos decorrentes da conduta administrativa. Princípio que corporifica, na essência, a boa-fé e a segurança jurídica. (REsp 1.229.501/SP, de minha relatoria, Segunda Turma, julgado em 6/12/2016, DJe 15/12/2016). 8. Inexistência de violação dos dispositivos dos arts. 80, §§1º e 2º, da Lei n. 9.394/96 (e, por consequência, do art. 11 do Decreto n. 2.494/98) e do art. 2º da Lei n. 9.131/95, porquanto o estabelecido no art. 87, §3º, III, da Lei n. 9.394/96 dá amparo ao fato de o órgão estadual de educação credenciar, autorizar e fiscalizar os cursos relativos a programas de capacitação de professores em exercício, transitoriamente (enquanto durou a "Década da Educação"), como no caso em exame. Distinção da fundamentação determinante neste julgado daquela externada no julgamento do REsp 1.486.330/PR, de minha relatoria, com conclusão, igualmente, diferente e que representa a evolução do entendimento, diante do aporte de novos fundamentos (...) (STJ, REsp 1.498.719/PR, Rel. Ministro OG FERNANDES, PRIMEIRA SEÇÃO, DJe 21.11.2017)

REMESSA NECESSÁRIA E APELAÇÃO CÍVEL – AÇÃO DE COBRANÇA – PRELIMINAR – COISA JULGADA – DÉBITOS DISTINTOS – NÃO CONFIGURAÇÃO – PRESCRIÇÃO – DÍVIDA DA FAZENDA PÚBLICA – PRAZO QUINQUENAL – PAGAMENTOS PARCIAIS DO DÉBITO – SUSPENSÃO – MÉRITO – MUNICÍPIO DE GOVERNADOR VALADARES – CONTRATO ADMINISTRATIVO – SERVIÇOS DE SANEAMENTO – PRESTAÇÃO EFETIVA – ENRIQUECIMENTO INJUSTIFICADO DO PODER PÚBLICO – VEDAÇÃO – HONORÁRIOS ADVOCATÍCIOS – CONDENAÇÃO DO ENTE MUNICIPAL – REGRA DE ESCALONAMENTO – ART. 85, §5º, DO CPC/2015 – APLICAÇÃO. – Não se verifica a ocorrência de coisa julgada quando a despeito da identidade das partes e da circunstância de que a cobrança na ação pretérita envolvia o mesmo contrato administrativo, tanto a causa de pedir quanto o pedido das demandas abrangem débitos distintos. – Nos termos do art. 1º do Decreto de nº 20.910/1932 as dívidas da Fazenda Pública, independente da sua natureza, prescrevem em cinco anos da data do ato ou fato do qual se originarem, sendo que a superveniência das normas genéricas do Código Civil não alterou tampouco revogou a regulamentação contida na legislação especial. – "Se a Administração efetua o pagamento dos retroativos de modo parcelado, em respeito à previsão e disponibilidade orçamentária, não haverá mora a ser purgada e, consequentemente, não correrá o prazo prescricional, que somente voltará a fluir quando praticar qualquer ato, inclusive omissivo, que revele o seu desinteresse de honrar a integralidade da dívida" (STJ, REsp 1.270.439/PR, Rel. Ministro CASTRO MEIRA, PRIMEIRA SEÇÃO, julgado em 26.06.2013, DJe 02/08/2013). – Deve ser preservada a condenação do ente público municipal ao pagamento dos valores relacionados a serviços que foram comprovadamente disponibilizados em benefício do prestador, sob pena de afronta aos princípios da confiança e da vedação ao enriquecimento injustificado da Administração em detrimento do particular. – Nas causas em que a Fazenda Pública for parte a fixação dos honorários deve observar os percentuais e as regras de escalonamento elencadas nos §§3º e 5º do art. 85 do CPC/2015. (TJMG, Apelação Cível/Remessa Necessária 1.0000.21.059206-9/001, Rel. Desembargadora ÂNGELA DE LOURDES RODRIGUES, 8ª CÂMARA CÍVEL, julgado em 10.06.2021)

REMESSA NECESSÁRIA E APELAÇÃO CÍVEL – MANDADO DE SEGURANÇA – PRELIMINAR DE CARÊNCIA DE AÇÃO – REJEITADA – CONCURSO PÚBLICO – CANDIDATO APROVADO DENTRO DO NÚMERO DE VAGAS – PRAZO DE VALIDADE DO CERTAME EXPIRADO – DIREITO SUBJETIVO À NOMEAÇÃO – CONFIGURADO – PODER DISCRICIONÁRIO DA ADMINISTRAÇÃO – INAPLICÁVEL À ESPÉCIE – VINCULAÇÃO DA ADMINISTRAÇÃO PÚBLICA AO NÚMERO DE VAGAS PROPOSTO – INEXISTÊNCIA DE DEMONSTRAÇÃO DE QUALQUER CIRCUNSTÂNCIA PARTICULAR CAPAZ DE EXCEPCIONAR O DEVER DA ADMINISTRAÇÃO – SEGURANÇA CONCEDIDA – SENTENÇA CONFIRMADA, NA REMESSA NECESSÁRIA, RECURSO PREJUDICADO. 1 – Enquanto para as ações em geral a existência da vontade de lei para o direito alegado é uma condição para o pronunciamento jurisdicional favorável, no mandado de segurança, isso é insuficiente, porquanto se mostra impreterível que referido direito, além de existir no plano teórico, seja dotado de certeza e liquidez. 2 – A despeito de o candidato aprovado em concurso público ter mera expectativa de direito à nomeação, quando a sua aprovação se dá dentro do número de vagas divulgadas no edital, passa a existir o direito subjetivo à nomeação para o cargo ao qual concorreu, em atenção aos princípios da moralidade e da confiança legítima. 3 – Durante o prazo de validade do concurso, cabe à Administração Pública exercer o juízo de conveniência e oportunidade para a nomeação dos candidatos classificados dentro do número de vagas, decidindo pelo melhor momento para convocá-los. Entretanto, uma vez expirado tal prazo, configura-se o dever da Administração ao lado do direito subjetivo do candidato à nomeação, à luz dos princípios da boa-fé objetiva e da confiança legítima. 4 – Demonstrada a preterição do candidato aprovado no certame, desacompanhada de qualquer circunstância particular apta a excepcionar o dever de nomeação da Administração Pública, impõe-se a confirmação da sentença que concedeu a segurança. 5 – Posicionamento firmado pelo Supremo Tribunal Federal, por ocasião do julgamento do RE n.º 598.099/MS, tomado em sede de Repercussão Geral, que serviu como *leading* case a respeito da matéria. 6 – Sentença confirmada, na remessa necessária, restando prejudicado o recurso interposto. (TJMG, Apelação Cível/ Remessa Necessária 1.0000.19.167993-5/002, Rel. Desembargadora MARIA INÊS SOUZA, 2ª CÂMARA CÍVEL, julgado em 15.12.2020)

MANDADO DE SEGURANÇA. NEGATIVA DO REGISTRO DE APOSENTADORIA PASSADOS VINTE E TRÊS ANOS DE SUA CONCESSÃO. OCTOGENÁRIO EM TRATAMENTO DE CÂNCER. CÔMPUTO DE TRABALHO RURAL PARA APOSENTADORIA EM CARGO PÚBLICO. PRAZO DECADENCIAL PARA A ADMINISTRAÇÃO PÚBLICA REVER SEUS ATOS. DEMORA EXCESSIVA PARA CONFORMAÇÃO DO ATO ADMINISTRATIVO. DISCIPLINA CONSTITUCIONAL DA PRESCRITIBILIDADE. PRECEDENTES DO SUPREMO TRIBUNAL FEDERAL. AFRONTA AOS PRINCÍPIOS DA RAZOABILIDADE, CONFIANÇA, SEGURANÇA JURÍDICA, RAZOÁVEL DURAÇÃO DO PROCESSO E DIGNIDADE DA PESSOA HUMANA. ORDEM PARCIALMENTE CONCEDIDA. (STF, MS 37.004/DF, Rel. Ministra CÁRMEN LÚCIA, SEGUNDA TURMA, julgado em 07.12.2020)

RECURSO EXTRAORDINÁRIO. REPERCUSSÃO GERAL. CONCURSO PÚBLICO. PREVISÃO DE VAGAS EM EDITAL. DIREITO À NOMEAÇÃO DOS CANDIDATOS APROVADOS. I. DIREITO À NOMEAÇÃO. CANDIDATO APROVADO DENTRO DO NÚMERO DE VAGAS PREVISTAS NO EDITAL. Dentro do prazo de validade do concurso, a Administração poderá escolher o momento no qual se realizará a nomeação, mas não poderá dispor sobre a própria nomeação, a qual, de acordo com o edital, passa a constituir um direito do concursando aprovado e, dessa forma, um dever imposto ao poder público. Uma vez publicado o edital do concurso com número específico de vagas, o ato da Administração que declara os candidatos aprovados no certame cria um dever de nomeação para a própria Administração e, portanto, um direito à nomeação titularizado pelo candidato aprovado dentro desse número de vagas. II. ADMINISTRAÇÃO PÚBLICA. PRINCÍPIO DA SEGURANÇA JURÍDICA. BOA-FÉ. PROTEÇÃO À CONFIANÇA. O dever de boa-fé da Administração Pública exige o respeito incondicional às regras do edital, inclusive quanto à previsão das vagas do concurso público. Isso igualmente decorre de um necessário e incondicional respeito à segurança jurídica como princípio do Estado de Direito. Tem-se, aqui, o princípio da segurança jurídica como princípio de proteção à confiança. Quando a Administração torna público um edital de concurso, convocando todos os cidadãos a participarem de seleção para o preenchimento de determinadas vagas no serviço público, ela impreterivelmente gera uma expectativa quanto ao seu comportamento segundo as regras previstas nesse edital. Aqueles cidadãos que decidem se inscrever e participar do certame público depositam sua confiança no Estado administrador, que deve atuar de forma responsável quanto às normas do edital e observar o princípio da segurança jurídica como guia de comportamento. Isso quer dizer, em outros termos, que o comportamento da Administração Pública no decorrer do concurso público deve se pautar pela boa-fé, tanto no sentido objetivo quanto no aspecto subjetivo de respeito à confiança nela depositada por todos os cidadãos. III. SITUAÇÕES EXCEPCIONAIS. NECESSIDADE DE MOTIVAÇÃO. CONTROLE PELO PODER JUDICIÁRIO. Quando se afirma que a Administração Pública tem a obrigação de nomear os aprovados dentro do número de vagas previsto no edital, deve-se levar em consideração a possibilidade de situações excepcionalíssimas que justifiquem soluções diferenciadas, devidamente motivadas de acordo com o interesse público. Não se pode ignorar que determinadas situações excepcionais podem exigir a recusa da Administração Pública de nomear novos servidores. Para justificar o excepcionalíssimo não cumprimento do dever de nomeação por parte da Administração Pública, é necessário que a situação justificadora seja dotada das seguintes características: a) Superveniência: os eventuais fatos ensejadores de uma situação excepcional devem ser necessariamente posteriores à publicação do edital do certame público; b) Imprevisibilidade: a situação deve ser determinada por circunstâncias extraordinárias, imprevisíveis à época da publicação do edital; c) Gravidade: os acontecimentos extraordinários e imprevisíveis devem ser extremamente graves, implicando onerosidade excessiva, dificuldade ou mesmo impossibilidade de cumprimento efetivo das regras do edital; d) Necessidade: a solução drástica e excepcional de não cumprimento do dever de nomeação deve ser extremamente necessária, de forma que a Administração somente pode adotar tal medida quando absolutamente não existirem outros meios menos gravosos para lidar com a situação excepcional e imprevisível. De toda forma, a recusa de nomear candidato aprovado dentro do número de vagas deve ser devidamente motivada e, dessa forma, passível de controle pelo Poder Judiciário. IV. FORÇA NORMATIVA DO PRINCÍPIO DO CONCURSO PÚBLICO. Esse entendimento, na medida em que atesta a existência de um direito subjetivo à nomeação, reconhece e preserva da melhor forma a força normativa do princípio do concurso público, que vincula diretamente a Administração. É preciso reconhecer que a efetividade da exigência constitucional do concurso público, como uma incomensurável conquista da cidadania no Brasil, permanece condicionada à observância, pelo Poder Público, de normas de organização e procedimento e, principalmente, de garantias fundamentais que possibilitem o seu pleno exercício pelos cidadãos. O reconhecimento de um direito subjetivo à nomeação deve passar a impor limites à atuação da Administração Pública e dela exigir o estrito cumprimento das normas que regem os certames, com especial observância dos deveres de boa-fé e incondicional respeito à confiança dos cidadãos. O princípio constitucional do concurso público é fortalecido quando o Poder Público assegura e observa as garantias fundamentais que viabilizam a efetividade desse princípio. Ao lado das garantias de publicidade, isonomia, transparência, impessoalidade, entre outras, o direito à nomeação representa também uma garantia fundamental da plena efetividade do princípio do concurso público. V. NEGADO PROVIMENTO AO RECURSO EXTRAORDINÁRIO. (STF, RE 598.099/MS, Rel. Ministro GILMAR MENDES, TRIBUNAL PLENO, julgado em 10.08.2011)

MANDADO DE SEGURANÇA. ILEGITIMIDADE PASSIVA AD CAUSAM. FALTA DE INTERESSE DE AGIR. PRELIMINARES REJEITADAS. SERVIDORA PÚBLICA ESTADUAL. PROGRESSÃO NA CARREIRA. LEI ESTADUAL Nº 17.093/2010. ATO VINCULADO. AVALIAÇÃO DE DESEMPENHO. INÉRCIA DO ESTADO. DISPENSA QUANTO AO PREENCHIMENTO DO REQUISITO ENQUANTO MANTIDA A OMISSÃO DO ENTE PÚBLICO. GRATIFICAÇÃO POR TEMPO DE SERVIÇO E PROGRESSÃO FUNCIONAL. BIS IN IDEM. VIOLAÇÃO À CLÁUSULA DE RESERVA DE PLENÁRIO. INOCORRÊNCIA. CONSECTÁRIOS FINANCEIROS. SEGURANÇA PARCIALMENTE CONCEDIDA. I – Nos termos do art. 8º da Lei Estadual nº 17.093/10, compete ao titular da Secretaria de Estado da Mulher, do Desenvolvimento Social, da Igualdade Racial, dos Direitos Humanos e do Trabalho do Estado de Goiás expedir os atos de promoção e progressão dos servidores daquela pasta, exsurgindo-se daí sua legitimidade passiva ad causam no caso em comento. II – Não há falar em falta de interesse de agir, em razão de ausência de prévio requerimento administrativo, mormente porque, na espécie, a apresentação de contestação meritória é suficiente para demonstrar a resistência do ente municipal à pretensão autoral e, por conseguinte, o interesse da parte autora à prestação jurisdicional. III – A existência de recurso administrativo com efeito suspensivo não impede o uso do mandado de segurança contra omissão da autoridade. Inteligência da Súmula nº 429 do STF. IV – Para a concessão de progressão funcional nos cargos pertencentes aos Grupos Ocupacionais, estabelece a legislação de regência a necessidade de efetivo exercício pelo interstício mínimo de 24 (vinte e quatro) meses na referência em que estiver posicionado o servidor, tratando-se, portanto, de ato vinculado, que, como tal, não depende de apreciação de conveniência e oportunidade. V – A inércia da Administração Pública em providenciar a instalação da comissão avaliadora e disciplinar os parâmetros de avaliação de desempenho aplicáveis a seus servidores para fins de progressão funcional não pode servir de óbice à efetivação do direito, que, nesse cenário, deve pautar-se exclusivamente pelo critério temporal objetivamente estipulado em lei. VI – A relação entre administração e administrado inspira confiança, depositada no Poder Público que tem o dever positivado de agir com boa-fé, decoro e probidade (Lei nº 9.784/99, artigo 2º, parágrafo único, inciso IV), sendo vedado ao Estado comportamento contraditório em impor condição não implementada por si mesmo. Não se trata, portanto, de reivindicação de regime jurídico retroativo, e sim do cumprimento do regime atualmente em vigor. VII – Não é o caso de conveniência administrativa, mas de cumprimento de estrita legalidade – ato vinculado – o que autoriza intervenção judicial, contrariando a alegação do Estado de Goiás de que o Judiciário não deve interferir em questões que ultrapassem a legalidade dos atos administrativos. VIII – Para haver violação da cláusula de reserva de plenário, por órgão fracionário de Tribunal, é preciso que haja uma declaração explícita de inconstitucionalidade de lei ou ato normativo do Poder Público, ou implícita, no caso de afastamento da norma com base em fundamento constitucional, o que não ocorre no caso. IX – A percepção simultânea de gratificação adicional por tempo de serviço e progressão funcional não configura bis in idem ou sobreposição de vantagens pecuniárias, pois distintas suas naturezas, requisitos e finalidades. X – Comprovado o interstício mínimo de 24 (vinte e quatro) meses na referência anterior, impõe-se a concessão parcial da segurança, a fim de assegurar à impetrante o direito de progredir para o próximo padrão. XI? Considerando que a impetrante não comprovou a vacância na Classe B, que é exigido pelo artigo 7º, §4º, da Lei Estadual nº 17.093/2010, sua pretensão no tocante à promoção não merece prosperar. XII – De acordo com as Súmulas nos 269 e 271 do STF, os consectários financeiros do mandado de segurança devem limitar-se aos valores devidos a partir da impetração. XIII – Sobre os valores a serem pagos pelo Estado, deverão incidir a correção monetária pelo IPCA-E, a contar do vencimento de cada parcela, e os juros aplicados à caderneta de poupança, desde a citação, que incidem uma única vez até o efetivo pagamento, conforme determinado no julgamento do tema 810 da repercussão geral no Recurso Extraordinário nº 870.947 do STF. SEGURANÇA PARCIALMENTE CONCEDIDA. (TJGO, Mandado de Segurança 5540303-24.2019.8.09.0000, Rel. Desembargadora NELMA BRANCO FERREIRA PERILO, 4ª CÂMARA CÍVEL, 4ª CÂMARA CÍVEL, DJ 27.04.2020)

Convalidação
Mandado de segurança – Aposentadoria com proventos integrais – Não cumprimento dos requisitos constitucionais – Posterior verificação pelo tribunal de Contas – Opções para o servidor – Reassunção do cargo ou proventos proporcionais – Transcurso de lapso temporal considerável – Servidor idoso – Princípio da confiança legítima – Justiça material no caso concreto – Convalidação do ato administrativo – Segurança concedida. 1. Deixando o servidor de cumprir o requisito temporal para a aposentadoria com proventos integrais, poderá reassumir o cargo para completar o tempo faltante. 2. Em observância ao princípio da confiança legítima e considerando a particularidade fática dos autos, deve ser convalidado o ato de aposentadoria com proventos com o intuito de realizar a justiça material no caso concreto. (TJMG, Mandado de Segurança 1.0000.19.082036-5/000, Rel. Desembargador MARCELO RODRIGUES, 2ª CÂMARA CÍVEL, julgado em 05.11.2019)

REEXAME NECESSÁRIO. APELAÇÃO CÍVEL. SERVIDORA OCUPANTE DE CARGO EM COMISSÃO. EXONERAÇÃO DURANTE LICENÇA MÉDICA. REINTEGRAÇÃO NO CARGO. CONCESSÃO DE APOSENTADORIA POR INVALIDEZ COM PROVENTOS

INTEGRAIS. EFEITOS RETROATIVOS. AUSÊNCIA DE DIREITO. SANATÓRIA POR FATO. Ocorre a sanatória por fato, ou seja, a convalidação do ato administrativo pelo decurso do tempo – ou a estabilização/consolidação de determinada situação jurídica, quando a Administração decai do direito de rever o ato ou quando decorrido o prazo para o exercício do poder de autotutela da Administração. Pelo princípio da moralidade administrativa, não se pode perpetuar uma situação jurídica irregular que conferiu benefícios indevidos, sobretudo em razão de ausência de previsão legal. Sentença reformada no reexame necessário. (TJMG, Apelação Cível/Remessa Necessária 1.0079.08.422158-3/001, Rel. Desembargador MAURÍCIO SOARES, 3ª CÂMARA CÍVEL, julgado em 15.07.2021)

REEXAME NECESSÁRIO E APELAÇÃO CÍVEL – ADMINISTRATIVO – SERVIDOR PÚBLICO – CONTRATAÇÃO TEMPORÁRIA – PRAZO SUPERIOR AO PREVISTO EM LEI – NULIDADE DO VÍNCULO – EFEITOS EX TUNC – DIREITO AO RECEBIMENTO DE FGTS. 1 – A contratação por tempo determinado para atendimento de necessidade temporária e excepcional de interesse público realizada em desconformidade com os preceitos do art. 37, IX, da Constituição da República, não gera quaisquer efeitos jurídicos para os servidores contratados, à exceção do direito à percepção dos salários referentes ao período trabalhado, férias, 13º salário e, nos termos do art. 19-A da Lei 8.036/1990, ao levantamento dos depósitos efetuados no Fundo de Garantia do Tempo de Serviço – FGTS. Precedente do STF com repercussão geral. 2 – Na modulação de efeitos prevista no julgamento dos Embargos de Declaração opostos na ADI 1.0000.16.074933-9/000, decidiu-se pela convalidação dos contratos celebrados até o ano de 2021, desde que em conformidade com a Lei Estadual nº 18.185/2009. 3 – A ilegalidade das sucessivas renovações contratuais em desrespeito aos prazos estabelecidos na Lei Estadual nº 18.185/2009 afasta a possibilidade de convalidação do ato e impõe o reconhecimento da nulidade das contratações. (TJMG, Apelação Cível/Remessa Necessária 1.0000.21.003902-0/001, Rel. Desembargador CARLOS HENRIQUE PERPÉTUO BRAGA, 19ª CÂMARA CÍVEL, julgado em 04.03.2021)

Apelação Cível. 'Ação declaratória de direitos c/c obrigação de fazer'. Concurso público. Edital 001/2012. Prefeitura Municipal de Cristianópolis. Anulação por decisão judicial transitada em julgado. Pretensão da autora de entrar em exercício no cargo público em que foi empossada. Impossibilidade. I. Se o concurso público para preenchimento do quadro de cargos efetivos do Município de Cristianópolis, regido pelo Edital nº 001/2012 e seus anexos, encontra-se anulado, a partir da constituição da Banca Examinadora, por óbvio, todos os atos subsequentes são atingidos pela nulidade. II. Sendo nulo o concurso público, a partir da constituição da Banca Examinadora, não se há cogitar de instauração de processo administrativo para exoneração da servidora, em razão da inexistência de produção de efeitos válidos decorrentes da posse no cargo público. III. A Lei Federal nº 9.784, de 29 de janeiro de 1999, e a Lei Estadual nº 13.800, de 18 de janeiro de 2001, disciplinam que a convalidação dos atos administrativos pela própria Administração Pública só é possível quando não acarretar lesão ao interesse público nem prejuízo a terceiros e ser o defeito do ato sanável, situação que não se observa no caso em tela, em que foi declarado nulo o concurso público, por decisão judicial. IV – Honorários recursais. Não havendo fixação de honorários na origem inaplicável a majoração, nos termos do §11 do art. 85 do CPC. Apelo conhecido e desprovido. Sentença mantida. (TJGO, Apelação Cível 5004073-05.2019.8.09.0141, Rel. Desembargador JERONYMO PEDRO VILLAS BOAS, 1ª CÂMARA CÍVEL, DJ 12.05.2021)

Decadência
ADMINISTRATIVO. DECADÊNCIA. ART. 54, §2º, DA LEI Nº 9.784/99. DECISÃO DO TRIBUNAL DE CONTAS JULGANDO ILEGAL A ADMISSÃO E DETERMINANDO PROVIDÊNCIAS. EXERCÍCIO DO DIREITO DE ANULAR. INÉRCIA DA ADMINISTRAÇÃO. NÃO EXISTENTE. CONCURSO PÚBLICO. EXIGÊNCIA DO EDITAL. NÃO CUMPRIDA. AUSÊNCIA DE DIREITO LÍQUIDO E CERTO. 1. Na forma do art. 54, §2º, da Lei nº 9.784/99, a decisão do Tribunal de Contas que julga ilegal o ato e determina a tomada das providências necessárias à correção dos vícios apontados, tem o condão de obstar a decadência, porquanto demonstra não ter havido inércia da Administração. 2. O edital do concurso é claro ao exigir, para o cargo de Professor Nível 03, especialidade Língua Estrangeira Moderna, os seguintes requisitos: (i) Licenciatura em Letras com habilitação em Inglês ou (ii) se não habilitado em Inglês, Licenciatura em Letras e o Registro 'E' (Portaria 166/85 do MEC – diplomas de proficiência em língua estrangeira). 3. Não atende às exigências do edital a comprovação apenas de proficiência em língua estrangeira, sendo certo que a graduação em Medicina Veterinária, à toda evidência, não é título hábil substituir o de Licenciatura em Letras. 4. Recurso ordinário desprovido. (STJ, RMS 22.376/DF, Rel. Ministra LAURITA VAZ, QUINTA TURMA, DJe 01.02.2011)

APELAÇÃO CÍVEL – MANDADO DE SEGURANÇA – SERVIDOR PÚBLICO – MUNICÍPIO DE BETIM – PROVENTOS DE APOSENTADORIA – ADICIONAIS CALCULADOS EM DESACORDO COM O ART. 37, XIV, DA CR/88 – EMENDA CONSTITUCIONAL Nº 19/98 – "EFEITO CASCATA" – VEDAÇÃO – REAJUSTE NOS CÁLCULOS – LEGALIDADE – AUSÊNCIA DE VIOLAÇÃO À IRREDUTIBILIDADE DE VENCIMENTOS – DECADÊNCIA – ART. 54, DA LEI 9.787/99 – INAPLICABILIDADE – SENTENÇA MANTIDA. 1. O direito líquido e certo é aquele que se apresenta de forma manifesta em sua existência, delimitado na sua extensão e apto a ser exercido, sem qualquer condicionante, no momento da impetração do mandamus. 2. Nos termos do art. 37, XIV da CR/88, com redação dada pela Emenda Constitucional nº 19/98, é vedado o cômputo acumulado de benefícios dos servidores públicos, com o escopo de coibir o "efeito cascata" dos cálculos de benefícios sobre outros benefícios, num ciclo infindável de acréscimos pecuniários. 3. A nova sistemática de cálculo para acréscimos pecuniários estabelecidos pela EC nº19/98 não pode ser afastada com base em pretenso direito adquirido à forma de cálculo ou sob a alegação de existência de ato jurídico perfeito. Precedentes. 4. O prazo decadencial previsto na Lei n.º 9.784/1999 não se aplica à situação flagrantemente inconstitucional. Precedentes do STF. 5. O Supremo Tribunal Federal, no tema de repercussão geral nº 24, sublimou que a norma inserta no art. 37, XIV, da CR/88 é autoaplicável, o que, por si só, já afasta a alegação de que o Município não teria observado o devido processo legislativo, ao promover o reajuste no cálculo dos adicionais sem a prévia edição de lei em sentido estrito, para disciplinar a questão. (TJMG, Apelação Cível 1.0000.21.128279-3/003, Rel. Desembargador WAGNER WILSON, 19ª CÂMARA CÍVEL, julgado em 13.10.2022)

ADMINISTRATIVO. AGRAVO INTERNO EM AGRAVO DE INSTRUMENTO. PRELIMINAR. AFASTADA. CONCESSÃO DO ATO DE PENSÃO PROVISÓRIA. PRETENSÃO DE REFORMA APÓS MAIS DE VINTE ANOS, SEM QUE O PROCESSO TENHA CHEGADO AO TRIBUNAL DE CONTAS. IMPOSSIBILIDADE. SEGURANÇA JURÍDICA. PRECEDENTES DO STF. 1. No caso, evidenciou-se o largo lapso temporal decorrido entre o ato de concessão da pensão provisória das agravadas até a presente data (mais de vinte anos), sem que o processo tenha chegado, sequer, ao TCE, mostrando-se patente a impossibilidade de revisão da aludida pensão. 2. Acontece que o órgão pagador que defere o pedido inicial de aposentadoria também está sujeito às regras de prescrição e decadência, inegavelmente. Precedentes do STF. 3. Agravo Interno conhecido para afastar a preliminar de inadmissibilidade recursal e julgá-lo desprovido. (TJCE, Agravo Interno 0625724-17.2020.8.06.0000, Rel. Desembargador FRANCISCO GLADYSON PONTES, 2 CÂMARA DE DIREITO PÚBLICO, julgado em 14.07.2021)

DIREITO CONSTITUCIONAL – DIREITO ADMINISTRATIVO – REEXAME NECESSÁRIO – REALIZAÇÃO DE OFÍCIO – APELAÇÃO – PEDIDO ADMINISTRATIVO DE CONCESSÃO DE APOSENTADORIA – DEFERIMENTO DO BENEFÍCIO EM DECORRÊNCIA DE SENTENÇA NÃO TRANSITADA EM JULGADO – REMESSA DO PROCESSO AO TRIBUNAL DE CONTAS – POSTERIOR REFORMA DA SENTENÇA – INTERRUPÇÃO DO BENEFÍCIO – APLICAÇÃO DE EFEITO DE DECISÃO JUDICIAL – DECADÊNCIA ADMINISTRATIVA E NECESSIDADE DE PRÉVIA INSTAURAÇÃO DE PROCESSO ADMINISTRATIVO – INAPLICABILIDADE – SENTENÇA REFORMADA – RECURSO PREJUDICADO. – Considerando que o ato que concedeu a aposentadoria à autora, nos autos de seu requerimento administrativo, não decorreu de declaração voluntária do Município, mas de cumprimento de ordem judicial não transitada em julgado, a determinação do ente público de suspensão do benefício, em decorrência da reforma da referida decisão judicial, não está sujeita ao prazo da decadência administrativa previsto no artigo 54 da lei 9.784/99 e nem exige prévia instauração de processo administrativo. – O fato do processo administrativo de aposentadoria da autora ter sido remetido ao Tribunal de Contas e lá ter permanecido por mais de cinco anos não lhe assegura o direito de manutenção do benefício previdenciário, pois não houve ato voluntário da Administração concedendo o direito, após a apuração do preenchimento dos requisitos, mas cumprimento de decisão judicial posteriormente revista. (TJMG, Apelação Cível 1.0000.21.037273-6/001, Rel. Desembargador MOREIRA DINIZ, 4ª CÂMARA CÍVEL, julgado em 24.06.2021)

DECADÊNCIA – ADMINISTRAÇÃO – REVISÃO DE ATO – APOSENTADORIA – SITUAÇÃO APERFEIÇOADA – INEXISTÊNCIA. Incabível é a aplicação do disposto no artigo 54 da Lei nº 9.784/1999 ao processo visando aposentadoria, no que o ato de origem surge provisório, ficando na dependência, sob o ângulo do aperfeiçoamento, de registro pelo Tribunal de Contas. APOSENTADORIA – TEMPO DE SERVIÇO – REGISTRO. O registro da aposentadoria não prescinde da prova inequívoca do tempo de serviço. (STF, MS 33.082/DF, Rel. Ministro MARCO AURÉLIO, PRIMEIRA TURMA, julgado em 28.09.2020)

PROCESSO CIVIL. TAIFEIROS DA AERONÁUTICA. REVISÃO DE PROVENTOS PELA ADMINISTRAÇÃO. INCIDÊNCIA DO PRAZO DECADENCIAL. Transcorridos mais de cinco entre a data do primeiro pagamento do provento com melhoria e a data da determinação de redução pela administração militar, esta decaiu do direito de revisar o ato, ante o decurso do prazo decadencial previsto no art. 54 da Lei nº 9784/99. Recebida pelo administrado a superposição de graus hierárquicos há mais de 5 anos, sem que a Administração tenha exercido no tempo hábil o direito de anulação, houve a estabilização dos efeitos do ato administrativo pelo decurso de tempo, consolidando assim uma expectativa legítima ao destinatário do ato. (TRF4, Apelação Cível 5023040-50.2019.4.04.7100, Rel. Desembargadora Federal MARGA INGE BARTH TESSLER, 3ª TURMA, julgado em 20.07.2021)

APELAÇÃO CÍVEL. AÇÃO DE NULIDADE DE ATO ADMINISTRATIVO. REVISÃO DO ATO DE APOSENTADORIA DA AUTORA PELA ADMINISTRAÇÃO PÚBLICA, APÓS PASSADOS 42 ANOS. REDUÇÃO DOS PROVENTOS DA AUTORA. IMPOSSIBILIDADE. PRINCÍPIO DA SEGURANÇA JURÍDICA. DECADÊNCIA CONFIGURADA. 1. O poder de autotutela do Estado, fundado no princípio da segurança jurídica, encontra-se limitado por prazos decadenciais. 2. Segundo o artigo 54 da Lei Estadual nº 13.800/2001, que reproduziu o artigo 54 da Lei nº 9.784/99, 'o direito da Administração de anular os atos administrativos de que decorram efeitos favoráveis para os destinatários decai em cinco anos, contados da data em que foram praticados, salvo comprovada má-fé.' 3. Desta forma, não pode o Estado de Goiás, após quarenta e dois anos, revisar o ato de aposentadoria da autora reduzindo o seu valor quase pela metade, mesmo que tenha ocorrido erro administrativo, mormente quando ausente a má-fé da administrada. 4. Mantida a sentença, impende majorar a verba honorária anteriormente fixada, conforme disposto no artigo 85, §11, do CPC. APELAÇÃO CÍVEL CONHECIDA E DESPROVIDA. (TJGO, Apelação Cível/Remessa Necessária 0328775-83.2015.8.09.0006, Rel. Desembargador ORLOFF NEVES ROCHA, 1ª CÂMARA CÍVEL, DJ 05.04.2021)

ADMINISTRATIVO. MILITAR. ATO ADMINISTRATIVO. DECADÊNCIA. LEI 9.784/99. SÚM. 473 DO STF. 1. No exercício do poder/dever de auto-tutela, os órgãos da Administração Pública estão sujeitos ao prazo decadencial de cinco anos para anular os atos administrativos de que decorram efeitos favoráveis aos destinatários, nos termos do art. 54 da Lei n.º 9.784/99, assim como as regras relativas à tramitação do processo administrativo, inclusive as relativas à preclusão e à coisa julgada administrativa, quando a questão não envolver ilegalidade do ato. 2. Considerando o decurso de mais de 05 anos desde a vigência da Lei 9784/99 sem que a Administração tivesse exercido o direito de anulação do ato, correta a conclusão no sentido de que os efeitos do ato administrativo consolidaram-se pelo transcurso do tempo, gerando legítima expectativa nas demandantes acerca do recebimento dos proventos. (TRF4, Apelação Cível 5023024-62.2020.4.04.7100, Rel. Desembargador Federal ROGERIO FAVRETO, 3ª TURMA, julgado em 20.07.2021)

ADMINISTRATIVO. PROCESSUAL CIVIL. JUÍZO DE RETRATAÇÃO. SERVIDOR PÚBLICO. REVISÃO DO ATO DE CONCESSÃO DE APOSENTADORIA. DECADÊNCIA. OCORRÊNCIA. FIXAÇÃO DO PRAZO DE CINCO ANOS PARA JULGAMENTO DA LEGALIDADE PELO TCU. TEMA 445 DO STF. ADEQUAÇÃO. – Ao apreciar o Tema 445, no julgamento do RE 636.553, submetido à sistemática da repercussão geral, o STF firmou a seguinte tese: Em atenção aos princípios da segurança jurídica e da confiança legítima, os Tribunais de Contas estão sujeitos ao prazo de 5 anos para o julgamento da legalidade do ato de concessão inicial de aposentadoria, reforma ou pensão, a contar da chegada do processo à respectiva Corte de Contas. – A Excelsa Corte definiu que, a despeito de o art. 54 da Lei nº 9784/1999 não se aplicar diretamente à análise da legalidade do ato de concessão inicial de aposentadoria, reforma ou pensão pelo TCU, é necessária a observância do prazo de 5 anos, a contar da chegada dos autos à Corte de Contas, após o qual deverão ser considerados tácita e definitivamente registrados, não havendo mais a possibilidade de alteração pelo órgão de controle externo, em atenção aos princípios da segurança jurídica e da confiança legítima. – No caso, tendo ocorrido o transcurso de mais de 14 anos entre a data em que emitida a Certidão de Tempo de Serviço, em 1996 (evento 1, OUT 7), que reconheceu o tempo de atividade rural do autor, e a data em que a Administração requereu a comprovação de pagamentos das contribuições previdenciárias relativas ao respectivo período, operou-se a decadência do direito de a Administração Pública revisar a averbação de tempo de serviço rural do autor. (TRF4, Apelação Cível/Remessa Necessária 5006398-26.2010.4.04.7000, Rel. Desembargador Federal RICARDO TEIXEIRA DO VALLE PEREIRA, 4ª TURMA, julgado em 26.05.2021)

CONTRADITÓRIO – TRIBUNAL DE CONTAS – CONTROLE EXTERNO – INEXIGIBILIDADE. O contraditório pressupõe a existência de litigantes ou acusados, o que não ocorre quando o Tribunal de Contas atua no campo da fiscalização de órgãos e entes administrativos. CONTROLE ABSTRATO – DECADÊNCIA – INADEQUAÇÃO. O disposto no artigo 54 da Lei nº 9.784/1999 não se aplica a processos de controle abstrato, em que não há exame de ato específico do qual decorra efeito favorável ao administrado. (STF, MS 34.224/DF, Rel. Ministro MARCO AURÉLIO, PRIMEIRA TURMA, julgado em 15.08.2017)

ADMINISTRATIVO. PENSIONISTA DE MILITAR INATIVO. DECADÊNCIA AFASTADA. PERCEPÇÃO DE BENEFÍCIOS CUMULATIVOS. TAIFEIRO-MOR E SEGUNDO-TENENTE. DIREITO ADQUIRIDO. SEGURANÇA JURÍDICA. IMPOSSIBILIDADE. LEI Nº 12.158/2009. REVISÃO DE ATO ADMINISTRATIVO. LIMITAÇÃO À GRADUAÇÃO DE SUBOFICIAL. APELAÇÃO PROVIDA. 1 – Segundo as jurisprudências pacificadas do Supremo Tribunal Federal e do Superior Tribunal de Justiça, o prazo decadencial do artigo 54 da Lei nº 9.784/99 somente passa a fluir após o registro das aposentadorias perante o Tribunal de Contas da União, na medida em que o ato de aposentação é complexo, só se aperfeiçoa com a conjugação de vontades do órgão de origem e daquele órgão de controle, que age segundo o disposto no artigo 71, III, da Constituição Federal de 1988. 2 – Nos termo da Lei n. 12.158/2009, o militar que preencheu os requisitos legais (mais de 30 anos de serviço) até 29.12.2000 e passando para a inatividade, foram elevados à graduação de Suboficial com base na referida lei e efeitos financeiros a partir de 01/07/2010, o que segundo a Administração Militar foi implementado de forma equivocada. 3 – O art. 1º da Lei 12.158/2009 assegurou, na inatividade, o acesso às graduações superiores aos militares oriundos do Quadro de Taifeiros da Aeronáutica – QTA, na reserva remunerada, reformados ou no serviço ativo, cujo ingresso no referido Quadro tenha ocorrido até a data de 31/12/1992. 4 – Conforme redação originária do artigo 50, II, da Lei n. 6880/1980 (anterior à MP n. 2215-10/2001) o militar que se transferir até 29/12/2000 para a reserva remunerada, como no presente caso, faz jus à "percepção de remuneração correspondente ao grau hierárquico superior ou melhoria da mesma quando, ao ser transferido para a inatividade, contar mais de 30 (trinta) anos de serviço". 5 – Está prevista promoção à graduação superior no momento da passagem à inatividade, tanto na redação originária do artigo 50, II, da Lei n. 6.880/1980 quanto na Lei n. 12.158/2009. O equívoco ocorre quando se dá a esta previsão a possibilidade de sobreposição de graus hierárquicos, o que nem mesmo seria razoável a dupla promoção a estes militares, sendo que o instituidor da pensão, quando da edição da Lei n. 12.158/2009, já havia passado à situação de inativo em grau hierárquico superior (Suboficial) quando na ativa. 6 – Portanto, não se admite a acumulação pretendida pela autora, traduzida no recebimento de remuneração correspondente ao grau hierárquico superior, com base na redação originária do artigo 50, II, da Lei n. 6.880/1980, cumulada com promoção a Suboficial, nos termos da Lei n. 12.158/2009, restando facultada ao militar a opção pelo benefício que melhor lhe aprouver. 7 – Apelação provida. (TRF3, Apelação Cível 5001385-47.2016.4.03.6100, Rel. Desembargador Federal LUIZ PAULO COTRIM GUIMARAES, 2ª TURMA, julgado em 20.04.2021)

APELAÇÃO EM MANDADO DE SEGURANÇA. BENEFÍCIO PREVIDENCIÁRIO CONCEDIDO EM 1996. CANCELAMENTO PROCEDIDO PELO INSS EM 2006. OBSERVÂNCIA DO DEVIDO PROCESSO ADMINISTRATIVO, COM AS GARANTIAS DO CONTRADITÓRIO E DA AMPLA DEFESA. DECADÊNCIA. NÃO OCORRÊNCIA. BENEFÍCIO CONCEDIDO ANTES DA ENTRADA EM VIGOR DA LEI 9.784, DE 1999 (ART. 54), E DA LEI 10.839, DE 2004, QUE INCLUIU O ART. 103-A NA LEI 8.213, DE 1991. CONSEQUENTE INCIDÊNCIA DA LEI NOVA AOS BENEFÍCIOS CONCEDIDOS A PARTIR DA ENTRADA EM VIGOR DELA. DIREITO DO INSS DE REVER, A QUALQUER TEMPO, BENEFÍCIO CONCEDIDO EM 1996. BENEFÍCIO QUE TERIA SIDO CONCEDIDO MEDIANTE FRAUDE. OCORRÊNCIA DE MÁ-FÉ QUE TAMBÉM AFASTA A DECADÊNCIA. AFIRMAÇÃO DA OCORRÊNCIA DE MÁ-FÉ QUE NÃO FOI AFASTADA MEDIANTE PROVA DOCUMENTAL IDÔNEA, INEQUÍVOCA E CONVINCENTE. MATÉRIA CONTROVERSA INVIÁVEL NA VIA MANDAMENTAL. RECURSO NÃO PROVIDO. 1. Apelação interposta por Gilberto Paulino da Silva da sentença pela qual o Juízo, no mandado de segurança por ele impetrado contra o Gerente Executivo da Divisão de Benefícios do Instituto Nacional do Seguro Social (INSS), denegou o pedido que visa ao restabelecimento do benefício da aposentadoria especial concedido em 1996 e, após procedimento de revisão pelo INSS, cancelado em 2006. 2. Apelante sustenta, em suma, que, "[a]nte a evidente inércia do recorrido que, decorridos mais de 5 (cinco) anos do ato administrativo de concessão do benefício [previdenciário], não promoveu a devida revisão do ato, com a finalidade de anulá-lo, defeso lhe é promovê-la agora, sobretudo se do ato gera efeitos patrimoniais" ao cidadão; que, "[e]m que pese poder a Administração Pública rever seus atos quando eivados de vícios, não pode o administrado ficar *ad eternum* sujeito ao exercício da autotutela do Poder Público, visto que, a despeito da inércia da Administração, sustenta-se nos princípios da segurança jurídica e da boa-fé"; que "[a] Lei nº 9.784/99, de igual forma, regulou, no âmbito da Administração Federal direta e indireta, o prazo decadencial para que sejam anulados os atos administrativos"; que o Art. 54, *caput*, da Lei 9.784 dispõe que "[o] direito da Administração de anular os atos administrativos de que decorram efeitos favoráveis para os destinatários decai em cinco anos, contados da data em que foram praticados, salvo comprovada má-fé." Requer o provimento da apelação para restabelecer o benefício previdenciário. Parecer da PRR1 pelo não provimento do recurso. 3. Benefício previdenciário concedido em 1996. Cancelamento procedido pelo INSS em 2006. Observância do devido processo administrativo, com as garantias do contraditório e da ampla defesa. Decadência. Não ocorrência. Benefício concedido antes da entrada em vigor da Lei 9.784, de 1999 (Art. 54), e da Lei 10.839, de 2004, que incluiu o Art. 103-A na Lei 8.213, de 1991. Consequente incidência da lei nova aos benefícios concedidos a partir da entrada em vigor dela. Direito do INSS de rever, a qualquer tempo, benefício concedido em 1996. Benefício que teria sido concedido mediante fraude. Ocorrência de má-fé que também afasta a decadência. Afirmação da ocorrência de má-fé que não foi afastada mediante prova documental idônea, inequívoca e convincente. Matéria controversa inviável na via mandamental. (A) Conclusão do Juízo no sentido de que "as informações ofertadas pela autoridade (...) coatora (...) apontam para a concreta necessidade de dilação probatória, na medida em que os documentos que instruem a inicial são inaptos a comprovar o tempo de serviço especial tido como incontroverso à época da concessão da aposentadoria"; que, "[c]olhe-se das aludidas informações que o INSS, ao proceder a revisões periódicas dos benefícios concedidos aos jurisdicionados procede à conferência dos documentos utilizados pelos segurados para requerer o benefício"; que, "[c]onstatada qualquer irregularidade, cabe, de fato, a reforma do ato concessório, sob pena de responsabilidade do servidor incumbido da mencionada análise, por crime contra a Administração Pública"; que, "conforme assegurado pela autoridade impetrada, o mérito do processo engloba o reconhecimento de atividade tida como especial para averbação de tempo de contribuição com acréscimo e consequente concessão de aposentadoria especial" e que "[a] concessão do referido direito depende das circunstâncias da realização das atividades profissionais, além da prova da permanência e da habitualidade da exposição do trabalhador aos agentes nocivos à saúde"; "que a suspensão do pagamento do benefício previdenciário em causa fora precedida de procedimento administrativo onde garantidos ao segurado contraditório e defesa"; "que o cancelamento da aposentadoria decorreu de identificação de fraude nos documentos apresentados para comprovação do tempo de serviço"; "que a verificação de má-fé afasta a decadência concebida no artigo 54 da Lei 9.784, de 29 de janeiro de 1999, e a contradita a sua ocorrência configura questão de fato cujo esclarecimento reclama dilação probatória, incompatível com a via mandamental". (B) Conclusão em consonância com a jurisprudência. (C) "A Lei nº 8.213/1991 [, na redação da Lei 10.839, de 2004,] passou a prever (...) prazo para eventuais pretensões revisionais da Administração, nos termos do seu art. 103-A: 'Art. 103-A. O direito da Previdência Social de anular os atos administrativos de que decorram efeitos favoráveis para os seus beneficiários decai em dez anos, contados da data em que foram praticados, salvo comprovada má-fé.'" (STF, RE 626489.) (D) Assim como em relação ao Art. 54 da Lei 9.784, o prazo decadencial instituído no Art. 103-A da Lei 8.213, na redação da Lei 10.839, de 2004, "conta-se a partir da sua vigência [06/02/2004], vedada a aplicação retroativa do preceito para limitar a liberdade da Administração Pública." (STF, RMS 25856/DF; RMS 30718 AgR; RMS 30576 ED; STJ, MS 9.112/DF; EREsp 441.103/PR; REsp 676.705/RS; TRF1, AC 0032322-91.1999.4.01.3800; AMS 0003056-27.2001.4.01.3400.) (E) E, também como no respeitante ao Art. 54 da Lei 9.784, "antes [do Art. 103-A da Lei 8.213], por ausência de previsão normativa expressa, o ente público detinha o direito de invalidar seus atos a qualquer tempo, a fim de enquadramento à luz da lei regente (Enunciados 346 e 473, ambos da Súmula do STF)." (STJ, REsp 676.705/RS.) (F) "Nos termos da súmula 473, primeira parte, da Suprema Corte: 'A Administração pode anular seus próprios atos, quando eivados de vícios que os tornam ilegais, porque deles não se originam direitos'. (...) A anulação de atos administrativos ilegais pela Administração Pública constitui poder-dever dela, sem qualquer consideração de direito adquirido, já que de atos ilegais não se originam direitos. [Essa] [o] rientação jurisprudencial [foi] consagrada no artigo 114 da Lei 8.112/90, o qual dispõe que a Administração deverá rever seus atos, a qualquer tempo, quando eivados de ilegalidade." (TRF1, AC 0008776-05.1992.4.01.0000.) "A administração pública pode declarar a nulidade dos seus próprios atos." (STF, Súmula 346.) (G) Consequente legitimidade do cancelamento, em 2006, de benefício previdenciário concedido em 1996, em virtude de fraude, e, portanto, de má-fé, na sua obtenção. (H) De outra parte, e, considerando que o ato de cancelamento do benefício previdenciário está embasado na verificação da ocorrência de má-fé, aplica-se a parte final do *caput* do Art. 103-A da Lei 8.213, o qual afasta a fixação de prazo quando ficar "comprovada má-fé". No mesmo sentido, dispõe a parte final do *caput* do Art. 54 da Lei 9.784, na expressão, "salvo comprovada má-fé". (I) Hipótese em que o benefício previdenciário (aposentadoria urbana especial) foi cancelado pelo INSS após a observância do devido processo legal no âmbito administrativo, com as garantias do contraditório e da ampla defesa. Em consequência, o ato administrativo de cancelamento desfruta da presunção de legitimidade inerente aos atos administrativos, e, "[m]eras alegações não descaracterizam o conteúdo de veracidade que se presume existente nesses atos". (STF, HC 71341/SP.) Nesse contexto, o segurado, para desconstituir o ato administrativo, precisa comprovar suas alegações mediante "prova em contrário, idônea[,] inequívoca" (STF, HC 85473; HC 71341) e "convincente". (STF, HC 53626.) (J) "O processo de mandado de segurança qualifica-se como processo documental, em cujo âmbito não se admite dilação probatória, pois a liquidez dos fatos, para evidenciar-se de maneira incontestável, exige prova pré-constituída, circunstância essa que afasta a discussão de matéria fática fundada em simples conjecturas ou em meras suposições ou inferências." (STF, MS 23652.) (K) Aqui, o impetrante nenhuma prova documental produziu para afastar a presunção de legitimidade do ato de cancelamento do benefício previdenciário. (L) O impetrante deixou de produzir "prova [documental] idônea[,] inequívoca" (STF, HC 85473; HC 71341) e "convincente" (STF, HC 53626) à demonstração incontestável da improcedência da conclusão administrativa quanto à ocorrência de fraude, e, portanto, de má-fé, na obtenção do benefício previdenciário. (M) Nessa conformidade, correta a conclusão do Juízo no sentido de "que o cancelamento da aposentadoria decorreu de identificação de fraude nos documentos apresentados para comprovação do tempo de serviço"; "que a verificação de má-fé afasta a decadência concebida no artigo 54 da Lei 9.784, de 29 de janeiro de 1999, e a contradita a sua ocorrência configura questão de fato cujo esclarecimento reclama dilação probatória, incompatível com a via mandamental". Ademais, quando "a versão do impetrante colide com as informações da autoridade" é evidente a "[i]nexistência de direito líquido e certo". (STF, MS 18370.) (N) Sentença confirmada. 4. Apelação não provida. (TRF1, Apelação em Mandado de Segurança 0001580-41.2007.4.01.3400, Rel. Juiz Federal LEÃO APARECIDO ALVES, SEGUNDA TURMA, julgado em 20.11.2019)

Anulação de ato administrativo – Exoneração de servidores – Decisão do TCE que apontou irregularidades no processo de contratação – Decadência – Ocorrência – Artigo 54 da Lei nº 9.784/1999 –Transcurso de mais de cinco anos entre a homologação do concurso e a decisão do TCE – Segurança jurídica – HONORÁRIOS ADVOCATÍCIOS – Município tem legitimidade passiva ad causam, mas não tem responsabilidade pelo ônus da sucumbência, diante do princípio da causalidade – Ação ajuizada para anular ato do Tribunal de Contas do Estado, contra o qual o próprio Município se opôs administrativamente – Sentença de procedência parcialmente reformada – Apelação do Estado não provida – Apelação do Município parcialmente provida, para excluir sua responsabilidade pelo ônus da sucumbência. (TJSP, Apelação Cível 1005893-45.2019.8.26.0565, Rel. Desembargador PERCIVAL NOGUEIRA, 8ª CÂMARA DE DIREITO PÚBLICO, julgado em 23.06.2021)

APELAÇÃO CÍVEL. ADMINISTRATIVO. SERVIDOR PÚBLICO. CONTRATO TEMPORÁRIO. PRECARIEDADE. RECOMENDAÇÃO MINISTERIAL N. 001/2007 – RESCISÃO CONTRATUAL. DECADÊNCIA DA AUTOTUTELA ADMINISTRATIVA. OFENSA AO DIREITO ADQUIRIDO E AO PRINCÍPIO DA SEGURANÇA JURÍDICA. NÃO OCORRÊNCIA. PRECEDENTES. DANOS MORAIS. NÃO CARACTERIZADOS. DESPROVIMENTO. 1. É inconteste que o vínculo que o Apelante mantinha com o Estado do Acre era de natureza precária, considerando que existia um termo inicial e um final para o contrato de trabalho. 2. Ocorre que após o prazo tido como final do contrato temporário, o Apelante continuou exercendo a função pública de forma irregular, uma vez que se encontra em claro confronto com o disposto no artigo 37, inciso II, da Constituição Federal. 3. O Supremo Tribunal Federal entende que em situações inconstitucionais jamais convalescem, eis que é nenhum, em nosso sistema normativo, o valor jurídico dos atos eivados de inconstitucionalidade. O ato inconstitucional, precisamente porque afetado por um radical vício de nulidade jurídica, revela-se insuscetível de convalidação, qualquer que tenha sido o lapso de tempo já decorrido. 4. Não há que se falar em decadência administrativa, considerando que a mesma não se aplica em situações ilegais, as quais jamais se convalidam com o tempo. Do mesmo modo, inexiste ofensa ao direito adquirido e do princípio da segurança jurídica, o Apelante foi contratado a fim de prestar serviço temporário com contrato por tempo determinado, o que afasta a alegação de danos morais, ante a licitude da atuação administrativa e o fato de tal comportamento não ser ofensivo aos direitos da personalidade do ser humano, 5. Apelo desprovido. (TJAC, Apelação Cível 0713046-18.2017.8.01.0001, Rel. Desembargador LUÍS CAMOLEZ, 1ª CÂMARA CÍVEL, julgado em 22.07.2019)

APELAÇÃO – MANDADO DE SEGURANÇA – PENSÃO POR MORTE – Pretensão de restabelecimento de pensão por morte a netos de ex-servidores, até a conclusão de nível superior ou idade de 25 anos. Sentença de parcial procedência. MÉRITO – Lei Federal nº 9.717/98 que vedou a concessão de benefícios diversos dos previstos no Regime Geral de Previdência Social e não a instituição de beneficiários, não sendo facultado ao intérprete fazer restrições onde a lei não o fez – Interpretação extensiva para restringir direitos não abarcada pela regra da hermenêutica. As pensões e aposentadorias são reguladas pela legislação vigente à época em que se implementou as condições para gozo do benefício. Instituição da pensão ocorrida em 2002, não se aplicando o limitador etário previsto no Regime Geral da Previdência, posto que o benefício foi concedido antes da alteração promovida pela LC 1.012/2007, incidindo o princípio do tempus *regit actum*. Tendo a pensão a finalidade de suprir a falta do provedor, é da lógica que o sistema tutele o dependente até completar vinte e cinco anos, para que possa concluir sua formação universitária – Interpretação que se amolda à norma prevista na Constituição Federal, que eleva a educação ao nível dos direitos fundamentais, quando a concebe como direito social (art. 6º), lastreado no princípio da dignidade da pessoa humana. PODER DE AUTOTUTELA – DECADÊNCIA – ADI 6019 – Administração Pública que pode rever seus atos com base no princípio da autotutela – Inteligência das Súmulas 346 e 473 do STF – Limite temporal que deve ser tomado em proteção aos princípios da segurança jurídica e da moralidade administrativa. Prazo decadencial de 05 anos – Lei Federal nº 7.784/99 que estabelece o prazo quinquenal – Mesmo prazo estabelecido pelo Decreto nº 20.910/32 – À Administração Pública deve-se impor a mesma restrição aplicada ao administrado – Observância aos princípios da igualdade e da simetria – Inconstitucionalidade da Lei Estadual nº 10.177/98 que prevê o prazo de 10 anos. ADI 6019, que teve recente julgamento pelo STF, invalidando dispositivo da lei paulista que estabelece o prazo de 10 (dez) anos para anulação de atos administrativos declarados inválidos pela administração pública estadual – Prazo decenal previsto na Lei estadual 10.177/1998, que regula o processo administrativo no âmbito da administração pública paulista, afronta o princípio da igualdade, além de apontar que o prazo de cinco anos se consolidou como marco temporal geral nas relações entre o poder público e particulares. Decreto 20.910/32 que tem caráter de norma nacional, de direito material, de competência da União, que deve ter aplicação uniforme a todos os entes federados, inclusive em respeito à segurança jurídica. Não é razoável que 27 Estados possam ter prazos de decadência diferentes, ao seu alvedrio. MODULAÇÃO DOS EFEITOS – Decidida a inconstitucionalidade do dispositivo, na modulação de efeitos ficou assim determinado: (i) manter as anulações já realizadas até a publicação da ata do julgamento de mérito (23/4), desde que tenham observado o prazo de dez anos; (ii) o prazo de dez anos será aplicado aos casos em que, em 23/4, já tenha transcorrido mais da metade do tempo fixado na lei declarada inconstitucional (aplicação, por analogia, do artigo 2.028 do Código Civil); (iii) para os demais atos administrativos já praticados, o prazo decadencial de cinco anos deve ser contado a partir da publicação da ata do julgamento de mérito. No caso em tela, há a aplicação da hipótese (ii) da modulação de efeitos, pois da data do deferimento do benefício até à sua suspensão passou-se mais da metade do tempo fixado na lei declarada inconstitucional, motivo pelo qual deve ser utilizado o prazo de 10 anos para contagem decadencial. Correta, portanto, a sentença ao determinar que o procedimento administrativo para suspensão da pensão por morte foi instaurado antes de 10 anos contados da concessão, de modo que não se operou a decadência. Sentença mantida. Recursos não providos. (TJSP, Apelação Cível 1016193-60.2013.8.26.0053, Rel. Desembargador LEONEL COSTA, 8ª CÂMARA DE DIREITO PÚBLICO, julgado em 31.05.2021)

ADMINISTRATIVO – SERVIDOR PÚBLICO ESTADUAL INATIVO – ADICIONAL DE INSALUBRIDADE – RESSARCIMENTO DE VALORES INDEVIDAMENTE PAGOS – Pretensão à condenação do réu a devolução dos valores erroneamente incorporados aos proventos do servidor – Verificação de que, a época da aposentadoria, o autor não preenchia os requisitos previstos no art. 6º da Lei Complementar Estadual nº 432/85 – Possibilidade de anulação e revisão dos atos administrativos dos quais decorram efeitos favoráveis aos administrados no prazo decadencial de 5 (cinco) anos, nos termos do art. 54 da Lei nº 9.784/99 – Precedentes deste E. Tribunal de Justiça e do C. Superior Tribunal de Justiça – Verificação de que, ainda que o autor tenha recebido o adicional em questão nos 5 (cinco) anos que antecederam sua aposentação, que ocorreu em 21.07.15, por meio da Resolução S nº 110/2017, a Secretaria da Fazenda, com base em laudo pericial, cessou os efeitos do ato que havia reconhecido a situação de insalubridade do cargo ocupado pelo servidor, a partir de 16.03.12, ou seja, de forma retroativa para data anterior à passagem do servidor para inatividade, revelando o equívoco na incorporação do benefício aos seus proventos – Inocorrência de violação dos postulados constitucionais do direito adquirido e da segurança jurídica, pois constatado que o autor não tinha direito subjetivo à incorporação no momento de sua aposentadoria – Inexigibilidade de ressarcimento dos valores erroneamente pagos pela Administração Pública – Percebimento dos valores em boa-fé – A obrigação de devolução dos valores, de acordo com a estabelecida jurisprudência desta C. Corte e dos E. Tribunais Superiores, exige a comprovação de má-fé por parte do servidor público, conduta esta não comprovada na hipótese dos autos – Reforma da r. sentença – Inversão dos ônus sucumbenciais, com a fixação dos honorários advocatícios segundo o disposto no art. 85, §§2º, 3º e 11 do CPC/15 – Recursos oficial e voluntário providos. (TJSP, Apelação Cível 1000518-46.2020.8.26.0042, Rel. Desembargador CARLOS VON ADAMEK, 2ª CÂMARA DE DIREITO PÚBLICO, julgado em 08.02.2021)

APELAÇÃO CÍVEL. AÇÃO REVISIONAL DE BENEFÍCIO PREVIDENCIÁRIO. PENSÃO POR MORTE. PLEITO DE ANULAÇÃO DE ATO ADMINISTRATIVO QUE REDUZIU O VALOR DO PENSIONAMENTO. POSSIBILIDADE. PENSÃO CONCEDIDA EM 2006 E O ATO QUE REDUZIU A PENSÃO DAS RECORRIDAS EM 2014, OU SEJA, OITO ANOS APÓS A SUA CONCESSÃO. APLICAÇÃO DA LEI Nº 9.784/1999. PRAZO DECADENCIAL. RECURSO CONHECIDO E IMPROVIDO. À UNANIMIDADE. – A administração, no uso de sua prerrogativa de autotutela, possui o direito potestativo, isto é, o poder-dever, de anular seus atos quando eivados de ilegalidade. Ao exercício desse direito da Administração não corresponde nenhuma prestação do administrado, restando-lhe tão somente a opção de impugnar o ato invalidador, caso este seja ilegal, ou ainda, resignar-se. Diante dessa realidade, o prazo estipulado pelo artigo 54 da Lei nº 9.784, de 1999, tem a natureza decadencial; – Nosso ordenamento jurídico, com exceção de normas específicas, consagra o quinquênio como prazo razoável para que a Administração adote as medidas necessárias ao alinhamento de seus atos à legalidade. A fixação de um prazo surge como imperativo do Estado de Direito, que sustentado sob o pilar da segurança jurídica, impede que a incerteza quanto a provimentos da Administração predomine *ad eternum*, sob a constante possibilidade de invalidação dos atos praticados; – No caso concreto, apesar da Autarquia Previdenciária ora Recorrente alegar a inaplicabilidade do art. 54 da Lei 9.784/99, o Superior Tribunal de Justiça tem aplicado de forma analógica, o prazo decadencial de cinco anos constante no referido dispositivo, não se revelando em uso equivocado da regra; – Na hipótese dos autos, a pensão das Recorridas foi concedida em 2006 e o ato de revisão ocorreu em 2014, ou seja, oito anos depois da sua concessão, verificando, portanto, a ocorrência do instituto da decadência; – Sentença mantida. (TJSE, Apelação Cível 0001178-67.2015.8.25.0072 Rel. Desembargador RICARDO MÚCIO SANTANA DE A. LIMA, 2ª CÂMARA CÍVEL, julgado em 31.10.2017)

AGRAVO INTERNO EM MANDADO DE SEGURANÇA. TRIBUNAL DE CONTAS DA UNIÃO. NEGATIVA DE REGISTRO. ATO INICIAL CONCESSIVO DE APOSENTADORIA ESPECIAL DE PROFESSOR. GARANTIA DO CONTRADITÓRIO. OBSERVÂNCIA DO PRAZO DECADENCIAL DO ART. 54 DA LEI Nº 9.784/1999. CÔMPUTO DO TEMPO DE SERVIÇO TRABALHADO COMO AUXILIAR DE ENSINO. INTELIGÊNCIA DOS ARTS. 2º E 3º DA LEI Nº 5.539/1968, COM A REDAÇÃO DADA PELO DECRETO-LEI Nº 465/1969. AUSÊNCIA DE PROVA INEQUÍVOCA DAS ATIVIDADES EFETIVAMENTE DESENVOLVIDAS PELA IMPETRANTE NO PERÍODO EM DISCUSSÃO. IMPOSSIBILIDADE DE DILAÇÃO PROBATÓRIA. 1. A teor da jurisprudência desta Suprema Corte, salvo nas hipóteses em que o processo administrativo de concessão de aposentadoria tenha dado entrada no Tribunal de Contas da União há mais de um lustro (MS 24.781, relator para o acórdão o Ministro Gilmar Mendes, DJe de 09.6.2011), não há necessidade, para que ocorra a sua apreciação, na forma do art. 71, III, da Constituição da República, de prévia observância do contraditório e da ampla defesa. 2. O ato de concessão de aposentadoria é complexo, de modo que só se aperfeiçoa com o exame de sua legalidade e subsequente registro pelo Tribunal de Contas da União. Assim, enquanto não aperfeiçoado o ato concessivo de aposentadoria, não há falar em fluência do prazo do art. 54 da Lei nº 9.784/99, referente ao lapso de tempo de que dispõe a administração pública para promover a anulação de atos de que resultem efeitos favoráveis aos destinatários, tampouco em estabilização da expectativa do interessado na jubilação, aspecto a conjurar, na espécie, afronta ao princípio da segurança jurídica. 3. À míngua de prova apta a evidenciar o exercício de funções de magistério pela impetrante, no período de 1º.02.1977 a 1º.4.1978, quando atuou como auxiliar de ensino, não se divisa ilegalidade ou abuso de poder no ato impugnado, que rechaçou o aproveitamento desse período para os fins do art. 8º, §4º, da EC nº 20/1998. 4. Os arts. 2º e 3º da Lei nº 5.539/1968, com a redação dada pelo Decreto-lei nº 465/1969, evidenciam que o emprego de auxiliar de ensino não se confundia com quaisquer dos cargos de professor nem integrava a carreira do magistério. 5. Inaplicável o art. 85, §11, do CPC/2015, por se tratar de recurso interposto em mandado de segurança (art. 25 da Lei nº 12.016/2009). 6. Agravo interno conhecido e não provido. (STF, MS 32.336 AgR/DF, Rel. Ministra ROSA WEBER, PRIMEIRA TURMA, julgado em 23.06.2017)

EMENTA AGRAVO REGIMENTAL NA AÇÃO RESCISÓRIA. ALEGAÇÃO DE VIOLAÇÃO DE LITERAL DISPOSIÇÃO DE NORMA JURÍDICA. AÇÃO QUE PRETENDE RESCINDIR DECISÃO PROFERIDA EM MANDADO DE SEGURANÇA QUE MANTEVE ATO DO CONSELHO NACIONAL DE JUSTIÇA QUE CONSIDEROU A INVALIDADE DE INGRESSO EM SERVENTIA EXTRAJUDICIAL SEM PRÉVIO CONCURSO PÚBLICO. ARGUMENTOS JÁ ANALISADOS E AFASTADOS PELA DECISÃO RESCINDENDA. PRECEDENTES. MERA REDISCUSSÃO DE MATÉRIA JÁ APRECIADA POR ESTE TRIBUNAL. IMPOSSIBILIDADE. INADEQUAÇÃO DESTA VIA PROCESSUAL PARA TAL FIM. AGRAVO A QUE SE NEGA PROVIMENTO. 1. O concurso público é providência necessária tanto para o ingresso nas serventias extrajudiciais quanto para a remoção e para a permuta (art. 236, §3º, do CRFB/88). Precedentes. 2. O prazo decadencial quinquenal do art. 54 da Lei nº 9.784/1999 é inaplicável à revisão de atos de delegação de serventia extrajudicial realizados após a Constituição de 1988 sem a observância da realização de concurso público. Precedentes. 3. A ação rescisória é via processual inadequada a mera rediscussão de matérias já assentadas pelo Tribunal à época do julgamento do qual decorreu a decisão que se quer ver desconstituída. Precedentes. 4. Agravo regimental a que se nega provimento. (STF, AR 2.690 AgR/DF, Rel. Ministro ROSA WEBER, PRIMEIRA TURMA, julgado em 29.11.2019)

AGRAVO INTERNO EM MANDADO DE SEGURANÇA. TRIBUNAL DE CONTAS DA UNIÃO. INAPLICABILIDADE DO ART. 54 DA LEI Nº 9.784/1999 A APURAÇÃO QUE PODE RESULTAR NA INSTAURAÇÃO DE TOMADA DE CONTAS ESPECIAL. SUSPENSÃO DE PAGAMENTOS DECORRENTES DE CONTRATOS DE CONFISSÃO DE DÍVIDA. MEDIDA QUE TEM RESPALDO NO PODER GERAL DE CAUTELA CONFERIDO À AUTORIDADE IMPETRADA E NO ART. 71, IX, DA CONSTITUIÇÃO DA REPÚBLICA. PRECEDENTES DESTA SUPREMA CORTE. 1. A possibilidade de conversão da representação em tomada de contas especial, com disciplina específica, prevista na Lei nº 8.443/1992, afasta, na espécie, a submissão linear da atuação do Tribunal de Contas da União aos ditames do art. 54 da Lei nº 9.784/1999, quadro a conjurar a liquidez e certeza do direito vindicado. Precedentes. 2. Eventual inconstitucionalidade flagrante dos aportes unilaterais empreendidos pelos patrocinadores, por meio dos contratos de confissão de dívida sob escrutínio da autoridade impetrada, acaso evidenciada, também tem o condão de afastar a regra do art. 54 da Lei nº 9.784/1999. Precedentes. 3. O estágio embrionário das apurações empreendidas no TC nº 029.845/2016-5 não autoriza, ademais, juízo antecipado sobre a configuração da decadência, ante a possível identificação de má-fé (art. 54, *caput*, parte final, da Lei nº 9.784/1999) ou de medida impugnativa apta a impedir o decurso do prazo decadencial (art. 54, §2º, da Lei nº 9.784/1999). Precedentes. 4. Uma vez que a autoridade impetrada pode vir a determinar que BNDES, BNDESPAR e FINAME, patrocinadores da FAPES, anulem os contratos de confissão de dívida, a essa possível determinação futura está atrelado o poder geral de cautela de impor a suspensão dos repasses mensais decorrentes dessas avenças, como forma de assegurar o próprio resultado útil da futura manifestação do Tribunal de Contas da União. Precedentes. 5. Agravo interno conhecido e não provido. (STF, MS 35.038 AgR/DF, Rel. Ministra ROSA WEBER, PRIMEIRA TURMA, julgado em 12.11.2019)

AGRAVO REGIMENTAL EM RECURSO EXTRAORDINÁRIO. DIREITO ADMINISTRATIVO. RESOLUÇÃO 80/2009 DO CNJ. ATIVIDADE NOTARIAL E DE REGISTRO. VACÂNCIA OCORRIDA APÓS A CF/88. CONCURSO PÚBLICO. EXIGIBILIDADE. ART. 236, §3º, DA CF. NORMA AUTOAPLICÁVEL. ART. 54 DA LEI 9.784/1999. PRAZO DECADENCIAL. INAPLICABILIDADE. ALEGADO DESRESPEITO AO POSTULADO DA SEGURANÇA JURÍDICA. REGRA DO ART. 208 DA CONSTITUIÇÃO PRETÉRITA. IMPROCEDÊNCIA. PRECEDENTES. 1. A Constituição da República erigiu a exigência de concurso público como verdadeiro pilar de moralidade e impessoalidade, assegurando à Administração a seleção dos melhores e mais preparados candidatos e aos administrados chances isonômicas de demonstrar conhecimento (ADI 3519, de minha relatoria, Plenário, DJe 03.10.2019). 2. Pacífica jurisprudência do Supremo Tribunal Federal no sentido de ser imprescindível, após promulgação da Constituição de 1988, a realização de concurso público para o ingresso nas atividades notariais e de registro, nos termos do art. 236, §3º, CRFB. 3. É firme a orientação deste Supremo Tribunal Federal no sentido de que o prazo decadencial de 5 (cinco) anos, de que trata o art. 54 da Lei 9.784/1999, não é aplicável à revisão de atos de delegação de serventias extrajudiciais editados após a CF/88, em atendimento ao que prescreve o art. 236, §3º, da CF, o que não ofende os princípios da segurança jurídica e da ampla defesa. 4. A regra do art. 208 da CF pretérita que garantia aos substitutos a efetivação no cargo do titular na atividade notarial e de registro, independentemente de prévio concurso público, não incide na hipótese de vacância ocorrida na vigência da CF/88. Inexiste direito adquirido a amparar situação flagrantemente inconstitucional. 5. Agravo regimental a que se nega provimento. Mantida a decisão agravada quanto aos honorários advocatícios, eis que já majorados nos limites do art. 85, §§2º e 3º, do CPC. (STF, RE 1.245.783 AgR/CE, Rel. Ministro EDSON FACHIN, SEGUNDA TURMA, julgado em 08.06.2021)

MANDADO DE SEGURANÇA – DIREITO LÍQUIDO E CERTO. O direito líquido e certo é, a um só tempo, condição da ação e mérito do mandado de segurança. SUBSÍDIO – NATUREZA. O subsídio encerra parcela única, considerado, à época em que adotado, o patamar remuneratório percebido pelo servidor, gênero, ante até mesmo o princípio da irredutibilidade de vencimentos. DECADÊNCIA – ADMINISTRAÇÃO PÚBLICA – REVISÃO DE ATO – PARCELAS SUCESSIVAS. O fato de ter-se parcelas sucessivas, relação jurídica de trato continuado, afasta a decadência, renovando-se o termo inicial mês a mês. (STF, MS 32.741/DF, Rel. Ministro MARCO AURÉLIO, PRIMEIRA TURMA, julgado em 12.05.2021)

REEXAME NECESSÁRIO – CONHECIMENTO DE OFÍCIO – APLICAÇÃO DO DISPOSTO NO ART. 14, §1º, DA LEI Nº 12.016/09 – APELAÇÃO CÍVEL – MANDADO DE SEGURANÇA – SERVIDOR INATIVO – ABONO PREVIDENCIÁRIO – INCORPORAÇÃO AOS PROVENTOS DE APOSENTADORIA – REVISÃO PELA ADMINISTRAÇÃO PÚBLICA – DIREITO DE AUTOTUTELA – DECADÊNCIA – NÃO OCORRÊNCIA – DIREITO LÍQUIDO E CERTO – COMPROVAÇÃO – CONCESSÃO DA SEGURANÇA – CONFIRMAÇÃO DA SENTENÇA. – É pacífica, no Supremo Tribunal Federal, a jurisprudência no sentido que a aposentadoria é ato complexo e, como tal, o ato do órgão concedente somente se aperfeiçoa com o registro no Tribunal de Contas de forma que o prazo decadencial previsto nos artigos 53 e 54, da Lei Federal 9.784/99 e artigos 64 e 65, da Lei Estadual nº 14.184/02, só terá início a partir da publicação do registro de aposentadoria. –

Assim, não se cogita do instituto da decadência enquanto a aposentadoria ainda está sendo objeto de análise pelo TCE/MG. – Incontroversa a previsão e incorporação do benefício aos vencimentos da impetrante e, inexistindo exigências outras condicionantes, para seu percebimento, imperativo reconhecer a ilegalidade do ato. – Sentença mantida, conquanto por fundamentos diversos. (TJMG, Apelação Cível 1.0686.15.015634-3/001, Rel. Desembargadora LÍLIAN MACIEL, 5ª CÂMARA CÍVEL, julgado em 20.04.2017)

APELAÇÃO CÍVEL – MANDADO DE SEGURANÇA – IPSEMG – PENSÃO POR MORTE – CUMULAÇÃO DE BENEFÍCIOS – CANCELAMENTO – DECADÊNCIA – CONFIGURAÇÃO – RECURSO NÃO PROVIDO. 1. A administração pública tem o poder de autotutela, que possibilita a revisão, de ofício, de ato ou sua anulação, quando ilegal. Todavia, a revisão de benefício concedido há 20 anos submete-se ao prazo decadencial de 05 (cinco) anos, conforme art. 54 da Lei Federal nº 9.784/99 e art. 65 da Lei Estadual nº 14.184/02. 3. Recurso não provido. (TJMG, Apelação Cível/Remessa Necessária 1.0000.20.580216-8/001, Rel. Desembargador AFRÂNIO VILELA, 2ª CÂMARA CÍVEL, julgado em 23.02.2021)

APELAÇÃO CÍVEL / REEXAME NECESSÁRIO – ADMINISTRATIVO – PROGRESSÃO FUNCIONAL – NÍVEL DE ESCOLARIDADE – LEI MUNICIPAL DE BELO HORIZONTE Nº 7.969/2000 – REQUISITOS PREENCHIDOS – ALEGAÇÃO DE INIDONEIDADE DA INSTITUIÇÃO – PRESUNÇÃO DE VERACIDADE DO CERTIFICADO – ENCARGOS – HONORÁRIOS ADVOCATÍCIOS. I – Para que seja conhecido o recurso adesivo, necessária sua contraposição ao objeto do apelo principal. II – Os atos da Administração eivados de nulidade podem ser anulados até o prazo máximo de 5 (cinco) anos, considerando-se exercício do direito de nulificar qualquer medida de autoridade administrativa que importe impugnação à validade do ato, conforme estabelece o art. 54, §2º, da Lei n.º 9.784/99. III – A recomendação e/ou orientação do Ministério Público Estadual não tem o condão de invalidar certificados emitidos de forma aparentemente regular por instituições devidamente reconhecidas pelo Ministério da Educação, pois tais certificados possuem presunção de legitimidade, a qual só poderá ser afastada após o devido processo legal. IV – À Administração é defeso revogar a progressão concedida nos limites do princípio da legalidade por conta de meras orientações dadas pelo MPE. V – Se a instituição de ensino é reconhecida pelo MEC, a presunção é de regularidade dos certificados por ela emitidos, o que só poderia ser afastada por provas em sentido contrário, sendo, portanto, a motivação da decisão que anula a progressão do servidor viciada, tendo em vista que a ilegalidade dita existente não foi comprovada. VI – Em conformidade com o decidido pelo ex. Supremo Tribunal Federal (RE n.º 870.947/SE), nas condenações impostas à Fazenda Pública incidem juros de mora do art. 1º-F da Lei n.º 9.494/97 (redação dada pela Lei n.º 11.960/09) e correção monetária pelo IPCA-E. VII – À luz do art. 85, §4º, II, e §11, do CPC/2015, os honorários advocatícios sucumbenciais devidos pela pessoa jurídica de direito público interno, sejam os da primeira ou os da segunda instância, só serão definidos em liquidação de sentença quando inevitável a realização dessa fase processual. (TJMG, Apelação Cível/Remessa Necessária 1.0024.13.042698-4/002, Rel. Desembargador PEIXOTO HENRIQUES, 7ª CÂMARA CÍVEL, julgado em 10.03.2020)

APELAÇÃO CÍVEL – AÇÃO ORDINÁRIA – REINTEGRAÇÃO AO CARGO PÚBLICO – DEMISSÃO – LEGITIMIDADE PASSIVA DO ESTADO DE MINAS GERAIS – APRECIAÇÃO JUDICIAL LIMITADA À AFERIÇÃO DA REGULARIDADE FORMAL DE EVENTUAIS VÍCIOS RELATIVOS AO ATO ADMINISTRATIVO – CONSTATAÇÃO DE FRAUDE NO REPOSICIONAMENTO DO SERVIDOR POR ESCOLARIDADE ADICIONAL – APRESENTAÇÃO DE DOCUMENTAÇÃO FALSA – NÃO DESCONSTITUIÇÃO DA CONCLUSÃO ALCANÇADA NO PROCEDIMENTO ADMINISTRATIVO – DECADÊNCIA DO DIREITO DE ANULAR O ATO CONCESSIVO DO BENEFÍCIO DESCONSTITUÍDA – CARACTERIZAÇÃO DE MÁ-FÉ – PRESCRIÇÃO DA PRETENSÃO PUNITIVA INVERIFICADA – NÃO DEMONSTRAÇÃO DE VÍCIOS NO PROCEDIMENTO ADMINISTRATIVO – IMPROCEDÊNCIA MANTIDA – RECURSO PARCIALMENTE PROVIDO – Não há que se falar em ilegitimidade passiva do Estado de Minas Gerais na hipótese em que verificada a sua pertinência subjetiva em relação ao ato demissional impugnado na demanda, praticado pelo referido ente público no exercício de legítimo controle autárquico, na qualidade de ente instituidor da autarquia estadual à qual se encontrava vinculado o servidor demitido. – Compete ao Poder Judicante tão somente a apreciação dos requisitos formais e de eventuais vícios de nulidade do ato administrativo. É vedada a análise do mérito administrativo, segundo os critérios de conveniência e oportunidade, na hipótese em que inexistir nos autos elementos cabais hábeis a elidir a presunção de legalidade e de legitimidade de que se reveste o ato, sob pena de restar malferido o princípio da separação dos poderes. – A despeito da inércia da Administração Pública quanto ao exercício do poder de autotutela, certo é que, não desconstituída nos autos a apontada fraude praticada pelo servidor demitido, tem-se por caracterizada a má-fé do beneficiário do ato, o que, a teor do artigo 54, da Lei nº 9.784/99, obsta o reconhecimento da decadência do direito de anulação do ato concessivo do benefício. – Tem-se por afastada a prescrição da pretensão punitiva, por não transcorrido lapso temporal superior a quatro anos – prazo preconizado no artigo 258, da Lei nº 869/52, incidente na espécie, por analogia –, entre a data da ciência da referida fraude e a instauração do competente procedimento administrativo disciplinar, tampouco entre a conclusão do procedimento e a aplicação da penalidade. – Não elidida a conclusão alcançada no bojo do procedimento administrativo disciplinar e indemonstrados quaisquer vícios no sobredito processo, há de ser mantido o ato administrativo que culminou na demissão do demandante. – Recurso parcialmente provido. (TJMG, Apelação Cível 1.0000.19.102190-6/002, Rel. Desembargador CORRÊA JÚNIOR, 6ª CÂMARA CÍVEL, julgado em 20.10.2020)

AGRAVO DE INSTRUMENTO. MANDADO DE SEGURANÇA. DIREITO PREVIDENCIÁRIO. IPSEMG. PENSÃO POR MORTE. SUSPENSÃO. NÃO CABIMENTO. PRELIMINAR DE INADEQUAÇÃO DA VIA ELEITA. REJEIÇÃO. DECADÊNCIA. NÃO OCORRÊNCIA. DECLARAÇÃO DE INEXIGIBILIDADE DA COBRANÇA. IMPOSSIBILIDADE. RECURSO CONHECIDO E NÃO PROVIDO. 1. O Superior Tribunal de Justiça determinou, no âmbito dos Recursos Especiais nº 1.769.306/AL e nº 1.769.209/AL, a suspensão de todos os processos que versem sobre a devolução ao Erário de valores recebidos de boa-fé pelo servidor público, quando pagos indevidamente por erro operacional da Administração Pública. 2. Entretanto, no presente momento, não vislumbro hipótese de suspensão, por se tratar de ato urgente, a fim de evitar possível dano irreparável, conforme previsto na norma inserta no art. 314, do CPC. 3. O presente writ versa sobre questão eminentemente de direito e, junto com a inicial, fora acostada cópia integral do processo administrativo instaurado pela Autarquia, sendo desnecessária, a meu ver, dilação probatória, o que denota a adequação da via processual eleita. 4. A decadência do direito da Administração de anular os atos de que decorram efeitos favoráveis para os destinatários decai em cinco anos, contados da data em que foram praticados, salvo comprovada má-fé, nos termos do art. 54, da Lei Federal nº 9.784/99, e art. 65, da Lei Estadual nº 14.184/02. 5. Em razão do caráter temporário da pensão por morte prevista no art. 23, II, da Lei Estadual nº 1.195/54, vigente à época da ocorrência do fato gerador, o prazo decadencial para a Administração Pública promover o cancelamento do benefício tem início com a ciência inequívoca da ocorrência da hipótese ensejadora da perda da condição de pensionista. 6. Não há que se falar em decadência do direito do IPSM em cancelar o benefício em apreço, pois o fim da situação de dependência econômica, que descaracterizou a condição de pensionista, fora percebido em janeiro de 2020 e a pensão paga pelo IPSEMG cancelada em junho de 2020. 7. Não se revela possível, em sede de cognição sumária, a imediata declaração de inexigibilidade do débito, bastando, em sede de tutela antecipada, a determinação de suspensão de eventuais cobranças, até a decisão definitiva quanto à concessão ou denegação do writ. (TJMG, Agravo de Instrumento 1.0000.21.006310-3/001, Rel. Desembargador BITENCOURT MARCONDES, 19ª CÂMARA CÍVEL, julgado em 27.05.2021)

ADMINISTRATIVO. AGRAVO INTERNO NO AGRAVO EM RECURSO ESPECIAL. OMISSÕES NÃO VERIFICADAS. INCIDÊNCIA DA SÚMULA 283 DO STF. DECADÊNCIA. ARTS. 53 E 54 DA LEI N. 9.784/1999. OCORRÊNCIA. ADEQUAÇÃO DOS VENCIMENTOS A NOVO PADRÃO REMUNERATÓRIO. AGRAVO IMPROVIDO. 1. Inexiste contrariedade ao art. 1.022 do CPC/2015, quando a Corte local decide fundamentadamente todas as questões postas ao seu exame. Ademais, não se deve confundir decisão contrária aos interesses da parte com ausência de prestação jurisdicional. 2. Aplica-se a Súmula 283 do STF, no que concerne à suposta ilegitimidade passiva da Universidade para compor a lide, já que não refutou fundamento de que possui autonomia financeira e administrativa. 3. Os atos administrativos praticados antes do advento da Lei federal n. 9.784, de 1º/2/1999, estão sujeitos ao prazo decadencial quinquenal, contado da sua entrada em vigor. 4. No que tange ao recebimento da rubrica da vantagem pessoal referente a "hora extras", o entendimento externado pela Corte de origem está em harmonia com a jurisprudência do Superior Tribunal de Justiça de que ocorreu a decadência administrativa, levando em consideração que, "caso o ato acoimado de ilegalidade tenha sido praticado antes da promulgação da Lei n. 9.784/99, a Administração tem o prazo de cincos anos a contar da vigência da aludida norma para anulá-lo" (AgRg no REsp 1.405.783/RS, Rel. Min. Mauro Campbell Marques, Segunda Turma, DJe 4/12/2013). 5. Precedentes: AgInt no AREsp 1.723.620/RS, Rel. Min. Herman Benjamin, Segunda TURMA, DJe 6/4/2021; AgInt no AREsp 1.723.061/RS, Rel. Min. Herman Benjamin, Segunda Turma, DJe 6/4/2021; AgInt no REsp 1.708.108/RJ, Rel. Min. Napoleão nunes Maia Filho, Primeira Turma, DJe 18/12/2020; AgInt no REsp 1.661.381/ RS, de minha relatoria, SEGUNDA TURMA, julgado em 16.11.2020, DJe 18/12/2020; AgInt no REsp 1.836.215/AL, Rel. Min. Regina Helena Costa, Primeira Turma, DJe 19/12/2019; REsp 968.409/PE, Rel. Min. Castro Meira, Segunda Turma, DJe 12/9/2013; REsp 1.581.180/RS, Rel. Min. Herman Benjamin, Segunda Turma, DJe 24/5/2016; AgRg no AgRg no REsp 1.282.575/ES, Rel. Min. Mauro Campbell Marques, Segunda Turma, DJe 17/9/2013; (AgRg no Ag 1.358.869/ PR, Rel. Min. Arnaldo Esteves Lima, Primeira Turma, DJe 11/3/2013. 6. Agravo interno a que se nega provimento. (STJ, AgInt no AREsp 1.731.639 / RS, Rel. Ministro OG FERNANDES, SEGUNDA TURMA, DJe 24.05.2021)

PROCESSUAL CIVIL. ADMINISTRATIVO. AGRAVO INTERNO NO RECURSO ESPECIAL. CÓDIGO DE PROCESSO CIVIL DE 2015. APLICABILIDADE. REVISÃO DE ATO ADMINISTRATIVO. DECADÊNCIA. CONFIGURAÇÃO. ARGUMENTOS INSUFICIENTES PARA DESCONSTITUIR A DECISÃO ATACADA. APLICAÇÃO DE MULTA. ART. 1.021, §4º, DO CÓDIGO DE PROCESSO CIVIL DE 2015. DESCABIMENTO. I – Consoante o decidido pelo Plenário desta Corte na sessão realizada em 09.03.2016, o regime recursal será determinado pela data da publicação do provimento jurisdicional impugnado. *In casu*, aplica-se o Código de Processo Civil de 2015. II – O acórdão recorrido adotou entendimento consolidado nesta Corte, segundo o qual "mesmo os atos administrativos praticados anteriormente ao advento da Lei Federal 9.784, de 1.2.99, estão sujeitos ao prazo decadencial quinquenal contado da sua entrada em vigor. A partir de sua vigência, o prazo decadencial para a Administração rever seus atos é de cinco anos, nos termos do artigo 54" (2ª T., REsp 1.678.831/RJ, Rel. Min. Herman Benjamin, DJe de 09.10.2017). III – Não apresentação de argumentos suficientes para desconstituir a decisão recorrida. IV – Em regra, descabe a imposição da multa, prevista no art. 1.021, §4º, do Código de Processo Civil de 2015, em razão do mero improvimento do Agravo Interno em votação unânime, sendo necessária a configuração da manifesta inadmissibilidade ou improcedência do recurso a autorizar sua aplicação, o que não ocorreu no caso. V – Agravo Interno improvido. (STJ, AgInt no REsp 1.836.215/AL, Rel. Ministra REGINA HELENA COSTA, PRIMEIRA TURMA, DJe 19.12.2019)

DIREITO PREVIDENCIÁRIO E PROCESSUAL CIVIL. AGRAVO INTERNO NO AGRAVO EM RECURSO ESPECIAL. CANCELAMENTO DE BENEFÍCIO INDEVIDO. PRAZO DECADENCIAL DE 5 ANOS, A CONTAR DA DATA DA VIGÊNCIA DA LEI 9.784/1999. ART. 103-A DA LEI 8.213/1991, ACRESCENTADO PELA MP 19.11.2003, CONVERTIDA NA LEI 10.839/2004. AUMENTO DO PRAZO DECADENCIAL PARA 10 ANOS. IMPOSSIBILIDADE DE RECEBIMENTO DE DUAS PENSÕES POR MORTE ORIGINADAS DO ÓBITO DE UM ÚNICO SEGURADO. AGRAVO INTERNO DA SEGURADA A QUE SE NEGA PROVIMENTO. 1. Esta Corte pacificou o entendimento, no julgamento do REsp. 1.114.938/AL, representativo de controvérsia, de que o prazo decadencial para a Administração Pública rever os atos que gerem vantagem aos Segurados será disciplinado pelo art. 103-A da Lei 8.213/1991, descontado o prazo já transcorrido antes do advento da MP 138/2003. Assim, sendo a Lei 9.784 de 29 de janeiro de 1999, a Autarquia Previdenciária tem até o dia 1o. de fevereiro de 2009 para rever os atos anteriores à vigência do art. 103-A da Lei 8.213/1991. 2. Na hipótese dos autos, a revisão foi iniciada pela Autarquia Previdenciária em 2001, dentro do prazo previsto, não havendo que se falar em decadência do poder de revisão da Administração. 3. Agravo Interno da Segurada a que se nega provimento. (STJ, AgInt no AREsp 555333 / SP, Rel. Ministro NAPOLEÃO NUNES MAIA FILHO, PRIMEIRA TURMA, DJe 07.11.2018)

ADMINISTRATIVO E PROCESSUAL CIVIL. SERVIDOR PÚBLICO. OFENSA AO ART. 1022 DO CPC INEXISTENTE. LEGITIMIDADE DA UNIVERSIDADE. HORAS EXTRAS INCORPORADAS. COISA JULGADA. ABSORÇÃO. DECADÊNCIA. BOA FÉ. POSSIBILIDADE DE REVISAR PROVENTOS DESDE QUE DENTRO DO PRAZO PREVISTO EM LEI. RECEBIMENTO DE BOA-FÉ. VERBA DE CARÁTER ALIMENTAR. DEVOLUÇÃO. NÃO CABIMENTO. 1. Constata-se que não se configurou a ofensa ao art. 1.022 do Código de Processo Civil, uma vez que o Tribunal de origem julgou integralmente a lide e solucionou a controvérsia. Não é o órgão julgador obrigado a rebater, um a um, todos os argumentos trazidos pelas partes em defesa da tese que apresentaram. Deve apenas enfrentar a demanda, observando as questões relevantes e imprescindíveis à sua resolução. 2. Na hipótese dos autos, a parte insurgente busca a reforma do aresto impugnado, sob o argumento de que o Tribunal local não se pronunciou sobre o tema ventilado no recurso de Embargos de Declaração. Todavia, constata-se que o acórdão impugnado está bem fundamentado, inexistindo omissão ou contradição. 3. Registre-se, portanto, que da análise dos autos extrai-se ter a Corte de origem examinado e decidido, fundamentadamente, todas as questões postas ao seu crivo, não cabendo falar em negativa de prestação jurisdicional. 4. A jurisprudência deste Tribunal Superior é assente no sentido de que as Universidades Federais, pessoas jurídicas de direito público, autônomas, independentes e dotadas de personalidade jurídica própria, detém legitimidade para a prática de atos processuais, sendo representadas por seus procuradores autárquicos, nos termos do disposto na LC 73/1993 (art. 17, I). 5. Inexiste, portanto, obrigatoriedade de inclusão da União na figura de litisconsorte, já que regular a demanda ajuizada exclusivamente em desfavor da Instituição de Ensino, a qual detém absoluta legitimidade para responder pelos atos veiculados na exordial. 6. Esta Corte possuía o entendimento de que a Administração poderia anular seus próprios atos a qualquer tempo, desde que eivados de vícios que os tornassem ilegais, nos termos das Súmulas 346 e 473/STF. 7. Todavia, sobreveio a Lei n. 9.784, de 29 de janeiro de 1999, que, em seu art. 54, preconiza que "o direito da Administração de anular os atos administrativos de que decorram efeitos favoráveis para os destinatários decai em cinco anos, contados da data em que foram praticados, salvo comprovada má-fé". 8. Na espécie, o Tribunal a quo decidiu de acordo com jurisprudência desta Corte, ao consignar que "Não pode a Administração retirar rubrica paga há mais de 20 anos à servidora, sob argumento que a aposentadoria é ato complexo que só se perfectibiliza após o registro no Tribunal de Contas, quando o ato que manteve o pagamento da parcela é estranho à análise do cumprimento dos pressupostos da concessão da aposentadoria." (fl. 462, e-STJ). 9. O Superior Tribunal de Justiça vem decidindo, de forma reiterada, que verbas de caráter alimentar pagas a maior em face de conduta errônea da Administração ou da má-interpretação legal não devem ser devolvidas quando recebidas de boa-fé pelo beneficiário. 10. Recurso Especial parcialmente conhecido e, nessa parte, não provido. (STJ, REsp 1.762.208 / RS, Rel. Ministro HERMAN BENJAMIN, SEGUNDA TURMA, DJe 28.11.2018)

PREVIDENCIÁRIO. RESTABELECIMENTO DE BENEFÍCIO. DEVOLUÇÃO DE VALORES RECEBIDOS INDEVIDAMENTE. POSSIBILIDADE. DESCONTO REDUZIDO PARA 5% (CINCO POR CENTO). CARÁTER ALIMENTAR. PRELIMINAR DE DECADÊNCIA REJEITADA. APELAÇÃO PARCIALMENTE PROVIDA. 1. O termo inicial do prazo decadencial disposto no art. 54 da Lei n. 9784/99 deve ser contado a partir da entrada em vigor da referida lei, sob pena de haver efeitos retroativos. 2. Considerando que a aposentadoria do impetrante ocorreu em 14/10/93 (fl. 10), anteriormente à Lei n. 9784, de 29/01/99, o prazo qüinqüenal para sua anulação começa a contar da data da publicação da mencionada lei, em 01/02/1999. Desse modo, a decadência só iria se consumar em 01/02/2004. Como o Impetrante foi cientificado da revisão do ato suscitado em agosto de 2002 (fl. 14), não há que se falar em ocorrência do prazo decadencial. Portanto, legítima a revisão do ato administrativo. 3. Não há que se falar em ofensa ao princípio da segurança jurídica, na medida em que não transcorreu o prazo de 5 (cinco) anos entre a data da publicação da Lei n. 9784 (01/02/99) e data em que foi constatada a concessão indevida da aposentadoria (21/08/2002 – fl. 14). 4. Não restou comprovado qualquer comportamento doloso, fraudulento ou de má-fé por parte da parte autora, cabendo ressaltar, por outro lado, que o recebimento indevido resultou de equívoco do próprio INSS, que concedeu administrativamente o benefício ao autor. 5. O entendimento de que não cabe efetuar qualquer desconto no benefício a título de restituição de valores pagos aos segurados por erro administrativo vem sendo sistematicamente adotado por nossos Tribunais, respaldado no princípio da irrepetibilidade ou da não devolução de alimentos. 6. Apelação a que se dá provimento. (TRF1, Apelação Cível 0011029-41.2008.4.01.3900, Rel. Juiz Federal WAGNER MOTA ALVES DE SOUZA, PRIMEIRA TURMA, julgado em 04.11.2015)

APELAÇÃO CÍVEL – REEXAME NECESSÁRIO – CÂMARA MUNICIPAL DE BOTELHOS/MG – SUSPENSÃO DO ATO QUE CONCEDEU COMPLEMENTAÇÃO DE APOSENTADORIA À SERVIDORA – DECADÊNCIA DO DIREITO DE AUTOTUTELA – OCORRÊNCIA – CONCESSÃO DA SEGURANÇA – CONFIRMAÇÃO. Em que pese possuir a administração a prerrogativa de proceder a revisão de seus atos em caso de verificação da existência de erro, com a declaração de sua nulidade, questão essa que já é inclusive objeto das Súmulas nº 346 e 473 do Supremo Tribunal Federal, conforme o disposto no art. 54 da Lei Federal 9.784/99, para tanto, deverá ser por ela observado o prazo decadencial de cinco anos, sob pena de perda do próprio direito de apuração da legalidade do ato, garantindo-se, assim, aos servidores e administrados o direito de não mais serem atingidos em sua esfera jurídica por ato da administração, sob pena de violação ao princípio da segurança jurídica. No reexame necessário, reformada em parte a sentença produzida, prejudicados os apelos voluntários. (TJMG, Apelação Cível/Reexame Necessário 1.0084.13.000762-2/002, Rel. Desembargador JUDIMAR BIBER, 3ª CÂMARA CÍVEL, julgado em 18.08.2016)

PROCESSUAL CIVIL. ADMINISTRATIVO. AGRAVO INTERNO NO RECURSO ESPECIAL. EXERCÍCIO PROFISSIONAL. REVISÃO DA ANOTAÇÃO. DECADÊNCIA DO DIREITO DE REVER ATO ADMINISTRATIVO. PRESTAÇÕES CONTÍNUAS. ART. 54 DA LEI 9.784/1999. 1. A jurisprudência desta Corte Superior firmou entendimento no sentido de que, com o advento da Lei n. 9.784, de 29 de janeiro de 1999 o direito de a Administração anular os atos administrativos de que decorram efeitos favoráveis para os destinatários decai em cinco anos, contados da data em que foram praticados, salvo comprovada má-fe. Precedentes. 2. No caso, verifica-se que o Ofício n. 212/2011 do CREA-CE, que informou o autor sobre o cancelamento da anotação do Curso de Especialização em Engenharia de Segurança do Trabalho de sua carteira profissional, foi enviado em janeiro de 2011, quando já transcorridos mais de cinco anos do deferimento do registro da especialização pelo Conselho, em 13/12/2005 – situação que impõe o reconhecimento da ocorrência da decadência. 3. Agravo interno não provido. (STJ, AgInt no REsp 1.421.522/CE, Rel. Ministro BENEDITO GONÇALVES GONÇALVES, PRIMEIRA TURMA, DJe 29.08.2018)

AGRAVO DE INSTRUMENTO – MANDADO DE SEGURANÇA – DIREITO ADMINISTRATIVO – ALVARÁ DE LICENÇA DE CONSTRUÇÃO – ANULAÇÃO – AUTOTUTELA – DECURSO DO PRAZO DE TREZE ANOS – IMPOSSIBILIDADE – ART. 54 DA LEI Nº 9.784/99 – "HABITE-SE" – CONCESSÃO. O poder de autotutela da Administração Pública possui limitações, tais como o Princípio da Segurança Jurídica, o que enseja a impossibilidade de se questionar ato de concessão de alvará após treze anos, uma vez que, nos termos do art. 54 da Lei nº 9.784/99, "o direito da Administração de anular os atos administrativos de que decorram efeitos favoráveis para os destinatários decai em cinco anos, contados da data em que foram praticados, salvo comprovada má-fé". (TJMG, Agravo de Instrumento 1.0000.18.061934-8/002, Rel. Desembargador EDGARD PENNA AMORIM, 1ª CÂMARA CÍVEL, julgado em 26.11.2019)

PROCESSUAL CIVIL. ADMINISTRATIVO. SERVIDOR PÚBLICO OCUPANTE DO CARGO DE ARQUIVISTA. REDISTRIBUIÇÃO. POSTERIOR ENQUADRAMENTO COMO PROCURADOR. IMPOSSIBILIDADE. ATOS NULOS. PRAZO DECADENCIAL. ART. 54 DA LEI 9.784/1999. TERMO INICIAL. ATOS PRATICADOS ANTERIORMENTE À VIGÊNCIA DA LEI 9.784/1999. REEXAME DO CONTEXTO FÁTICO-PROBATÓRIO. SÚMULA 7/STJ. 1. Hipótese em que o Tribunal local consignou: "A portaria tornada sem efeito pela Administração não encontrava respaldo na ordem legal e constitucional então vigente, cuidando-se, portanto, de ato nulo de pleno direito. A redistribuição de seu emprego não exigiu transformação do mesmo; em todo caso, consolidada anos antes que a Lei nº 8.270/91 entrasse em vigor" e "O desvio de função vislumbrado não poderia justificar a transformação do cargo ocupado pela Embargante. Embora fizesse jus, em tese, às diferenças salariais, nos termos da Súmula nº 233 do antigo Tribunal Federal de Recursos e da Súmula nº 378 do STJ – já adimplidas, no caso, exatamente por conta do indevido enquadramento –, não teria direito a permanecer naquela situação e menos ainda ao reenquadramento. Precedentes do STJ e deste TRF2" (fl. 1.428, e-STJ). 2. O Superior Tribunal de Justiça assentou o entendimento de que mesmo os atos administrativos praticados anteriormente ao advento da Lei Federal 9.784, de 1.2.99, estão sujeitos ao prazo decadencial quinquenal contado da sua entrada em vigor. A partir de sua vigência, o prazo decadencial para a Administração rever seus atos é de cinco anos, nos termos do artigo 54. 3. Depreende-se da leitura de trechos do acórdão acima transcritos que o Tribunal a quo foi categórico ao afirmar que: a) os documentos trazidos aos autos comprovam que as atividades típicas e os requisitos próprios aos cargos de procurador e arquivista são distintos entre si; b) nenhum elemento sugere tenha sido necessária transformação de seu emprego para tal fim, cumprindo observar que, uma vez desfeito o enquadramento, a servidora já voltou a figurar, na Portaria 152, de 10.04.1997, como "ocupante do cargo de Arquivista"; c) houve uma tentativa de adequar o direito aos fatos concretamente observados no âmbito da CEFET/QUÍMICA, prestando-se somente a mascarar a flagrante inconstitucionalidade e ilegalidade da manobra; e d) não poderia o desvio de função ocorrido legitimar a transformação do cargo ocupado pela ora recorrente. Assim, é evidente que, para modificar o entendimento firmado no acórdão recorrido, seria necessário exceder as razões colacionadas no acórdão vergastado, o que demanda incursão no contexto fático-probatório dos autos, vedada em Recurso Especial, conforme Súmula 7/STJ. 4. Recurso Especial parcialmente conhecido e, nessa parte, não provido. (STJ, REsp 1.678.831/RJ, Rel. Ministro HERMAN BENJAMIN, SEGUNDA TURMA, DJe 09.10.2017)

REMESSA NECESSÁRIA – RECURSOS DE APELAÇÃO – AÇÃO ORDINÁRIA – ADMINISTRATIVO – PENSÃO POR MORTE – VALORES RECEBIDOS INDEVIDAMENTE – EQUÍVOCO DA ADMINISTRAÇÃO PÚBLICA – CLASSIFICAÇÃO DO SERVIDOR FALECIDO – MÁ INTERPRETAÇÃO DA LEI – DEVOLUÇÃO DOS VALORES PAGOS A MAIOR – IMPOSSIBILIDADE – BOA-FÉ DA BENEFICIÁRIA – CARÁTER ALIMENTAR – AUTOTUTELA EXERCIDA FORA DO PRAZO DECADENCIAL QUINQUENAL – LEI N. 9.784/99 – HONORÁRIOS DE ADVOGADO – PROVEITO ECONÔMICO – ARTIGO 85, §§2º E 3º, DO CPC – SENTENÇA PARCIALMENTE REFORMADA – Afigura-se ilegítima a realização de desconto compulsório em proventos percebidos por beneficiária de pensão por morte que, agindo de boa-fé, não poderia supor a ocorrência de equívoco no valor do creditamento mensal de seu pensionamento, que ostenta caráter alimentar. – O ente público dispõe de cinco anos para, no exercício da autotutela, anular os atos administrativos que gerem efeitos favoráveis ao administrado, salvo comprovada má-fé. – Em se tratando de ato administrativo que gera efeitos patrimoniais contínuos, o prazo de cinco anos é deflagrado a partir da percepção do primeiro pagamento. – Havendo proveito econômico mensurável na demanda, não se admite a fixação dos honorários por apreciação equitativa. – Sentença confirmada na remessa necessária. Recurso do réu prejudicado. Apelo autoral provido. (TJMG, Apelação Cível/Remessa Necessária 1.0000.19.106846-9/001, Rel. Desembargador CORRÊA JUNIOR, 6ª CÂMARA CÍVEL, julgado em 29.10.2019)

APELAÇÃO CÍVEL – MANDADO DE SEGURANÇA – ATO DA ADMINISTRAÇÃO PÚBLICA – DECURSO DE MAIS DE CINCO ANOS – DESCONTO EM FOLHA DE PAGAMENTO – LEI FEDERAL Nº 9.784/99 IMPOSSIBILIDADE – SERVIDOR PÚBLICO DE BOA-FÉ. – Não obstante o poder-dever da Administração Pública de rever e anular seus próprios atos, os interesses e direitos dos particulares devem ser, ao máximo, preservados, mormente quando o vício que eiva o ato de nulidade não foi produzido por culpa do mesmo. – No âmbito dos Tribunais Superiores, há manifestações tendentes a admitir a boa-fé como um critério relativizador da legalidade, no tocante aos efeitos decorrentes do ato administrativo viciado. – O instituto da decadência decorre do princípio da segurança jurídica, segundo o qual as relações jurídicas necessitam estabilizar-se no tempo e no espaço, de forma a proporcionar, às partes, uma sensação de tranqüilidade e previsibilidade quanto às situações constituídas em sua vida privada. (TJMG, Apelação Cível/Reexame Necessário 1.0024.10.092100-6/003, Rel. Desembargador DÁCIO LOPARDI MENDES, 4ª CÂMARA CÍVEL, julgado em 13.02.2014)

PREVIDENCIÁRIO. PROCESSUAL CIVIL. AGRAVO. LEGALIDADE DA REVISÃO ADMINISTRATIVA. DECADÊNCIA AFASTADA. REDISCUSSÃO DE MATÉRIA JÁ DECIDIDA. ART 54 DA LEI 9.784/1999. IRRETROATIVIDADE. DIREITO ADQUIRIDO. INEXISTÊNCIA DIFERENÇA PESSOAL. AUSÊNCIA DE DIREITO LÍQUIDO E CERTO. PRECEDENTES. ORDEM DENEGADA. RECURSO NÃO PROVIDO. 1. Trata-se de Recurso Especial contra Acórdão que reverteu a concessão de writ que reconhecia a decadência do direito do INSS revisar administrativamente o benefício do ora recorrente. 2. Não se conhece das apontadas violações aos dispositivos da Constituição Federal, porquanto a referida análise foge da competência do STJ, estando ausente o requisito de "contrariar tratado ou lei federal", contido na alínea "a" do permissivo constitucional, impedindo a sua análise em Recurso Especial, por competir a matéria unicamente ao STF. 3. A questão central do presente recurso envolve a suposta ocorrência da decadência de ato estatal que analisa benefício do ora recorrente, nada obstante, afigura-se como legal a revisão administrativa levada a efeito pelo INSS. 4. O prazo de 10 anos para revisão administrativa deve começar a ser contado a partir da entrada em vigor da Lei 9.784, em 1º/2/1999. Nesse norte é a orientação majoritária e pacífica do STJ sobre o direito de revisão da Administração. A Corte Especial estabeleceu que "o prazo previsto na Lei nº 9.784/99 somente poderia ser contado a partir de janeiro de 1999, sob pena de se conceder efeito retroativo à referida Lei" (MS 9.122/DF, Rel. Ministro Gilson Dipp, Corte Especial, DJe 3.3.2008). No mesmo sentido: MS 9.092/DF, Rel. Ministro Paulo Gallotti, Corte Especial, DJ 25.9.2006; e MS 9.112/DF, Rel. Ministra Eliana Calmon, Corte Especial, DJ 14.11.2005. 5. Recurso Especial a que se nega provimento. (STJ, REsp 1.642.706/SP, Rel. Ministro HERMAN BENJAMIN, SEGUNDA TURMA, DJe 02.05.2017)

APELAÇÃO. PREVIDENCIÁRIO. FILHAS SOLTEIRAS. AÇÃO DE RESTABELECIMENTO DE PENSÃO. 1 INTERPRETAÇÃO DO ARTIGO 73 DA LEI ESTADUAL Nº 7.672/82. DECADÊNCIA ADMINISTRATIVA. OCORRÊNCIA. PRAZO DE CINCO ANOS PARA A REVISÃO DOS ATOS ADMINISTRATIVOS. PRINCÍPIO DA SEGURANÇA JURÍDICA. PREVISÃO NO ARTIGO 54 DA LEI Nº 9.784/99. (TJRS, Apelação Cível 70010698611, Rel. Desembargador NIWTON CARPES DA SILVA, PRIMEIRA CÂMARA CÍVEL, julgado em 27.04.2005)

Direito Administrativo – Decadência Qüinqüenal – Revisão do Ato Administrativo – Princípios Constitucionais – Acumulação de cargos. – Não obstante o poder-dever da Administração Pública de rever e anular seus próprios atos, os interesses e direitos dos particulares devem ser, ao máximo, preservados, mormente quando o vício que eiva o

CRISTIANA FORTINI, MARIA FERNANDA VELOSO PIRES, TATIANA MARTINS DA COSTA CAMARÃO, CAIO MÁRIO LANA CAVALCANTI
PROCESSO ADMINISTRATIVO – COMENTÁRIOS À LEI Nº 9.784/1999

ato de nulidade não foi produzido por culpa do mesmo. – A decadência é um instituto que decorre do princípio da segurança jurídica, segundo o qual as relações jurídicas necessitam estabilizar-se no tempo e no espaço, de forma a proporcionar, às partes, uma sensação de tranqüilidade e previsibilidade quanto às situações constituídas em sua vida privada. – Mesmo antes da edição das normas – Lei Federal n. 9784/99 e Lei Estadual de n. 14.184/2002 —, já prevalecia o entendimento jurisprudencial e doutrinário no sentido de que, em nome do princípio da segurança jurídica, o prazo de decadência seria qüinqüenal. (TJMG, Apelação Cível/Reexame Necessário 1.0024.08.171114-5/004, Rel. Desembargador DÁCIO LOPARDI MENDES, 4ª CÂMARA CÍVEL, julgado em 1º.07.2010)

PROCESSUAL CIVIL E ADMINISTRATIVO. SERVIDOR PÚBLICO. PAGAMENTO INDEVIDO DE GRATIFICAÇÃO. DESCONTO SOBRE VENCIMENTOS. ANULAÇÃO DE ATO ADMINISTRATIVO PELA ADMINISTRAÇÃO. PRAZO DECADENCIAL DE CINCO ANOS. 1. Conforme art. 54 da Lei n. 9.784/99, decai em cinco anos o prazo para a Administração anular seus próprios atos, contados da data em que estes produziram efeitos, salvo comprovada má-fé do administrado, o que não é o caso dos autos. 2. Recurso especial não provido. (STJ, REsp 1.200.408/MG, Rel. Ministro MAURO CAMPBELL MARQUES, SEGUNDA TURMA, DJe 08.02.2011)

RECURSO ESPECIAL. PENSIONISTAS DE SERVIDOR PÚBLICO FEDERAL. RECÁLCULO DE PROVENTOS. DIFERENÇA ENTRE PADRÕES. REPOSIÇÃO SALARIAL. VANTAGEM DO ART. 192, II, DA LEI Nº 8.112/90. DECADÊNCIA ADMINISTRATIVA. ART. 54, DA LEI Nº 9.784/99. NÃO OCORRÊNCIA. DIREITO À REPOSIÇÃO SALARIAL. DEFICIÊNCIA DE FUNDAMENTAÇÃO. INCIDÊNCIA DA SÚMULA 284/STF. NÃO DEMONSTRAÇÃO. DISSÍDIO JURISPRUDENCIAL NÃO DEMONSTRADO. ÔNUS DA SUCUMBÊNCIA A SER REVISTO PELO TRIBUNAL A QUO. RECURSO ESPECIAL PARCIALMENTE CONHECIDO E NESSA PARTE PROVIDO. 1. No tocante à decadência administrativa, o STJ firmou entendimento de que com o advento da Lei nº 9.784/1999, que não tem efeito retroativo, a Administração tem o prazo de cinco anos para exercer seu poder de autotutela, em obediência ao princípio da segurança jurídica. 2. Considerando que os servidores tiveram alteração no cálculo de seus proventos com base no Ofício Circular nº 29/2000, fls. 261, não há que falar em decadência da Administração anular seus próprios atos, considerando a edição da Lei 9.784/1999. 3. Recai à tese da violação do art. 192, II, da Lei 8112/90 a Súmula 284/STF. 4. Dissídio jurisprudencial não demonstrado. Por isso não conhecido. 5. Prejudicada a análise da distribuição do ônus da sucumbência. 6. Recurso especial, parcialmente, conhecido e nessa parte provido. (STJ, REsp 638995/RS, Rel. CELSO LIMONGI (DESEMBARGADOR CONVOCADO DO TJ/SP), SEXTA TURMA, DJe 21.02.2011)

PROCESSUAL CIVIL E TRIBUTÁRIO. MANDADO DE SEGURANÇA. CEBAS. RENOVAÇÃO. INDEFERIMENTO. ATO ADMINISTRATIVO. REVOGAÇÃO DO EFEITO PROSPECTIVO. ART. 54 DA LEI 9.874/99. DECADÊNCIA NÃO CONFIGURADA. COISA JULGADA. INEXISTÊNCIA. CONTRARIEDADE AO ART. 150, §4º, DO CTN. IMPROPRIEDADE. IMUNIDADE DO ART. 195, §7º DA CF/88. DIREITO ADQUIRIDO. INEXISTÊNCIA. SÚMULA 352/STJ. LEI Nº 9.429/96. REMISSÃO. IMPROPRIEDADE DA ALEGAÇÃO. INAPLICABILIDADE À IMPETRANTE. 1. A Administração podia rever, a qualquer momento, os seus próprios atos, quando eivados de nulidade, até a edição da Lei nº 9.784/99, a partir de quando o Poder Público passou a dispor do prazo de cinco anos para desfazer os seus próprios atos. 2. Sedimentou-se na jurisprudência desta Corte que a decadência para os atos anteriores à Lei 9.784/99, portanto, quando ainda não existia prazo para a Administração Pública revogar seus próprios atos, deve ser contada a partir da data em que a Lei entrou em vigor, vale dizer, 29 de janeiro de 1999. 3. No caso, o ato administrativo foi editado em 20 de abril de 1998, de modo que o prazo decadencial somente teve início em 29 de janeiro de 1999 e encerrava-se em 29 de janeiro de 2004. O ato ministerial ora impugnado, que revogou em parte o ato anterior, foi expedido em 1º de setembro de 2006. Ocorre que, em 1º de setembro de 2003, portanto, antes de expirados os cinco anos, a Administração Pública deu início ao processo para anular, em parte, o primitivo ato administrativo. 4. Nesses termos, houve interrupção do prazo em 1º de setembro de 2003, não havendo que se falar em consumação do prazo decadencial, e tampouco em violação do art. 54 da Lei 9.784/99, já que, nos termos do §2º desse dispositivo, "considera-se exercício do direito de anular qualquer medida de autoridade administrativa que importe impugnação à validade do ato". A abertura de um processo administrativo é, inquestionavelmente, medida da autoridade administrativa que impugna a validade do ato. 5. A alegação da impetrante de que o ato coator viola a coisa julgada, por força de mandado de segurança que concluiu não ser possível à Fazenda Pública constituir créditos tributários posteriores a 20.04.98, não procede por duas razões: (a) porque o ato impugnado neste *mandamus* é da lavra do Ministro da Previdência Social e consiste em despacho exarado em processo administrativo que indeferiu pedido de renovação do CEBAS e revogou o efeito prospectivo consignado em decisão anterior. Este ato não constituiu crédito tributário algum, até porque não é função ministerial realizar lançamento de tributos, nem discutiu sobre prazo decadencial; e (b) em segundo lugar, a coisa julgada a que se refere a impetrante restringiu-se ao primeiro despacho ministerial, que indeferiu o pedido de renovação do CEBAS e fixou efeitos a partir de sua publicação, não abrangendo a decisão revisional ora impugnada, que revogou o efeito prospectivo anteriormente concedido. Em outras palavras, se a decisão judicial transitada em julgado impedia o INSS de constituir créditos anteriores a 20.04.98 justamente porque havia decisão do Ministro da Previdência indeferindo a renovação do CEBAS com efeitos para o futuro apenas, nada impede que esses créditos venham a ser constituídos se o efeito prospectivo foi posteriormente revogado por decisão do próprio Ministro, circunstância não examinada na primeira impetração. 6. O argumento da impetrante de que a Fazenda Pública decaiu do direito de constituir os créditos tributários anteriores ao ato anulado, por força do que dispõe o art. 150, §4º, do CTN, é absolutamente impróprio para o caso, já que o ato impugnado não constituiu crédito tributário algum, mas apenas anulou, em parte, ato administrativo anterior que fixara efeito prospectivo para a decisão do Ministro de Estado da Previdência que indeferira a renovação do CEBAS. 7. A jurisprudência desta Corte é unânime em afirmar que não há direito adquirido à aquisição, ou renovação, do CEBAS, devendo a entidade postulante preencher todos os requisitos legais, ainda que supervenientes, para fazer jus ao benefício. Nesses termos, foi editada a Súmula 352/ STJ, segundo a qual: "A obtenção ou a renovação do Certificado de Entidade Beneficente de Assistência Social (Cebas) não exime a entidade do cumprimento dos requisitos legais supervenientes". 8. Por fim, ainda que a Lei 9.429/96 tenha concedido remissão de créditos tributários devidos pelas entidades filantrópicas, com ou sem certificado, esse fato em nada interfere no ato impugnado. A alegação de remissão somente seria cabível se, e somente se, algum crédito tributário vier a ser constituído no período em que a impetrante afirma estar amparada pelo benefício fiscal. 9. Ademais, o art. 4º da Lei 9.429/96 declara extintos os créditos tributários das entidades beneficentes de assistência social que tenham cumprido o disposto no art. 55 da Lei nº 8.212, de 24 de julho de 1991, o que não é o caso da impetrante, que não preencheu tais requisitos, segundo consta das informações da autoridade impetrada. 10. Mandado de segurança denegado, prejudicado o agravo regimental. (STJ, MS 12.509/DF, Rel. Ministro CASTRO MEIRA, PRIMEIRA SEÇÃO, DJe 22.02.2011)

MANDADO DE SEGURANÇA. DECADÊNCIA. IMPETRAÇÃO. NÃO OCORRÊNCIA. ANISTIA POLÍTICA. PORTARIA. ANULAÇÃO. DECADÊNCIA ADMINISTRATIVA. NÃO OCORRÊNCIA. COISA JULGADA. OFENSA. NÃO OCORRÊNCIA. AMPLA DEFESA E CONTRADITÓRIO. OBSERVADOS. SEGURANÇA DENEGADA. I – A impetração do mandado de segurança dentro do prazo legal, ainda que perante órgão judiciário absolutamente incompetente, impede a ocorrência da decadência do direito de requerer o *mandamus*. Precedentes do c. STF e deste c. STJ. II – O termo inicial do prazo decadencial para a impetração do writ deve ser contado a partir da percepção do primeiro pagamento (ex vi do artigo 54, §1º, da Lei nº 9.784/99). Na espécie, o primeiro pagamento da prestação continuada ocorreu em 1º.6.2004 e a portaria anulatória foi publicada em 22.12.2008, razão pela qual não superado prazo decadencial. III – A instauração, por autoridade competente, de portaria que determina a instauração de processo de revisão da condição de anistiado político do impetrante, importa exercício regular do direito de anular, causa interruptiva do prazo decadencial (conf. art. 54, §2º, da Lei nº 9.784/99). IV – Fica afastada a alegação de coisa julgada em relação ao MS nº 9.700/DF, eis que nele foi simplesmente assegurado o efetivo cumprimento da Portaria nº 2.655/2002, a qual posteriormente veio a ser anulada em razão de vício na motivação que ensejou à portaria anistiadora. V – A Portaria nº 1.104/GM3 de 1964, por possuir caráter impessoal, genérico e abstrato, aplicáveis a todos os militares que tenham ingressado na FAB quando tal portaria já se encontrava em vigor, não deve ser, por si só, enquadrada no conceito jurídico de arbitrariedade e exceção previstos na Lei nº 10.559/2002. VI – Devidamente oportunizado ao Impetrante o exercício da ampla defesa e do contraditório no processo administrativo que ensejou a portaria anulatória do ato anistiador, não há qualquer vício a macular o procedimento, vez que o ato impugnado foi proferido após minuciosa análise da defesa e documentos integrantes do processo anulatório. Preliminares rejeitadas. Segurança denegada. (STJ, MS 14.748/DF, Rel. Ministro FELIX FISCHER, TERCEIRA SEÇÃO, DJe 15.06.2010)

RECURSO ORDINÁRIO EM MANDADO DE SEGURANÇA. DIREITO ADMINISTRATIVO. ANISTIA [LEI N. 8.878/94]. REVOGAÇÃO POR ATO DO MINISTRO DE ESTADO DA JUSTIÇA APÓS PROCESSO ADMINISTRATIVO QUE TEVE CURSO EM COMISSÃO INTERMINISTERIAL. POSSIBILIDADE. SÚMULAS 346 E 473 DO STF. DECADÊNCIA. INOCORRÊNCIA. CONTAGEM DO PRAZO QUINQUENAL A PARTIR DA VIGÊNCIA DO ARTIGO 54 DA LEI N. 9.784/99 [1º.2.99]. CERCEAMENTO DE DEFESA. VIOLAÇÃO DO CONTRADITÓRIO E DA AMPLA DEFESA. INOCORRÊNCIA. RECURSO IMPROVIDO. 1. A Administração Pública tem o direito de anular seus próprios atos, quando ilegais, ou revogá-los por motivos de conveniência e oportunidade [Súmulas 346 e 473, STF]. 2. O prazo decadencial estabelecido no art. 54 da Lei 9.784/99 conta-se a partir da sua vigência [1º.2.99], vedada a aplicação retroativa do preceito para limitar a liberdade da Administração Pública. 3. Inexistência de violação dos princípios do contraditório e da ampla defesa. Todos os recorrentes apresentaram defesa no processo administrativo e a decisão da Comissão Interministerial contém todos os elementos inerentes ao ato administrativo perfeito, inclusive fundamentação pormenorizada para a revogação do benefício. Recurso ordinário a que se nega provimento. (STF, RMS 25.856/DF, Rel. Ministro EROS GRAU, SEGUNDA TURMA, julgado em 09.03.2010)

RECURSO ORDINÁRIO EM MANDADO DE SEGURANÇA. ADMINISTRATIVO. ANULAÇÃO DAS ANISTIAS CONCEDIDAS A EMPREGADOS PÚBLICOS COM BASE NA LEI 8.878/94. PORTARIA INTERMINISTERIAL N. 372/2002. NÃO CONFIGURAÇÃO DE DECADÊNCIA. ART. 54 DA LEI 9.784/99. LEGALIDADE DO DECRETO N. 3.363/2000. PRINCÍPIOS DO DEVIDO PROCESSO LEGAL, DO CONTRADITÓRIO E DA AMPLA DEFESA QUANTO AOS SUBSTITUÍDOS NÃO ALCANÇADOS PELO ACÓRDÃO RECORRIDO. IMPOSSIBILIDADE DE DILAÇÃO PROBATÓRIA EM MANDADO DE SEGURANÇA. RECURSO ORDINÁRIO EM MANDADO DE SEGURANÇA AO QUAL SE NEGA PROVIMENTO. (STF, RMS 26.235/DF, Rel. Ministra CÁRMEN LÚCIA, PRIMEIRA TURMA, julgado em 08.06.2010)

ADMINISTRATIVO. APOSENTADORIA DE SERVIDORA PÚBLICA. INCORPORAÇÃO DE VANTAGEM REVOGADA: RECUSA DE REGISTRO DE APOSENTADORIA PELO TRIBUNAL DE CONTAS DA UNIÃO. INAPLICABILIDADE DO ART. 54 DA LEI 9.784/1999: ATO COMPLEXO. PRECEDENTES. EM 19.1.1995 A SERVIDORA NÃO CUMPRIA OS REQUISITOS EXIGIDOS PELO REVOGADO ART. 193 DA LEI N. 8.112/1990. SEGURANÇA DENEGADA. (STF, MS 25.697/DF, Rel. Ministra CÁRMEN LÚCIA, TRIBUNAL PLENO, julgado em 17.02.2010)

PROVENTOS – ATOS SEQUENCIAIS – REGISTRO – PRAZO DECADENCIAL – ARTIGO 54 DA LEI Nº 9.784/99 – ALCANCE. Envolvendo a espécie, considerados atos administrativos em geral, o registro de aposentadoria, descabe cogitar de situação constituída a atrair o disposto no artigo 54 da Lei nº 9.784/99, no que fixa prazo decadencial para a administração pública rever atos praticados. APOSENTADORIA – PROVENTOS – REGISTRO VERIFICADO – ADITAMENTO DE PARCELA – CONTRADITÓRIO – INADEQUAÇÃO. Versando o processo administrativo submetido ao Tribunal de Contas alteração do registro de aposentadoria para aditar-se aos proventos certa parcela, mostra-se dispensável a observância do contraditório. (STF, MS 25.525/DF, Rel. Ministro MARCO AURÉLIO, TRIBUNAL PLENO, julgado em 17.02.2010)

SERVIDOR PÚBLICO. MANDADO DE SEGURANÇA. BRIGADA MILITAR. SUSPENSÃO DE PAGAMENTO DE VANTAGEM CONCEDIDA A SERVIDOR MILITAR (CEL-PM) QUANDO DA TRANSFERÊNCIA PARA A RESERVA. LEI POSTERIOR QUE DETERMINOU A ABSORÇÃO DA REFERIDA VANTAGEM E SUA INTEGRAÇÃO AO VENCIMENTO OU PROVENTO BÁSICO (LEI-RS Nº 10.315/94). ADEQUAÇÃO DA SITUAÇÃO DO IMPETRANTE À NOVA LEGISLAÇÃO. DEMORA DA ADMINISTRAÇÃO EM CONSTATAR O INDEVIDO PAGAMENTO. INEXISTÊNCIA DE ATO ADMINISTRATIVO INTERPRETANDO A LEGISLAÇÃO. INOCORRÊNCIA DE PRESCRIÇÃO OU DECADÊNCIA DIANTE DO ATO ADMINISTRATIVO QUE SE EQUIPARA A ATO NULO. AUSENTE A BOA-FÉ DO APELADO QUE ALEGA SURPRESA DIANTE DA NOVA LEGISLAÇÃO QUE É DE CONHECIMENTO GERAL, INCLUSIVE COM DIVERSOS PRECEDENTES EXAMINANDO O TEMA E RECUSANDO O BEM DA VIDA PRETENDIDO. 1 A pretensão do apelado, Cel-PM transferido para a reserva, de continuar recebendo a vantagem de 20%, tal como prevista no art. 167, §1º, I, da Lei-RS nº 7.138/78, com a redação determinada pela Lei-RS nº 7.891/83, incorporada aos seus proventos, não merece guarida, pois o ato administrativo que suspendeu o seu pagamento encontra fundamento na Lei-RS nº 10.315/94, que determinou a absorção da referida vantagem à parte básica dos proventos que lhe eram pagos. Não se trata de revisão de ato administrativo, mas adequação da situação do apelado à nova legislação. Inércia da Administração que permitiu que o apelado continuasse recebendo a vantagem de 20% que já havia sido substituída pelos reajustes que foram concedidos pela Lei-RS nº 10.315/94. 2 Inocorrência de prescrição ou decadência contra a Administração. No caso concreto, não houve interpretação administrativa concedendo a vantagem, mas sim indevido pagamento por parte do poder público, contrariando expressamente a disposição legal. Neste contexto, não há que se admitir o alegado direito adquirido por parte do apelado, tendo em vista que o ato combatido apenas cumpriu determinação legal, mesmo que tardiamente. Equiparação da situação criada à hipótese do ato nulo, não sendo possível aplicar ao Estado-membro a regra do art. 54 da Lei nº 9.784/99. Reforma da sentença que se impõe, sob pena de se estar autorizando o enriquecimento ilícito do apelado, que não pode alegar o desconhecimento da lei em benefício próprio. Precedentes desta Câmara colacionados. Direito líquido e certo não demonstrados pelo apelado. Sentença reformada para denegar a segurança. Inversão da sucumbência. APELAÇÃO PROVIDA POR MAIORIA, VENCIDO O RELATOR. (TJRS, Apelação Cível 70019215375, Rel. Desembargador NELSON ANTÔNIO MONTEIRO PACHECO, 3ª CÂMARA CÍVEL, julgado em 14.06.2007)

APELAÇÃO CÍVEL. DIREITO PÚBLICO NÃO ESPECIFICADO. MANDADO DE SEGURANÇA. CONVERSÃO DE MOTOR A DIESEL. REVOGAÇÃO DA AUTORIZAÇÃO PASSADOS MAIS DE CINCO ANOS. DECADÊNCIA ADMINISTRATIVA. RESTRIÇÃO DE DIREITO POR PORTARIA. IMPOSSIBILIDADE. INOVAÇÃO DA ORDEM JURÍDICA. INICIATIVA PRIVATIVA DE LEI MATERIAL E FORMAL. 1 Considerando-se que a conversão do motor para óleo diesel permaneceu sem contestação por mais de seis anos após o deferimento da autorização administrativa, resta configurada a decadência administrativa, porquanto transcorrido prazo razoável a Administração Pública não pode anular a qualquer tempo seus atos, sob pena de afronta aos princípios da segurança jurídica e da proteção da confiança, aplicando-se analogicamente, na ausência de específica legislação estadual, o art. 54, §1º, da Lei Federal nº 9.784/99 e o art. 1º do Decreto nº 20.910/32. Precedentes do STJ. 2 Permanecendo o registro do veículo como movido a óleo diesel sem qualquer insurgência do Poder Público por mais de cinco anos e sem que haja prova de fraude ou dolo do antigo ou do atual proprietário no ato, é inadmissível que o Estado interfira nas relações após elas terem se pacificado ou, em caso como o dos autos, que o veículo tenha sido transferido a terceiro de boa-fé que confiou na higidez dos dados encontrados no cadastro do DETRAN. 3 Inaplicabilidade das exigências constantes na Portaria nº 23/94 do DNC, pois no Estado Democrático de Direito e no Sistema Republicano somente a lei, em sentido material e formal, como ato do Parlamento, é que pode inovar a ordem jurídica. Apelo provido e ação julgada procedente, por maioria, vencido o Desembargador João Armando Bezerra Campos. (TJRS, Apelação Cível 70022201230, Rel. Desembargador ADÃO SÉRGIO DO NASCIMENTO CASSIANO, 2ª CÂMARA CÍVEL, julgado em 19.12.2007)

CONSTITUCIONAL E ADMINISTRATIVO – SERVIDOR PÚBLICO MUNICIPAL INATIVO – REVISÃO DE APOSENTADORIA POR IRREGULARIDADE VERIFICADA PELO TRIBUNAL DE CONTAS – OBRIGATORIEDADE DE INSTAURAÇÃO DE PROCEDIMENTO ADMINISTRATIVO COM A GARANTIA DO CONTRADITÓRIO E DA AMPLA DEFESA, MESMO QUANDO A ADMINISTRAÇÃO APLICA A SÚMULA 473 DO STF SEM ATRIBUIR QUALQUER INFRAÇÃO AO SERVIDOR, CORRIGINDO MERA IRREGULARIDADE – MUDANÇA DE POSICIONAMENTO DA CÂMARA, SEGUINDO OS RECENTES PRECEDENTES DO STF – NÃO SE APLICA A LEI FEDERAL Nº 9.784/99 QUE ESTABELECE A PRESCRIÇÃO QÜINQÜENAL PARA A ADMINISTRAÇÃO REVER SEUS ATOS AOS PROCESSOS ENVOLVENDO SERVIDORES MUNICIPAIS SENDO NECESSÁRIA LEI LOCAL DISPONDO A RESPEITO. Apelo parcialmente provido. Voto vencido. (TJRS, Apelação Cível/ Reexame Necessário 70013975891, Rel. Desembargador JOÃO CARLOS BRANCO CARDOSO, 4ª CÂMARA CÍVEL, julgado em 11.04.2007)

AGRAVO DE INSTRUMENTO – MANDADO DE SEGURANÇA – PENSÃO POR MORTE – CASSAÇÃO – PEDIDO LIMINAR – REQUISITOS –'FUMUS BONI IURIS' E 'PERICULUM IN MORA' – PRESENÇA – DECISÃO MANTIDA – RECURSO NÃO PROVIDO. A medida liminar no Mandado de Segurança não se confunde com antecipação de tutela, possuindo nítido caráter acautelatório. Segundo a melhor doutrina, tal medida "não importa prejulgamento; não afirma direitos; nem nega poderes à administração. Preserva, apenas, o impetrante de lesão irreparável, sustando provisoriamente os efeitos do ato impugnado" (Hely Lopes Meirelles. Mandado de Segurança. São Paulo: Malheiros, 2008, p. 83). Presentes 'fumus boni iuris' e 'periculum in mora', correta a decisão de primeiro grau que deferiu o pleito. Recurso não provido.

Voto do Desembargador Relator
O MUNICÍPIO SERRA DA SAUDADE interpôs o presente recurso de agravo de instrumento contra decisão interlocutória trasladada às f. 227/229-TJ, da lavra do MM. Juiz de Direito da Vara Única da Comarca de Dores do Indaiá que, nos autos do "Mandado de Segurança" impetrado por DALVA APARECIDA RIBEIRO em face do PREFEITO MUNICIPAL DE SERRA DA SAUDADE, deferiu a liminar.
Revelam os autos que o Município da Serra da Saudade instaurou processo administrativo contra agravada, com fins de apurar a ilegalidade do recebimento de pensão por esta. Diante da conclusão do procedimento, o Agravante teria cassado o referido benefício.
Diante isso, a Agravada impetrou Mandado de Segurança objetivando continuar recebendo a pensão. O Magistrado primevo, então, concedeu, liminarmente, a segurança.
Irresignado, o Agravante interpôs o presente recurso, ao argumento de que não restaria configurado nos autos o direito líquido e certo da Agravada.
Alegou que esta não teria feito nenhuma prova da legalidade do recebimento do referido benefício, de tal sorte que a autoridade coatora estaria tomando as medidas legais para apurar possível prática de crime contra a Administração Pública.
Seguiu narrando que o conjunto probatório jungido aos autos levaria à conclusão de que o nome da Agravada teria sido lançado no banco de dados da folha de pagamento, "de forma clandestina e criminosa" (f. 07-TJ).
Afirmou que o *fumus boni iuris* restaria verificado, na hipótese vertente, eis que a Administração teria arcado, durante muitos anos, com uma pensão a que a Agravada jamais teria direito.
Asseverou, outrossim, que a concessão da liminar pelo Magistrado de primeiro grau poderia causar-lhe prejuízos, tendo em vista que seria praticamente impossível a devolução aos cofres públicos da quantia paga.
Desta feita, requereu a concessão de efeito suspensivo à decisão atacada. No mérito, pugnou pela sua cassação definitiva.
Juntou traslados de documentos às f. 24/258-TJ.
Às f. 263/254-TJ o recurso fora admitido, tendo-lhe sido indeferido o pedido liminar.
Contraminuta às f. 268/279-TJ, pela manutenção da decisão.
Informações prestadas pelo Magistrado singular às f. 281/282-TJ, comunicando a manutenção da decisão.
Instada a se manifestar, a d. Procuradoria-Geral de Justiça, em parecer de f. 285/288-TJ, opinou pelo desprovimento do recurso.
Este, o Relatório.
O *thema decidendum* refere-se à presença dos requisitos para o deferimento da liminar em Mandado de Segurança.
Conforme as lições de Hely Lopes Meirelles, comentando a antiga Lei do Mandado de Segurança, no sentido de que:
A medida liminar é provimento cautelar admitido pela própria lei de mandado de segurança quando sejam relevantes os fundamentos da impetração e do ato impugnado puder resultar a ineficácia da ordem judicial, se concedida a final (art. 7º, II) (in. Mandado de Segurança. São Paulo: Malheiros, 2008, p. 83).
Continua o eminente jurista:
A medida liminar não é concedida como antecipação dos efeitos da sentença final, é procedimento acautelador do possível direito do impetrante, justificado pela iminência de dano irreversível de ordem patrimonial, funcional ou moral se mantido o ato coator até a apreciação definitiva da causa. Por isso mesmo, não importa prejulgamento; não afirma direitos; nem nega poderes à administração. Preserva, apenas, o impetrante de lesão irreparável, sustando provisoriamente os efeitos do ato impugnado (*Idem, Ibidem*). (g.n.)

Assim, por tratar-se de medida cautelar, os requisitos para sua concessão são o *fumus boni iuris* e o *periculum in mora*, ou seja, a plausibilidade do direito invocado e o perigo da demora, caso a decisão não seja suspensa *incontinenti*. No caso dos autos, verifica-se que a Agravada recorreu pela terceira vez ao Poder Judiciário, da tentativa de cassação, por parte do Agravante, da pensão recebida em razão do falecimento de seu cônjuge – benefício esse deferido há 19 (dezenove) anos e com fundamento na Lei Municipal nº. 203/1986.

Por sua vez, não bastasse a agravada ter sido vitoriosa nas duas demandas anteriores, o Agravante insiste em cassar tal benefício, ao argumento de que, diante da instauração de Processo Administrativo, fora constatado que a pensão concedida à Agravada seria ilegal e inconstitucional, posto que "fora lançada no banco de dados do município (folha de pagamento) de forma criminosa visto que este benefício jamais foi requerido pela agravada (fl. 38) e muito menos concedido/deferido/publicado pelo município (fl. 238)" (f. 06-TJ).

Frisou, também, que a Agravada não teria feito prova de seu direito líquido e certo, porquanto não teria juntado nenhum documento capaz de comprovar desde quando recebe referido benefício.

No entanto, verifica-se dos autos, que a pensão vem sendo paga há cerca de 19 (dezenove) anos pelo Município Agravante, o que, *prima facie*, reforça a presença do *fumus boni iuris* para o deferimento da liminar em primeiro grau. *In casu*, cabe inclusive invocar a Lei nº 9784/99, que regula o Processo Administrativo Federal, cujo art. 54 dispõe sobre o prazo decadencial para a Administração Pública anular seus atos. Vejamos:

Art. 54. O direito da Administração de anular os atos administrativos de que decorram efeitos favoráveis para os destinatários decai em cinco anos, contados da data em que foram praticados, salvo comprovada má-fé.

§1º No caso de efeitos patrimoniais contínuos, o prazo de decadência contar-se-á da percepção do primeiro pagamento.

§2º Considera-se exercício do direito de anular qualquer medida de autoridade administrativa que importe impugnação à validade do ato.

De mais a mais, conforme já salientado, a liminar no Mandado de Segurança possui natureza cautelar, não de antecipação de tutela. Assim, não há confundir-se a prova pré-constituída exigida na ação constitucional com os requisitos para o deferimento do pleito liminar.

De ressaltar-se, ainda, que a decisão é *initio litis*, o que se sustenta apenas diante da verificação do *fumus boni iuris* e *periculum in mora* – requisitos esses presentes para o deferimento do pedido.

Assim, o Juízo *a quo*, ao julgar a matéria irá analisar detidamente a prova dos autos, oportunidade essa não possível na estreita via de uma decisão liminar.

De ver-se os julgados desta Casa:

MANDADO DE SEGURANÇA. LIMINAR. REQUISITO. RISCO DE INEFICÁCIA DO PROVIMENTO FINAL. AUSÊNCIA. LEI. PRINCÍPIO DA PRESUNÇÃO DE CONSTITUCIONALIDADE. AGRAVO NÃO PROVIDO. I) Não há falar-se em ilegalidade, de plano, do ato ensejador do mandado de segurança, quando amparado por lei em vigor, devendo-se observar o princípio da presunção de constitucionalidade das leis. II) Em sede de mandado de segurança, a liminar está condicionada à existência de risco de ineficácia da medida, se deferida somente ao final. (TJMG, AI nº. 1.0521.09.085477-4/001, Rel. Des. BITENCOURT MARCONDES, j. em 24.09.2009, *DJu*: 17.12.2009). (g.n.)

AGRAVO DE INSTRUMENTO. MANDADO DE SEGURANÇA. LIMINAR. REQUISITOS. PRESENÇA. Conforme disposições contidas na Lei nº 1.533/51, a liminar em mandado de segurança deve ser concedida quando for relevante o fundamento e do ato impugnado puder resultar a ineficácia da medida, caso deferida. (TJMG, AI nº. 1.0525.08.135245-8/001, Rel. Des. ANTÔNIO SÉRVULO, J. em 29.04.2008, *DJu*: 14.05.2008). (g.n.)

Ante o exposto e por tudo o mais que dos autos consta, NEGO PROVIMENTO AO RECURSO DE AGRAVO DE INSTRUMENTO, mantendo, por via de consequência, intocada a decisão de primeiro grau.

Custas, pelo agravante, isento, por força de lei.

É como voto. (TJMG, Agravo de Instrumento 1.0232.10.000561-9/001, Rel. Desembargador VIEIRA DE BRITO, 8ª CÂMARA CÍVEL, julgado em 04.11.2010)

Delegação e avocação

ADMINISTRATIVO. AGRAVO INTERNO NO MANDADO DE SEGURANÇA. PROCURADOR FEDERAL. PROCESSO ADMINISTRATIVO DISCIPLINAR. DEMISSÃO. DELEGAÇÃO DE COMPETÊNCIA. ART. 84, PARÁGRAFO ÚNICO, DA CONSTITUIÇÃO FEDERAL E ART. 1º, I, DO DECRETO PRESIDENCIAL 3.035/99. INTERPOSIÇÃO DE RECURSO HIERÁRQUICO. POSSIBILIDADE. SEGURANÇA CONCEDIDA. PRECEDENTES DO STJ. AGRAVO INTERNO IMPROVIDO. I. Agravo interno interposto contra decisão que concedera a segurança, publicada na vigência do CPC/2015. II. In casu, trata-se de Mandado de Segurança, impetrado pela parte ora agravada, contra ato do Advogado-Geral da União, consubstanciado no Despacho 472, de 09/11/2021, que negou seguimento a recurso hierárquico, por ela interposto, contra a sua demissão do cargo de procurador federal, em razão da prática de advocacia em face da Fazenda Pública, caracterizado como ato de improbidade administrativa. Pugna, ao final, pela concessão da ordem, "para anular o ato coator – Despacho nº 472 (...), do Advogado-Geral da União, para destrancar, definitivamente, o recurso hierárquico interposto, concedendo-lhe seguimento para apreciação pelo Presidente da República". III. Com efeito, o recurso administrativo – ou recurso administrativo hierárquico, ou simplesmente recurso hierárquico -, é um pedido de reforma da decisão proferida por uma autoridade administrativa, dirigido ao seu superior hierárquico, com espeque no poder hierárquico da Administração Pública. IV. Em relação à aplicação da penalidade de demissão aos Advogados da União, aos Procuradores da Fazenda Nacional e aos Procuradores Federais, restou ela delegada ao Advogado-Geral da União, consoante o disposto no art. 84, IV, VI, XV e parágrafo único, da Constituição Federal, e no art. 1º, I, do Decreto 3.035, de 27/04/99. V. Por outro lado, uma análise do art. 13 da Lei 9.784/99 mostra que as hipóteses para o uso de delegação não são ilimitadas. Ou seja, em algumas situações, o próprio legislador proibiu, expressamente, a possibilidade de transferência do exercício de competências para os órgãos inferiores. Isso, ocorre em três casos: i) edição de atos normativos; ii) julgamento de recursos administrativos e iii) matéria de competência exclusiva de órgão ou autoridade. No caso, portanto, o Decreto 3.035, de 27/04/99 – editado na vigência da Lei 9.784, de 29/01/99, que, no seu art. 13, II, veda a delegação de decisão de recurso administrativo – foi expresso ao delegar "competência para a prática dos atos que menciona" aos Ministros de Estado e ao Advogado-Geral da União, vale dizer, tão somente para "julgar processos administrativos disciplinares e aplicar penalidades, nas hipóteses de demissão e cassação de aposentadoria ou disponibilidade de servidores", em nada dispondo, entretanto, sobre a competência para apreciação de recursos administrativos, até porque expressamente vedado, nos termos do aludido art. 13, II, da Lei 9.784, de 29/01/99. Aliás, o parágrafo único do art. 84 da CF/88, ao prever a possibilidade de delegação de atribuições do Presidente da República ao Advogado-Geral da União, dispõe que ele deverá observar "os limites traçados nas respectivas delegações". VI. No tema, o Superior Tribunal de Justiça firmou entendimento no sentido de que "não há impedimento para que seja interposto recurso hierárquico. Isso porque o art. 14, § 3º, da Lei n. 9.784/99 estabelece expressamente que as decisões proferidas por meio de ato de delegação considerar-se-ão editadas pelo delegado. Além disso, ao tratar da delegação, a Lei n. 9.784/99 não estabeleceu nenhuma ressalva quanto à impossibilidade de recurso hierárquico, razão pela qual é aplicável o que dispõe o art. 56 desse diploma legal. Ou seja, não há óbice para a interposição de recurso hierárquico à autoridade delegante porque, embora mediante delegação, a decisão foi tomada pelo delegado no exercício das suas competências administrativas. Além disso, o Decreto n. 3.035, de 27 de abril de 1999, não estabeleceu nenhuma vedação à possibilidade de interposição de recurso hierárquico, razão pela (...) devem prevalecer as disposições legais que possibilitam a interposição do recurso administrativo" (STJ, MS 17.449/DF, Rel. Ministro MAURO CAMPBELL MARQUES, PRIMEIRA SEÇÃO, DJe de 01/10/2019). VII. Sendo assim, "é cabível o recurso hierárquico contra decisão de ministro de estado em processo disciplinar, mesmo quando proferida no exercício da competência delegada pelo Sr. Presidente da República, ao qual competirá a sua apreciação" (STJ, AgInt no MS 23.391/DF, Rel. Ministra REGINA HELENA COSTA, PRIMEIRA SEÇÃO, DJe de 12/11/2021). No mesmo sentido: STJ, AgInt no MS 25.209/DF, Rel. Ministro GURGEL DE FARIA, PRIMEIRA SEÇÃO, DJe de 14/09/2020; e AgInt no MS 28.618/DF, Rel. Ministro HERMAN BENJAMIN, PRIMEIRA SEÇÃO, DJe de 13/12/2022. VIII. Quanto à possibilidade de modulação de efeitos do referido julgado, invocada pela parta ora agravante, a Primeira Seção, em 10/08/2022, rejeitou os Embargos de Declaração, opostos pela União no MS 17.449/DF (STJ, EDcl no AgInt no MS 17.449/DF, Rel. Ministro MAURO CAMPBELL MARQUES, PRIMEIRA SEÇÃO, DJe de 06/09/2022). IX. Agravo interno improvido. (STJ, Agravo Interno no Mandado de Segurança 2021/0397802-5, Rel. Ministra ASSUSETE MAGALHÃES, PRIMEIRA SEÇÃO, julgado em 18.04.2023)

TERCEIRO AGRAVO REGIMENTAL EM MANDADO DE SEGURANÇA. PRESIDENTE DA REPÚBLICA. AVOCAÇÃO. AUSÊNCIA DE ILEGALIDADE OU ABUSO DE PODER. ATO DO MINISTRO DA EDUCAÇÃO. INCOMPETÊNCIA DO SUPREMO TRIBUNAL FEDERAL. AGRAVO REGIMENTAL A QUE SE NEGA PROVIMENTO. 1. O artigo 170 do Decreto-lei 200/1967 e o artigo 15 da Lei 9.784/1999 estabelecem que somente em caráter excepcional e por relevantes motivos de interesse público será permitida a avocação de matérias na esfera da Administração Federal. Precedentes: RMS 32.004, Rel. Min. Cármen Lúcia, Segunda Turma, DJe 28/10/2013; e RMS 21.752, Rel. Min. Carlos Velloso, 2ª Turma, DJ 4.11.1994. 2. *In casu*, a matéria já foi apreciada por diversas instâncias administrativas: Câmara de Educação Básica e Plenário do Conselho Nacional de Educação, bem como pelo Ministro da Educação, não se justificando a atuação da então Presidente da República. 3. O Supremo Tribunal Federal é incompetente para analisar ação mandamental que imputa como ato coator parecer do Conselho Nacional de Educação, homologado pelo Ministro da Educação, uma vez que o artigo 102, I, d, da Constituição da República é bastante claro ao limitar a competência desta Corte para julgamento de mandados de segurança "contra atos do Presidente da República, das Mesas da Câmara dos Deputados e do Senado Federal, do Tribunal de Contas da União, do Procurador-Geral da República e do próprio Supremo Tribunal Federal". 4. Agravo regimental a que se NEGA PROVIMENTO. (STF, MS 30.952 AgR-terceiro/DF, Rel. Ministro LUIZ FUX, TRIBUNAL PLENO, julgado em 22.05.2020)

Devido processo legal

DIREITO CONSTITUCIONAL E ADMINISTRATIVO. DEVIDO PROCESSO LEGAL. DIREITO, NO CAMPO DO PROCESSO ADMINISTRATIVO, QUE AS INSTÂNCIAS RECURSAIS SEJAM GARANTIDAS. LEI Nº 9.131/95. RECURSO PARA O PLENO DO CONSELHO NACIONAL DE EDUCAÇÃO. 1 A Administração Pública, no aplicar as regras impostas para a tramitação dos processos administrativos, está, também, obrigada a obedecer ao devido processo legal. 2 No âmbito dessa garantia está o direito das partes utilizarem-se de recursos para todas as instâncias administrativas, assegurando-se-lhes, assim, ampla defesa, contraditório e segurança do julgamento. 3 Hely Lopes Meirelles, em sua obra *Direito Administrativo Brasileiro*, 14ª ed., pg. 571, preleciona que os recursos administrativos "são um corolário do Estado de

Direito e uma prerrogativa de todo administrado ou servidor atingido por qualquer ato administrativo. Inconcebível é a decisão administrativa única e irrecorrível, porque isto contraria a índole democrática de todo julgamento que possa ferir direitos individuais, e afronta o princípio constitucional da ampla defesa que pressupõe mais de um grau de jurisdição. Decisão única e irrecorrível é a consagração do arbítrio, intolerado pelo nosso direito". 4 A Lei nº 9.131, de 24 de 11 de 1995, em seu art. 9º, ao tratar do processo administrativo apreciado e julgado no âmbito do Conselho Nacional de Educação, aduz que "As Câmaras emitirão pareceres e decidirão, privativa e autonomamente, os assuntos a elas pertinentes, cabendo, quando for o caso, recurso ao Conselho Pleno". 5 É ilegal a homologação por parte do Ministro da Educação de parecer emitido pela Câmara de Ensino Superior, sem que tenha sido aberta oportunidade à parte interessada e atingida pelo ato, para que utilizasse recurso para o Pleno do Conselho Nacional da Educação, conforme está assegurado pelo art. 9º, da Lei nº 9.131, de 24.11.95. 6 A Lei nº 9.784, de janeiro de 1999, em seu art. 2º, X, c/c o art. 56, ao regular o Processo Administrativo, assegura ao administrado o direito de esgotar as instâncias administrativas, pelas vias recursais. 7 Mandado de segurança concedido. (STJ, MS 7.225/DF, Rel. Ministro JOSÉ DELGADO, PRIMEIRA SEÇÃO, DJ 25.06.2001)

APELAÇÃO CÍVEL – CEMIG – SUPOSTA FRAUDE PRATICADA PELO CONSUMIDOR – NULIDADE DO PROCESSO ADMINISTRATIVO E DO DÉBITO LANÇADO PARA COBRANÇA DAS DIFERENÇAS DE VALORES – DANOS MORAIS – AUSÊNCIA DE DEMONSTRAÇÃO. RECURSO PARCIALMENTE PROVIDO Se é certo que a CEMIG, como concessionária de serviço público, está autorizada pela ANEEL a proceder à revisão do faturamento e a suspender o fornecimento de energia elétrica, também é certo que deve obedecer a todas as garantias do administrado no processo administrativo instaurado para a comprovação da fraude e que estão previstas na Constituição Federal de 1988 e na Lei Federal nº 9.784/99. Diante da nulidade do processo administrativo instaurado pela CEMIG para apuração de suposta fraude praticada pelo autor e diante da ausência de prova nos autos, através de perícia técnica, da irregularidade no medidor de energia elétrica instalado na unidade consumidora, impõe-se a nulidade do débito. O fato só de ter havido cobrança de débito, posteriormente declarado indevido na via judicial, não justifica a cominação de danos morais ao autor/apelante. É que, em que pese reconhecer que tal situação possa ter lhe causado aborrecimento e frustração, não vejo como esse fato possa ter violado os direitos da personalidade do autor, tais como seu nome, sua honra, sua boa fama, nem tampouco o colocado em situação vexatória, vergonhosa, a ponto de macular a sua imagem no seio da comunidade. (TJMG, Apelação Cível 1.0024.13.236117-1/001, Rel. Desembargador EDUARDO ANDRADE, 1ª CÂMARA CÍVEL, julgado em 10.02.2015)

AGRAVO DE INSTRUMENTO. REDUÇÃO DE CARGA HORÁRIA DE PROFESSOR E SUSPENSÃO DO PAGAMENTO DO ADICIONAL POR EXERCÍCIO DE CARGO COMISSIONADO. IMPOSSIBILIDADE. NECESSÁRIO O REGULAR PROCESSO ADMINISTRATIVO. INOBSERVÂNCIA AOS PRINCÍPIOS DO CONTRADITÓRIO E AMPLA DEFESA. CONCESSÃO DE LIMINAR CONTRA A FAZENDA PÚBLICA. POSSIBILIDADE. REDUÇÃO DE SALÁRIO. VERBA DE NATUREZA ALIMENTAR. RELATIVIZAÇÃO DA LEI N. 9.494/97. AGRAVO CONHECIDO E IMPROVIDO. Todo ato discricionário deve obedecer aos limites impostos pelos artigos 37, *caput*, da Constituição Federal e 2º da Lei 9.784/97, quais sejam, princípios da legalidade, finalidade, motivação, razoabilidade, proporcionalidade, moralidade, ampla defesa, contraditório, segurança jurídica, interesse público e eficiência, que impõe ao ente estatal moderação no seu agir. Na hipótese, a Administração do Município de Biritinga, ao arrepio dos princípios constitucionais do contraditório e da ampla defesa, reduziu a jornada de trabalho da Agravada, bem como cortou o seu adicional por exercício de cargo comissionado, terminando por reduzir, via de consequência, os seus vencimentos. A concessão de liminar contra a Fazenda Pública é plenamente possível, considerando que a redução de carga de horária traduz redução de salário, verba de natureza alimentar, de modo que a norma constante na Lei n. 9.494/97, deve ser relativizada a fim de atender a Dignidade da Pessoa Humana e evitar a ocorrência de um dano irreparável a quem depende de tal renda para sustento próprio e da família. AGRAVO CONHECIDO E IMPROVIDO. (TJBA, Agravo de Instrumento 8012238-65.2021.8.05.0000, Rel. Desembargador JOSE JORGE LOPES BARRETO DA SILVA, 3ª CÂMARA CÍVEL, publicado em 03.08.2021)

APELAÇÃO CÍVEL. DIREITO ADMINISTRATIVO. PROFESSORA MUNICIPAL. REDUÇÃO DE GRATIFICAÇÃO DE ESTÍMULO AO APERFEIÇOAMENTO. PROCESSO ADMINISTRATIVO QUE NÃO OBSERVOU O DEVIDO PROCESSO LEGAL. CERCEAMENTO DO DIREITO DE DEFESA CONFIGURADO. INFRINGÊNCIA AO PRINCÍPIO DA VERDADE MATERIAL. PRECEDENTES DESTE TRIBUNAL. APELO NÃO PROVIDO. AGRAVO INTERNO PREJUDICADO. (TJBA, Apelação Cível/Reexame Necessário 0500232-12.2014.8.05.0078, Rel. Desembargadora PILAR CELIA TOBIO DE CLARO, 1ª CÂMARA CÍVEL, publicado em 05.09.2020)

PREVIDENCIÁRIO E CONSTITUCIONAL. APOSENTADORIA POR TEMPO DE CONTRIBUIÇÃO. REVISÃO DO ATO. POSSIBILIDADE. DECADÊNCIA DECENAL. NÃO CONFIGURADA. SUSPENSÃO DE BENEFÍCIO PREVIDENCIÁRIO. REGULAR PROCEDIMENTO ADMINISTRATIVO NÃO OBSERVADO. ANULAÇÃO DO ATO DE SUSPENSÃO OU CANCELAMENTO DO BENEFÍCIO. SENTENÇA MANTIDA POR OUTRO FUNDAMENTO. 1. O Superior Tribunal de Justiça, em julgado submetido à sistemática dos recursos repetitivos (art. 543-C do CPC), consolidou o entendimento no sentido de que, em se tratando de benefícios previdenciários concedidos antes da vigência da Lei 9.784/1999, o prazo decadencial de 10 anos de que dispõe a Previdência Social para revisão dos atos de concessão, previsto no art. 103-A da Lei 8.213/1991, se inicia em 01/02/1999. Decadência afastada. 2. Em tema de anulação de ato concessivo de benefício previdenciário, colhe-se da jurisprudência a necessidade, a par da exigência constitucional, de observância do devido processo legal substantivo, antes mesmo da suspensão do benefício, em ordem a assegurar a subsistência digna do beneficiário. 3. A conduta unilateral da Administração, de suspender o pagamento de benefícios previdenciários – revestidos de nítido caráter alimentar –, sem atenção aos postulados do devido processo legal administrativo, ofende as garantias constitucionais da ampla defesa, do contraditório, e da oportunidade do respectivo recurso, que integram o núcleo do postulado do devido processo legal substantivo. 4. O conjunto probatório colacionado aos autos demonstra que de fato o INSS não observou o regular procedimento administrativo, porque mesmo antes de se conceder oportunidade de recurso ao segurado o benefício foi suspenso, circunstância que evidencia a ilegalidade do cancelamento. 5. Com base no art. 54, *caput*, da Lei n. 9.784, de 1999 e no art. 103-A da Lei n. 8.212/91, com fundamento em fraude, que é uma das facetas da má-fé, poderá a Administração instaurar, a qualquer tempo, processo de revisão, assegurando-se, porém, de modo efetivo, o devido processo legal. A ocorrência de má-fé na prática do ato administrativo não submete a iniciativa administrativa ao prazo decadencial. Afasta-se também a decadência nos casos de violação direta da Constituição. 6. Apelação do INSS e remessa necessária parcialmente providas, para afastar a decadência pronunciada pelo juízo singular, mantendo, todavia, o dispositivo da sentença que julgou procedente o pedido, determinando a suspensão do processo administrativo revisional e o imediato restabelecimento do benefício, com pagamento das parcelas mensais em atraso não quitadas. (TRF1, Apelação Cível 0060294-18.2011.4.01.9199, Rel. Juiz Federal MURILO DE ALMEIDA, 1ª CÂMARA REGIONAL PREVIDENCIÁRIA DE MINAS GERAIS, julgado em 29.07.2019)

AÇÃO DIRETA DE INCONSTITUCIONALIDADE. ARTS. 240-A E 240-B DA LEI MINEIRA N. 5.301/1969 (ESTATUTO DOS MILITARES DE MINAS GERAIS), INSERIDOS PELA LEI COMPLEMENTAR ESTADUAL N. 95/2007. TRANSGRESSÃO ADMINISTRATIVO-DISCIPLINAR MILITAR DE DESERÇÃO. CONDUTA DE NATUREZA PERMANENTE. APLICAÇÃO DA LEI NOVA, COM VIGÊNCIA ANTERIOR À CESSAÇÃO DA CONDUTA. POSSIBILIDADE. AUSÊNCIA DE CONTRARIEDADE AOS INCS. XXXIX E XL DO ART. 5º DA CONSTITUIÇÃO DA REPÚBLICA. SÚMULA N. 711 DO SUPREMO TRIBUNAL FEDERAL. INSTAURAÇÃO DE PROCESSO ADMINISTRATIVO PRÉVIO À EXONERAÇÃO DO SERVIDOR PÚBLICO MILITAR. ATENDIMENTO ÀS GARANTIAS CONSTITUCIONAIS DO CONTRADITÓRIO, DA AMPLA DEFESA E DO DEVIDO PROCESSO LEGAL. AÇÃO DIRETA DE INCONSTITUCIONALIDADE PARCIALMENTE CONHECIDA E, NA PARTE CONHECIDA, JULGADA IMPROCEDENTE. 1. A validade de enunciado da súmula da jurisprudência dominante de Tribunal não enseja a instauração do controle abstrato de constitucionalidade. Precedentes. 2. A transgressão administrativo-disciplinar militar da deserção tem natureza permanente, sujeitando-se o militar à lei cuja vigência se instaurar entre a data da consumação da conduta administrativa e a da cessação da permanência, com a reapresentação ou a captura do agente. 3. A instauração de processo administrativo prévio para apurar transgressão disciplinar passível de exoneração, assegurando-se ao servidor público militar as garantias do contraditório e da ampla defesa, atende ao devido processo legal. AÇÃO DIRETA DE INCONSTITUCIONALIDADE JULGADA IMPROCEDENTE. (STF, ADI 5.707/MG, Rel. Ministra CÁRMEN LÚCIA, TRIBUNAL PLENO, julgado em 29.03.2021)

Mandado de segurança. Ato do Conselho Nacional de Justiça. Procedimento de controle administrativo. Convocação de magistrados de primeira instância para atuarem em segunda instância. Percepção de "auxílio-voto". Violação dos direitos ao devido processo legal administrativo, ao contraditório, à ampla defesa e à garantia do juiz natural. Controle de constitucionalidade pelo CNJ. Impossibilidade. Constitucionalidade e regularidade das convocações. Resolução nº 72 do CNJ. Inaplicabilidade em função da irretroatividade. Disciplina remuneratória que, à época dos fatos, não se guiava pelo regime de subsídios. ADI nº 3.854/DF-MC. Inconstitucionalidade dos tetos estaduais. Ausência de má-fé. Segurança concedida. 1. Aos litigantes em processo administrativo garantem-se os direitos ao devido processo legal administrativo, ao contraditório e à ampla defesa. Artigo 94 do RICNJ. Necessidade de intimação prévia de todos os magistrados afetados para apresentação de defesa, o que não ocorreu na hipótese. 2. A intimação para apresentação de defesa quando já prolatada decisão final no PCA, a qual inclusive determinou a devolução de valores recebidos, é inócua, dado que a decisão do Plenário do CNJ é irrecorrível. Prejuízo evidente aos interessados. Vício que não pode ser sanado pela intimação para apresentação de defesa a posteriori. 3. Tratando-se de investigação instaurada por provocação de um conselheiro, no bojo de procedimento que tratava de assunto absolutamente diverso, é de rigor, a instauração de novo procedimento administrativo, bem como a submissão à livre distribuição. Intelecção dos arts. 44, 45, 92 e 93 do RICNJ. Exigência que decorre do princípio do juiz natural, aplicável também ao processo administrativo. 4. Não compete ao Conselho Nacional de Justiça, mesmo em pretenso controle de legalidade dos atos do Poder Judiciário, emitir juízo acerca da constitucionalidade de norma em face de dispositivo ou princípio constitucional. Exorbitância do rol de atribuições do art. 103, §4º, da CF. Precedentes. Exceção apenas admitida quando se trate de matéria já pacificada no STF, o que aqui não ocorre. 5. É perfeitamente regular a convocação de magistrados de primeira instância para atuarem junto ao Tribunal de Justiça. Artigo 124 da Lei Complementar nº 35/79. Precedentes da Corte. 6. Não se há que falar em aplicação da Resolução nº 72 do CNJ, dado que sua edição é posterior à época dos fatos. Princípio da irretroatividade. 7. Resta excluída a aplicação das regras do regime de subsídio, dado que, quando das convocações, a disciplina remuneratória da magistratura do TJSP guiava-se pelo regime de vencimentos. 8. Na ADI nº 3.854/DF-MC, esta Suprema Corte declarou inconstitucional a fixação de tetos estaduais e entendeu que o limite de vencimentos há de ser único para toda a Magistratura Nacional. Ilegal, pois, a determinação de observância do subteto dos desembargadores. 9. Não se cogita da existência de má-fé quando os interessados apenas cumprem dever funcional – qual seja, atendimento a convocação emanada por autoridade superior – e a contraprestação pelos serviços prestados encontra respaldo em lei. Impossibilidade de se presumir a má-fé, sobretudo em razão apenas da função desempenhada pelos interessados. 10. Múltiplas e evidentes violações dos direitos dos representados pela impetrante. 11. Segurança concedida. (STF, MS 29.002/DF, Rel. Ministro DIAS TOFFOLI, SEGUNDA TURMA, julgado em 07.08.2018)

APELAÇÃO CÍVEL – CEMIG – MEDIDOR DE ENERGIA ELÉTRICA – VIOLAÇÃO PRESUMIDA – LEVANTAMENTO UNILATERAL – CERCEAMENTO DE DEFESA – VALOR FLAGRANTEMENTE EXCESSIVO – NULIDADE. O levantamento unilateral pela concessionária, retroagindo a doze meses, decorrente de presunção de violação de medidor de energia elétrica, previsto na resolução 456 da ANEEL, deve ser acolhido com cautela, exigindo-se o atendimento aos cuidados e princípios estabelecidos no art. 2º da lei 9.784/99, que determina que a Administração Pública obedecerá, dentre outros, aos princípios da legalidade, finalidade, motivação, razoabilidade, proporcionalidade, moralidade, ampla defesa, contraditório, segurança jurídica, interesse público e eficiência. Se a concessionária não efetua perícia para apurar a fraude, não informa todas possibilidades de recurso administrativo, não propicia a mais ampla defesa e, além disso, considera o mês de maior faturamento, que é excessivamente maior em face de todos os demais no caso concreto, não atua com a transparência, lisura, boa-fé e razoabilidade, nem demonstra a eficiência que se espera do administrador público, demonstrando-se nulo o valor do débito assim levantado. (TJMG, Apelação Cível 1.0024.06.990639-4/001, Rel. Desembargadora VANESSA VERDOLIM HUDSON ANDRADE, 1ª CÂMARA CÍVEL, julgado em 03.09.2013)

REEXAME NECESSÁRIO E APELAÇÃO CÍVEL – MANDADO DE SEGURANÇA – ATO ADMINISTRATIVO QUE CANCELOU A PENSÃO POR MORTE RECEBIDA PELO IMPETRANTE – INOBSERVÂNCIA DO DEVIDO PROCESSO LEGAL ADMINISTRATIVO – DECRETO QUE EXTRAPOLOU A LEI REGULAMENTADA – ABUSIVIDADE E ILEGALIDADE DO ATO. É imperiosa a instauração do devido processo administrativo, garantindo-se o contraditório e a ampla defesa, nos termos do art. 5º, inciso LV, da CR/88, para invalidação de atos ampliativos de direitos do administrado, isto é, atos cuja nulidade importe diminuição em sua esfera patrimonial. Ocorre que, o decreto, ao regulamentar a lei, não pode conter exigências que se oponham aos termos nela dispostos. Ainda que dependa de regulamentação, qualquer inovação que se contraponha à lei deve ser desconsiderada. O regulamento não pode fugir às diretrizes da lei regulamentada. O recebimento das parcelas devidas antes da impetração deve ser pleiteado administrativamente ou pela via ordinária.

Voto do Desembargador Relator
Trata-se de reexame necessário e de recurso voluntário interposto contra a r. sentença de f. 145/152, proferida nos autos do Mandado de Segurança impetrado por SANTOS BATISTA REIS contra ato do PRESIDENTE DO INSTITUTO DE PREVIDÊNCIA DOS SERVIDORES DO ESTADO DE MINAS GERAIS – IPSEMG, que concedeu em parte a segurança para determinar o restabelecimento do benefício de pensão devida ao impetrante pelo falecimento de Juversina Goulart Reis, até conclusão de procedimento administrativo, assegurando o devido processo legal.
Em suas razões, o impetrante sustenta que a mera convolação de novas núpcias não é causa para o cancelamento do benefício antes recebido. Afirma que o Decreto 26.562/87 é inconstitucional, pois extrapolou a simples regulamentação, criando situação não prevista na lei. Alega que a aquisição do direito se deu em março de 2000, sob a égide da Lei 9.380/86, que não trazia qualquer condição para a perda da qualidade de dependente. Pugna pela reforma da sentença, a fim de que seja a segurança concedida integralmente (f. 156/163).
Em suas razões, o IPSEMG sustenta que a Administração se sujeita ao princípio da legalidade, sendo que o benefício foi cancelado em razão da legislação que rege o tema. Afirma que tanto o Decreto 26.562/87 quanto a LC 64/02 estabelecem o casamento como causa de perda da qualidade de dependente. Afirma que não há qualquer ilegalidade no ato que cancelou a pensão do impetrante, vez que apenas obedeceu ao determinado em lei. Pugna pela reforma da sentença, determinando-se o cancelamento da pensão requerida pelo impetrante (f. 166/169).
Presentes os pressupostos de admissibilidade, conheço do reexame necessário e do recurso voluntário.
Conforme consta dos autos, o impetrante recebeu, em 08.08.2008, correspondência remetida pelo IPSEMG, informando-lhe o cancelamento do benefício de pensão deixado pelo falecimento de Juvercina Goulart Reis, em virtude da constituição de novo núcleo familiar, tendo como fundamento o disposto no art. 20, I, do Decreto nº 26.562/87.
Com efeito, para invalidação de atos ampliativos de direitos do administrado, isto é, atos cuja nulidade importe diminuição da esfera patrimonial, ainda que o exercício da competência administrativa esteja respaldado pela Súmula 473 do STF, não se afasta a necessidade imperiosa de instauração do devido processo administrativo, garantindo-se o contraditório e a ampla defesa ao administrado, nos termos do art. 5º, inciso LV, da CR/88. Caso contrário, estaria o poder público agindo arbitrária e abusivamente, de forma inquisitiva, totalmente em desconformidade com o Estado Democrático de Direito.

Nesse sentido, o colendo Superior Tribunal de Justiça já teve a oportunidade de decidir:

"I – MANDADO DE SEGURANÇA – CÓPIA DO ATO IMPUGNADO – APRESENTAÇÃO PELA AUTORIDADE COATORA.
II – ADMINISTRATIVO – LEI 9.784/99 – DEVIDO PROCESSO ADMINISTRATIVO – COMUNICAÇÃO DOS ATOS – INTIMAÇÃO PESSOAL – ANULAÇÃO E REVOGAÇÃO.

I – A circunstância de o impetrante não haver oferecido, com a inicial, uma reprodução do ato impugnado não impede se conheça do pedido de Segurança, se a autoridade apontada como coatora, em atitude leal, o transcreve nas informações.

II – A Lei 9.784/99 é, certamente, um dos mais importantes instrumentos de controle do relacionamento entre Administração e Cidadania. Seus dispositivos trouxeram para nosso Direito Administrativo, o devido processo legal. Não é exagero dizer que a Lei 9.784/99 instaurou no Brasil, o verdadeiro Estado de Direito.

III – A teor da Lei 9.784/99 (Art. 26), os atos administrativos devem ser objeto de intimação pessoal aos interessados.

IV – Os atos administrativos, envolvendo anulação, revogação, suspensão ou convalidação devem ser motivados de forma 'explícita, clara e congruente.' (L. 9.784/99, Art. 50)

V – A velha máxima de que a Administração pode nulificar ou revogar seus próprios atos continua verdadeira (Art. 53). Hoje, contudo, o exercício de tais poderes pressupõe devido processo legal administrativo, em que se observa em os princípios da legalidade, finalidade, motivação, razoabilidade, proporcionalidade, moralidade, ampla defesa, contraditório, segurança jurídica, interesse público e eficiência (L. 9784/99, Art. 2º)" (MS 8946/DF, Rel. Min. Humberto Gomes de Barros, *DJ* 17.11.2003, p. 197).

Ocorre que, não há comprovação nos autos de que o cancelamento da pensão do impetrante foi precedida do devido processo administrativo. Pelo contrário, verifica-se que o cancelamento se deu em exatos 02 (dois) dias depois da determinação expedida pelo Diretor da Previdência.

Por outro lado, à época do falecimento da primeira esposa do impetrante (23.03.2000, f. 06), vigia a Lei Estadual nº 9.380/86, que dispunha sobre o Instituto de Previdência dos Servidores do Estado de Minas Gerais – sendo essa a norma utilizada para a regência da concessão do benefício.

Previa o parágrafo único, do art. 18, da supracitada lei, que as condições de prestação de serviços e benefícios seriam estabelecidas pelo Estatuto do IPSEMG.

O referido estatuto foi aprovado pelo Decreto nº 26.562/87, que teria como função a regulamentação da Lei 9.380/87.

O Estatuto do IPSEMG (Decreto nº 26.562/87) dispôs em seu art. 20:

Art. 20 – A perda da qualidade de dependente, em geral, ocorre pelo:

I – casamento;

II – falecimento.

Ocorre que, o decreto, ao regulamentar a lei, não pode conter exigências que se oponham aos termos nela dispostos. Ainda que dependa de regulamentação, qualquer inovação que se contraponha à lei deve ser desconsiderada. O regulamento não pode fugir às diretrizes da lei regulamentada.

O decreto, ao estabelecer condições para a perda da qualidade de dependente, extrapolou a lei regulamentada, colidindo frontalmente com ela, que não as previu, nem mesmo delegou ao decreto a oportunidade de fazê-lo.

Ocorre que, em 2003, a LC nº 64/02, alterada pela LC nº 70/03, passou a estabelecer que:

"Art. 5º – A perda da qualidade de dependente ocorre:

I – para o cônjuge:

a) pela separação judicial ou divórcio, enquanto não lhe for assegurada a prestação de alimentos;

b) pela anulação judicial do casamento;

c) por sentença judicial transitada em julgado;

d) pela constituição de novo vínculo familiar";

A regra que estabelece que a lei de regência dos benefícios previdenciários é aquela vigente no tempo de sua concessão é perfeitamente correta em relação a sua instituição.

No entanto, novas regras poderão ser criadas para disciplinar as relações de novos beneficiários bem como daqueles já existentes.

No caso dos autos, a norma de caráter geral foi criada para aplicação imediata, com efeitos futuros. O impetrante, ao contrair novas núpcias em 20.05.2008 (f. 87v), o fez sob a égide da lei nova, podendo ser por ela atingindo.

Ocorre que, analisando os autos, verifica-se que o ato administrativo que determinou o cancelamento da pensão do impetrante, além de não obedecer ao devido processo legal, tomou como base o Decreto nº 26.562/87 (f. 92), apresentando-se ilegal e abusivo.

Por fim, destaco que o mandado de segurança não é instrumento hábil para se obter o pagamento de parcelas pretéritas, cabendo ao impetrante buscá-las administrativamente ou pela via ordinária, nos termos das Súmulas 269 e 271 do egrégio SUPREMO TRIBUNAL FEDERAL:

"Súmula 269 – O mandado de segurança não é substitutivo de ação de cobrança".

"Súmula 271 – Concessão de mandado de segurança não produz efeitos patrimoniais em relação a período pretérito, os quais devem ser reclamados administrativamente ou pela via judicial própria".

EM REEXAME NECESSÁRIO, CONFIRMO A R. SENTENÇA, PREJUDICADO O SEGUNDO RECURSO (do impetrado).

DOU PROVIMENTO AO PRIMEIRO RECURSO (do impetrante) para, reformando parcialmente a r. sentença, conceder parcialmente a segurança, tornando nulo o ato administrativo que determinou o cancelamento da pensão percebida pelo impetrante, com fundamento no Decreto nº 26.562/87.

Comunique-se à autoridade coatora sobre o resultado do presente julgamento, advertindo-a que o descumprimento das decisões proferidas em mandado de segurança constitui crime de desobediência, sem prejuízo das sanções previstas no art. 26 da Lei 12.016/2009.

Isento de custas (Lei Estadual nº 14.939/03). (TJMG, Apelação Cível/Reexame Necessário 1.0024.08.170605-3/002, Rel. Desembargador EDILSON FERNANDES, 6ª CÂMARA CÍVEL, julgado em 24.11.2009)

PROCESSUAL CIVIL E ADMINISTRATIVO. MANDADO DE SEGURANÇA. SERVIDOR PÚBLICO. PROCESSO ADMINISTRATIVO DISCIPLINAR. CASSAÇÃO DE APOSENTADORIA. CONDUTAS DESCRITAS NO ARTIGO 117, IX E XI, DA LEI 8.112/90. INTERMEDIAÇÃO DE BENEFÍCIOS PREVIDENCIÁRIOS. VIOLAÇÃO À DIGNIDADE DA FUNÇÃO PÚBLICA. PRESCRIÇÃO DA PRETENSÃO PUNITIVA ESTATAL. PEDIDO DE RECONSIDERAÇÃO. DILAÇÃO PROBATÓRIA. DENÚNCIA ANÔNIMA. POSSIBILIDADE. PROVA ILÍCITA. COMPROVAÇÃO DAS CONDUTAS POR OUTROS MEIOS DE PROVA. PRINCÍPIOS DA PROPORCIONALIDADE E DA RAZOABILIDADE. ATO VINCULADO. 1. O mandado de segurança foi impetrado com o objetivo de anular a Portaria n. 202/2010 editada pelo Ministro de Estado da Previdência Social que cassou a aposentadoria da impetrante com fundamento nos artigos 117, IX e XI, 132, XIII e 134, com os efeitos previstos no artigo 137, todos da Lei 8.112/90 (atuar como procurador ou intermediário junto a repartições públicas e valer-se do cargo para lograr proveito pessoal ou de outrem, em detrimento da dignidade da função pública). O ato de cassação se deu ante a apuração das seguintes faltas funcionais: (1ª) no exercício de suas funções no cargo de Técnico do INSS a impetrante formatou pelo menos 3 (três) benefícios de pessoas domiciliadas em São Paulo/SP cuja documentação foi a ela apresentada por estagiário do escritório de sua irmã na Agência da Previdência Social de Bauru/SP, tendo fornecido o próprio endereço para as correspondências a serem emitidas pelo INSS aos segurados, o que caracteriza a intermediação; (2ª) concessão irregular do benefício a segurado domiciliado em São Paulo e assessorado pelo escritório de advocacia da irmã, ante o não cumprimento da carência prevista no artigo 182 do Decreto 3.048/99 à época do exame dos documentos pela impetrante. 2. O manejo do writ requer a demonstração do direito líquido e certo por meio de prova pré-constituída, o que não ocorreu na hipótese dos autos no pertinente à prescrição da pretensão punitiva. 3. A investigação preliminar para averiguar a materialidade dos fatos e sua veracidade, desde que não exponha a imagem do denunciado e não sirva de motivo para perseguições, deve ser feita e é inerente ao poder-dever de autotutela da Administração Pública, admitindo-se o anonimato do denunciante com certa cautela e razoabilidade, pois a sua vedação, de forma absoluta, serviria de escudo para condutas deletérias contra o erário. Precedentes: MS 12.385/DF, Rel. Ministro PAULO GALLOTTI, TERCEIRA SEÇÃO, julgado em 14.05.2008, *DJe* 05.09.2008; MS 13.348/DF, Rel. Ministra LAURITA VAZ, TERCEIRA SEÇÃO, julgado em 27.05.2009, *DJe* 16.09.2009; REsp 867.666/DF, Rel. Ministro ARNALDO ESTEVES LIMA, QUINTA TURMA, julgado em 27.04.2009, *DJe* 25.05.2009; RMS 30.510/RJ, Rel. Ministra ELIANA CALMON, SEGUNDA TURMA, julgado em 17.12.2009, *DJe* 10.02.2010. 4. Não ocorreu cerceamento de defesa ou ofensa ao contraditório pela dilação do prazo referente às investigações preliminares, máxime porque esse procedimento pré-processual não foi destinado à aplicação de penalidade. Ademais, o writ não demonstra o efetivo prejuízo da impetrante capaz de ensejar a anulação do ato de cassação da aposentadoria. 5. Não há nos autos qualquer indício de que a Comissão Processante obstruiu o direito da impetrante à produção das provas. Ao revés, instaurado o PAD, seguiu-se sua notificação e depoimento pessoal à Comissão Processante. Foi assistida pela irmã, advogada, na audiência de oitiva das testemunhas em São Paulo/SP, acompanhou pessoalmente os depoimentos colhidos no município em que reside, e, após ter sido indiciada e citada, apresentou defesa escrita por procuradora habilitada, tudo devidamente analisado, conforme consta do Relatório Final. 6. O fato de a denúncia anônima ter sido acompanhada de cópia de *e-mail* enviado pela impetrante à sua irmã (advogada dos beneficiários) não vicia a apuração dos fatos, notadamente porque o poder-dever da Administração Pública teria sido exercido independentemente desse documento. Entretanto, o Processo Administrativo Disciplinar contém outras provas dos fatos que não são ilícitas nem derivam da ilícita, ou seja, são autônomas, não guardam relação com o e-mail capturado pelo denunciante anônimo, tampouco sofreram a repercussão deste documento, razão pela qual o ato impugnado não deve ser anulado. 7. O Relatório Final da Comissão Processante e o Parecer/CONJUR/MPS n. 143/2010 demonstraram a ocorrência das condutas, notadamente pela análise dos benefícios concedidos, declarações da impetrante, depoimentos dos demais servidores que atuam na mesma Agência da Previdência e dos segurados que haviam procurado inicialmente o escritório da irmã da impetrante. As condutas discriminadas são ilegais e se enquadram nos tipos dos incisos IX e XI do artigo 117 da Lei 8.112/90, o que afasta o erro escusável. O prejuízo à Administração Pública é inerente, sendo prescindível a demonstração do enriquecimento ilícito da ex-servidora. 8. Quanto à pretensão de análise do pedido de reconsideração, não obstante a Administração tenha consignado pelo seu não conhecimento, por intempestividade, acabou, também, por enfrentar o próprio mérito da insurgência. Isso porque foi acolhida concomitantemente a parte da manifestação da Consultoria Jurídica consubstanciada no Parecer/CONJUR/MPS/N 325/2010, que analisou o pedido e entendeu pela ausência de qualquer nulidade no Processo Administrativo Disciplinar. Desse modo, afastado está o alegado prejuízo, o que conduz à aplicação do princípio *pas de nullité sans grief*. 9. A Administração Pública, quando se depara com situações em que a conduta do investigado se amolda nas hipóteses de demissão ou cassação de aposentadoria, não dispõe de discricionariedade para aplicar pena menos gravosa por tratar-se de ato vinculado. Nesse sentido, confira-se: (...) o administrador não tem qualquer margem de discricionariedade na aplicação da pena, tratando-se de ato plenamente vinculado. Configurada a infração do art. 117, XI, da Lei 8.112/90, deverá ser aplicada a pena de demissão, nos termos do art. 132, XIII, da Lei 8.112/90, sob pena de responsabilização criminal e administrativa do superior hierárquico desidioso (MS 15.437/DF, Rel. Ministro CASTRO MEIRA, PRIMEIRA SEÇÃO, DJe 26.11.2010). 10. Ordem denegada. (STJ, MS 15.517/DF, Rel. Ministro BENEDITO GONÇALVES, PRIMEIRA SEÇÃO, DJe 08.02.2011)

Duração razoável do processo

MANDADO DE SEGURANÇA. ADMINISTRATIVO. ANISTIA POLÍTICA. ATO OMISSIVO DO MINISTRO DE ESTADO DA DEFESA. PORTARIA PREVISTA NA LEI 10.559/2002. AUSÊNCIA DE EDIÇÃO. OMISSÃO CONFIGURADA. PRAZO DE SESSENTA DIAS PARA CONCLUSÃO DO PROCESSO ADMINISTRATIVO. 1. Nos termos dos arts. 10 e 12 da Lei nº 10.559/2002 (Lei de Anistia), a competência para decidir acerca dos pedidos de reconhecimento de anistia política é única e exclusiva do Ministro de Estado da Justiça, que pode, para esse fim, servir-se, na formação de sua convicção, do parecer elaborado pela Comissão de Anistia, assim como de outros órgãos de assessoramento. 2. O Ministro da Justiça não está vinculado à manifestação da Comissão de Anistia, que tem como função precípua assessorar o Sr. Ministro de Estado na competência que lhe foi atribuída pela Lei nº 10.559/2002. 3. Em homenagem ao princípio da eficiência, é forçoso concluir que a autoridade impetrada, no exercício da atividade administrativa, deve manifestar-se acerca dos requerimentos de anistia em tempo razoável, sendo-lhe vedado postergar, indefinidamente, a conclusão do procedimento administrativo, sob pena de caracterização de abuso de poder. 4. A atividade administrativa deve ser pautada, mormente em casos como o presente, de reparação de evidentes injustiças outrora perpetradas pela Administração Pública, pela eficiência, que pressupõe, necessariamente, plena e célere satisfação dos pleitos dos administrados. 5. Levando-se em consideração o teor das informações prestadas em abril de 2007, afirmando que "os autos foram encaminhados para o setor de finalização, onde aguarda a feitura do Ato Ministerial com o consequente julgamento e divulgação", assim como o fato de que não há notícia nos acerca da ultimação deste ato até a presente data, afigura-se desarrazoada a demora na finalização do processo administrativo do impetrante. 6. Na esteira dos precedentes desta Corte, impõe-se a concessão da segurança para determinar que a autoridade coatora profira, no prazo de 60 (sessenta) dias, decisão no processo administrativo do impetrante, como entender de direito 7. Ordem de segurança parcialmente concedida. (STJ, MS 12.701/DF, Rel. Ministra MARIA THEREZA DE ASSIS MOURA, TERCEIRA SEÇÃO, DJe 03.03.2011)

DIREITO ADMINISTRATIVO. MANDADO DE SEGURANÇA. SERVIDOR PÚBLICO ESTADUAL. PROFESSOR. PRELIMINAR. INADEQUAÇÃO DA VIA ELEITA. REJEITADA. MÉRITO. PRETENSÃO DE ENQUADRAMENTO NO REGIME DE 40 HORAS SEMANAIS. NÃO COMPROVAÇÃO DOS REQUISITOS PREVISTOS NO ART 45. PROCESSO ADMINISTRATIVO. AUSÊNCIA DE DECISÃO EM PROCESSO ADMINISTRATIVO QUE TRAMITA HÁ MAIS DE 01 (UM) ANO. OMISSÃO DO PODER PÚBLICO. AFRONTA AO PRINCÍPIO CONSTITUCIONAL DA RAZOÁVEL DURAÇÃO DOS PROCESSOS E AO PRAZO DE 30 (TRINTA) DIAS, PARA DECISÃO, INSTITUÍDO PELO ARTIGO 45, DA LEI ESTADUAL Nº 12.209/2011. DIREITO LÍQUIDO E CERTO AO DEVIDO PROCESSO LEGAL. CONCESSÃO PARCIAL. 1. A preliminar de falta de interesse de agir, por inadequação da via eleita, ante a ausência de direito líquido e certo refere-se, em verdade, ao próprio mérito do presente *mandamus*, de modo que será analisada juntamente com ele. 2. Segundo o artigo 45 da Lei Estadual nº 8.261/2002 para o enquadramento do professor, com a alteração do regime de trabalho de 20 horas para 40 horas semanais, é necessário perquirir os critérios de assiduidade e antiguidade, sendo este computado no magistério na unidade escolar, no magistério público estadual e no funcionalismo público estadual. 3. O simples fato do impetrante desempenhar sua função em jornada dobrada de trabalho, não implica em automático direito ao enquadramento ao regime de 40 (quarenta) horas semanais, porquanto imprescindível a instauração de processo administrativo para averiguar o cumprimento dos requisitos estabelecidos no Estatuto do Magistério Público do Ensino Fundamental e Médio do Estado da Bahia. 4. O impetrante requereu perante o Ente Público recorrido, desde o ano de 2018, a alteração da sua jornada de trabalho, sem obter, contudo, qualquer resposta ao seu pleito. Com efeito, entendo que não pode a Administração Pública, no âmbito da execução das leis e, consequentemente, da concessão dos direitos nelas previstos, demitir-se da função de decidir motivadamente o competente procedimento administrativo, a fim de analisar se o servidor preenche os requisitos para o enquadramento no regime de 40 (quarenta) horas semanais, sob pena de violação dos princípios da legalidade, moralidade e devido processo legal. 5. Inobstante os documentos que instruem a ação mandamental não demonstrem o atendimento dos requisitos legais aptos ao reconhecimento do direito líquido e certo do impetrante ao enquadramento na jornada máxima de trabalho, é certo que o servidor possui o direito ao devido processo legal que lhe assegure comprovar o cumprimento dos critérios exigidos na Lei Estadual para a concessão da pretensão vindicada. 6. Na linha da jurisprudência sedimentada pelo Superior Tribunal de Justiça, "não é lícito à Administração Pública prorrogar indefinidamente a duração de seus processos, pois é direito do administrado ter seus requerimentos apreciados em tempo razoável, ex vi dos arts. 5º, LXXIII, da Constituição Federal e 2º da Lei n. 9.784/99". (MS 13584/DF, Relator Ministro JORGE MUSSI, J. 13/05/2009) 7. A autoridade coatora, de seu turno, limitou-se a informar que o processo administrativo em epígrafe tem seguido seu regular processamento, sem apresentar, entretanto, qualquer argumento que pudesse justificar tamanha delonga para análise do pedido formulado pelo impetrante. 8. Configura-se, destarte, flagrante violação ao prazo de 30 (trinta) dias, conferido, à autoridade administrativa, pelo artigo 45, da Lei Estadual 12.209/2011, para decidir, motivadamente, sobre as matérias versadas nos processos administrativos adstritos a sua competência funcional, como na espécie. 9. No que toca ao pleito de alteração da jornada de trabalho, nos termos esposados na inicial, este não poderá ser deferido, uma vez que tal pedido demanda o exame pela Administração do atendimento de todos os requisitos legais. 10. Não se pode falar em usurpação de competência do Poder Legislativo pelo Poder Judiciário, uma vez que a decisão cuidou, apenas, de aplicar o direito ao caso concreto, verificando a infringência da lei pela administração pública estadual ao deixar de efetuar o reajuste a que faz jus o servidor. 11. A Lei Complementar 101/2000 (Lei de Responsabilidade Fiscal) não pode servir de meio para a legitimação de ato ilegal. 12. Segurança concedida parcialmente. (TJBA, Mandado de Segurança, 8019048-61.2018.8.05.0000, Rel. Desembargadora DINALVA GOMES LARANJEIRA PIMENTEL, SEÇÃO CÍVEL DE DIREITO PÚBLICO, publicado em 17.06.2020)

DIREITO ADMINISTRATIVO. REEXAME NECESSÁRIO EM MANDADO DE SEGURANÇA, AUTORIZADO PELO ARTIGO 496, I DO CPC/2015 C/C O ART. 14, §1º DA LEI Nº 12.016/09. PEDIDO DE CONCESSÃO DE ALVARÁ DE CONSTRUÇÃO POR MEIO DE PROCESSO ADMINISTRATIVO. OMISSÃO DA ADMINISTRAÇÃO EM ANALISAR O PEDIDO. INOBSERVÂNCIA DO PRAZO MÁXIMO DE 30 (TRINTA) DIAS ELENCADO NOS ARTS. 11 E 12 DO CÓDIGO DE OBRAS E EDIFICAÇÕES DO MUNICÍPIO DE RIO LARGO/AL (LEI Nº 1.208/97) E NOS ARTS. 48 E 49 DA LEI MUNICIPAL Nº 1.659/2003. NECESSIDADE DE RESPOSTA AO ADMINISTRADO. INÉRCIA DA AUTORIDADE COATORA QUE ACARRETA VIOLAÇÃO À DURAÇÃO RAZOÁVEL DO PROCESSO E AO PRINCÍPIO DA EFICIÊNCIA, AFRONTANDO, CONSEQUENTEMENTE, O DISPOSTO NOS ARTS. 5º, LXXVIII E 37, CAPUT DA CF/88. SENTENÇA QUE CONCEDEU A SEGURANÇA, COMPELINDO O IMPETRADO A PROCEDER COM O PRONUNCIAMENTO ADMINISTRATIVO REFERENTE AO PLEITO DE EXPEDIÇÃO DE ALVARÁ PARA CONSTRUÇÃO. DECISÃO QUE SE RESTRINGE À IMPOSIÇÃO DE QUE O IMPETRADO RESPONDA AO PEDIDO DE EMISSÃO DE ALVARÁ, SEM ADENTRAR NA ANÁLISE DO PREENCHIMENTO OU NÃO DOS REQUISITOS PARA CONCESSÃO DA LICENÇA EM DISCUSSÃO. POSSIBILIDADE. ANÁLISE DE LEGALIDADE DO ATO. SEM ENTRAVES PARA O AJUIZAMENTO DE NOVA AÇÃO COM O FITO DE DISCUTIR A (I)LEGALIDADE DE EVENTUAL DECISÃO ADMINISTRATIVA DE INDEFERIMENTO. REEXAME NECESSÁRIO CONHECIDO E SENTENÇA RATIFICADA IN TOTUM. UNANIMIDADE. (TJAL, Remessa Necessária 0701668-82.2017.8.02.0051, Rel. Desembargador FÁBIO JOSÉ BITTENCOURT ARAÚJO, 1ª CÂMARA CÍVEL, julgado em 22.05.2020)

REEXAME NECESSÁRIO, DUPLA APELAÇÃO CÍVEL E RECURSO ADESIVO. AÇÃO DE CONCESSÃO DE APOSENTADORIA C/C COBRANÇA C/C INDENIZATÓRIA. DEMORA INJUSTIFICADA NA CONCLUSÃO DO PROCESSO ADMINISTRATIVO DE CONCESSÃO DE APOSENTADORIA E REENQUADRAMENTO DE SERVIDOR PÚBLICO DO DETRAN/GO. LEGITIMIDADE PASSIVA DO DETRAN/GO E DO ESTADO DE GOIÁS. CONCESSÃO PARCIAL DOS PLEITOS AUTORAIS NA SEARA ADMINISTRATIVA. MANUTENÇÃO DO INTERESSE PROCESSUAL EM RELAÇÃO AOS DEMAIS PEDIDOS. PRELIMINARES AFASTADAS. MÉRITO. AUSÊNCIA DE JUSTIFICATIVA PLAUSÍVEL PARA A DEMORA NA ANÁLISE DO PROCESSO ADMINISTRATIVO. MANUTENÇÃO DA SENTENÇA QUE DETERMINOU O PAGAMENTO DOS PROVENTOS RETROATIVOS E DE INDENIZAÇÃO POR DANOS MORAIS. NÃO CONHECIMENTO DO RECURSO ADESIVO INTERPOSTO CONTRA LITISCONSORTE QUE NÃO RECORREU. AUSÊNCIA DE SUCUMBÊNCIA RECÍPROCA. NECESSIDADE DE INTERPOSIÇÃO DE RECURSO AUTÔNOMO. 1. Considerando que o ato de reenquadramento dos servidores do Detran/GO é concretizado pelo Estado de Goiás (art. 20, §1º, II, 'b', da Constituição do Estado de Goiás, e art. 39 da Constituição Federal) e pelo Presidente do Detran/GO (3º, V, da Lei Estadual 16.914/2010 e art. 2º da Lei Estadual 19.664/2017), deve ser reconhecida a legitimidade passiva de ambos na ação proposta por servidor da autarquia que requer a concessão de aposentadoria e o reenquadramento na carreira, bem como o pagamento de proventos retroativos e indenização por danos morais em razão da demora na conclusão do processo administrativo. 2. A concessão parcial dos pleitos autorais na seara administrativa não afasta o interesse processual do autor se, em relação aos demais pedidos, ainda subsiste o binômio necessidade e adequação da tutela jurisdicional. 3. A demora injustificada na conclusão do processo administrativo de concessão da aposentadoria viola os princípios da razoável duração do processo (art. 5º, LXXVIII, da Constituição Federal) e da eficiência da atividade pública (art. 37 da Constituição Federal e art. 2º da Lei 9.784/1999), o que implica no dever de indenizar o servidor que foi obrigado a permanecer no exercício de suas atividades. Precedentes do STJ e do TJGO. 4. Não merece conhecimento o recurso adesivo apresentado em face de litisconsorte que não recorreu da sentença (Goiasprev), visto que o manejo de tal instrumento processual pressupõe a ocorrência de sucumbência recíproca (art. 997 do CPC). REEXAME NECESSÁRIO E APELOS CONHECIDOS E DESPROVIDOS. RECURSO ADESIVO NÃO CONHECIDO. SENTENÇA MANTIDA. (TJGO, Apelação Cível/Remessa Necessária 5134688-33.2017.8.09.0051, Rel. Desembargador ITAMAR DE LIMA, 3ª CÂMARA CÍVEL, DJ 1º.02.2021)

REEXAME NECESSÁRIO DESCUMPRIMENTO DO ARTIGO 49 DA LEI Nº 9.784/99 AUSÊNCIA DE ANÁLISE DE PEDIDO VIOLAÇÃO AO ARTIGO 122, §6º, DA LEI ORGÂNICA MUNICIPAL INÉRCIA NA EXPEDIÇÃO DE CERTIDÃO DE TEMPO DE SERVIÇO SENTENÇA CONFIRMADA. 1. A Administração Pública violou a regra do artigo 49 da Lei nº 9.784/99, haja vista que não apreciou o requerimento de revisão de benefícios e vantagens que poderão impactar a aposentadoria da impetrante. 2. A desídia estatal foi ressaltada pelo fato de que sequer foram prestadas as informações do presente remédio constitucional, situação que inclusive reforçou a afronta à duração razoável do processo administrativo. 3. A autoridade coatora afrontou a regra do artigo 122, §6º, da Lei Orgânica Municipal, uma vez que não expediu a certidão de tempo de serviço no prazo de 15 (quinze) dias, tampouco justificou a impossibilidade de emitir o referido documento. 4. Reexame necessário conhecido para confirmar a sentença. (TJES, Remessa Necessária 0003272-76.2019.8.08.0021, Rel. Desembargador FERNANDO ESTEVAM BRAVIN RUY, 2ª CÂMARA CÍVEL, julgado em 27.10.2020)

AGRAVO DE INSTRUMENTO EM AÇÃO PREVIDENCIÁRIA. PEDIDO DE CONCESSÃO DE PENSÃO POR MORTE. MORA ADMINISTRATIVA. EXCESSO DE PRAZO PARA ANÁLISE DO PEDIDO ADMINISTRATIVO. DEMORA INJUSTIFICADA. TRÂMITE IRRAZOÁVEL. DESRESPEITO AOS PRINCÍPIOS DA EFICIÊNCIA E DURAÇÃO RAZOÁVEL DO PROCESSO. RECURSO CONHECIDO E DESPROVIDO. DECISÃO MANTIDA. I – A mora da Administração Pública na apreciação do processo administrativo que trata da concessão do benefício previdenciário da agravada viola os princípios da eficiência e da duração razoável do processo, previstos no art. 37º e 5º, LXXVIII da CF/88, respectivamente. II – *In casu*, desde o protocolo administrativo do pedido até o ajuizamento da ação previdenciária originária deste recurso, transcorreu cerca de quase 01 (um) ano, sem que a agravada tenha obtido qualquer resposta por parte da autarquia previdenciária. III – Não nos parece razoável que a requerente/agravada seja submetida a prazo indefinido para análise de seu pedido de concessão de pensão por morte, mormente por se tratar de verba de natureza alimentar e quando já transcorrido lapso temporal suficiente para que a Administração o examinasse (...) (TJPA, Agravo de Instrumento 0802768-06.2017.8.14.0000, Rel. Desembargadora ROSILEIDE MARIA DA COSTA CUNHA, 1ª TURMA DE DIREITO PÚBLICO, julgado em 27.07.2020)

Eficiência

PROCESSUAL CIVIL E ADMINISTRATIVO. MANDADO DE SEGURANÇA. PROCESSO ADMINISTRATIVO. ANISTIA POLÍTICA. LEGITIMIDADE PASSIVA DO MINISTRO DA JUSTIÇA. ATO OMISSIVO. DIREITO DE PETIÇÃO. RAZOÁVEL DURAÇÃO DO PROCESSO NÃO OBSERVADA. ORDEM PARCIALMENTE CONCEDIDA. 1. Trata-se de Mandado de Segurança impetrado contra ato alegadamente omissivo do Ministro de Estado da Justiça para compeli-lo a examinar o processo administrativo 2003.01.22463, que desde 14.3.2003 estaria sem resposta definitiva. As informações prestadas apresentam contradição ao afirmar que o exame do pedido administrativo depende da Comissão de Anistia e que o processo está com a autoridade impetrada desde 2017 (fl. 567). A tese de ilegitimidade passiva, com base na dependência de exame da Comissão de Anistia, é, pois, indeferida. 2. De acordo com a inicial, o pedido está em análise desde 14.3.2003, sendo irrelevante averiguar culpa de órgãos específicos no trâmite, já que a razoável duração do processo, garantia individual desrespeitada na hipótese, impõe à Administração, como um todo, resposta à tutela pleiteada em tempo adequado. 3. "O direito de petição aos Poderes Públicos, assegurado no art.5º, XXXIV, 'a', da Constituição Federal, traduz-se em preceito fundamental a que se deve conferir a máxima eficácia, impondo-se à Administração, como contrapartida lógica e necessária ao pleno exercício desse direito pelo Administrado, o dever de apresentar tempestiva resposta. (...) A demora excessiva e injustificada da Administração para cumprir obrigação que a própria Constituição lhe impõe é omissão violadora do princípio da eficiência, na medida em que denuncia a incapacidade do Poder Público em desempenhar, num prazo razoável, as atribuições que lhe foram conferidas pelo ordenamento (nesse sentido, o comando do art. 5º, LXXVIII, da CF). Fere, também, a moralidade administrativa, por colocar em xeque a legítima confiança que o cidadão comum deposita, e deve depositar, na Administração. Por isso que semelhante conduta se revela ilegal e abusiva, podendo ser coibida pela via mandamental, consoante previsto no art. 1.º, *caput*, da Lei n. 12.016, de 7 de agosto de 2009" (MS 19.132/DF, Rel. Ministro Sérgio Kukina, Primeira Seção, DJe 27.3.2017). 4. A autoridade impetrada deve, no prazo do art. 49 da Lei 9.784/1999, decidir o requerimento administrativo de concessão de anistia formulado pela impetrante e numerado como 2003.01.22463. 5. Mandado de Segurança parcialmente concedido. (STJ, MS 24.141/DF, Rel. Ministro HERMAN BENJAMIN, PRIMEIRA SEÇÃO, DJe 26.02.2019)

MANDADO DE SEGURANÇA. DIREITO CONSTITUCIONAL. ESTADO DE MINAS GERAIS. SERVIDOR PÚBLICO. REQUERIMENTO ADMINISTRATIVO. TEMPO DE CONTRIBUIÇÃO JUNTO À ADMINISTRAÇÃO PÚBLICA PARA FINS DE APOSENTADORIA. INÉRCIA. PRAZO DE CONCLUSÃO DE PROCESSO ADMINISTRATIVO. APLICABILIDADE DA LEI ESTADUAL Nº 14.184/02, POR ANALOGIA. PRINCÍPIOS CONSTITUCIONAIS. PUBLICIDADE, MORALIDADE E EFICIÊNCIA. RAZOÁVEL DURAÇÃO DO PROCESSO ADMINISTRATIVO. SEGURANÇA CONCEDIDA. I. A inércia da Administração Pública na análise requerimento administrativo realizado por servidor público sobre o tempo de contribuição previdenciária para fins de aposentadoria, além de violar direito líquido e certo, fere o princípio da eficiência. II. Considerando que não há norma legal estabelecendo o prazo máximo de tramitação dos processos administrativos de aposentadoria, aplica-se, por analogia, o prazo de 60 (sessenta) dias, nos exatos termos do art. 47 da Lei Estadual nº 14.184/02, que dispõe acerca do Processo Administrativo no âmbito da Administração Pública Estadual. (TJMG, Mandado de Segurança 1.0000.21.034984-1/000, Rel. Desembargador WASHINGTON FERREIRA, 1ª CÂMARA CÍVEL, julgado em 13.07.2021)

REMESSA NECESSÁRIA – MANDADO DE SEGURANÇA – MUNICÍPIO DE RECREIO – REQUERIMENTO ADMINISTRATIVO – RESPOSTA – AUSÊNCIA – PRINCÍPIO DA EFIÊNCIA E DA RAZOÁVEL DURAÇAO DO PROCESSO ADMINISTRATIVO – GARANTIAS CONSTITUCIONAIS – SEGURANÇA CONCEDIDA – SENTENÇA CONFIRMADA. – Os princípios da eficiência e da razoável duração do processo judicial e administrativo são garantias fundamentais insculpidas no art. 5º da Constituição da República. – Demonstrada a omissão da Administração Pública acerca da resposta ao requerimento administrativo formulado pelo servidor, em ofensa ao direito líquido e certo do impetrante a à razoável duração do processo, à ampla defesa e ao devido processo legal administrativo, impõe-se a confirmação da sentença que concedeu a segurança, para determinar a análise e decisão pela autoridade coatora, no prazo de 30 dias. (TJMG, Remessa Necessária 1.0000.20.494076-1/001, Rel. Desembargadora YEDA ATHIAS, 6ª CÂMARA CÍVEL, julgado em 05.07.2021)

APELAÇÃO CÍVEL. MANDADO DE SEGURANÇA. DIREITO AMBIENTAL. MUNICÍPIO DE ITABIRITO/MG. ATO OMISSIVO. INÉRCIA DA AUTORIDADE COATORA EM APRECIAR O PEDIDO DE EMISSÃO DE DECLARAÇÃO DE CONFORMIDADE PARA O EMPREENDIMENTO DA IMPETRANTE. EXPEDIÇÃO DO ATO EM CUMPRIMENTO À LIMINAR. DISCUSSÃO ACERCA DE SUA LEGALIDADE DEDUZIDA EXCLUSIVAMENTE NO SEGUNDO GRAU. INOVAÇÃO. RECURSO NÃO CONHECIDO. REEXAME NECESSÁRIO. DEMORA INJUSTIFICÁVEL DA AMINISTRAÇÃO EM ANALISAR A PRETENSÃO DO PARTICULAR. DURAÇÃO RAZOÁVEL DO PROCESSO. SEGURANÇA CONCEDIDA EM PARTE. SENTENÇA CONFIRMADA. 1. Em regra, é defeso à parte recorrente invocar o que não foi objeto de discussão em primeiro grau de jurisdição, sob pena de violação ao princípio do duplo grau de jurisdição, da não-surpresa, ao devido processo legal e, via de consequência, ao direito à ampla defesa e ao contraditório da parte recorrida. 2. Levando-se em conta que as razões recursais da impetrante, que se contrapõem à declaração de inconformidade ambiental de seu empreendimento, expedida em cumprimento à liminar, não foram devidamente discutidas no primeiro grau, mostrando-se inéditas nos autos, a hipótese enseja o não conhecimento do recurso. 3. Conforme já apreciado sob a sistemática dos recursos repetitivos pelo Superior Tribunal de Justiça, no julgamento do REsp 1138206/RS, de relatoria do Ministro LUIZ FUX, "a conclusão de processo administrativo em prazo razoável é corolário dos princípios da eficiência, da moralidade e da razoabilidade". 4. A inércia da Administração que, após decretar a suspensão por 90 (noventa) dias do procedimento, para fins de análise mais detalhada acerca da relação e dos efeitos do empreendimento, deixou de apreciar o requerimento de sua conformidade com a legislação ambiental do Município de Itabirito/MG, viola o direito constitucional fundamental à razoável duração do processo (art. 5º, LXXVIII, da CR). (TJMG, Apelação Cível 1.0000.20.459234-9/002, Rel. Desembargador BITENCOURT MARCONDES, 19ª CÂMARA CÍVEL, julgado em 13.05.2021)

Ora, o Princípio da Eficiência traz ínsita a idéia de celeridade e simplicidade, sem procrastinações, sem delongas, sem descumprimento de prazos, e outros meios que possam impedir que o processo cumpra sua finalidade, consubstanciada na prática do ato decisório final. Em razão disso que o aludido princípio se fez constar da Lei nº 9.784, de 29-01-99 (que regula o processo administrativo no âmbito da Administração Pública Federal) que, em seu art. 2º, dispõe: "A Administração Pública obedecerá, dentre outros, aos princípios da legalidade, finalidade, motivação, razoabilidade, proporcionalidade, moralidade, ampla defesa, contraditório, segurança jurídica, interesse público e eficiência Já acerca do exame da garantia constitucional do *due process of law* permite nela identificar, em seu conteúdo material, alguns elementos essenciais à sua própria configuração, dentre os quais avultam, por sua inquestionável importância, as seguintes prerrogativas; (a) direito ao processo (garantia de acesso ao Poder Judiciário); (b) direito à citação e ao conhecimento prévio do teor da acusação; (c) direito a um julgamento público e célere, sem dilações indevidas; (d) direito ao contraditório e à plenitude de defesa (direito à autodefesa e à defesa técnica); (e) direito de não ser processado e julgado com base em leis *ex post facto*', (f) direito à igualdade entre as partes; (g) direito de não ser processado com fundamentos em provas revestidas de ilicitude; (h) direito ao benefício da gratuidade; (i) direito à observância do princípio do juiz natural; (j) direito ao silêncio (privilégio contra a auto-incriminação); e (1) direito à prova. (Supremo Tribunal Federal, Mandado de Segurança 26358 MC/DF, relator Ministro Celso de Mello, publicado em 02-3-2007, grifei). Assim, o direito a um processo com duração razoável, ou seja, um processo justo, sem dilações indevidas, decorre diretamente da cláusula do devido processo legal, previsto no art. 5º, LIV, da Carta Constitucional de 1988. Nesse contexto, verifica-se que o Tribunal de origem decidiu a controvérsia à luz de fundamentos eminentemente constitucionais, matéria insuscetível de ser examinada em sede de recurso especial. Ademais, a alteração das conclusões adotadas pela Corte de origem, tal como colocada a questão nas razões recursais, demandaria, necessariamente, novo exame do acervo fático-probatório constante dos autos, providência vedada em recurso especial, conforme o óbice previsto na Súmula 7/STJ. (STJ, REsp 1.310.701, Decisão Monocrática do Ministro Relator SÉRGIO KUKINA, DJe 06.09.2016)

Exceção à aplicabilidade da Súmula Vinculante 3
1. Nos termos da jurisprudência do STF, o ato de concessão de aposentadoria é complexo, aperfeiçoando-se somente após a sua apreciação pelo Tribunal de Contas da União, sendo, desta forma, inaplicável o art. 54, da Lei 9.784/1999, para os casos em que o TCU examina a legalidade do ato de concessão inicial de aposentadoria, reforma e pensão. 2. Inexiste afronta ao princípio do contraditório e da segurança jurídica quando a análise do ato de concessão de

aposentadoria, pensão ou reforma for realizada pelo TCU dentro do prazo de cinco anos, contados da entrada do processo administrativo na Corte de Contas. 3. Os princípios do ato jurídico perfeito e da proteção ao direito adquirido não podem ser oponíveis ao ato impugnado, porquanto a alteração do contexto fático implica alteração dos fundamentos pelos quais o próprio direito se constitui. O STF adota o entendimento de que a alteração de regime jurídico garante ao servidor o direito à irredutibilidade dos proventos, mas não à manutenção do regime anterior. (STF, MS 31.704/DF, Rel. Ministro EDSON FACHIN, PRIMEIRA TURMA, DJe 16.05.2016)

AGRAVO REGIMENTAL EM MANDADO DE SEGURANÇA. TRIBUNAL DE CONTAS DA UNIÃO. NEGATIVA DE REGISTRO A ATO DE CONCESSÃO INICIAL DE APOSENTADORIA. VIOLAÇÃO AO DEVIDO PROCESSO LEGAL. INOCORRÊNCIA. DECADÊNCIA. NÃO CONFIGURAÇÃO. ILEGALIDADE. INEXISTÊNCIA. IMPOSSIBILIDADE DE CUMULAÇÃO, NOS PROVENTOS DE APOSENTADORIA, DE GRATIFICAÇÃO DE ATIVIDADE EXTERNA (GAE) COM PARCELA DE QUINTOS TRANSFORMADA EM VANTAGEM PESSOAL NOMINALMENTE IDENTIFICADA (VPNI). VIOLAÇÃO AO ATO JURÍDICO PERFEITO E À SEGURANÇA JURÍDICA. NÃO CONFIGURADA. DILAÇÃO PROBATÓRIA. IMPOSSIBILIDADE. INCORPORAÇÃO DE QUINTOS PELO EXERCÍCIO DE FUNÇÃO COMISSIONADA ENTRE A EDIÇÃO DA LEI 9.624/1998 E A MEDIDA PROVISÓRIA 2.225-48/2001. ILEGALIDADE. RE 638115. MODULAÇÃO DE EFEITOS SUPERVENIENTE. NECESSIDADE DE PARCIAL REPARAÇÃO DA DECISÃO AGRAVADA. NOVO ENTENDIMENTO JURISPRUDENCIAL. DEFERÊNCIA. CAPACIDADES INSTITUCIONAIS. ATRIBUIÇÕES TÉCNICAS CONSTITUCIONALMENTE ATRIBUÍDAS À CORTE DE CONTAS. ART. 71 DA CONSTITUIÇÃO DA REPÚBLICA. AGRAVO REGIMENTAL A QUE SE DÁ PARCIAL PROVIMENTO. 1. *In casu*, o *mandamus* foi impetrado contra Acórdãos emanados pela Primeira Câmara da Corte de Contas da União, os quais negaram registro ao ato de concessão de aposentadoria do ora agravante, mercê de consignar indevida cumulação, nos proventos, de Vantagem Pessoal Nominalmente Identificada (VPNI) com Gratificação de Atividade Externa (GAE). 3. Deveras, tal como aduz a Súmula Vinculante 3, o contraditório e a ampla defesa são excetuados na apreciação da legalidade do ato de concessão inicial de aposentadoria. Consectariamente, tornam-se obrigatórios somente após superados os cinco anos desde o recebimento do processo administrativo pelo TCU. *In casu*, contudo, inexistiu tal lapso temporal ou qualquer excepcionalidade à previsão da Súmula Vinculante n. 3 e à jurisprudência da Corte, razão pela qual descabe a alegação de violação ao devido processo legal. Precedentes. 4. Descabe acolher a alegação de ocorrência da decadência prevista no art. 54 da Lei 9.784/1999, máxime do firme entendimento desta Corte de que não se opera a decadência no período entre a emanação de ato administrativo concessivo de aposentadoria e o julgamento de sua legalidade e de seu registro pela Corte de Contas. Precedentes. 5. Devido à complexidade jurídica do ato administrativo concessivo de aposentadoria, o seu aperfeiçoamento ocorre somente após apreciação pelo TCU. Por ser ainda ato administrativo precário e pendente de aperfeiçoamento, descabe falar em violação da segurança jurídica, do direito adquirido e do ato jurídico perfeito. Precedentes. 6. Inexiste violação ao princípio da irredutibilidade de vencimentos quando a redução dos proventos incide sobre aposentadoria concedida em desacordo com a lei ou com a Constituição. Precedentes. Ademais, sólido é o entendimento deste Tribunal de que vantagens concedidas sob o mesmo fundamento não são cumuláveis. Precedentes. Entender de forma divergente, no caso concreto, demandaria sensível reavaliação do acervo fático-probatório e consequente dilação probatória, o que é manifestamente inviável em sede de ação mandamental. 7. Em verdade, *in casu*, há somente UM ponto na argumentação do agravante, trazida supervenientemente já em sede memorial, que demanda o reparo de minha decisão monocrática anterior. 8. O Plenário deste Supremo Tribunal Federal, no julgamento do Recurso Extraordinário 638.115 (Rel. Min. Gilmar Mendes, DJe de 3/8/2015), decidiu, em sede repercussão geral, pela inconstitucionalidade da incorporação de quintos decorrentes do exercício de funções comissionadas no período compreendido entre a edição da Lei 9.624/1998 e a edição da Medida Provisória 2.225-48/2001. 9. Ocorre que, supervenientemente, houve a modulação dos efeitos da decisão anteriormente proferida no Recurso Extraordinário n. 638.115, em sede de repercussão geral (RE 638.115-ED-ED, Min. Rel. Gilmar Mendes, Tribunal Pleno, DJe em 31/1/2020). 10. Consectariamente, o Pleno deste Supremo Tribunal Federal proferiu três importantes entendimentos. Em primeiro lugar, "por maioria, acolheu parcialmente os embargos de declaração, com efeitos infringentes, para reconhecer indevida a cessação imediata do pagamento dos quintos quando fundado em decisão judicial transitada em julgado". Em segundo lugar, quanto "ao recebimento dos quintos em virtude de decisões administrativas, o Tribunal, em razão de voto médio, rejeitou os embargos e, reconhecendo a ilegitimidade do pagamento dos quintos, modulou os efeitos da decisão de modo que aqueles que continuam recebendo até a presente data em razão de decisão administrativa tenham o pagamento mantido até sua absorção integral por quaisquer reajustes futuros concedidos aos servidores." Por fim, em terceiro lugar, "o Tribunal, por maioria, também modulou os efeitos da decisão de mérito do recurso, de modo a garantir que aqueles que continuam recebendo os quintos até a presente data por força de decisão judicial sem trânsito em julgado tenham o pagamento mantido até sua absorção integral por quaisquer reajustes futuros concedidos aos servidores". 11. Deveras, a prudência democrática e o entendimento desta Corte apontam para a presunção da melhor capacidade institucional e habilitação técnica do Tribunal de Contas da União para analisar as particularidades do caso concreto da agravante, podendo o órgão deliberar com maior vagar sobre eventuais outras questões fático-probatórias. 12. De fato, o enfrentamento de questões afetas à Corte de Contas firmam-se em critério técnico por parte do órgão de controle e deve produzir presunção de razoabilidade quanto aos meios adotados. É que além de suas decisões serem amparadas em juízo de expertise sobre o tema, o Tribunal de Contas é o órgão constitucionalmente habilitado para apreciar, sob fins de registro, a legalidade dos atos de concessão de aposentadoria, reforma e pensão (art. 71, III, da Constituição Federal). 13. Nesse sentido, há maior razoabilidade em delegar ao próprio órgão que reavalie a decisão, porém em estrita observância às novas balizas desta Suprema Corte. 14. Agravo regimental a que se dá PARCIAL PROVIMENTO, apenas para que o Tribunal de Contas da União, nos autos do processo de Tomada de Contas (TC) nº 026.294/2016-8, analise novamente o pleito da agravante observando a nova orientação proferida pelo Plenário deste Supremo Tribunal Federal (RE 638.115-ED-ED, Min. Rel. Gilmar Mendes, Tribunal Pleno, DJe em 31/1/2020). (STF, MS 36.869 AgR/DF, Rel. Ministro LUIZ FUX, PRIMEIRA TURMA, julgado em 22.05.2020)

Negativa de registro de aposentadoria julgada ilegal pelo TCU. Decisão proferida após mais de 5 (cinco) anos da chegada do processo administrativo ao TCU e após mais de 10 (dez) anos da concessão da aposentadoria pelo órgão de origem. Princípio da segurança jurídica (confiança legítima). Garantias constitucionais do contraditório e da ampla defesa. Exigência. 5. Concessão parcial da segurança. I – Nos termos dos precedentes firmados pelo Plenário desta Corte, não se opera a decadência prevista no art. 54 da Lei 9.784/1999 no período compreendido entre o ato administrativo concessivo de aposentadoria ou pensão e o posterior julgamento de sua legalidade e registro pelo Tribunal de Contas da União – que consubstancia o exercício da competência constitucional de controle externo (art. 71, III, CF/1988). II – A recente jurisprudência consolidada do STF passou a se manifestar no sentido de exigir que o TCU assegure a ampla defesa e o contraditório nos casos em que o controle externo de legalidade exercido pela Corte de Contas, para registro de aposentadorias e pensões, ultrapassar o prazo de cinco anos, sob pena de ofensa ao princípio da confiança – face subjetiva do princípio da segurança jurídica. Precedentes. III – Nesses casos, conforme o entendimento fixado no presente julgado, o prazo de 5 (cinco) anos deve ser contado a partir da data de chegada ao TCU do processo administrativo de aposentadoria ou pensão encaminhado pelo órgão de origem para julgamento da legalidade do ato concessivo de aposentadoria ou pensão e posterior registro pela Corte de Contas. IV – Concessão parcial da segurança para anular o acórdão impugnado e determinar ao TCU que assegure ao impetrante o direito ao contraditório e à ampla defesa no processo administrativo de julgamento da legalidade e registro de sua aposentadoria, assim como para determinar a não devolução das quantias já recebidas. V – Vencidas (i) a tese que concedia integralmente a segurança (por reconhecer a decadência) e (ii) a tese que concedia parcialmente a segurança apenas para dispensar a devolução das importâncias pretéritas recebidas, na forma do que dispõe a Súmula 106 do TCU. (STF, MS 24.781, Rel. Ministro ELLEN GRACIE, redação p/ o acórdão Ministro GILMAR MENDES, DJe 09.06.2011)

Anoto, ademais, que o entendimento inicialmente firmado por esta Corte foi no sentido de que o TCU sequer se submetia aos princípios do contraditório e da ampla defesa na apreciação da legalidade do ato de concessão inicial de aposentadoria, reforma e pensão (*Súmula Vinculante 3*), já que a concessão de benefício constitui ato complexo, no qual não é assegurada a participação do interessado. 5. Somente a partir do julgamento dos *MS 25.116* e *MS 25.403*, o Supremo Tribunal Federal, em homenagem aos princípios da boa-fé e da segurança jurídica, mitigou esse entendimento, apenas para o fim de assegurar o contraditório e a ampla defesa quando ultrapassados mais de cinco anos entre a chegada do processo no TCU e a decisão da Corte de Contas. Este precedente foi publicado em 10-2-2011, sendo, portanto, superveniente à decisão do TCU sobre o benefício do ora agravante. De todo modo, no caso não transcorreram 5 (cinco) anos entre a entrada do processo no TCU, em 14-11-2003 (fl. 88), e o seu julgamento, em 14-2-2006 (decisão publicada no *DOU* de 17-2-2006). (STF, MS 26.069 AgR, voto do Rel. Ministro ROBERTO BARROSO, PRIMEIRA TURMA, DJe 13.03.2017)

APELAÇÃO CÍVEL – REMESSA NECESSÁRIA – MANDADO DE SEGURANÇA – SERVIDORA PÚBLICA – PRETENSÃO DE MANUTENÇÃO DO AFASTAMENTO PRELIMINAR À APOSENTADORIA – DECADÊNCIA DO DIREITO DE REVOGAÇÃO DA APOSENTADORIA – INOCORRÊNCIA – GARANTIA AO EXERCÍCIO DO CONTRADITÓRIO E DA AMPLA DEFESA À SERVIDORA AFASTADA – INDEMONSTRADA – TRANSCURSO DE PRAZO CONSIDERÁVEL SEM INFORMAÇÃO PRECISA ACERCA DO CONTROLE DE LEGALIDADE – INSTAURAÇÃO DO PROCESSO ADMINISTRATIVO – RECURSO PROVIDO. – Consoante a orientação jurisprudencial dos tribunais superiores, a concessão de aposentadoria consiste em ato complexo, cujo aperfeiçoamento somente se consolida com o registro do ato perante o Tribunal de Contas, após o juízo de legalidade, de modo que apenas se inicia o cômputo do prazo decadencial previsto no art. 54 da Lei nº 9.784/99 após o referido registro. – Em respeito à segurança jurídica, ultrapassado prazo superior a 05 (cinco) anos, a contar do recebimento do processo administrativo na Corte de Contas, sem qualquer manifestação acerca da legalidade supracitada, há que ser devidamente assegurado ao interessado, no caso de reforma da concessão feita pela Administração Pública, o exercício do direito constitucional à ampla defesa e ao contraditório. – Demonstrado nos autos o transcurso de prazo superior a 08 (oito) anos, desde a concessão inicial até a revogação da aposentadoria, sem qualquer informação precisa acerca do trâmite do feito perante o Tribunal de Contas, tampouco da garantia ao efetivo contraditório e ampla defesa à servidora afastada, afigura-se imperiosa a manutenção do afastamento preliminar, com a consequente instauração do processo administrativo. (TJMG, Apelação Cível/Remessa Necessária 1.0000.19.009627-1/003, Rel. Desembargador VERSIANI PENNA, 19ª CÂMARA CÍVEL, julgado em 28.11.2019)

MANDADO DE SEGURANÇA. ATO DO TRIBUNAL DE CONTAS DA UNIÃO. COMPETÊNCIA DO SUPREMO TRIBUNAL FEDERAL. ILEGITIMIDADE DO COORDENADOR-GERAL DE RECURSOS HUMANOS DO MINISTÉRIO DOS TRANSPORTES. NEGATIVA DE REGISTRO A PENSÃO. PRINCÍPIO DA SEGURANÇA JURÍDICA. GARANTIAS CONSTITUCIONAIS DO CONTRADITÓRIO E DA AMPLA DEFESA. 1. O Coordenador-Geral de Recursos Humanos do Ministério dos Transportes é parte ilegítima para figurar no pólo passivo da ação mandamental, dado que é mero executor da decisão emanada do Tribunal de Contas da União. 2. A inércia da Corte de Contas, por mais de cinco anos, a contar da pensão, consolidou afirmativamente a expectativa de pensionista quanto ao recebimento de verba de caráter alimentar. Esse aspecto temporal diz intimamente com: a) o princípio da segurança jurídica, projeção objetiva do princípio da dignidade da pessoa humana e elemento conceitual do Estado de Direito; b) a lealdade, um dos conteúdos do princípio constitucional da moralidade administrativa (*caput* do art. 37). São de se reconhecer, portanto, certas situações jurídicas subjetivas ante o Poder Público, mormente quando tais situações se formalizam por ato de qualquer das instâncias administrativas desse Poder, como se dá com o ato formal de aposentadoria. 3. A manifestação do órgão constitucional de controle externo há de se formalizar em tempo que não desborde das pautas elementares da razoabilidade. Todo o Direito Positivo é permeado por essa preocupação com o tempo enquanto figura jurídica, para que sua prolongada passagem em aberto não opere como fator de séria instabilidade intersubjetiva ou mesmo intergrupal. A própria Constituição Federal de 1988 dá conta de institutos que têm no perfazimento de um certo lapso temporal a sua própria razão de ser. Pelo que existe uma espécie de tempo constitucional médio que resume em si, objetivamente, o desejado critério da razoabilidade. Tempo que é de cinco anos (inciso XXIX do art. 7º e arts. 183 e 191 da CF; bem como art. 19 do ADCT). 4. O prazo de cinco anos é de ser aplicado aos processos de contas que tenham por objeto o exame de legalidade dos atos concessivos de aposentadorias, reformas e pensões. Transcorrido in albis o interregno qüinqüenal, a contar da pensão, é de se convocar os particulares para participarem do processo de seu interesse, a fim de desfrutar das garantias constitucionais do contraditório e da ampla defesa (inciso LV do art. 5º). 5. Segurança concedida. (STF, MS 25403/DF, Rel. Ministro CARLOS AYRES BRITTO, TRIBUNAL PLENO, julgado em 15.09.2010)

Finalidade

REMESSA NECESSÁRIA – MANDADO DE SEGURANÇA -SINDICÂNCIA ADMINISTRATIVA E PROCESSO ADMINISTRATIVO DISCIPLINAR COM MESMO SUBSTRATO FÁTICO – VIOLAÇÃO AO PRINCÍPIO DA FINALIDADE E AO ART. 147 DA LEI MUNICIPAL Nº 958/08 – MEMBROS DA COMISSÃO PROCESSANTE – QUALIDADE DE ESTÁVEIS – NÃO COMPROVAÇÃO – ORDEM CONCEDIDA – SENTENÇA CONFIRMADA NA REMESSA NECESSÁRIA. 1 – A sindicância administrativa é de caráter sumário e tem por objetivo apurar a autoria ou a existência de irregularidade praticada no serviço público. 2 – O art. 147 da Lei Municipal n. 958/08 dispõe que da sindicância poderá resultar: "I – arquivamento dos autos; II – aplicação de penalidade de advertência ou suspensão de até 60 (sessenta) dias; III – instauração de processo disciplinar". 3 – Infere-se, portanto, que, uma vez instaurada a sindicância administrativa, esta deverá ser concluída nos termos do supracitado dispositivo, sob pena de violação ao princípio da legalidade ao qual a Administração Pública encontra-se subordinada. 4 – Outrossim, à luz do princípio da finalidade, a tramitação paralela de processo administrativo disciplinar e sindicância, com mesmo substrato fático, desvirtua a finalidade destes procedimentos e esvazia o interesse público que os permeia, além de onerar a coisa pública. 5 – Nos termos do art. 153 da Lei Municipal n. 958/08, os integrantes da Comissão Processante devem ser estáveis, regra que não foi observada no presente caso. 6 – Ordem concedida. Sentença confirmada no reexame necessário. (TJMG, Remessa Necessária 1.0451.15.001077-0/002, Rel. Desembargadora HILDA TEIXEIRA DA COSTA, 2ª CÂMARA CÍVEL, julgado em 04.04.2017)

Formalidade e formalismo moderado

MANDADO DE SEGURANÇA. CONDENAÇÃO DO IMPETRANTE EM FALTAS ADMINISTRATIVAS TAMBÉM TIPIFICADAS COMO CRIMES. ART. 142, §2º, DA LEI Nº 8.112/90. APLICAÇÃO DO PRINCÍPIO DA CONSUNÇÃO NA CONTAGEM DO PRAZO PRESCRICIONAL DA AÇÃO DISCIPLINAR. DESOBEDIÊNCIA AOS PRINCÍPIOS DA LEGALIDADE, ISONOMIA, CONTRADITÓRIO E AMPLA DEFESA NA CONDUÇÃO DO PROCESSO ADMINISTRATIVO DISCIPLINAR. INVALIDAÇÃO. SEGURANÇA CONCEDIDA. 1 Considerando que o Impetrante foi condenado na pena de demissão pela prática de faltas administrativas, que também são tipificadas como crimes, aplicam-se o art. 142, §2º, da Lei nº 8.112/90 e o princípio da consunção, pelo qual o crime fim absorve o crime meio. 2 O prazo prescricional considera-se como o do crime fim, a contar da ciência do fato pela autoridade coatora, nos termos do art. 142, §1º, da Lei nº 8.112/90. 3 A desobediência dos princípios da legalidade, isonomia, contraditório e ampla defesa no processo administrativo disciplinar implica a sua invalidação, a partir do primeiro ato viciado. 4 Necessidade e importância da observância da forma e das formalidades básicas e essenciais, no processo administrativo disciplinar, por força do art. 2º, inciso VIII, parágrafo único, da Lei nº 9.784, como garantia de defesa do acusado. 5 Segurança concedida. (STJ, MS 8.817/DF, Rel. Ministro PAULO GALLOTTI, TERCEIRA SEÇÃO, DJ 22.05.2006)

AGRAVO DE INSTRUMENTO – MANDADO DE SEGURANÇA – APOSTILAMENTO – IRREGULARIDADE – AUTOTUTELA – DECADÊNCIA – PROVA DA MÁ-FÉ – INEXISTÊNCIA. Os atos do processo administrativo, via de regra, não dependem de forma determinada, bastando que respeitem o contraditório, a publicidade e a motivação. A teor do art. 54

da Lei 9.784/99, o direito da Administração de anular os atos administrativos de que decorram efeitos favoráveis para os destinatários decai em cinco anos, contados da data em que foram praticados, salvo comprovada má-fé. (TJMG, Agravo de Instrumento 1.0000.18.079845-6/001, Rel. Desembargador WAGNER WILSON, 19ª CÂMARA CÍVEL, julgado em 09.11.2018)

CONSTITUCIONAL E ADMINISTRATIVO. MANDADO DE SEGURANÇA. RECURSO ADMINISTRATIVO NÃO CONHECIDO POR AUSÊNCIA DE PROCURAÇÃO. VÍCIO SANÁVEL. OFENSA AOS PRINCÍPIOS DA AMPLA DEFESA E DO CONTRADITÓRIO. APLICABILIDADE DO PRINCÍPIO DO FORMALISMO MODERADO. REMESSA OFICIAL IMPROVIDA. 1. Remessa oficial de sentença que, em Mandado de Segurança impetrado em face de ato atribuído ao Auditor Fiscal do Trabalho da Superintendência Regional do Trabalho e Emprego do Estado do Rio Grande do Norte, concedeu a segurança para determinar que a autoridade coatora conheça dos recursos administrativos interpostos pela parte impetrante nos autos de nº 46217.003833/2017-44 (AI nº 21.186.319-0), 46217.003834/2017-99 (AI nº 21.186.321-1), 46217.003835/2017-33 (AI nº 21.186.323-8), 46217.003836/2017-88 (AI nº 21.186.324-6), 46217.003837/2017-22 (AI nº 21.186.326-2) e 46217.003838/2017-77. 2. O cerne da questão reside acerca da legalidade da negativa da Superintendência Regional do Trabalho e Emprego no Rio Grande do Norte em conhecer dos recursos administrativos interpostos pela empresa impetrante, por estarem desacompanhados de instrumento de procuração, que comprovasse a legitimidade do signatário. 3. A atuação administrativa está pautada, entre outros, nos princípios da legalidade, impessoalidade, eficiência e moralidade. E, em que pese sua vinculação a tais valores, é preciso que a administração pública esteja sensível aos interesses do administrado, valendo-se de interpretações flexíveis e razoáveis quanto à forma do procedimento, sob pena de esta ser vista como um fim em si mesma, desligada da verdadeira finalidade do processo. Isso significa que o ente público não pode ater-se a rigorismos formais ao considerar as manifestações do particular. 4. No caso, os recursos não foram conhecidos em razão da falta de procuração, com fundamento no art. 29, §6º e art. 37, II, da Portaria MTE nº 854/2015, sem que fosse oportunizado à parte o saneamento do vício indicado, a exemplo do que estabelece o art. 76 do novo CPC, regra de maior hierarquia, que irradia efeitos para a ordem jurídica infralegal e que privilegia os princípios da ampla defesa e do contraditório. 5. Como bem decidiu a sentença, "o processo administrativo é regido pelo princípio do formalismo moderado, principalmente aqueles que possam resultar em aplicação de sanções, não estando sujeito a formas rígidas, de modo que tais sanções devem ser interpretadas com a finalidade de propiciar segurança e respeito aos direitos dos administrados, e não para gerar um obstáculo desarrazoado ao exercício da ampla defesa, como imposição ao regular seguimento do recurso administrativo". Dessa forma, a negativa de seguimento ao recurso, sem a prévia intimação da parte interessada para sanar vício na representação processual, foge da razoabilidade da atuação administrativa. 6. Registre-se que, em cumprimento à decisão liminar deferida nos presentes autos, os seis recursos administrativos interpostos já foram submetidos à nova admissibilidade, já tendo sido conhecidos pela autoridade administrativa (id. 4058400.6344785 e id. 4058400.6344791). 7. Remessa oficial improvida. (TRF5, Remessa Necessária 08114472920194058400, Rel. Desembargador Federal GUSTAVO DE PAIVA GADELHA (CONVOCADO), 3ª TURMA, julgado em 30.04.2020)

APELAÇÃO CÍVEL E REMESSA NECESSÁRIA. MANDADO DE SEGURANÇA. SERVIDOR PÚBLICO MUNICIPAL. PROMOÇÃO NA CARREIRA. INDEFERIMENTO DA INSCRIÇÃO. PREENCHIMENTO EQUIVOCADO DA DATA DE CONCLUSÃO DO CURSO. MERA IRREGULARIDADE PLENAMENTE SANÁVEL. PRINCÍPIO DA LEGALIDADE QUE DEVE SER SOPESADO JUNTO AO PRINCÍPIO DO FORMALISMO MODERADO. INEXISTÊNCIA DE PREJUÍZO À ADMINISTRAÇÃO PÚBLICA MUNICIPAL. POSSIBILIDADE DE INTERVENÇÃO DO PODER JUDICIÁRIO SEM OFENSA AO PRINCÍPIO DA SEPARAÇÃO DOS PODERES. RECURSO DESPROVIDO. SENTENÇA MANTIDA EM REMESSA NECESSÁRIA. 1) É dever da Administração Pública pautar seus atos dentro dos princípios constitucionais, notadamente pelo princípio da legalidade (art. 37, *caput*, da CF/88, e art. 2º da Lei nº 9.784/99), que se concretiza pela fiel observância aos mandamentos da lei, deles não podendo se afastar ou desviar, sob pena de praticar ato inválido. Todavia, nos procedimentos administrativos, o Poder Público deve pautar-se pelo princípio do formalismo moderado, que prescreve a adoção de formas simples e suficientes para propiciar adequado grau de certeza, segurança e respeito aos direitos dos administrados e servidores, promovendo, assim, a prevalência do conteúdo sobre o formalismo extremo, de forma a efetivar os princípios da proporcionalidade e razoabilidade. 2) Caso fique evidenciado que a Administração Pública atuou em nítida ofensa aos princípios da razoabilidade e da proporcionalidade, prestigiando exacerbadamente a forma em vez do conteúdo e editando, com isso, ato administrativo que prejudica administrado ou servidor público, sem qualquer reflexo para terceiros, não poderá o Poder Judiciário deixar de intervir para cessar o abuso de direito (art. 5º, inciso XXXV, da CF/88), inexistindo, nesta hipótese, ofensa ao princípio da separação dos Poderes (art. 2º da CF/88). 3) A mera irregularidade quanto à data de conclusão do curso informada no momento do cadastro não pode servir de motivo idôneo para justificar o indeferimento da inscrição da servidora pública no processo de promoção na carreira, especialmente quando esta, na primeira oportunidade em que pode, comunica o equívoco e solicita a retificação. 4) A preservação da postura adotada pelo município recorrente representaria prestigiar demasiadamente a forma, em detrimento ao real escopo do processo de promoção na carreira, na medida em que a servidora agravada buscou a qualificação necessária para merecer a progressão funcional, o que reverterá em benefício para a Administração Pública recorrente, revelando-se desarrazoável e desproporcional o indeferimento da sua inscrição no processo de promoção regulado pela Portaria

Municipal nº 82/2018, vez que a sanção prevista no art. 3º, §4º, desta norma regulamentadora, não foi criada para evitar tal cenário. 5) Recurso desprovido e sentença mantida em sede de remessa necessária. (TJES, Apelação Cível/Remessa Necessária 0018477-39.2019.8.08.0024, Rel. Desembargadora ELIANA JUNQUEIRA MUNHOS FERREIRA, 3ª CÂMARA CÍVEL, julgado em 13.07.2021)

PROCESSO CIVIL. EMBARGOS DE DECLARAÇÃO. RECURSO DE FUNDAMENTAÇÃO VINCULADA. OCORRÊNCIA DE OMISSÕES NO JULGADO. REAPRECIAÇÃO DE MATÉRIA JÁ DISCUTIDA. NÃO PROVIMENTO. 1. Embargos de declaração opostos pela ANP – AGÊNCIA NACIONAL DO PETRÓLEO, GÁS NATURAL E BIOCOMBUSTÍVEIS sob o argumento de ocorrência de omissão no julgado, considerando que não levou em conta que o recurso administrativo apócrifo constitui vício insanável, pois compromete a higidez do iter procedimental, ressaltando, ademais, a impossibilidade de aplicação retroativa do atual CPC. 2. Os embargos de declaração caracterizam-se como recurso de fundamentação vinculada, tendo cabimento apenas para esclarecer qualquer espécie de decisão obscura ou contraditória, corrigir as eivadas de erro material ou integralizar aquelas omissas (Art. 1.022 do CPC). 3. A leitura atenta dos termos do recurso interposto autoriza a conclusão segundo a qual aquilo que a recorrente aponta como omissão em verdade representa discordância com a interpretação dada por esta Terceira Turma acerca do cerceamento à ampla defesa no âmbito do processo administrativo, ante a não oferta de oportunidade para o saneamento do vício de representação do recurso administrativo (ausência de assinatura), de modo a restar indene de críticas a sentença recorrida. 4. Tal diretiva se baseia na patente ausência de omissão, pois o acórdão impugnado foi expresso ao consignar que a razoabilidade da atuação administrativa deve respeitar a necessária congruência lógica entre circunstâncias fáticas e as medidas adotadas, evidenciando que na situação posta a autoridade julgadora descurou dos padrões de aceitabilidade que devem nortear a atividade por ela desempenhada, dado que a decisão que negou seguimento se assentou em premissa cuja veracidade se revelou descabida à vista da postura assumida em momento posterior. Essa circunstância foi verificada ao se constatar que a despeito de entender por impossível identificar o responsável pela representação da então recorrente, nota-se, às fls. 336 do processo administrativo, que a Administração Pública encaminhou a notificação do despacho denegatório do recurso exatamente para o escritório de advocacia que elaborara o recurso. 5. Nessa toada, a decisão atacada findou por consolidar o entendimento segundo o qual o processo administrativo, mormente aqueles dos quais possa resultar a aplicação de sanções, é regido pelo princípio do formalismo moderado, razão pela qual não está sujeito a formas rígidas, de modo que aquelas previstas devem ser interpretadas considerando que são estabelecidas com o fim precípuo de propiciar segurança e respeito aos direitos dos administrados, jamais para se afigurar como obstáculo ao exercício da ampla defesa, consubstanciado na espécie pelo bloqueio imposto ao seguimento do recurso, de modo a restar patente o cerceamento à ampla defesa no âmbito do processo administrativo, ante a não oferta de oportunidade para o saneamento do vício de representação do recurso administrativo (ausência de assinatura). 6. Desponta manifesto, por conseguinte, que o acórdão recorrido não padece dos vícios de fundamentação apontados nos embargos de declaração interpostos, de modo a não sobejar necessidade de intervenção jurisdicional integrativa para salvaguardar a sua correção. 7. Pelo exposto, tem-se como irrecusável o reconhecimento de que o recorrente opôs os aclaratórios com o objetivo de demonstrar o equívoco do entendimento acolhido no acórdão, o que não se coaduna com a natureza de recurso de fundamentação vinculada dos embargos declaratórios. 8. A toda evidência, a garantia constitucional da fundamentação de todas as decisões judiciais não se presta a admitir que o exercício da atividade de interpretação da lei processual seja capaz de amplificar o seu alcance para além dos limites semânticos dos respectivos enunciados normativos, a ponto de ser acolhida a utilização de um recurso para um fim que o legislador não previu. 9. A via dos embargos de declaração não se afigura adequada para se insurgir contra a interpretação de dispositivos legais, tida por insuficiente ou equivocada, função esta cometida a outras modalidades recursais. 10. Embargos de declaração não providos. (TRF5, Apelação Cível 08021904520174058401, Rel. Desembargador Federal FERNANDO BRAGA DAMASCENO, 3ª TURMA, julgado em 31.01.2019)

AGRAVO DE INSTRUMENTO – AÇÃO ORDINÁRIA – TUTELA ANTECIPADA – DEMISSÃO DE POLICIAL MILITAR – AUSÊNCIA DE IRREGULARIDADE NO PROCESSO ADMINISTRATIVO DISCIPLINAR – TUTELA INDEFERIDA – RECURSO DESPROVIDO. – Para que seja possível a antecipação de tutela, deve a parte requerente demonstrar os requisitos previstos pelo art. 273 do CPC, quais sejam, a prova inequívoca que ateste a verossimilhança das alegações e o fundado receio de dano irreparável ou de difícil reparação. – Em sede de cognição sumária dos autos, não se vislumbra irregularidade ou nulidade no processo administrativo disciplinar que sancionou o recorrente com a pena de demissão. – Em vista do chamado formalismo moderado, é plenamente possível que falhas processuais ocorridas na seara administrativa, que não tenham causado dano ao administrado, sejam supridas. (TJMG, Agravo de Instrumento 1.0701.15.018510-9/001, Rel. Desembargadora HILDA TEIXEIRA DA COSTA, 2ª CÂMARA CÍVEL, julgado em 10.11.2015)

REEXAME NECESSÁRIO E APELAÇÃO CÍVEL – DIREITO ADMINISTRATIVO – MUNICÍPIO – INCLUSÃO NO CADASTRO DO SIAFI/MG – DECRETO ESTADUAL 43.635/03 – CONTAS APROVADAS COM RESSALVA – MERA IRREGULARIDADE FORMAL – IMPOSSIBILIDADE DE INSCRIÇÃO – SENTENÇA CONFIRMADA, EM REEXAME NECESSÁRIO. 1. Considera-se inadimplente, para fins de inscrição no Sistema Integrado de Administração Financeira – SIAFI/MG, o convenente que não apresentar a prestação de contas ou não tiver sua prestação de contas aprovada pelo concedente. 2. Não tendo havido a rejeição das contas, mas, sim, sua aprovação com ressalvas, ilegítimo o bloqueio no SIAFI. Dicção literal do Decreto Estadual n. 43.635/03. 3. Não se deve fazer da formalidade um fim em si mesmo, mas um norte para que o agente público não se desvirtue da finalidade pública. Princípio do formalismo moderado. 4. A não apresentação da foto com a placa das obras configura-se mera irregularidade, notadamente por ter sido atestado no laudo técnico do DER que a obra (melhoramento de vias públicas) foi 100% executada, como mencionado no relatório final que aprovou as contas. 5. Sentença confirmada, em reexame necessário. (TJMG, Apelação Cível/Remessa Necessária 1.0024.14.006287-8/003, Rel. Desembargadora ÁUREA BRASIL, 5ª CÂMARA CÍVEL, julgado em 09.04.2015)

Impedimento e suspeição

ADMINISTRATIVO. PROCESSO DISCIPLINAR DEFLAGRADO POR REPRESENTAÇÃO DE DEPUTADO ESTADUAL QUE, DEPOIS, COMO MINISTRO DE ESTADO, EMITIU A PORTARIA DEMISSÓRIA DO SERVIDOR. INADMISSIBILIDADE. ART. 18 DA LEI 9.784/99. PAD PRESIDIDO POR PROCURADOR FEDERAL QUE ANTES SE MANIFESTARA EM PARECER ESCRITO PELA NULIDADE DE PROCESSO DISCIPLINAR PRECEDENTE, SOBRE OS MESMOS FATOS E ENVOLVENDO OS MESMOS SERVIDORES. INADMISSIBILIDADE. ORDEM CONCEDIDA. 1. O Processo Administrativo Disciplinar se sujeita a rigorosas exigências legais e se rege por princípios jurídicos de Direito Processual, que condicionam a sua validade, dentre as quais a da isenção dos Servidores Públicos que nele tem atuação; a Lei 9.784/99 veda, no seu art. 18, que participe do PAD quem, por ostentar vínculos com o objeto da investigação, não reveste as indispensáveis qualidades de neutralidade e de isenção. 2. É nula a aplicação de sanção demissória a Servidor Público Autárquico, em conclusão de PAD que foi deflagrado em virtude de representação de Deputado Estadual, quando a Portaria sancionatória é assinada pelo outrora Parlamentar que depois foi investido no cargo de Ministro de Estado. 3. O Procurador Federal que proferiu parecer escrito pela nulidade do PAD anterior e que veio a orientar a sua anulação, não pode presidir Processo Disciplinar subsequente, envolvendo os mesmos fatos e os mesmos indiciados. Inteligência do art. 18 da Lei 9.784/99. 4. Ordem que se defere, para anular a Portaria 352, de 29 de setembro de 2009, do Ministro do Meio Ambiente, determinando a reintegração do impetrante no cargo, garantidos os vencimentos e direitos inerentes ao cargo desde a data de sua demissão, sem prejuízo da instauração de outro procedimento punitivo, se couber. (STJ, MS 14.958/DF, Rel. Ministro NAPOLEÃO NUNES MAIA FILHO, TERCEIRA SEÇÃO, DJe 15.06.2010)

APELAÇÃO CÍVEL – AÇÃO ANULATÓRIA – PROCESSO ADMINISTRATIVO – SUSPEIÇÃO DA PRESIDENTE DA COMISSÃO PROCESSANTE – SITUAÇÃO NÃO DEMONSTRADA – HONORÁRIOS DE SUCUMBÊNCIA – REDUÇÃO – LITIGÂNCIA DE MÁ-FÉ – NÃO OCORRÊNCIA. 1. Na dicção do art. 20 da Lei nº 9.784/199, aplicável de forma subsidiária aos processos administrativos no âmbito municipal, pode ser arguida a suspeição de autoridade ou servidor que tenha amizade íntima ou inimizade notória com algum dos interessados ou com os respectivos cônjuges, companheiros, parentes e afins até o terceiro grau. 2. Não se desincumbindo os apelantes em demonstrar a inimizade com a Presidente da Comissão Processante, tem-se por improcedente o pedido de anulação do Processo Administrativo Disciplinar. 3. Não havendo fundamentação na sentença para a fixação dos honorários em patamares superiores ao mínimo legal, e atendendo as diretrizes dos incisos do art. 85, § 2º do CPC, impõe-se a redução da condenação dos honorários sucumbenciais para adequá-los ao trabalho realizado e a complexidade da demanda. 3. A condenação por litigância de má-fé é medida excepcional e só se aplica quando houver prova cabal da ocorrência das situações previstas no art. 80 do CPC/2015, o que não ocorreu na hipótese. 4. Recurso parcialmente provido. (TJMG, Apelação Cível 1.0000.16.040294-7/002, Rel. Desembargador RAIMUNDO MESSIAS JÚNIOR, 2ª CÂMARA CÍVEL, julgado em 11.04.2023)

ADMINISTRATIVO. AGRAVO DE INSTRUMENTO. SERVIDOR MUNICIPAL. PROCEDIMENTO ADMIISTRATIVO DISCIPLINAR. EXONERAÇÃO. SERVIDORES IMPEDIDOS DE ATUAR NO PAD. LEI ESTADUAL Nº 14.184/2002. LEI FEDERAL Nº 9.784/99. VIOLAÇÃO. DECISÃO MANTIDA. – A intervenção do Poder Judiciário em face de ato administrativo que resultou na exoneração de servidor público somente abrange a legalidade extrínseca do procedimento e de possível (in)compatibilidade entre a sanção aplicada e a circunstância fática que gerou a manifestação estatal. – O ato administrativo que resultou na exoneração de servidor público em questão deve ser suspenso quando, em sede de tutela de urgência, é possível constatar que os servidores que atuaram no procedimento administrativo disciplinar são impedidos nos termos da Lei Estadual nº 14.184/2002 e da Lei Federal nº 9.784/99. (TJMG, Agravo de Instrumento 1.0000.19.053416-4/002, Rel. Desembargador ALBERTO VILAS BOAS, 1ª CÂMARA CÍVEL, julgado em 25.03.2020)

AGRAVO INTERNO EM RECURSO ORDINÁRIO EM MANDADO DE SEGURANÇA. ATO DO MINISTRO DE ESTADO DA JUSTIÇA QUE DEMITIU O IMPETRANTE DO CARGO DE DELEGADO DE POLÍCIA FEDERAL. OBSERVÂNCIA DAS GARANTIAS DO DEVIDO PROCESSO LEGAL, DO CONTRADITÓRIO E DA AMPLA DEFESA. IMPARCIALIDADE DE SERVIDOR DESIGNADO PARA ATUAR COMO PERITO QUE NÃO É COMPROMETIDA PELA MERA PARTICIPAÇÃO COMO TESTEMUNHA EM AÇÃO PENAL VOLTADA A INVESTIGAR FATOS CONEXOS, SEM ANTECIPAÇÃO DE JUÍZO DE VALOR NO TOCANTE A FALTAS FUNCIONAIS APURADAS NA ESFERA ADMINISTRATIVA. 1. Potenciais vícios de provas produzidas no PAD nº 015/2003-COR/SR/CE, durante o intervalo de tempo indicado pelo ora agravante, foram superados com a repetição das diligências no PAD nº 008/2004-COR/SR/CE, a evidenciar a autonomia do acervo probatório deste em relação ao daquele. 2. À luz dos precedentes desta Suprema Corte, não está impedido de funcionar no processo administrativo o servidor que tenha participado, ou venha participar, de outro processo, na condição de testemunha, quando o depoimento prestado não carrega opinião ou prejulgamento sobre conduta do indiciado. 3. Ainda que o agravante não tenha comparecido a oitivas de testemunhas realizadas por carta precatória, em todos os casos houve a designação de defensor dativo. Ademais, o agravante, intimado da expedição das cartas precatórias, sempre se valeu da oportunidade de apresentar quesitos por escrito, que foram encaminhados à autoridade deprecada pela comissão disciplinar, em quadro revelador de observância às garantias constitucionais do devido processo legal, do contraditório e da ampla defesa. 4. Inaplicável o art. 85, §11, do CPC/2015, por se tratar de recurso interposto em mandado de segurança (art. 25 da Lei 12.016/2009 e Súmula 512/STF). 5. Agravo interno conhecido e não provido. (STF, RMS 27985 AgR/DF, Rel. Ministra ROSA WEBER, PRIMEIRA TURMA, julgado em 15.05.2021)

IRREGULARIDADE NO SISTEMA ELETRÔNICO DE REGISTRO DE PRESENÇA. INEXISTÊNCIA DE JUÍZO DE VALOR. AUSÊNCIA DE IMPEDIMENTO. REPROVAÇÃO EM ESTÁGIO PROBATÓRIO. ART. 20, §2º, DA LEI 8.112/1990. EXONERAÇÃO PRECEDIDA DE PROCESSO ADMINISTRATIVO. AMPLA DEFESA E CONTRADITÓRIO. OBSERVÂNCIA. MANDADO DE SEGURANÇA A QUE SE NEGA SEGUIMENTO. AGRAVO REGIMENTAL DESPROVIDO. 1. A anulação da avaliação sponte própria pela Administração Pública, diante do equívoco no seu preenchimento, enseja a superveniente perda de objeto do recurso interposto pelo impetrante. 2. A inexistência de elementos que apontem para a tendenciosidade ou parcialidade na formação de convencimento da comissão processante refuta a alegação de impedimento. Precedente: RMS 32.325 AgR, Relator Min. Dias Toffoli, Segunda Turma, DJe 01.07.2015. 3. No caso sub examine, embora o servidor tenha sido punido pela prática de irregularidades no sistema eletrônico do registro de presença, o Diretor avaliador não firmou juízo de valor sobre a referida infração, fato que, por ter ocorrido somente após a conclusão da sindicância, não poderia gerar impedimento em processo administrativo disciplinar, a teor do art. 18, III, da Lei 9.784/1999. Precedente: MS 21.330/DF, Rel. Min. Marco Aurélio, relator p/ acórdão Min. Ilmar Galvão, Tribunal Pleno, DJ de 11.12.1992. 4. O ato de exoneração de servidor público reprovado no estágio probatório, em decorrência de resultado apurado em processo administrativo regular, em que respeitado o contraditório e a ampla defesa em todas as fases, possui previsão legal (art. 20, §2º, da Lei 8.112/1990) e constitucional (art. 41, §4º, da CRFB/88). 5. Agravo regimental a que se NEGA PROVIMENTO. (STF, MS 33.744 AgR/DF, Rel. Ministro LUIZ FUX, PRIMEIRA TURMA, julgado em 24.02.2017)

DIREITO ADMINISTRATIVO. AGRAVO INTERNO EM RECURSO ORDINÁRIO EM MANDADO DE SEGURANÇA. PROCESSO ADMINISTRATIVO DISCIPLINAR. 1. A jurisprudência desta Corte é firme no sentido de que não é impedido para integrar a Comissão de processo administrativo disciplinar servidor que tenha atuado na investigação judicial ou administrativa de possíveis fatos tidos por irregulares (MS nº 21.330/DF, Rel. Min. Ilmar Galvão). 2. É consolidado, também, o entendimento de que o indeferimento fundamentado do pedido de produção de provas consideradas impertinentes, em processo administrativo disciplinar, não caracteriza cerceamento de defesa (RMS 30.881, Rel. Min. Cármen Lúcia e RMS 24.194, Rel. Min. Luiz Fux). 3. Conforme o princípio *pas de nullité sans grief*, é necessária demonstração de prejuízo acerca das nulidades suscitadas, o que não ocorreu no caso em exame. 4. Agravo a que se nega provimento por manifesta improcedência, com aplicação de multa no valor de dois salários mínimos, ficando a interposição de qualquer recurso condicionada ao prévio depósito do referido valor, em caso de decisão unânime (CPC/2015, art. 1.021, §§4º e 5º, c/c art. 81, §2º). (STF, RMS 28.490 AgR/DF, Rel. Ministro ROBERTO BARROSO, TRIBUNAL PLENO, Rel. Ministro ROBERTO BARROSO, TRIBUNAL PLENO, julgado em 08.08.2017)

Agravo regimental em recurso ordinário em mandado de segurança. 2. Direito Administrativo. 3. Reitor da Universidade de Brasília. Pena de demissão por processo administrativo disciplinar. 4. Aplicação de sanção ao acusado em relação a cargo diferente (professor universitário) daquele no qual teriam sido praticadas as infrações disciplinares (reitor). Possibilidade. Art. 16, I, da Lei 5.540/1968, com redação dada pela Lei 9.192/1995. 5. Participação de um dos membros da comissão em mais de um PAD, com fatos e objetos distintos, não determina a suspeição, unicamente por possuir o mesmo acusado. Literalidade do art. 18, I e III, da Lei 9.784/1999. 6. Conformidade entre conclusão e o contexto fático-probatório emanado do processo administrativo disciplinar. Adequação e proporcionalidade da penalidade imposta. 7. Argumentos incapazes de infirmar a decisão agravada. 8. Agravo regimental desprovido. (STF, RMS 36.386/DF AgR, Rel. Ministro GILMAR MENDES, SEGUNDA TURMA, julgado em 29.05.2020)

DIREITO ADMINISTRATIVO. AGRAVO INTERNO EM RECURSO ORDINÁRIO EM MANDADO DE SEGURANÇA. PROCESSO ADMINISTRATIVO DISCIPLINAR. 1. Não caracterizada a suspeição da presidente da comissão processante uma vez que não restou provada a ocorrência de nenhuma das hipóteses do art. 20 da Lei 9.784/1999, tampouco atuação parcial da servidora pública. 2. A nomeação de defensor dativo, diante da relutância do interessado e de seu advogado devidamente intimados em apresentar defesa, não caracteriza nenhum vício. 3. Não corre o prazo prescricional enquanto perdurar ordem judicial de sobrestamento do processo administrativo. 4. Ressalvadas as hipóteses de absolvição pelo reconhecimento categórico de inexistência de materialidade ou de negativa de autoria, a decisão penal não interfere automaticamente na esfera administrativa. 5. Ausência de demonstração, no caso concreto, de razões para superação do entendimento da autoridade administrativa, que reconheceu atuação dolosa causadora de prejuízo ao erário por parte do agravante. 6. Agravo a que se nega provimento. (STF, RMS 32.584 AgR/DF, Rel. Ministro ROBERTO BARROSO, PRIMEIRA TURMA, julgado em 16.10.2017)

ADMINISTRATIVO. PROCESSO DISCIPLINAR DEFLAGRADO POR PORTARIA EMITIDA POR UM DOS INVESTIGADOS, QUE TAMBÉM DESIGNOU OS MEMBROS DA COMISSÃO DISCIPLINAR. INADMISSIBILIDADE. ART. 18 DA LEI 9.784/99. INVESTIGADOS OUVIDOS NA QUALIDADE DE TESTEMUNHAS, SEM COMPROMISSO DA VERDADE. INIDONEIDADE DA PROVA. VIOLAÇÃO AOS PRINCÍPIOS DA IMPARCIALIDADE E IMPESSOALIDADE. ORDEM CONCEDIDA, EM CONFORMIDADE COM O PARECER MINISTERIAL. 1. O Processo Administrativo Disciplinar se sujeita a rigorosas exigências legais e se rege por princípios jurídicos de Direito Processual, que condicionam a sua validade, dentre os quais a da isenção dos Servidores Públicos que nele tem atuação; a Lei 9.784/99 veda, no seu art. 18, que participe do PAD quem, por ostentar vínculos com o objeto da investigação, não reveste as indispensáveis qualidades de neutralidade e de isenção. 2. É nula a aplicação de sanção demissória a Servidor Público Autárquico, em conclusão de PAD destinado a apurar as irregularidades constatadas pela Controladoria-Geral da União na Gerência Regional de Administração do Ministério da Fazenda do Estado da Paraíba, que foi inaugurado justamente por um dos gestores em cuja gerência foram detectadas irregularidades, que exerceu sua competência como se não estivesse entre os acusados. 3. O mesmo entendimento deve ser aplicado no que pertine à prova testemunhal, que foi prestada por Servidores também relacionados no relatório da CGU e que, por estarem sendo objeto de investigação, sequer prestaram o compromisso de dizer a verdade perante a Comissão. 4. Ordem que se defere, para anular a Portaria 300, de 23 de dezembro de 2008, do Ministro do Estado da Fazenda, determinando o restabelecimento da aposentadoria do impetrante, garantidos os proventos e direitos inerentes à aposentadoria desde a data de sua cassação, sem prejuízo da instauração de outro procedimento punitivo, se couber. (STJ, MS 14.233/DF, Rel. Ministro NAPOLEÃO NUNES MAIA FILHO, TERCEIRA SEÇÃO, DJe 30.06.2010)

Intimações e comunicações

ADMINISTRATIVO. AGRAVO REGIMENTAL NOS EMBARGOS DE DECLARAÇÃO NO RECURSO ESPECIAL. TERRENO DE MARINHA. TAXA DE OCUPAÇÃO. ATUALIZAÇÃO. POSSIBILIDADE. NOVA AVALIAÇÃO DO VALOR DO DOMÍNIO PLENO DO TERRENO PÚBLICO. INTIMAÇÃO DO OCUPANTE. DESNECESSIDADE. 1. Não há qualquer indicação de dispositivo da Constituição Federal no acórdão regional, sendo que eventual fundamento constitucional somente seria vislumbrado de forma reflexa, o que, consoante a jurisprudência desta Corte, não tem o condão de obstar o conhecimento do recurso especial por ausência de interposição de recurso extraordinário, hipótese na qual se afasta a incidência da Súmula n. 126/STJ. 2. A atualização da taxa de ocupação dos terrenos de marinha decorre da verificação, anual, do valor do domínio pleno do imóvel, sendo dispensável a instauração de procedimento administrativo prévio com participação dos administrados interessados, tendo em vista que a atualização do valor da taxa de ocupação não configura imposição de ônus ou deveres ao administrado, mas, sim, recomposição de patrimônio. Precedentes. 3. Desnecessidade de intimação pessoal dos interessados no processo de reajuste da taxa de ocupação, a qual se torna obrigatório no caso de procedimento demarcatório de terreno de marinha, sempre que identificado pela União e certo o domicílio. Precedentes. 4. Agravo regimental não provido. (STJ, AgRg nos EDcl no REsp 1.158.545/SC, Rel. Ministro BENEDITO GONÇALVES, PRIMEIRA TURMA, DJe 20.09.2010)

ADMINISTRATIVO. PROCESSO ADMINISTRATIVO. AUSÊNCIA DE INTIMAÇÃO PARA ALEGAÇÕES FINAIS. VICIO. ANULAÇÃO PARCIAL DO PROCESSO ADMINISTRATIVO. 1. Houve respostas e documentos anexados no processo administrativo, sem que se tenha aberto vista ao servidor acerca dos mesmos. Em seguida, foi proferida decisão administrativa de reposição ao erário, sem a efetiva intimação do autor. Caracterizado o cerceamento de defesa e violação ao contraditório, eis que inobservados os arts.2º, X, 3º II e III e 44 da Lei 9784/99. Gera-se, assim, nulidade dos atos administrativos, após a juntada de elementos, mister oportunizar-se a defesa do aDministrado, o qual pode deduzir razões finais entre outras garantias. 2. Decreta-se a nulidade parcial do processo administrativo (ou seja, apenas dos atos praticados após a fase em que a parte autora deveria ter sido intimada) e, desta forma, permite-se a retomada da marcha devida do procedimento administrativo com novo julgamento naquela esfera. (TRF4, Apelação Cível 5015403-70.2018.4.04.7201, Rel. Desembargadora Federal MARGA INGE BARTH TESSLER, 3ª TURMA, julgado em 25.08.2020)

Não é causa de nulidade a ausência de comunicação ao responsável do deferimento de seu pedido de prorrogação de prazo para apresentação de defesa, cabendo a ele acompanhar o desfecho do pleito. (TCU, Acórdão 10.236/2021, Rel. Ministro VITAL DO RÊGO, PRIMEIRA CÂMARA, julgado em 27.07.2021)

Apelação Cível. Embargos à execução fiscal. Nulidade de auto de infração ambiental. Devido processo legal. Intimação por edital. 1. No processo administrativo, a matéria subsumível ao controle jurisdicional restringe-se a apurar se foi observado o devido processo legal com seus consectários lógicos – ampla defesa e contraditório –, ou a eventual ilegalidade com demonstração de prejuízo. 2. A intimação do interessado para ciência de decisão no processo administrativo pode ser efetuada por via postal com aviso de recebimento ou outro meio que assegure a certeza da ciência do interessado. Inteligência do art. 26 da Lei 9.784/99. 3. É legítima a intimação por edital logo após a frustração da intimação pessoal, conforme art. 29 da LE 3.744/2015, art. 57, §1º, I e II, da IN 10/2012/IBAMA e arts. 23, §1º, I e I e 57, §2º, da IN 06/2009/ICM-BIO e arts. 3º, I e II, 5º, §2º, da IN 01/2017/SEDAM. 4. O processo administrativo ambiental é orientado pelos princípios da legalidade, finalidade, motivação, razoabilidade, proporcionalidade, moralidade, ampla defesa, contraditório, segurança jurídica, interesse público e eficiência, não se exigindo esgotamento de todas as fases do processo ordinário, tampouco que se esgote todas as modalidades de intimação do autuado, exigências que são próprias do processo judicial. 5. À luz princípio *do pas de nullité sans grief*, é imperiosa a demonstração de prejuízo à parte que suscita vício, pois não se declara nulidade por mera presunção. 6. Apelo não provido. (TJRO, Apelação Cível 7002605-23.2019.822.0007, Rel. Desembargador GILBERTO BARBOSA, 1ª CÂMARA CÍVEL, julgado em 17.12.2020)

DIREITO CONSTITUCIONAL E ADMINISTRATIVO. APELAÇÃO CÍVEL E REEXAME NECESSÁRIO. MANDADO DE SEGURANÇA. INFRAÇÃO DE TRÂNSITO. SUSPENSÃO AO DIREITO DE DIRIGIR. PRETENSÃO DE ANULAÇÃO DO PROCESSO ADMINISTRATIVO QUE DETERMINOU A APLICAÇÃO DA PENA DE SUSPENSÃO DA CNH. SENTENÇA A QUO DE CONCESSÃO DA SEGURANÇA. AUSÊNCIA DE NOTIFICAÇÃO DA INSTAURAÇÃO DO PROCESSO ADMINISTRATIVO E DA APLICAÇÃO DA PENALIDADE ADMINISTRATIVA. EXPEDIÇÃO DE NOTIFICAÇÕES PARA O PARA O ANTIGO ENDEREÇO DO CONDUTOR. MUDANÇA DE ENDEREÇO DEVIDAMENTE COMUNICADA AO ÓRGÃO DE TRÂNSITO. OFENSA AO PRINCÍPIO DO CONTRADITÓRIO E DA AMPLA DEFESA. SENTENÇA MANTIDA. REEXAME NECESSÁRIO A QUE SE NEGA PROVIMENTO. APELO PREJUDICADO. JULGAMENTO POR UNANIMIDADE DE VOTOS. (TJPE, Apelação/ Remessa Necessária 545312-7/0004703-35.2014.8.17.0001, Rel. Desembargador André Oliveira da Silva Guimarães, 4ª CÂMARA DE DIREITO PÚBLICO, julgado em 17.03.2021)

PROCESSUAL CIVIL E ADMINISTRATIVO. MANIFESTAÇÃO SOBRE OFENSA A DISPOSITIVOS CONSTITUCIONAIS. IMPOSSIBILIDADE. COMPETÊNCIA DO STF. CONCLUSÕES DO TRIBUNAL DE ORIGEM. TERRENO DA MARINHA. TAXA DE OCUPAÇÃO. ATUALIZAÇÃO. ART. 28 DA LEI N. 9.784/99. CONTRADITÓRIO PRÉVIO. DESNECESSIDADE. ART. 1º DO DECRETO N. 2.398/87. SIMPLES RECOMPOSIÇÃO PATRIMONIAL. 1. Inicialmente, o Superior Tribunal de Justiça não tem a missão constitucional de interpretar dispositivos da Lei Maior, cabendo tal dever ao Supremo Tribunal Federal, motivo pelo qual não se pode conhecer da dita ofensa aos arts. 5º, incs. XXXV, LIV e LV, da Constituição da República vigente. Precedentes. 2. No mais, é de se destacar que os órgãos julgadores não estão obrigados a examinar todas as teses levantadas pelo jurisdicionado durante um processo judicial, bastando que as decisões proferidas estejam devida e coerentemente fundamentadas, em obediência ao que determina o art. 93, inc. IX, da Lei Maior. Isso não caracteriza ofensa ao art. 535 do CPC. 3. Por outro lado, na forma que dispõe o art. 1º do Decreto n. 2.398/87, compete ao Serviço do Patrimônio da União – SPU a atualização anual da taxa de ocupação dos terrenos de marinha. 4. O art. 28 da Lei n. 9.784/99 dispõe que "[d]evem ser objeto de intimação os atos do processo que resultem para o interessado em imposição de deveres, ônus, sanções ou restrição ao exercício de direitos e atividades e os atos de outra natureza, de seu interesse". 5. São os dois os motivos iniciais pelos quais que a norma contida no art. 28 da Lei n. 9.784/99 cede lugar à aplicação do art. 1º do Decreto n. 2.398/87. 6. Em primeiro lugar, o Decreto n. 2.398/87 é diploma normativo específico, incidindo, no caso, os arts. 2º, §2º, da Lei de Introdução ao Código Civil e 69 da Lei n. 9.784/99. 7. Em segundo lugar, não se trata de imposição de deveres ou ônus ao administrado, mas de atualização anual da taxa de ocupação dos terrenos de marinha. à luz do art. 28 da Lei n. 9.784/99 – e da jurisprudência desta Corte Superior –, a classificação de certo imóvel como terreno de marinha, esta sim depende de prévio procedimento administrativo, com contraditório e ampla defesa, porque aí há, em verdade, a imposição do dever. 8. Ao contrário, a atualização das taxas de ocupação – que se dá com a atualização do valor venal do imóvel – não se configura como imposição ou mesmo agravamento de um dever, mas sim recomposição de patrimônio, devida na forma da lei. Daí porque inaplicável o ditame do dispositivo mencionado. 9. Não fosse isso suficiente, cumpre destacar que é possível a incidência, na espécie, embora com adaptações, daquilo que vem sendo decidido pelo Superior Tribunal de Justiça acerca da atualização da planta de imóveis para fins de cobrança de IPTU. 10. Nestes casos, é necessária a edição de lei (princípio da legalidade), mas não é necessário que o Poder Público abra procedimento administrativo prévio para justificar os comandos legais que venham a ser publicados. 11. A Súmula n. 160 desta Corte Superior diz que "[é] defeso, ao município, atualizar o IPTU, mediante decreto, em percentual superior ao índice oficial de correção monetária". 12. Veja-se, no entanto, que a vedação imposta pelo verbete sumular diz respeito apenas ao meio utilizado para a atualização – qual seja, o decreto –, por conta do princípio da legalidade tributária, nada tendo a ver com uma impossibilidade genérica de atualização anual da base de cálculo do imposto através de revisitação da planta de valores venais ou com a necessidade de que, antes de editada a norma adequada para revisão da base de cálculo, seja aberto contraditório e ampla defesa a todos os interessados. 13. Similarmente, no caso das taxas de ocupação dos terrenos de marinha, é despiciendo procedimento administrativo prévio com participação dos administrados interessados, bastando que a Administração Pública siga as normas do Decreto n. 2.398/87 no que tange à matéria. 14. Após a divulgação da nova planta de valores venais e da atualização dela advinda, aí sim os administrados podem recorrer administrativa e judicialmente dos pontos que consideram ilegais ou abusivos.

15. Não há, portanto, que se falar em necessidade de contraditório para a incidência do art. 1º do Decreto n. 2.398/87. 16. Recurso especial parcialmente conhecido e, nesta parte, parcialmente provido. (STJ, REsp 1.157.688/SC, Rel. Ministro MAURO CAMPBELL MARQUES, SEGUNDA TURMA, DJe 10.09.2010)

AGRAVO REGIMENTAL EM EMBARGOS DE DECLARAÇÃO EM AGRAVO REGIMENTAL EM AGRAVO DE INSTRUMENTO. DIREITO ADMINISTRATIVO. TERRENO DE MARINHA. TAXA DE OCUPAÇÃO. ATUALIZAÇÃO. DESNECESSIDADE DE INTIMAÇÃO PRÉVIA. 1. A atualização da taxa de ocupação dos terrenos de marinha, por não configurar imposição de ônus ou deveres ao administrado, mas, sim, recomposição de patrimônio, prescinde da prévia instauração de processo administrativo. Precedentes. 2. Agravo regimental improvido. (STJ, AgRg nos EDcl no AgRg no Ag 1314815/SC, Rel. Ministro HAMILTON CARVALHIDO, PRIMEIRA TURMA, DJe 02.02.2011)

EMBARGOS À EXECUÇÃO FISCAL. RESTITUIÇÃO DE VALOR INDEVIDAMENTE RECEBIDO DOS COFRES PÚBLICOS. PROCESSO ADMINISTRATIVO. NOTIFICAÇÃO POR AVISO DE RECEBIMENTO. DESNECESSIDADE DE SER SUBSCRITA PELO PRÓPRIO DESTINATÁRIO. ART. 26, §3º, DA LEI Nº 9.784/99. A intimação do administrado no processo administrativo, não obstante obrigatória, pode ser realizada, nos termos do artigo 26, §3º, da Lei nº 9.784/99, via correio com aviso de recebimento e não necessita ser firmada pelo devedor pessoalmente, desde que enviado ao endereço correto. Além disso, não foi elidida a presunção de liquidez e certeza da inscrição em dívida ativa. (TJRS, Apelação Cível 70012847398, Rel. Desembargador ARNO WERLANG, 2ª CÂMARA CÍVEL, julgado em 23.08.2006)

CONSTITUCIONAL. ADMINISTRATIVO. MANDADO DE SEGURANÇA. ANISTIA. PROCESSO DE ANULAÇÃO. INTIMAÇÃO DO IMPETRANTE. REGULARIDADE. EX-CABOS DA FORÇA AÉREA BRASILEIRA – FAB. INGRESSO NA AERONÁUTICA APÓS A EDIÇÃO DA PORTARIA Nº 1.104/GM3-64 DO MINISTRO DE ESTADO DA AERONÁUTICA. ATO DE MOTIVAÇÃO EXCLUSIVAMENTE POLÍTICA. NÃO-CONFIGURAÇÃO. PEDIDO DE INGRESSO NO REGIME JURÍDICO DO ANISTIADO POLÍTICO INDEFERIDO. ART. 8º DO ADCT. LEI Nº 10.559/2002. SEGURANÇA DENEGADA. 1 A intimação do impetrante, por via postal, a respeito da instauração de processo anulatória da anistia, assinada pelo Chefe de Gabinete do Ministro de Estado da Justiça, encontra-se de acordo com o art. 26, §3º, da Lei nº 9.784, de 29.1.1999, a Portaria nº 2.528, de 18.12.2003, e o Decreto nº 4.991, de 18.12.2004. 2 A anistia é concedida tão-somente aos que, entre 18 de setembro de 1946 e a promulgação da Constituição Federal de 1988, foram atingidos por atos de exceção, institucionais ou complementares, em decorrência de motivação exclusivamente política, nos termos do art. 8º do Ato das Disposições Constitucionais Transitórias – ADCT e da Lei nº 10.559/2002. 3 Os ex-cabos que ingressaram na Aeronáutica posteriormente à vigência da Portaria nº 1.104/GM3-64 tinham prévia ciência da impossibilidade de engajamento ou reengajamento após 8 (oito) anos de serviço ativo. Para referidos militares, em tese, diversamente da repercussão para os que já se encontravam na ativa quando de sua edição e tinham perspectiva de permanência na Força, essa norma, por si só, não se caracteriza como ato de motivação exclusivamente política, mas como regulamento abstrato, sujeito à observância de todos, indistintamente. 4 Esse posicionamento não determina a impossibilidade do reconhecimento da condição de anistiado político aos ex-cabos que ingressaram posteriormente à edição da Portaria nº 1.104/GM3-64 do Ministério da Aeronáutica. Todavia, para a configuração da perseguição política, indispensável para a concessão de anistia, devem os interessados se valer de outros elementos probatórios e do meio processual adequado, tendo em vista que, em mandado de segurança, no qual se examina violação a direito líquido e certo, não cabe dilação probatória. O simples argumento de submissão às normas contidas na portaria em referência não basta. 5 Segurança denegada. (STJ, MS 10.368/DF, Rel. Ministro ARNALDO ESTEVES LIMA, TERCEIRA SEÇÃO, DJ 06.03.2006)

DIREITO ADMINISTRATIVO. AGRAVO INTERNO EM MANDADO DE SEGURANÇA. ATO DO PGR. APLICAÇÃO DA PENALIDADE DE IMPEDIMENTO DE LICITAR OU CONTRATAR COM A UNIÃO. ALEGAÇÃO DE VIOLAÇÃO AO CONTRADITÓRIO E À AMPLA DEFESA E DE IRRAZOABILIDADE DA SANÇÃO. 1. Prematura a intimação por edital, tendo em vista que a notificação pessoal foi realizada em endereço incorreto e não se tentou a intimação nos demais endereços existentes nos autos do processo administrativo. Penalidade aplicada sem ter sido dada à empresa, ora agravada, oportunidade para prévio exercício do contraditório e da ampla defesa. 2. Agravo a que se nega provimento. (STF, MS 34.622 AgR/DF, Rel. Ministro ROBERTO BARROSO, PRIMEIRA TURMA, julgado em 21.08.2017)

PRAZO – DECADÊNCIA – MANDADO DE SEGURANÇA – TERMO INICIAL. O termo inicial para a formalização de mandado de segurança pressupõe a ciência do impetrante, nos termos dos artigos 3º e 26 da Lei nº 9.784/1999, quando o ato impugnado surgir no âmbito de processo administrativo do qual seja parte. MANDADO DE SEGURANÇA – DILAÇÃO PROBATÓRIA – PRESCINDIBILIDADE. Instruído o processo com documentos suficientes ao exame da pretensão veiculada na petição inicial, descabe suscitar a inadequação da via mandamental. (STF, RMS 32.487/DF, Rel. Ministro MARCO AURÉLIO, PRIMEIRA TURMA, julgado em 07.11.2017)

PROCESSUAL CIVIL E AMBIENTAL. PROCESSO ADMINISTRATIVO. MULTA. CONTRADITÓRIO NÃO ASSEGURADO. REVISÃO DOS ELEMENTOS FÁTICO-PROBATÓRIOS. IMPOSSIBILIDADE. SÚMULA 7/STJ. 1. Os arts. 3º, II, e 28 da Lei

9.784/1999 asseguram ao interessado a ciência da tramitação de processo administrativo e a intimação dos atos que lhe acarretem sanções. 2. Na hipótese, ficou consignado que se comunicou ao recorrido apenas a decisão que lhe impôs a penalidade, sem que ele tivesse tido oportunidade para apresentar defesa. 3. O recorrente não questiona o direito ao contraditório, limitando-se a alegar que o recorrido teve oportunidade de exercê-lo. Tal argumento contraria a premissa fática do acórdão recorrido e atrai a incidência da Súmula 7/STJ. 4. Recurso Especial não conhecido. (STJ, REsp 1.189.521/SC, Rel. Ministro HERMAN BENJAMIN, SEGUNDA TURMA, DJe 16.09.2010)

Isonomia

ADMINISTRATIVO. CONCURSO PÚBLICO. ARQUITETOS E ENGENHEIROS. EQUIPARAÇÃO LEGAL. EDITAL QUE FAZ DISTINÇÃO SEM FUNDAMENTAR. ILEGALIDADE. 1. Trata-se de Ação ordinária proposta por candidata (formada em Arquitetura com especialização em Engenharia de Segurança do Trabalho) que visa tomar posse, na Petrobras, no cargo de Engenheiro de Segurança do Trabalho, porquanto foi considerada inapta, em virtude de descumprimento de requisito do edital, qual seja, graduação em Engenharia. 2. A Lei 7.410/1985 diz expressamente que o exercício da especialização do referido cargo será permitido a engenheiro ou arquiteto portadores de certificado de conclusão de curso de especialização em Engenharia de Segurança do Trabalho. 3. É defeso à Administração Pública proceder à discriminação entre o arquiteto e o engenheiro na hipótese em que a lei os equipara, ressalvada justificativa plausível, lastreada em fundamentos que autorizem a distinção. Do contrário, a Administração adentra a esfera da arbitrariedade. 4. Recurso Especial parcialmente conhecido e provido para determinar que se proceda à posse da recorrente. (STJ, REsp 1165673/RJ, Rel. Ministro HERMAN BENJAMIN, SEGUNDA TURMA, DJe 04.02.2011)

AÇÃO DE ANULAÇÃO DE CLÁUSULAS CONTRATUAIS C/C REPETIÇÃO DE INDÉBITO – PREJUDICIAL DE MÉRITO – DECADÊNCIA – ARTIGOS 65 DA LEI ESTADUAL Nº 14.184/2002 E 54 DA LEI FEDERAL Nº 9.784/1999 – INAPLICABILIDADE – PRESCRIÇÃO DA PRETENSÃO AUTORAL – DECRETO Nº 20.910/1932 – NORMA ESPECIAL – APLICAÇÃO ÀS AÇÕES AJUIZADAS PELO PODER PÚBLICO – PRINCÍPIO DA ISONOMIA – TRANSCURSO DO PRAZO DE 5 (CINCO) ANOS – EXTINÇÃO DO PROCESSO COM RESOLUÇÃO DE MÉRITO. 1. Por não se tratar de descumprimento de requisitos legais para validade do ato, afasta-se a aplicação dos artigos 65 da Lei Estadual nº 14.184/2002 e 54 da Lei Federal nº 9.784/1999. 2. Tendo em vista o ajuizamento da ação ordinária após o transcurso de 5 (cinco) anos, contados da assinatura do Contrato, é de se decretar a prescrição da pretensão do titular de direito por esta não ter sido exercida no prazo previsto em lei. 3. Não se aplicam as disposições do Código Civil às ações em que a Fazenda Pública figure no polo ativo da ação, em virtude da especialidade do Decreto nº 20.910/1932. 4. Com base no princípio da isonomia, adota-se o prazo prescricional de 5 (cinco) anos previsto no artigo 1º do Decreto nº 20.910/1932, o que torna impositivo a reforma da sentença para extinguir o processo com resolução do mérito, nos termos do artigo 487, II, do CPC. (TJMG, Apelação Cível 1.0429.03.002946-7/001, Rel. Desembargador ELIAS CAMILO, 3ª CÂMARA CÍVEL, julgado em 31.01.2019)

Legalidade e juridicidade

MANDADO DE SEGURANÇA – APLICAÇÃO DE PENALIDADE POR INFRAÇÃO DE TRÂNSITO – SUSPENSÃO DA CARTEIRA NACIONAL DE HABILITAÇÃO – AUSÊNCIA DE INTIMAÇÃO DO MINISTÉRIO PÚBLICO – MANIFESTAÇÃO DO ÓRGÃO MINISTERIAL DE SEGUNDO GRAU – PEDIDO CONTRÁRIO A DISPOSIÇÃO LEGAL – ATO IMPUGNADO NÃO É O QUE IMPÕE PENALIDADE – PRAZO DO *MANDAMUS* OBEDECIDO – *DIES A QUO* – ENTREGA DO DOCUMENTO – ART. 261, §2º DO CTB – LEGALIDADE DO ATO – AUSÊNCIA DE DIREITO LÍQUIDO E CERTO – RECURSO DESPROVIDO. É suprível a ausência de manifestação do Ministério Público pela atuação da Procuradoria-Geral de Justiça em Segunda Instância quando o pedido é manifestamente inadmissível e contrário a expressa disposição legal. O ato impugnado na *quaestio sub judice* não é a decisão do processo administrativo que aplica a penalidade, e sim o que reconhece o não cumprimento da suspensão do direito de dirigir veículos. O *dies a quo* do efetivo cumprimento da sanção aplicada pela autoridade de trânsito que suspende o direito de conduzir veículos é o da entrega da Carteira Nacional de Habilitação, *ex vi* do art. 261, §2º, que prevê a devolução desta somente após o cumprimento da medida imposta e do curso de reciclagem. (TJSC, Apelação Cível em Mandado de Segurança 03.030878-4, Rel. Desembargador FRANCISCO OLIVEIRA FILHO, 2ª CÂMARA DE DIREITO PÚBLICO, julgado em 17.08.2004)

PROCESSUAL CIVIL E ADMINISTRATIVO. MANDADO DE SEGURANÇA. CONCURSO PÚBLICO PARA O CARGO DE AGENTE ADMINISTRATIVO DO MINISTÉRIO DO TRABALHO E EMPREGO. NOMEAÇÃO. CANDIDATO APROVADO FORA DO NÚMERO DE VAGAS, MAS FAVORECIDO PELO SURGIMENTO DE NOVAS VAGAS DENTRO DO PRAZO DE VALIDADE DO CONCURSO. PRETERIÇÃO IMOTIVADA. DIREITO LÍQUIDO E CERTO À NOMEAÇÃO, CONFORME ENTENDIMENTO FIRMADO PELO SUPREMO TRIBUNAL FEDERAL, EM SEDE DE REPERCUSSÃO GERAL, NO JULGAMENTO DO RE 837.311/PI, REL. MIN. LUIZ FUX, DJE 18.4.2016. ACÓRDÃO MANTIDO. 1. Cuida-se de Mandado de Segurança impetrado por BIANCA FERNANDES DA SILVA, aprovada na 22ª colocação no concurso público para o cargo de Agente Administrativo do Ministério do Trabalho e Emprego, para o qual o edital previa a existência de 10 vagas, além daquelas que viessem a ser criadas dentro do prazo de validade do certame. 2. O concurso público ora sob análise foi regulado pelo Edital 1, de 21 de outubro de 2008, do Ministério do Trabalho e Emprego, com prazo de validade prorrogado até 22 de março de 2013. De acordo com o anexo I, foram ofertadas no certame 10 vagas, além das que surgirem e vierem a ser criadas durante o prazo de validade do concurso, inteligência dos itens 3.1 e 9.4 do Edital. As disposições editalícias mostraram que o número de vagas a preencher não era fechado. 3. Após a homologação do certame, ocorreram as nomeações dos 10 candidatos aprovados dentro de número de vagas inicialmente previstas no edital, ocorrendo, em junho de 2009, a nomeação de outros 11 candidatos classificados fora do número de vagas ofertadas inicialmente. Sendo a impetrante a candidata seguinte na lista convocatória. 4. Conforme comprovado pelos documentos de fls. 130/166, surgiram 18 vagas no cargo pretendido durante o prazo de validade do certame, em decorrência de nomeações tornadas sem efeito e aposentadorias, o que torna líquido e certo o direito da impetrante. 5. É importante trazer à lume que, em julgamento recente, a Primeira Turma desta Corte pacificou o entendimento de que, havendo desistência de candidatos melhor classificados, fazendo com que os seguintes passem a constar dentro do número de vagas, a expectativa de direito se convola em direito líquido e certo, garantindo o direito a vaga disputada (RMS 53.506/DF, Rel. Min. REGINA HELENA COSTA, DJe 29.9.2017). 6. Essa orientação judicante, aliás, é adotada no STF, que afirma ser detentor de direito líquido e certo à nomeação candidato em concurso público que, aprovado inicialmente fora do número de vagas, vê emergir a sua oportunidade, como decorrência da desistência de candidatos melhor classificados. Eis alguns precedentes confirmatórios dessa salutar diretriz, todos posteriores ao precedente proferido em sede de repercussão geral, pelo colendo Supremo Tribunal Federal: ARE 1.058.317, Rel. Min. ROBERTO BARROSO, DJe 14.12.2017; ARE 1.005.047, Rel. Min. LUIZ FUX, DJe 22.2.2017; ARE 956.521 Rel. Min. ROBERTO BARROSO, DJe 16.11.2016; RE 919.920, Rel. Min. ROBERTO BARROSO, DJe 3.11.2016 e RE 916.425, Rel. Min. ROBERTO BARROSO, DJe 8.8.2016. 7. No caso, tendo sido concedida a ordem no presente *mandamus*, a UNIÃO insurgiu-se argumentando que a abertura de vagas no prazo de validade do certame por motivo de vacância não se assemelha às causas excepcionais que configuram a hipótese de preterição de direito (fls. 345/346). Essa argumentação da União, porém, não pode ser acolhida, porquanto, o que o STF orienta, desde abril de 2016, é que, surgindo novas vagas ou sendo aberto novo certame durante a validade do concurso anterior, e ocorrendo a preterição arbitrária e imotivada de candidatos habilitados, estes últimos passam titularizar direito subjetivo à nomeação (RE 837.311/PI, Rel. Min. LUIZ FUX, DJe 18.4.2016). 8. O problema que se põe, portanto, é, apenas, o de saber-se em que consiste a preterição arbitrária e imotivada. A expressão legalidade, que durante a primeira fase do Estado de Direito dominava a avaliação da validez dos atos administrativos, perdeu, desde os anos iniciais da década de 50 do século XX, a sua primazia. Hoje, o sentido de Estado Democrático de Direito não se rege mais pela simples legalidade, que assumiu a feição de legalismo. O Estado contemporâneo submete-se à juridicidade, que abrange, além das regras positivas, os princípios jurídicos da justiça, da razoabilidade e da proporcionalidade. Desse modo, os conceitos abertos ou indeterminados não fornecem mais base jurídica suficiente para afastar a incidência de direitos subjetivos fundamentais (...) (STJ, MS 20.001/DF, Rel. Ministro NAPOLEÃO NUNES MAIA FILHO, PRIMEIRA SEÇÃO, DJe 02.09.2019)

MANDADO DE SEGURANÇA. PROCESSO ADMINISTRATIVO DISCIPLINAR. POLICIAL RODOVIÁRIO FEDERAL CONDENADO POR TER LIBERADO UM VEÍCULO COM IRREGULARIDADES SEM OBSERVAR AS NORMAS LEGAIS E REGULAMENTARES QUE DEMANDAVAM A RETENÇÃO DO CRLV E A CONCESSÃO DE PRAZO PARA A REGULARIZAÇÃO. PENA APLICADA: SUSPENSÃO DE 10 DIAS. POSSIBILIDADE DE ANÁLISE APROFUNDADA DE PROVA DOCUMENTAL, DESDE QUE PRÉ-CONSTITUÍDA, EM MANDADO DE SEGURANÇA. IMPOSSIBILIDADE DE INSTRUÇÃO OU DILAÇÃO PROBATÓRIA. NÃO SE EVIDENCIA DESPROPORCIONAL OU DESPIDA DE RAZOABILIDADE A PUNIÇÃO APLICADA. INEXISTÊNCIA DE NULIDADES NO PROCEDIMENTO ADMINISTRATIVO. AMPLA DEFESA E CONTRADITÓRIO ASSEGURADOS. DIREITO LÍQUIDO E CERTO NÃO DEMONSTRADO. PARECER MINISTERIAL PELA DENEGAÇÃO DA ORDEM. ORDEM DENEGADA. 1. O Mandado de Segurança é juridicamente hábil para ensejar a apreciação da juridicidade de quaisquer atos administrativos, sob os seus múltiplos aspectos, inclusive e sobretudo a sua adequação jurídica (razoabilidade) e o seu ajustamento às peculiaridades do caso concreto (proporcionalidade), máxime quando se trata da aplicação de sanções pela Administração, isso porque o consagrado conceito de legalidade (adequação formal à lei) não esgota a juridicidade do ato administrativo, sendo esta o valor que está a merecer a máxima atenção do Julgador. (STJ, MS 17.856/DF, Rel. Ministro NAPOLEÃO NUNES MAIA FILHO, PRIMEIRA SEÇÃO, DJe 16.11.2015)

APELAÇÃO CÍVEL – AÇÃO CIVIL PÚBLICA – MEIO AMBIENTE – TRATAMENTO DE ESGOTO – POLÍTICAS PÚBLICAS – PODER DISCRICIONÁRIO DA ADMINISTRAÇÃO – INTERVENÇÃO DO PODER JUDICIÁRIO – EXCEPCIONALIDADE CONFIGURADA – CLÁUSULA DA RESERVA DO POSSÍVEL – INVOCAÇÃO – IMPOSSIBILIDADE – MULTA DIÁRIA – CABIMENTO – PRAZO – DILAÇÃO – SENTENÇA PARCIALMENTE REFORMADA. 1. A Carta Maior, ao elevar o meio ambiente ecologicamente equilibrado à categoria de bem de uso comum do povo (*res omnium*), trouxe explicitada a importância da manutenção do ambiente para a qualidade de vida do indivíduo, além de impor ao Poder Público e à coletividade o dever de por ele zelar para as presentes e futuras gerações. 2. O controle dos atos administrativos pelo Poder Judiciário limita-se, em regra, ao aspecto da legalidade ou, mais modernamente, ao aspecto da juridicidade, de modo que a atuação da Administração deve ser analisada não, somente, em relação à lei formal, mas, também, ao ordenamento jurídico como um todo (bloco de legalidade). 3. Somente em situações excepcionais é que se mostra legítima a intervenção do Poder Judiciária na seara discricionária da Administração, mormente quando a omissão reiterada do poder público em implementar políticas públicas acabe por violar mandamentos constitucionais ou legais, comprometendo a ordem jurídica. 4. O e. STF sedimentou o entendimento de que o princípio da reserva do possível não pode ser invocado, sempre que essa cláusula comprometer o núcleo mínimo dos direitos fundamentais que gravitam em torno da dignidade da pessoa humana, fundamento da República Federativa do Brasil (art. 1º, III, da CF/88). 5. A astreinte (art. 536, §1º, do CPC/15), nas ações de obrigação de fazer ou não fazer, constitui meio de coerção indireta destinada a impulsionar o réu a cumprir uma obrigação específica, devendo ser aplicada considerando a gravidade do caso e a importância do bem jurídico tutelado. 6. Dar parcial provimento ao recurso. (TJMG, Apelação Cível 1.0685.17.001346-8/001, Rel. Desembargadora TERESA CRISTINA DA CUNHA PEIXOTO, 8ª CÂMARA CÍVEL, julgado em 24.06.2021)

ADMINISTRATIVO E PROCESSUAL CIVIL. RECURSO ESPECIAL. MANDADO DE SEGURANÇA. CONCURSO PÚBLICO. PETROBRÁS. EXCLUSÃO DE CANDIDATOS DO CERTAME EM RAZÃO DE NÃO ATENDER A NORMA EDITALÍCIA. ART. 1º DA LEI 1.533/51. ILEGITIMIDADE PASSIVA DA RECORRENTE NÃO CONFIGURADA. VIOLAÇÃO DOS ARTS. 2º CAPUT, DA LEI N. 9.784/99 E 41 DA LEI. N. 8.666/91 QUE NÃO SE VERIFICA. EDITAL. EXIGÊNCIA DE CERTIFICADO DE RESERVISTA DE 1ª CATEGORIA. REQUISITO QUE NÃO ATENDE AOS PRINCÍPIOS DA IMPESSOALIDADE E DA RAZOABILIDADE. 1. Cuida-se de recurso especial no qual se alega a ilegitimidade de sociedade de economia mista para figurar polo passivo de mandado de segurança, bem como a legalidade do ato praticado pelo Gerente Executivo de Recurso Humanos da Petrobrás, consubstanciado na exclusão de candidatos ao cargo de Auxiliar de Segurança Interna, por, ao serem dispensados da corporação, não preencher requisito previsto em edital de apresentação de Certificado de Reservista de 1ª Categoria. 2. A jurisprudência desta Corte firmou o entendimento de que cabe mandado de segurança contra ato de dirigente de sociedade de economia mista quando investido em função delegada pelo Poder Público. Precedentes: AgRg no REsp 1.067.107/RN, Rel. Ministro Herman Benjamin, Segunda Turma, *DJe* 17.6.2009 e AgRg no CC 101.260/SP, Rel. Ministro Mauro Campbell Marques, Primeira Seção, *DJe* 9.3.2009. 3. A Constituição Federal, ao determinar a realização de concurso público como forma de investidura em cargo ou emprego público (art. 37, II, da CF/88), estabelece que os atos emanados pela Administração devem estar em conformidade com os princípios da legalidade, impessoalidade, moralidade, publicidade, estando tais princípios cristalizados no texto do art. 2º, *caput*, da Lei n. 9784/99. 4. A exigência de apresentação do certificado de reservista de primeira categoria não guarda pertinência com os princípios da impessoalidade e da razoabilidade que norteiam a Administração Pública, porque, na espécie, a dispensa dos candidatos do serviço militar obrigatório se dá de acordo com a discricionariedade e a conveniência da Administração, que, unilateralmente, estabelece o número do efetivo das Forças Armadas, não podendo os recorridos, reservistas de 2ª categoria, serem penalizados com a exclusão do certame pelo fato de o próprio Poder Público os terem dispensados de prestar o serviço militar obrigatório. 5. Recurso especial não provido. (STJ, REsp 1.186.517/RJ, Rel. Ministro BENEDITO GONÇALVES, PRIMEIRA TURMA, DJe 13.09.2010)

RECURSO ESPECIAL DE DIOGO CARDOSO DE BRITO ALBUQUERQUE – ADMINISTRATIVO – AUSÊNCIA DE VIOLAÇÃO DO ART. 535 DO CPC – DISSÍDIO JURISPRUDENCIAL NÃO DEMONSTRADO – INTERNAMENTO POR DOENÇA ACOMETIDA DURANTE O CURSO DE FORMAÇÃO DE OFICIAIS AVIADORES – PERDA DE AULAS DE SIMULAÇÃO DE VOO DENOMINADAS HORAS DE NACELE – SUBMISSÃO À PROVA PRÁTICA SEM REPOSIÇÃO DAS AULAS – ILEGALIDADE QUE MALFERE O DIREITO AO TRATAMENTO EXCEPCIONAL A SER CONCEDIDO AOS ALUNOS ENFERMOS, NOS TERMOS DO ART. 1º DO DECRETO-LEI N. 1.044/69 – VIOLAÇÃO DO DIREITO À EDUCAÇÃO E DO PRINCÍPIO DA ISONOMIA – DANOS MORAIS – SÚMULA 7/STJ. 1. O precedente indicado como capaz de consubstanciar dissídio interpretativo não se presta para configurar a divergência pois não apresenta similitude fática com o aresto recorrido. 2. A moldura fática fixada pela instância ordinária revela que o recorrente, durante o Curso Formação de Oficiais Aviadores, sofrera lesão na coluna cervical, em decorrência de "corretivos acadêmicos" praticados por cadetes superiores hierárquicos, seguida de infecção renal, quando então ficou internado em hospital militar. Durante a hospitalização, o recorrente não pode comparecer às aulas por um longo período, justamente quando se ministravam as "horas nacele", ou seja, aulas de simulação de voo. Ainda no hospital, a administração efetivou a avaliação teórica do recorrente, à qual logrou aprovação. Todavia, logo em seguida, submeteu-o à prova prática de voo, onde ocorreu a reprovação. 3. Nos termos do art. 1º do Decreto-Lei n. 1.044/69, os alunos que se encontram em situação de temporária enfermidade devem receber um tratamento excepcional, com vistas a evitar prejuízos ao aprendizado, assegurando-se-lhes o direito a uma instrução completa. 4. No caso dos autos, conforme fixado pelo Juiz sentenciante, as instruções teóricas recebidas pelo recorrente foram insuficientes, pois, durante o período em que ficou internado, não acompanhou as aulas, principalmente as de simulação de voo, conhecidas como horas de nacele. 5. Sendo assim, o tratamento especial ao qual o recorrente deveria ter sido submetido, após o encerramento da enfermidade, consistia na reposição das aulas perdidas, para só então submetê-lo aos exames teóricos e práticos. 6. Portanto, no caso concreto, não há falar em agir criterioso ou discricionário da administração. Até porque, fornecer ao estudante os meios que assegurassem um aprendizado completo não se encontra na esfera de discricionariedade da administração pública. Trata-se, na verdade, de uma finalidade ao qual o Poder Público, em todas as suas esferas, está vinculado. Só assim estaria sendo respeitado o direito fundamental à educação de qualidade. 7. Registre-se, também, que a submissão do recorrente às provas práticas de voo, sem a reposição das "horas de nacele", malferiu o princípio da isonomia. Enquanto os demais alunos receberam uma preparação completa, o recorrente, em razão de uma patologia acometida em serviço, foi submetido aos mesmos exames, sem lhe ter sido proporcionada a mesma instrução. 8. Por outro lado, ainda que não houvesse irregularidade no processo de aprendizado do recorrente, é de se questionar se a inabilitação para a atividade aérea é suficiente para a exclusão dos quadros militares, quando, a própria Lei n. 6.880/80, em seu art. 154, abre a possibilidade de recolocação do oficial em outro quadro da corporação. 9. O desligamento sumário dos quadros da corporação, em face da reprovação nas aulas práticas de voo, sem ter sido concedida uma instrução adequada, nem facultada a realocação em outro quadro do oficialato, soa como medida inadequada, que contraria a filosofia insculpida nos arts. 1º do Decreto-Lei n. 1.044/69 e 154 do Estatuto dos Militares. 10. Diante da ilegalidade no desligamento do recorrente, deve-se reintegrá-lo no curso de formação de oficial aviador, na mesma patente em que se encontram os seus colegas de turma. Aplica-se, assim, a mesma razão de decidir do REsp 701.919/DF, Rel. Min. Laurita Vaz, Quinta Turma, julgado em 8.5.2007, *DJ* 18.6.2007, p. 293. 11. A concessão da patente não habilitará o recorrente ao exercício de atividades que exijam a formação em cursos operacionais, dentre as quais a condução de aeronaves, helicópteros etc. Não é a patente que autoriza o militar a pilotar aeronaves, mas sim a aprovação nos cursos exigidos. Portanto, se quiser exercer essas atividades, o recorrente deverá se submeter à completa formação, a qual, teria se submetido se não houvesse a ilegalidade do ato de exclusão. 12. A instância ordinária não identificou os pressupostos caracterizadores do dano moral. Sendo assim, não há como infirmar essa conclusão, sob pena de malferimento da Súmula 7 desta Corte, que veda a reapreciação da matéria provatória. Recurso especial de DIOGO CARDOSO DE BRITO ALBUQUERQUE conhecido em parte e parcialmente provido. RECURSO ESPECIAL DA UNIÃO – PREJUDICADO. As questões a serem apreciadas no recurso especial da UNIÃO, relativas aos ônus sucumbenciais, restaram prejudicadas em face do parcial provimento do recurso interposto por DIOGO CARDOSO DE BRITO ALBUQUERQUE. Recurso especial da UNIÃO prejudicado. (STJ, REsp 1.187.536/PE, Rel. Ministro HUMBERTO MARTINS, SEGUNDA TURMA, DJe 22.09.2010)

Legitimidade

PROCESSUAL CIVIL. ADMINISTRATIVO. ECONÔMICO. MEDIDA ANTIDUMPING. DIREITOS PROVISÓRIOS. VÍCIOS PROCEDIMENTAIS. INEXISTÊNCIA. REPRESENTATIVIDADE DE ASSOCIAÇÃO. OCORRÊNCIA. VIOLAÇÃO AO CONTRADITÓRIO E AMPLA DEFESA. AUSÊNCIA. DANO. INDÚSTRIA LOCAL. POTENCIALIDADE. 1. Cuida-se de mandado de segurança impetrado contra ato da Câmara de Comércio Exterior – CAMEX, consubstanciado na Resolução CAMEX nº 40, de 08 de setembro de 2009, que impôs a aplicação de direitos antidumping provisórios sobre as importações de calçados chineses realizadas pela impetrante. 2. O art. 5º, XXI, da Constituição da República atribui às associações a prerrogativa de, quando autorizadas, representarem os interesses de seus associados judicial ou extrajudicialmente. Logo, a aferição do requisito da representatividade demanda apenas o exame dos atributos da própria associação, isto é, se a entidade associativa reflete, ou não, as reivindicações da indústria nacional, nos termos consignados no Decreto 1.602/95. 3. O associativismo representa importante ferramenta para a defesa da indústria nacional, principalmente naqueles setores mais fragmentários da economia, permitindo-se a proteção de interesses de agentes econômicos, os quais, isoladamente, jamais teriam a oportunidade de participar do processo de defesa comercial. 4. A legislação aplicável à matéria não contém nenhuma restrição quanto à possibilidade de o requerimento ser formulado por entidades associativas. Dessarte, inexistindo previsão normativa consagrando essa limitação, não cabe ao intérprete acrescentá-la, sob pena de conferir interpretação extensiva à norma de caráter restritivo. 5. O procedimento administrativo adotado para a aplicação dos direitos provisórios foi escorreito, não padecendo de nulidades. A impetrante teve efetivamente a oportunidade de manifestar-se, tendo sido seus argumentos examinados e rechaçados pela autoridade administrativa em vários momentos da instrução processual. 6. A aplicação dos direitos provisórios tem por objetivo a preservação da indústria nacional durante a tramitação do procedimento investigatório. Dessa forma, autoriza-se a imposição da medida nos casos de grave ameaça de dano ou mesmo nas hipóteses em que o mero transcurso procedimental possa agravar a situação da indústria brasileira. 7. A utilização de dados do ano de 2007, por si só, não compromete a regularidade da medida, uma vez que não se comprovou nos autos significativa alteração do cenário industrial doméstico, de modo a se fazer necessário novo levantamento probatório. 8. Ordem denegada. (STJ, MS 14641/DF, Rel. Ministro CASTRO MEIRA, PRIMEIRA SEÇÃO, DJe 05.10.2010)

Mérito administrativo

AGRAVO REGIMENTAL. RECURSO ESPECIAL. ADMINISTRATIVO. PROCESSO CIVIL. CONCURSO PÚBLICO. OFENSA AO ARTIGO 535. NÃO OCORRÊNCIA. AFRONTA AO ARTIGO 50 DA LEI Nº 9.784/99. MOTIVAÇÃO DO ATO ADMINISTRATIVO. SUBSTITUIÇÃO PELO PODER JUDICIÁRIO. IMPOSSIBILIDADE. 1. O acórdão recorrido utilizou fundamentação suficiente para solucionar a controvérsia, sem incorrer em omissão, contradição ou obscuridade, razão pela qual não há ofensa ao artigo 535 do CPC. 2. Ao Poder Judiciário é permitido tão somente o exame da legalidade do concurso público, sendo vedado apreciar os critérios utilizados pela banca examinadora, sob pena de substituir o mérito do ato administrativo praticado. 3. Agravo regimental improvido. (STJ, AgRg no REsp 1159486/DF, Rel. Ministra MARIA THEREZA DE ASSIS MOURA, SEXTA TURMA, DJe 11.10.2010)

ADMINISTRATIVO. MANDADO DE SEGURANÇA. AUTORIZAÇÃO PARA EXECUTAR SERVIÇO ESPECIAL DE RETRANSMISSÃO DE TELEVISÃO EDUCATIVA. NÃO CONFIGURAÇÃO DA DECADÊNCIA. ATO COATOR CONSUBSTANCIADO NA MANTENÇA DAS PENAS PECUNIÁRIA E DE SUSPENSÃO. ATOS PRATICADOS PELA IMPETRANTE CONTRA OS LIMITES DA OUTORGA. CONCLUSÃO DO PROCESSO ADMINISTRATIVO COM OBSERVÂNCIA AOS PRINCÍPIOS DA LEGALIDADE E DO DEVIDO PROCESSO LEGAL. IMPOSSIBILIDADE DE CONTROLE DO ATO OMISSIVO DA ADMINISTRAÇÃO PELO PODER JUDICIÁRIO. 1. Caso em que se impetra mandado de segurança contra ato o qual manteve as penas pecuniária e de suspensão aplicadas em desfavor da impetrante, sob alegação de ocorrência de vícios que, em tese, teriam contaminado o processo administrativo. 2. "O direito de requerer mandado de segurança extinguir-se-á decorridos 120 (cento e vinte) dias, contados da ciência, pelo interessado, do ato impugnado", consoante dispõe o art. 23 da Lei n. 12.016, de 7 de agosto de 2009. 3. No caso sub examinem, o ato impetrado, consubstanciado no não provimento do recurso administrativo da impetrante, foi publicado no Diário Oficial do dia 20 de agosto de 2009, enquanto que a impetração data de 26 de outubro de 2009. Logo, não houve decadência. 4. O compulsar dos autos relativos ao processo administrativo, apensado a este feito, não se constata nenhuma afronta à legalidade ou mesmo inobservância ao devido processo legal, assim como infere-se que as sanções atendem às prescrições legais e guardam razoabilidade com os atos perpetrados. 5. A autorização da impetrante é para retransmissão simultânea de televisão em UHF dos sinais gerados por TV educativa e foi concedida em caráter discricionário, não tendo ela submetido-se a procedimento licitatório. Por esse motivo, é incabível que ela pretenda retransmitir programação de TV comercial, na medida em que esta é concessionária do serviço de radiofusão de sons e imagens e, portanto, concorreu à licitação na modalidade de concorrência pública. Diante disso, fica patente o evidente intuito de burlar os termos da outorga. 6. A demora da Administração para apreciar os requerimentos administrativos vulnera, em tese, direito subjetivo, e legitima o administrado a socorrer-se no Poder Judiciário, para ver cessado o ato omissivo estatal, mas não possibilita que o impetrante haja por conta própria e que cometa atos ilícitos, como, por exemplo, a mudança de equipamento levada a cabo. Ademais, ainda que haja ato omissivo da Administração, o Poder Judiciário não pode suprir essa omissão e decidir o mérito do processo administrativo, mas apenas determinar que o procedimento seja concluído em tempo razoável. Precedentes: REsp 958.641/PI, Relatora Ministra Denise Arruda, Primeira Turma, *DJ* de 26 de novembro de 2009; e RMS 15.648/SP, Relator Ministro Hamilton Carvalhido, Sexta Turma, *DJ* de 3 de setembro de 2007. 7. Segurança denegada. (STJ, MS 14.760/DF, Rel. Ministro BENEDITO GONÇALVES, PRIMEIRA SEÇÃO, DJe 16.06.2010)

ADMINISTRATIVO. MANDADO DE SEGURANÇA. CREDENCIAMENTO DE CURSO SUPERIOR. ATO ADMINISTRATIVO DE NATUREZA COMPLEXA. NÃO HOMOLOGAÇÃO PELO MINISTRO DE ESTADO DA EDUCAÇÃO. INEXISTÊNCIA DE ATO OMISSIVO. MÉRITO ADMINISTRATIVO. EXAME PELO PODER JUDICIÁRIO. IMPOSSIBILIDADE (...) 5. É inviável ao Poder Judiciário incursionar no exame do mérito administrativo, sob pena de ofensa ao princípio da separação dos Poderes. Nesse sentido: STJ – MS 22.245/DF, Rel. Ministro BENEDITO GONÇALVES, PRIMEIRA SEÇÃO, DJe 29/5/2017; STF – RE 1.222.222-AgR, Rel. EDSON FACHIN, SEGUNDA TURMA, DJe 7/7/2020 e RE 636.686-AgR, Rel. GILMAR MENDES, SEGUNDA TURMA, DJe 15/8/2013. 6. Mandado de segurança denegado. (STJ, MS 26.689/DF, Rel. Ministro SÉRGIO KUKINA, PRIMEIRA SEÇÃO, DJe 19.02.2021)

APELAÇÃO CÍVEL – MANDADO DE SEGURANÇA – SERVIDOR PÚBLICO MUNICIPAL DE MANHUAÇU – SERVIÇO AUTÔNOMO DE LIMPEZA URBANA (SAMAL) – PROCESSO ADMINISTRATIVO DISCIPLINAR – AGRESSÃO FÍSICA A SUPERIOR HIERÁRQUICO – INFRAÇÃO FUNCIONAL – DEMISSÃO – INAFASTABILIDADE DA JURISDIÇÃO – MÉRITO ADMINISTRATIVO – PRINCÍPIO DA DEFERÊNCIA. – O mandado de segurança destina-se à proteção de direito líquido e certo, não amparado por habeas corpus ou por habeas data, ameaçado ou violado por ato praticado por autoridade com ilegalidade ou abuso de poder. – De acordo com o princípio da inafastabilidade da jurisdição, cabe ao Poder Judiciário reparar qualquer lesão ou ameaça a direito, devendo ser acentuado que, em atenção ao princípio da deferência da jurisdição, a intervenção judicial somente se justifica para ato administrativo irregular, o que significa dizer que, para a manifestação do Poder Judiciário, é preciso analisar a competência de quem praticou o ato e A observância dos limites da legalidade, pois, em razão do princípio da separação de poderes, não compete ao Poder Judiciário reavaliar o mérito do ato administrativo que observou os limites legais. – Se o processo administrativo disciplinar respeitou as exigências legais (art. 153 e ss. da Lei Municipal nº 1.682/91), tendo assegurado o contraditório e a ampla defesa, e restou provada a prática de ato tipificado no Estatuto dos Servidores Públicos como infração disciplinar passível de demissão (art. 142, VII, da Lei Municipal nº 1.682/91), não tem amparo legal a anulação da sanção pelo Poder Judiciário, com a reintegração do servidor ao cargo. (TJMG, Apelação Cível 1.0000.21.044263-8/001, Rel. Desembargador RENATO DRESCH, 4ª CÂMARA CÍVEL, julgado em 20.05.2021)

PROCESSUAL CIVIL. APELAÇÃO. AÇÃO DECLARATÓRIA DE NULIDADE DE MULTA IMPOSTA PELO PROCON DO MUNICÍPIO DE JABOATÃO DOS GUARARAPES. INFRINGÊNCIA AO ART. 18, §1º, DO CDC. RESPONSABILIDADE SOLIDÁRIA DO FORNECEDOR POR VÍCIO DE QUALIDADE DO PRODUTO. PROCESSO ADMINISTRATIVO REGULAR. IMPOSSIBILIDADE DE ANÁLISE DO MÉRITO ADMINISTRATIVO PELO JUDICIÁRIO. MULTA FIXADA EM PATAMAR RAZOÁVEL.1. O PROCON constitui órgão de defesa do consumidor, criado para proteção das relações consumeristas, e tem por finalidade cumprir as normas do Código de Defesa do Consumidor e do Decreto nº 2.181/97, com poderes para julgar e aplicar as sanções administrativas definidas pela legislação de regência (arts. 4º, inciso IV; 5º, 18, 22, do Decreto nº. 2.181/1997 e 56, do CDC).2. Aplicada a penalidade, ao Judiciário não compete a análise do mérito do processo administrativo, devendo este averiguar, tão somente, a legalidade de sua condução, em respeito ao princípio da separação dos poderes.3. Em análise dos autos, verifica-se claramente a regularidade do procedimento administrativo que impôs a sanção de multa à empresa apelante, com estrita observância do contraditório e da ampla defesa, não havendo que se falar em nulidade ou infringência às disposições consumeristas.4. Aplicação da multa que, na espécie, ocorreu por inobservância do comando normativo disposto no CDC, art. 18, §1º, que dispõe acerca da responsabilidade solidária do fornecedor pelos vícios de qualidade ou quantidade em relação aos produtos de consumo.5. Dessa forma, sem adentrar no mérito administrativo, tem-se que os atos realizados pelo apelado são legais, notadamente levando-se em conta que a apelante não contestou a existência do vício do produto, nem procedeu à reparação deste, conforme dispõe o art. 18, §1º, I, do CDC.6. Não há que se falar em redução da multa, imposta no valor de R$ 5.000,00 (cinco mil reais), posto que fixada em patamar razoável, atentando-se ao disposto no art. 57, do CDC, notadamente à gravidade da infração, à vantagem auferida e à condição econômica do fornecedor.7. Recurso desprovido, à unanimidade. (TJPE, Apelação Cível 503862-2/0004117-59.2015.8.17.0810, Rel. Desembargador JORGE AMÉRICO PEREIRA DE LIRA, 1ª CÂMARA DE DIREITO PÚBLICO, julgado em 25.05.2021)

RECURSO ORDINÁRIO EM MANDADO DE SEGURANÇA. CONTRATO ADMINISTRATIVO. SERVIÇOS DE VIGILÂNCIA ARMADA E NÃO ARMADA EM UNIDADES DO PODER JUDICIÁRIO DO ESTADO DO PARANÁ. DESCUMPRIMENTO CONTRATUAL. PAGAMENTO PARCIAL DO DÉCIMO TERCEIRO SALÁRIO DOS COLABORADORES. DECISÃO ADMINISTRATIVA QUE APLICOU MULTA DE 20% SOBRE O VALOR GLOBAL DOS CONTRATOS. MONTANTE REDUZIDO PARA 4% SOBRE O VALOR GLOBAL. PLEITO RECURSAL PARA DIMINUIÇÃO COM INTUITO DE QUE A MULTA INCIDA APENAS SOBRE A PARCELA DA OBRIGAÇÃO CONTRATUAL INADIMPLIDA OU DE QUE CORRESPONDA À DIFERENÇA ENTRE O VALOR DEVIDO E O VALOR PAGO A TÍTULO DE DÉCIMO TERCEIRO SALÁRIO. AUSÊNCIA DE PREVISÃO LEGAL. INEXISTÊNCIA DE DESPROPORCIONALIDADE FLAGRANTE (...) 9. Como é sabido, o controle de legalidade realizado pelo Poder Judiciário quanto às penalidades administrativas é admitido pela jurisprudência do Superior Tribunal de Justiça somente em casos excepcionais, sob pena de invasão do mérito administrativo quando há desproporcionalidade flagrante, como nas penalizações ínfimas ou exorbitantes, o que não se configurou na hipótese. (STJ, RMS 64.206/PR, Rel. Ministro HERMAN BENJAMIN, SEGUNDA TURMA, DJe 18.12.2020)

Apelação Cível. Ação anulatória de ato jurídico, com pedido de tutela provisória de urgência. I. Legitimidade do Fundo Municipal de Proteção e Defesa do Consumidor de Rio Verde/GO. O réu/apelado, integrante do Sistema Nacional de Defesa do Consumidor (artigo 2º do Decreto Federal nº 2.181/1997), detém a atribuição de apurar e punir infrações à legislação das relações de consumo e ao Decreto Federal nº 2.181/1997, como disciplinam os artigos 5º, *caput*, e 18, §2º, do Decreto Federal nº 2.181, de 20/03/1997 e o artigo 56, parágrafo único, do Código de Defesa do Consumidor. *In casu*, o réu/apelado, em processo administrativo, apurou que a autora/apelante deixou de reparar os danos causados a consumidor reclamante, decorrentes de falha e má qualidade do serviço de fornecimento de energia elétrica prestado e, por isso, infringiu o Código de Defesa do Consumidor, artigos 6º, inciso VI, 14, §1º, inciso II, e 22, e no Decreto Federal nº 2.181, de 20/03/1997, artigo 13, inciso IV, pelo que lhe aplicou a sanção administrativa de multa, prevista no artigo 56, inciso I, do Código de Defesa do Consumidor e no artigo 18, inciso I, do Decreto Federal nº 2.181/1997. II. Processo administrativo. Vícios. Inexistentes. O processo administrativo obedeceu aos princípios constitucionais do devido processo legal, do contraditório e da ampla defesa, não estando maculado com nenhum vício formal, como se dessume da análise do seu inteiro teor jungido em anexo à peça vestibular. Logo, não há se falar em nulidade do ato administrativo. III. Ingerência do Poder Judiciário no mérito do ato administrativo. Impossibilidade. É vedada a interferência do Poder Judiciário no mérito do ato administrativo, sob pena de afronta ao princípio da separação de poderes, competindo-lhe apenas a apreciação de matéria relacionada à respectiva legalidade, que, no caso em deslinde, foi atestada. Sob esse prisma, não é possível a análise nestes autos da existência ou não da ofensa, por parte da autora/apelante, à legislação consumerista e ao Decreto Federal nº 2.181/1997. Na hipótese em espeque, a apreciação restringir-se-á à adequação ou não do valor da multa aplicada administrativamente em desfavor da autora/apelante aos critérios previstos na legislação de regência e aos princípios que devem nortear o ato. IV. Multa. Aplicação. Valor. Proporcionalidade. Razoabilidade. O artigo 57 do Código de Defesa do Consumidor e o artigo 28 do Decreto Federal nº 2.181/1997 estabelecem que a pena de multa, aplicada mediante procedimento administrativo, em razão de infração da norma de defesa do consumidor e do Decreto Federal nº 2.181/1997, como é o caso dos autos, deve ser fixada considerando-se a gravidade da prática infrativa, a extensão do dano causado ao consumidor, a vantagem auferida com o ato infrativo e a condição econômica do infrator, respeitado o limite mínimo de 200 UFIR e máximo de 3.000.000 de UFIR. Ademais disso, no arbitramento da pena de multa deve-se observar, ainda, os princípios constitucionais da Administração Pública (legalidade, impessoalidade, moralidade, publicidade e eficiência (artigo 37, *caput*, da Constituição Federal), o princípio da motivação (artigo 93, inciso IX, da Constituição Federal) e os princípios da razoabilidade e proporcionalidade, sendo vedada a imposição de sanções em medida superior àquelas estritamente necessárias ao atendimento do interesse público (artigo 2º, inciso VI, da Lei Federal nº 9.784/99, que regula o processo administrativo no âmbito da Administração Pública Federal). Deveras, porque está em consonância com os critérios objetivos previstos na legislação consumerista e com os princípios norteadores da matéria, o valor da pena administrativa de multa fixada pelo réu/apelado em desfavor da autora/apelante não deve sofrer alteração pelo Poder Judiciário, devendo ser mantido tal qual lançado pela Administração Pública. V. Litigância de má-fé. Afastada. Quanto ao pedido do réu/apelado, formulado em contrarrazões, de condenação da autora/apelante nas sanções da litigância de má-fé, ao fundamento de que é nítido o caráter protelatório da apelação cível (artigo 80, inciso V, do Código de Processo Civil/2015), consigno que a autora/apelante, ao interpor a apelação cível, apenas exerceu o seu direito de buscar em juízo o aperfeiçoamento da prestação jurisdicional que entende necessário, não havendo na sua conduta o dolo de proceder de modo temerário. VI. Honorários advocatícios recursais. Não fixados. Em relação à majoração dos honorários advocatícios sucumbenciais em grau recursal, deixa-se de realizá-la, visto que estes já foram fixados pelo magistrado primevo no percentual máximo previsto no artigo 85, §§2º e 3º, do Código de Processo Civil/2015. 20% (vinte por cento) do valor da causa. Apelação cível conhecida e desprovida. Sentença mantida. (TJGO, Apelação Cível 5470419-76.2019.8.09.0138, Rel. Desembargador CARLOS ALBERTO FRANÇA, 2ª CÂMARA CÍVEL, DJ 14.09.2020)

Motivação

ADMINISTRATIVO – SERVIDOR PÚBLICO – REMOÇÃO – FALTA DE MOTIVAÇÃO – MANDADO DE SEGURANÇA – ORDEM CONCEDIDA – SENTENÇA CONFIRMADA. "Conquanto a remoção de servidor público seja ato que se sujeita ao interesse da Administração, na transferência compulsória de professor de uma unidade escolar para outra, sob pena de violação ao princípio constitucional da impessoalidade, é imprescindível a motivação e a observância de critérios objetivos" (ACMS nº 2003.014699-7, Des. Luiz Cézar Medeiros). (TJSC, Apelação Cível em Mandado de Segurança 2004.012248-9, Rel. Desembargador NEWTON TRISOTTO, 2ª CÂMARA DE DIREITO PÚBLICO, julgado em 31.08.2004)

RECURSO DE APELAÇÃO – MANDADO DE SEGURANÇA – DIREITO ADMINISTRATIVO – LICENÇA DE CONSTRUÇÃO, PREVIA E DE INSTALAÇÃO DE INFRAESTRUTURA DE TELECOMUNUCAÇÕES – ATO VINCULADO – SUSPENSÃO – AUSÊNCIA DE INDICAÇÃO DOS MOTIVOS E MOTIVAÇÃO – NULIDADE DOS ATOS ADMINISTRATIVOS – CARATERIZAÇÃO. – Em consonância ao artigo 50 da Lei n. 9.784/99, que regula o processo administrativo no âmbito da Administração Pública Federal, os atos administrativos deverão ser motivados, com indicação dos fatos e dos fundamentos jurídicos, quando "importarem anulação, revogação, suspensão ou convalidação de ato administrativo". – A motivação é pressuposto indispensável à validade do ato administrativo, pois é o que permite o controle de legalidade. - Ausentes tanto o motivo quando a motivação que levaram a Administração Pública a suspender as licenças concedidas, são nulos os atos administrativos que a determinou. (TJMG, Apelação Cível 1.0000.19.028008-1/002, Rel. Desembargador VERSIANI PENNA, 19ª CÂMARA CÍVEL, julgado em 24.11.2022)

MANDADO DE SEGURANÇA – SERVIDOR PÚBLICO ESTADUAL – REMOÇÃO *EX OFFICIO* – ALEGAÇÃO DE AUSÊNCIA DE MOTIVAÇÃO DO ATO ADMINISTRATIVO – LEI ESTADUAL Nº 23.304/2019 – TRANSFORMAÇÃO DO PRESÍDIO DE VESPASIANO EM UNIDADE PRISIONAL PARA A CUSTÓDIA DE MULHERES – DESNECESSIDADE DE QUE A MOTIVAÇÃO CONSTE NO PRÓPRIO ATO – PRECEDENTE DO STJ – DENEGAÇÃO DA SEGURANÇA. 1. Nos termos do art. 37 da CF, bem assim daqueles previstos no art. 2º da Lei 9.784 /99, o ato administrativo exige a observância aos princípios da legalidade, impessoalidade, moralidade e eficiência, além da finalidade, razoabilidade, motivação, segurança jurídica e interesse público. 2. Apesar de não possuir direito líquido e certo a uma lotação conveniente aos seus interesses, os atos relativos à movimentação do servidor devem ser devidamente motivados, sob pena de nulidade. 3. Todavia, apreciando a questão idêntica, decidiu o STJ (AgInt no RMS 56886 e AgInt no RMS 57821) "... que não é necessário que a motivação esteja na própria Portaria, sendo suficiente que conste do ato referência ou remissão à deliberação do órgão superior que resguarde o ato de remoção do vício de ilegalidade decorrente da ausência de motivação, conforme previsão do art. 50, I , da Lei 9.784/99". 4. O ato administrativo, apesar de limitar-se a identificar o servidor removido, sua lotação anterior e a nova lotação, tem assento na Lei Estadual nº 23.304/2019 e transformação do Presídio de Vespasiano em Unidade Prisional para a custódia de mulheres. 5. O ato administrativo detém plena justificativa, embora dele não contasse expressamente a motivação, já que vinculada a critério legal e organizacional. 6. Segurança denegada. (TJMG, Mandado de Segurança 1.0000.19.150754-0/000, Rel. Desembargador AUDEBERT DELAGE, 6ª CÂMARA CÍVEL, julgado em 09.06.2020)

AGRAVO DE INSTRUMENTO – DIREITO ADMINISTRATIVO -ATO ADMINISTRATIVO – SUSPENSÃO DAS LICENÇAS ANTERIORMENTE CONCEDIDAS – IMPOSSIBILIDADE – INEXISTÊNCIA DE MOTIVO E MOTIVAÇÃO – SUSPENSÃO DO ATO ADMINISTRATIVO – RESTABELECIMENTO DO STATUS QUO ANTE – NÃO PROVIMENTO DO RECURSO. – Em consonância ao artigo 50 da Lei n. 9.784/99, que regula o processo administrativo no âmbito da Administração Pública Federal, os atos administrativos deverão ser motivados, com indicação dos fatos e dos fundamentos jurídicos, quando "importarem anulação, revogação, suspensão ou convalidação de ato administrativo". – Ausentes tanto o motivo quando a motivação que levaram a Administração Pública a suspender as licenças ambientais anteriormente concedidas, de se manter a decisão agravada que suspendeu o ato administrativo, restabelecendo-se o status quo ante à prática dos atos eivados de vício, excetuando-se eventual ato administrativo posterior devidamente motivado. (TJMG, Agravo de Instrumento 1.0000.19.028008-1/001, Rel. Desembargador VERSIANI PENNA, 19ª CÂMARA CÍVEL, julgado em 06.06.2019)

APELAÇÃO CÍVEL. AÇÃO DE INDENIZAÇÃO POR DANOS MORAIS. SERVIDORA PÚBLICA MUNICIPAL. REMOÇÃO INJUSTIFICADA. ILEGALIDADE. DANO MORAL CONFIGURADO. QUANTUM CORRETAMENTE FIXADO. RECURSO CONHECIDO E IMPROVIDO. I – O dever de motivação é inerente a todo e qualquer ato administrativo, tanto discricionário quanto vinculado, devendo o administrador público fazer a indicação dos fatos e dos fundamentos jurídicos justificadores da decisão; II – A remoção de um servidor é matéria atinente à discricionariedade do administrador público, mas nem por isso prescinde da adequada motivação, sob pena de ser declarada a sua nulidade; III – *In casu*, a apelada, professora da rede municipal, foi removida da escola onde estava lotada sem qualquer justificativa. Nesse contexto, é evidente a ilegalidade do ato administrativo de remoção da recorrida, sobretudo porque o apelante não apresentou a causa fática a validar a mencionada transferência (...) (TJPA, Apelação Cível 0000693-21.2015.8.14.0057, Rel. Desembargadora ROSILEIDE MARIA DA COSTA CUNHA, 1ª TURMA DE DIREITO PÚBLICO, julgado em 1º.02.2021)

Mandado de segurança. Concurso público. Nomeação de candidatos e posterior revogação do ato administrativo. Motivação. Necessidade. Contratação temporária em razão de pandemia. Motivo insubsistente. Preterição ao concurso público. Demonstração inequívoca da Administração da existência de vagas e necessidade da contratação. Restauração dos efeitos do decreto de nomeação. Violação de direito líquido e certo à posse dos candidatos nomeados. Segurança concedida. 1. A administração pode revogar seus próprios atos por motivo de conveniência ou oportunidade, contudo, deve exteriorizar no ato justo motivo para tanto, ou seja, a motivação da revogação. 2. A ausência da motivação da revogação no próprio ato administrativo, torna-o questionável e inválido, bem como a alegação nas informações de que os prazos para candidatos nomeados entrarem em exercício são extensos e que estes poderiam ter dificuldade na apresentação de documentos evidenciam a fragilidade do motivo declarado pela Administração Pública. 3. De acordo com a jurisprudência do STF, a contratação precária mediante terceirização de serviço somente configura preterição na ordem de nomeação de aprovados em concurso vigente, ainda que fora do número de vagas previsto no edital, quando referida contratação tiver como finalidade o preenchimento de cargos efetivos vagos. 4. Ocorrendo demonstração inequívoca da existência de vagas e da necessidade da Administração em contratar os servidores da saúde, mesmo antes da pandemia, reconhece-se a preterição ao direito à posse dos candidatos nomeados, impondo-se a concessão da segurança para o restabelecimento da nomeação da impetrante ao cargo para o qual foi aprovada e nomeada. (TJRO, Mandado de Segurança 0801709-53.2020.822.0000, Rel. Desembargadora MARIALVA HENRIQUES DALDEGAN, TRIBUNAL PLENO, julgado em 19.10.2020)

APELAÇÃO CÍVEL. DIREITO ADMINISTRATIVO. SERVIDOR PÚBLICO. LOCAL DE TRABALHO. TRANSFERÊNCIA. NECESSIDADE DE MOTIVAÇÃO DO ATO SOB PENA DE NULIDADE. MANUTENÇÃO DA SENTENÇA. 1 – Analisando o ato concreto (memo nº 042/2019-PMP-SEMAP), mostra-se de maneira clara a ausência de motivação do ato pelo Poder Público, pois mostra-se que a transferência para a Escola de Ensino Infantil Moacyr Nunes Cerqueira foi realizada sem terem sido observadas as determinações legais por parte da Administração Pública, especialmente, a necessidade de fundamentação do ato administrativo o qual ensejou a remoção do servidor. 2 – A ausência de justificativa, afigura-se como ato ilegal e arbitrário, pois como se sabe, o ato administrativo deve ser motivado a fim de que se possa auferir a observância dos princípios da Administração Pública insculpidos no art. 37, *caput* da Constituição Federal. 3 – Sendo assim, entendo que tal ato não merece ser mantido pelo Poder Judiciário, devido à ausência de motivação, conforme dispõe o art. 2º, parágrafo único, inciso VII e o art. 50 da Lei nº 9.784/99. (TJPA, Apelação Cível/Remessa Necessária 0000725-82.2019.8.14.0090, Rel. Desembargadora EZILDA PASTANA MUTRAN, 1ª TURMA DE DIREITO PÚBLICO, julgado em 10.08.2020)

REEXAME NECESSÁRIO. DIREITO ADMINISTRATIVO. MANDADO DE SEGURANÇA. MUNICÍPIO DE MONTE ALEGRE. REMOÇÃO *EX OFFICIO*. AUSÊNCIA DE MOTIVAÇÃO. ILEGALIDADE. CONCESSÃO DA SEGURANÇA. DIREITO LÍQUIDO E CERTO. CONFIGURAÇÃO. NULIDADE DO ATO. SENTENÇA MANTIDA. I. Conquanto o servidor público não seja detentor da prerrogativa da inamovibilidade, o ato administrativo que determina a sua remoção para escola diversa daquela que sempre exerceu as suas funções públicas deve pautar-se na conveniência do serviço ou no interesse da Administração Pública. II. O ato de remoção embora seja um ato discricionário da Administração, deve apresentar os motivos que demonstrem o interesse público, sob pena de nulidade do ato administrativo. III. A ausência de motivação no ato de remoção de servidor público municipal revela a ilegalidade e culmina com a declaração de sua nulidade, para todos os efeitos jurídicos. IV. Em sede de Reexame Necessário sentença mantida na integralidade. (TJPA, Remessa Necessária 0001742-07.2017.8.14.0032, Rel. Desembargadora ROSILEIDE MARIA DA COSTA CUNHA, 1ª TURMA DE DIREITO PÚBLICO, julgado em 18.05.2020)

DIREITO ADMINISTRATIVO. REEXAME NECESSÁRIO EM MANDADO DE SEGURANÇA. SERVIDORAS PÚBLICAS DO MUNICÍPIO DE ARNEIROZ. REMOÇÃO *EX OFFICIO*. AUSÊNCIA DE MOTIVAÇÃO DOS ATOS ADMINISTRATIVOS. NULIDADE RECONHECIDA. PRECEDENTES DO SUPERIOR TRIBUNAL DE JUSTIÇA E DESTA CORTE. REMESSA OBRIGATÓRIA DESPROVIDA. SENTENÇA MANTIDA. 1. O cerne da controvérsia reside em analisar a legalidade dos atos administrativos que promoveram as remoções *ex officio* das autoras de suas antigas lotações. 2. É possível a alteração *ex officio* de servidor público por interesse e conveniência da administração. Não obstante, faz-se imprescindível a motivação do referido ato, devendo a administração pública expor, por escrito, a necessidade da alteração, sob pena de nulidade. 3. No caso concreto, a administração pública não se preocupou em demonstrar as circunstâncias fáticas e jurídicas que determinaram a prática dos atos, limitando-se a transferir as impetrantes, sem apresentar qualquer argumento, o que evidencia o acerto do decisum em questão, haja vista a flagrante afronta ao princípio da motivação. 4. Remessa *ex officio* desprovida. Sentença mantida. (TJCE, Remessa Necessária 0000101-65.2013.8.06.0187, Rel. Desembargador LUIZ EVALDO GONÇALVES LEITE, 2ª CÂMARA DE DIREITO PÚBLICO, julgado em 30.06.2021)

ADMINISTRATIVO. CONSTITUCIONAL. REEXAME NECESSÁRIO. MANDADO DE SEGURANÇA. PROFESSORAS CONCURSADAS MUNICÍPIO DE ICÓ. AUSÊNCIA DE PROVA PRÉ-CONSTITUÍDA. PRELIMINAR QUE SE CONFUNDE COM O MÉRITO DA DEMANDA. REMOÇÃO *EX OFFICIO*. ATO ADMINISTRATIVO DISCRICIONÁRIO. AUSÊNCIA DE MOTIVAÇÃO PELA ADMINISTRAÇÃO. VIOLAÇÃO A DIREITO LÍQUIDO E CERTO CONFIGURADA. PRECEDENTES NO STJ. SENTENÇA MANTIDA. 1. Cuida-se de Reexame Necessário em face da sentença que concedeu a segurança pleiteada, nos autos do Mandado de Segurança com pedido liminar, impetrado contra ato reputado ilegal e abusivo do Secretário de Educação do Município de Icó. 2. Servidoras públicas concursadas do Município de Icó-CE, ocupante do cargo de Professora, alegam que desempenhando regularmente suas funções, em escolas públicas da rede de ensino municipal, localizadas nas proximidades de suas residências, foram vítimas de perseguição político-partidária, culminando na transferência *ex offício* de seus locais de trabalho, para escolas da sede rural do município, bem distantes de suas respectivas moradias, sem qualquer motivação de interesse público, nem fundamentação plausível. Pleiteiam a suspensão/nulidade dos atos de remoção, com a recolocação das impetrantes nos seus locais de lotação de origem. 3. A preliminar de ausência de prova pré-constituída se confunde com o próprio mérito da demanda, devendo ser analisada juntamente com a parte meritória do julgado. 4. Nada obstante a inexistência de garantia estatutária ou constitucional de inamovibilidade de servidor público e sua transferência esteja inserta na discricionariedade da Administração Pública, ante a supremacia do interesse público, é imprescindível a motivação do ato administrativo para fins de resguardar a impessoalidade, legalidade, motivação, finalidade e a moralidade, também princípios constitucionais de observância obrigatória, previstos no artigo 37 da Constituição Federal. 5. Todo ato administrativo, em linhas gerais, ainda que discricionário, deve preencher certos requisitos, elementos, atrelados à motivação, sob pena de ser invalidado pela própria Administração Pública, ou pelo Poder Judiciário. 6. Remessa Necessária conhecida e desprovida. Sentença confirmada. (TJCE, Remessa Necessária 0014206-08.2017.8.06.0090, Rel. Desembargadora MARIA IRANEIDE MOURA SILVA, 2ª CÂMARA DE DIREITO PÚBLICO, julgado em 30.06.2021)

ADMINISTRATIVO E PROCESSUAL CIVIL. APELAÇÃO CÍVEL EM MANDADO DE SEGURANÇA. MUDANÇA DE LOTAÇÃO DE SERVIDOR POR PERSEGUIÇÃO POLÍTICA. AUSÊNCIA DE MOTIVAÇÃO DO ATO ADMINISTRATIVO. ATO NULO. SEGURANÇA CONCEDIDA. REMESSA NECESSÁRIA E RECURSO CONHECIDOS, MAS DESPROVIDOS. 1. O ordenamento jurídico preceitua que o mandado de segurança deve ser utilizado para proteger direito líquido e certo, assim considerado aquele titularizado pelo impetrante, embasado em situação fática perfeitamente delineada e comprovada de plano por meio de prova pré-constituída. 2. Independentemente da alegação que se faz acerca de que a transferência do servidor público para localidade mais afastada teve cunho de perseguição política, o cerne da questão a ser apreciada nos autos diz respeito, principalmente, ao fato de o ato ter sido praticado sem a devida motivação. 3. A motivação é necessária para todo e qualquer ato administrativo, pois sua falta ou a indicação de motivos falsos ou incoerentes torna o ato nulo, a teor da Lei nº. 9.784/99, que em seu art. 50 prevê a necessidade de motivação dos atos administrativos. Precedentes do STJ. 4. Remessa e recurso conhecidos, mas desprovidos. (TJCE, Remessa Necessária 0000037-91.2014.8.06.0196, Rel. Desembargador WASHINGTON LUIS BEZERRA DE ARAUJO, 3ª CÂMARA DE DIREITO PÚBLICO, julgado em 14.06.2021)

ATO ADMINISTRATIVO – PRESUNÇÃO DE LEGITIMIDADE E VERACIDADE – MOTIVAÇÃO E MOTIVO – EXISTÊNCIA – RECURSO NÃO PROVIDO. 1. Os atos do agente público gozam de presunção de veracidade, sendo que o motivo é o pressuposto de fato e de direito para seu fundamento. 2. O controle jurisdicional pode incidir sobre os elementos do ato administrativo, a fim de contrastá-lo com os princípios que regem a atividade de Administração, especialmente o princípio da legalidade. 3. A exigência de motivo para a decisão tem base legal no art. 2º, VII e 50, da Lei 9.784/99. 4. Tendo a revisão do processo administrativo e a Portaria respectiva, de que resultou a não concessão da Carteira Nacional de Habilitação, apresentado o motivo e da motivação, que vem a ser a exposição dos motivos que determinam a prática do ato, a exteriorização dos motivos que levaram a Administração a praticar o ato, o ato impugnado é válido e, como tal, gera efeitos. 5. Agravo retido e apelação não providos. (TJMG, Apelação Cível 1.0452.07.030999-5/002, Rel. Desembargador RAIMUNDO MESSIAS JÚNIOR, 2ª CÂMARA CÍVEL, julgado em 07.05.2013)

MANDADO DE SEGURANÇA. PRELIMINAR DE ILEGITIMIDADE PASSIVA DO GOVERNADOR DO ESTADO REJEITADA. PRELIMINAR DE INADEQUAÇÃO DA VIA ELEITA NÃO ACOLHIDA. MÉRITO. CONCURSO PÚBLICO EDITAL SAEB/01/2018. CANDIDATO QUE CONCORREU ÀS VAGAS RESERVADAS A PESSOAS COM DEFICIÊNCIA. PERÍCIA MÉDICA REALIZADA FORA DAS ESPECIFICAÇÕES DO EDITAL. AUSÊNCIA DE MOTIVAÇÃO. NULIDADE. PERÍCIA QUE DEVE SER RENOVADA

EM OBSERVÂNCIA ÀS REGRAS DO EDITAL. SEGURANÇA PARCIALMENTE CONCEDIDA. 1. Preliminar de ilegitimidade passiva do Governador do Estado da Bahia rejeitada. Autoridade que tem como atribuição para nomeação e posse de candidato em concurso público, consoante disposto no art. 105, XIII, da Constituição do Estado da Bahia. 2. Preliminar de inadequação da via eleita não acolhida. Documentação suficiente para aferir a ilegalidade do ato administrativo impugnado. 3. No mérito, objeto do processo concernente à ilegalidade da exclusão de candidato a concurso público por considerá-lo inapto a concorrer às vagas reservadas a pessoas com deficiência. Ausência de fundamentação, bem como inobservância às regras do edital e aos princípios administrativos e constitucionais adequados ao caso. 4. Motivação do ato administrativo como requisito de validade ausente no ato impugnado. Inobservância ao art. 50, III, da Lei 9.784/99. Princípio constitucional da impessoalidade da Administração Pública violado. 5. Previsão expressa no edital de que a perícia seria realizada por uma junta médica composta por uma equipe multiprofissional, e não por um único médico. Consonância do edital com o art. 2º, §1º, do Estatuto da Pessoa com Deficiência, que não foram respeitados. 6. Ato administrativo nulo diante da ausência de motivação e da inobservância das regras do edital para provimento do concurso. 7. Atuação do poder judiciário que não pode ultrapassar o exame de legalidade do ato administrativo impugnado. Rito do mandado de segurança que não comporta dilação probatória. Deficiência que deve ser aferida por nova perícia médica que respeite a previsão do edital de ser realizada por junta médica, sendo seu resultado devidamente justificado. 8. Candidato que já logrou êxito em todas as demais etapas do concurso e que, caso aprovado pela perícia médica, deverá ter sua nomeação e posse mantidas em definitivo. 9. Segurança parcialmente concedida. (TJBA, Mandado de Segurança 8018381-41.2019.8.05.0000, Rel. Desembargador PAULO ALBERTO NUNES CHENAUD, SEÇÃO CÍVEL DE DIREITO PÚBLICO, publicado em 11.06.2021)

APELAÇÃO. MANDADO DE SEGURANÇA. RENOVAÇÃO DE ALVARÁ DE LICENÇA DE TAXISTA. SENTENÇA QUE DENEGA A SEGURANÇA. OMISSÃO NA APRECIAÇÃO DE REQUERIMENTO ADMINISTRATIVO. AUSÊNCIA DE MOTIVAÇÃO. PREFERÊNCIA NA OBTENÇÃO DO ALVARÁ PELA LEI MUNICIPAL REGULADORA. OMISSÃO ABUSIVA DA ADMINISTRAÇÃO. Considera-se abusivo o indeferimento de renovação de autorização administrativa para exercício de atividade pela Administração Pública, quando inexiste nos autos comprovação da mudança de critérios de avaliação que motive a recusa. A Administração tem o dever de explicitamente emitir decisão nos processos administrativos, nas solicitações ou nas reclamações em matéria de sua competência. Concessão da segurança para determinar que a autoridade coatora emita alvará para a atividade de taxista em favor do apelado, acaso o veículo a ser cadastrado tenha condições de tráfego e segurança. APELAÇÃO PROVIDA. (TJBA, Apelação Cível 0506260-39.2017.8.05.0256, Rel. Desembargadora CASSINELZA DA COSTA SANTOS LOPES, 4ª CÂMARA CÍVEL, publicado em 18.06.2020)

Mandado de Segurança. Concurso para Delegado, Escrivão e Investigador de Polícia Civil do Estado da Bahia. Edital SAEB/01/2018. Questão de Prova Discursiva. A Administração tem o dever de divulgar pontuação discriminada de cada erro/acerto da prova, a fim de que se comprove se houve ou não a efetiva redistribuição dos pontos. O recurso administrativo interposto perante a banca examinadora deve conter decisão motivada, em atenção ao quanto disposto no artigo 50, V, da Lei 9.784/99. Isto posto, as autoridades apontadas como coatoras devem divulgar o resultado do recurso administrativo interposto pelo Impetrante, de forma motivada, expondo com clareza os pontos não atendidos pelo candidato, explicitando a nota final por cada subitem da questão dissertativa recorrida, e os motivos que conduziram ao resultado final. Contudo, esta ação constitucional não é meio adequado para buscar a sua manutenção nas demais etapas do certame apenas pela demora na apresentação da decisão fundamentada ao seu recurso administrativo sob a ideia que isso, de per si, geraria a própria anulação da questão discursiva controvertida, ou garantiria o seu prosseguimento, não obstante a pontuação obtida na referida questão. Existem outras regras editalícias sobre nota mínima e cláusula de barreira cuja análise extrapolam em muito os limites objetivos da lide tal como propostos. A argumentação que trata da necessidade de contratação de mais servidores policiais para realização da segurança pública não é legítima, de per si, para ampliar os limites desta lide. A alegação de que não foi ofertado novo prazo para apresentação de novo recurso após a apresentação da decisão fundamentada de seu recurso administrativo é desprovida de amparo legal. Segurança parcialmente concedida. (TJBA, Mandado de Segurança 8000764-68.2019.8.05.0000, Rel. Desembargador JOSE CICERO LANDIN NETO, SEÇÃO CÍVEL DE DIREITO PÚBLICO, publicado em 16.03.2021.

ADMINISTRATIVO. AÇÃO CIVIL PÚBLICA. servidores públicos. sindicato. cargo diretivo sindical. compensação de horário de trabalho. honorários advocatícios. 1. O Sindicato-autor ajuizou ação civil pública com o propósito de declarar a ilegalidade do art. 36, da IN 02/2018, a fim de ver reconhecido o direito dos substituídos, ocupantes de cargo diretivo sindical a participarem das atividades deste, impondo-se à União obrigação de não fazer consistente em deixar de exigir compensação de horário sem justificava e prova prévia de prejuízo à eficiência administrativa dos diretores e conselheiros da entidade sindical. 2. A regulamentação pela Instrução Normativa de 12/09/2018 não é totalmente ilegal e nem pode ser interpretada genericamente, mas apenas à luz de cada caso concreto, com base nas seguintes premissas: [a] o servidor ocupante de cargo diretivo sindical tem o direito a participar das atividades deste, sem que haja óbices não fundamentados ou genéricos; porém [b], caso não esteja sob licença não remunerada, é lícita a exigência de compensação de horário de trabalho realizada posteriormente à sua saída.

[c] não é lícita negativa não fundamentada de autorização para saída ou fundamentada em razões genéricas; [d] ressalvada a possibilidade de negativa fundamentada individualmente por motivo de continuidade do serviço público ou outro motivo de interesse público no caso concreto (em que logicamente deverão ser apresentados os quantitativos de força de trabalho ou parâmetros de operação que ficarão prejudicados, bem como outros pressupostos fáticos individual), na forma do art. 50, da Lei 9784/1999; [e] cujo controle judicial só pode ser feito "a posteriori", e não de forma abstrata e genérica própria de demandas coletivas como a presente, e sem invadir o mérito do ato administrativo. (TRF4, Apelação Cível 5005462-65.2019.4.04.7200, Rel. Desembargadora Federal MARGA INGE BARTH TESSLER, 3ª TURMA, julgado em 16.06.2020)

APELAÇÃO CÍVEL. MANDADO DE SEGURANÇA. CONCURSO PÚBLICO. COTAS RACIAIS. CANDIDATO PARDO ELIMINADO. 1. A ação constitucional do mandado de segurança é o meio posto à disposição de toda pessoa física ou jurídica para a proteção de direito individual ou coletivo, líquido e certo, lesado ou ameaçado de lesão, por ato de autoridade, com fundamento no texto do inciso LXIX do art. 5º da Constituição da República. 2. Direito líquido e certo é aquele direito titularizado pelo impetrante, embasado em situação fática perfeitamente delineada e comprovada de plano por meio de prova pré-constituída. 3. O que se perquire com a vasta legislação de cotas raciais e sociais, que perfeitamente se coadunam com a Constituição Federal, é a igualdade substancial através de ações afirmativas. 4. O autor confirma por fotografias e documentos que acompanharam a petição inicial dos autos originários que ostenta a cútis parda, assim como vários integrantes da sua família. 5. Na Certidão de Nascimento do Impetrante acostada aos autos consta, entre outros dados, a cor "PARDA". 6. Documentos adunados aos autos confirmam que sua avó materna também era PARDA e que seu avô materno era NEGRO. 7. A exclusão do impetrante da lista de concorrentes às cotas raciais decorreu de decisões sem qualquer fundamentação, em contrariedade ao disposto no art. 14 da Lei Orgânica do Município de Maricá, e do art. 2º da Lei Estadual n.º 5.427/2009, que disciplina os processos administrativos no âmbito do Estado do Rio de Janeiro, o que também afronta o disposto no art. 50, I, III e V, da Lei n.º 9.784/99. 8. Tratando-se de ato desprovido de motivação, que excluiu o impetrante da lista de candidatos às vagas reservadas ao sistema de cotas raciais do certame, a declaração da sua nulidade é medida impositiva. 9. Recurso não provido. (TJRJ, Apelação Cível 0004839-72.2020.8.19.0031, Rel. Desembargador JOSÉ CARLOS PAES, 14ª CÂMARA CÍVEL, julgado em 28.07.2021)

REMESSA NECESSÁRIA. MANDADO DE SEGURANÇA. REMOÇÃO DE SERVIDORA DE UM SETOR PARA OUTRO COM AUMENTO DE CARGA HORÁRIA. AUSÊNCIA DE MOTIVAÇÃO DO ATO. INFORMAÇÕES PRESTADAS PELO MUNICÍPIO QUE NÃO REBATEM OS ARGUMENTOS DA IMPETRANTE. DEVER DA ADMINISTRAÇÃO PÚBLICA MOTIVAR OS ATOS ADMINISTRATIVOS. REMOÇÃO QUE SE MOSTRA ABUSIVA. MANUTENÇÃO DA SENTENÇA. DESPROVIMENTO DA REMESSA EM COM O PARECER. (TJPB, Remessa Necessária 00013158820138150301, Rel. Desembargador MARCOS CAVALCANTI DE ALBUQUERQUE, 3ª CÂMARA ESPECIALIZADA CÍVEL, julgado em 29.01.2019)

APELAÇÃO CÍVEL EM MANDADO DE SEGURANÇA – MÉDICA PERTENCENTE AO CORPO CLÍNICO DE HOSPITAL – SERVIÇOS PRESTADOS AOS SUS – DESCREDENCIAMENTO – FALTA DE MOTIVAÇÃO – ILEGALIDADE DO ATO. (TJSC, Mandado de Segurança 1999.000782-0, Rel. Desembargador CLÁUDIO BARRETO DUTRA, 3ª CÂMARA DE DIREITO PÚBLICO, julgado em 30.08.2004)

ADMINISTRATIVO – SERVIDOR PÚBLICO – TRANSFERÊNCIA – REVOGAÇÃO – FALTA DE MOTIVAÇÃO – *FUMUS BONI IURIS* E *PERICULUM IN MORA* CONFIGURADOS. 1 O fato de a remoção de servidor se constituir em ato que deve atender aos interesses do serviço público não desobriga a Administração do dever de motivá-lo, bem assim, aquele que revoga a transferência já operada. 2 Presentes os requisitos para a concessão da liminar – relevância dos fundamentos jurídicos e o *periculum in mora* – impõe-se ao Magistrado deferir a medida, sustando o ato impugnado. (TJSC, Agravo de Instrumento 2005.020701-8, Rel. Desembargador, LUIZ CÉZAR MEDEIROS, 2ª CÂMARA DE DIREITO PÚBLICO, julgado em 22.11.2005)

MANDADO DE SEGURANÇA. EXAME NACIONAL DE DESEMPENHO DOS ESTUDANTES. INTERESSE DE AGIR. LEGITIMIDADE DO MINISTRO DE ESTADO DA EDUCAÇÃO. DISPENSA DA REALIZAÇÃO DO EXAME. INDEFERIMENTO IMOTIVADO. ORDEM CONCEDIDA. 1. Não sendo exigível que o impetrante aguarde a realização do Exame Nacional de Desempenho dos Estudantes – Enade no ano seguinte para que possa regularizar sua situação estudantil, colar grau, registrar seu diploma no Ministério da Educação e, consequentemente, exercer livremente a sua profissão, resulta evidente o seu interesse de agir. 2. O Ministro de Estado da Educação é parte legítima para figurar no polo passivo de mandado de segurança impetrado visando a dispensa do estudante do Exame Nacional de Desempenho dos Estudantes – Enade. 3. Incontroverso nos autos que o pedido de dispensa do Exame Nacional de Desempenho dos Estudantes – Enade foi apresentado de modo regular, tempestivo, instruído e corretamente endereçado, conforme orientação da Portaria nº 1.059/2009, exsurge o direito líquido e certo do impetrante ante o indeferimento imotivado da autoridade coatora. 4. Ordem concedida. (STJ, MS 15.213/DF, Rel. Ministro HAMILTON CARVALHIDO, PRIMEIRA SEÇÃO, DJe 01.10.2010)

MANDADO DE SEGURANÇA. ADMINISTRATIVO. SERVIDOR PÚBLICO FEDERAL. SUSPENSÃO POR SESSENTA DIAS. AUSÊNCIA DE JUSTA MOTIVAÇÃO DO ATO DE INSTAURAÇÃO DO PROCESSO ADMINISTRATIVO DISCIPLINAR. NÃO OCORRÊNCIA. LEGITIMIDADE DA AUTORIDADE IMPETRADA. NÃO OBRIGATORIEDADE DE NOTIFICAÇÃO DO SERVIDOR APÓS O RELATÓRIO FINAL DA COMISSÃO PROCESSANTE. OBSERVÂNCIA DOS PRINCÍPIOS DA MOTIVAÇÃO E DA PROPORCIONALIDADE. 1. Tendo sido devidamente motivada a necessidade de instauração do processo administrativo disciplinar, não há falar em ocorrência de nulidade, ressaltando-se, ademais, que é obrigatória "sempre que o ilícito praticado pelo servidor ensejar a imposição de penalidade de suspensão por mais de 30 (trinta) dias, de demissão, cassação de aposentadoria ou disponibilidade, ou destituição de cargo em comissão" (artigo 146 da Lei nº 8.112/90). 2. Nos termos do art. 141, II, do Estatuto dos Servidores Públicos Federais é da competência dos Ministros de Estado, autoridades de hierarquia imediatamente inferior ao Presidente da República, a aplicação ao servidor da penalidade de suspensão superior a 30 dias. 3. Nos termos da Súmula Vinculante nº 5/STF, a falta de defesa técnica por advogado no processo administrativo não ofende a Constituição Federal, desde que seja concedida a oportunidade de ser efetivado o contraditório e a ampla defesa, como no caso. 4. No processo administrativo disciplinar regido pela Lei 8.112/90 não há previsão para apresentação de alegações pela defesa após o relatório final da Comissão Processante, ou posteriormente ao parecer do órgão jurídico responsável por se manifestar acerca das conclusões daquela Comissão, não havendo falar em aplicação subsidiária da Lei 9.784/99. Precedentes. 5. Observância, na espécie, de devida motivação do ato de suspensão do servidor público, que apontou provas suficientes da prática de infração prevista na lei, bem como da proporcionalidade na aplicação da pena. 6. Segurança denegada. (STJ, MS 12937/DF, Rel. Ministra MARIA THEREZA DE ASSIS MOURA, TERCEIRA SEÇÃO, DJe 01.02.2011)

Motivação aliunde

RECURSO ORDINÁRIO EM MANDADO DE SEGURANÇA. ADMINISTRATIVO. CARGO EM COMISSÃO. EXONERAÇÃO MOTIVADA. APRECIAÇÃO PELO PODER JUDICIÁRIO. ASSESSOR JURÍDICO DO MINISTÉRIO PÚBLICO ESTADUAL. EXERCÍCIO DA ADVOCACIA. INCOMPATIBILIDADE. 1. Segundo a Teoria dos Motivos Determinantes, em havendo motivo para a edição do ato exoneratório, fica o Administrador vinculado ao motivo, cuja existência e validade podem ser submetidas à apreciação do Poder Judiciário. 2. Não importa em ilegalidade, abuso de poder ou desvio de finalidade o ato que exonera Assessor Jurídico do Ministério Público Estadual do cargo em comissão com base em motivação aliunde de acórdão do Conselho Pleno do Conselho Federal da Ordem dos Advogados do Brasil na Consulta nº 12/2005, que decide ser incompatível o exercício da advocacia por servidor do Ministério Público. 3. O rol contido na Lei nº 8.906/94, ainda que taxativo, é dirigido aos advogados, inexistindo óbice a que outras normas, destinadas aos servidores públicos, estabeleçam restrições ou vedações ao exercício da função pública quando concomitante com a advocacia, em obséquio aos princípios que regem a Administração Pública insertos no artigo 37, *caput*, da Constituição Federal, notadamente os da moralidade e da eficiência. 4. Recurso improvido. (STJ, RMS 27520 / GO, Rel. Ministra MARIA THEREZA DE ASSIS MOURA, SEXTA TURMA, DJe 21.03.2012)

APELAÇÃO CÍVEL – MANDADO DE SEGURANÇA – SERVIDOR PÚBLICO – MUNICÍPIO DE POUSO ALEGRE – DESTITUIÇÃO DO CARGO DE DIRETOR ESCOLAR – PROCEDIMENTO ADMINISTRATIVO – IRREGULARIDADES NÃO DEMONSTRADAS – OBSERVÂNCIA DO DEVIDO PROCESSO LEGAL, AMPLA DEFESA E CONTRADITÓRIO – AUSÊNCIA DE MOTIVAÇÃO DO ATO QUE INSTAUROU O PAD – NÃO OCORRÊNCIA – MOTIVAÇÃO *PER RELATIONEM* – POSSIBILIDADE – CONTROLE JUDICIAL LIMITADO AOS ASPECTOS DE LEGALIDADE – SEGURANÇA DENEGADA – SENTENÇA MANTIDA – RECURSO NÃO PROVIDO. 1. Se na hipótese dos autos houve respeito ao devido processo legal, à ampla defesa e ao contraditório, há que ser rechaçada a tese de nulidade do processo administrativo que culminou na destituição da impetrante do cargo de diretora de escola municipal. 2. Não há falar-se em nulidade do ato administrativo que deflagrou o PAD por ausência de fundamentação, se o decisum se reporta a parecer conclusivo exarado pela Sindicância instaurada para apurar os fatos imputados à impetrante. Trata-se de motivação aliunde ou *per relationem*, admitida pela doutrina como forma de motivação do ato administrativo. 3. Patente a legalidade do ato administrativo, é de rigor a manutenção da sentença que denegou a segurança. 4. Recurso não provido. (TJMG, Apelação Cível 1.0525.14.014160-3/001, Rel. Desembargador RAIMUNDO MESSIAS JÚNIOR, 2ª CÂMARA CÍVEL, julgado em 24.05.2016)

ADMINISTRATIVO – POLICIAL MILITAR – EXCLUSÃO DA CORPORAÇÃO – SINDICÂNCIA REGULAR – AMPLA DEFESA E CONTRADITÓRIO ASSEGURADOS EM SEDE DE PROCEDIMENTO ADMINISTRATIVO – MOTIVAÇÃO DO ATO – PROPORCIONALIDADE DA PENA APLICADA. Inexiste ilegalidade em ato de exclusão do policial militar dos quadros da corporação, desde que tenha resultado de sindicância e do processo administrativo disciplinar, regularmente instaurado, em que tenham concluído pela incompatibilidade da conduta do indiciado com o exercício da atividade de praça ou oficial da Polícia Militar, e, ainda, se foram observados os princípios do contraditório e da ampla defesa. Não se exige que a motivação do ato seja sempre contextual, ou seja, que tenha sido registrada no mesmo documento em que se encontra o ato motivado, sendo perfeitamente possível a motivação "aliunde" ou "*per relationem*", manifestada em local distinto, desde que mereça a devida publicidade. O controle do ato administrativo pelo Poder Judiciário, embora transcenda a observância dos aspectos meramente formais acerca da existência da causa indicada no próprio ato administrativo e a apreciação dos aspectos intrínsecos do ato, exceto quanto à sua conveniência e oportunidade, encontra limite na área do mérito, devendo cingir – se à verificação de ilegalidade, desvio ou abuso de poder, ou se houve "adoção de alguma medida exorbitante da lei". (TJMG, Apelação Cível 1.0000.00.286508-7/000, Rel. Desembargadora JUREMA MIRANDA, 4ª CÂMARA CÍVEL, julgado em 05.09.2002)

Moralidade

ADMINISTRATIVO – LICITAÇÃO PÚBLICA – PROCESSO LICITATÓRIO PARA CONTRATAÇÃO DE SERVIÇOS DE ADVOCACIA – EVIDÊNCIAS DE FAVORECIMENTO DE ALGUNS LICITANTES EM DETRIMENTO DOS DEMAIS – QUEBRA DOS PRINCÍPIOS DA IGUALDADE E DA IMPESSOALIDADE – AÇÃO CIVIL PÚBLICA – IMPROBIDADE ADMINISTRATIVA – LIMINAR SUSPENDENDO O CONTRATO. Havendo fortes indícios de que o processo licitatório foi dirigido para beneficiar a empresa vencedora do certame, impõe-se a confirmação da decisão que suspendeu a celebração do contrato. (TJSC, Agravo de Instrumento 2005.020853-9, Rel. Desembargador NEWTON TRISOTTO, 2ª CÂMARA DE DIREITO PÚBLICO, julgado em 22.11.2005)

Oficialidade

Reexame necessário e apelação – mandado de segurança – direito administrativo – ato impugnado – instauração de processo administrativo – prerrogativa da Administração Pública – princípio da oficialidade – ato ilegal ou abusivo – ausência – segurança denegada – sentença reformada – recurso voluntário prejudicado. 1. O mandado de segurança deve se voltar contra ato reputado ilegal ou abusivo que ameace direito líquido e certo do impetrante. 2. A instauração de processo administrativo se refere a ato de prerrogativa da Administração Pública, inclusive, de ofício. Trata-se de poder-dever da Administração. Princípio da oficialidade. 3. Incabível mandado de segurança contra ato da autoridade que edita portaria para designação de comissão processante a fim de instaurar procedimento administrativo. (TJMG, Apelação Cível/Remessa Necessária 1.0000.17.048785-4/001, Rel. Desembargador MARCELO RODRIGUES, 2ª CÂMARA CÍVEL, julgado em 19.09.2017)

Prazos

RECLAMAÇÃO JUDICIAL E DISCIPLINAR CONTRA MAGISTRADO. ARQUIVAMENTO. ART. 9º, §2º, DA RESOLUÇÃO Nº 135/2011/CNJ. AGRAVO INTERNO. MATÉRIA DE CUNHO DISCIPLINAR. PRAZO PARA INTERPOSIÇÃO. 15 DIAS. ART. 10 DA RESOLUÇÃO Nº 135/2011/CNJ. CÔMPUTO DO PRAZO. DIAS ÚTEIS. INAPLICABILIDADE EM PROCESSOS ADMINSITRATIVOS. ART. 26 DA RESOLUÇÃO Nº 135/2011/CNJ. MATÉRIA SUBMETIDA À LEI FEDERAL Nº 9.784/1999 (PROCESSO ADMINISTRATIVO FEDERAL) ART. 66, §2º, DA LEI FEDERAL Nº 9.784/1999. CONTAGEM DOS PRAZOS. FORMA CONTÍNUA. ART. 59, §3º, DA LEI ESTADUAL Nº 14.184/2002. REDAÇÃO IDÊNTICA. INTEMPESTIVIDADE CONFIGURADA. NÃO CONHECIMENO DO RECURSO. 1. Em se tratando de representação para instauração de procedimento administrativo disciplinar contra Desembargador, a qual fora arquivada, com fundamento no art. 9º, §2º, da Resolução nº 135/2011/CNJ, o prazo para recorrer será de 15 dias corridos, conforme o disposto no seu art. 10. 2. O art. 26 da Resolução nº 135/2011/CNJ estabelece que se aplicam "aos procedimentos disciplinares contra magistrados, subsidiariamente, e desde que não conflitem com o Estatuto da Magistratura, as normas e os princípios relativos ao processo administrativo disciplinar das Leis n. 8.112/90 e n. 9.784/99". 3. A Lei Federal nº 9.784/1999, por seus arts. 66, §2º, prescreve que a contagem dos prazos processuais, na espécie, se dá de forma contínua, comando que se repete "ipsis litteris" no §3º do art. 59 da Lei Estadual nº 14.184/2002, que dispõe sobre o processo administrativo no âmbito da Administração Pública do Estado de Minas Gerais. Dessarte, não se aplica, no caso, o cômputo do prazo pelos dias úteis, previsto no art. 219 do CPC, *ex vi* do art. 15 do mesmo codex processual. 4. No caso ainda, considerando que o reclamante fora intimado da decisão no dia 02/12/2019 (segunda-feira), o prazo de 15 dias para recorrer iniciou-se no dia seguinte, ou seja, 03/12/2019 (terça-feira), para, assim, se encerrar no dia 17/12/2019 (terça-feira). Como o agravo interno foi interposto no dia 21/01/2020, manifesta a sua intempestividade. (TJMG, Agravo Interno 1.0000.19.151837-2/001, Rel. Desembargador GILSON SOARES LEMES, ÓRGÃO ESPECIAL, julgado em 21.10.2020)

APELAÇÃO CÍVEL – AÇÃO DE INDENIZAÇÃO POR DANOS MORAIS – PRESTAÇÃO DE SERVIÇOS EDUCACIONAIS – CURSO TÉCNICO – DEMORA NÃO JUSTIFICADA PARA ENTREGA DO DIPLOMA – ATO ILÍCITO – PREJUÍZO EXTRAPATRIMONIAL. – O atraso demasiado e não justificado para a entrega de Diploma caracteriza ato ilícito. – Se a norma específica não define prazo para o cumprimento do ato, impõe-se a adoção da proporcionalidade entre a prestação e a contraprestação (certificado), aplicando-se analogicamente a Lei nº. 9.784/99 (art. 59, §1º), que regula o processo administrativo e aproveita a emissão dos diplomas universitários, em (30) trinta dias. – Além da assimilação de conhecimentos especializados, a obtenção do título de conclusão representa objetivo primordial do aluno, por lhe propiciar diversificados bônus, dentre os quais a maior visibilidade profissional. – A longa espera para o recebimento do título representa causa de frustração e angústia do discente, por acarretar, no período respectivo, a impossibilidade de fruição das prerrogativas e benefícios profissionais buscados com a matrícula e frequência ao Curso, sendo devida a reparação por dano moral. – No arbitramento do valor da indenização por dano moral devem ser observados os critérios de moderação, proporcionalidade e razoabilidade em sintonia com o ato ilícito e suas repercussões. (TJMG, Apelação Cível 1.0554.15.001919-4/001, Rel. Desembargador ROBERTO VASCONCELLOS, 17ª CÂMARA CÍVEL, julgado em 06.02.2020)

APELAÇÃO CÍVEL – AÇÃO DECLARATÓRIA DE ATO ADMINISTRATIVO – PROCESSO ADMINISTRATIVO – ART. 49 DA LEI 9.784/99 – PRAZO IMPRÓPRIO – PRECLUSÃO ADMINISTRATIVA – INOCORRÊNCIA – CÓDIGO DE DEFESA DO CONSUMIDOR – APLICABILIDADE – CADEIA DE FORNECIMENTO – RESPONSABILIDADE SOLIDÁRIA – CONFIGURAÇÃO – MULTA APLICADA PELO PROCON – LEGALIDADE – VALOR – RAZOABILIDADE/PROPORCIONALIDADE – SENTENÇA MANTIDA. O prazo de conclusão de processo administrativo previsto no art. 49 da Lei 9.784/99 é impróprio, ou seja, é fixado na lei tão-somente como parâmetro para a prática do ato. E, sendo assim, o Superior Tribunal de Justiça já decidiu que o seu desatendimento não acarreta preclusão ou punição para aquele que o descumpriu. Constatada a responsabilidade da parte apelante, principalmente diante da solidariedade prevista pelos artigos 12, 18 e 25 do Código de Defesa do Consumidor (Cadeia de Fornecimento), resta configurada a infração administrativa e a necessidade de imputação de penalidade. De acordo com o art. 57 do Código do Consumidor a pena de multa será graduada de acordo com a gravidade da infração, a vantagem auferida e a condição econômica do fornecedor e será aplicada mediante procedimento administrativo. Se a multa é fixada dentro desses parâmetros, não há falar em sua redução. (TJMG, Apelação Cível 1.0145.12.067052-9/001, Rel. Desembargadora ÂNGELA DE LOURDES RODRIGUES, 8ª CÂMARA CÍVEL, julgado em 25.10.2018)

Prescrição
ADMINISTRATIVO – PRESCRIÇÃO – INOCORRÊNCIA – POSSIBILIDADE DE O JUDICIÁRIO REVER ATOS ADMINISTRATIVOS ILEGAIS – SUBSTITUIÇÃO DE CARGO EFETIVO – VEDAÇÃO DA LEI Nº 6.745/85, ART. 90 – NÃO PREENCHIMENTO DO INTERSTÍCIO NECESSÁRIO PARA APLICAÇÃO DO DISPOSTO NA LEI Nº 6.901/86. 1 A invalidação do ato prescinde da instauração de processo administrativo se a nulidade for flagrante e constatável na simples confrontação dele com a lei ou com a Constituição, sem necessidade de comprovação de fato a ele extrínseco (MS nº 2001.013389-0, Des. Newton Trisotto). Ao Judiciário caberá a palavra final sobre a legalidade do ato anulador, estendendo a análise ao ato anulado (STF, MS nº 1.944, Min. Luiz Gallotti). 2 A Lei Federal nº 9.784/99 não é aplicável aos servidores estaduais, sob pena de flagrante ofensa ao princípio da autonomia federativa. Salvo disposição legal expressa, a nulidade absoluta do ato administrativo não pode ser convalidada pelo decurso do tempo e muito menos pode o Judiciário conferir-lhe efeito jurídico (CC, art. 168, parágrafo único). 3 Não tendo o servidor completado o interstício necessário para aplicação do disposto na Lei nº 6.901/86, impossível se torna a percepção da agregação pela substituição de cargo efetivo, vedada pelo Estatuto dos Servidores Públicos Estaduais. (TJSC, Apelação Cível 2005.030251-4, Rel. Desembargador LUIZ CÉZAR MEDEIROS, 2ª CÂMARA DE DIREITO PÚBLICO, julgado em 29.11.2005)

APELAÇÃO CÍVEL – ANULAÇÃO DO AUTO DE INFRAÇÃO AMBIENTAL – PRESCRIÇÃO – REsp 1.115.078/RS – MULTA ADMINISTRATIVA – CONTROLE PELO PODER JUDICIÁRIO – OBSERVÂNCIA DOS CRITÉRIOS LEGAIS – GRAVIDADE DA INFRAÇÃO – HONORÁRIOS ADVOCATÍCIOS – REDUÇÃO – POSSIBILIDADE. O STJ, no julgamento do REsp 1.115.078/ RS, fixou o entendimento de que o parágrafo primeiro, do artigo 1º, da Lei nº 9.873/1999, que regulamenta o instituto da prescrição intercorrente, não se aplica aos processos administrativos em trâmite no âmbito municipal e estadual. A finalidade do controle da Administração Pública pelo Poder Judiciário é corrigir os atos abusivos e ilegais, assegurando que a Administração observe a Lei. Nos processos administrativos sancionadores é permitido à administração pública alterar, modificar ou extinguir a penalidade, sem se cogitar violação do princípio da reformatio in pejus, apenas nos casos em que há abusividade ou ilegalidade. Eventual alteração do valor da multa pelo Poder Judiciário configura interferência indevida no mérito administrativo. (TJMG, Apelação Cível 1.0000.20.598939-5/001, Rel. Desembargadora LUZIA DIVINA DE PAULA PEIXÔTO (JD CONVOCADA), 3ª CÂMARA CÍVEL, julgado em 25.02.2021)

APELAÇÃO – SERVIDOR PÚBLICO MUNICIPAL – PRESCRIÇÃO – PRESTAÇÕES DE TRATO SUCESSIVO – INOCORRENCIA – DIFERENÇA SALARIAL – VERBA DEVIDA – RECONHECIMENTO PELO ENTE MUNICIPAL – INADIMPLEMENTO DA OBRIGAÇÃO DE PAGAR – ALEGAÇÃO DE VÍCIO DE ATO ADMINISTRATIVO – INTELIGENCIA DO ART. 54, DA LEI Nº 9.784/99 – DECADÊNCIA – IMPOSSIBILIDADE DE SE DECLARAR A NULIDADE DO ATO – RECURSO DESPROVIDO – HONORÁRIOS ADVOCATÍCIOS – ARTIGO 85, §11º, DO CPC – MAJORAÇÃO. – Nos termos dos arts. 1º e 3º do Decreto nº 20.910/32, em se tratando de parcelas de trato sucessivo, não tendo ente público negado o próprio direito reclamado, a prescrição atingirá somente as prestações vencidas antes do quinquênio anterior ao ajuizamento da ação, não ocorrendo o perecimento do fundo de direito. – O prazo prescricional de que trata o Decreto nº 20.910/32 interrompe-se na hipótese de requerimento formulado pelo titular do direito postulado, somente voltando a fluir a partir do último ato praticado pela administração pública no procedimento. – Os atos administrativos eivados de nulidade somente poderão ser anulados pela Administração Pública, quando favoráveis aos destinatários ausentes de má-fé, até o prazo máximo de 5 (cinco) anos, a contar da data de percepção do primeiro pagamento, nos casos em que disserem respeito a efeitos patrimoniais contínuos, conforme estabelece o art. 54, da Lei nº 9.784/99. – De acordo com a nova regra processual preconizada no artigo 85, §11, do Novo Código de Processo Civil, deverá o Tribunal, ao julgar o recurso, proceder à majoração dos honorários advocatícios anteriormente fixados, considerando, para tanto, o trabalho adicional realizado em grau recursal, vinculado, contudo, ao limite e aos requisitos estabelecidos nos §2º, do mesmo dispositivo legal. (TJMG, Apelação Cível 1.0534.14.005726-4/001, Rel. Desembargador ADRIANO DE MESQUITA CARNEIRO, 3ª CÂMARA CÍVEL, julgado em 14.06.2018)

Proporcionalidade e razoabilidade
AGRAVO DE INSTRUMENTO. CONTRATO ADMINISTRATIVO. NEGATIVA IMOTIVADA DE CELEBRAÇÃO DO NEGÓCIO POR PARTE DO ADMINISTRADO. IMPOSIÇÃO DE SANÇÃO. ART. 87 DA LEI 8.666/93. DESPROPORCIONALIDADE ENTRE A CONDUTA PERPERTRADA E A REPRIMENDA APLICADA PELO PODER PÚBLICO. RECURSO PROVIDO. 1. Como é cediço, em todas as searas do Direito, é pacífico que a penalização do infrator deve ser compatível com a gravidade e a reprovabilidade da infração, sendo dever do aplicador dimensionar a extensão e a intensidade da sanção aos pressupostos de antijuridicidade apurados. 2. No âmbito do processo administrativo, o princípio da proporcionalidade encontra previsão expressas no art. 2º, parágrafo único, VI, da Lei nº 9.784/99, que exige a "adequação entre meios e fins, vedada a imposição de obrigações, restrições e sanções em medida superior àquelas estritamente necessárias ao atendimento do interesse público". 3. A Lei de Licitações, em seu art. 87, prevê quatro penalidades administrativas a serem impostas ao contratante inadimplente: I – advertência; II – multa, na forma prevista no instrumento convocatório ou no contrato; III – suspensão temporária de participação em licitação e impedimento de contratar com a Administração, por prazo não superior a 2 (dois) anos; IV – declaração de inidoneidade para licitar ou contratar com a Administração Pública enquanto perdurarem os motivos determinantes da punição ou até que seja promovida a reabilitação perante a própria autoridade que aplicou a penalidade, que será concedida sempre que o contratado ressarcir a Administração pelos prejuízos resultantes e após decorrido o prazo da sanção aplicada com base no inciso anterior. 4. O dispositivo em questão tem merecido veementes críticas por parte da doutrina por conferir flexibilidade exagerada à Administração para aplicar penalidades, uma vez que não são descritas as condutas que ensejariam a cominação de cada um de seus incisos, o que acaba por vulnerar a segurança jurídica dos administrados. 5. A fim de racionalizar a aplicação das sanções supracitadas, que apresentam notória gradação, indo da mais leve – multa (inciso I) –, a mais grave – declaração de inidoneidade (inciso IV) –, Marçal Justen Filho destaca o papel desempenhado pelo princípio da proporcionalidade como "instrumento jurídico fundamental para elaboração de uma teoria quanto às sanções atinentes à contratação administrativa (...). Isso significa que, tendo a Lei previsto um elenco de quatro sanções, dotadas de diverso grau de severidade, impõe-se adequar as sanções mais graves às condutas mais reprováveis. A reprovabilidade da conduta traduzir-se-á na aplicação de sanção proporcionada e correspondente". 6. Na mesma linha do doutrinador, o Min. Franciulli Netto, no julgamento do MS nº 7311/DF, Rel. Ministro GARCIA VIEIRA, DJ em 02/06/2003, destacou que "não é lícito ao Poder Público, diante da imprecisão da lei, aplicar os incisos do artigo 87 sem qualquer critério. Como se pode observar pela leitura do dispositivo, há uma gradação entre as sanções. Embora não esteja o administrador submetido ao princípio da pena específica, vigora no Direito Administrativo o princípio da proporcionalidade". 7. Conquanto a negativa do vencedor da licitação em celebrar o contrato possua algum grau de reprovabilidade, se o comportamento em questão não se mostra suscetível de causar qualquer prejuízo ao erário, a imposição da mais gravosa das condutas ao administrado, a princípio, revela-se ofensiva ao princípio da proporcionalidade, e, portanto, ilegal. (TJMG, Agravo de Instrumento 1.0024.13.365159-6/001, Rel. Desembargador BITENCOURT MARCONDES, 8ª CÂMARA CÍVEL, julgado em 18.07.2014)

Pedido de revisão de PAD. Cerceamento de Defesa. Inadequação da penalidade. Aplicação da sanção demissionária à servidora pública. Violação ao princípio da proporcionalidade e razoabilidade. Pedido de revisão a que se dá provimento, com efeitos financeiros exclusivamente a partir da publicação deste acórdão. Não configura cerceamento de defesa o indeferimento do pedido de sustentação oral do advogado da servidora na sessão que dá continuidade ao julgamento após pedido de vista feito por um dos julgadores, pois as normas regimentais preveem a renovação da defesa oral somente no caso de o feito retornar à mesa após o cumprimento de diligência ou em julgamento adiado, o que não restou configurado. Limitada a análise da demanda à proporcionalidade da pena aplicada, em relação àquelas impostas aos demais agentes e/ou servidores envolvidos, bem como considerando-se a conduta individualizada de cada um, tem-se por exacerbada a pena de demissão combatida nesta revisional, impondo-se sua substituição pela pena de suspensão, a qual considera-se cumprida pelo período em que a servidora ficou afastada do serviço público. Tendo em vista as peculiaridades do caso, os efeitos financeiros somente se darão a partir da publicação deste acórdão, caso a autora opte por retornar ao serviço, já que se encontra aposentada, não havendo se falar em efeitos retroativos. (TJRO, Processo Administrativo 0005434-88.2017.8.22.0000, Rel. Desembargador RENATO MARTINS MIMESSI, publicado em 11.02.2021)

Pessoal. Ato sujeito a registro. Princípio da insignificância. Aposentadoria. Pensão. Pagamento indevido. O valor insignificante de parcela incluída irregularmente em ato de concessão de aposentadoria ou pensão pode ensejar em caráter excepcional o julgamento pela legalidade do ato, com o devido registro, em observância aos princípios da razoabilidade, da eficiência e da economicidade, desde que adotada medida para a regularização financeira da falha. (TCU, Acórdão 9.438/2021, Rel. Ministro JORGE OLIVEIRA, PRIMEIRA CÂMARA, julgado em 13.07.2021)

ADMINISTRATIVO E PROCESSUAL CIVIL. AGRAVO INTERNO NOS EMBARGOS DE DECLARAÇÃO NO MANDADO DE SEGURANÇA. INOVAÇÃO RECURSAL. IMPOSSIBILIDADE. INDISPENSABILIDADE DA IMPUGNAÇÃO ESPECÍFICA AOS FUNDAMENTOS DA DECISÃO AGRAVADA. LIQUIDEZ E CERTEZA. NECESSIDADE DA DEMONSTRAÇÃO. 1. O julgamento do mandado de segurança, por decisão monocrática, encontra expressa autorização no art. 34, inciso XIX, do RISTJ, que se coaduna com o princípio da razoável duração do processo. 2. Não se conhece, por vedação à inovação recursal, de teses submetidas ao juízo apenas por ocasião da interposição do agravo interno. Precedentes. 3. Não merecem conhecimento, por violação do princípio da dialeticidade, as razões do agravo interno que deixam de impugnar, especificamente, o real fundamento da decisão combatida. Inteligência do art. 1.021, §1.º, do CPC. 4. A liquidez e a certeza do direito a ser protegido pela ação mandamental devem existir já no momento da impetração. Se não demonstradas, de logo, por provas documentais robustas e idôneas, apresentadas com a petição inicial, inviabilizam o êxito do writ, em razão da notória impossibilidade de dilação probatória nessa via angusta. Precedentes. 5. O CPC, conquanto oriente o processamento da ação mandamental, é, em relação à Lei do Mandado de Segurança, norma apenas subsidiária. A esse respeito, anota Hely Lopes Meirelles: "o mandado de segurança é ação civil de rito especial, sujeito a normas procedimentais próprias, pelo que só supletivamente lhe são aplicáveis disposições gerais do Código de Processo Civil". (Direito administrativo brasileiro. 31. ed. São Paulo: Malheiros, p. 711). Por essa mesma razão, não se pode permitir ao impetrante apresentar, a qualquer tempo, "novas provas", especialmente quando já ouvida a Autoridade impetrada. Aceitar tal possibilidade significaria igualar o writ a uma ação ordinária, esvaziando-o completamente de sentido. Logo, o art. 493 do CPC não autoriza, só por si, a tardia produção probatória. 6. Por se tratar de preceito ético, a vedação ao enriquecimento sem justa causa, imposta aos agentes públicos, não se funda no quantum auferido, como se a diferença entre o valor inicialmente apontado e aquele verificado ao fim fosse fato relevante ou suficiente para excluir a ilicitude. A *ratio* da norma pune o enriquecimento ilícito em si e por si, não pelo seu quantum. Censura-se a desproporcionalidade da evolução patrimonial, não a sua extensão. Inteligência do disposto no art. 9.º, VII, da LIA. 7. Em sede de processo administrativo disciplinar, o indeferimento adequadamente motivado de provas consideradas impertinentes ou irrelevantes não viola o princípio da ampla defesa. Precedentes. 8. O entendimento atual das Cortes Superiores orienta-se no sentido de não ser lícito ao impetrante invocar os princípios da proporcionalidade e/ou razoabilidade no intuito de substituir por sanção administrativa mais leve a penalidade mais gravosa, quando esta seja legalmente prevista e, portanto, de feição vinculante para a autoridade administrativa julgadora. Precedentes do STF (RMS 34.405 AgR, Rel. Ministro EDSON FACHIN, Segunda Turma, DJe de 5.11.2018) e do STJ (MS 19.517/DF, Rel. p/ Acórdão Ministro HERMAN BENJAMIN, PRIMEIRA SEÇÃO, DJe 16.10.2019). 9. Agravo interno parcialmente conhecido e, nessa extensão, não provido. (STJ, AgInt nos EDcl no MS 21.493/DF, Rel. Ministro SÉRGIO KUKINA, PRIMEIRA SEÇÃO, DJe 04.06.2021)

APELAÇÃO CÍVEL – AÇÃO ANULATÓRIA DE ATO ADMINISTRATIVO – SERVIDOR PÚBLICO – POLICIAL MILITAR – PRINCÍPIO DA DEFERENCIA – LIMITES DA ATIVIDADE JURISDICIONAL – REPARAÇÃO DE ILEGALIDADE – PROCESSO ADMINISTRATIVO EXONERATÓRIO – RAZOABILIDADE – PROPORCIONALIDADE – IDONEIDADE MORAL – FORMULÁRIO DE INGRESSO DA CORPORAÇÃO (FIC) – OMISSÃO – MÁ-FÉ – AUSENCIA – REINTEGRAÇÃO – JUROS DE MORA E CORREÇÃO MONETÁRIA – RE Nº 870.947. – O princípio da INAFASTABILIDADE DE JURISDIÇÃO visa a reparação de lesão ou ameaça a direito, e, em função do PRINCÍPIO DA DEFERÊNCIA aos órgãos de regulação o caráter substitutivo da jurisdição não se presta para rever ato administrativo regular, destinando-se a reparar ilegalidade. – A discricionariedade tem seus limites estabelecidos na razoabilidade, na proporcionalidade, na lealdade, na boa-fé e na igualdade como critérios que devem ser avaliados dentro do aspecto da legalidade e do abuso de poder; – Em relação ao ato administrativo, em razão do princípio da separação dos poderes, não compete ao Poder Judiciário avaliar o mérito, limitando-se a atividade jurisdicional a reparar ilegalidade. – A imprescindibilidade de instauração de processo administrativo para apurar irregularidades nos atos praticados por servidores públicos decorre da garantia do devido processo legal, que é assegurada pela CF, em seu art. 5º, LV, e alcança, inclusive, a esfera administrativa. – A Lei Estadual nº 5.301/69, que contém o Estatuto dos Militares do Estado de Minas Gerais, contempla como requisito de ingresso no cargo, dentre outros, a idoneidade moral, a ser comprovada por meio de investigação social e certidões expedidas pelo Poder Judiciário. – A omissão da referência expressa da existência de Boletim de Ocorrência em desfavor do candidato ao ingresso na Política Militar somente pode ensejar a exclusão se houver, má-fé ou omissão dolosa de informações no Formulário de Ingresso na Corporação (FIC). – O Supremo Tribunal Federal, no RE nº 870.947 ED (Relator(a): LUIZ FUX, Relator(a) p/ Acórdão: ALEXANDRE DE MORAES, Tribunal Pleno, julgado em 03/10/2019, DIVULG 31-01-2020 PUBLIC 03-02-2020), reconheceu a inconstitucionalidade da utilização da TR para a correção monetária das condenações judiciais da Fazenda Pública, sem modulação dos efeitos, reafirmando jurisprudência no sentido de que a atualização monetária deve ser feita com base no IPCA-E. – Em relação aos juros de mora, o STF declarou a constitucionalidade do art. 1º-F da Lei 9.494/97, com redação dada pela Lei 11.960/09, em relação às condenações judiciais da Fazenda de natureza não tributária, adotando entendimento de que os juros moratórios, devidos a partir da citação, devem observar os índices de juros aplicáveis à caderneta de poupança, conforme alterações trazidas pela Lei nº 11.960/09. (TJMG, Apelação Cível 1.0000.20.027356-3/002, Rel. Desembargador RENATO DRESCH, 4ª CÂMARA CÍVEL, julgado em 22.07.2021)

JURISPRUDÊNCIA | 385

APELAÇÃO – LEI FEDERAL N. 9.873/99 – PRESCRIÇÃO INTERCORRENTE – INAPLICABILIDADE AOS PROCESSOS ADMINISTRATIVOS MUNICIPAIS – AÇÃO ANULATÓRIA – MULTA APLICADA PELO PROCON – ATO ADMINISTRATIVO – CONTROLE JUDICIAL – ANÁLISE DA LEGALIDADE – PROCEDIMENTO ADMINISTRATIVO – DEVIDO PROCESSO LEGAL – OBSERVÂNCIA DO CÓDIGO DE DEFESA DO CONSUMIDOR – PENALIDADE MANTIDA – VALOR – RAZOABILIDADE E PROPORCIONALIDADE. – A prescrição intercorrente dos processos administrativos paralisados por mais de três anos, prevista na Lei n. 9.873/99, aplica-se apenas aos procedimentos relativos à Administração Pública Federal, não se estendendo seu âmbito de incidência aos Estados e Municípios. – O controle judicial dos atos da Administração deve incidir exclusivamente sobre a legalidade do ato, sem qualquer ingerência no mérito da decisão. – Verificado que o procedimento administrativo instaurado pelo PROCON observou o devido processo legal, bem como que a decisão foi amparada em normas do Código de Defesa do Consumidor, deve ser mantida a multa aplicada. – Não merece redução a penalidade compatível com os princípios da razoabilidade e proporcionalidade. (TJMG, Apelação Cível 1.0000.21.033791-1/001, Rel. Desembargador MAURÍCIO SOARES, 3ª CÂMARA CÍVEL, julgado em 15.07.2021)

Provas

EMBARGOS À EXECUÇÃO MOVIDA CONTRA O MUNICÍPIO – JULGAMENTO ANTECIPADO DA LIDE – PROVA EXCLU-SIVAMENTE DOCUMENTAL – DESNECESSIDADE DE OUTRAS PROVAS – CERCEAMENTO DE DEFESA – INOCORRÊNCIA – ADMINISTRAÇÃO INDIRETA – QUANTIA RECEBIDA POR FUNDAÇÃO – AUTONOMIA ADMINISTRATIVA E FINANCEIRA – AUSÊNCIA DE RESPONSABILIDADE DO MUNICÍPIO – ILEGITIMIDADE PASSIVA *AD CAUSAM* – RECURSO NÃO PROVIDO. Cabe ao Juiz, na condição de presidente do processo e destinatário da prova, decidir sobre a necessidade ou não de sua realização, não implicando cerceamento de defesa o julgamento antecipado com base em prova exclusivamente documental, se as provas que a parte pretendia produzir eram desnecessárias ao deslinde da *quaestio*. O Município não tem legitimidade para responder ao pedido por obrigação contraída por fundação municipal, entidade da administração indireta que além de possuir patrimônio próprio tem autonomia administrativa e financeira e não se confunde com aquele. (TJSC, Apelação Cível 2005.029811-2, Rel. Desembargador JAIME RAMOS, 2ª CÂMARA DE DIREITO PÚBLICO, julgado em 25.10.2005)

APELAÇÃO CÍVEL – SERVIDOR PÚBLICO DO MUNICÍPIO DE MANTENA – PRELIMINAR – REJEITADA – MÉRITO – ALE-GAÇÃO DE PERSEGUIÇÃO POR PARTE DO PREFEITO E DO SECRETÁRIO DE GABINETE – PRESENÇA DE PROVAS – AUMENTO INDEVIDO DA CARGA HORÁRIA – LEI Nº1.211/2004 – DIREITO DA ADMINISTRAÇÃO REVER SEUS PRÓPRIOS ATOS – PRAZO DECADENCIAL DE CINCO ANOS – IMPELEMENTADO – CONSTRANGIMENTO NO LOCAL DE TRABALHO – DEMONSTRADO – ASSÉDIO MORAL – PRÁTICA REITERADA – CONFIGURAÇÃO – INDENIZAÇÃO POR DANO MORAL – DEVIDA – RECURSO PROVIDO. – O fato de algumas testemunhas exercerem cargos de confiança junto à Prefeitura Municipal, ré na ação, não as torna, necessariamente, suspeitas para prestarem depoimento nos autos, não havendo que se falar em contradita. – Cabe à Administração Pública anular seus próprios atos, quando verificar que se encontram eivados de vício de ilegalidade, sendo tal possibilidade limitada ao período de cinco anos, nos termos do art. 54 da Lei nº 9.784/99. – Decorrido prazo superior a cinco anos, desde que o servidor passou a laborar em jornada de 20 (vinte) horas semanais, amparado na Lei Municipal nº 1.211/2004, que reduziu a carga horária dos servidores ocupantes do cargo de Auxiliar de Assessoria Jurídica que obtivessem diploma no Curso Superior em Direito, resta inócua a discussão se seria exigível, ou não, que o servidor também fosse inscrito na Ordem dos Advogados do Brasil. – A configuração do assédio moral exige a prova da prática reiterada de atos que exponham o trabalhador, em posição hierarquicamente inferior, a situações de constrangimento e de humilhação, atingido sua dignidade, seja no âmbito pessoal ou profissional, para que se justifique a indenização. – Comprovado, por vasta prova documental e testemunhal, o assédio moral suportado pelo servidor em seu local de trabalho, perpetrado pelo Secretário Municipal de Gabinete e pelo Prefeito Municipal, é devida a indenização por danos morais. – Os danos morais devem ser arbitrados à luz do cânone da proporcionalidade, em que há relação de causalidade entre meio e fim, entre a ofensa e os objetivos da exemplaridade, e não, da razoabilidade, aplicável quando há conflito entre a norma geral e a norma individual concreta, entre o critério e a medida. (TJMG, Apelação Cível 1.0396.14.002848-3/002, Rel. Desembargador LUÍS CARLOS GAMBOGI, 5ª CÂMARA CÍVEL, julgado em 10.11.2016)

ADMINISTRATIVO E PROCESSUAL CIVIL. AGRAVO REGIMENTAL NO RECURSO ORDINÁRIO EM MANDADO DE SEGURANÇA. SERVIDOR PÚBLICO. PROCESSO ADMINISTRATIVO DISCIPLINAR. DEMISSÃO. NULIDADES. IMPEDIMENTO DE MEMBROS DA COMISSÃO DISCIPLINAR. HIPÓTESES DO ART. 18 DA LEI 9.784/99. AUSÊNCIA. CERCEAMENTO DE DEFESA NÃO CONFIGURADO. 1. A jurisprudência desta Corte tem se pronunciado no sentido de que a mera atuação da autoridade em processo administrativo criminal prévio, relativo aos mesmos fatos, não importa seu impedimento para compor a comissão disciplinar. Nesse sentido, suposto apoio à efetivação de diligências e reexame de documentos não são suficientes para gerar nulidade, mormente quando não há participação no indiciamento e no juízo de mérito sobre a conduta do acusado. (RMS 32.325-AgR, Rel. Min. DIAS TOFFOLI, Segunda Turma, DJe de 1º/7/2015). 2. É pacífico na jurisprudência do Supremo Tribunal Federal o entendimento de que o indeferimento fundamentado, em processo administrativo disciplinar, do pedido de produção de provas consideradas impertinentes não acarreta violação aos princípios do contraditório e da ampla defesa. 3. Em relação à solicitação de transcrição integral dos diálogos interceptados, as razões do recurso ordinário não rebatem as assertivas do acórdão recorrido que afastam a superioridade dessa prova diante do extenso arcabouço probatório construído no processo administrativo que serviu de base para o convencimento da Comissão. 4. Agravo regimental a que se nega provimento. (STF, RMS 31.309AgR/DF, Rel. Ministro TEORI ZAVASCKI, SEGUNDA TURMA, julgado em 13.10.2015)

Agravo regimental em recurso ordinário em mandado de segurança. Inovação recursal. Impossibilidade. Indevida supressão de instância. Precedentes. Processo Administrativo Disciplinar. Indeferimento de pedidos considerados impertinentes, meramente protelatórios ou de nenhum interesse para o esclarecimento dos fatos. Artigo 156, da Lei n° 8.112/90 e art. 38, §2°, da Lei n° 9.784/99. Não ocorrência de violação aos princípios do contraditório e da ampla defesa. Precedentes. Acórdão recorrido que não diverge do entendimento firmado na Suprema Corte. Agravo regimental não provido. 1. A jurisprudência da Suprema Corte é pacífica no sentido da impossibilidade de inovação do objeto do *mandamus*, em sede recursal ordinária, para incluir questões que não foram suscitadas na instância a quo. Precedentes. 2. A Lei n° 8.112/90, ao assegurar ao servidor o direito de produzir provas e contraprovas e formular quesitos (art. 156), prevê a possibilidade de o presidente da comissão denegar pedidos considerados impertinentes, meramente protelatórios, ou de nenhum interesse para o esclarecimento dos fatos. Também a Lei n° 9.784/99, que regula o processo administrativo, dispõe sobre a possibilidade de indeferimento motivado de produção de provas tidas por ilícitas, impertinentes, desnecessárias ou protelatórias. 3. No caso dos autos, as diligências probatórias requeridas pelo ora recorrente no PAD foram recusadas mediante decisão devidamente fundamentada da comissão processante. A conclusão adotada pela instância a quo não diverge do entendimento da Suprema Corte, no sentido de que o indeferimento fundamentado, em processo administrativo disciplinar, do pedido de produção de provas consideradas impertinentes não acarreta violação dos princípios do contraditório e da ampla defesa. Precedentes. 4. Agravo regimental não provido. (STF, RMS 34.595 AgR/DF, Rel. Ministro DIAS TOFFOLI, SEGUNDA TURMA, julgado em 30.06.2017)

REEXAME NECESSÁRIO – RECURSO DE APELAÇÃO – AGRAVO RETIDO – INDEFERIMENTO DE REQUERIMENTOS PROBATÓRIOS – DOCUMENTOS E DEPOIMENTOS JÁ TRASLADADOS AO FEITO – CERCEAMENTO DE DEFESA NÃO CARACTERIZADO – ADMINISTRATIVO – SERVIDOR PÚBLICO – MUNICÍPIO DE BELO HORIZONTE – PROGRESSÃO HORIZONTAL POR ESCOLARIDADE – LEI N. 7.969/2000 – RECONHECIMENTO ADMINISTRATIVO DO DIREITO COM BASE EM CONCLUSÃO DE CURSO DE PÓS-GRADUAÇÃO – FACULDADE DA REGIÃO DOS LAGOS – POSTERIOR INSTAURAÇÃO DE PROCESSO ADMINISTRATIVO PARA A APURAÇÃO DE FRAUDE NA PARTICIPAÇÃO PRESENCIAL NO CURSO – DECADÊNCIA AFASTADA – INSTAURAÇÃO DA INVESTIGAÇÃO DENTRO DO QUINQUÊNIO LEGAL – ART. 54, §2°, DA LEI N°. 9.784/99 – ÔNUS DA PROVA DO FATO DESCONSTITUTIVO REPOUSADA AO PODER PÚBLICO – DECRETAÇÃO ADMINISTRATIVA DA NULIDADE COM BASE EM MEROS INDÍCIOS E INVERSÃO INDEVIDA DO "ONUS PROBANDI" – ILEGALIDADE – ANULAÇÃO ADMINISTRATIVA AFASTADA – RESTITUIÇÃO DOS VALORES INDEVIMENTE DESCONTADOS – CONSECTÁRIOS LEGAIS – NOVO ENTENDIMENTO FIRMADO PELO SUPERIOR TRIBUNAL DE JUSTIÇA NA SISTEMÁTICA DO ARTIGO 543-C, DO C.P.C. – SENTENÇA PARCIALMENTE REFORMADA EM REEXAME NECESSÁRIO. – Não caracteriza cerceamento de defesa o indeferimento de produção probatória já colacionada ao feito. – Nos termos do artigo 54, §2°, da Lei n. 9.784/99, a instauração de processo administrativo dentro do prazo quinquenal legal afigura-se suficiente para afastar a alegação de decadência do direito de revisão dos atos praticados pela Administração. – Administrativamente admitido o certificado de conclusão de curso emitido por instituição de ensino regularmente constituída e habilitada, para fins de concessão de progressão horizontal, nos termos do art. 6°, da Lei Municipal n° 7.969/2000, a posterior pretensão estatal de desconstituição atrai o ônus da comprovação da fraude alegada. – Indemonstrado cabalmente pelo Poder Público que o servidor deixou de participar de modo presencial das aulas ministradas e certificadas pela instituição de ensino, a anulação perpetrada no processo administrativo vergastado deve ser considerada ilegal, com a consequente manutenção da progressão horizontal e de seus decorrentes reflexos pecuniários. – "Em virtude da declaração de inconstitucionalidade parcial do art. 5° da Lei 11.960/09: (a) a correção monetária das dívidas fazendárias deve observar índices que reflitam a inflação acumulada do período, a ela não se aplicando os índices de remuneração básica da caderneta de poupança; e (b) os juros moratórios serão equivalentes aos índices oficiais de remuneração básica e juros aplicáveis à caderneta de poupança, exceto quando a dívida ostentar natureza tributária, para as quais prevalecerão as regras específicas" (REsp n. 1270439/PR). – Sentença parcialmente reformada, em reexame necessário. Prejudicada a análise dos recursos voluntários. (TJMG, Apelação Cível/Reexame Necessário 1.0024.13.023214-3/001 , Rel. Desembargadora ÂNGELA DE LOURDES RODRIGUES, 6ª CÂMARA CÍVEL, julgado em 14.04.2015)

Recurso e revisão
RECURSO EM PROCESSO ADMINISTRATIVO COM EFEITO *ERGA OMNES* – INADMISSIBILIDADE – AUSÊNCIA DE LIDE – MEIO INADEQUADO PARA QUESTIONAMENTO DE ATO NORMATIVO – INTERESSES INDIVIDUAIS HOMOGÊNEOS – INTERPOSIÇÃO POR ASSOCIAÇÃO DE CLASSE – ILEGITIMIDADE ATIVA – RECURSO NÃO CONHECIDO.
EMENDA ADITIVA: TRIBUNAL PLENO – MATÉRIA ADMINISTRATIVA – CRIAÇÃO DE NOVAS DELEGAÇÕES NO FORO EXTRAJUDICIAL – RESOLUÇÃO DO CONSELHO DA MAGISTRATURA – QUESTÃO DE ORDEM PÚBLICA – INCISO

XXXIV DO ART. 5º, DA MAGNA CARTA – EXEGESE – POSSIBILIDADE – VOTO VENCIDO. (TJSC, Recurso de Decisão nº 2005.032025-1, Rel. Desembargador EDSON UBALDO, TRIBUNAL PLENO, DJSC 03.02.2006)

MANDADO DE SEGURANÇA. PROCESSO ADMINISTRATIVO. PEDIDO DE REVISÃO. ADEQUAÇÃO DA SANÇÃO. CIRCUNSTÂNCIA RELEVANTE. CABIMENTO. 1. "Os processos administrativos de que resultem sanções poderão ser revistos, a qualquer tempo, a pedido ou de ofício, quando surgirem fatos novos ou circunstâncias relevantes suscetíveis de justificar a inadequação da sanção aplicada." (artigo 65 da Lei nº 9.784/99). 2. Cabível o pedido de revisão, não há falar em impossibilidade jurídica do pedido, tampouco em intempestividade, exsurgindo o direito líquido e certo do impetrante de ver apreciado seu requerimento como apresentado – pedido de revisão – e integralmente. 3. Ordem concedida. (STJ, MS 14965/DF, Rel. Ministro HAMILTON CARVALHIDO, PRIMEIRA SEÇÃO, DJe 01.02.2011)

APELAÇÃO CÍVEL – AÇÃO CAUTELAR – NULIDADE DE ATO ADMINISTRATIVO – FUMEC – MUNICÍPIO DE BELO HORIZONTE – CÓDIGO DE POSTURAS – INVASÃO DE ÁREA PÚBLICA – NOTIFICAÇÃO E IMPOSIÇÃO DE MULTA – POSSIBILIDADE – DEVIDO PROCESSO LEGAL – RECURSO ADMINISTRATIVO – AUSÊNCIA DE SUSPENSÃO DA ATIVIDADE FISCALIZATÓRIA – RECURSO NÃO PROVIDO. 1 – Tendo havido a notificação pessoal e por publicação em Diário Oficial, com a interposição e análise de recurso administrativo por Junta Integrada de Julgamento e nos termos do Código de Posturas do Município de Belo Horizonte e da legislação federal que norteia o processo administrativo, não há que se falar em violação ao devido processo legal substancial. 2 – A interposição de recurso administrativo não suspende a exigibilidade da notificação, conforme regra geral do art. 61 da Lei Federal nº 9.784/99, bem como norma expressa contida no parágrafo único do art. 324 da Lei Municipal nº 8.616/03 (Código de Posturas), pelo que não fica a Administração impedida de praticar o ato que esteja sendo alvo de impugnação administrativa pelo particular. 3 – Os atos administrativos têm presunção de legitimidade, sendo que o inconformismo da apelante não tem o condão de paralisar a atividade fiscalizatória do Município, prevalecendo o princípio da continuidade das ações da Administração. 4 – Restando ausentes o "fumus boni iuris" e o "periculum in mora", deve ser julgada improcedente a ação cautelar interposta. (TJMG, Apelação Cível 1.0024.11.277448-4/003, Rel. Desembargadora HILDA TEIXEIRA DA COSTA, 2ª CÂMARA CÍVEL, julgado em 13.03.2018)

Agravo regimental em mandado de segurança. Processo administrativo disciplinar. Pedido de revisão. Artigo 65 da Lei nº 9.784/99. Presidência da República. Não provimento, por ausência de fatos novos. Impetração que pretende revisitar fatos já apreciados em processo administrativo findo e já analisados em processo judicial transitado em julgado. Descabimento. Agravo regimental não provido. 1. Pedido administrativo de anulação de portaria de demissão, quando apresentado após o esgotamento das instâncias administrativa e judicial em que se discutia o ato demissório, configura, nos termos do art. 65 da Lei nº 9.784/99, pedido de revisão; o qual foi denegado, no caso dos autos, por ausência de circunstâncias ou fatos novos relativamente aos já apreciados no processo administrativo disciplinar. 2. A impetração dirigida contra decisão proferida em pedido de revisão (art. 65, Lei 9.784/99), destinada apenas a revisitar argumentos já apreciados no PAD de que resultou a demissão do impetrante, não atrai a competência do Supremo Tribunal, uma vez que o ato impugnado, em tal situação, não é aquele emanado da Presidência da República no processo de revisão, mas, sim, o proferido pelo Ministro de Estado ao aplicar a demissão. 3. Considerando que as mesmas argumentações já foram apreciadas em mandado de segurança impetrado junto ao STJ contra o ato demissório (processo transitado em julgado), incide a vedação inserta no art. 5º, III, da Lei nº 12.016/09. 4. A impetração, no caso, subverte não apenas as normas que prescrevem o prazo de 120 (cento e vinte) dia para se impetrar o mandado de segurança (art. 23 da Lei nº 12.016/09) e a competência originária do STJ para julgar writ contra ato concreto de Ministro de Estado (art. 105, I, b, da CF/88), mas também a norma que estabelece a impossibilidade de se impetrar mandado de segurança contra "decisão judicial transitada em julgado" (art. 5º, III, da Lei nº 12.016/09). 5. Agravo regimental não provido. (STF, MS 32.124 AgR/DF, Rel. Ministro DIAS TOFFOLI, TRIBUNAL PLENO, julgado em 19.11.2014)

DIREITO ADMINISTRATIVO – DEMISSÃO DE SERVIDOR EFETIVO – PROCESSO ADMINISTRATIVO – PERDA DO OBJETO – INOCORRÊNCIA – EXECUÇÃO IMEDIATA DA DECISÃO – OFENSA AO PRINCÍPIO DA AMPLA DEFESA – NECESSIDADE DE RECEBIMENTO DO RECURSO ADMINISTRATIVO NO EFEITO SUSPENSIVO ATÉ O JULGAMENTO FINAL DO PROCEDIMENTO ADMINISTRATIVO – CONCESSÃO DA ORDEM – REFLEXOS PECUNIÁRIOS – EFEITO PATRIMONIAL A PARTIR DA IMPETRAÇÃO – – REFORMA PARCIAL DA DECISÃO. 1 – A análise do mérito do *mandamus* faz-se necessária, pois a manutenção do servidor nos quadros da administração, até a decisão definitiva, gera conseqüências aos litigantes, inclusive financeira, pelo que não há perda do objeto. 2 – Segundo o art. 141 da Lei Orgânica da Polícia Civil do Estado de Minas Gerais é permitido ao servidor policial apresentar pedido de reconsideração da decisão proferida em sede de procedimento administrativo que determinou a aplicação da pena de demissão. 3 – O ato de demissão do servidor sem a finalização do processo administrativo, em razão de pendência de recurso, viola os constitucionais direitos ao contraditório e a ampla defesa, previstos no art. 5º, LV, da CF/88, devendo ser recebido no efeito suspensivo até o julgamento final do procedimento administrativo, pois patente a presença do perigo da demora e da fumaça do bom direito, aplicação subsidiária do art. 61, Lei nº 9.784/99. 5 – Reforma parcial.

(TJMG, Apelação Cível/Reexame Necessário 1.0024.12.048762-4/001, Rel. Desembargadora SANDRA FONSECA, 6ª CÂMARA CÍVEL, julgado em 16.12.2015)

Reformatio in pejus

ADMINISTRATIVO – FUNCIONAMENTO DOS BANCOS – EXIGÊNCIAS CONTIDAS EM LEI ESTADUAL E MUNICIPAL – LEGALIDADE. 1. A jurisprudência do STF e do STJ reconheceu como possível lei estadual e municipal fazerem exigências quanto ao funcionamento das agências bancárias, em tudo que não houver interferência com a atividade financeira do estabelecimento (precedentes). 2. Leis estadual e municipal cuja argüição de inconstitucionalidade não logrou êxito perante o Tribunal de Justiça do Estado do RJ. 3. Em processo administrativo não se observa o princípio da "non reformatio in pejus" como corolário do poder de auto tutela da administração, traduzido no princípio de que a administração pode anular os seus próprios atos. As exceções devem vir expressas em lei. 4. Recurso ordinário desprovido. (STJ, RMS 21.981/RJ, Rel. Ministra ELIANA CALMON, SEGUNDA TURMA, DJe 05.08.2010)

APELAÇÃO CIVEL – AÇÃO ANULATÓRIA DE DÉBITO – MULTA APLICADA PELO PROCON – AÇÃO CIVIL PÚBLICA CONCOMITANTE AO PROCESSO ADMINISTRATIVO JULGADA IMPROCEDENTE – AUTONOMIA ENTRE AS ESFERAS – DECISÃO ADMINISTRATIVA – INTERNET DE BANDA LARGA – PROPAGANDA ENGANOSA – OFERECIMENTO DE SERVIÇO INDISPONÍVEL TECNICAMENTE – INFRAÇÃO CONSUMERISTA – PROCESSO ADMINISTRATIVO – DECISÃO CONDENATÓRIA PROFERIDA PELO PROCON – VIOLAÇÃO AO DEVIDO PROCESSO LEGAL – AUSÊNCIA – ANÁLISE DO MÉRITO ADMINISTRATIVO – IMPOSSIBILIDADE – MULTA – MAJORAÇÃO EM GRAU DE RECURSO ADMINISTRATIVO EM PREJUÍZO AO RECORRENTE – POSSIBILIDADE – OBSERVÂNCIA DOS CRITÉRIOS LEGAIS – RECUPERAÇÃO JUDICIAL – PROCESSAMENTO ANTERIOR À FIXAÇÃO DA PENALIDADE. O trâmite de ação civil pública concomitante ao processo administrativo, com posterior improcedência dos pedidos levados a juízo, não afasta o determinado neste procedimento, prevalecendo a autonomia das esferas, judicial e administrativa, de modo que a coincidência entre os elementos fáticos objetos de ambos os processos não poderia conduzir ao decote da multa administrativa. O controle jurisdicional sobre a seara administrativa é admissível excepcionalmente e apenas para apreciar aspectos relacionados à legalidade do ato, sem adentrar no mérito administrativo propriamente dito, eis que decidido pela autoridade competente no âmbito de suas atribuições. Inexistindo qualquer falha ou ilegalidade na decisão administrativa que aplicou pena de multa em razão da prática de propaganda enganosa, deve essa ser mantida. É possível o agravamento da penalidade em prejuízo à parte recorrente no âmbito do procedimento administrativo, desde que lhe seja dada oportunidade para apresentar manifestação, nos termos do art. 64, parágrafo único, da Lei Federal nº 9.784/99. Tendo sido observados para a fixação da multa os critérios previstos no Código de Defesa do Consumidor (art. 57) e no Decreto nº 2.181/97 (arts. 24 a 28), mantém-se o valor arbitrado, o qual não pode ser considerado excessivo, notadamente se levarmos em conta a capacidade econômica da apelante, o potencial de lesividade da conduta praticada, bem como o caráter sócio-educativo desta penalidade. Não há falar em redução da multa por causa da vulnerabilidade econômica da pessoa jurídica ou pela existência, por si, de recuperação judicial, ressaltando, inclusive, que apenas os créditos anteriores ao pedido de recuperação judicial se sujeitariam à novação, nos termos do art. 59 da Lei nº 11.101/2005. (TJMG, Apelação Cível 1.0000.21.103678-5/002, Rel. Desembargador LEITE PRAÇA, 19ª CÂMARA CÍVEL, julgado em 1º.12.2022)

APELAÇÃO CÍVEL – EMBARGOS À EXECUÇÃO – DESCUMPRIMENTO CONTRATUAL – ATRASO – RESPONSABILIDADE DA CONTRATADA – DEMONSTRAÇÃO – NULIDADE DO PROCESSO ADMINISTRATIVO – MAJORAÇÃO DA MULTA APÓS RECURSO ADMINISTRATIVO – INTIMAÇÃO PRÉVIA DO PROCESSADO – NÃO OCORRÊNCIA – PROCEDIMENTO IRRREGULAR – CONTRADITÓRIO E AMPLA DEFESA – INOBSERVÂNCIA – VIOLAÇÃO – NULIDADE. Ao autor da ação incumbe fazer prova dos fatos alegados como fundamento do direito invocado, consoante determina o art. 373, inciso I, do CPC, sob pena de não obter a tutela jurisdicional pretendida. Demonstrada a culpa da contratada, ao não cumprir o prazo contratual para a execução de serviço, sua responsabilização é medida que se impõe. O art. 5º, inciso LV, da Constituição da República de 1988 garante "aos litigantes, em processo judicial ou administrativo, e aos acusados em geral são assegurados o contraditório e ampla defesa, com os meios e recursos a ela inerentes". A dimensão substancial do princípio do contraditório determina seja oportunizado à parte de processo administrativo influenciar, de forma efetiva, o conteúdo da decisão final do procedimento, devendo ser ela ouvida, inclusive, sobre fatos relevantes levados a debate no feito após a apresentação de defesa, porque ilegítimas a adoção desses como fundamento daquela em caráter de surpresa. A Lei nº 9.784/99, em seu art. 64, parágrafo único, é expressa ao possibilitar a modificação da decisão administrativa, quando do julgamento do recurso administrativo, inclusive gerando o gravame da decisão do Recorrente, desde que esse seja cientificado para que formule suas alegações, antes da decisão. Ainda que não exista regra expressa na Lei Estadual nº 14.184/02 acerca da possibilidade de agravamento da penalidade em grau de recurso – tal como ocorre no âmbito do processo administrativo federal (art. 64, parágrafo único, da Lei nº 9.784/99) –, fato é que tal providência decorre diretamente dos princípios norteadores do processo administrativo, em especial, os da legalidade, oficialidade e autotutela. Inexistindo a cientificação prévia do Recorrente, no âmbito do processo administrativo, tendo sua situação sido agravada quando da análise do seu recurso administrativo, patente a ofensa ao contraditório e à ampla defesa sendo, assim, impositiva a declaração de nulidade do ato. (TJMG, Apelação Cível 1.0000.20.048198-4/001, Rel. Desembargador LEITE PRAÇA, 19ª CÂMARA CÍVEL, julgado em 10.12.2020)

RECURSO INOMINADO. SEGUNDA TURMA RECURSAL DA FAZENDA PÚBLICA. ESTADO DO RIO GRANDE DO SUL. AUTO DE INFRAÇÃO AMBIENTAL. RECURSO ADMINISTRATIVO. MAJORAÇÃO DA MULTA. SENTENÇA DE IMPROCEDÊNCIA MANTIDA POR SEUS PRÓPRIOS FUNDAMENTOS. I. Em observância aos princípios norteadores dos juizados especiais, tais como celeridade, simplicidade, economicidade, entendo que a sentença bem enfrentou a questão, motivo pelo qual deve ser confirmada pelos próprios fundamentos, nos termos do art. 46 da Lei nº. 9.099/95. II. Conforme salientado em sentença, o art. 155, do Decreto 53.202/16 e 123, do Decreto 6.514/08, não afronta preceitos constitucionais e está de acordo com o que disciplina, inclusive, a Lei do Processo Administrativo (Lei n.º 9.784/99), a qual prevê, expressamente, a possibilidade, em caso de recurso, de majoração da penalidade ou agravamento da decisão em desfavor do recorrente, resguardando-se, única e exclusivamente, a sua prévia cientificação para que formule suas alegações antes da decisão, nos termos do art. 64, parágrafo único. 1. III. No caso concreto, De igual modo, não houve violação aos princípios constitucionais do contraditório e ampla defesa, uma vez que o autor teve ciência inequívoca dos fatos, tendo sido notificado, inclusive, acerca da possibilidade de majoração da multa, oportunizando-se ao requerente a apresentação de nova defesa, conforme se verifica dos documentos de fls. 100-105. RECURSO INOMINADO DESPROVIDO. (TJRS, Recurso Cível 71009410408, Segunda Turma Recursal da Fazenda Pública, Turmas Recursais, Relator JOSÉ LUIZ JOHN DOS SANTOS, 2ª TURMA RECURSAL DA FAZENDA PÚBLICA, julgado em 29.08.2020)

Revogação

MANDADO DE SEGURANÇA – OFICIAL INTERINO – DESIGNAÇÃO A TÍTULO PRECÁRIO – SERVENTIA EXTRAJUDICIAL – REVOGAÇÃO DA NOMEAÇÃO – PROCESSO ADMINISTRATIVO – DESNECESSIDADE – ATO DISCRICIONÁRIO DO PODER PÚBLICO – CONVENIÊNCIA E OPORTUNIDADE – ENTENDIMENTO CONSOLIDADO PELO SUPERIOR TRIBUNAL DE JUSTIÇA – DIREITO LÍQUIDO E CERTO – VIOLAÇÃO – INOCORRÊNCIA – SEGURANÇA DENEGADA. 1. Consoante entendimento firmado pelo Superior Tribunal de Justiça, a Administração tem a discricionariedade de revogar a nomeação do serventuário interino a qualquer tempo, independentemente de processo administrativo e, caso instaurado, indiferente do que restou apurado naquele procedimento, bastando, tão somente, a perda de interesse por parte do Poder Público, com base em um juízo de conveniência e oportunidade. 2. Evidenciado que o ato administrativo do Juiz Diretor do Foro, que destituiu o impetrante do cargo de Oficial Interino, está albergado pelo art. 27, §14, do Provimento nº 260/2013, impõe-se a denegação da segurança. 3. Segurança denegada. (TJMG, Mandado de Segurança 1.0000.19.169632-7/000, Rel. Desembargador RAIMUNDO MESSIAS JÚNIOR, 2ª CÂMARA CÍVEL, julgado em 1º.06.2021)

AGRAVO DE INSTRUMENTO. AÇÃO DE DESAPROPRIAÇÃO POR UTILIDADE PÚBLICA. IMISSÃO PROVISÓRIA NA POSSE. DESNECESSIDADE DE AVALIAÇÃO PRÉVIA. PRECEDENTES DOS TRIBUNAIS SUPERIORES. ALEGADA SUPERVENIÊNCIA DE REVOGAÇÃO DO DECRETO QUE ENSEJOU A AÇÃO EXPROPRIATÓRIA. AUSÊNCIA DE DECISÃO, NA INSTÂNCIA DE ORIGEM, DESSA QUESTÃO. IMPOSSIBILIDADE DE ANÁLISE PELO ÓRGÃO "AD QUEM" PARA NÃO INCIDIR EM SUPRESSÃO DE INSTÂNCIA. RECURSO NÃO PROVIDO. – O Decreto-Lei nº 3.365/41 prevê, em seu art. 15, a possibilidade de o expropriante imitir-se provisoriamente na posse do bem mediante a alegação de urgência acompanhada do respectivo depósito prévio. – O STJ possui firme entendimento de que "a imissão provisória na posse do imóvel objeto de desapropriação, caracterizada pela urgência, prescinde de citação do réu, tampouco de avaliação prévia ou de pagamento integral". (AgInt no REsp 1756911/PA, Rel. Min. Regina Helena Costa, DJe 26/09/2019). – A alegada inexistência de urgência na desapropriação de imóvel para a construção de aeródromo diz respeito ao mérito administrativo, impassível de incursão pelo Poder Judiciário, incumbindo exclusivamente à Administração Pública a valoração da conveniência e oportunidade que a levaram ao procedimento expropriatório. – As matérias não apreciadas em 1ª instância não podem ser decididas em sede de agravo de instrumento no Tribunal, sob pena de supressão de instância e de violação ao duplo grau de jurisdição. – Relativamente ao pedido subsidiário de concessão de prazo para realocação das benfeitorias existentes no imóvel expropriando, os agravantes não lograram êxito em demonstrar que o prazo concedido pela decisão agravada não se revela suficiente para o fim pretendido. – Recurso não provido. (TJMG, Agravo de Instrumento 1.0000.20.073126-3/001, Rel. Desembargador WANDER MAROTTA, 5ª CÂMARA CÍVEL, julgado em 06.05.2021)

AÇÃO CIVIL PÚBLICA – MUNICÍPIO DE DIVINO – FECHAMENTO DE UNIDADE ESCOLAR RURAL – ART. 28, PARÁGRAFO ÚNICO, DA LEI N. 9.394/96 – OBSERVÂNCIA – ILEGALIDADE NÃO CONFIGURADA – MÉRITO ADMINISTRATIVO – REVOGAÇÃO PELO PODER JUDICIÁRIO – INVIABILIDADE – RECURSO DESPROVIDO. – Ao Poder Judiciário compete tão-só o controle da legalidade dos atos administrativos, vedada qualquer incursão no denominado "mérito administrativo", consistente juízo de conveniência e oportunidade da adoção de uma determinada conduta, feito pelo administrador no exercício do seu poder discricionário. – Evidenciada a legalidade do ato que determinou o fechamento da unidade escolar municipal rural, sua revogação pelo Poder Judiciário é incabível, sob pena de se incorrer em inadmissível violação ao princípio da separação de poderes. – Recurso desprovido. (TJMG, Apelação Cível 1.0220.19.000109-3/001, Rel. Desembargador MAURÍCIO SOARES, 3ª CÂMARA CÍVEL, julgado em 27.08.2020)

REEXAME NECESSÁRIO – APELAÇÃO CÍVEL – DIREITO CONSTITUCIONAL E DIREITO ADMINISTRATIVO – PENSIONISTA – DESCONTOS EM BENEFÍCIO PREVIDENCIÁRIO – VALORES INDEVIDAMENTE PAGOS – NECESSIDADE DE PRÉVIO PROCESSO ADMINISTRATIVO – RESPEITO ÀS GARANTIAS DO CONTRADITÓRIO, AMPLA DEFESA E DEVIDO PROCESSO LEGAL – BENEFÍCIO RECEBIDO EM VALOR SUPERIOR AO EFETIVAMENTE DEVIDO – VALORES RECEBIDOS DE BOA-FÉ – ERRO DA ADMINISTRAÇÃO – VERBA DE NATUREZA ALIMENTAR – RESTITUIÇÃO INDEVIDA – PODER DE AUTOTUTELA – PRAZO DECADENCIAL NÃO CONFIGURADO. – A Administração Pública detém o poder de revogar ou anular seus atos por razões de conveniência e oportunidade ou por reconhecer a sua ilegalidade ou equívoco, fazendo uso de seu poder de autotutela. – A anulação ou revogação de atos administrativos de efeitos concretos depende de prévio processo administrativo, em que sejam garantidos aos possíveis prejudicados a ampla defesa e o contraditório. – O poder de autotutela da Administração não é ilimitado, devendo ser sopesado com os princípios da razoabilidade, da confiança, da boa-fé e da segurança das relações jurídicas. – É descabida a restituição de verba de natureza alimentar percebida de boa-fé por servidor público, mesmo que em decorrência de erro da Administração. Precedentes do Colendo Superior Tribunal de Justiça. – O poder de autotutela, atribuído à Administração Pública Estadual para a anulação ou revogação de seus atos, está regulamentado pela Lei Estadual nº 14.184/02, que, em seu art. 65, disciplina que o exercício de tal poder está limitado ao prazo decadencial de 05 (cinco) anos. – Constatado nos autos que o poder de autotutela foi exercido antes que se esvaíssem os 05 (cinco) anos, não há razão para que se reconheça a decadência. (TJMG, Apelação Cível/Remessa Necessária 1.0000.20.502957-2/001, Rel. Desembargadora ANA PAULA CAIXETA, 4ª CÂMARA CÍVEL, julgado em 21.01.2021)

APELAÇÃO PRINCIPAL E ADESIVA – REEXAME NECESSÁRIO – PRELIMINAR DE NÃO CONHECIMENTO DO RECURSO PRINCIPAL REJEITADA – CONCURSO PÚBLICO – CANDIDATO APROVADO PARA COMPOR CADASTRO DE RESERVA – ATO DE NOMEAÇÃO E DE CONVOCAÇÃO PARA POSSE – ULTERIOR ATO DE REVOGAÇÃO, POR SUPOSTOS MOTIVOS DE OPORTUNIDADE E CONVENIÊNCIA – IMPOSSIBILIDADE – OBSERVÂNCIA AO DIREITO ADQUIRIDO E À SÚMULA 473 DO STF – EVENTUALIDADE – ATO REVOGADOR ARBITRÁRIO – ORDEM CONCEDIDA – PENALIDADES PELO DESCUMPRIMENTO DE LIMINAR – INOCORRÊNCIA. Realizada a nomeação de candidato em cargo público, o ato administrativo constitui-se um ato jurídico perfeito e produz efeitos na esfera de interesses individuais (direito adquirido). No exercício do poder de autotutela, a nomeação de candidato pode ser anulada (ou invalidada) pela Administração se o ato estiver eivado do vício de ilegalidade, porquanto nenhum direito origina; porém a nomeação não pode ser revogada pela Administração por motivos de conveniência e oportunidade, sob pena de violar as garantias constitucionais do direito adquirido e do ato jurídico perfeito, a teor do enunciado da súmula nº 473/STF. Na eventualidade, ainda que a pretexto de satisfazer conveniências próprias se pudesse imaginar a possibilidade de a Administração revogar o ato de nomeação de candidato, a discricionariedade administrativa não pode ser confundida com arbitrariedade, também verificada na espécie. Assim, em observância à tese fixada no julgamento do RE nº 837.311/PI, em repercussão geral, a expectativa de direito à nomeação do candidato aprovado como excedente ou em cadastro de reserva convola-se em direito líquido e certo quando, no prazo de validade do certame, surge nova vaga e há preterição arbitrária e imotivada pela Administração. É indevida a fixação de astreinte ou outra penalidade quando não houve a regular notificação da autoridade coatora para o cumprimento da liminar concedida. (TJMG, Apelação Cível/Remessa Necessária 1.0000.20.056851-7/004, Rel. Desembargador GERALDO AUGUSTO, 1ª CÂMARA CÍVEL, julgado em 27.04.2021)

APELAÇÃO CÍVEL – DIREITO ADMINISTRATIVO – AUTORIZAÇÃO DE USO – REVOGAÇÃO POR RAZÕES DE OPORTUNIDADE E CONVENIÊNCIA – DISCRICIONARIEDADE ADMINISTRATIVA – RETIRADA DE TRAILER DE PRAÇA PÚBLICA – POSSIBILIDADE – RECURSO NÃO PROVIDO. (TJMG, Apelação Cível 1.0132.17.001685-2/001, Rel. Desembargadora MARIA LUIZA SANTANA ASSUNÇÃO (JD CONVOCADA), 6ª CÂMARA CÍVEL, julgado em 20.04.2021)

APELAÇÃO CÍVEL – MANDADO DE SEGURANÇA – LICITAÇÃO – REVOGAÇÃO – ATO DISCRICIONÁRIO – CONVENIÊNCIA E OPORTUNIDADE ADMINISTRATIVAS 1. A revogação é ato discricionário da Administração Pública, praticado de acordo com a sua liberdade e conveniência, exigindo-se, para sua validade, apenas que seja motivada, não esteja contaminada pelo desvio de finalidade e não prejudique direitos subjetivos. 2. Tendo sido apresentado, junto ao instrumento editalício, Termo de Referência alheio ao procedimento licitatório – documento este que se destina justamente ao detalhamento do objeto a ser licitado –, bem como diante do comparecimento de apenas um licitante, a Administração Pública tem a faculdade de revogar o edital do certame, em face dos princípios da autotutela, da supremacia do interesse público e da conveniência administrativa. 3. Recurso não provido. (TJMG, Apelação Cível 1.0000.20.538803-6/001, Rel. Desembargadora ÁUREA BRASIL, 5ª CÂMARA CÍVEL, julgado em 21.01.2021)

Sanções

ADMINISTRATIVO. SERVIDOR PÚBLICO. PROCESSO ADMINISTRATIVO-DISCIPLINAR. APURAÇÃO E PUNIÇÃO POR FATOS ALHEIOS À PORTARIA DE INSTAURAÇÃO. CERCEAMENTO DE DEFESA. NULIDADE DO CONTENCIOSO. HONORÁRIOS

ADVOCATÍCIOS. SUCUMBÊNCIA RECÍPROCA. "Tal como sucede no processo penal, também no processo administrativo deve haver correlação entre os fatos imputados ao servidor e a decisão que culmina com sua punição disciplinar. Isto significa que o servidor não pode ser penalizado por fatos que não serviram de lastro à instauração do processo disciplinar." (TJSC/Ap. Cív. n. 1999.017887-0). (TJSC, Rel. Juiz NEWTON JANKE, 2ª CÂMARA DE DIREITO PÚBLICO, julgado em 27.07.2010)

ADMINISTRATIVO. RECURSO EM MANDADO DE SEGURANÇA. CONTRATO ADMINISTRATIVO. SERVIÇOS DE VIGILÂNCIA ARMADA E NÃO ARMADA EM UNIDADES DO PODER JUDICIÁRIO DO ESTADO DO PARANÁ. DESCUMPRIMENTO DE CLÁUSULA CONTRATUAL. PAGAMENTO PARCIAL DO DÉCIMO TERCEIRO SALÁRIO DOS EMPREGADOS DA CONTRATADA. DECISÃO ADMINISTRATIVA QUE APLICOU MULTA DE 20% SOBRE O VALOR GLOBAL DOS CONTRATOS. MONTANTE REDUZIDO PARA 4% PELO TRIBUNAL DE ORIGEM. PLEITO RECURSAL PARA QUE A MULTA INCIDA APENAS SOBRE A PARCELA DA OBRIGAÇÃO CONTRATUAL INADIMPLIDA OU SOBRE A DIFERENÇA ENTRE O VALOR DEVIDO E AQUELE PAGO A MENOR. AUSÊNCIA DE PREVISÃO CONTRATUAL. INEXISTÊNCIA DE DESPROPORCIONALIDADE FLAGRANTE. RAZOABILIDADE. PRECEDENTE DA SEGUNDA TURMA DESTA CORTE. 1. Trata-se, na origem, de Mandado de Segurança impetrado por empresa contratada pelo Tribunal de Justiça do Estado do Paraná, para a prestação de serviços de vigilância armada e desarmada em unidades do Poder Judiciário daquele Estado, questionando a aplicação, em seu desfavor, de multas contratuais por ter pago com atraso a segunda parcela do 13º salário de seus empregados. 2. É inviável o acolhimento da tese deduzida pela parte recorrente, no sentido de ausência de justa causa para a abertura dos processos administrativos que culminaram na aplicação das noticiadas multas, haja vista que o pagamento a menor do 13º de seus empregados efetivamente importou em ofensa às cláusulas contratuais que impunham tal obrigação, sob pena de sanção pecuniária. 3. "O controle de legalidade realizado pelo Poder Judiciário sobre as penalidades administrativas, aplicadas aos seus jurisdicionados, não está adstrito aos procedimentos adotados, sendo aceito pela Jurisprudência deste Superior Tribunal que a aplicação de pena administrativa desproporcional e sem o devido respaldo no contexto fático produzido evidencia ilegalidade passível de revisão judicial, sem que isso revele indevida interferência no mérito administrativo do ato. Precedentes: MS 17.490/DF, Rel. Min. MAURO CAMPBELL MARQUES, DJe 1o.2.2012; MS 14.993/DF, Rel. Min. MARIA THEREZA DE ASSIS MOURA, DJe 16.6.2011" (REsp 1.566.221/DF, Rel. Ministro NAPOLEÃO NUNES MAIA FILHO, PRIMEIRA TURMA, DJe 6.12.2017). (STJ, RMS 64.746/PR, Rel. Ministro SÉRGIO KUKINA, PRIMEIRA TURMA, DJe 07.05.2021)

Segurança jurídica
PROCESSUAL CIVIL E TRIBUTÁRIO. RECURSO ESPECIAL. TRIBUTO SUJEITO A LANÇAMENTO POR HOMOLOGAÇÃO. PRESCRIÇÃO. TERMO INICIAL. EMPRÉSTIMO COMPULSÓRIO SOBRE A AQUISIÇÃO DE VEÍCULO AUTOMOTOR. 1 A Primeira Seção reconsolidou a jurisprudência desta Corte acerca da cognominada tese dos cinco mais cinco para a definição do termo *a quo* do prazo prescricional das ações de repetição/compensação de valores indevidamente recolhidos a título de tributo sujeito a lançamento por homologação, desde que ajuizadas até 09 de junho de 2005 (EREsp nº 327.043/DF, Rel. Min. João Otávio de Noronha, julgado em 27.04.2005). 2 Deveras, naquela ocasião restou assente que: "... a Lei Complementar 118, de 09 de fevereiro de 2005, aplica-se, tão-somente, aos fatos geradores pretéritos ainda não submetidos ao crivo judicial, pelo que o novo regramento não é retroativo mercê de interpretativo. É que toda lei interpretativa, como toda lei, não pode retroagir. Outrossim, as lições de outrora coadunam-se com as novas conquistas constitucionais, notadamente a segurança jurídica da qual é corolário a vedação à denominada 'surpresa fiscal'. Na lúcida percepção dos doutrinadores, 'em todas essas normas, a Constituição Federal dá uma nota de previsibilidade e de proteção de expectativas legitimamente constituídas e que, por isso mesmo, não podem ser frustradas pelo exercício da atividade estatal.' (Humberto Ávila in Sistema Constitucional Tributário, 2004, pág. 295 a 300)" (Voto-vista proferido por este relator nos autos dos EREsp nº 327.043/DF). 3 Conseqüentemente, o prazo prescricional para a repetição ou compensação dos tributos sujeitos a lançamento por homologação, nas demandas ajuizadas até 09 de junho de 2005, começa a fluir decorridos 05 (cinco) anos, contados a partir da ocorrência do fato gerador, acrescidos de mais um qüinqüênio computado desde o termo final do prazo atribuído ao Fisco para verificar o *quantum* devido a título de tributo. 4 Recurso especial provido (art. 557, §1-A, do CPC). (STJ, REsp 835.559/SP, Rel. Ministro LUIZ FUX, PRIMEIRA TURMA, DJ 15.08.2006)

Direito administrativo e previdenciário. Mandado de segurança contra ato do Tribunal de Contas da União e do Ministério da Saúde que determinou a adequação de pensões ao artigo 15 da Lei nº 10.887/2004. Alegada violação aos princípios do contraditório, da ampla defesa, da segurança jurídica e da irredutibilidade de vencimentos. 1. Nos procedimentos de fiscalização instaurados perante o TCU, a relação é estabelecida entre a Corte de Contas e a Administração Pública. De acordo com a jurisprudência do STF, diante do caráter geral, impessoal e abstrato dos procedimentos fiscalizatórios, não há necessidade de observância do contraditório e da ampla defesa em relação às pessoas indiretamente interessadas, devendo-se respeitar tais garantias apenas junto ao órgão fiscalizado. 2. Além disso, não há que se falar em violação à segurança jurídica, pois a determinação do TCU não atinge diretamente a esfera jurídica da impetrante. Eventual violação ao contraditório, à ampla defesa, à segurança jurídica e à irredutibilidade de vencimentos deve ser verificada no âmbito do ato concreto do Ministério da Saúde, que, acolhendo as recomendações do TCU, determinou a redução do valor da pensão da impetrante. No entanto, nos termos no artigo 105, I, b, da Constituição, compete ao Superior Tribunal de Justiça processar e julgar os mandados de segurança impetrados contra ato de Ministros de Estado. 3. Segurança denegada. (STF, MS 34.238/DF, Rel. Ministro ALEXANDRE DE MORAES, PRIMEIRA TURMA, julgado em 15.08.2017)

RECURSO ADMINISTRATIVO. REMESSA NECESSÁRIA. ACÓRDÃO DO CONSELHO SUPERIOR DA MAGISTRATURA EM CONTRARIEDADE A DECISÃO DA PRESIDÊNCIA. REEXAME PELO TRIBUNAL PLENO. ART. 58, INCISO LXI, DO RITJES. ATO ADMINISTRATIVO QUE DEFERIU O CÔMPUTO DO TEMPO DE SERVIÇO PRESTADO A EMPRESAS PÚBLICAS ESTADUAIS PARA FINS DE ADICIONAL DE TEMPO DE SERVIÇO. INTERPRETAÇÃO EQUIVOCADA DA DECISÃO DE CONCESSÃO. REVISÃO. IMPOSSIBILIDADE. DECADÊNCIA. ARTIGO 54, LEI 9.784/99. REMESSA NECESSÁRIA CONHECIDA. ACÓRDÃO MANTIDO. 1. Caso em que o requerente teve reconhecido em seu favor a validade do cômputo do tempo de serviço prestado às empresas públicas, para fins de adicional de assiduidade ou férias-prêmio. Ocorre que, por um erro de interpretação decorrente da imprecisão da parte dispositiva do acórdão que lhe conferiu o direito, o setor administrativo estendeu o direito da contagem de tempo de serviço também para fins de adicional de tempo de serviço. Passados mais de 14 anos, a administração, no exercício do dever de autotutela, anulou o ato de concessão. 2. A segurança jurídica, valor fundante do Estado de Direito, presta-se a garantir a estabilidade das relações e a proteger atos praticados de boa-fé contra alterações arbitrárias que atinjam a esfera de direitos do indivíduo. Em observância a esse importante direcionamento, o sistema jurídico estabelece normas destinadas a propiciar a estabilização das situações já assentadas, merecendo destaque o disposto no artigo 54 da Lei no 9.784/99, que estabelece o prazo decadencial de 5 (cinco) anos para a Administração anular atos administrativos de que decorram efeitos favoráveis para os destinatários, salvo comprovada má-fé. 3. Ainda que decorrente de equívoco na interpretação do acórdão que conferiu ao requerente o direito, o fato é que ele já goza de uma situação mais benéfica, com o cômputo do tempo de serviço prestado à Administração Pública Indireta para fins de concessão do ATS, desde o ano de 2004, razão pela qual não é cabível a revisão administrativa do ato, sobretudo porque a própria Administração reconhece que não houve má-fé por parte do servidor. 4. Remessa conhecida. Acórdão do Conselho da Magistratura mantido. (TJES, Recurso Administrativo 0011911-49.2019.8.08.0000(100190016236), Rel. FERNANDO ZARDINI ANTONIO, TRIBUNAL PLENO, julgado em 08.10.2020)

MANDADO DE SEGURANÇA. SERVIDOR DO MINISTÉRIO PÚBLICO DO ESTADO DE RORAIMA QUE FOI NOMEADO E TOMOU POSSE NO CARGO DE ATENDENTE NA ÚNICA VAGA RESERVADA PARA DEFICIENTE FÍSICO. DECISÃO JUDICIAL DEFINITIVA QUE DETERMINOU A NOMEAÇÃO DE OUTRO CANDIDATO APROVADO EM MELHOR COLOCAÇÃO E QUE SE ENCONTRAVA SUB JUDICE. PRINCÍPIO DA SEGURANÇA JURÍDICA. IMPOSSIBILIDADE DE EXONERAÇÃO DO IMPETRANTE. SEGURANÇA CONCEDIDA. 1. O Impetrante foi nomeado e tomou posse em um cargo para o qual prestou concurso, após aprovação e com o cumprimento de todas as exigências do certame, inclusive com a superação do lapso temporal do estágio probatório. 2. Não se trata, portanto, de candidato que permaneceu no cargo por força de liminar, e que, por isso, não teria direito líquido e certo à nomeação ou permanência no cargo. 3. Deve-se aplicar ao caso o princípio da segurança jurídica, que se fundamenta em dois pilares: o tempo e a boa-fé. Assim, o servidor que se encontra em determinada situação por um longo tempo e de boa-fé, pode nela permanecer. 4. Além disso, constata-se nos autos que o Impetrante não tinha conhecimento da ação judicial movida pelo outro candidato. Nunca participou do processo, tampouco foi informado da sua existência pelo Órgão Ministerial. 5. Diante desses fatos, conclui-se que o Autor sempre agiu de boa-fé, desde o momento de sua posse, especialmente porque nunca teve conhecimento da peleja judicial que envolvia outro candidato. 6. Segurança concedida para obstar que a Autoridade Coatora pratique qualquer ato que importe na exoneração do Impetrante por força da necessidade de atender o provimento judicial obtido pelo outro candidato. (TJRR, Mandado de Segurança 0000.13.000092-0, Rel. Desembargador ALMIRO PADILHA, CÂMARA ÚNICA, julgado em 03.07.2013)

APELAÇÃO CÍVEL – DIREITO PROCESSUAL E ADMINISTRATIVO – SERVIDOR PÚBLICO – POLÍCIA CIVIL – PROCESSO ADMINISTRATIVO DEMISSIONAL – SANÇÃO – DEMISSÃO – PRESCRIÇÃO – PRAZO QUINQUENAL – DECRETO Nº 20.910/32 – REINTEGRAÇÃO NO CARGO – POSSIBILIDADE. – Se tratando de servidor estadual, não se aplicam os prazos previstos nas Leis Federais nº 8.112/90 e 9.784/99, no tocante ao processo administrativo disciplinar, posto que as disposições nelas contidas se restringem à esfera federal, e há regramento específico da matéria no âmbito do Estado de Minas Gerais (Leis nº 869/52, 14.184/02 e 5.406/69) – Não se pode admitir, em respeito ao princípio da segurança jurídica e à necessidade de estabilidade das relações, a existência pretensão punitiva/sanção imprescritível, devendo ser adotado, na omissão das leis especiais que regem o processo administrativo disciplinar estadual, o prazo prescricional geral previsto no Decreto nº 20.910/32, que é de cinco anos. – Aplicada a pena de demissão quando já prescrita a pretensão punitiva, cabível a reintegração do servidor ao cargo, com ressarcimento dos prejuízos sofridos em decorrência do afastamento. (TJMG, Apelação Cível 1.0525.12.007790-0/001, Rel. Desembargadora ANA PAULA CAIXETA, 4ª CÂMARA CÍVEL, julgado em 30.04.2015)

Silêncio e omissão da Administração Pública
Não pode o ente público se manter inerte ao pedido administrativo de restituição de imposto formulado perante a Prefeitura. Inteligência do art. 5º, LXXVIII, da CF/88 e art. 42 da Lei n. 9784/99. Ademais, por mais complexa que seja a questão, a ausência de manifestação pelo ente público, a demora injustificada para resposta do ente público afronta direito líquido e certo da impetrante. Manutenção do prazo de 60 dias fixado em sentença. EM REMESSA NECESSÁRIA, SENTENÇA CONFIRMADA, EM DECISÃO MONOCRÁTICA. (TJRS, Reexame Necessário 70080458995, Rel. Desembargador LUIZ FILIPE SILVEIRA DIFINI, 22ª CÂMARA CÍVEL, julgado em 27.02.2019)

APELAÇÃO CÍVEL – MANDADO DE SEGURANÇA – CREDENCIAMENTO JUNTO AO DETRAN/MG – PRESTAÇÃO DE ENSINO NA MODALIDADE A DISTANCIA – REQUERIMENTO ADMINISTRATIVO – AUSÊNCIA DE ANÁLISE – ARTIGOS 48 E 49 DA LEI FEDERAL N. 9.784/99 – DEVER DE DECIDIR – DECURSO DE PRAZO SUPERIOR A 30 DIAS -OMISSÃO ILEGAL – CONCESSÃO DO MÉRITO ADMINISTRATIVO PELO PODER JUDICIÁRIO – INVIABILIDADE – RECURSO PROVIDO – SEGURANÇA CONCEDIDA PARCIALMENTE. – O dever de decidir do administrador está positivado no art. 48 da Lei 9.784/99, que "Regula o processo administrativo no âmbito da Administração Pública Federal", além de constituir decorrência lógica do princípio da boa-fé. – Incorre em omissão ilegal o ente público que deixa de fornecer resposta a pedido administrativo, contudo, tal constatação, apesar de prescindir de dilação probatória, não implica no direito do impetrante de automaticamente obter o provimento jurisdicional objeto do aludido requerimento, mas apenas de receber a resposta pertinente do ente público. – O Poder Judiciário está adstrito ao controle de legalidade do ato administrativo já praticado, não lhe sendo dado substituir a administração no juízo de conveniência e oportunidade na prática do ato. (TJMG, Apelação Cível 1.0000.19.148463-3/001, Rel. Desembargador MAURÍCIO SOARES, 3ª CÂMARA CÍVEL, julgado em 21.05.2020)

REEXAME NECESSÁRIO. MANDADO DE SEGURANÇA. DIREITO DE PETIÇÃO. OMISSÃO DO PODER PÚBLICO. RAZOÁVEL DURAÇÃO DO PROCESSO. – O direito de petição assegurado pelo art. 5º, XXXIV, da Constituição Federal, contempla o direito a uma resposta motivada à questão apresentada em tempo razoável. – Os preceitos da Lei Federal 9.784/99, quanto aos prazos para a apreciação de requerimentos administrativos, podem ser aplicados em conjunto com o princípio da razoabilidade para se concluir pelo excesso do prazo para que o administrado receba resposta ao seu requerimento administrativo, configura-se lesão a direito líquido e certo fundado no direito de petição, violados, ainda, os princípios da legalidade, da eficiência e a garantia de celeridade na tramitação dos processos administrativos. – Sentença confirmada. (TJMG, Remessa Necessária 1.0422.14.001824-9/001, Rel. Desembargadora HELOISA COMBAT, 4ª CÂMARA CÍVEL, julgado em 17.11.2016)

DIREITO ADMINISTRATIVO. MANDADO DE SEGURANÇA. ANISTIADO POLÍTICO. PRESTAÇÃO ÚNICA DE REPARAÇÃO ECONÔMICA. PREVISÃO DOS RECURSOS MEDIANTE RUBRICA PRÓPRIA NAS LEIS ORÇAMENTÁRIAS. OMISSÃO CONFIGURADA. DIREITO LÍQUIDO E CERTO AO CUMPRIMENTO DA DECISÃO ADMINISTRATIVA CONCESSIVA DO BENEFÍCIO. DIREITO AOS ACRÉSCIMOS DE JUROS DE MORA E CORREÇÃO MONETÁRIA, DESDE A DATA DO ATO ADMINISTRATIVO QUE RECONHECEU EM FAVOR DO DE CUJUS, CÔNJUGE DA IMPETRANTE, A CONDIÇÃO DE ANISTIADO POLÍTICO. SEGURANÇA CONCEDIDA. 1. Trata-se de Mandado de Segurança impetrado por viúva de militar anistiado contra ato omissivo do Presidente da Comissão de Anistia e da Ministra de Estado da Mulher, da Família e dos Direitos Humanos, que não cumpriram a determinação de implantar o pagamento da reparação econômica em prestação única, conforme determinado nos autos do processo administrativo tombado sob o nº 2004.01.46528, na data de 14.10.2009. 2. O direito da impetrante está resguardado pelo art. 12, §4º, da Lei 10.559/2002, segundo o qual as decisões proferidas nos processos de anistia política serão obrigatoriamente cumpridas no prazo de sessenta dias, ressalvada a disponibilidade orçamentária 3. No intuito de justificar o descumprimento do mencionado dispositivo legal, a autoridade impetrada aduz que se encontra pendente de apreciação o recurso interposto pela própria impetrante perante a Comissão de Anistia, em razão da existência de requerimentos anteriores com prioridade de 4. Todavia, diante do longo lapso temporal – mais de 8 anos até a data da impetração –, tem-se por irrelevante o fato de ainda estar pendente de apreciação recurso administrativo interposto em relação ao indeferimento do pedido de percepção de benefício mensal e continuado, inexistindo impedimento para o pagamento da parcela incontroversa, referente à prestação única já reconhecida definitivamente na esfera administrativa. 5. Nesse tópico, vale acrescentar que, nos termos do art. 49 da Lei n. 9.784, de 29.01.1999, a Administração tem o prazo de até trinta para decidir, salvo prorrogação por igual período expressamente motivada. Logo, havendo omissão da autoridade em prestar resposta ao administrado, viável a concessão da ordem, à luz dos princípios da legalidade, da razoabilidade, proporcionalidade, moralidade e da eficiência, previstos do art. 2º da Lei 9.784/1999, e do princípio da razoável duração do processo, previsto no art. 5º, LXXVIII, da Constituição Federal. 6. É iterativa a jurisprudência do Superior Tribunal de Justiça no sentido de que: (i) é cabível a impetração de Mandado de Segurança postulando o pagamento das reparações econômicas concedidas pelo Ministério da Justiça relacionadas à anistia política de militares, no caso de descumprimento de Portaria expedida por Ministro de Estado, tendo em vista não consubstanciar típica ação de cobrança, mas ter por finalidade sanar omissão da autoridade coatora; (ii) a sucessiva e reiterada previsão de recursos, em leis orçamentárias da União Federal, para o pagamento dos efeitos financeiros das anistias concedidas, dentre elas a do impetrante, bem como o decurso do prazo previsto no §4o. do art. 12 da Lei 10.559/2002 constituem o direito líquido e certo ao recebimento integral da reparação econômica; e (iii) STF e o STJ firmaram compreensão de que os valores retroativos relacionados à reparação econômica devidos em virtude da concessão de anistia política aos militares devem ser acrescidos de juros e de correção monetária, mesmo quando postulados em Mandado de Segurança. Precedentes: RE 553.710/DF, Rel. Min. DIAS TOFFOLI, DJe 23.8.2018 – Tema 394 da repercussão geral; MS 26.588/DF, Rel. Min. SÉRGIO KUKINA, DJe 18.02.2021); AgInt no MS 24.002/DF, Rel. Ministra REGINA HELENA COSTA, DJe 18.2.2020); AgInt no MS 23.087/DF, Rel. Ministro FRANCISCO FALCÃO, DJe 1.4.2019; MS 24.923/DF, Rel. Min. HERMAN BENJAMIN, DJe 1.7.2019. 7. Segurança concedida. (STJ, MS 24.902/DF, Rel. Ministro MANOEL ERHARDT (DESEMBARGADOR CONVOCADO DO TRF-5ª REGIÃO), DJe 30.06.2021)

Teoria da aparência
APELAÇÃO – EMBARGOS À EXECUÇÃO – DEVIDO PROCESSO LEGAL – NOTIFICAÇÃO – PROCESSO ADMINISTRATIVO AMBIENTAL – ASSINATURA POR REPRESENTANTE – AUSÊNCIA DE NEGATIVA DE RECEBIMENTO – VALIDADE – TEORIA DA APARÊNCIA – AUSÊNCIA DIREITO LÍQUIDO E CERTO – SEGURANÇA DENEGADA – SENTENÇA MANTIDA. A intimação para apresentar defesa em procedimento administrativo ambiental realizado na pessoa de quem não possuía poderes para representar a sociedade empresarial, mas que não se negou a receber, é válida, em aplicação da teoria da aparência. (TJMG, Apelação Cível 1.0045.19.001469-1/001, Rel. Desembargador KILDARE CARVALHO, 4ª CÂMARA CÍVEL, julgado em 1º.07.2021)

APELAÇÃO – MONITÓRIA – SENTENÇA – CITRA PETITA – QUESTÃO DA LITISCONTESTIO – AUSÊNCIA DE ENFRENTAMENTO NA SENTENÇA – ATO ADMINISTRATIVO – PRESUNÇÃO DE LEGALIDADE E LEGITIMIDADE – VALIDADE RECONHECIDA EM JUÍZO PROVISÓRIO DE PROCESSO DIVERSO – SUPRESSÃO DE EFEITOS DO ATO ADMINISTRATVO – INVIABILIDADE – NOTIFICAÇÃO – ENDEREÇO FORNECIDO POR REPRESENTANTE LEGAL – RECEBIMENTO SEM RESSALVAS – VALIDADE – TEORIA DA APARÊNCIA – BOA-FÉ OBJETIVA – ATUALIZAÇÃO MONETÁRIA – ÍNDICE CONVENCIONADO – PREVISÃO CONTRATUAL DE SUBSTITUIÇÃO – OFENSA A FORÇA OBRIGATÓRIA DO CONTRATO – AUSÊNCIA – DEVEDOR E MORA – CLAÚSULA PENAL – DIREITO DO CREDOR – HONORÁRIOS ADVOCATÍCIOS – PARÂMERTOS DE ARBITRAMENTO. É citra petita a sentença que não aprecia questão que integra a litiscontestatio. Reconhecida a validade de ato administrativo, ainda que em juízo provisório de cognição, em feito diverso, torna-se inviável a desconsideração de tal ato e a negativa de seus efeitos, notadamente em decorrência de sua presunção de legalidade e legitimidade. A notificação enviada a endereço fornecido por representante legal da sociedade e recebida sem qualquer ressalva quanto a falta de poderes de representação consiste em ato válido, devendo ser tutelada a conduta realizada segundo os parâmetros impostos pela boa-fé objetiva. Havendo no próprio contrato a estipulação de substituição do índice de atualização monetária em caso de novo parâmetro legal, tal modificação não configura ofensa ao princípio da força obrigatória dos contratos, mas sim sua estrita observância. Incorrendo o devedor em mora, o credor faz jus de pleno direito à cláusula penal convencionada. Os honorários de sucumbência devem ser fixados segundo os parâmetros previstos nos §2º do art. 85 do CPC. (TJMG, Apelação Cível 1.0024.06.105386-4/004, Rel. Desembargador PEDRO BERNARDES DE OLIVEIRA, 9ª CÂMARA CÍVEL, julgado em 24.03.2021)

AGRAVO DE INSTRUMENTO – AÇÃO DECLARATÓRIA DE NULIDADE DE ATO ADMINISTRATIVO – TUTELA PROVISÓRIA – CONDENAÇÃO PENAL – PERDA DE CARGO PÚBLICO – EFEITO EXTRAPENAL DA SENTENÇA CONDENATÓRIA – REINTEGRAÇÃO AO CARGO PÚBLICO – AUSÊNCIA DE URGÊNCIA – IRREVERSIBILIDADE DA MEDIDA. 1. Para a concessão da tutela de urgência exige-se, concomitantemente, a demonstração da probabilidade do direito alegado (fumus boni juris) e o perigo de dano em se aguardar a decisão de mérito (periculum in mora), além da reversibilidade da medida pleiteada. 2. Nos termos do art. 92 do Código Penal, a perda do cargo ou função pública constitui efeito extrapenal não automático da sentença condenatória por crime funcional, com pena privativa de liberdade igual ou superior a um ano. 3. Na esfera penal, a perda do cargo ou função pública se restringe ao cargo ocupado pelo condenado no momento do crime, cujas funções possibilitaram a prática do delito funcional. Precedentes do STJ. 4. A reinvestidura precária no cargo público devolverá ao condenado competências inerentes à função, possibilitando a consequente prática de atos de ofício irreversíveis, que não poderão ser revogados, à luz da Teoria da Aparência, em caso de sentença de improcedência. (TJMG, Agravo de Instrumento 1.0000.20.540743-0/001, Rel. Desembargador WAGNER WILSON, 19ª CÂMARA CÍVEL, julgado em 11.03.2021)

AGRAVO DE INSTRUMENTO – AÇÃO ANULATÓRIA DE ATO ADMINISTRATIVO – LICITAÇÃO – CONVOCAÇÃO PARA ASSINATURA DE CONTRATO ADMINISTRATIVO – RECEBIMENTO DA CORRESPONDÊNCIA SEM QUALQUER RESSALVA – TEORIA DA APARÊNCIA – VALIDADE – ANTECIPAÇÃO DE TUTELA – REQUISITOS AUSENTES. A tutela de urgência poderá ser antecipada, desde que estejam presentes elementos que evidenciem a probabilidade do direito e o perigo de dano ou o risco ao resultado útil do processo, conforme disposição do artigo 300 do NCPC. À luz da teoria da aparência, segundo a qual é válido o ato de intimação feito em pessoa que estando no estabelecimento comercial da pessoa jurídica, aparenta ter poderes para receber intimação, mesmo quando não o tenha, verifica-se, a priori, a inexistência de nulidade na intimação assinada por pessoa que recebeu a correspondência, sem qualquer ressalva sobre a inexistência de poderes para o recebimento e não se recusou em receber a correspondência. Portanto, não há que se falar em suspensão do ato que revogou a homologação e a adjudicação do objeto licitado à autora, nem tampouco em determinação de nova convocação para assinatura de contrato administrativo atinente ao procedimento licitatório, regido pelo Edital 007/2015. (TJMG, Agravo de Instrumento 1.0035.16.001833-5/001, Rel. Desembargadora YEDA ATHIAS, 6ª CÂMARA CÍVEL, julgado em 02.08.2016)

Teoria dos motivos determinantes
PROCESSUAL CIVIL. ADMINISTRATIVO. MANDADO DE SEGURANÇA. OFICIAL DE JUSTIÇA. REMOÇÃO TEMPORÁRIA *EX OFFICIO*. ALEGAÇÃO DE INEXISTÊNCIA DE MOTIVAÇÃO. VÍCIO NÃO CONSTADO. ATO ADMINISTRATIVO DEVIDAMENTE MOTIVADO. DIREITO LÍQUIDO E CERTO. NÃO COMPROVAÇÃO. I – Na origem, trata-se de mandado de segurança impetrado contra ato atribuído ao Presidente do Tribunal de Justiça do Ceará, consistente na publicação de portaria que designou o impetrante para atuar temporariamente em comarca diversa daquela de lotação. No Tribunal a quo, a ordem foi denegada. Nesta Corte, negou-se provimento ao recurso ordinário. II – É sabido que os atos administrativos têm como parte de seus elementos o motivo e a finalidade, além da forma, competência e objeto. III – O motivo do ato administrativo não se confunde com a sua motivação, que é a manifestação escrita das razões que dão ensejo ao ato, exigida quando a lei expressamente determina, mormente nos atos vinculados. IV – O ato administrativo, ainda quando haja margem de decisões opcionais pelo administrador (discricionariedade), sempre terá um motivo, podendo, neste último caso, não ser expresso. V – A teoria dos motivos determinantes estabelece que, em havendo motivação escrita, ainda que a lei não determine, passa o administrador a estar vinculado àquela motivação. (STJ, AgInt no RMS 62.372/CE, Rel. Ministro FRANCISCO FALCÃO, SEGUNDA TURMA, DJe 24.09.2020)

APELAÇÃO – EMBARGOS À EXECUÇÃO – MULTA AMBIENTAL – AUTO DE INFRAÇÃO – REQUISITOS – TEORIA DOS MOTIVOS DETERMINANTES – INEXISTÊNCIA DE MOTIVAÇÃO – NULIDADE DA DO PROCESSO ADMINISTRATIVO E DA CDA – SENTENÇA MANTIDA. Nos termos do artigo 31 do Decreto Estadual nº 44.844/2008, o ato infracional ambiental deve conter o fato constitutivo da infração. Em razão da teoria dos motivos determinantes, a Administração Pública vincula-se aos motivos por ela declinados sob pena de nulidade do ato. Inexistente o motivo que ensejou a lavratura do auto infracional, restam mantidas a nulidade do processo administrativo e da certidão de dívida ativa em que se funda a execução. (TJMG, Apelação Cível/Remessa Necessária 1.0000.20.587775-6/001, Rel. LUZIA DIVINA DE PAULA PEIXÔTO (JD CONVOCADA), 3ª CÂMARA CÍVEL, julgado em 11.03.2021)

MANDADO DE SEGURANÇA – SERVIDOR PÚBLICO MUNICIPAL – TRANSFERÊNCIA DE FUNÇÃO – ATO ILEGAL – VIOLAÇÃO DOS MOTIVOS DETERMINANTES. O ato administrativo, ainda que discricionário, é vinculado ao motivo declinado, de modo que a inexistência deste último, em violação dos princípios da finalidade e da motivação, torna nulo o próprio ato. (TJMG, Apelação Cível 1.0231.08.125767-8/001, Rel. Desembargador MAURÍCIO BARROS, 6ª CÂMARA CÍVEL, julgado em 29.09.2009)

APELAÇÃO CÍVEL – MANDADO DE SEGURANÇA – DIREITO CONSTITUCIONAL E ADMINISTRATIVO – PROFISSIONAL DA SAÚDE – ACUMULAÇÃO DE CARGOS – COMPATIBILIDADE DE HORÁRIOS – LIMITE DE JORNADA MÁXIMA SEMANAL – IRRELEVÂNCIA – REQUISITO NÃO OPONÍVEL AO SERVIDOR – PRECEDENTES DO STF – ATO ADMINISTRATIVO – NECESSIDADE DE MOTIVAÇÃO – TEORIA DOS MOTIVOS DETERMINANTES. – A Constituição Federal prevê, em seu art. 37, XVI, hipóteses de acumulação lícita de cargos públicos, impondo-se tão somente a compatibilidade de horários no exercício das funções. – É vedado aos entes públicos impedir a acumulação de cargos com base em limite máximo de jornada semanal. Precedentes do STF. – Todo ato administrativo deve ser motivado, estando sua legalidade vinculada à existência do motivo nele invocado. – O ato administrativo cuja motivação se mostra ilegal ou inverídica é passível de anulação pelo Judiciário, ainda que tenha caráter discricionário. (TJMG, Apelação Cível 1.0000.20.463466-1/001, Rel. Desembargadora ANA PAULA CAIXETA, 4ª CÂMARA CÍVEL, julgado em 26.11.2020)

MANDADO DE SEGURANÇA. AGRAVO INTERNO. ATO ADMINISTRATIVO. MOTIVO INEXISTENTE. ART. 19, §2º, DA LEI 6.677/1994. PROVA PRÉ-CONSTITUÍDA DA POSSE NO PRAZO CORRETO. TEORIA DO MOTIVO DETERMINANTE. SEGURANÇA CONCEDIDA. 1. O direito líquido e certo da Impetrante é evidente e encontra-se assentada na teoria dos motivos determinantes, na medida em que a servidora teve a sua nomeação tornada sem efeito com base no art. 19, §2º da Lei Estadual nº 6.677/1994, ou seja, sob o fundamento de que a posse da Impetrante não ocorreu no interregno do prazo de 30 (trinta) dias a contar da publicação da sua nomeação (ID 5525826). 2. Entre a publicação e as efetivas posse e assunção ao cargo transcorreram 22 (vinte e dois) dias e 26 (vinte e seis) dias, respectivamente. 3. Do simples cotejo das datas, é perceptível que o motivo do ato que acarretou a nomeação sem efeito não espelha a realidade, em especial porque o prazo do art. 19 da Lei Estadual nº 6.677/1994 foi observado pela Impetrante. Inexiste, portanto, substrato para aplicação §2º do art. 19 da referida lei. 4. Segundo o entendimento do STJ, "a motivação do ato administrativo deve ser explícita, clara e congruente, vinculando o agir do administrador público e conferindo o atributo de validade ao ato. Viciada a motivação, inválido resultará o ato, por força da teoria dos motivos determinantes. Inteligência do art. 50, §1.º, da Lei n. 9.784/1999" (RMS 56.858/GO, DJe 11/09/2018).

5. O ato coator se fundamentou no desrespeito ao prazo de posse (art. 19, §2º da Lei Estadual nº 6.677/1994) e não em uma suposta cumulação de cargos. O ato administrativo é vinculado ao seu motivo e, no caso, segundo publicado no DOE. O motivo do ato é inexistente. 6. Agravo interno prejudicado. Segurança concedida. (TJBA, Mandado de Segurança 8026901-87.2019.8.05.0000, Rel. Desembargador MAURICIO KERTZMAN SZPORER, SEÇÃO CÍVEL DE DIREITO PÚBLICO, publicado em 03.08.2020)

MANDADO DE SEGURANÇA ORIGINÁRIO – SERVIDOR PÚBLICO ESTADUAL – AGENTE DE SEGURANÇA PENITENCIÁRIO – PROMOÇÃO POR ESCOLARIDADE ADICIONAL – LEI ESTADUAL 14.695/2003 – ALTERAÇÃO PELA LEI 15.788/2005 – DECRETO 44.769/2008 – INDEFERIMENTO DO PEDIDO – AUSÊNCIA DE MOTIVAÇÃO – VÍCIO QUE MACULA O ATO ADMINISTRATIVO – ILEGALIDADE – CONCESSÃO PARCIAL DA SEGURANÇA. O administrador está vinculado aos motivos postos como fundamento para a prática do ato administrativo, configurando vício de legalidade se forem inexistentes ou inverídicos, em atenção à teoria dos motivos determinantes. Constatando-se que o ato que indeferiu a vantagem ao servidor não foi devidamente motivado, impõe-se a declaração de sua ilegalidade, competindo à Administração reanalisar o pedido formulado pelo impetrante. (TJMG, Mandado de Segurança 1.0000.21.042717-5/000, Rel. Desembargador WILSON BENEVIDES, 7ª CÂMARA CÍVEL, julgado em 16.07.2021)

Vedação ao comportamento contraditório (*nemo potest venire contra factum proprium*)
MANDADO DE SEGURANÇA – CONCURSO PÚBLICO – PESSOA PORTADORA DE DEFICIÊNCIA – RESERVA PERCENTUAL DE CARGOS E EMPREGOS PÚBLICOS (CF, ART. 37, VIII) – CANDIDATO CLASSIFICADO EM PRIMEIRO LUGAR PARA AS VAGAS VINCULADAS A ESSA ESPECÍFICA CLÁUSULA DE RESERVA CONSTITUCIONAL – ESTABELECIMENTO, PELO EDITAL E PELA LEGISLAÇÃO PERTINENTE, DE PARÂMETROS A SEREM RESPEITADOS PELO PODER PÚBLICO (LEI Nº 8.112/90, ART. 5º, §2º, E DECRETO Nº 3.298/99, ART. 37, §§1º E 2º) – DIREITO PÚBLICO SUBJETIVO À NOMEAÇÃO – A QUESTÃO DA VINCULAÇÃO JURÍDICA DA ADMINISTRAÇÃO PÚBLICA AO EDITAL – PRECEDENTES – CLÁUSULA GERAL QUE CONSAGRA A PROIBIÇÃO DO COMPORTAMENTO CONTRADITÓRIO – INCIDÊNCIA DESSA CLÁUSULA ("NEMO POTEST VENIRE CONTRA FACTUM PROPRIUM") NAS RELAÇÕES JURÍDICAS, INCLUSIVE NAS DE DIREITO PÚBLICO QUE SE ESTABELECEM ENTRE OS ADMINISTRADOS E O PODER PÚBLICO – PRETENSÃO MANDAMENTAL QUE SE AJUSTA À DIRETRIZ JURISPRUDENCIAL FIRMADA PELO SUPREMO TRIBUNAL FEDERAL – MANDADO DE SEGURANÇA DEFERIDO – INTERPOSIÇÃO DE RECURSO DE AGRAVO – RECURSO IMPROVIDO. (STF, MS 31.695 AgR/DF, Rel. Ministro CELSO DE MELLO, SEGUNDA TURMA, julgado em 03.02.2015)

MANDADO DE SEGURANÇA – CONCURSO PÚBLICO – AGENTE DE SEGURANÇA PENITENCIÁRIO – ILEGITIMIDADE DA SECRETÁRIA DE ESTADO DE PLANEJAMENTO E GESTÃO – LEGITIMIDADE DO SECRETÁRIO DE ESTADO DE DEFESA SOCIAL – IDONEIDADE E CONDUTA ILIBADA – RECURSO ADMINISTRATIVO ANTERIORMENTE DEFERIDO – CONTINUAÇÃO NO CERTAME – NOVA EXCLUSÃO DO CERTAME PELO MESMO MOTIVO – DESZARRAZOABILIDADE – VEDAÇÃO AO COMPORTAMENTO CONTRADITÓRIO (VENIRE CONTRA FACTUM PROPRIUM) – OFENSA À BOA-FÉ – DIREITO LÍQUIDO E CERTO – CONCESSÃO DA ORDEM. – A 4ª etapa do concurso para provimento de cargos da carreira de agente de segurança penitenciário é de responsabilidade do Secretário de Estado de Defesa Social, segundo previsão editalícia, cabendo-lhe, exclusivamente, responder a via mandamental acionada contra o respectivo ato de exclusão. – Deferido recurso administrativo direcionado contra o ato que contraindicou o impetrante ao concurso público, não pode a Administração Pública, em comportamento contraditório (*venire contra factum proprium*) e contrário à razoabilidade e à boa-fé, excluir novamente o impetrante do certame pelos mesmos motivos utilizados na primeira contraindicação. (TJMG, Mandado de Segurança 1.0000.14.083238-7/000, Rel. Desembargador VERSIANI PENNA, 5ª CÂMARA CÍVEL, julgado em 30.04.2015)

APELAÇÃO CÍVEL – AÇÃO DE COBRANÇA – ADMINISTRATIVO – PREJUDICIAL DE PRESCRIÇÃO TRIENAL – INTERESSE DE AGIR VEIFICADO – SERVIDOR PÚBLICO – MUNICÍPIO DE BARBACENA – ASCENSÃO FUNCIONAL – ART. 30 DA LEI N.º 3.245/95 – DIFERENÇAS RETROATIVAS – DIREITO RECONHECIDO PELA ADMINISTRAÇÃO – REJEIÇÃO – HONORÁRIOS – MANUTENÇÃO. – A prescrição de vencimentos e vantagens contra a Fazenda Pública consuma-se em 05 (cinco) anos, conforme Decreto 20.910/32, por se tratar de regra específica, não havendo que se falar em prescrição trienal em favor da Fazenda Publica. – O Município de Barbacena, em âmbito administrativo, especificamente em janeiro de 2008, reconheceu o direito do servidor à ascensão funcional, com pagamento retroativo a dezembro de 2006. O ente público não pode, em comportamento contraditório, se escusar do adimplemento dos valores pretéritos do benefício, sob pena de incidir na vedação *venire contra factum proprium*. (TJMG, Apelação Cível 1.0056.11.016892-1/001, Rel. Desembargador DÁCIO LOPARDI MENDES, 4ª CÂMARA CÍVEL, julgado em 23.07.2015)

APELAÇÃO CÍVEL – PROCESSO CIVIL – FAZENDA PÚBLICA – TERMO INICIAL PARA INTERPOSIÇÃO DE RECURSO DE APELAÇÃO – INTIMAÇÃO PESSOAL – RECURSO TEMPESTIVO – PRELIMINAR DE CERCEAMENTO DE DEFESA – ALEGAÇÕES FINAIS – PREJUÍZO NÃO DEMONSTRADO – PRÊMIO DA LOTERIA DO ESTADO DE MINAS GERAIS – 'TORPEDO MINAS LEGAL" – PARTICIPAÇÃO VIA MENSAGEM DE CELULAR – CONSUMIDORES QUE EXIGEM CUPOM FISCAL – ENVIO DOS DADOS – VALIDAÇÃO E OBTENÇÃO REGULAR DO CÓDIGO DE PARTICIPAÇÃO NO SORTEIO

– ERRO NO CNPJ INICIALMENTE DIGITADO – IRRELEVÂNCIA – DISCREPÂNCIA JÁ SOLUCIONADA PELO SISTEMA – NEGATIVA DE PAGAMENTO DO PRÊMIO – IMPOSSIBILIDADE – FORMALISMO IMOTIVADO E OFENSA À BOA FÉ OBJETIVA – RECURSO DESPROVIDO. 1 – Conforme regra estabelecida pelo §1º, do art. 183, do CPC/2015, o termo inicial do prazo recursal para a Administração Pública tem início com a intimação pessoal de seu representante processual e não a publicação da sentença no Diário do Judiciário; 2 – Inexiste cerceamento de defesa passível de autorizar o reconhecimento da nulidade da sentença pela ausência alegações finais se ausente prejuízo, na medida em que, em razão da persistência do mesmo quadro fático jurídico, a manifestação estaria adstrita a reiteração de alegações enfrentadas pelo juízo sentenciante; 3 – Gerado o código de participação no sorteio de loteria "Torpedo Minas Legal", com base na validação dos dados enviados pelo consumidor, que exigiu o cupom fiscal ao realizar sua compra, deve ser realizado o pagamento do prêmio àquele que foi sorteado; 4 – A negativa de pagamento do prêmio, sob o argumento de discrepância entre o número do CNPJ inicialmente indicado pelo participante sorteado e aquele constante do cupom fiscal, mormente quando a questão já foi solucionada pelo próprio sistema da Loteria do Estado de Minas Gerais, implica em formalismo imotivado, na medida em que atingida a finalidade perseguida pela Administração Pública e, ainda, gera a ofensa à boa fé objetiva, na vertente que veda o comportamento contraditório à expectativa legitimamente despertada no administrado que recebeu o código de participação. (TJMG, Apelação Cível 1.0672.12.019131-3/001, Rel. Desembargador RENATO DRESCH, 4ª CÂMARA CÍVEL, julgado em 14.12.2017)

AGRAVO DE INSTRUMENTO – MANDADO DE SEGURANÇA – CONTRATO ADMINISTRATIVO – RETENÇÃO DO PAGAMENTO COM BASE EM IRREGULARIDADE FISCAL – PREVISÃO NO ACORDO – PRESENÇA DE ELEMENTO VOLITIVO – VEDAÇÃO AO *VENIRE CONTRA FACTUM PROPRIUM* – DECISÃO MANTIDA – RECURSO NÃO PROVIDO. 1. Nos termos da Lei nº 8.666/93, que institui normas para licitações e contratos da Administração Pública, exige-se de qualquer licitante a documentação relativa à regularidade fiscal e trabalhista para a habilitação nas licitações (art. 27, IV) e execução do contrato (art. 55, XIII). 2. Sem embargo, não é assegurado à Administração Pública reter pagamentos pela prestação de serviços efetivados, sob pena de enriquecimento ilícito. 3. No caso concreto, porém, a agravante firmou acordo com o Município de Ubá, através do qual restou definido que o repasse do saldo remanescente ocorreria desde que a empresa comprovasse a regularidade fiscal exigida no contrato administrativo. 4. Dessa forma, considerando que houve anuência com a exigência prevista, há que prevalecer o disposto no ajuste estabelecido, notadamente perante a vedação do comportamento contraditório (*venire contra factum proprium*). 5. Outrossim, tendo sido celebrado de forma livre e espontânea, o negócio jurídico faz lei entre as partes, vinculando-as ao pactuado. 6. Recurso não provido. (TJMG, Agravo de Instrumento 1.0000.17.050944-2/001, Rel. Desembargador RAIMUNDO MESSIAS JÚNIOR, 2ª CÂMARA CÍVEL, julgado em 13.03.2018)

APELAÇÃO CÍVEL – AÇÃO DE INDENIZAÇÃO POR DANOS MORAIS E MATERIAIS – MUNICÍPIO DE PASSOS E SAAE – ALAGAMENTO EM DECORRÊNCIA DE OBRA PÚBLICA – OMISSÃO DA ADMINISTRAÇÃO PÚBLICA – TEORIA DA CULPA ADMINISTRATIVA – *FAUTE DU SERVICE PUBLIQUE* – AUSÊNCIA DE PRESTAÇÃO DE SERVIÇO DE FORMA SATISFATÓRIA COM EFICIÊNCIA – NEGLIGÊNCIA E IMPERÍCIA – CONSTATAÇÃO POR MEIO DE PROVA PERICIAL – DEVER DE INDENIZAR VERIFICADO – DANO MORAL – CONFIGURAÇÃO – RECURSO AO QUAL SE NEGA PROVIMENTO. 1. Quando a responsabilidade do Estado decorre de omissão, aplica-se a teoria da culpa administrativa (Teoria da "Faute du Service Publique"), devendo-se averiguar a presença da conduta omissiva culposa (se inexistiu o serviço que deveria ter sido prestado ou houve mau funcionamento ou má prestação), do dano e do nexo de causalidade entre a conduta antijurídica e o dano. 2. Configurado o dever de indenizar do Município de Passos e do SAAE – Serviço Autônomo de Água e Esgoto pelos danos advindos do alagamento que atingiu a casa dos autores, uma vez que demonstrada a omissão decorrente de imprudência e imperícia na realização de obra pública, com o alojamento de terra impedindo o fluxo normal da água pluvial, o que foi constatado por meio de prova pericial judicial. 3. Não se reconhece a excludente de ilicitude da força maior quando demonstrado que, embora a residência dos requerentes tenha sua construção em nível abaixo ao da rua, o evento danoso não teria ocorrido em outras ocasiões, restando demonstrado que o alagamento decorreu da omissão dos réus. 4. Impossibilitado reconhecer a culpa exclusiva da vítima, cuja residência foi atingida por alagamento, ainda que a construção esteja fora dos padrões exigidos pela Administração Pública, se não demonstrado que este fato foi determinante para a ocorrência do evento, bem ainda dando azo a inconcebível comportamento contraditório (*venire contra factum proprium*), uma vez que era o Poder Público é responsável pela fiscalização de construções em desacordo com a legislação e poderia ter impedido sua ocorrência. 5. O dano moral dos atingidos pelo alagamento é incontroverso, eis que além do estresse e medo causados pelo próprio alagamento adentrando suas residências e os desalojando, também viram seus bens, suas recordações e fotografias serem destruídas. (TJMG, Apelação Cível 1.0479.13.007164-6/001, Rel. Desembargador BAETA NEVES, 2ª CÂMARA CÍVEL, julgado em 09.07.2019)

APELAÇÃO CÍVEL – AÇÃO DE COBRANÇA – CONTRATO ADMINISTRATIVO VERBAL – ALUGUEL DE IMÓVEL – ENRIQUECIMENTO SEM JUSTA CAUSA DA ADMINISTRAÇÃO – DEVER DO ENTE CONTRATANTE – RELAÇÃO JURÍDICA COMPROVADA – VEDAÇÃO AO COMPORTAMENTO CONTRADITÓRIO – QUITAÇÃO – AUSÊNCIA – DEVER DE PAGAMENTO – RECURSO DESPROVIDO. 1. O fato de ser nula a contratação verbal com a Administração Pública não exime o ente da responsabilidade pelo pagamento, sob pena de enriquecimento sem justa causa, desde que comprovado a sua existência nos autos. 2. Comprovado o vínculo jurídico mantido entre as partes, conforme afirmou o próprio Município em sede de contestação, e não demonstrado o pagamento das verbas cobradas, deve ser confirmada a sentença de procedência, vez que a ninguém é dado se beneficiar da própria torpeza. (TJMG, Apelação Cível 1.0086.14.004332-3/001, Rel. Desembargador EDILSON OLÍMPIO FERNANDES, 6ª CÂMARA CÍVEL, julgado em 27.08.2019)

APELAÇÃO CÍVEL – DIREITO ADMINISTRATIVO – CONCURSO PÚBLICO – MUNICÍPIO DE IPATINGA – AÇÃO CIVIL PÚBLICA – SUSPENSÃO DO PROCESSO – PLEITO NÃO APRESENTADO EM MOMENTO OPORTUNO – ART. 104, DA LEI N. 8.078/90 – CONEXÃO – INEXISTÊNCIA – PREJUÍZO PROBATÓRIO NÃO DEMONSTRADO – OMISSÃO DA SENTENÇA NÃO VERIFICADA – CANDIDATO APROVADO E CLASSIFICADO FORA DO NÚMERO DE VAGAS OFERECIDAS NO EDITAL – EXPECTATIVA DE DIREITO À NOMEAÇÃO PARA EVENTUAIS CARGOS VAGOS DURANTE O PRAZO DE VALIDADE DO CERTAME – CRIAÇÃO DE NOVOS CARGOS/VACÂNCIA DE CARGOS – NÃO COMPROVAÇÃO – AUSÊNCIA DE DIREITO À NOMEAÇÃO – PRECEDENTE DO STF – REPERCUSSÃO GERAL – RECURSO NÃO PROVIDO. Evidenciada a inequívoca ciência do autor acerca da tramitação de ação civil pública a que atribui o nexo causal em relação à sua demanda individual e descumprido o prazo de trinta dias especificado no art. 104, da Lei n. 8.078/90, deve ser indeferido o pedido de suspensão do andamento do processo. A alegação de situação diversa e conflitante com a própria conduta da parte representa quebra da boa-fé objetiva, caracterizando comportamento contraditório indesejável nas relações processuais (*venire contra factum proprium*). Não apontadas as provas necessárias à corroboração das teses defendidas pela parte autora, a serem extraídas de processos desapensados dos autos principais, não se justifica o acolhimento da preliminar de apensamento dos feitos, mormente em virtude do patente risco à celeridade processual decorrente da providência. A classificação em concurso público em colocação superior ao número de vagas disponibilizadas confere ao candidato a mera expectativa de direito à nomeação. "O surgimento de novas vagas ou a abertura de novo concurso para o mesmo cargo, durante o prazo de validade do certame anterior, não gera automaticamente o direito à nomeação dos candidatos aprovados fora das vagas previstas no edital, ressalvadas as hipóteses de preterição arbitrária e imotivada por parte da administração, caracterizadas por comportamento tácito ou expresso do Poder Público capaz de revelar a inequívoca necessidade de nomeação do aprovado durante o período de validade do certame, a ser demonstrada de forma cabal pelo candidato" (RE 837311, Relator(a): Min. LUIZ FUX, Tribunal Pleno, julgado em 09/12/2015, PROCESSO ELETRÔNICO REPERCUSSÃO GERAL – MÉRITO DJe-072 DIVULG 15-04-2016 PUBLIC 18-04-2016). Inexistindo no feito a demonstração inequívoca da existência de cargo vago na estrutura administrativa municipal e ausente a prova da preterição imotivada do candidato por parte da administração, deve ser mantida a sentença que indeferiu o pleito de nomeação do autor. Recurso não provido. (TJMG, Apelação Cível 1.0313.14.014251-1/003, Rel. Desembargador CORRÊA JÚNIOR, 6ª CÂMARA CÍVEL, julgado em 03.09.2019)

APELAÇÃO CÍVEL – MUNICÍPIO DE SETE LAGOAS – CELEBRAÇÃO DE CONTRATO ADMINISTRATIVO PARA PRESTAÇÃO DE SERVIÇOS DE INFORMÁTICA – RECONHECIMENTO DE VÍNCULO EMPREGATÍCIO COM A ADMINISTRAÇÃO PÚBLICA – INVIABILIDADE – *VENIRE CONTRA FACTUM PROPRIUM*. 1 – O reconhecimento de vínculo empregatício de prestador de serviço contratado por contrato administrativo válido é incompatível com a regra constitucional do concurso público. 2 – Os contratos administrativos devem se pautar nos princípios da boa-fé e da segurança jurídica, sendo inadmissível o comportamento contraditório – *venire contra factum proprium*. (TJMG, Apelação Cível 1.0672.13.034639-4/001, Rel. Desembargador CARLOS HENRIQUE PERPÉTUO BRAGA, 19ª CÂMARA CÍVEL, julgado em 26.09.2019)

AGRAVO DE INSTRUMENTO. DIREITO ADMINISTRATIVO E AMBIENTAL. LICENCIAMENTO. MODALIDADES. FRACIO-NAMENTO. PENALIDADE. INEFICIÊNCIA DO ÓRGÃO AMBIENTAL. COMPORTAMENTO CONTRADITÓRIO. VEDAÇÃO. REQUISITOS DA MEDIDA DE URGÊNCIA. VERIFICAÇÃO. RECURSO PROVIDO. – Constatado que a penalidade ambiental administrativa aplicada pela Administração Pública decorre de ineficiência e de comportamento contraditório de sua parte, o que afasta, em tese, o dolo necessário à configuração do tipo infracional, é possível afastar cautelarmente a presunção de legitimidade do ato de polícia, sobretudo quando restar evidenciada a possibilidade de o ato causar grave dano ao administrado. (TJMG, Agravo de Instrumento 1.0000.20.020768-6/001, Rel. Desembargador ELIAS CAMILO, 3ª CÂMARA CÍVEL, julgado em 09.07.2020)

APELAÇÃO CÍVEL. MANDADO DE SEGURANÇA. DIREITO ADMINISTRATIVO. SERVIDOR PÚBLICO. MUNICÍPIO DE JEQUITINHONHA/MG. QUINQUÊNIO. EXERCÍCIO DO PODER DE AUTOTUTELA. REVISÃO DO ATO DE CONCESSÃO DA VANTAGEM SEM OPORTUNIDADE DE MANIFESTAÇÃO DO BENEFICIÁRIO. OFENSA AO DEVIDO PROCESSO ADMINISTRATIVO. INVALIDAÇÃO DA BENESSE APÓS O TRANSCURSO DE MAIS DE UM LUSTRO DO PRIMEIRO PAGAMENTO. IMPOSSIBILIDADE. APLICAÇÃO DO ART. 54 DA LEI Nº 9.784/99. DECADÊNCIA ADMINISTRATIVA. CONFIGURAÇÃO. EFEITOS FINANCEIROS. LIMITAÇÃO À DATA DA IMPETRAÇÃO. RECURSO PROVIDO. SEGURANÇA CONCEDIDA EM PARTE. 1. Em atenção ao princípio da autotutela, a Administração Pública tem o poder-dever de controlar os seus próprios atos, com a possibilidade de anular os ilegais e revogar os inconvenientes ou inoportunos, independentemente de recurso ao Poder Judiciário. Súmulas nº 346 e 473 do STF. 2. O exercício da autotutela não se afigura pleno e esbarra nos limites que lhe são impostos pelos princípios da segurança jurídica, boa-fé, devido processo administrativo, bem como pela regra da vedação ao comportamento contraditório (*venire contra factum proprium*), normas estas que militam em favor do administrado. 3. A partir da promulgação da Constituição Federal de 1988, o direito ao contraditório e à ampla defesa, com os meios e recursos a eles inerentes, foram alçados à condição de garantia fundamental do cidadão em face do arbítrio estatal (art. 5º, LV, da CR). Desde então, quando o exercício da autotutela tiver o condão de repercutir sobre a esfera de interesses do administrado, deverá ser precedido de prévio procedimento em que se lhe assegure o efetivo direito de participar e inspirar as decisões do Poder Público, na mais plena democratização da atividade administrativa. 4. No caso concreto, a falta de instauração de prévio procedimento administrativo, em que fosse concedido ao servidor do Município de Jequitinhonha a oportunidade de se manifestar e participar da decisão que culminou na invalidação do quinquênio a que fazia jus, por configurar ofensa à disciplina do art. 5º, LV, da CR, já seria suficiente para reconhecer a irregularidade do ato administrativo. 5. De acordo com o entendimento estampado em sua Súmula nº 633, o Superior Tribunal de Justiça admite a aplicação, por analogia integrativa, da Lei Federal nº 9.784/99, que disciplina o processo administrativo no âmbito da administração pública federal – especialmente no que diz respeito ao lustro decadencial para a revisão de atos administrativos (art. 54) –, aos Estados e Municípios que não possuem norma específica, a despeito de sua autonomia legislativa para regular a matéria. 6. É que, segundo aquele Sodalício, não se mostra razoável, tampouco proporcional que a Administração deixe transcorrer mais de 05 (cinco) anos para providenciar a revisão e correção de atos administrativos viciados, com evidente surpresa e prejuízo ao beneficiário, sob pena de ofensa aos princípios da segurança jurídica e da estabilização das relações jurídicas. 7. Transcorrido mais de um lustro da percepção do primeiro pagamento do quinquênio que teria sido concedido ao arrepio da lei de regência, opera-se a decadência do direito de a Administração rever o ato, à míngua de qualquer notícia no sentido de que o beneficiário tenha dolosamente concorrido para sua prática. 8. Não se ignora a orientação do Supremo Tribunal Federal no sentido da impossibilidade de se reconhecer a consolidação, pelo decurso de tempo, de situações que violam diretamente a Constituição da República, a exemplo do provimento de cargos efetivos por servidores que não realizaram concurso público (...) (TJMG, Apelação Cível 1.0358.19.001680-0/001, Rel. Desembargador BITENCOURT MARCONDES, 19ª CÂMARA CÍVEL, julgado em 08.04.2021)

RECURSO. APELAÇÃO. MANDADO DE SEGURANÇA. ADMINISTRATIVO. POLICIAL MILITAR. PROMOÇÃO. TUTELA PROVISÓRIA. DEFERIMENTO. PEDIDO DE DESISTÊNCIA DA DEMANDA. EXIGÊNCIA DO TRÂNSITO EM JULGADO PELA ADMINISTRAÇÃO. REQUISITO PARA O EXERCÍCIO DE DIREITO. CUMPRIMENTO. POSTERIOR ANULAÇÃO DO ATO DE PROMOÇÃO EM DECORRÊNCIA DO PEDIDO DE DESISTÊNCIA. COMPORTAMENTO CONTRADITÓRIO. VEDAÇÃO. APLICABILIDADE À ADMINISTRAÇÃO PÚBLICA. PRECEDENTES DO STJ E DESSE EGRÉGIO TRIBUNAL DE JUSTIÇA. BOA-FÉ OBJETIVA. SEGURANÇA JURÍDICA. VIOLAÇÃO. REFORMA DA SENTENÇA. PROVIMENTO DO RECURSO. I – Na petição (cópia às fls. 26) que consta o pedido de desistência da demanda judicial, há menção expressa de que o pleito decorre, estritamente, da necessidade de cumprimento da exigência estatal, manifestando, por consectário, que a conduta realizada pelo impetrante, ora apelante, foi perpetrada por orientação oriunda da Administração Pública. II – Incumbe reconhecer que o Estado não poderia exigir a apresentação da comprovação do trânsito em julgado da demanda em voga e, posteriormente, decidir cancelar o ato de promoção do apelante justamente por ter atendido a orientação necessária para o exercício do seu direito à transferência para reserva remunerada. Tal conduta contraditória malfere a segurança jurídica esperada na conduta administrativa, a boa-fé e a moralidade. III – A vedação ao comportamento contraditório também se aplica à Administração Pública, pois representa consectário lógico dos princípios da confiança, da segurança jurídica e boa-fé objetiva. Precedentes do STJ. IV – A promoção do apelante foi inviabilizada, por muitos anos, apenas em decorrência da existência de tramitação de processo criminal (nº 0000013-08.2009.8.05.0086), o qual, entretanto, teve o trânsito em julgado em 2017, conforme se infere da analise do processo judicial pelo sistema ESAJ, ou seja, em data anterior ao ato administrativo vergastado que determinou a anulação da promoção do apelante. V – Assim, considerando que a decisão da tutela de urgência prolatada na demanda nº 0525306-03.2017.8.05.0001 apenas deferiu o ingresso do militar na Lista de Acesso à Promoção, e que, portanto, a promoção do apelante foi efetivada diante da constatação pela Administração Pública do preenchimento dos demais critérios legais exigidos no Estatuto dos Policiais Militares, resta inequívoco o direito do impetrante, ora apelante, à permanência no posto de Sargento PM. VI – Provimento do recurso, para determinar a anulação do ato que tornou sem efeito a promoção do apelante ao posto de Sargento PM, com a aplicação dos efeitos legais pertinentes. (TJBA, Apelação Cível 0565696-78.2018.8.05.0001, Rel. Desembargador JOSE SOARES FERREIRA ARAS NETO, 5ª CÂMARA CÍVEL, publicado em 01.12.2020)

DIREITO ADMINISTRATIVO E PROCESSUAL CIVIL – EMBARGOS DE DECLARAÇÃO – CONSTATAÇÃO DE ERRO DE PREMISSA FÁTICA – EMBARGOS ACOLHIDOS – POLICIAL FEDERAL "SUB-JUDICE" – APOSTILAMENTO – ATENDIMENTO DOS REQUISITOS DO DESPACHO MINISTERIAL Nº 312/2003 – PRINCÍPIOS DA RAZOABILIDADE E DA BOA-FÉ – "VENIRE CONTRA FACTUM PROPRIUM" – SEGURANÇA CONCEDIDA. 1. Constatado que o julgado embargado adotou premissa fática equivocada, configurado está o erro de fato a justificar o acolhimento dos aclaratórios. 2. Os impetrantes, na qualidade de policiais federais "sub-judice", atenderam todos os requisitos do Despacho Ministerial nº 312/2003, fazendo jus ao apostilamento. 3. A Administração Pública fere os Princípios da Razoabilidade e da Boa-fé quando exige a desistência de todas as ações promovidas contra a União ao mesmo tempo em que estabelece exigências não previstas expressamente no Despacho Ministerial nº 312/2003, regulamentado pela Portaria nº 2.369/2003-DGP/DPF para a concessão do apostilamento. 4. "Nemo potest venire contra factum proprium". 5. Embargos de declaração acolhidos para, reconhecendo o erro de premissa fática, conceder a segurança para os fins especificados. (STJ, EDcl no MS 14.649/DF, Rel. Ministro MOURA RIBEIRO, TERCEIRA SEÇÃO, DJe 06.03.2014)

Esta obra foi composta em fonte Palatino Linotype, corpo 10
e impressa em papel Offset 75g (miolo) e Supremo 250g (capa)
pela Gráfica Formato, em Belo Horizonte/MG.